Rupert Lay
Manipulation durch die Sprache

Rupert Lay

Manipulation durch die Sprache

Wirtschaftsverlag
Langen-Müller/Herbig

© 1977 by Wirtschaftsverlag Langen-Müller/Herbig
Albert Langen, Georg Müller Verlag GmbH, München
1. Auflage Juni 1977, 2. Auflage Juli 1977
Alle Rechte vorbehalten
Schutzumschlag: Atelier Blaumeiser, München
Satz: VerlagsSatz Kort GmbH, München
Druck: Georg Wagner, Nördlingen
Buchbinderische Verarbeitung: Mohndruck OHG, Gütersloh
Printed in Germany
ISBN 3-7844-7046-7

Inhalt

Vorwort 9
Einleitung: Was ist Manipulation? 19
Exkurs: Manipulation und Dialektik 22
Was ist Sprache? 24

1. Teil: Über die möglichen Träger manipulatorischer Techniken 27
   1. Abschnitt: Die formalen Träger manipulatorischer Techniken .. 28
   2. Abschnitt: Die materialen Objekte manipulatorischer Techniken 51
      I. Anthropologische Vorüberlegungen zum Thema
         Manipulation und Manipulierbarkeit 51
         1. Der Mensch als offenes, unfertiges Wesen 52
         2. Der Mensch als soziales Wesen 59
      II. Über einige Eigenschaften und Defekte, die eine Person
         leichter manipulierbar machen 66
         1. Die desorientierte Persönlichkeit 67
         2. Die nicht-zentrierte Persönlichkeit 83
         3. Die nicht-integrierte Persönlichkeit 116
         Exkurs: Man kann auch in der Sprache sterben 145
2. Teil: Typen manipulatorischer Technik 147
   1. Abschnitt: Einige Gedanken über den Menschen als
      manipulierbares Wesen 148
   2. Abschnitt: Die wichtigsten Regeln der Menschenbeeinflussung . 157
   3. Abschnitt: Typen der Manipulation 167
      1. Die politische Manipulation 167
      2. Die ökonomische Manipulation 183
         Die Manipulation des Arbeitnehmers (Motivation etc.) 183
         Die Manipulation des Konsumenten 200
      3. Die soziale Manipulation 214
         Die Manipulation durch die Gruppe 215
         Die Manipulation mittels der Gruppe 220
         Die Manipulation der Gruppe 227
         Exkurs: Manipulation in Ehe und Familie 229
      4. Die religiöse Manipulation 242
3. Teil: Situationen manipulatorischer Techniken 261
   1. Abschnitt: Einige Regeln 262
      1. Über das Erkennen des Gegners 262
      2. Wie man auf sich aufmerksam macht 269

3. Über das richtige Verpacken 278
   4. Wie man sich richtig wiederholt 285
   5. Wie man Gefühle anspricht 293
   6. Wie man mit fremden Ängsten umgehen kann 303
   7. Über den rechten Augenblick 312
   8. Wie man den anderen in die Mitte stellt 318
2. Abschnitt: Einige Fälle 327
3. Abschnitt: Einige Reden 346

Der Krieg ist ein Weg der Täuschung. Zeige dich dem Gegner so, als ob du etwas nicht tun könntest, obschon du es kannst. Tue so, als ob du etwas nicht ausnutzen könntest, obwohl du es ausnutzen kannst. Locke ihn durch einen Vorteil an. Bringe ihn in Verwirrung und packe ihn dann. Ist er stark, weiche ihm aus. Hast du ihn wütend gemacht, dann bringe ihn in Verwirrung und packe ihn dann. Spiele den Nachgiebigen, dann wird er eingebildet. Verfügt er über frische Kräfte, dann ermüde ihn.

Aus: Sun Tse, Die dreizehn Gebote der Kriegskunst. (4. Jh. vor Chr.)

Vorwort

Ich gehe in diesem Buch davon aus, daß jeder Mensch käuflich ist. Er ist bereit, für ideelle oder materielle Belohnung etwas zu tun, was er aus eigenem Antrieb niemals tun würde. Jeder Mensch ist also durch andere in seinem Verhalten zu deren Nutzen beeinflußbar, wenn man ihm nur genug für sein verändertes Verhalten bietet. Auch ein Dackel, dem man ein Stück Wurst vor die Nase hält, ist bereit, so manches zu tun, was er sonst geflissentlich bleiben lassen würde, weil es – sieht man einmal von dem erwarteten oder erhaltenen Lohn ab – ihm in keiner Weise nützt. Da sind wir Menschen nicht sehr viel anders. Bloß, daß statt des Wurstzipfels uns ein »Wert« oder etwas, das wir dafür halten, vor die Nase gehalten wird.
Jeder Mensch ist also käuflich. Und nur die Preise – nach Höhe und Art – unterscheiden die Menschen. Alle aber kann man zu Handlungen veranlassen, die keineswegs in ihrem Interesse liegen. Alle sind also manipulierbar.
Der Preis hängt seiner Höhe nach von mancherlei Faktoren ab:
– Etwa das Maß des Desinteresses an der Handlung, zu der man geködert werden soll,
– etwa die emotionale Besetzung des Preises (seine vermutete Werthaftigkeit also),
– etwa die emotionale Einbindung in eine Gruppe
– etwa die psychische Labilität
sind nur so einige Aspekte, die hier zu nennen sind.
Ergibt sich in einer Art Güterabwägung, daß der angebotene Preis die Mühe, mitunter gar den Verrat an den eigenen Prinzipien lohnt, wird man ihn kaum ausschlagen.
Doch auch die Art des Preises wird sehr unterschiedlich sein können. Für den einen sind es materielle Anreize, für den anderen eher ideelle, die seine Entscheidung bestimmen. Und von den ideellen gibt es eine ganze Menge. Angefangen von Lob und Anerkennung bis hin zu religiösen oder pseudoreligiösen Werten reicht die Palette, die sich geschickte Manipulateure zunutze machen, um Verhalten zu ihren Gunsten zu beeinflussen.
Wir alle haben gelernt, käuflich zu sein. Das kann man Schule des Lebens nennen. Eine Schule, die uns »Werte« vermittelt, auf die wir durch eigenes Nachdenken und eigene Entscheidung niemals gekommen wären, und die so gleichsam die Währung festlegt, in der wir bezahlt werden können. Eine Schule aber auch, die uns lehrt, Kompromisse zu schließen – auch zwischen unseren Idealen und der Wirklichkeit (oder was auch immer wir entschuldigend anführen, wenn wir uns unseren idealen Schneid abkaufen lassen).

Offensichtlich wird dieses Buch vom Menschen handeln müssen. Vom Menschen, der sich manipulieren läßt, der eine ganze Welt von Manipulationstechniken aufgebaut hat, die er dann mit verschiedenen verschleiernden Etiketten versieht: Politik, Wirtschaft, Erziehung... sind einige davon.
Wir alle leben in einer Welt, die weitgehend begründet ist in den sozialen Beziehungen, die wir miteinander eingehen. Solche Beziehungen sind aber nur selten ganz altruistisch. Meistens haben auch wir unseren Nutzen – oder möchten ihn doch haben. So versuchen wir ständig, das Verhalten anderer Menschen zu unserem Nutzen zu modifizieren, wie auch andere Menschen zu ihrem Nutzen auf uns einzuwirken trachten.
Ich begann gleich nach meiner Geburt meine Mitwelt zu manipulieren, das heißt durch mein Verhalten zu meinem Nutzen zu beeinflussen. Ich schrie. Ich schrie, wenn ich Hunger hatte, ich schrie, wenn ich mich unwohl fühlte, ich schrie, wenn ich mich nach sozialen Kontakten sehnte. Und meistens hatte das Schreien Erfolg. Meine Mutter verstand allmählich, was mein Schreien gerade bedeutete, und tat das, was mir nutzte, schon alleine, um das Schreien abzustellen. Als ich im dritten Lebensmonat zu lächeln begann, tat ich das etwa nicht, weil ich mich gerade freute, oder weil ich von Natur aus ein sonniges Gemüt mitbekommen habe, sondern rein instinktiv. Vermutlich um aufkommende Aggressionen (etwa durch mein Schreien ausgelöst) abzubauen. So ein Lächeln kann Erwachsene zu den merkwürdigsten Reaktionen veranlassen, in jedem Fall aber sind sie irgendeine Art von Liebeszuwendung, und die braucht man als Säugling wenigstens ebenso sehr wie seine Milch. Manche Erwachsene lassen sich dabei zu recht törichten Verhaltensweisen anregen. Sie sagen: »Was für ein reizendes Kind, jetzt hat er sogar gelächelt!« oder: »Ei, ei, ei, wie geht es dir?«
Doch auch mich hat man schon früh manipuliert. Wenn ich zum Beispiel schrie, nur weil es mir Spaß machte, so als ein lustvoller Selbstvollzug, da kam dann meist meine Mutter und versuchte, mich mit allen möglichen Tricks zum Schweigen zu bringen. Sie wollte also mein Verhalten zu ihrem Nutzen beeinflussen, da sie offensichtlich der Meinung war, ein braver Säugling schreie nicht ohne Grund. Damit war sie einem radikalen Fehler aufgesessen, der das Denken der Welt der Erwachsenen bestimmt: Man täte nichts ohne Grund – wobei sie dann meist noch der Meinung sind, Grund – das wäre ein vernünftiger Grund. Sie meinen, wenn man etwas täte, müßte man einen vernünftigen Grund dafür haben. Dieser radikale Irrtum führt zu den merkwürdigsten Rationalisierungen. Weil meine Mutter nicht zugeben wollte, mich manipuliert zu haben, erklärte sie mein Schreien rational. Sie fand, daß in ihrer Erwachsenenwelt jemand nur schreit, weil und wenn er sich bemerkbar machen will in einer Situation, die fremde Hilfe er-

fordert. Und deshalb rationalisierte sie etwa: »Das Kind hat Hunger.« Dann war sie enttäuscht, wenn mein Durst gleich Null war. Die Erwachsenen verstehen nicht, daß die eigentliche Welt aufgebaut wird durch Sinneswahrnehmungen, die wir emotional verarbeiten und interpretieren. Sie wissen nicht, daß die eigentliche Welt des Menschen eine emotionale Welt ist, die ihre Interpretamente aus dem Unbewußten nimmt. Sie glauben vielmehr, die eigentliche Welt sei die durch Verstandestätigkeit gebrochene und verstümmelte Sinneswelt, eine rationale Welt also. Und deshalb müßte auch alles eine bestimmte, im Regelfall vernünftige Ursache haben. Sie neigen dazu, die emotionale Welt als eine Art Scheinwelt zu betrachten. Weil ich dieses Buch für Erwachsene schreibe, habe ich mich auf diese Falschvorstellung eingestellt. Ich werde also so tun, als wäre die Welt des Menschen eine vernünftige Welt. Ich werde annehmen, wie falsch das auch immer ist, daß die emotionale Welt eine Scheinwelt sei. Ich sehe mich zur Manifestierung solch radikalen Irrtums veranlaßt, weil die meisten Menschen auf ihren Verstand stolzer sind als auf ihre unbewußten emotionalen Antriebe. Und das ist wohl verständlich, denn man kann kaum auf etwas stolz sein, was man nur sporadisch – und dann meistens, weil arational, als störend – wahrnimmt.

Der Verkehr zwischen Menschen hat nun zwei Ebenen: eine rationale und eine emotionale. Die emotionale besitzt wiederum zwei Etagen, die bewußte und die unbewußte. Auf allen Etagen und allen Ebenen ist Manipulation möglich und weitgehend üblich. Am sichersten geschieht Manipulation natürlich auf der Ebene unbewußter Motivationen, denn eine Manipulation ist zumeist dann besonders effizient, wenn sie dem anderen, dem Manipulierten, nicht bewußt werden *kann*. Doch das gehört nicht zum Wesen der Manipulation.

Nun habe ich – wie berichtet – meine Mitwelt schon lange manipuliert, ehe ich denken oder planen konnte. Eine Reihe manipulatorischer Techniken sind uns Menschen angeboren – und das ist gut so, denn sonst würden die meisten von uns kaum das erste Lebensjahr überstehen. Auf der anderen Seite ist es notwendig, daß unsere Eltern darauf festgelegt sind, unseren Manipulationsaktivitäten zu entsprechen. Das Ganze kann man, wenn man will, auf instinktive Verhaltensweisen reduzieren.

Auch im Tierreich gibt es durchaus manipulationsanaloge Verhaltensmuster – ja in noch verbreiteterem Maße als bei Menschen. Er unterscheidet sich allerdings vom Tier darin, daß er so gegen Ende des ersten Lebensjahres beginnt, *bewußt* zu manipulieren und manipulatorische Techniken einzuüben. Ein Jahr später beherrscht er schon eine ganze Reihe davon. Er hat schon längst herausbekommen, daß nahezu alle Autoritäten manipulierbar sind.

Durch Wohlverhalten können wir ihre Zuneigung und Zuwendung produzieren. Das nützen wir dann auch redlich aus. Wir manipulieren sie, indem wir durch – oft bloß scheinbares – Wohlverhalten ihr Verhalten zu unseren Gunsten beeinflussen. Dabei merken wir nicht, daß wir dabei »zurückmanipuliert« werden. Diese Gegenmanipulation besteht darin, daß wir auf solche Weise lernen, bestimmte Verhaltensmuster (die belohnt werden) zu unseren eigenen zu machen und wie selbstverständlich zu praktizieren. Damit legen wir den Grundstein unserer Sozialisierung, das aber heißt dafür, daß wir »nützliche« Mitglieder der Gesellschaft werden, die uns manipuliert.
Das kann auch auf unsere Religiosität abfärben. In der Erfahrung, daß alle Autoritäten manipulierbar sind zu unserem Nutzen, versuchen wir auch durch moralisches Wohlverhalten »Gott« (was auch immer wir dafür halten) zu unseren Gunsten zu beeinflussen.
So lernen wir schon bald, uns in einer Welt einzurichten, in der Herrschen Manipulieren heißt. Wir lernen durch zahlreiche kleine und große Tricks, das Verhalten unserer Mitmenschen zu unseren Gunsten zu ändern. Das tun wir, wenn wir einen Job suchen, das tun wir, wenn wir etwas verkaufen wollen, das tun wir, wenn wir um eine Freundin (oder einen Freund) werben, das tun wir, wenn wir andere Menschen zu etwas »motivieren«, das tun wir alltäglich immer und immer wieder.
Wir wären nun aber töricht, wenn wir annähmen, anderen Menschen ginge es anders. Auch sie haben zahlreiche Techniken entwickelt, uns zu einem Verhalten zu veranlassen, das ihnen nützt. Daß wir meist eher merken, wenn wir andere manipulieren, als wenn uns andere manipulieren, mag damit zusammenhängen, daß uns oft unsere eigenen Motive klarer sind als die der anderen. Es mag aber auch seinen Grund darin haben, daß wir zu eitel sind, uns zuzugestehen, daß wir alltäglich oftmals das »Opfer« der manipulatorischen Techniken unserer Mitmenschen werden.

Die Allgegenwart der Manipulation überall da, wo Menschen miteinander Kontakte eingehen, mag uns mit ihr versöhnen. Dennoch möchte dieses Buch kein Lehrbuch der Manipulation sein. Es möchte Sie also nicht lehren, andere wirkungsvoller zu Ihrem Nutzen zu beeinflussen, sondern es will die Voraussetzungen und Techniken der Manipulation in Theorie und Praxis aufzuzeigen versuchen.
Alle Verkehrsformen, die Menschen miteinander eingehen, sind durchdrungen von Manipulation und Widermanipulation. Sie ist die beherrschende Technik, die nahezu in allen Weisen aufzuzeigen ist, die Menschen wählen, wenn sie miteinander sprechen, handeln, arbeiten...
Nun gibt es sehr verschiedene Formen von Manipulation, die es sorglichst

zu unterscheiden gilt, ehe man daran geht, diesen sozial nahezu allgegenwärtigen Tatbestand zu verteufeln:
- Die Manipulation, die zwar zunächst den eigenen Nutzen sucht, doch sorglichst darauf achtet, daß auch der andere nicht zu kurz kommt.
- Die Manipulation, die nur den eigenen Nutzen sucht und der es gleichgültig ist, ob der andere dabei geschädigt wird.
- Die Manipulation, die ausschließlich den eigenen Nutzen sucht und bewußt bereit ist, dem anderen auch zu schaden.
- Die Manipulation, die den eigenen Nutzen sucht, auch wenn er nur durch Schaden des anderen erreicht werden kann.

Die beiden letzteren Formen sind zweifelsfrei moralisch anrüchig. Nur die erste kann für sich in Anspruch nehmen, nicht unbedingt Folge egoistischer Antriebe zu sein.

Manipulation ist also nicht schon von vornherein etwas Schlechtes (im sozialkritischen, ethischen, psychologischen oder moralischen Sinn), sondern zunächst etwas Indifferentes. Man muß da schon genauer zusehen, ehe man im Einzelfall Manipulation verurteilt. Ich möchte jedoch auch nicht soweit gehen, nahezu jede Manipulation zu tolerieren, nur deshalb, weil sie heute den zwischenmenschlichen Verkehr weitgehend bestimmt. Sicherlich liegt da manches im argen. Das vor allem insoweit, als wir miteinander Verkehrsformen eingegangen sind, die weitgehend auf dem Prinzip des Egoismus beruhen – und daher die Manipulationen verschiedensten Typs zu einer Art gesellschaftlichem Konstitutivum hochstilisieren.

Andererseits sagt derjenige, der von sich behauptet, er würde niemanden manipulieren, nicht die Wahrheit: er irrt oder er lügt. Wir alle beeinflussen alltäglich häufig Menschen zu unserem Nutzen – oder versuchen es zumindest.

Daraus ergibt sich denn auch die Intention dieses Buches:
1. Wenn wir schon alltäglich manipulieren, dann sollten wir lernen, darauf aufzumerken, um eventuell unsere Techniken so zu ändern, daß wir anderen nicht schaden.
2. Wir sollten erkennen, wo wir häufig manipuliert werden können: bei welchen Gelegenheiten und Anlässen, aus welchen Gründen und Ursachen.
3. Wir möchten versuchen herauszufinden, wie wir uns im Dschungel der Manipulation ein Maximum menschlicher Freiheit bewahren können.

Viele Dinge in unserem Leben lassen grundsätzlich zwei verschiedene Einstellungen zu: Entweder man beherrscht sie, oder man wird von ihnen beherrscht. Hierher gehören Eigentum (materielles wie geistiges), Emotionen (positive wie negative), Erfolg, Konsum, Ansehen, Selbstverwirklichung... Frei ist nur der Mensch, der von allen möglichen Zwängen, die von diesen Dingen ausgehen, nicht beherrscht wird, obschon er sich ihnen nicht – oder nur beschränkt – entziehen kann. Manipulation gehört auch zu diesen Faktoren. Oft ist sie eng mit einem der genannten verbunden.

Manipulation, vor allem das Ausgeliefertsein an sie, kann zur Selbstentwirklichung führen. Man ist dann nur als soziales Wesen wirklich, kaum mehr aber als individuelles. Der sich selbst entwirklichende Mensch wird auf soziale Bezüge in einer Weise verwiesen sein, daß er bereit ist, so ziemlich alles mit sich geschehen zu lassen. Er wird sich selbst damit zunehmend unwirklich.

Es geht hier also um Selbstverwirklichung, nicht um die scheinbare, die wieder zum Anlaß von Manipulation wird, sondern um die Verwirklichung des emanzipierten, des aufgeklärten Menschen. Emanzipiert aber von Zwängen – von inneren wie äußeren – ist nur der Mensch, der sieht, was in ihm und um ihn herum geschieht. Er kann dazu ja sagen, aber er muß nicht. Der emanzipierte Mensch wird Manipulation erkennen. Er wird das manipulatorische Spiel mitspielen. Aber er wird Herr des Spiels bleiben, selbst wenn er auf die Festlegung der Spielregeln nur beschränkten Einfluß hat.

Dieses Buch hat drei Teile:
Im *ersten* wird versucht werden, die Träger manipulatorischer Techniken vorzustellen. Er wird die formalen Methoden der Manipulation behandeln und auf Dispositionen verweisen, die den Menschen zu einem manipulierten Wesen machen.
Der *zweite* Teil wird dann die manipulatorischen Techniken und die Bereiche beschreiben, in denen sie uns gehäuft und zum Teil gar ritualisiert begegnen.
Im *dritten* Teil werden dann Situationen beschrieben, in denen manipuliert wird. In allen Teilen werden »Manipulationsregeln« genannt werden.
In den beiden ersten wird verschiedentlich über die »Natur« des Menschen zu reflektieren sein, um den Möglichkeiten und Grenzen manipulatorischer Techniken auf die Sprünge zu kommen. Die liegen nun einmal tief in dem verwurzelt, was man etwas pathetisch menschliche »Natur« nennen kann. Im Jargon der Anthropologie kann man im Zusammenhang der Manipulierbarkeit durchaus von einer »conditio humana« sprechen, das heißt: von einer Befindlichkeit, die dem Menschen als Menschen zukommt, der nicht gerade als Robinson aufwächst und lebt. Der Mensch scheint nur unter der Bedingung der Manipulierbarkeit Mensch sein zu können.

Die drei Teile dieses Buches sind durch mancherlei Gedanken miteinander verbunden. Der aufmerksame Leser wird verschiedentlich – wenn auch im anderen Kontext – in allen drei Teilen ähnlichen Gedanken begegnen. Es soll sich dabei nicht um triviale Wiederholungen handeln, sondern um Darstellungen zwar Desselben – jedoch auf einer anderen Reflexionsstufe.

Einleitung

Wenn man über etwas schreibt oder spricht, sollte man zuvor kundmachen, worüber man schreibt oder spricht. Viele Mißverständnisse beruhen darauf, daß die Partner, obschon sie die gleichen Worte verwenden, doch über ganz verschiedene Dinge reden. Zu Anfang einer geistigen Auseinandersetzung muß man sich also klar zu werden versuchen, womit genau man sich auseinandersetzen möchte. Die Klarheit der Definition ist in einem Grundsatzgespräch, zu dem ich Sie in diesem Buch einlade, elementare Voraussetzung. Auch sei gleich zu Anfang betont, daß eine Definition nicht wahr oder falsch, sondern allenfalls geeignet oder weniger geeignet sein kann. Geeignet ist sie dann, wenn sie erlaubt, einen konkreten Gegenstandsbereich optimal aufzuschlüsseln. Der Gegenstandsbereich, über den dieses Buch handelt, ist nun zweifelsfrei die Verhaltensbeeinflussung eines anderen zum Nutzen des Beeinflussenden oder eines Dritten – und zwar vermittels des Mediums Sprache.
So habe ich also vor allem zwei Begriffe genauer festzumachen: Manipulation und Sprache. Solches definierende Festmachen soll nicht einschnüren, sondern Gedanken freisetzen helfen. Somit sind die Definitionen eher weiter als zu eng zu wählen.

Was ist Manipulation?

»Manipulation« ist Verhaltensbeeinflussung zu fremdem Nutzen.
Diese Definition bedarf einiger Erläuterungen:
1. Ethymologisch stammt das Wort aus dem Lateinischen und meint »mit der Hand füllen« (manu plere). »Manipulus« meinte »eine Hand voll« (Soldaten). Im 17. Jahrhundert taucht in Frankreich »manipulation« in der Bedeutung von »Handlungsweise« auf, mit einem leichten Anhauch von Schlitzohrigkeit. Im folgenden Jahrhundert geriet das Wort über die Medizin ohne seinen pejorativen Beigeschmack nach Deutschland und bedeutete jetzt nichts anderes als »handhaben«, »geschickt zu Werke gehen«, »etwas arrangieren«. Seinen recht negativen Sinn erhielt das Wort erst nach 1945. Die sprachliche Herleitung läßt uns also bei der Bestimmung ziemlich Freiheit. Dennoch glaube ich, daß die vorgeschlagene Definition in etwa dem heutigen Sprachgebrauch gerecht wird.
2. Wenn ich von »fremdem Nutzen« spreche, ist damit der Nutzen des Beeinflussenden oder eines Dritten gemeint, nicht aber der Nutzen des Beein-

flußten. Eine Verhaltensbeeinflussung zum Nutzen des Beeinflußten möchte ich »Edukation« nennen. Andererseits schließt die Definition aber keineswegs den Nutzen des Beeinflußten aus. Sie sagt nichts darüber. Es kann also durchaus Manipulationen geben, die allen Beteiligten nutzen. Um aber dennoch Manipulation von Edukation zureichend scharf zu trennen, beziehe ich mich bei der »Verhaltensbeeinflussung« auf eine intendierte (nicht also tatsächliche). »Manipulation« meint also, daß der Beeinflussende nicht den Nutzen des Beeinflußten (primär) intendiert, sondern seinen eigenen oder den eines Dritten. Dabei können durchaus Situationen auftreten, daß manipulierender Absicht ein edukatorischer Erfolg beschieden ist.

3. Die Definition sieht davon ab, ob die Beeinflussung und ihr Ziel dem Beeinflußten bewußt sind oder nicht. Ebenfalls wird keineswegs behauptet, daß die Manipulation gegen den Willen des Beeinflußten geschehe. Es ist durchaus möglich, daß eine Person sich wissend und willentlich manipulieren läßt.

4. Die manipulatorische Aktion kann systematisch oder unsystematisch verlaufen, obschon sie in jedem Fall zielgerichtet (auf »fremden Nutzen«) ist. So kann eine Zwecklüge eine sehr unsystematische Handlung sein, die jedoch auf den Nutzen des Lügenden abzweckt.

5. Ziel der manipulatorischen Technik können Individuen oder Gruppen sein, wie auch Verwender der Techniken Individuen oder Gruppen sein können.

6. Oft – wenn auch keineswegs immer – wird die Verhaltensbeeinflussung versucht über eine Lenkung und Prägung des Bewußtseins, der Lebensgewohnheiten, der Gefühlslagen. Besonders geschickt sind Manipulationen, die einer vermeintlichen Bedürfnisbefriedigung des Beeinflußten entgegenkommen.

7. Über das Verhältnis von Manipulation und Motivation ist viel geschrieben und gesprochen worden. »Motivation« ist zweifelsfrei ein übergeordneter Begriff und bezeichnet alle nicht aus äußeren Reizen ableitbaren Variablen, die (menschliches) Verhalten in bezug auf Intensität und Richtung beeinflussen und/oder kontrollieren. Motivationen können endogener (aus dem »psychischen Innen«) oder exogener Herkunft sein. Sie können durch Personen, Situationen, Gegebenheiten der materiellen, sozialen, geschichtlichen Welt ausgelöst werden. Dieser universelle Begriff von »Motivation« wird zumeist in den Management- und Führungstheorien eingeschränkt. Hier wird mit »Motivation« ein Beweggrund oder eine strukturierte Summe von Beweggründen bezeichnet, die den arbeitenden Menschen zu seiner Arbeitsleistung bestimmen. Zumeist unterscheidet man hier (mit Fürstenberg) vier typische Motivationsstrukturen:

- zweckrationale (über Ausrichtung auf materielle Ziele),
- wertrationale (über die Berufung auf ethische oder religiöse Werte),
- traditionale (über die Gewohnheiten innerhalb einer Arbeitnehmergruppe),
- emotionale (über gefühlsmäßige Einstellungen wie Betriebsklima...).

Diese Aufzählung ist jedoch weder vollständig noch konsistent. Die stärksten Motivatoren sind zweifelsfrei libidinöse und destruktive (auf Selbstverwirklichung oder Selbstentwirklichung abzweckende) Felder, das heißt: Situationen, in denen – je nach Antrieblage und dominierender Antriebsart – ein Mensch sich physisch, psychisch, sozial verwirklichen oder entwirklichen, schaden kann. Die Motivation ist dann optimal, wenn sie der Antriebsrichtung (Physis, Psyche, soziale Welt) entspricht. Hier ist offensichtlich ein reiches Feld manipulatorischer Anmutungen möglich und denkbar.

Hier erscheint Motivation offensichtlich als eine Art der Manipulation. Unter der Hand hat man sich jedoch in den Führungstheorien darauf geeinigt, daß man »Motivation« nur dann gebrauchen solle, wenn der Motivator und der Motivierte beide wenigstens den Schein eines Nutzens aus der Handlung oder Verhaltensweise beziehen, auf die hin motiviert wird. Der Begriff »Motivation« ist also außerordentlich schillernd. Man wird gut daran tun, jeden Autor zu fragen, was er denn meine, wenn er von »Motivation« spricht. Wegen der konkreten Begriffsunschärfe wollen wir den Begriff im Regelfall meiden. Es ist ehrlicher von Manipulation zu sprechen als von Motivation, wenn man Verhaltensbeeinflussung zu fremdem Nutzen meint. Genau das aber ist sehr oft gemeint, wenn in der betrieblichen oder politischen Welt von »Motivation« gesprochen wird.

Die Funktion des Managers verschiebt sich zunehmend auf die Funktion des Motivierens. Er wird zum »perfekten Organisator des Spieltriebs des Menschen« (M. Maccoby). Das aber heißt nichts anderes, als daß Managen an der Spitze nichts anderes bedeutet als die angewandte Kunst, die beherrschte Technik der Manipulation. Die Menschenführung und -verführung über die Methoden der Motivation zweckt darauf ab, Menschen zu veranlassen, zu fremdem Nutzen aktiv zu werden.

Doch für welchen Preis wird solch fatale Kunstfertigkeit erkauft? Der Manipulator (oder Motivator) wird schließlich sein Geschäft nur gut machen, wenn er von dem selbst überzeugt ist, was er anderen vermittelt. Die Kunst der Fremdmanipulation setzt eine Veränderung des eigenen Verhaltens zu fremdem Nutzen (zum Nutzen etwa des Kapitaleigners) voraus. Hier begegnen wir zum ersten Mal der Erscheinung der »Selbstmanipulation« (d.h. der Beeinflussung des eigenen Verhaltens zu fremdem Nutzen). Das kann etwas sehr Heroisches sein. Darüber will ich nicht handeln. Meist ist

Selbstmanipulation kein heroisches Opfer, sondern das Ergebnis eines langwährenden Selbstentwirklichungsprozesses, indem ein Mensch sich selbst mit seiner Arbeitskraft identifiziert – mit einer Arbeitskraft, die er dem Bestbelohnenden (das muß nicht immer Geldentlohnung sein) anbietet.
Da dieses Buch über die Manipulation mit der Sprache handeln soll, will ich auf diese Frage der Selbstmanipulation (eine Form fremddienlicher Autosuggestion) nicht näher eingehen, da sie sich außersprachlich vollzieht. Die Manipulation von Mensch zu Mensch dagegen verwendet zumeist in irgendeiner Form die Sprache als Manipulationsinstrument oder doch als Verstärker nicht-verbaler Manipulationstechniken.
Doch kehren wir noch für ein paar Sätze zurück zu denen, die heute von Berufs wegen manipulieren müssen: den Unternehmern (vor allem aber den angestellten). Wie sieht so ein Mensch aus, der seine eigene Psyche so umgeformt hat, daß er optimale Motivationserfolge hat? Michael Maccoby (Gewinner um jeden Preis, Reinbek 1977) schreibt:

> Die meisten erfolgreichen Manager leben als Sklaven ihrer Karriere – sich selbst und anderen entfremdet. Einige gibt es, die diesen Preis nicht zahlen wollen. Sie verrichten ihre Arbeit, aber sie entfernen sich aus dem Wettkampf.

8. Vermutlich gibt es unzählige Definitionen des Wortes »Manipulation«. Einige seien hier angeführt:
- Beeinflussung des Menschen (als Einzelwesen oder in der Gruppe) zum Zwecke einer systematischen zielgerichteten Lenkung und Prägung des Bewußtseins, der Denkgewohnheiten, Gefühlslagen. (MEL)
- Undurchschaubare Beeinflussung eines Menschen oder einer Menschengruppe (z. B. durch Werbung, Ideologien, Lügen).
- Herrschaftstechnik der imperialistischen Bourgeoisie zur Steuerung großer Massen des Volkes, indem mit Hilfe moderner wissenschaftlicher Erkenntnisse und technischer Methoden die Bewußtseins- und Meinungsbildung soweit wie möglich von der Erkenntnis und dem Wissen getrennt und somit das Bewußtsein der Menschen deformiert wird. (G. Heyden)
- Bezeichnung für einen gezielten Einfluß auf Entscheidungen von Menschen, den diese als gezielten Einfluß (und damit Beeinträchtigung ihrer freien Entscheidung) nicht wahrnehmen (können). (G. v. Kirn)
- Form der ideologischen Machtausübung der imperialistischen Bourgeoisie unter den Bedingungen des staatsmonopolistischen Kapitalismus; Ausdruck der zunehmenden Fäulnis und Labilität des Imperialismus. Sie ist der planmäßige, mit wissenschaftlichen Methoden geführte psychologische

Krieg gegen das Denken, die Vernunft und die Gefühle, gegen jegliche auf den gesellschaftlichen Fortschritt gerichtete Entwicklung der Werktätigen mit dem Ziel, ihr Denken in das staatsmonopolistische Herrschaftssystem zu integrieren und sie im Sinne der aggressiven Politik des Imperialismus gegen den Sozialismus ideologisch auszurichten. (KPW)
● Steuerung fremden Verhaltens, deren sich die betroffenen Personen kaum oder gar nicht bewußt werden und die besonders im Interesse des Ausführenden liegt. (BE)
Ich bin der Ansicht, daß alle diese Definitionen – sieht man einmal von der letzten ab – schon weitgehend ideologisch vorbelastet sind oder bloße Teilaspekte betonen. So gehört sicher auch die nicht unbedingt über Bewußtseins- oder Gefühlsumprägungen oder -erstprägungen geschehende Handlung zu fremdem Nutzen in den Bereich dessen, was mit »Manipulation« beschrieben werden muß. Auch ist die Frage der Durchschaubarkeit – wie gesagt – sekundär. Es ist durchaus möglich, daß man die manipulatorische Technik durchschaut. Sie bleibt auch dann manipulatorisch.

9. Manipulation kann (muß aber nicht):
● die Fähigkeit, selbständig Entscheidungen zu treffen, einschränken,
● die personale und soziale Autonomie des Beeinflußten gefährden,
● emotionelle und affektive Entscheidungen vor rational begründeten begünstigen,
● Leitwerte und Beurteilungssysteme aufbauen, im Rahmen derer auf eingeprägte Signale reagiert wird.
Diese tatsächlichen oder möglichen Gefahren gilt es mit zu berücksichtigen. Im Vorwort habe ich von Manipulationen gesprochen, die die Schädigung des Manipulierten in Kauf nehmen oder gar intendieren. Die dort gemeinten Schädigungen sind nicht nur solche materieller, sozialer oder psychischer Art, die gleich ins Auge fallen. Oft sind sie sehr viel versteckter, wie die hier erwähnten. – Da gilt es, einen Irrtum zu vermeiden: Die Schäden, die vom Gesetzgeber oder von Selbstkontrollorganen (Werbung, Film) verhindert werden *können*, sind meist recht oberflächlicher Art, denn es muß sich ja in solch verbotener Manipulation um ein normierbares und damit faßliches Ereignis handeln. Gerade aber die Manipulation, die die dauerhaftesten Schäden anrichtet, ist nicht so geartet. Sie kann allenfalls der Gewissenskontrolle des manipulierenden Individuums unterstehen. Damit ist es aber oft nicht allzu gut bestellt.
So bleibt denn kaum etwas anderes zu tun, als das Bewußtsein des potentiell Manipulierten zu sensibilisieren gegen Manipulationen gerade auch gegen die sozial anerkannter oder versteckter Art. Dieses Buch möchte helfen, da einen ersten Schritt zu wagen.

Exkurs: Manipulation und Dialektik

Heute sind die meisten Nicht-Fachleute der Ansicht, Dialektik sei eine Form niederer Manipulation. Sie sei eine Technik, den anderen zu eigenem Nutzen zu überrumpeln. Dialektik sei also eine Art geistiger oder intellektueller Vergewaltigung. Das kann sie zweifellos sein – wenn sie als an sich wertneutrales Instrument in falsche Hände fällt. Aber es gibt kaum eine menschliche Kunstfertigkeit, die nicht pervertiert und mißbraucht werden kann. Doch ist es falsch, eine Technik von ihrem Mißbrauch her zu definieren (wie etwa die Flugtechnik durch die Möglichkeit, fremde Städte durch Bomben zu vernichten).

Dialektik ist die Kunst, im Gespräch der Wahrheit oder einer optimalen Strategie näher zu kommen. Dialektik beruht auf der Überzeugung, daß nur ganz selten ein Mensch alle Wahrheit für sich hat, sondern daß Wahrheit zwischen Menschen spielt und in diesem Spiel zum Ausdruck, zur Sprache kommt. Damit sie das aber kann, gilt es bestimmte Regeln zu beachten, da sonst menschliches Miteinander-Sprechen eher zur Verwirrung und zur Verdunklung von Wahrheit führen kann. Dialektik ist also eine Technik, die versucht, die Folgen des »Turmbaus zu Babel« soweit rückgängig zu machen, als das für Menschen überhaupt möglich ist.

Die Dialektik geht davon aus, daß Sprache nur ein Oberflächenphänomen ist. Sie lagert sich über der weitgehenden unsprachlichen emotionalen Schicht des Menschen. Wenn zwei Menschen miteinander sprachlich interagieren, dann interagieren zugleich auch zwei Emotionsfelder. »Überzeugen« bedeutet also nicht etwa, den anderen auf der Redeebene zu überwinden (zu über-reden also), sondern ihn auf der emotionalen Ebene zu bestimmen oder – unter Umständen – umzustimmen. Dialektik ist also eine Technik, über die Sprache die vor- oder unbewußten emotionalen Zonen des Gesprächspartners zu öffnen, um in ihnen eine Veränderung zu bewirken.

Da nun aber Dialektik nicht eine autistische Prozedur ist, sondern immer eine zwischenmenschliche, wird auch der begegnende Partner auf eben dieser Ebene zu agieren und zu reagieren versuchen. Das geschieht meist recht unbewußt. Wer allerdings die Gesetze der Beeinflussung der emotionalen Sphäre seines Partners durch das Wort beherrscht, wird in diesem dialektischen Spiel im Vorteil sein. Da aber jedermann solche Techniken erlernen und gezielt anwenden kann, sollte man nicht von vornherein von Unfairneß sprechen, wenn einer der beiden Partner dialektisch geschult ist.

Ein jedes menschliche Gespräch verläuft also auf zwei Ebenen: der verbalen und der emotionalen. Inhalte beider Ebenen stehen miteinander in enger Wechselbeziehung. Und letztlich gewinnt nicht etwa der, der auf der Ebene der verbalen Kommunikation (also durch überlegene Diskussionstechnik etwa) siegt, sondern der, der auf der emotionalen überzeugt.

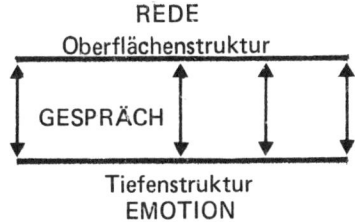

Was für das Gespräch gilt, gilt ebenso für Konferenzen, Sitzungen, Diskussionen, Debatten, Reden... Es gilt also stets, den Partner emotional zu überzeugen und nicht, ihn verbal zu überreden. Letzteres ist allenfalls ein Scheinsieg. Es gibt Menschen, die eine Fülle solcher Siege erringen und doch nahezu jeden »Krieg« verlieren.
Nun ist es zweifellos möglich, die Kunst der emotionellen Beeinflussung auch zu mißbrauchen. Solcher Mißbrauch liegt nicht immer schon dann vor, wenn die Beeinflussung nicht zum Nutzen des Beeinflussenden geschieht, sondern erst dann, wenn der Schaden des anderen in Kauf genommen oder gar angestrebt wird. Sicherlich wird Dialektik sehr oft praktisch auf Manipulation hinauslaufen. In diesem Sinne ist dieses Buch eine Weiterführung und Vertiefung meines Buches: »Dialektik für Manager«. Darüber hinaus aber will dieses Buch auch aufmerksam machen auf die Gefahren mißbräuchlich verwendeter Dialektik, will sensibilisieren für manipulatorische Ansprüche, damit es leichter gelingen mag, Schaden von sich und anderen abzuwenden.
Der manipulatorische Anspruch ist nun keineswegs schon abgewehrt, wenn er erkannt wird. Vor allem müssen auf der emotionalen Ebene Imunisierungsmechanismen wirksam werden. Darum zielen manche Passagen dieses Buches bewußt auf Ihre Emotionalität ab.
Im letzten Abschnitt dieses Buches werde ich Ihnen einige Reden als Musterbeispiele beherrschter Dialektik vorstellen. Sie alle haben den Zweck, den Zuhörer auf der emotionalen Ebene anzusprechen und zu formieren. Sie werden bemerken, daß keineswegs alle die vorgestellten und diskutierten Reden manipulatorisch (im negativen Sinn) des Wortes sind. Hier werden Sie an Beispielen sehen, daß weder Manipulation noch Dialektik an sich »schlecht« sind, wohl aber, daß man beide sehr wohl mißbrauchen kann.

Was ist Sprache?

Das uns so vertraute Phänomen »Sprache« läßt sich gar nicht so leicht definieren, wie es auf den ersten Blick scheinen möchte. Zwischen Sprachlichem und Außersprachlichem liegen weite Grauzonen, durch deren Gebiet irgendwo die Definitionsgrenze zu ziehen ist. Ich schlage folgende Definition vor:
Sprache = eine offene Menge von Zeichen und Verbindungsregeln von Zeichen, die in einer Gesellschaft (der sogenannten »Sprachgemeinschaft«) zum Zweck der Mitteilung gebildet werden können. Zur Sprache gehören keineswegs nur Wortzeichen, sondern durchaus auch Ausdruckszeichen, insofern sie Mitteilungscharakter haben. Das Was *und* Wie des Sagens, die Kommunikation über Inhalt *und* Ausdruck ist sicher sprachlicher Art. Doch sprachlich wäre auch dann eine Situation, wenn das Wort oder ein anderes Zeichen zum bloßen Träger von Ausdruck würde. Sprachlich wäre also durchaus die Kommunikation zwischen zwei Menschen, die sich lieben, obschon das Was des Sagens weit zugunsten des Wie in den Hintergrund tritt.
Manipulation geschieht nun sicherlich vorwiegend über die Sprache. Es kann sein, daß Sprache selbst primäres Manipulationsmittel ist, es kann aber auch sein, daß sie Manipulation wesentlich begleitet oder verstärkt. Ich werde im folgenden diese beiden Aspekte der Manipulation durch Sprache nicht voneinander trennen. Offensichtlich setzt jede Manipulation, als soziales Phänomen, soziale Kontaktaufnahme voraus – die aber ist im Bereich des Menschlichen nur selten ganz unsprachlich. [Bei manchen Tieren gibt es sicher auch Kontaktaufnahme durch Geruch oder durch Berührung. Beim Menschen treten solche Formen der Kontaktbereitung jedoch zurück oder sind zumindest doch sprachlich begleitet.]
Die Wahrnehmung von Sprache geschieht also beim Menschen vorwiegend durch Ohr (Was des Sagens, verbaler Ausdruck) und Auge (somatischer Ausdruck). Nicht zufällig hat sich für den somatischen Ausdruck im Englischen das Wort »body language« eingebürgert (mit der deutschen Übertragung »Körpersprache«). Man kann nun beliebig lange darüber diskutieren, ob man die Körpersprache mit zur Sprache rechnen soll oder nicht. Ich entscheide mich hier dafür, sie als sprachlichen Teil der Kommunikation zu verstehen. Es wird sich herausstellen, daß diese Dehnung des Begriffes »Sprache« sich im Kontext dieses Buches als fruchtbar erweist, als Manipulation – die geschickte zumindest – über Ausdrucksmittel den emotionalen Bereich anspricht. Eine Darstellung von Manipulation über das *bloße* Wort ohne Berücksichtigung des Ausdrucks bliebe also ein Torso.
Vielleicht ist der Titel dieses Buches etwas irreführend. Es geht nicht um

eine linguistische Studie, sondern um eine Untersuchung der Manipulation über Sprache in sozialkritischer Absicht. Ich werde also im folgenden kaum mehr ausdrücklich über Sprachprobleme handeln, wohl aber über gesellschaftliche.

1. Teil

Über die möglichen Träger manipulatorischer Techniken

Über die möglichen Träger manipulatorischer Techniken handeln die beiden ersten Abschnitte dieses Buches. Da unterscheiden wir die formalen Träger manipulatorischer Techniken und die materialen. Die formalen Träger manipulatorischer Techniken sind Informationen, Nachrichten. Jede Manipulation setzt irgendeine Nachricht voraus, d. h. es muß etwas von außen auf uns treffen, das uns manipuliert oder einen Prozeß in Gang setzt, der uns manipuliert. Solche Nachrichten können uns als (gedrucktes oder gesprochenes) Wort, als Bild, als Musik... erreichen. In Frage kommen alle Informationsträger, die es der manipulierenden Information erlauben, Emotionen, Bedürfnisse, Einsichten, Wünsche, Hoffnungen, Strebungen... zu erreichen und sie zu bestimmen oder umzustimmen und so zu einem *von außen* gesteuerten Verhalten zu führen.
Der materiale Träger manipulatorischer Techniken ist der Mensch. Mit ihm müssen wir uns sehr viel ausführlicher beschäftigen als mit den formalen Trägern manipulatorischer Techniken. Der Mensch ist ein äußerst sensibles und leicht beeinflußbares soziales Organ (das soll heißen, daß er unter anderem so etwas wie ein Organ eines »sozialen Organismus« ist) und deshalb recht leicht zu beeinflussen. Nun gibt es Menschen, die besonders leicht beeinflußbar und damit auch zumeist manipulierbar sind. Damit sind schon die beiden Hauptthemen des zweiten Abschnitts dieses Teils charakterisiert: Im ersten werde ich einige Vorüberlegungen darüber anstellen, wie es kommt, daß Menschen überhaupt manipulierbar sind, im zweiten werden dann einige Dispositionen genannt, die die Manipulierbarkeit deutlich verstärken.

1. ABSCHNITT

Die formalen Träger manipulatorischer Techniken

Formale Träger manipulatorischer Eingriffe gehen über ganz die gleichen Kanäle wie »Nachrichten« nicht-manipulatorischer Art; es sind das die Kanäle, über die wir Informationen aufnehmen. Unter formalem Aspekt kann man »Manipulation« definieren als »gezielt entstellte Information«.
Die wichtigsten Informationsquellen sind
– gesprochene oder geschriebene Worte,
– Ausdrucksverhalten (sprachlicher und körperlicher Ausdruck),
– Signale und
– Appelle.
Unter »Information« verstehe ich hier recht unthematisch jede zweckorientierte oder zusätzliches Wissen vermittelnde Nachricht. Die Informationen werden durch Rezeptoren (Sensoren) aufgenommen und beim Menschen ins Gehirn (als Speicher- und Verarbeitungseinrichtung) weitergeleitet. Die gespeicherten und verarbeiteten Informationen führen bewußt oder unbewußt zu neuen Einstellungen, affizieren den Gefühlsraum, modifizieren die Werteordnung, haben Handlungen oder Unterlassungen zur Folge.
Wir unterscheiden im Zusammenhang der Informationsverarbeitung
● materiale und formale Information. Die materiale Information ist der Informationsträger (also etwa ein gesprochener Satz), die formale Information ist die Information, die der Träger transportiert (etwa die Bedeutung des Satzes). Um von der materialen Information zur formalen zu kommen, muß die materiale zunächst wahrgenommen und verarbeitet (d. h. die Information muß vom Träger abgelöst) werden.
● objektive und subjektive Information. Die vom Träger getragene Information nennen wir objektive, die vom ablösenden Subjekt verstandene subjektive Information.

An folgenden Stellen der vom Sender (etwa dem Sprechenden) und dem Empfänger (etwa dem Hörenden) gegebenen Nachricht kann es also zu Entartungen kommen:
1. <u>Der Sender kodiert seine Nachricht bewußt oder unbewußt mißverständlich oder ungenau.</u>

2. Die materiale Information kann gestört sein, wenn sie etwa nur verstümmelt den Empfänger erreicht.
3. Die Ablösung der formalen Information vom Träger kann mißlingen, wenn der Empfänger – eventuell über seine Interessen, Erwartungen, Stimmungen fehlgeleitet – die Information falsch ablöst oder Teile der Information nicht ablösen kann (Fremdworte, Ermüdung) oder will (ungenaues Hinhören oder absichtliches »Forthören«).
4. Die Verarbeitung der objektiven Information durch den Empfänger kann durch dessen Vorurteile, Erwartungen, Wissens-, Wollens- und Gefühlsdispositionen verfälscht sein.

Sehr oft werden diese Störungen im Informationsfluß nicht wahrgenommen. Mitunter baut sie der Sender aber auch absichtlich mit ein. In diesem Fall wird man in der Regel von entstellter oder manipulierender Information sprechen. In diesem Zusammenhang müssen wir die einzelnen Orte genauer untersuchen, an denen Information gezielt verfälscht werden kann, so daß der Empfänger mit ziemlicher Sicherheit ein von der Realität abweichendes Bild erhält und so manipuliert werden soll.

1. Fehler des Senders (des Informationsgebers).
Die grobschlächtigsten Versuche, über entstellte Information zu manipulieren, gehören hierher.
a) Die unwahre Information. In diesem Fall versucht der Sender den Empfänger bewußt zu täuschen, indem er eine sachlich unrichtige oder unzutreffende Nachricht kodiert. Die Nachricht selbst also ist schon falsch, ganz unabhängig von ihrem inhaltlichen (inneren) oder sozialen oder psychischen (äußeren) Kontext. Hierher gehören bewußte Lügen oder andere Falschinformationen. Eine auf Irrtum beruhende Falschinformation meine ich hier nicht, denn sie fällt gemäß unserer Definition nicht unter »Manipulation«. Hier ist jedoch zu berücksichtigen, daß der Irrtum des Senders sehr wohl dadurch zustande gekommen sein kann, daß er selbst einer Manipulation in trügender Absicht erlag.
Bei dieser Form manipulatorischer Technik kommt auch ein »Lügen« über Signale des körperlichen Ausdrucks in Frage. Der somatische Ausdruck (Mimik, Gestik, Haltung, Gang) besitzt ein Repertoire, das phylogenetisch sehr viel älter ist als das der Begriffssprachen. Die wichtigsten Zeichen dieses Repertoires sind zudem – für alle Menschen gleich – angeboren. Die Ursprünge der Ausbildung dieses Repertoires dürften einige Millionen Jahre zurückliegen (während die Begriffssprachen, wie wir sie heute kennen, erst knapp 100 000 Jahre alt sein werden). Die Kommunikation über diese angeborenen Signale ist sehr ursprünglich und unverstellt sowie weitgehend nicht rational gesteuert. Von hierher leitet sich nicht nur die Bedeutung von

Mimik und Gestik für die rhetorische Situation ab, sondern für jede Form menschlicher unmittelbarer Interaktion. Zwar ist der angeborene Ausdruck nur noch bei Kindern und Menschen, die in einer repressionsfreien Welt aufwachsen, unverstellt beobachtbar, doch sind selbst im Raum mitteleuropäischer Zivilisation, die die menschlichen Verkehrsformen mit einer Fülle von Zwängen (teils notwendigen, teils überflüssigen) ausstattete, noch deutliche Reste dieser »Ausdruckssprache« erhalten geblieben.
Nun ist es durchaus möglich, Stimmungen, Gefühle, Interessen... im Ausdruck vorzugeben, die man gar nicht hat (Liebe, Sorge, Aufmerksamkeit, Neid, Haß, Schmerz, Freude, Begeisterung, Skepsis, Nachdenklichkeit, Fragebereitschaft, Überdruß...), insofern es dem Menschen möglich ist, spontanen Ausdruck einsichtgesteuert nachzuahmen. Diese Form verlogener Kommunikation ist, wenn sie tatsächlich beherrscht wird und nicht auf dem Niveau von Schmierenkomödianten stehen bleibt, außerordentlich schwer zu durchschauen – und fast alle Menschen fallen darauf herein. Die unwahre Information über den körperlichen Ausdruck ist eine Form der Lüge, die, obschon oft sehr viel folgenreicher als die verbale Unwahrheit, keinem ethischen Verdikt unterliegt. Im Gegenteil: Mitunter werden die »Ausdruckslügner« (und hierher gehört auch das sog. »poker face«) für besonders clever gehalten. Ja, es gibt Berufe, in denen das Urteil: »Man kann ihm vom Gesicht ablesen, was er meint!« als scharfer Tadel gedacht ist. Hier wird Lüge oder verlogenes Schweigen zum allgemeinen Prinzip zwischenmenschlicher Informationsströme erhoben. Nicht selten sind es »Ausdruckslügner«, die das »Sprechlügen« aufs schärfste verurteilen. Diese schizophrene Haltung läßt sich vermutlich nicht beliebig lange ohne psychischen Schaden durchstehen.
Das soll nun aber nicht heißen, daß man immer unter allen Umständen verpflichtet sei, die Wahrheit (in Sprache und Ausdruck) mitzuteilen. Auch das Schweigen will gelernt sein. Manche Menschen beherrschen die »Kunst der Unwahrhaftigkeit« so sehr, daß nicht einmal das Gegenteil von dem, was sie sagen, wahr ist. Andere manipulieren durch ihre »Wahrhaftigkeit«, denn auch solche Wahrhaftigkeit kann ein Instrument sein, das Verhalten eines Menschen zu fremden Gunsten zu beeinflussen.
Es genügt also keineswegs immer, die Wahrheit zu sagen. Wahrhaftig ist nur der, der auch kompetent ist, die Wahrheit zu sagen. So ist keineswegs jeder zu jeder Kritik am Mitmenschen berechtigt, sondern nur der, der dazu kompetent ist. Die inkompetente Kritik ist vielmehr ein sehr massives Instrument der manipulatorischen Verhaltensbeeinflussung, selbst wenn sie noch so berechtigt ist. Ich habe im Laufe zahlloser Gespräche herausgefunden, daß fast alle Menschen, die, wie sie sagen, zur bedingungslosen »Wahrheitsliebe« tendieren, diese keineswegs mit einer ebenso bedin-

gungslosen Menschenliebe verbinden, sondern zumeist ausgesprochene Egoisten, d. h. die geborenen Manipulateure sind. Ganz ähnliches gilt für die Vielen, die mit Entrüstung und dem Ausdruck von Empörung die Berechtigung jeder Manipulation, bzw. der Verwendung manipulatorischer Techniken widersprechen. Auch ihnen kann man im Regelfall kaum die Tugend der Philanthropie nachsagen, ohne ihnen Unrecht zu tun. Noch einmal: Manipulation ist zunächst eine wertfreie Technik. Sie kann, wie fast jede Technik, zum allgemeinen Nutzen gebraucht oder zum Schaden von einzelnen oder vielen mißbraucht werden.

An dieser Stelle soll auch ein klassisches Wahrhaftigkeitsdilemma behandelt werden: Es gibt eine Reihe von Verhaltensmustern (Zuverlässigkeit, Ehrlichkeit, Treue, Beharrlichkeit, Freundlichkeit, Redlichkeit, Arbeitseifer, Solidarität, Nüchternheit...), die
- gesellschaftlich nützlich (und daher gesellschaftlich belohnt werden) und
- ethisch positiv sind (und daher zur Humanisierung des handelnden Individuums beitragen).

Der nach solchen Mustern Handelnde wird sich mitunter fragen, warum er gerade so und nicht anders agiert. Dabei wird die ehrliche Antwort nicht selten lauten: »Weil es mir nützt.« Da aber dieser Nutzen zum guten Teil dadurch zustande kommt, daß das Verhaltensmuster anderer Menschen zum Nutzen des sich sozial positiv Verhaltenden geändert oder gestimmt wird, kann es sich durchaus um Manipulation handeln. Wir sehen hier, daß, vor dem Anspruch objektiver Maßstäbe, Manipulation durchaus nicht nur gesellschaftlich nützlich, sondern auch ethisch positiv sein kann. Wer einem solchen Menschen grundsätzlich Verlogenheit vorwerfen würde, dürfte selbst mit seiner Sozialisierung einige Schwierigkeiten haben.

Andererseits soll jedoch nicht geleugnet werden, daß solche »positiven Verhaltensmuster« durchaus in der Absicht eingesetzt werden können, anderen zu schaden oder einem krassen Egoismus zu huldigen. Gerne gebe ich zu, daß es sich in diesen Fällen um eine sehr gefährliche Manipulation handelt, die ihre Gefahren nicht nur aus der Tatsache zieht, daß das Verhalten, das die manipulatorische Technik trägt, sozial positiv gewertet wird, sondern auch aus der Tatsache, daß hier ein Mensch sich selbst manipuliert, selbst zum Opfer eigener manipulatorischer Techniken wird. Wir sprechen dann von Heuchelei.

Heuchelei ist also nicht nur eine Form von Unwahrhaftigkeit, sondern auch von Selbstbetrug. Leider muß zugegeben werden, daß in nicht wenigen Verkehrsformen (ökonomischen, politischen) diese Heuchelei (als Selbst- und Fremdmanipulation) bei uns eine erhebliche Rolle spielt. Als ich verschiedentlich vor christlichen Unternehmern sprach, begegnete ich nicht selten solcher »Heuchelei«, deren Charakteristikum im religiösen Milieu es ist, daß sie kaum mehr erkannt wird oder erkennbar zu machen ist. Diese Herren waren durchaus der Auffassung, daß die bestehende ökonomische Gesellschaftsform der Bundesrepublik die optimale Darstellung christlicher Werte im Raum der Ökonomie sei, ja, daß der bundesdeutsche Kapitalismus gleichsam die Außenseite eines legitimen Christentums sei. Da sich aus solcher Selbsttäuschung erhebliches Antriebspotential für politische und ökonomische Fremdtäuschung (und damit einer vielleicht unbewußten Manipulation) bereitstellt, ist sie besonders fatal. Fatal aber auch, weil sie das Christentum auf recht unchristliche Verhaltensmuster festlegt und unglaubwürdig macht.

Diese systemimmanente Täuschung läßt sich nur unter erheblichen edukatorischen Anstrengungen beseitigen. Papst Paul VI. meinte dazu:

> Offenbar stehen dem Fortschritt, den wir uns selbst und für alle wünschen, schwere Hindernisse entgegen. Die heute noch vorwiegende Art der Erziehung begünstigt einen engstirnigen Individualismus. Ein Großteil der Menschen versinkt geradezu in maßloser Überschätzung des Besitzes. Schule und Massenmedien stehen nun einmal im Bann des etablierten Systems und können daher nur einen Menschen formen, wie dieses System ihn braucht, einen Menschen nach dessen Bild, keinen neuen Menschen, sondern nur eine Reproduktion des herkömmlichen Typs.
> [De justitia in mundo (1971)]

Tatsächlich müssen wir uns immer wieder fragen, ob edukatorischer Anspruch nicht in täuschender Absicht mit manipulatorischer Intention einhergeht. Die Reproduktion des Bestehenden ist solange Manipulation, als wir nicht »die beste aller möglichen Welten« erreicht haben. Wer aber glaubt, schon in ihr zu leben, betrügt sich selbst und folgerichtig auch andere. Hier wird die unwahre Information als manipulatorische Technik zur Ideologie, d.h. zum falschen Bewußtsein zum Nutzen bestehender Strukturen. Solches nutzt zwar den bestehenden Strukturen, nicht aber den Menschen, die unter solchen Strukturen in der vollen Entfaltung ihrer Humanität durchaus gehemmt werden.

Die Manipulation über Ideologie ist die gefährlichste, weil sie oft weder vom Manipulierenden noch vom Manipulierten in ihrer Tragweite und Bedeutung erkannt wird. Deutlich mag hier werden, daß kleinkarierte Versuche, Manipulation als individuelle Technik zur besseren und konfliktfreieren (im egoistischen Sinn) Lebensgestaltung einzusetzen, erheblich zu kurz greifen. Das Phänomen der Manipulation ist sehr viel radikaler anzugehen und sehr viel ernster zu nehmen.

Doch nicht nur die sachlich unwahre Information manipuliert, sondern auch etwa unvollständige oder übervollständige Information sind klassische Instrumente manipulatorischer Technik.

b) *Die unvollständige Information.* In diesem Fall versucht der Sender dem Empfänger eine täuschungsfreie Information zu erschweren. Er stellt eine Reihe von Daten richtig zur Verfügung, verschweigt aber andere oder gibt keine Hilfen, die Bedeutung der Daten richtig zu interpretieren. Unvollständig ist also jede Information, die
- wesentliche Inhalte verschweigt, die für die Urteilsbildung des Empfängers wichtig sind oder wichtig sein könnten,
- unwesentliche Details mit wesentlichen so vermischt, daß der »normale« Empfänger nicht in der Lage ist, die beiden Gruppen voneinander zu separieren.

Die Manipulation über unvollständige Information ist außerordentlich verbreitet. In bestimmten Bereichen menschlicher Verkehrsformen herrscht sie vor (Politik, Reklame, Werbung...). Nun mag man einwenden, daß kein Anbieter (weder in der Liebe noch auf dem Markt) auch die Nachteile seiner Ware angeben könne oder gar müsse. Das sei weltfremd. Und weltfremd ist das ohne Zweifel. Das aber zeigt nur, wie selbstverständlich wir uns in einer Welt voller Manipulation eingerichtet haben. Und sieht man einmal von offener oder versteckter Unlauterkeit ab, macht die Welt der Reklame und Werbung – obschon als Scheinwelt durchschaut – unser Leben bunter und nützt somit beiden, dem Werbenden und dem Umworbenen (der doch wenigstens eine Andeutung von Markttransparenz erhält). Das aber ist nur eine Seite der Medaille. Ich werde auf die andere noch zu sprechen kommen. Selbst das scheinbar harmlose Spiel der Werbung (etwa für Konsumgüter) hat seine erheblichen psychologischen und sozialkritischen Probleme mit sich. Ähnlich problematisch ist die Manipulation der politischen Meinung durch selektive Information.

c) *Die Überinformation.* Hier versucht der Sender unter einem Wust von Informationen negative Aspekte zu verstecken, so daß der Empfänger »vor lauter Bäumen den Wald nicht mehr sieht«. Wer einmal an einer Hauptversammlung einer Publikumsgesellschaft teilgenommen hat, wird sicherlich bemerkt haben, daß diese Technik – mehr oder minder perfekt beherrscht – das Klima der Versammlung bestimmte. Unter einer Fülle von Daten, die für sich genommen alle richtig sein mögen, verbergen sich oft erst die Mängel etwa einer Geschäftsführung, wenn man die gegebenen Daten (meist nur den »richtigen« Teil davon) in »richtige« Relation zueinander bringt. Da dies oft nicht oder nur unzureichend geschieht, begegnen wir auch hier einer immerhin schon etwas sublimeren Form der Manipulation.

Doch nicht immer liegen die Dinge ganz so einfach wie bei unserer Publikumsgesellschaft. Auch die Presse stellt uns wohl oder übel – durchaus ihrer Informationspflicht gehorchend – eine Fülle von Informationen vor, die erst in der »richtigen Weise in den richtigen Zusammenhang« gebracht, eine zutreffende Urteilsbildung erlauben. Zudem wird durch die mittelbare Selektion der Nachrichten (Lokalisierung, Aufmachung, Kommentierung) von den meisten Zeitungen eine Vorauswahl getroffen und werden schon Relationen erstellt, die dem Leser die Mühsal abnehmen, sie selbst erst zu suchen. Auch hier kann durchaus manipuliert werden – ohne daß wir hier die offene Selektion von Nachrichten oder die Mischung von Kommentar und Nachricht bemühen müßten.

Die Manipulation durch Überinformation ist gar nicht selten. Sie kann aber auch die Grundlage für weitergehende manipulatorische Techniken bieten, insofern der überinformierte Hörer oder Leser, dankbar für Kürzungen, Auslassungen, Selektionen, Kommentare, Einseitigkeiten, die seiner Vorurteilsstruktur nahe kommen, durchaus manipuliert werden will, weil und insofern mit der Manipulation ein durch die Überinformation real geschaffenes Bedürfnis, nämlich die Sehnsucht nach psychischer Entlastung, befriedigt wird. Dieser Form der Manipulation: *Schaffung eines Bedürfnisses und dessen Befriedigung* werden wir noch häufiger begegnen. Die gekonnte Manipulation verfährt nicht selten nach dieser Technik.

d) Die ungenaue Information. Hier versucht der Manipulator durch ungenaue Angaben oder durch nicht-erfragte Information vom Zentrum der eventuellen Problematik abzulenken. Mitunter werden gar Signale oder Appelle gegeben, die nichts mit dem Sachverhalt zu tun haben, über den informiert werden soll. Auch diese Form der Manipulation begegnet uns häufig in Werbung und Reklame. So werden u. U. Daten mitgeteilt, deren Kenntnis für den potentiellen Kunden unerheblich und unwesentlich sein sollte für seine Kaufentscheidung. So werden durch Bilder und Texte Sexualität, Aggressivität, Verantwortungsbewußtsein, soziale Bindungstriebe, Nationalgefühl... Gefühle und Emotionen angesprochen, die mit der Sache, über die informiert wird, nichts zu tun haben oder doch für eine eventuelle Kaufentscheidung nicht erheblich sein sollten. Auch dieser Form der Manipulation: *Assoziation der Information an emotionale Inhalte oder sittliche Werte* werden wir noch verschiedentlich begegnen. Es wäre weltfremd, solche Manipulationsversuche von vornherein als sittenwidrig zurückweisen zu wollen. Im Regelfall *kann* der Umworbene durchaus die Gefühlsansprache durchschauen oder den Appell als unsachlich entlarven. Nur tut er es in der Praxis selten. Warum er das nicht tut, ist eines der Themen des folgenden Abschnitts. Die theoretische Möglichkeit zur

generellen Abwehr ist durchaus gegeben, die praktische aber nicht. Denn selbst derjenige, der häufig solche Signale oder Appelle erkennt und ihre manipulatorische Absicht durchschaut, wird noch oft genug auf sie hereinfallen.
An dieser Stelle sollten Sie einmal überlegen, wann Sie das letzte Mal etwas gekauft haben, was sie eigentlich gar nicht brauchen (das ist leicht erkenntlich an der mangelnden Nutzung des gekauften Gegenstandes in der Praxis). In diesem Fall spricht vieles dafür, daß sie entweder einem künstlich geschaffenen »unwirklichen« Bedürfnis aufgesessen sind oder aber in Ihnen etwas angesprochen wurde (durch Signale und Appelle), das Ihnen das Eigentum an einer bestimmten Sache recht wünschenswert erscheinen ließ.
Sie sollten sich nun nicht etwa schämen oder über sich selbst wundern: Sie sind ganz einfach psychisch manipuliert worden, also einer Technik »zum Opfer gefallen«, auf die wir grundsätzlich in der Regelung der Verkehrsverhältnisse, die wir Menschen des 20. Jahrhunderts eingehen müssen, um überhaupt zu einem geordneten sozialen Zusammen zu kommen, nicht verzichten können. Zudem können Sie sich mit dem Gedanken trösten, daß solche »Leichen« (Produkte, die im Erwerbsmoment außerordentlich attraktiv erschienen, einmal erworben, sich aber als recht überflüssig erwiesen) viele Haushalte füllen.
Die Technik der Manipulation durch ungenaue oder unsachliche Information ist vor allem dann verbreitet, wenn sich ein Mensch selbst anbietet, d. h. einen anderen zwecks Annahme umwirbt. Das gilt für den Arbeitsmarkt ganz ähnlich wie für das Liebeswerben eines Mannes oder einer Frau. Gerade in der Liebe wird manipuliert, wie auf kaum einem anderen Bereich menschlicher Verkehrsformen – ja Manipulation gehört zumindest zum Verliebtsein dazu wie das Herzklopfen. Nun ja, wer kein Herzklopfen mehr kennt, der werfe den ersten Stein...

2. Fehler der Übermittlung.
Manipulationen durch gezielten Einsatz von Übermittlungsfehlern sind relativ selten. Manche scheinbaren Übermittlungsfehler sind nichts anderes als mehr oder weniger geschickte Täuschungen.

Ein klassisches Beispiel für eine solche Übermittlungstäuschung ist die »Emser Depesche«. Bismarck verschärfte durch Kürzungen und Umformulierungen ein von H. Abeken verfaßtes Telegramm vom 13. Juli 1870 aus Bad Ems. Die Depesche sollte den Kanzler über die Unterredungen König Wilhelms I. mit Graf Benedetti und über die französischen Forderungen zur spanischen Thronkandidatur unterrichten. Diese Depesche wurde gegen des preußischen Königs Willen von Bismarck in ihrer verkürzten Form veröffentlicht und führte zu einer erheblichen Spannung zwischen Preußen und Frankreich, die sich im Krieg entlud. Die Bismarcksche Verfälschung ist ein klassischer Fall von Manipulation (durch Übertragungsfälschung).

Eigentliche Manipulationen durch gezielte Übermittlungsfehler können geschehen durch
– Unterlassen von Information oder erheblichen Informationsteilen,
– Gezielte Schwächung des Informationsträgers (etwa Sprache),
– Störungen des Trägers durch Disharmonien von Inhalt und Ausdruck.
Die erste Taktik ist durchaus nicht ungewöhnlich. Wer eine Konferenz platzen lassen will, braucht nur dafür zu sorgen, daß die Einzelteilnehmer oder Teilnehmergruppen durch partielle Vorinformationen zu feststehenden – einander widersprechenden – Entschlüssen gekommen sind. Den gleichen Erfolg kann man auch erreichen, wenn man einige oder eine erhebliche Teilgruppe nicht informiert. Diese Technik wird jedoch bald als manipulatorisch durchschaut werden – und fällt dann auf den Anwendenden zurück.

Andererseits gibt es manipulatorische Versuche, durch Informationsvorsprung Herrschaft zu sichern. Diese Versuche – in der Vergangenheit von Herrschaftausübenden als Herrschaftsinstrument gepflegt – gehören jedoch nicht primär in den Bereich gestörter Informationsübermittlung, sondern liegen meist in der (psychischen) Struktur des Senders begründet. Bis vor einigen Jahren war ausschließlich herrschaftsfreie Kommunikation möglicherweise nicht-manipulatorisch. Alle Herrschaftsausübung beruhte auf einem Informationsvorsprung, der dadurch zustande kam, daß der Informationsfluß »nach unten« gezielt blockiert wurde. Der hierarchischen Ordnung entsprach sehr eng eine Informationshierarchie. Heute löst sich solches Herrschaftsverhalten – zumindest in der Theorie – zunehmend auf, da sich herausstellte, daß sich solche Manipulationen des Informationsstromes keineswegs zum Nutzen eines Sozialgebildes (sei es eines Staates, sei es eines Industrieunternehmens, sei es einer Familie) auswirken. In den Bereichen ineffizienter politischer und wirtschaftlicher Führung (in denen beide nicht unter Konkurrenzdruck stehen – wie etwa in manchen Ländern auf der Stufe der »Diktatur des Proletariats« oder anderer Diktaturen) ist jedoch das gezielte und beabsichtigte Informationsgefälle noch Instrument von Herrschaft. Die Manipulation besteht darin, daß ich Informationen zurückhalte, um den anderen in seinem Untertanenverhalten leichter zu führen oder zu kontrollieren.

Mit dem Einbehalten von Information ist nicht nur für den so Manipulierenden das Gefühl von Überlegenheit gegeben (das manche Menschen benötigen, um andere führen zu können), sondern auch das Gefühl von Unsicherheit, ja Angst beim Geführten, der nicht recht weiß, was er warum und mit welchem Ergebnis und welchem voraussichtlichem Grad von Anerkennung tun soll. Ein Mensch im Zustand der Angst ist jedoch ein leichtes Opfer so vieler Manipulateure. Doch auch hierüber mehr unter dem Abschnitt über Manipulationstechniken.

Die zweite Taktik wird seltener angewandt, weil schnell durchschaubar. Sie besteht darin, daß der Manipulierende durch unverständliches Sprechen den Informationsfluß stört. Das kann geschehen durch leises, schnelles, undeutliches, gedrängtes Sprechen. Vor allem die letztere Technik wird mitunter verwendet: Indem notwendige Zusammenfassungen und Wiederholungen unterbleiben, versteht der Zuhörende nicht recht, worauf es ankommt, und kann so leicht manipuliert werden.

Etwas raffinierter ist schon die Manipulation durch uninteressiertes Sprechen über Wichtiges. So wird die Mehrzahl der Hörer die Wichtigkeit der Sache kaum erkennen, vorausgesetzt ihr Vertrauen zum Manipulierenden ist noch nicht gebrochen. Auch diese Art der Manipulation ist nicht selten. Wichtiges wird völlig uninteressiert, Nebensächliches aber sehr gut moduliert vorgetragen. Hier wird der Zuhörer über den verbalen Ausdruck belogen.

Die dritte Taktik, durch gezielte Übermittlungsfehler zu manipulieren, beruht auf der Einsicht, daß im »lebendigen Gespräch« die Information von Inhalt und Ausdruck etwa gleichrangig abgenommen wird. Eine gezielte Diskrepanz zwischen beiden kann die Informationsübermittlung erheblich stören. So kann ein gewichtiger Inhalt mit langweilendem Ausdruck, ein erfreulicher Inhalt mit deprimiertem Ausdruck, ein erstaunlicher Inhalt mit selbstverständlichem Ausdruck vorgetragen schon durchaus zu einem Handeln verleiten, das dem verbal Mitgeteilten, bei nüchterner Überlegung, durchaus nicht entspricht.

Die Spaltung Inhalt – Ausdruck verunsichert nicht wenige Zuhörer. Der Zustand der Verunsicherung aber ist wieder eine ausgesprochen günstige Basis für die tendierte Wirkung manipulatorischer Techniken. Auf den beiden Empfangskanälen (Hören und Sehen) erreichen den Manipulierten zwei sehr divergierende Sendeinhalte, die die Übermittlung der Information ähnlich stören wie der Rundfunkhörer gestört ist, der sein Gerät so eingestellt hat, daß er gleichzeitig zwei einander nicht entsprechenden Programmen lauscht – und der Meinung ist, er höre einer Sendung zu.

3. Fehler in der Ablösung der Information vom Informationsträger.
Fehler in der Ablösung haben zwei mögliche Gründe:

a) Der Informationsträger oder die von ihm getragene Information sind für den Informierten unverständlich.
b) Der Informierte kann mit der Information nichts Rechtes anfangen, weil sie seinen Interessen, Erwartungen und Stimmungen nicht entspricht. Ist der Bedeutungsträger (das Wort, der Satz, die Sprache... das Signal, der Appell) unverständlich, wird der Informierte zunächst zu verstehen versuchen, was da wohl gemeint sein könnte. Liegt die Bedeutung der Rede nur *etwas* über seinem Niveau, wird er sich nicht selten geschmeichelt fühlen, weil er der Ansicht ist, im anspruchsvollen Rahmen der Rede doch die wesentlichen gedanklichen Inhalte herauszuerkennen. Der Referent – und das ist eine von manchen Referenten gezielt eingesetzte Manipulationstechnik – wird die Eitelkeit (die intellektuelle) des Hörers implizit ansprechen, ihm schmeicheln, auch intellektuell Anspruchsvolles zu verstehen, und ihn so zu einer Stimmung disponieren, die ihn bereit macht, Mitteilungen zu akzeptieren, die er in einem »normalen« emotionalen Stimmungsfeld nicht leicht akzeptiert hätte. Diese vor allem für die »Schicht« der Aufsteiger typische Reaktion kann zu den eigentümlichsten Umstimmungen (in manipulatorischer Absicht vorgenommen) führen. Ich kenne Fälle, in denen Halb-Intellektuelle ihre politische Meinung nach einem einzigen Vortrag dauerhaft änderten, wenn der Redner die angedeutete Technik verwendete: »Man spreche wenigstens in einigen Passagen der Rede *etwas* über die Köpfe der Zuhörer hinweg!« Der Grund ist einfach: 1. fühlt sich der Angesprochene in der erwähnten Weise geschmeichelt und 2. fühlt er sich nicht belehrt, sondern ernstgenommen und geistvoll unterhalten. Er ist dann meist auch bereit, solches zu honorieren.

Die Techniken des »Über-die-Köpfe-Hinwegredens« können sehr vielfältig sein: angefangen von der Primitivtechnik der Verwendung seltener Worte oder des Gebrauchs von Fremdworten bis hin zur inhaltlich anspruchsvollen Analyse eines komplizierten Sachverhalts gibt es ein reiches Repertoire manipulatorischer Techniken, die – wenn sie nicht überzogen verwendet werden – zumindest bei sozialen Aufsteigern oder Halbgebildeten ihre Wirkung selten verfehlen.

Die Ablösung ist eigentlich ein Transformationsprozeß von einem Verstehensbereich (dem des Senders) in einen andern (dem des Empfängers). Man spricht deshalb geeignet von »Transformation«, weil die vom Sender übermittelten Signale (Wortabfolgen, Bildstrukturen, akustische Sequenzen...) mit der Dekodierung wieder in andere bedeutungstragende Zeichen übersetzt werden. Dieser Transformationsprozeß erfolgt nach einem mehr oder weniger festgelegten Repertoire von Regeln, die gruppenspezifisch konventionalisiert (d.h. in einer Gruppe als allgemein verbindlich festgelegt), zum Teil aber auch durch individuelle Lernprozesse individuell

fixiert wurden. Nun sind aber die vom Sender verwendeten Regeln der Codierung (d. h. der Technik, gedankliche Vorstellungen in Worte und Sätze zu übertragen) nicht immer identisch mit denen des Hörers. Hieraus ergeben sich mögliche Fehler im Prozeß der Ablösung.
Eine klassische Differenz der Codierungstechniken ist von der Soziolinguistik festgestellt worden. Sie konnte zureichend sicher ausmachen, daß Menschen, die als Kinder schichtenspezifisch sozialisiert worden sind, zeitlebens einen RC (einen beschränkten Code), und Menschen, die als Kinder personenspezifisch sozialisiert wurden, zeitlebens einen EC (einen ausgearbeiteten Code) verwenden. Die Differenzen der beiden Codes sind meist syntaktischer Art. Menschen, die einen RC benutzen, verstehen nun nicht eine »Nachricht« im EC, obschon sie durchaus jedes einzelne Wort und jeden einzelnen Satz verstehen können. Es ist für sie unmöglich zu verstehen, worauf es dem Sender, der im EC sendet, »eigentlich« ankommt.*
Auch diese Einsicht kann in manipulatorischer Absicht verwendet werden. Der Benutzer eines EC kann etwa in einem codebezogen gemischten Publikum einen EC verwenden, um damit seine Thesen inhaltlich nur der Kritik der Auch-EC-Benutzer auszusetzen, da nur sie ihn verstehen.
Entspricht eine Information nicht dem Interesse, der Erwartung oder Stimmung des Zuhörers, wird sie im Regelfall nicht abgenommen – und also auch nicht verstanden. Ich habe die Erfahrung gemacht, daß Inhalte mehr technischer Art, die ich zu Beginn eines Semesters mitteile, von den Studenten nicht rezipiert werden, weil sie zu dieser Zeit nicht der Erwartung, Stimmung oder dem Interesse entsprachen. Dieses keineswegs böswillige oder leichtfertige »Überhören« ging soweit, daß sich kein einziger Student von mehr als 100 an das Gesagte erinnern konnte, bzw. erst nach Tonbandwiederholung dunkle Erinnerungen auftauchten. Technisch sprechen wir hier von *selektivem Verstehen*. Gemeint ist damit, daß nur die Informationen technisch und inhaltlich einwandfrei abgelöst werden, die dem Interesse, der Erwartung oder der Stimmung des Empfängers wenigstens in geringem Maße entsprechen. Ist dies nicht der Fall, wird der gesendete Inhalt einfach überhört (oder seine Bedeutung erheblich umgebogen). Von hier leiten sich zwei Manipulationsmöglichkeiten her:
1. Koordination oder Wecken von Interesse, Erwartung oder Stimmung,
2. Gezielte Mißachtung von Interesse, Erwartung und Stimmung.
Die erste Technik ist nicht wesentlich manipulatorisch – auch nicht die zweite. Doch können beide in manipulatorischer Absicht eingesetzt werden. Jeder Sender (von Worten, Signalen, Appellen) wird sich genau überlegen, was von seinen Ausführungen wie beim Empfänger ankommen soll.

---

* Vgl. R. Lay, Dialektik für Manager, München ⁷1977, 31 f (oder rororo 6979, 23 f)

Möchte er die Situation einer möglichst unverstellten Kommunikation und einer möglichst fehlerfreien Informationsablösung vom Informationsträger, wird er versuchen, zunächst das Interesse seiner Zuhörer zu wecken, oder sie in eine Stimmung zu bringen, in der sie für das Gesagte empfänglich sind, oder eine Erwartungshaltung zu erzeugen, der er durch seine Rede entsprechen kann. Das gelingt den meisten Menschen völlig unbewußt im Gespräch mit einem einzelnen, schon sehr viel weniger Menschen in der Gesprächssituation mit einer Gruppe. Sind aber die Hörer eine Summe von Individuen mit verschiedenen Interessen, Erwartungen, Stimmungen, wird die Koordination für fast alle zu einem Problem. Hier beginnt aber die Kunst der Manipulation. Der gute Redner – und das ist immer auch ein guter Manipulator – wird schnell und sicher auf wenigstens einer der drei Ebenen: Stimmung, Interesse, Erwartung, seine Hörer koordinieren, »gleichschalten«. Welche Ebene er wählt, hängt z. T. vom Publikum, zum anderen Teil von der subjektiven Begabung des Senders ab. Ist solche Koordination aber einmal geschehen, wird es der Redner leicht haben, sein Publikum dahin zu führen, wohin er es haben will. Die elementare Technik jeder Kommunikation mit einer Mehrheit von Menschen, geschehe sie in edukatorischer oder manipulatorischer Absicht, besteht darin, *mit* den Menschen zu sprechen und nicht bloß *zu* ihnen. Das aber setzt voraus, sie da abzuholen, wo sie emotionell, intellektuell... stehen. Das aber setzt eine Koordination der unter Umständen divergierenden Interessen, Stimmungen, Erwartungen voraus.

Andererseits kann aber auch über die gezielte Mißachtung von Stimmung, Interesse, Erwartung manipuliert werden. So kann man etwas sagen, ohne daß es aufgenommen wird. In der perfekten Anwendung manipulatorischer Techniken können sogar das Interesse, die Erwartung, die Stimmung gezielt in eine Richtung gelenkt werden, die die Rezeption – vor allem die kritische – des im folgenden Mitzuteilenden blockiert.

Eine andere Weise zu manipulieren kann darin bestehen, daß verhindert wird, daß sich eine Summe von Menschen zu einer Gruppe zusammenschließt, indem man bewußt und gezielt Interessen, Erwartungen und Stimmung divergent hält. Doch bedarf diese Technik eines feinen und sensibilisierten Gruppengefühls, denn eine so mißhandelte Schar von Menschen kann sich sehr plötzlich gegen die dividierende Manipulation zu einer Gruppe zusammenschließen – und sei es nur in Abwehrabsicht gegen den Manipulierenden.

4. Fehler in der Verarbeitung der abgelösten Information.
Die objektive Information wird im konkreten Verstehensprozeß subjektiv verarbeitet und stellt sich dann als subjektive (d. h. tatsächlich verstandene)

Information vor. Hier liegt sicher eine der häufigsten Fehlerquellen, die zu
Mißverständnissen führen, die ebenfalls in manipulatorischer Absicht ausgenützt werden können. Zur Verdeutlichung des Prozesses der Informationsverarbeitung mag folgende Skizze dienen:

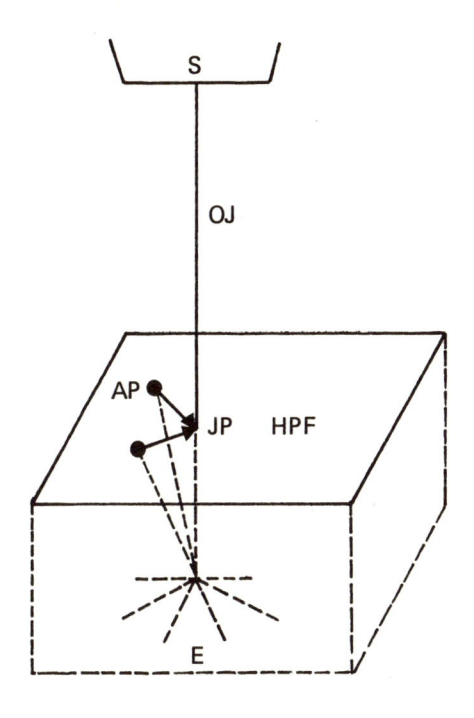

Abkürzungen: S = Sender; E = Empfänger; OI = Objektive Information; IP = In-
formationspunkt im HPF; HPF = Hermeneutisches Potentialfeld; AP = Assozia-
tionspunkte. Gestrichelte Linien = unbewußte Bereiche und Prozesse.

Es wird nur relativ selten vorkommen, daß die objektive Information einen
Punkt im hermeneutischen Potentialfeld so aktualisiert, daß sie nicht durch
die Verarbeitung des Senders deutlich verändert wird. Dabei kommen folgende Veränderungen in Frage:
– Die objektive Information trifft zwar einen adäquaten Punkt im hermeneutischen Potentialfeld, wird aber sogleich so mit einer Fülle von assoziativem Beiwerk versehen, daß sie als subjektive Information eben dieses Beiwerk grundsätzlich und in wesentlichen Teilen mitenthält. Der
Empfänger versteht also nun nicht die objektive Information, sondern

die objektive Information + assoziativem Beiwerk, ohne daß er in der Lage wäre, beides voneinander zu trennen.

Diese Situation der assoziativen und damit – objektiv gesehen: verstellenden – Informationsverarbeitung – wird in beinahe allen Zuhörenssituationen aufweisbar sein. Sie läßt sich nur überwinden, wenn der Empfänger grundsätzlich von seinem Vorwissen, seinen Vorerwartungen, seinen Interessen, den von ihm emotional besetzten Worten...absehen könnte. Das aber ist in kaum einer dialogischen oder rhetorischen Situation der Fall.

– Die objektive Information trifft keinen Punkt im hermeneutischen Potentialfeld. Jetzt gibt es zwei Möglichkeiten: Entweder der Hörer versteht gar nichts (und registriert i. a. auch nicht den Empfang der Information) oder aber die objektive Information wird auf einen Nachbarpunkt im hermeneutischen Potentialfeld umgeleitet, so daß der Empfänger etwas aufnimmt, das ungefähr der objektiven Information entspricht. Die so vom Träger leicht oder weniger leicht verschoben abgenommene formale Information wird dann ebenso assoziativ verarbeitet wie die problemlos abgelöste. Im experimentellen Versuch ergab sich eine deutliche Verschiebung (und damit auch inhaltliche Veränderung) der objektiven Information, wenn sie keinen Punkt im hermeneutischen Potentialfeld aktualisierte, sondern einen Nachbarpunkt.

Nun wäre es ganz falsch, das hermeneutische Potentialfeld als eine statische Gegebenheit zu verstehen. Es ist gleichsam die Oberfläche der bewußtseinsfähigen Anteile des Unbewußten. Wir sehen hier einmal von den Fragen ab, die an unsere Darstellung durch die bewußtseinsunfähigen Inhalte des Unbewußten gestellt werden, die, obschon sie eine nicht unerhebliche Rolle spielen – wie jeder Psychoanalytiker aus der Alltagspraxis weiß –, doch unseren Rahmen sprengen würden.

Das hermeneutische Potentialfeld ist also in dauernder Veränderung. Zwar sind gewisse Strukturen und Inhalte konstant vorhanden und stehen dem Empfänger dauernd im Verstehensprozeß ohne grundsätzliche und wesentliche Veränderung zur Verfügung, doch eine ganze Anzahl wird akutell in einer Aufnahmesituation in die Feldebene »gespült«. Diese Feldebene ist also ein recht dynamisches Etwas – und so kann es durchaus geschehen, daß sie sich in ihren Potentialpunkten und den »Verdrahtungen« der Potentialpunkte untereinander (diese stellen einen gewichtigen Teil der potentiellen assoziativen Kettungen bereit) während weniger Sekunden deutliche Veränderungen einstellen.

Wir alle haben schon erlebt, daß ein und dieselbe Nachricht von ein und demselben Empfänger innerhalb weniger Augenblicke recht unterschied-

lich verstanden wird. Das gilt natürlich in noch krasserem Maße, wenn es sich um verschiedene Empfänger handelt.
Die Manipulation kann nun an verschiedenen Stellen ansetzen. Sie kann
1. ein projektives Verstehen veranlassen,
2. ein selektives Verstehen bewirken.

Im ersten Fall wird die Nachricht so gegeben, daß emotionsbesetzte Worte – sei es, daß sie in der Nachricht eine erhebliche, sei es, daß sie eine unerhebliche Rolle spielen – das Interesse des Empfängers von dem Inhalt der Nachricht ablenkt und ihn dazu bringt, den emotionalen Nebenwerten der Nachricht ein gesteigertes Interesse entgegenzubringen. Die folgende Skizze mag das Gemeinte verdeutlichen:

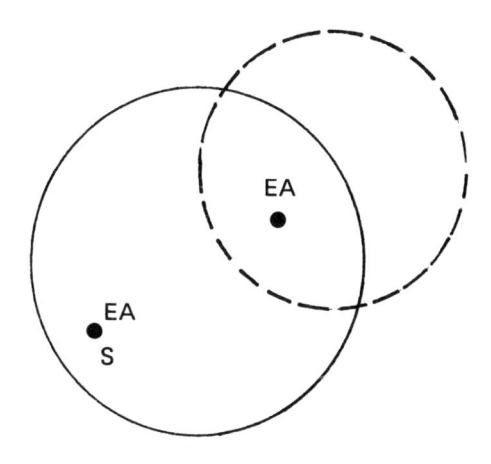

Im ersten Fall springt der Hörer auf ein – eventuell nebensächliches – emotionsbesetztes Wort der Nachricht an. Sein Interesse ist jetzt ganz auf diesen emotionell angeregten Bereich gerichtet. Das andere hört er kaum mehr, geschweige denn, daß er es im Langzeitgedächtnis speichert. Seine folgende Frage wird sich also nicht um den objektiv gehörten Satz (S) zentrieren, sondern um den emotional angeregten Punkt (EA). Die Manipulation wird perfekt, wenn der Manipulator den emotionsbesetzten Punkt nicht selbst unmittelbar anregt, sondern durch den Hörer anregen läßt. Diese Technik beruht auf folgendem Faktum. Ein Hörer hört nicht nur den Satz, sondern verarbeitet ihn auch. Diese Verarbeitung dient nicht nur dem objektiven Verstehen. Um den gehörten Satz lagert sich ein Assoziationsfeld. Gelingt es nun dem Sprecher, das Assoziationsfeld so aufzubauen, daß in ihm ein vom Hörer emotionell stark besetztes Wort auftaucht, kann der Hörer kaum anders, als um dieses Wort herum seine nächste Frage oder

Antwort oder Reaktion zu orientieren. Die Nachricht selbst hat also erheblichen Einfluß auf die Prozesse des Vorbewußten, kann Inhalte ins Bewußtsein bringen oder ins Vorbewußte verschwinden lassen. Oft wird sich ein – an sich aufmerksamer – Zuhörer leicht verführen lassen, so zu reagieren, wie der Manipulierende es wünscht.

Beispiel:
Nehmen wir einmal an, ein Redner spricht folgenden Satz: »Wir sind doch alle der Meinung, daß unsere freiheitliche Wirtschaftsordnung verteidigt werden muß gegen alle Angriffe von links.«

Dieser Satz enthält eine Fülle von unmittelbaren Auslösern:
1. »alle«! Das kann zu Abwehrreaktionen führen (»Dieser eingebildete Kapitalist«) oder aber auch Solidarisierungsemotionen (»Ja wir alle, die wir hier sind, gehören zur Elite, die unseren Staat trägt.«)
2. »freiheitlich«! Reaktionen: »Was versteht der schon von Freiheit?« – »Ja, Freiheit ist unser höchstes Gut, man schaue doch bloß einmal in die DDR.«
3. »verteidigt«! Reaktionen: »Den Baader-Meinhof-Leuten geschieht ganz recht, man sollte sie hängen.« – »Ja, wir müssen aufpassen, daß der Staat uns nicht unsere Freiheitsrechte langsam einschränkt.« – »Im Krieg haben wir auch so vieles verteidigt; hat sich das gelohnt?« – »Der will ja nur die Profite der Kapitalisten verteidigen.«
4. »links«! Reaktionen: »Ja, die Sozis sind an allem schuld.« – »Recht hat er, die Linken bedrohen uns.« – »Ja, ich werde das nächste Mal wieder CDU wählen.«

Diese Beispiele lassen sich beliebig vermehren.
Kennt der Manipulierende die Reizworte (die positiven wie negativen) seines Zuhörers oder seiner Zuhörer zureichend genau, kann er nicht nur die Gesprächsrichtung über solche Assoziationsketten manipulieren, sondern sich auch – ohne irgend etwas Ernsthaftes dazu zu tun – die Sympathie (oder Antipathie – je nach Wunsch) seiner Zuhörer gewinnen. Die meisten politischen Reden enthalten ein Minimum an sachgerechter Information und ein Maximum an mittelbar oder unmittelbar emotionsauslösenden Reizen (Appellen an das Gefühl). So wird dann der Zuhörer manipuliert. Er will es übrigens auch gar nicht anders. Sehr viele der Zuschauer oder Mithörer von etwa Bundestagsdebatten wollen nicht informiert werden, sondern nur ihr politisches Vorurteil bestätigt sehen. Und so kommen wir zur nächsten Regel manipulatorischer Techniken: *Wenn du manipulieren willst, bestärke die Zuhörer in ihren Vorurteilen, dann werden sie dir willig wie Schafe folgen, wohin auch immer du sie führst.*

Diese Technik wird auch durchaus von der Presse angewandt. Es gibt nur wenige Kommentatoren, die nicht (bewußt oder unbewußt) Emotionen und Vorurteile ansprechen, so daß man die objektive Nachricht keineswegs für sich sehen darf, sondern durchaus auch die vermutlichen Emotionen und verstärkten Vorurteile mit berücksichtigen muß – denn der Verfasser tat das auch.

Um das Gefühl für assoziative Kettungen zu stärken, können Sie einmal, auch in normalen Gesprächs- und Unterhaltungssituationen, die Beitragskettungen der verschiedenen Partner am Gespräch genau analysieren. Sie können lernen, daß nur sehr wenige Beiträge logisch miteinander verknüpft sind – die meisten Sätze sind assoziativ miteinander verbunden – sei es, daß das die Assoziation auslösende Wort ausdrücklich gesagt wurde – oder daß es über Assoziationsbrücken, ausgelöst über das gehörte oder selbst gesprochene Wort, zustande kam. In unserem Beispiel werden mit einiger Sicherheit die eventuellen Gesprächspartner kaum eine logische Weiterführung des Gedankens erwarten, sondern erwünschen kaum etwas sehnlicher, als daß in Richtung ihrer emotionellen Besetzungen oder Vorurteile weitergesprochen wird oder daß sie in dieser Richtung mit eigenen Gedanken zu Wort kommen.

Die emotionelle Erwartung entspricht einem Bedürfnis. Und jeder Mensch ist dem dankbar, der seine Bedürfnisse befriedigt.

Die einfachste Methode, zu solchem selektiven Verstehen zu führen, ist die Technik der rhetorischen Frage – eine verbreitete und in ihrer Wirksamkeit schon oft analysierte und bestätigte Technik. Der Fragende erweckt im Zuhörer eine gewisse Spannung. Der Zuhörer ist dankbar, wenn die Spannung gelöst wird. Dabei braucht die Antwort keineswegs unbedingt der Ansicht des Zuhörers zu entsprechen. Die Frage baute das Bedürfnis (die Not vielleicht gar) auf, eine Antwort zu erhalten. Der Zuhörer ist dankbar, daß ihm der Redner die Mühsal eigenen Denkens abnimmt und ihm eine Antwort präsentiert. Antworten auf rhetorische Fragen werden meist sehr viel unkritischer akzeptiert als einfache Behauptungen. Wichtig ist nur, daß die rhetorische Frage rhetorisch richtig gestellt wird.

- Sie muß kurz sein.
- Sie sollte nicht unbedingt trivial sein.
- Ihr muß eine längere Pause folgen, damit die Spannung des Zuhörers wächst, denn fast jeder Mensch fühlt sich unwohl, wenn eine Frage gestellt, aber nicht beantwortet wird. Diese Phase des unbefriedigten Bedürfnisses, des Unwohlseins also, darf kein Redner nachlässig verkürzen. Pausen von zwei oder drei Sekunden sind in jedem Fall angebracht.

All das gehört zum projektiven Verstehen. Das heißt, *jeder* Zuhörer hört nicht nur das Gesagte, sondern er hört auch das, was er selbst im Verarbeitungsprozeß zum Gesagten hinzutut. Dieses Hinzutun ist eine schier unerschöpfliche Quelle der Manipulationen. Wer nur die Vorurteilsstruktur oder den Raum emotionaler Besetzungen seines oder seiner Hörer zureichend genau kennt, kann ein Gespräch in jede von ihm gewünschte Richtung lenken.

Die Manipulation über projektives Verstehen geschieht also meist so, daß der Manipulator die Verstehensvorgaben (Emotionen, Vorurteile, Wertvorstellungen...) seiner Hörer mittelbar oder unmittelbar anspricht, um seine Intentionen mit diesen Vorgaben so zu assoziieren, daß der Hörer vermeint, mit der Nichtannahme der Botschaft würde er auch seine Werteordnung aufgeben.

In einer anderen Form projektiven Verstehens nützt der Sender Vorurteile des Empfängers ebenfalls zu seinen Gunsten aus. So kann etwa ein Redner, der im Ruf steht, besonders konservativ (oder besonders fortschrittlich, oder besonders intelligent, oder besonders humorvoll, oder...) zu sein, sagen, was er will, ein Teil des Publikums wird das Gehörte in den Erwartungsrahmen spannen und von hierher projektiv interpretieren. Die *Manipulation über das Image* ist, gelinde gesagt, im politischen Raum gar nicht einmal selten. Die weitaus meisten Menschen sind im Positiven wie im Negativen sehr viel eher bereit, etwas zu akzeptieren, wenn es in den Rahmen des Images paßt, das sie sich vom Redner gemacht haben.

Hierher gehört durchaus auch die Skandalerwartung. Mancher Redner hat Zulauf, weil sich sein Publikum von ihm Äußerungen erwartet, die ihm skandalös zu sein scheinen. Dieser Redner mag nun außerordentlich erbauliche Äußerungen tun, der Skandal ist da. Man dreht ihm die Worte im Mund herum, interpretiert ihn gemäß der eigenen Vorurteilsstruktur, d. h. projektiv.

Doch selbst die Skandalerwartungen des Publikums lassen sich für den geschickten Manipulierenden durchaus nützen. So wird er meist regen Zulauf haben, denn neben der Bestätigung seiner Vorurteile liebt es vor allem der Bildungsbürger, skandalisiert zu werden. Gelingt es dem Redner, eine durchaus solide Ansicht mit dieser Skandalerwartung zu legieren, dann werden nicht wenige seiner Zuhörer auch diese durchaus solide Ansicht für skandalös halten – zumindest werden sie sie kaum akzeptieren. Oder andersherum: Verurteilt der Skandalredner eine Meinung, macht er sich über sie lustig, gewinnt sie bei einigen durchaus an Respektabilität.

Die Manipulation über die Vorurteilsstruktur des Hörers ist besonders beliebt und verbreitet. Nahezu jeder Redner wird akzeptiert, wenn er nur die bestehenden Vorurteile seiner Zuhörer bestätigt, befestigt, beglaubigt...

Auf der so geschaffenen »Vertrauensbasis« kann er dann seine Hörer führen, wohin sie nicht wollten – das geht meist solange gut, als die Entsprechung mit der Vorurteilsstruktur gewahrt bleibt. Selbst der redlichste Redner wird sich mitunter solcher Techniken (unbewußt) bedienen, denn gleich mit Argumenten, mit Gedankenfolgen, mit der Faktendarlegung zu beginnen, die der Vorurteilsstruktur des Hörers nicht entsprechen, macht den Redner unbeliebt, unglaubwürdig, zu einem Störenfried und Querulanten.

Im besten Fall schlägt ihm die Skepsis seines Publikums entgegen – auch das ist keine unbedingt wünschenswerte Situation. Doch kann auch sie genutzt werden. Der geschockte Manipulator kann aus der Situation der Skepsis noch eine ganze Menge machen:

– Er baut das Feld der Skepsis ab, indem er wieder auf die Vorurteilsebene seiner Zuhörer einschwenkt. Er wird ein selten dankbares Publikum haben.

– Er steigert die skeptische Situation bis zu dem Punkt, daß selbst die Skandalaggressivität seiner Hörer sie nicht mehr hören läßt, sondern entweder die Mehrzahl empört oder gelangweilt »abschaltet« oder durch Zwischenrufe... aggressiv reagiert. Beherrscht er nun das Ritual, das die Verwandlung einer solchen destruktiven Konfliktsituation in eine potentiell konstruktive ermöglicht (Demutsgebärden, Lob, Schmeichelei...), wird er meist unter seinen Zuhörern eine kleine Gefolgschaft finden, die – recht behandelt und deutlich von der Masse getrennt – zu Gefolgsleuten werden kann.

Eine zweite Gruppe von Verarbeitungsfehlern und ihrer gezielten technischen Beherrschung läuft auf »selektives Verstehen« hinaus. Gemeint ist die Situation, in der der Hörer nur einen Teil der richtig abgelösten Informationen verarbeitet. Die Verarbeitung einer abgenommenen Information geschieht zumeist durch Anlagerung oder Legierung mit schon vorhandenem »Wissen«, Fühlen, Meinen... des Zuhörers. Sind solche Anlagerungen (Assoziationen) oder Mischungen (Legierungen) oder Färbungen nicht möglich, wird die richtig abgenommene Information nicht im Langzeitgedächtnis gespeichert, sondern allenfalls im Kurzzeitgedächtnis bewahrt und dann wieder ausgeschieden (wobei nicht geleugnet werden soll, daß eine durchaus nicht wahrnehmbare Beeinflussung des Vor- oder Unbewußten durch unterschwellige, d. h. gar nicht in den Speicher des Gedächtnisses oder nur in den Kurzzeitspeicher aufgenommene Information erhebliche Wirkungen zeitigen kann).

Vermutlich gibt es kein gedächtnisloses Bewußtsein – jedenfalls können wir seine Existenz wesentlich nicht feststellen. Streng genommen ist Vergessen nicht einfach Ausscheiden von Information, wie Gedächtnis nicht einfach Speicherung ist. Gedächtnis ist vielmehr eine Art von Latenz, die ihre eigene Präsenz festhält.

Wir unterscheiden vier Gedächtnistypen:
1. Das Gedächtnis des sehr kurzfristigen Behaltens (für Sekunden: etwa die Zwischenresultate einer längeren Division).
2. Das Gedächtnis als Perseveration und Konsolidierung eines Eindrucks (einige Minuten bis einige Stunden).
3. Das Gedächtnis der langfristigen Erinnerungen.
4. Das Gedächtnis unbewußter Erinnerungen.

Mit einiger Sicherheit kann nur der erste Gedächtnistyp neurologisch erklärt werden: hier dürfte es sich um regelkreisähnliche Prozesse in geschlossenen Neuronenringen handeln. Bei allen anderen Formen von Gedächtnisprozessen dürfte in einer noch nicht näher bekannten Weise der gesamte Ganglienbestand des Gehirns aktiv beteiligt sein. Vielleicht kommt eine Gedächtnisleistung durch eine kausalanalytisch noch nicht bekannte Weise durch Reorganisation eines recht ausgedehnten Systems von einigen Hunderttausend oder Millionen Ganglienzellen zustande (K. L. Lashley).

Da die Informationsverarbeitung stets mit Gedächtnisleistungen verbunden ist, seien hier einige wichtige Regeln über das Funktionieren des Gedächtnisses genannt.
1. Die verfügbaren Gedächtnisinhalte nehmen ungefähr proportional dem Logarithmus der verstrichenen Zeit ab (Ebbinghaus-Kurve). Dabei stehen Abweichungen von der Kurve (etwa im 24-Stunden-Rhythmus) zu erwarten.
2. Subjektiv sinnloses Material wird besser gespeichert, wenn es objektiv sinnvoll ist (etwa Chorlieder griechischer Tragödien im Gedächtnis eines 15 Monate alten Jungen).
3. Anschauliches wird leichter und länger behalten als Unanschauliches (denn nur Anschauliches ist mit Zuhandenem legierbar oder assoziierbar).
4. Wiedererlernen geht in der Regel sehr viel schneller als Neuerlernen (von hierher stellt sich die Frage, ob überhaupt völliges Vergessen möglich ist).

> Anm.: R. M. True befragte 1949 fünfzig etwa 23-jährige nach dem Wochentag, auf den ihr vierter Geburtstag fiel. Im normalen Wachzustand waren 14,3 % der Antworten richtig (das entspricht der Zufallshäufigkeit); in der Hypnose erhielt er mehr als 90 % korrekte Antworten.

5. Das Vergessen wird in Schlafphasen erheblich gebremst (vermutlich gar

total sistiert). Vergessen ist also weniger ein passives Verlieren als ein aktives Verlernen.

6. Also kann das Vergessen gefördert werden (Verdrängen), wobei allerdings die unbewußte Speicherung zumeist nicht gelöscht wird.
7. Statt des Vergessens ist eine Steigerung des Erinnerns möglich (Reminiszens).

> Anm.: Treten solche Reminiszenzen nach wenigen Minuten auf, dürften sie mit der Erholung vom Lernen selbst zusammenhängen (Ward-Hovland-Phänomen); treten sie nach einigen Tagen auf, ist mitunter die Ursache in der Bindung an bestimmte Tätigkeiten oder Gefühle zu suchen (Ballard-Williams-Phänomen). So kann etwa in einer späteren depressiven Stimmungslage ein vergangenes Ereignis sehr viel deutlicher rekonstruiert werden als in einer vorhergehenden, eher optimistischen Stimmungslage.

8. Die Gefühlstönungen, die ein Erlebnis begleiten, können sich »von selbst« oder durch äußere Nachhilfe verändern (so können sich Angstgefühle von Gefahrensituationen ablösen und die emotionale Färbung kann eher freundlich, heroisch, humorig... werden).
9. Interessen, Wünsche, Befürchtungen, Ängste... können den Gedächtnisinhalt material verändern (verkürzen, erweitern, Austauschen von Elementen...). Besonders häufig ist Veränderung in Richtung auf Vereinfachung und Strukturierung.
10. Erledigte Aufträge und Vorsätze werden meist schlechter erinnert als unerledigte (Zeigarnik-Effekt).
11. Mitunter kann eine U-förmige Relation zwischen Gefühlston und dem Grad des Behaltens bestehen (Schwerin-Kurve).

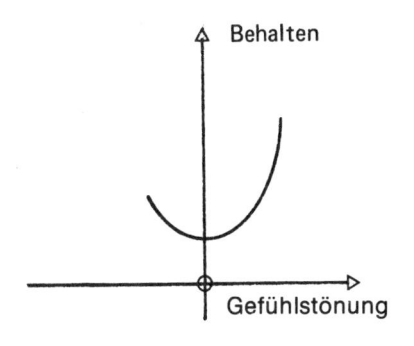

12. Die Merkfähigkeit kann auch chemisch beeinflußt werden (RNS verbessert die Lernfähigkeit, Puromyzin verschlechtert sie).

Anm.: Man unterscheidet zumeist nach H. Rohracher folgende Formen von Gedächtnishemmungen:
- die proaktive Hemmung (ein unmittelbar vorhergehender Lernakt verhindert das Einprägen des unmittelbar folgenden);
- die retroaktive Hemmung (ein nachfolgender Lernstoff verhindert die Speicherung des Vorhergehenden);
- die Ähnlichkeitshemmung (die Lernstoffe zweier aufeinanderfolgender Schritte sind inhaltlich einander ähnlich);
- die assoziative Hemmung (ein Gedächtnisinhalt, der schon mit einem anderen assoziativ gekoppelt ist, läßt sich nur schwer neu und anders koppeln);
- die ekphorische Hemmung (die Reproduktion eines alten Lernstoffes wird durch einen der Reproduktion unmittelbar vorausgehenden neuen Lernprozeß gehemmt);
- die affektive Hemmung (die Reproduktion ist gehemmt, wenn sich zwischen Lernereignis und Reproduktionsversuch eine starke Emotion schiebt, die mit dem erlernten Inhalt nichts zu tun hat).

Offensichtlich bieten die Kenntnisse dieser elementaren Regeln und ihre aktive Beherrschung die Grundlage vieler erfolgreicher Manipulationen. Hier interessieren wir uns vor allem für die Manipulation über das selektive Verstehen. In diesem Zusammenhang sind für uns die Regeln 3, 6, 8, 9 und 11 von einiger Bedeutung. Manipulieren des Vergessens wird auch die von Rohracher aufgestellten Typen des gehemmten Gedächtnisses mit berücksichtigen.

Hier wollen wir zunächst einmal die eher theoretische Darstellung der formalen Träger manipulatorischer Techniken abbrechen und die materialen Objekte der Manipulation untersuchen.

2. ABSCHNITT

Die materialen Objekte manipulatorischer Techniken

Wir unterscheiden zwei Objekttypen manipulatorischer Techniken: Personen und Gruppen, je nachdem eine Person oder eine Gruppe zu einem Verhalten bestimmt werden soll oder bestimmt wird, das fremden Interessen nutzt. Verschiedentlich werden wir auch einer häufig verwendeten und besonders repressiven Form der Manipulation begegnen, der »intrasozietären Manipulation«. Diese Form der Manipulation betrifft eine Person, insofern sie Mitglied einer Gruppe ist und diese Gruppe emotional positiv besetzt oder die Zugehörigkeit zu dieser Gruppe als wertvoll für sich hält. Zunächst wollen wir einmal auszumachen versuchen, warum der Mensch überhaupt ein manipulierbares Wesen ist. Wir werden feststellen, daß er von Natur so geartet ist, daß er, wenn er sich auf Beziehungen mit anderen Menschen einläßt, sich gar nicht der Manipulation entziehen kann. Er manipuliert und wird manipuliert. Mitunter verbinden sich Manipulation und Gegenmanipulation in einem Handlungsablauf miteinander.

Anthropologische Vorüberlegungen zum Thema Manipulation und Manipulierbarkeit

Der Mensch ist ein auf Kommunikation angewiesenes Wesen. Ohne Kommunikation verkümmert er geistig und sozial. Die Kommunikation stellt die Verbindung des Menschen mit seiner sozialen Welt her (sieht man einmal von der ebenfalls erheblichen intrapersonalen Kommunikation ab). Etwa 70 % der Wachzeit befindet sich der normale Mensch in kommunikativer Situation *(P. Rankin)*. Etwa 45 % fallen darauf im statistischen Mittel aufs Zuhören, 30 % aufs Sprechen, 16 % aufs Lesen und 9 % aufs Schreiben (oder Diktieren). Führungskräfte dürften während ihrer beruflichen Tätigkeit bis zu 90 % mit Kommunikation in irgendeiner Form beschäftigt sein. Von den etwa (wieder statistisch ausgemittelt) 2000 Informationen, die uns täglich von anderen Menschen zukommen (als verbale und nicht-verbale geschlossene Einheiten), nehmen wir jedoch nur höchstens 30 % wahr und auf.
Doch wir wollen in diesem Kapitel nicht vom Menschen als einem Kom-

munikationswesen sprechen, das über Kommunikation manipulierbar ist, sondern noch einen Schritt weiter zurückgehen und die menschlichen Bedingungen auszumachen versuchen, die ihn manipulierbar machen. Dieser Rückgriff auf die conditiones humanae ist notwendig, um den wahren Bereich der Manipulierbarkeit und seine Unausweichlichkeit ahnen zu lassen. Ich werde über den Menschen als ein a) offenes und b) soziales Wesen handeln.

1. Der Mensch als offenes, unfertiges Wesen.

Der Mensch, stets als der auch individuelle gemeint, ist unter mancherlei Rücksicht ein offenes Wesen. Zunächst einmal ist er offen wegen seiner grundsätzlichen Unfertigkeit. Er ist unfertig bei der Antwort nach seinem Wesen, er ist unfertig in seiner geistigen und emotionalen Entwicklung, er ist unfertig in seiner Auseinandersetzung mit seiner Geschichte, seiner Gesellschaftlichkeit, seiner Individualität, seiner Weltlichkeit, seiner Religiosität..., er ist unfertig in einem Ausmaß, daß sich ihm nicht selten das Gefühl einer grundsätzlichen Gebrochenheit und Heimatlosigkeit zuspielt. Er ist unfertig im Umgang mit seiner Freiheit, er ist unfertig in der Bewältigung von Schuld, er ist unfertig in seinem Charakter. Er weiß von sich selbst weniger als von manchen Tieren.
Der Mensch aber ist auch offen, weil ihm ein Referenzrahmen fehlt, der es ihm erlaubte, sich endgültig und zweifelsfrei richtig im Rahmen seiner Möglichkeiten zu orientieren.
Diese Offenheit – Unfertigkeit und Orientierungslosigkeit – ist eine der wesentlichsten Voraussetzungen der Manipulierbarkeit. Wir wollen daher etwas ausführlicher darauf eingehen.
a) Die Unfertigkeit bei der Antwort nach seinem Wesen.
Vermutlich ist es nicht ganz so neu, wie es scheinen mag: aber seit etwa 100 Jahren wurde der Mensch sich zunehmend mehr zum Problem. Er weiß nicht mehr – wenn er es jemals gewußt haben sollte –, wer er ist. Und er weiß, daß er es nicht weiß, in einer vermutlich nie dagewesenen Klarheit. Durch Jahrhunderte hindurch beschäftigte die Anthropologen die Frage, *was* der Mensch denn eigentlich sei. Und es gab eine Fülle von Wissenschaften, die darauf eine mehr oder weniger zufriedenstellende Antwort zu geben versuchten: Physiologie und Psychologie, Philosophie und Soziologie, Medizin und Pädagogik. Heute wissen wir, daß alles Fragen nach dem Was ein Weg in die Irre war. Er führte stets zu wissenschaftlichen Teileinsichten. Der Mensch wurde dem Menschen zum Was, zur Sache. Eine Sache hat ihren Wert, ihren ökonomischen, ihren politischen, ihren sozialen... Wenn sie aber wertlos geworden ist, wirft man sie weg. Es kam ganz folge-

richtig zum fatalen Begriff des »lebensunwerten Lebens«. Dieser Begriff und die ihn begleitenden Konsequenzen waren so ungeheuerlich, daß sich die Menschheit von ihm abwandte.

Die neue Frage heißt denn auch: *Wer* ist der Mensch? Doch sie erwies sich nicht mehr als wissenschaftlich beantwortbar. Ludwig Feuerbach, der mit einigem Erfolg Theologie in Anthropologie zu verwandeln suchte, wurde auf den Kopf gestellt. Die Anthropologie wurde wieder vor die Begriffswelt einer religiösen Transzendenz geführt, wenn sie auch nicht im Raum einer der klassischen Organisationsformen des Religiösen angelangt ist – und wohl auch nie recht anlangen möchte. Zusammen aber mit der ihm auferlegten Frage nach dem Wesen, der Frage, wer der Mensch denn eigentlich sei, stellten sich Unsicherheit und Orientierungslosigkeit ein. Die Wissenschaftsgläubigkeit schwand in dem Maße, als die Ohnmacht der Wissenschaften vor *der* die Menschen bewegenden Frage offenbar wurde. Und mit dem Ende der Wissenschaftsgläubigkeit kamen neue Pseudoreligionen mit irrationalen Inhalten auf, die eine Antwort zu geben versprachen, die niemand letztlich und zuverlässig und allgemein überzeugend geben kann. Solange aber dem Menschen das Entsetzen des auf sich selbst bezogenen Wesens (als einem Was) ins Gesicht geschrieben steht, solange er also eine wesentlich unbeantwortbare Frage an sich selbst ist, wird er offen sein und bleiben. Das bedeutet zugleich aber auch die Offenheit, nicht nur geführt, sondern auch verführt werden zu können.

b) Die Unfertigkeit in seiner geistigen und emotionalen Entwicklung.
Die geistige und emotionale Entwicklung eines Menschen kommt niemals zu einem Ende oder Abschluß. Das ist trivial. Nicht genauso trivial ist die sich daraus ergebende Folgerung, daß – die vielen Möglichkeiten, geistig und emotional an ein Ende zu kommen, theoretisch vorausgesetzt – der Mensch niemals an ein Ende kommen *kann,* sondern geistig und emotional stets ein kupiertes Wesen bleibt. Das emotionale und geistige *Lernen* kann nicht nur nicht zum Abschluß gebracht werden, weil das menschliche Leben viel zu kurz dazu wäre, sondern weil jede geistige und emotionale Erfüllung (als partielle und vorübergehende kann sie durchaus endgültig erscheinen), wegen des essentiellen Wandels der emotionalen und geistigen Objektwelt, unausschöpfbar ist.

Sicherlich mag es Menschen geben, die *meinen,* am Ende ihrer geistigen und emotionalen Realisationsmöglichkeiten angekommen zu sein. Doch solche »Gefühle« entspringen meist einer depressiven Quelle – entsprechen weniger der Realität als einer depressiven Umdeutung der Wirklichkeit. Die Entwicklung des Menschen ist also, insofern er Mensch ist (die Philosophie spricht hier gerne von conditiones humanae), grundsätzlich nicht nur unabgeschlossen, sondern auch unabschließbar. Und das gerade in den Berei-

chen, die typisch menschlich sind: in der typisch menschlichen Form der Begegnung und Reaktion auf die kosmische und soziale Umwelt, in Einsicht und Fühlen. Die radikale Offenheit fordert den Menschen stets zu Aktivität und Wagnis, fordert ihn auf zu aktivem (und nicht bloß reaktivem) Handeln und zu utopischen (und nicht bloß futurologisch extrapolierenden) Entwürfen seines Menschseins.
Die Tatsache, daß jeder psychisch gesunde Mensch darum weiß, daß er nicht alles weiß, verbunden mit dem Willen mehr zu wissen, und darum weiß, daß er in seinem Lieben, Hoffen, Sorgen, Ängstigen... niemals an ein Ende kommen *kann*, weil er immer mehr Liebe schenken (und auch empfangen) möchte als ihm die gegenwärtige Situation erlaubt, verweist unübersehbar auf diese radikale Offenheit. Ich vermute, daß das Trauma der Unvollständigkeit und Unvollkommenheit den meisten so sehr bewußt ist, daß sie darunter leiden.
Und hier bieten die Religionen eine Antwort an, wenn sie sagen, daß die traumatische Situation so grundsätzlich sei, daß diese Wunde, vom Menschen selbst nicht geschlossen, selbst so groß ist, daß sie nur in der Begegnung mit einem unendlichen Du abgedeckt und geheilt werden kann.
c) Die Unfertigkeit des Menschen mit der Bewältigung seiner Gründe.
Die Frage nach den ersten und radikalen Gründen stammt aus der griechischen Philosophie – es ist die Frage nach den archai, den Ursprüngen. Anfangs galt die Frage der Welt, dem Kosmos, später wandte sie sich dem Menschen zu. Heute nehmen wir zumeist vier oder fünf Wurzeln (archai) des Menschen an, in denen er so sehr wurzelt – selbst ohne es zu wissen –, daß er sich von ihnen nicht trennen kann, ohne zu verkümmern oder zugrunde zu gehen, ähnlich wie ein Baum verkümmert oder eingeht, wenn man seine Wurzeln schädigt oder die Verbindung zwischen Wurzel und Stamm (partiell oder total) unterbricht.
Die Gründe des Menschen sind Individualität, Sozialität, Weltlichkeit, Geschichtlichkeit und Religiosität. Diese Gründe mögen sehr unthematisch bewußt sein, der eine oder andere vielleicht nicht einmal wahrgenommen sein, dennoch bestimmen sie in Gleichursprünglichkeit so sehr den Menschen, daß in all sein Handeln als Mensch alle diese Urgründe in verschiedener Legierung mit eingehen. »Gleichursprünglichkeit« soll heißen, daß man zwar abstrakt jeden der Gründe, in denen Menschsein gründet, für sich betrachten, beschreiben und wissenschaftlich behandeln kann, doch im konkreten Menschsein sind sie unabtrennbar miteinander verbunden. Diese Legierung kann nun kaum ein Mensch entwirren, schon alleine deshalb nicht, weil ihm als Material zur Analyse nur Handlungen, Einstellungen, Entscheidungen zur Verfügung stehen, die vergangen sind – zwar damit noch ein Teil seiner selbst sind, jedoch nicht mehr er selbst. Das Wesen

Mensch ist so sehr wesentlich in Veränderung begriffen, daß es sich nicht durch Begriffe festmachen, feststellen ließe. Und weil sich ihm solche Feststellung verbietet, ist er auch nicht in der Lage, seine konkrete Situation aus den Gründen zu erklären. Obschon er die Grundhaftigkeit der Gründe einsieht, kennt er doch im konkreten Handlungsvollzug nicht oder nur sehr unzulänglich und verschwommen die Anteile der einzelnen archaí.
Die Urgründe können im Grenzfall zu Abgründen werden, in die man hineinzustürzen droht, ohne daß das Wissen vom Grund auch der Abgründe lebendig wäre. In ganz besonderer Weise mißlingt einem Menschen die Balance zwischen den beiden Gründen: Individualität und Sozialität. Darauf werden wir noch zu sprechen kommen. Einer der Gründe, warum die meisten Menschen so leicht manipulierbar sind, ist zweifellos ihre vermeintliche Wurzellosigkeit, d. h. sie kennen nicht die Wurzeln, aus denen allein sich humanisierende Kraft schöpfen läßt, werden sich solcher Kraft nicht bewußt und erscheinen getrieben, gezogen oder gejagt von »falschen« Bedürfnissen.

d) Die Unfertigkeit im Umgang mit der Freiheit.

Die meisten Menschen können nicht einmal sagen, was sie meinen, wenn sie von Freiheit sprechen. Für sie ist »Freiheit« ein leerer Begriff, außerordentlich geeignet, sie zu manipulieren. Denn alles, was mehr Freiheit verspricht, wirkt attraktiv, selbst auf den, der nicht einmal andeutungsweise weiß, was »Freiheit« eigentlich bedeutet. Wir müssen also zunächst einmal definieren, was wir unter »Freiheit« verstehen.

»Freiheit« meint das Fehlen von inneren Zwängen, so daß in einem gegebenen äußeren Rahmen Selbstverwirklichung möglich ist. Freiheit ist also zunächst einmal ein innerpsychisches Datum, das allerdings äußerer »Freiheitsräume« bedarf, um sich voll verwirklichen zu können. Wer die Freiheit primär als Freiheit von *äußeren* Zwängen versteht oder als die Fähigkeit, das zu tun oder zu lassen, was ihm gerade einfällt oder Freude macht – allein begrenzt durch die Freiheitsräume benachbarter Individuen – verwechselt Freiheit mit dem Zustand eines streunenden Katers oder eines läufigen Hundes. Zudem ist er ein denkbar gutes Opfer aller möglichen Manipulationsversuche, die ihm, unter dem Schein größerer Spielräume, Freiheit vorgaukeln.

Nur wenige Menschen sind innerlich frei, sind frei von den Zwängen des Habenwollens, des Leistenmüssens, des Hasses, der Überheblichkeit, des Neides... obschon allein so sich wirkliche Freiheit einstellt. Ein verbreiteter Irrtum ist es, daß ein Mensch mit äußerer Freiheit, wie sie etwa westliche Demokratien durchzusetzen versuchen, etwas Ernsthaftes anfangen könnte, es sei denn, er ist innerlich frei (und da bieten die westlichen Demokratien denkbar wenig Anregungen, stellen nur sparsamste Hilfsmittel bereit).

Auf einem ganz ähnlichen Irrtum beruht der Versuch, mehr Freizeit zu schaffen, ohne zugleich die Entfremdungsmomente der Arbeit aufzuheben. Zumeist wird ein Arbeiter nur dann etwas Sinnvolles mit seiner Freizeit anzufangen wissen (»sinnvoll« meint hier: zur Selbstverwirklichung führend), wenn er auch mit seiner Arbeit etwas anfangen kann und nicht in der Arbeit »außer sich« ist.

e) Die Unfertigkeit in der Bewältigung von Schuld.

Zwar ist es theoretisch denkbar, daß ein geschickter Psychoanalytiker einen Menschen synthetisiert, der kein Verhältnis zur subjektiven Schuld (und den oft damit verbundenen Schuldgefühlen) hat. Bestenfalls bleibt ein Wissen um eine objektive Schuld, das heißt, um ein objektives (etwa soziales) Fehlverhalten erhalten. Doch die weitaus meisten Menschen wissen sich schuldig, wenn dieses Wissen auch zunehmend mehr verdrängt wird – und so im Grenzfall zu neurotischen Orientierungen führen kann. *F. Alexander* hat diese Situation klassisch beschrieben: »Das Überich straft, statt zu verbieten. Das Ich leidet, statt zu verzichten.« Die Verdrängung von Schuld und das Abspalten der mit Schuldgefühlen besetzten Handlungen vom Persönlichkeitskern an die Peripherie oder gar in den Rahmen der Nicht-Person (»Das bin ich eigentlich gar nicht, der so handelt«), die Bildung von Schuldkomplexen also, sind heute wohl verbreiteter denn je. Alles, was Minderwertgefühle rechtfertigen könnte, wird in unbewußte Straßen abgeschoben und beginnt hier sein perfides komplexbildendes neurotisierendes Spiel. Die fehlende Schuld*einsicht*, von der Richter wie Seelsorger heute sprechen, ist keineswegs immer positiv zu werten – im Gegenteil: zumeist wird alles, was zu solcher Einsicht führen könnte, mehr oder weniger systematisch – oft mit Hilfe konkreter gesellschaftlicher Prozesse – in den psychischen Untergrund verbannt. Es ist aber eine grob fahrlässige Täuschung zu meinen, es sei jetzt verschwunden. Schuld wird man nicht los durch Verdrängung – auch nicht durch prophylaktische. Schuld läßt sich nur bewältigen durch Anerkennung. Wer nicht in der Lage ist, auch die Schattenseiten seines Charakters zu akzeptieren, wird stets ein willfähriges Opfer aller derer sein, die ihm Selbstverwirklichung mit den eigentümlichsten Methoden und durch die merkwürdigsten Strategien versprechen.

Die Manipulationen über das Ichideal sind die wirksamsten und erfolgreichsten, da, wo die Differenz zwischen Ideal und Realität am erheblichsten ist. Ein Mensch, der sich nicht auch mit seinen Schattenseiten akzeptiert, wird kaum jemals einen anderen Menschen (mit seinen Schattenseiten – und wer hätte die schon nicht) akzeptieren, sondern nur »ideale Menschen«, die es bekanntlich nicht gibt. Ein Mensch, der sein Ichideal nicht weitgehend auf seine Ichwirklichkeit zurückgenommen hat, der also nicht einmal in den Anfängen zur Selbsterkenntnis gelangt ist, wird sich niemals

selbst verwirklichen können, sondern allenfalls ein Phantom seiner selbst, an dem zudem auch noch so mancherlei gesellschaftliche und individuelle Kräfte, bewußt oder nicht, mit herumgebastelt haben.
Ein Mensch ohne zureichende Kenntnis seiner Selbststruktur ist zudem ein extrem leicht verwundbarer Mensch, insofern die Verwundbarkeit gerade jene Zonen betrifft und hier besonders intensiv empfunden wird, in denen die Diskrepanz zwischen Ichwirklichkeit und Ichideal am größten ist. Der verwundete oder verwundbare Mensch aber ist zumeist ein willfähriges Opfer jeder Manipulation, die ihm ein klein wenig mehr Sicherheit und Realisation seiner Ideale verspricht. Diese Manipulation ist keineswegs wertneutral, denn sie schadet dem manipulierten Individuum, da sie die Ichbildung und Selbstfindung als Grundlagen der Selbstverwirklichung verhindert.
Im Gegensatz dazu ist Edukation wesentlich als Angebot von Inhalten und Strategien, die zur Ichbildung und Selbstfindung (Selbsterkenntnis, Selbstanerkenntnis) führen, zu verstehen. Geschieht das nicht, versagt Edukation vor ihrem genuinen Anspruch und wird oft zu einer Art verschleierter Manipulation degenerieren.*

f) Die Unfertigkeit der Integrationsbemühungen.
Heute begegnet man nur wenigen »integralen Persönlichkeiten«. Mit »Integration« ist eine Persönlichkeitsstruktur gemeint, die erhebliche Persönlichkeitsanteile nicht komplexhaft abspaltet, sondern – im Gegenteil – integriert. Was kann da so alles abgespalten werden? Emotionalität, Familienleben, Sexualität und Aggressivität, öffentliches Leben oder privates... Solche Menschen leben in schizoider Zweiheit. Diese Zweiheit kann durchaus von geschickten Manipulateuren verfestigt werden – und damit die Bildung einer integrierten Persönlichkeit nahezu unmöglich werden. Eine desintegrierte Persönlichkeit ist jedoch wiederum ein dankbares Opfer für so mancherlei Manipulationsaktivitäten, die ihr eine scheinbare und vordergründige Integration versprechen oder vorgaukeln. Ich kann Ihnen hier nicht alle Möglichkeiten der Manipulation »zersplitterter Persönlichkeiten« darstellen. Das Gemeinte sei jedoch an zwei Beispielen erläutert.

● Da wird etwa einem jungen Mann von einem Seelsorger gesagt, Selbstbefriedigung sei für ihn keine Sünde, da ihm im Tun selbst die klare Einsicht in dessen Verwerflichkeit oder/und der freie Wille gefehlt habe. Hier wird Sexualität aus der Persönlichkeit herausgesetzt. Dabei wäre es existentiell wichtig, im Seelsorgegespräch Integrationshilfen zu geben. Die Desintegration von Triebhandlungen ist eines der bekanntesten und psychologisch

---

* Zum Thema Ichfindung und -bildung sowie Selbsterkenntnis, Selbstannahme und Selbstverwirklichung vgl. R. Lay, Meditationstechniken für Manager, München 1976.

katastrophalsten Prozeduren jeder Form von verfehlter Seelsorge (Entsprechendes gilt übrigens auch für aggressive Handlungen).

● Da wird einem Arbeiter gesagt, er könne sich doch außerhalb der Arbeit verwirklichen, da könne er bei sich sein, da könne er er selbst sein. Während der Arbeit aber solle er sich möglichst jeder Autonomie und Initiative enthalten. Dabei werden in erheblichen Bereichen, in denen gerade der Mensch sich selbst verwirklichen soll, nämlich seiner Arbeit als kreativer und produktiver Interaktion mit anderen Menschen, solche Schranken gezogen, daß entweder Arbeit oder Freizeit (zumeist ist es die Arbeit) aus dem Persönlichkeitsbildungsprozeß abgespalten wird. Die mangelnde Integration von Arbeit und privatem Leben (oft fälschlich »Freizeit« genannt) hat eine Desintegration der Persönlichkeit zur Folge, die sich in keine dieser beiden Welten optimal einrichten und orientieren kann und so wiederum zu einem dankbaren Opfer manipulatorischer Techniken wird.

Die mangelnde Integration oder anders: die zunehmende Abspaltung von Personbereichen von der Persönlichkeit macht jedem Psychotherapeuten und Psychiater erhebliche Sorgen. Solche Menschen scheinen nicht mit sich selbst identisch. Sie sind in wichtigen Aspekten sich selbst fremd, sind mitunter nicht »bei sich«, sondern anderswer und anderswo. Die Nichtidentität der Persönlichkeit mit sich selbst und die zwangsweise Übernahme von Funktionen, die nicht in die Persönlichkeit integrierbar sind, machen es dem Menschen zumeist unmöglich herauszufinden, wer er denn eigentlich ist. Die Identitätskrise ist nahe verwandt der Sinnkrise und der Orientierungskrise.

Es ist einer der Vorwürfe, die unserem ökonomischen und politischen System zu machen sind, daß solche Krisen eher erleichtert denn verhindert, sobald Menschen miteinander verkehren oder gar institutionalisierte Verkehrsformen ausbilden.

g) Die Unfertigkeit der Beherrschung partieller Sinnhaftigkeiten.

Wir alle leben in einer Welt, die uns in bestimmten Bereichen und unter bestimmten Umständen mit meist vorläufigem Sinn ausgestattet zu sein scheint. Wir finden in partiellen Weltbereichen (das meint nicht nur die kosmische, sondern auch die soziale und geschichtliche Welt) Sinn vor – wir können nachsinnen. Andere Bereiche wiederum erscheinen uns ganz und gar sinnlos: So etwa das Leiden kleiner Kinder, das Ausbrechen von Kriegen, die keiner wollte, die Eruptionen von Unmenschlichkeit, die eigene Angst oder Verzweiflung, das Enden von Liebe, Treue, Hoffnung. So wird Enttäuschung oft zum Indikator erfahrener Unsinnigkeit.

Wir können nun mit dieser Unsinnigkeit so verfahren, daß wir sie als Ausdruck einer universellen Sinnlosigkeit verstehen, die allein in einigen klei-

nen Räumen von uns Menschen im Nachhinein mit Sinn bedacht wurde. Wir können aber auch versuchen, diese »Unsinnigkeiten« als »Pannen« einer grundsätzlichen Sinnorientierung der Welt zu verstehen – und wo uns das nicht gelingen mag, auf unsere eigene Kurzsichtigkeit verweisen, die uns halt eine Sache nicht bis zu ihrem Grund durchschauen läßt. Beide Positionen sind durchaus vernünftig – und es gibt kein Mittel, wissenschaftlich auszumachen, welche die richtige ist. Wir können auch kaum herausfinden, welche die bessere ist, weil dies ein bestimmtes Menschenbild voraussetzen würde, in das schon die a-priori-Entscheidung für oder wider Sinn konstitutiv eingegangen wäre.
Tatsächlich werde ich nur dann Sinnhaftigkeit begegnen, wenn ich mich zuvor für Sinnhaftigkeit entschieden habe, werde nur dann totaler und universeller Sinnlosigkeit begegnen, wenn ich mich zuvor für den Nicht-Sinn entschieden habe. Vor dem objektiv auszumachenden Teilanspruch der Sinnhaftigkeit sind aber beide Positionen gleich stark und gleich gut begründet. In beiden Fällen lebt der sich für oder wider einen Sinn Entscheidende in Spannung mit der Realität – einer Spannung, die allenfalls in einer Art von Glauben (religiös oder nicht) aufgehoben werden kann. Diese Spannung mag durch das Wort von der unsinnigen Sinnhaftigkeit oder dem sinnhaften Unsinn charakterisiert werden. Doch bietet sich noch eine dritte Möglichkeit an: Man läßt die Antwort offen und entscheidet sich damit für den sinnhaften Unsinn oder unsinnigen Sinn. In diesem eher auf Kapitulation, denn auf freier Entscheidung beruhenden Position ist der Mensch allerdings in ein so labiles Gleichgewicht zwischen Sinn und Unsinn eingespannt, daß er extrem leicht durch Worte wie »Sinn« und »Unsinn« manipulierbar wird. Die Worte müssen nicht einmal ausgesprochen werden. Es fehlt einem solchen Menschen der grundsätzliche Referenzrahmen oder die grundsätzliche Leugnung der Möglichkeit eines Referenzrahmens, und so wird er auf jeden vorgegaukelten mit einiger Sicherheit hereinfallen.
Alle diese Formen der Unfertigkeit zeigen uns den Menschen als radikal offenes Wesen. Die Offenheit hat aber auch einen besonderen Aspekt, den wir im folgenden darstellen wollen:

2. Der Mensch als soziales Wesen.

Robinson war nur deshalb nicht manipulierbar, weil einfach niemand da war, der ihn manipulierte. Wo aber Menschen beisammen sind, nehmen sie zumeist irgendwelchen Einfluß aufeinander. Das aber heißt, daß sich ein Mensch »in Gesellschaft« meist anders verhält, als wenn er allein wäre. Die Gesellschaft oder einzelne Mitglieder der Gesellschaft verändern also schon allein durch ihr Vorhandensein das Verhalten eines Menschen. Solche Verhaltensbeeinflussung dient im allgemeinen beiden. Und dennoch wird es nicht selten zur manipulatorischen Situation kommen, in der das Verhalten unseres Nicht-Robinson zugunsten der Gesellschaft oder einzelner ihrer Mitglieder geändert wird. Ja, es muß oft geändert werden, wenn die Gesellschaft nicht zerfallen soll. Die Gesellschaften sind darauf angewiesen, das Verhalten ihrer Mitglieder auch zum Gesellschaftsnutzen (also nicht primär zum Nutzen des Beeinflußten) zu ändern, wenn sie überhaupt bestehen wollen. Eine Gesellschaft von lauter Robinsons ist zwar eine soziologisch interessante Fiktion, niemals aber gesellschaftliche Wirklichkeit.

Doch zunächst müssen wir einmal definieren, was wir unter Gesellschaft verstehen, um die *notwendigen,* von allen Gesellschaften und gesellschaftlichen Formationen ausgehenden Pressionen und Manipulationsversuche deutlicher zu erkennen.

»Gesellschaft« bezeichnet ein relativ autarkes Sozialgebilde, in dem die Dichotomie von Individuum und Kollektiv durch die Konzeption standardisierter und integrierter sozialer Rollen aufgehoben wird (nach *T. Parsons*). Gesellschaftliche Einheiten sind in diesem Kontext nicht Individuen, sondern »soziale Interaktionen«. Diese Definition bedarf einer Erklärung:

● *»autark«* meint hier: zur Konstitution einer Gesellschaft sind Außeneinflüsse (etwa durch andere Gesellschaften) nicht notwendig. Die Gesellschaft bezieht ihr formales Bindungselement aus sich selbst (etwa gemeinsame Interessen, Solidaritätsgefühle...).

● *»Dichotomie«* meint die »Zweiteilung« zwischen Individuum und Kollektiv. Diese ist nicht nur in konkreten Gesellschaftsvollzügen aufgehoben, sondern als eine conditio humana grundsätzlich gegeben. Der Mensch als Person ist in gleicher Ursprünglichkeit und gleicher Unmittelbarkeit Individuum und gesellschaftliches Wesen. Zwar wird er einmal die eine Seite, das andere Mal die andere dieser Zweiheit stärker realisieren. Doch geht in alle menschlichen Vollzüge beides: Gesellschaftlichkeit und Individualität gleichursprünglich zumindest als Anspruch ein. In gesellschaftlichen Vollzügen wird zweifelsfrei die Spannung zwischen Individualität und Sozialität einer Person am deutlichsten und mitunter recht konfliktbesetzt ausgetragen.

● *»Rolle«* ist eine Bezeichnung für Erwartungen und Normen, die sich in einer Gesellschaft in bezug auf einen bestimmten Status oder eine Position ausbilden. Zur Stabilisierung einer gesellschaftlichen Realität sind diese Rollen weitgehend standardisiert (so weiß jeder, was etwa mit der Mutterrolle an notwendigen Aktivitäten, Einstellungen, Gefühlen... verbunden sein *muß*) und integriert, d. h. die Rollen müssen innerhalb einer Gesellschaft als die ihren akzeptiert (verinnerlicht) sein und dürfen einander nicht widersprechen. Mit der Übernahme einer solchen Rolle kommt eine soziale

Interaktion zustande, die sich als gegliederte Folge erlernter Verhaltensweisen beschreiben läßt, die eine Person in der Situation sozialer Interaktion (etwa der Kommunikation) zeigt.

● »*Soziale Interaktionen*« meint jede Art wechselseitiger Bedingtheit im sozialen Verhalten, wenn zwei oder mehr Personen sich in ihrem Verhalten durch Worte, Handlungen, Gesten... beeinflussen können. Das gemeinsame Verhalten ist dann das Ergebnis der Kommunikation. Wenn man die Gleichursprünglichkeit von Individualität und Sozialität akzeptiert, wird man als Gegenstand der gesellschaftlichen Aktivitäten einer Person keineswegs ihre Individualität allein so betrachten dürfen, als ob eine Gesellschaft die strukturierte Menge ihrer Mitglieder sei. Man wird vielmehr zum Gegenstand der Betrachtung die aus der Bindung Individuum – Gesellschaft notwendig entspringenden und realisierten Aktionen (eben die gesellschaftlichen Interaktionen) machen.

Es ist offensichtlich, daß eine solche – heute meist allgemein angenommene – Konzeption von »Gesellschaft« erheblich ist für jede Manipulationstheorie und -praxis. Die Gleichursprünglichkeit erlaubt es dem Menschen nicht, sich bloß als Individuum zu verstehen (oder bloß als Gesellschaftsorgan). Er muß vielmehr versuchen, den Anspruch seiner Individualität und den seiner Sozialität in ein möglichst stabiles Gleichgewicht zu bringen. Das ist nicht leicht, denn von Natur ist dieses Gleichgewicht extrem labil. Diese Labilität aber ist einer der Gründe für die Manipulierbarkeit beinahe jedes Menschen, jedenfalls, wenn er nicht in der Situation Robinsons vor der Ankunft Freitags lebt. Schon zwei Menschen versuchen das Verhalten des je anderen zu beeinflussen – und zwar auch zum Nutzen des Beeinflussenden. Manipulation also allemal. Sie ist notwendiges und unvermeidliches Beiwerk des immer auch nur in Sozialität Mensch sein könnenden Menschen.

Das kann soweit gehen, daß man sich Mühe geben muß, nicht in *jeder* sozialen Interaktion, die ja die Darstellung von Gesellschaft überhaupt ist, Elemente manipulatorischer Techniken zu sehen. Wer Manipulation grundsätzlich ablehnt, muß entweder auf einem einsamen Eiland siedeln oder sich in neurotischer Selbstgenügsamkeit so auf sich selbst orientieren, daß die – als störend empfundenen – Sozialkontakte soweit als irgend möglich abgebaut werden. Eigenbrötler aus Neigung oder aus Schicksal sind aber stets vereinsamte Menschen, die vielleicht nicht mehr unter ihrer Vereinsamung leiden – sich aber kaum optimal in ihren menschlichen Möglichkeiten entfalten. Wer sich selbst sucht, kann sich nur im Du *und* im Wir finden, d.h. er muß sich nicht nur der Gefahr, sondern auch der Wirklichkeit von Manipulation aussetzen. Ihm bleibt jedoch die Möglichkeit, diese Mechanismen zu erkennen und wenigstens partiell zu steuern. Hier kann die

Einsicht in die Notwendigkeit tatsächlich zur Grundlage von Freiheit werden.

Wer die Manipulation als grundsätzlich verwerflich betrachtet, sollte sich hüten, für sich Sozialkontakte zu suchen, ja er müßte endlich ebenfalls jede Form von gesellschaftsbegründender Interaktion und damit von realisierter Gesellschaftlichkeit überhaupt ablehnen.

Zweifelsfrei üben konkrete Gesellschaften über Rollenzwänge erhebliche manipulatorische Zwänge aus (intrasozietäre Manipulation). Wer aus dem Rahmen einer Rolle tritt, wird meist, durch Sanktionen bestraft, wieder zum institutionalisierten Rollenspiel zurückgeführt. Gelingt diese Manipulation der Gesellschaft gegenüber einem Mitglied nicht, wird es im allgemeinen an die soziale Peripherie gedrängt und endlich ausgestoßen. Jedoch ist auch eine Manipulation der Gesellschaft durch ihre gesellschaftlichen Randgruppen möglich.

Jede Gesellschaft versucht sich zu institutionalisieren. Gewöhnungen und Gewißheiten, regelgeordnetes Verhalten und Solidaritätsaktionen (= Identifikationsaktionen) führen langsam aber sicher zu solcher stabilisierender Institutionalisierung. Gesellschaften wirken oft wie (offene) kybernetische Systeme, die über Rückkoppelungs- und andere Korrekturmechanismen auftretende Störungen (= unproblematische Probleme) lösen oder eliminieren können. Die Institutionalisierung als Außenseite des sich stabilisierenden kybernetischen Systems hat zur Folge:
- die Ausbildung von Typen von Aktionen und Agierenden,
- die Stabilisierung dieser Typen zu Rollen,
- die Ein- und Zuweisung der Mitglieder der Gesellschaft in verschiedene, aber umschriebene Gebiete gesellschaftlicher Aktivitäten,
- das Auftauchen von Sanktionen gegenüber Abweichlern (»asozialen Elementen«).

In einer zweiten Phase der Institutionalisierung beginnen dann reflektierte Legitimationsversuche deutlich zu werden. Das hat etwa zur Folge:
- pragmatische Imperative werden zu Normen (oder gar zu Gesetzesnormen),
- Legitimationstheorien werden entwickelt,
- universelle Sinnwelten, in denen die zu legitimierende Institution eine erhebliche Rolle spielt, werden ausgebildet (sie unterscheiden sich von den »üblichen Sinnwelten« darin, daß sie weniger konkret, weitgehend mit symbolischen Inhalten ausgestattet sind – man spricht darum auch von »symbolischen Sinnwelten«).

Sinnwelten beinhalten eine letzte Weltsicht. Sie umgreifen die gesamte Wirklichkeit (d. h. den Raum, in dem Menschen über sichere und unbezweifelbare Erkenntnisse zu verfügen glauben) und sind so Referenzrahmen jeder individuellen und gesellschaftlichen Sinngebung.

Sinnwelten auf der Stufe der symbolischen Anreicherung sind immer außerordentlich gefährdet. Schon alleine, weil sie sich vor dem allgemeinen Überzeugungshintergrund der »normalen« Sinnwelt abheben, insofern sie theoretisch aufgearbeitet und dargestellt (symbolisiert) werden. Damit werden sie kritikanfällig.

Eine klassische Funktion der Erziehung besteht nun darin, einer jeden neuen Generation die tradierte Sinnwelt so zu vermitteln, daß sie möglichst unverändert verstanden, akzeptiert und verinnerlicht wird. Aber auf allen diesen drei Stufen kann es zu Schwierigkeiten kommen. Die jungen Leute der späten 60er Jahre verweigerten die Akzeptation, die jungen Menschen heute verweigern – sehr viel weniger spektakulär, für den Bestand einer Sinnwelt aber wenigstens ebenso gefährlich – die Internalisation. Der Grund für das Verhalten beider Gruppen ist ebenso einleuchtend wie zutreffend. Die Tradierung der Sinnwelt geschieht nämlich keineswegs in edukatorischer Absicht (diese wird allenfalls vorgeschoben und von naiven Erziehern geglaubt), sondern in manipulatorischer. Die unverstellte Tradierung der Sinnwelt nützt zunächst einmal nichts anderem als der Gesellschaft und ihrer Ordnung, die diese Sinnwelt hervorgebracht hat – und sie in Legitimationsabsicht zu einer symbolischen machte, dann aber auch all jenen, denen die Existenz *dieser* Sinnwelt nützt.

Das soll natürlich nicht heißen, daß die Ausbildung zur Gesellschafts*fähigkeit* nicht wesentlicher Bestandteil jeder Edukation sein muß. Das soll auch nicht heißen, daß notwendig jede Manipulation über die Tradition der Sinnwelt zum Schaden des betroffenen jungen Menschen ist – aber sie geschieht nur dann zu seinem »Nutzen«, wenn man der grundsätzlich fortschrittsfeindlichen These huldigt, daß es auch für die kommende Generation keine bessere Sinnwelt geben könne als die augenblicklich gültige. Das aber ist allenfalls ein frommer Selbstbetrug. Meist ist er sehr unfromm, und es geht um ganz massive politische und ökonomische, vielleicht auch religiöse Interessen. Sie gilt es durchzusetzen, indem man das Verhalten der jungen Menschen entsprechend orientiert. Das aber ist Manipulation nicht nur im üblichen Sinn, sondern im übelsten.

Es kann also durchaus zu Recht geschehen, daß sich einzelne oder ganze Gruppen gegen solche Techniken wehren. Sie bilden abgetrennte Sinnwelten. Das kann zu einer Instabilisierung des gesamten ökonomischen, politischen oder kirchlichen Systems führen, indem

● die Beteiligten aus den festen Rollenschemata ausbrechen und das gesellschaftliche System von (meist unausgesprochenen) Belobigungen und Repressionen souverän verachten und

● eine Alternative aufzeigen, die es dem Gefangenen einer Sinnwelt deutlich macht, daß es auch ein »Draußen« gibt, daß er in ein Getto eingesperrt ist, daß keineswegs seine Vorstellungen und Sinnorientierungen selbstverständlich sind.

Am Ende einer solchen Entwicklung steht meist eine neue, autonome Sinnwelt, die mit der bestehenden symbolischen in offene Konkurrenz tritt. Die Vertreter der alten Sinnwelt versuchen nun mit einer Reihe manipulatorischer Techniken den Angriff der neuen Sinnwelt abzuwehren:
● Sie versuchen, die neue Sinnwelt in esoterische Enklaven abzukapseln.
● Sie versuchen, durch Einschüchterung und Verleumdung sowie systematische Irreführung die Vertreter der alten Sinnwelt bei der Stange zu halten.
● Sie versuchen, durch eine Herrschaft der Theoretiker die abgespaltene Sinnwelt theoretisieren zu lassen, um sie so zu sterilisieren (meist lassen sich jedoch die Vertreter der neuen Sinnwelt nicht auf solch theoretische Streitereien ein, die letztlich die Unvereinbarkeit der neuen mit der alten Sinnwelt verschleiern).
● Sie versuchen endlich, durch eine Reihe von streng ritualisierten Handlungen das Alte zu konservieren.

Der so vom Zaume gebrochene Streit zwischen Theoretikern und Praktikern ist bislang – auf die Dauer gesehen – immer noch zugunsten der Praktiker ausgegangen.

Als letztes Instrument steht den Vertretern der alten Sinnwelt die Anwendung von psychischer, sozialer, physischer Gewalt offen. Wird einmal dieser Weg des offenen Terrors beschritten, besteht kaum mehr eine Chance, die neue Sinnwelt hermetisch abzukapseln und endlich zu liquidieren. Eine neue Sinnwelt kann man kaum durch manipulatorische Techniken, erst recht aber nicht durch physischen, sozialen oder psychischen Terror vernichten.

Versucht man einmal die völlig ungekonnten Abwehrstrategien und -manipulationen der bundesdeutschen Gesellschaft gegen den Terrorismus (oder besser gegen seine anarchische Innenseite, als neue Sinnwelt verstanden) zu analysieren, fällt das Urteil über die Beherrschung von Strategien und strategischen Konzepten sehr zugunsten der »Banden«, etwa vom Stil Baader-Meinhof, aus. Das soll heißen, daß die etablierten Vertreter der ebenso etablierten Sinnwelt prompt in alle Fallen getreten sind, die man ihnen auf dem Weg der vermeintlichen Konservierung ihrer Sinnwelt aufgestellt hat. Gelingt die Abwehr der neuen Sinnwelt nicht, kommt es zu einer mehr oder weniger revolutionären Situation, in der die Vertreter der alten Sinnwelt, immer mehr in Verteidigungspositionen gedrängt – zum Angriff fehlt ihnen die menschliche und ideologische Kraft –, aussterben oder aufgeben.

Eine Sinnwelt, vor allem in ihrem symbolischen Stadium, kann aber auch gefährdet werden, indem von *außen* neue Ideen wie Zumutungen an sie herangetragen werden. Jetzt kommt die Alternative nicht durch Abspaltung, sondern durch Infiltration aus anderen Lebens- und Kulturräumen zustande, die ihrerseits durchaus schon institutionalisiert sind. Hier spricht man dann von einem Kulturschock, wenn die konkrete Lebenswelt, deren Sinnwelt importiert wird, sich in irgendeiner Hinsicht als lebensfähiger oder »fortschrittlicher« erweist als die bestehende. Die Infiltration kann geschehen durch Kolonialisation, Besatzung, Mission...
Im Raum der christlichen Kirchen ist ein Kulturschock aufzuzeigen mit den in verschiedenen Wellen seit dem 13. Jahrhundert einbrechenden Naturwissenschaften und ihren außerordentlich effizienten Denkmethoden und Techniken. In solchen Perioden geschockter Kultur schwindet die Plausibilität des eigenen, alten Denkens. Marginal persons beginnen mit dem Überlaufen ins andere Lager.
Unter dem Eindruck eines Kulturschocks sind Menschen extrem leicht zu manipulieren. Hierauf dürften sicher einige Erfolge christlicher oder islamischer Missionstätigkeit zurückzuführen sein. Die Abwehrstrategien der Hierarchie des alten Musters gehen in solchen Situationen ganz ähnlich vor, wie in der Abwehr von neuen Sinnwelten, die aus dem Schoß der alten geboren wurden.
Doch nicht nur in solchen strukturrevolutionären Situationen ist Manipulation in doppelter Richtung: einmal von Seiten der Bewahrenden, zum anderen von Seiten der Revolutionäre möglich, sondern auch in »eigentlichen« revolutionären Prozessen. Revolution ist ein kollektives Bemühen zu einer qualitativen Veränderung von Gesellschaft. Revolutionäre stellen damit einen Anspruch an Geschichte und Gesellschaft, der nur durch die Ausübung von Zwängen realisiert und eingetrieben werden kann. Wer Gesellschaft ändern will, muß auch die Menschen ändern wollen, die, material gesehen, Gesellschaft ausmachen. Diese Verhaltensänderung ist keineswegs – der Intention der Revolutionäre nach – eine Verhaltensänderung zum Nutzen der Beeinflußten, sondern eben zum Nutzen einer bislang ausgebeuteten, unterdrückten, mißachteten, entfremdeten »Klasse« – vielleicht sogar auch der konkreten Gesellschaft – obschon es nicht leicht ist, numerisch von einer Gesellschaft zu sprechen, wenn es um revolutionäre Veränderungen geht. Die neue Gesellschaft ist von der alten doch qualitativ unterschieden – deshalb sollte man exakter von zwei konkurrierenden Gesellschaften reden.
Die manipulatorische Aktion der Revolutionäre richtet sich also so gegen die Herrschenden, so gegen deren Gesellschaft und Gesellschaftsstrukturen (Herrschaftsstrukturen), daß sie ihnen so sehr explizit schaden wollen,

wie überhaupt nur denkbar. Sie wollen die Vernichtung oder Selbstvernichtung der bestehenden Ordnung herbeiführen, indem sie das Verhalten der Ordnungsträger entsprechend verändern. Auf der anderen Seite kann man im revolutionären Ablauf die konservativen Versuche der nicht-revolutionären Mitglieder der bestehenden Gesellschaft durchaus als Manipulation bezeichnen, denn auch sie versuchen das Verhalten, das von der Norm des Bestehenden abweichende Verhalten, zu isolieren, auszuscheiden, abzutrennen. Dazu steht der bestehenden Ordnung ein reicher Katalog von Maßnahmen zur Verfügung: beginnend mit Zureden, Zuwendungsentzug (und anderen, eher versteckten Strafen) bis hin zur offenen Bestrafung und Einsperrung.

Es gibt nur wenige Gesellschaften, die ihrer selbst so sicher sind, daß sie Abweichler (potentielle Revolutionäre also) akzeptieren und durch Normendehnung integrieren. Im Regelfall produziert eine Gesellschaft ihre Revolutionäre selbst (und damit auch ihren zunächst potentiellen – auf lange Sicht gesehen aber tatsächlichen Untergang), indem sie outcasts (ideologische oder auch praktische) produziert etwa durch Verengung von Normen (Verschärfung der Strafgesetzbestimmungen...). Wir begegnen hier zum erstenmal ausdrücklich dem Fall, in dem durch manipulatorische Versuche oder die Anwendung manipulatorischer Techniken – langfristig gesehen – sich der Manipulateur selbst am meisten schadet.

Diese Doppelköpfigkeit ist jedoch auch bei vielen anderen Manipulationstechniken zu bemerken. Viele Manipulationen geschehen nur vordergründig und kurzfristig gesehen zum Nutzen der Manipulierenden oder eines Dritten. Nicht selten wird der Fall eintreten, daß sie zu niemandes Nutzen, sondern zum allseitigen Schaden ausgehen.

Nach diesen eher grundsätzlichen Vorbemerkungen in anthropologischer Absicht seien nun einige typische Situationen beschrieben, in denen die Anfälligkeit gegenüber manipulatorischen Ansprüchen deutlich erhöht ist.

Über einige Eigenschaften und Defekte, die eine Person leichter manipulierbar machen.

Die Überlegungen des vorhergehenden Kapitels scheinen vielleicht recht allgemein gehalten. Dennoch aber enthalten sie die Grundlagen für jede Theorie der Manipulation. In diesem Kapitel werde ich nun eine Reihe von Dispositionen und Defekten vorstellen, die einen Menschen leichter für Außensteuerung und damit für Manipulationen empfänglich machen. Fast jeder Mitteleuropäer wird sich unter dem einen oder anderen der dargestellten Defekte selbst teilweise beschrieben wiederfinden. Das sollten Sie nicht zu tragisch nehmen. Sie sind eben kein idealer und kein allround perfekter Mensch, sondern wie 99,9 % Ihrer Zeitgenossen ein irgendwie angeschlagenes Wesen. Je deutlicher Sie die Tatsache erkennen und akezptieren, je entschiedener Sie sich mit diesen Ihren Defekten annehmen und sie nicht verdrängen, um so sicherer werden Sie psychische Kräfte freisetzen, die Ihnen bei der Ausbesserung der defekten Strukturen hilfreich sein können, oder doch die Entwicklung des Defekts bremsen können. Das alles gilt allerdings nur, wenn Sie psychisch zureichend gesund sind. Ist das nicht der Fall, sollten Sie etwas Ernsthaftes für Ihre psychische Gesundung tun.

Die im folgenden dargestellten psychischen Defekte verursachen oder bedingen, daß die Widerstandskraft gegenüber manipulatorischen Techniken deutlich gemindert ist. Hier will ich vor allem drei Typen behandeln, die auch als *Störungen* im psychischen Haushalt verstanden werden können:
1. die desorientierte (oder ichschwache) Persönlichkeit,
2. die nicht-zentrierte Persönlichkeit und
3. die nicht-integrierte Persönlichkeit.

Alle drei Störungstypen begegnen uns durchaus im menschlichen Normalverhalten. Jeder Mensch wird sie zum Teil aus seinem eigenen Leben kennen. In solchen psychisch gestörten Phasen oder Perioden wird ein Mensch stark von außen beeinflußbar und damit auch manipulierbar. Die Manipulierbarkeitsschwelle liegt also anormal niedrig. Neben diesen, allen Menschen wohlbekannten gestörten Situationen kennen wir gestörte Persönlichkeiten, bei denen die Störung nicht »von selbst« vorübergeht, sondern die Persönlichkeit bestimmt. Solche Menschen sind besonders anfällig für von außen induzierte Motivationen; sie sind dankbare Objekte für Eduktion wie für Manipulation.

Treffen mehrere Merkmale, die die Störung einer Persönlichkeit anzeigen, zusammen, kann man von *schwacher* Persönlichkeit sprechen. Eine schwache Persönlichkeit ist, wie das Wort sagt, schwach in der Verarbeitung, Kontrolle und eventuellen Abwehr von Außeneinflüssen.

Es seien nun mehrere Merkmale vorgestellt, die eine schwache Persönlichkeit ausmachen. Dabei soll bedacht werden, daß solche Persönlichkeiten gerade nach außen hin mitunter scheinbar als stark wirken oder gelten. Ebenfalls soll noch einmal darauf verwiesen werden, daß die vorübergehende Realisierung eines oder einiger weniger Merkmale eine Persönlichkeit noch nicht zu einer schwachen machen muß.

1. Die desorientierte Persönlichkeit.

Die desorientierte Persönlichkeit ist bestimmt durch Ichschwäche oder

…esorientierung des Ich. Wir verstehen hier unter »Ich« die strukturierte Menge der tatsächlich handlungsleitenden Wertorientierungen einer Person, die es ihr erlauben, die Handlungsanforderungen, die aus dem eigenpsychischen und sozialen Bereich kommen, zu prüfen, zu koordinieren und zu harmonisieren, so daß es nicht zu erheblichen destruktiven Individual- oder Sozialkonflikten kommt.

Die handlungsleitende Wertorientierung kann entweder (a) zu schwach sein, um die Kontroll- und Koordinationsfunktion zu leisten, oder sie ist (b) so fehlorientiert, daß es beim Handeln gemäß den Richtlinien der Wertorientierung zu destruktiven Konflikten kommt.

a) Unsere Triebstruktur entläßt ständig Imperative. Diese können sehr verschieden sein nach Richtung, Stärke und Dauer. Hierher gehören sexuelle und aggressive Imperative an erster Stelle, an zweiter aber die zahlreichen Formen der Verdrängungsfolgen im Bereich dieser primären Triebe. Geltungs- und Anerkennungstriebe, Hunger und Durst (über das physiologisch gebotene Maß hinaus), Schutz- und Geborgenheitstriebe gehören ebenso dazu wie der »Trieb nach Gerechtigkeit« oder der »Trieb zu helfen«.

Ähnlich häufig befiehlt oder verbietet uns unsere »Dressurinstanz« Überich Handlungen, Vorstellungen, Gefühle, Unterlassungen. Das Überich als anonyme Instanz, die sich mit ihren »Man-Imperativen« (»Das tut man« – »Das tut man nicht«) bemerkbar macht, ist bei einem Erwachsenen oft fast ebenso allgegenwärtig wie die Instanz »Es« mit ihren Geboten, Aufforderungen, Sehnsüchten, Wünschen, Verboten. Diese beiden Instanzen, Es und Überich, liegen nun im permanenten potentiellen Konflikt. Nicht selten verbietet das Überich, was das Es erstrebt. (Wir wollen hier einmal von der neurotischen Situation absehen, in der das Überich, sich komplexhaft aus dem personalen Gesamtgeschehen ablösend, nicht verbietet, sondern – meist unbewußt – straft.) Es kann auch sein, daß das Überich eine Handlung einfordert, zu der das Es nicht den »drive« bereitstellt. Die Konfliktsituation zwischen Es und Überich wird sehr oft nicht bewußt erfahren. Auch kann man sich an solche Konflikte so gewöhnen, daß sie »natürlich«, selbstverständlich erscheinen und daher nicht mehr als problematisch wahrgenommen werden.

Nun folgen Handeln oder Unterlassen, Fühlen oder Wollen keineswegs als Resultante aus den handlungsanfordernden oder -verbietenden Instanzen Es und Überich als Vektoren. Auch das soziale Außen stellt seine Ansprüche und Forderungen, ja Gebote und Verbote, ohne daß sie im Überich internalisiert worden wären. Es gibt also zusätzlich Spannungen zwischen den eigenpsychischen Instanzen (Es und Überich) und den sozialen, außer- oder fremdpsychischen Instanzen. Auch hier kann es, vorausgesetzt eine innerpsychische Harmonisierung sei gelungen, zu erheblichen Konflikten kommen, insofern die aus der Harmonisierung hervorgehende Handlung mit den Erwartungen oder Geboten... der sozialen Mitwelt nicht in Übereinstimmung steht, sondern zu sozialen (meist destruktiven) Konflikten führt.

Von solchen innerpsychischen (Es – Überich) oder sozialen (Ich – Wir) Konflikten her ist die Bedeutung des Ich bei einem Lebewesen zu verstehen, das nicht in seinen instinkthaften Vorgaben in der Lage ist, solche Konflikte zu minimalisieren. Das »Ich« hat also die Funktion, die Handlungsanforderungen (Gebote, Verbote), die Gefühlsäußerungen, die Interessen... von Es, Überich, Mitwelt zu prüfen, zu kontrollieren und zu koordinieren. Daraus geht hervor, daß das Ich keineswegs eine Teilstruktur des Überich sein kann (und darf), hat es doch unter anderem die wichtige Aufgabe, auch die Überich-Imperative... kritisch zu prüfen.

Gelingt dem Ich eine geordnete Koordination der drei Handlungen (Gefühle, Unterlassungen, Interessen...) einfordernden Instanzen nicht oder nicht zureichend, kommt es zu mehr oder weniger heftig erlebten destruktiven innerpsychischen (zwischen Es und Überich) oder sozialen (zwischen Individuum und Gesellschaft) Konflikten, in deren Folge meist zusätzliche Destrudo-Energien freigesetzt werden, die dann zu vermehrter Aggressivität (verstanden als Destrudo-Aggressivität, Feind-Aggressivität, Vernichtungs-Aggressivität) führen.

Verbieten die soziale Mitwelt oder das Überich oder das (schwache) Ich nicht die Abfuhr des aggressiven Potentials nach außen (in »Aggressionshandlungen«), mag vorübergehend der innerpsychische Haushalt in Ordnung bleiben, die sozialen Beziehungen werden jedoch meist dauerhaft gestört – im Grenzfall gar zerstört. Aus der Störung der Sozialbeziehungen ergibt sich dann früher oder später auch eine Störung des innerpsychischen Haushalts.

Diese Störung setzt jedoch noch sehr viel früher ein, wenn irgendeine innerpsychische oder soziale Instanz den Abfluß aggressiver Energien ins soziale Außen verhindert. Jetzt wird sich die Destrudo-Aggressivität gegen das Individuum selbst richten und zu destruktiven Individualkonflikten führen. Um mit diesen Konflikten leben zu können, wird das Individuum bestimmte psychische Anteile, vor allem emotionale oder solche des Antriebs, abspalten und so in der Neurose eine Befreiung vom destruktiven Konflikt versuchen – ein Versuch, der so jedoch niemals recht gelingt, denn nach wie vor leidet das Ich, statt zu koordinieren. Erst ein Ingangsetzen eines psychotischen Prozesses könnte hier spürbar Entlastung bringen. Doch um welchen Preis: Das Ich zerfällt, statt zu leiden.

Im Regelfall wird jedoch die Ich-Schwäche nicht in das eigentlich pathologische Feld hineinreichen. In diesen Fällen gibt es die Möglichkeit einer Kompensation. Das meint: Wesentliche Funktionen des Ich (Prüfung, Kontrolle, Koordination von inner- und außerpsychischen Anforderungen) werden an außerpsychische Instanzen delegiert. Das psychische und soziale Gleichgewicht, das Vermeiden von destruktiven Sozial- und/oder Individualkonflikten wird möglich, weil ein meist soziales Nicht-Ich oder Pseudo-Ich die Ich-Funktionen übernimmt. Das kann durchaus erfolgreich sein und zu so etwas wie zu einem »glücklichen Leben« führen. Doch das Glück ist nicht ganz unähnlich dem Glück der Vielen in Aldous Huxleys »Schöne neue Welt«. Die Delegation der Ich-Funktionen an eine soziale Instanz bedeutet die Kapitulation des Menschen vor der Gesellschaft und ihren Ansprüchen. Er wird ein »ideales Gesellschaftswesen«, weil widerstandslos manipulierbar.

In diesem Kontext begegnen wir wieder der eigentümlichen Abart der klassischen Manipulation, der *intrasozietären Manipulation*. Dieses Wort steht für eine ungewollte und unbewußte Manipulation, die – vor allem ichschwache – Individuen innerhalb eines gesellschaftlichen Verbundes aneinander vornehmen. Gemeint ist eine Situation, da die »Gruppe« die Funktionen des Ich übernimmt, ein soziales Subjekt also ohne regulierenden Verstand, ohne eigene Einsicht und doch von erheblicher verhaltensbestimmender Bedeutung. In diesem Fall liefert die Gruppe die über dynamische intrasoziale Mechanismen entwickelten Wertorientierungen dem Individuum in der Gruppe an. Diese Art der Kontrolle und Überprüfung von innerpsychischen und sozialen Anforderungen einschließlich deren Koordination nimmt die Gruppe als innerpsychische Realität an, die zwar in ihren Normierungen in Konflikt geraten kann sowohl mit Es und Überich als auch mit der sozialen Mitwelt außerhalb der Gruppe, nicht jedoch mit der Mitwelt in der Gruppe. Dem zum Gruppenwesen erniedrigten Menschen (er zeigt Verhaltensmuster, wie wir sie analog bei Herdentieren beobachten können) bleiben damit die am meisten erheblichen und destruktiven Sozialkonflikte, nämlich die mit der eigenen Gruppe, erspart. Sie werden in Analogie zu Individualkonflikten zu bewältigen sein.

Diese Delegation von Ichfunktionen an die Gruppe ist heute keineswegs mehr beschränkt auf die Phase der Pubertät oder Adoleszenz (hier sind sie durchaus üblich und wohl auch »normal«). Man begegnet ihr immer und verstärkt nach Extension und Intensität da, wo Menschen in dauerhaften Gruppenbindungen leben, ohne daß ihnen für die Kooperation der Gruppe mit der sozialen Außenwelt der Gruppe erhebliche Verantwortung übertragen worden wäre (Militär, Strafgefangene, Ordensmitglieder...). Dieser Zustand wäre psychologisch unproblematisch, wenn das Individuum zeitlebens in diesem »Stand« verharrt, es sei denn, man entwickelte ein

Menschenbild, in dem nicht die soziale Anpassung und das Ausbleiben von destruktiven Individual- und Sozialkonflikten höchste Werte seien. Problematisch aber wird die Sache dann, wenn ein solches Individuum mit seiner Ichschwäche ohne den kompensatorischen Effekt einer Gruppenbindung mit der Funktion der Induktion eines Pseudo-Ichs in eine Welt entlassen wird, die ihm die gewohnte Gruppenorientierung und damit Gruppengeborgenheit nicht geben kann. Es erweist sich hier in den neuen Lebensräumen als sozial nur beschränkt lebensfähig. Bestenfalls ist es ein fast willenloses Werkzeug so mancher manipulatorischer Ansprüche.

In der Situation eines solchen Menschen wird deutlich, wie sehr ein ichschwaches Individuum manipulierbar ist und wie sehr es sich nach sozialer Geborgenheit sehnt, weil es – meist unbewußt – ahnt, daß es nur im Sozialverbund, der ihm ein Pseudo-Ich liefert, einigermaßen orientiert in seiner Welt leben kann. Das Gruppenangebot kann durch geeignete Selbstdarstellung der möglichen Gruppen erhebliche manipulatorische Kraft entfalten. Ist einmal eine Gruppe zu einer Bezugsgruppe für ein Individuum geworden (d. h. eine Gruppe, zu der zu gehören dem Individuum als beachtlich werthaft erscheint), kann sie mit ihren Verhaltensanforderungen das Verhalten des Individuums beachtlich zu ihrem – dem Gruppennutzen – beeinflussen. Die *extrasozietäre Manipulation,* das heißt die manipulativen Techniken, die eine Gruppe auf ein – noch – außenstehendes Individuum ausübt, für das sie Bezugsgruppe geworden ist, trifft wiederum vor allem ich-schwache Persönlichkeiten.

Man kann sich natürlich fragen, ob intra- oder extrasozietäre Manipulation überhaupt als »Manipulation« im strengen Sinne verstanden werden kann. Ich will diese Frage bejahen, denn die Manipulation hängt nicht primär von einer manipulatorischen Absicht ab, von der man bei einer Gruppe nur beschränkt und nur im analogen Sinne sprechen kann. Eine Gruppe hat keine eigentliche Absicht, sondern ihre Absicht artikuliert sich allenfalls als die der Gruppenmitglieder. Dennoch geht es um eine Verhaltensbeeinflussung zum Nutzen eines anderen als des beeinflußten Individuums. Der Nutzen der genannten Manipulationen aber zielt auf die Gruppe (etwa auf ihre Stabilisierung).

Wir wollen hier keineswegs behaupten, daß Gruppenverhalten oder Gruppenerwartung bilanziertes Individualverhalten oder summierte Individualerwartung sei. Nein. Als Gruppenmitglied reagiert ein Individuum grundsätzlich anders denn als Nicht-Gruppenmitglied. Wer einmal eine Menge von an und für sich (einzeln genommen) sehr anständigen Jungen beobachtet hat, die sich, zu einer Gruppe zusammengeschlossen, ausgesprochen aggressiv verhalten, wird diesen Sachverhalt nicht bestreiten. In dieser Situation ist zumindest ein Teil der Ich-Funktion an die Gruppe delegiert

worden – die Gruppe selbst stellt als soziales Subjekt Werteorientierungen auf, die niemand – oder kaum jemand – außerhalb der Gruppe für sich allein als handlungsleitende Wertorientierung akzeptieren würde.
Grundsätzlich ist also jeder Mensch, der in einer Gruppe lebt (oder gar in mehreren), wenn man diese Gruppen als primäre, d. h. aufgrund von emotionalen Bindungen wie Solidarität, Freundschaft..., annimmt, über eine wenigstens teilweise Delegation von Ichfunktionen an die Gruppe (gerade das macht ja die Gruppenbindung aus) durch intrasozietäre Manipulation in seinem Verhalten beeinflußt. Nun aber kann sich kein Mensch grundsätzlich gegen jede Gruppenbindung sperren, wenn er sich psychisch gesund selbst entfalten will. Also ist intrasozietäre Manipulation etwas ganz Normales.
Das ist sicher richtig und auch relativ problemlos, solange nur diese Art der Manipulation erkannt und *kritisch* akzeptiert wird. Unkritische Akzeptation aber kann zu einer fast universellen Delegation von Ich-Funktionen an die Gruppe und damit zu einer Ungleichgewichtigkeit zwischen Individualität und Sozialität der betroffenen Person zugunsten der Sozialität führen – und damit zu einem erheblichen Persönlichkeitsdefekt. Sehr oft kommt solche unkritische Akzeptation intrasozietärer Manipulation dadurch zustande, daß das betroffene Individuum nicht einmal die manipulierenden Einflüsse bemerkt, die von der Gruppe auf es als Gruppenmitglied ausgehen. Es kann – und das dürfte fast ebenso häufig der Fall sein – aber auch eine primäre Ich-Schwäche vorliegen, die dann durch die Gruppenbindung verdeckt und niemals behoben wird.
Das Fatale an solch unkritischer Gruppenbindung ist aber eine mögliche sekundäre Ich-Schwächung. Hier wird das Individuum, das schon einmal zu einer gewissen Ich-Findung und zu einigen Strategien der Ich-Stärkung gelangt ist, wieder in den Zustand der relativen Unmündigkeit zurückversetzt, der dadurch charakterisiert ist, daß eben Gruppenmechanismen ihm seine Orientierungen zuspielen oder gar vorschreiben.
Die Unmündigkeit des übersozialisierten Menschen zeigt sich nicht nur in der Gruppenabhängigkeit und Gruppenverwiesenheit, sondern auch in einer erheblichen Kritikschwäche in allen Bereichen, die die Gruppe betreffen. Mit Gruppenabhängigkeit und Gruppenverwiesenheit sind erhebliche manipulatorische Dispositionen gegeben. Erscheint einmal die Mitgliedschaft in einer Gruppe als erheblichster Wert, werden alle anderen Werte darauf hin relativiert. So ist das Gruppenmitglied nicht nur leicht durch die Gruppe zu manipulieren, die ihm Verhaltensmuster vorschreibt oder doch nahelegt, die zum primären Nutzen der Gruppe sind, sondern es ist ebenso leicht manipulierbar durch alle Individuen oder Gruppen, die die Gruppe, der es zugehört, manipulieren.

Diese mittelbare Manipulation über die Gruppenzugehörigkeit ist außerordentlich verbreitet. Nicht wenige Aktionen der Politik sind nicht unschwer als Versuche zu erkennen, Gruppen zu einem bestimmten Verhalten zu veranlassen. Auch das ist nicht sonderlich problematisch, solange das einzelne Gruppenmitglied nicht erhebliche Anteile seiner Individualität zugunsten seiner Sozialität aufgegeben hat. Mit solcher Aufgabe ist die Kritikfähigkeit, sowohl was intrasozietäre als auch was solche Ansprüche betrifft, die an die Gruppe gestellt werden, deutlich herabgesetzt und im Grenzfall sogar erloschen. Unkritische Menschen aber sind wiederum die optimalen Opfer manipulierender Techniken.

b) Zu <u>*Desorientierungen* der Struktur der handlungsleitenden Wertordnung (= Ich) kann es auf mancherlei Weise kommen.</u> Hierher gehören etwa:
● Die Überich-Inhalte wurden so internalisiert, daß sie nicht in der Lage sind, konkretes Sozialverhalten zu steuern. Das kann seinen Grund haben in einer Internalisierungsstörung oder aber in einer Falschprogrammierung der Inhalte durch die Mitwelt (vor allem im Kindesalter).
● Die Ich-Findung entsprach nicht dem, zu dessen Kontrolle und Verarbeitung sie überhaupt erst geschah: der Ansprüche der konkreten individuellen Es- und Überich-Inhalte, der konkreten, individuellen sozialen Mitwelt. Das hat seinen Grund zumeist in einer subjektivistischen oder objektivistischen Ich-Findung oder Ich-Entwicklung.
● Die Ich-Bildung erwies sich als allzu starr und konnte sich nicht den wechselnden sozialen und intrapsychischen Situationen anpassen.

In allen diesen drei Fällen kann es zu erheblichen Desorientierungen kommen. In den meisten Fällen solcher Desorientierung leidet das Ich statt zu kontrollieren oder zu koordinieren. Es kann dabei zerbrechen. Stets aber ist der desorientierte Charakter, wenn er sich nicht gerade in neurotische oder psychotische Stabilitäten geflüchtet hat, leicht manipulierbar. Ich will das an den drei klassischen – erwähnten – Fällen von Desorientierung darstellen.

Im *ersten Fall* beruht die Desorientierung auf Sozialisationsstörungen. Die Übernahme von normierten Verhaltensmustern, die allein das Zusammenleben mit anderen entproblematisieren, hat nicht oder nur unzureichend stattgefunden, oder aber es wurden innerhalb einer gesellschaftlichen Substruktur (etwa einer »asozialen« Familie) Verhaltensnormen erlernt, die kein zureichendes Regulativ für soziales Verhalten außerhalb dieser Substruktur sein können und in ihrer Anwendung hier zu Konflikten führen müssen. Sicherlich liegt dort für alle Menschen ein potentieller Konfliktherd, denn niemals kann eine (primäre) Sozialisation *allen* möglichen zukünftigen gesellschaftlichen Bedingungen und Situationen gerecht werden. Internalisierungsstörungen sind häufig beim Versagen der edukatorischen Instanzen (meist der Eltern). Die für positiv gewertetes Sozialverhalten gegebenen Belohnungen und die für negatives erteilten Bestrafungen werden entweder nicht orientiert (d. h. mitunter gilt ganz dieselbe Sache als sozial positiv, die ein anderes Mal negativ gewertet wurde) gegeben, oder aber die Verstärkungen über Belohnung und Bestrafung sind zu schwach und zu atypisch. Solchen Internalisierungsstörungen begegnen wir nicht selten bei Menschen aus »gestörten Familien« (etwa bei erheblichem Erziehungsdissenz zwischen den Eltern, bei offensichtlichem Versagen der Eltern gegenüber den verbal aufgestellten Normen, bei häufigem Wechsel zwischen Zuneigung und Gleichgültigkeit gegenüber dem Kind, bei nur »animalischer Zuneigung«, gepaart mit Gleichgültigkeit gegenüber regelgeleitetem kindlichem Verhalten...). Solche Kinder werden nur ein beschränktes und keineswegs immer an die bestehenden sozialen Situationen optimal angepaßtes Repertoire von verhaltensleitenden Werten internalisieren. Die Desorientierung zumindest in der sozialen Welt ist ganz offensichtlich.

Mitunter gelingt es, die vergangenen Sozialisierungsdefekte rechtzeitig zu beheben – das setzt aber den individuellen Glücksfall der Begegnung mit einem Individuum (oder auch einer Gruppe) mit tiefem Einfühlungsvermögen und viel Liebesbereitschaft gegenüber dem outsider voraus. Gelingt jedoch die Korrektur der mißglückten Sozialisierung nicht, bleibt der betroffene Mensch stets allen manipulatorischen Einflüssen verstärkt geöffnet, die ihn in Gegensatz zu der Gesellschaft bringen, die ihn – wegen seiner unzureichenden Sozialisierung – nicht (voll) akzeptiert, und die er deshalb nicht selten verachtet oder gar haßt. So wird das konkret gezeigte Sozialverhalten immer weniger den Verhaltenserwartungen der »Gesellschaft« entsprechen, und aus dem outsider wird langsam ein outcast.

Ist dieses Stadium erst einmal erreicht, ist die gesellschaftliche Manipulation gegenüber ihrem ausgestoßenen Mitglied rein negativ. Das heißt: Verhaltensnormen werden als Aufforderung verstanden, gerade das Gegenteil zu tun, edukatorische Versuche werden grundsätzlich als manipulatorische interpretiert und abgelehnt.

Ist die neue Bezugsgruppe irgendeine gesellschaftlich nicht akzeptierte Gruppe, die mitunter eine eigene »Kultur« (Subkultur) mit Normen ausbildet, kann der outcast so etwas wie Geborgenheit finden. Doch um welchen Preis? Da ein Gruppenwechsel kaum möglich ist – er würde den gerade erst mühsam gewonnenen Bestand an Identitätsmerkmalen des Individuums mit seiner Gruppe zerstören – ist er auf Gedeih und Verderb der Gruppe ausgeliefert – und damit ihren Normen. Das aber bedeutet, daß die

Gruppe ihn zu ihrem Nutzen manipuliert (im Sinne einer intrasozietären Manipulation).

Es wäre nun völlig falsch anzunehmen, daß die »Auffanggruppe« kriminell sein müßte, oder der outcast sei immer ein Krimineller. Die Auffanggruppe kann je nach Form und Inhalt der Sozialisationsstörung auch eine militärische Vereinigung, eine studentische Verbindung oder gar ein religiöser Orden sein. Nicht wenige im erwähnten Sinn sozial geschädigte Jugendliche finden heute den Weg zu sogenannten »Jugendreligionen«, die ihren Mitgliedern die Heimat versprechen, die eine Gesellschaft, die mit ihnen nichts oder wenig anfangen kann, ihnen weder geben kann noch geben will. Daß hierbei erhebliche intrasozietäre Manipulationen auf den sozial schwachen (weil hilflosen) Menschen ausgeübt werden, steht außerhalb jeden vernünftigen Zweifels. Man sollte sich jedoch nicht täuschen: Solche Vereinigungen, die denen pseudofamiliäre Geborgenheit geben, denen sie von allgemein anerkannten Institutionen verweigert wird, sind verbreiteter, als man mitunter meinen möchte.

Fehlinternalisierungen sind dagegen weniger häufig als oft angenommen. Sie kommen meist dadurch zustande, daß die Bezugspersonen selbst outcasts sind und das in einem Maß, daß sie nicht anerkannte Verhaltensmuster normativ einprägen können. Sie sozialisieren in ihrem Sinne – das heißt: sie geben die von ihnen als werthaft erkannten Verhaltensmuster an die ihnen zur Erziehung übergebenen Menschen weiter. So können sich »asoziale« Verhaltensmuster übertragen. In diesem Fall geschieht die Sozialisation unmittelbar in eine Randgruppe hinein, ohne daß es zu den bei Menschen, deren Sozialisation nur unzureichend gelang, oft zu beobachtenden erheblichen individuellen Krisen käme, die durchaus zum sozialen Suizid als Ersatz für den physischen aufgrund überwiegender Destrudo-Antriebe führen können. Diese Randgruppen können durchaus verschiedener Art sein. Sind sie zureichend stark und haben sie eine ausreichende Lebensdauer, entwickeln sie ihre eigenen »Kulturen« mit eigenen Normierungen.

Im Falle der Fehlinternalisation ist jedoch zumeist die Gruppenbindung lockerer als im Fall der gestörten Internalisation. Die Gruppe ist austauschbar – in gewissem Umfang. Die Umkonditionierung der erlernten – von der Großgesellschaft als störend oder abartig gewerteten – sozialen Eigenschaften und Orientierungen ist jedoch bei der Gruppe der Fehlinternalisierten erfahrungsgemäß geringer. Hier ist keine Sozialisation nachzuholen, sondern eine bestehende zu ändern (Umsozialisation).

Die relativ stabile Ich-Struktur der Fehlsozialisierten führt zwar zu destruktiven Sozialkonflikten mit Mitgliedern der Großgesellschaften, doch nur selten zu destruktiven Individualkonflikten. Das »falsche Ich« (falsch, weil nicht den Gegebenheiten der konkreten sozialen Mitwelt zureichend entsprechend) ist durchaus in der Lage, Konflikte zwischen Es und Überich zu schlichten, wenn man das Überich auf die Gruppe hin relativiert, in der die Sozialisation erfolgte. Es kann allenfalls über die Störung in den Beziehungen zur Großgesellschaft zu Frustrationen (Vergeblichkeitserfahrungen) kommen, wenn die Mitgliedschaft zur Großgesellschaft – vorübergehend – als werthaft empfunden wird. Solche Frustrationen liefern dann wieder zusätzlich »Destrudo-Energien« an, die – in dieser Situation des Liebäugelns mit der Integration in die Großgesellschaft – zu durchaus erheblichen destruktiven Individualkonflikten führen können, in denen das betroffene Individuum über das normale Maß hinaus von seiner Ursprungsgesellschaft her (aber auch von Seiten der neuen Bezugsgruppe: Großgesellschaft her) manipulierbar ist.

Doch von solchen Ausnahmesituationen abgesehen, ist die Manipulierbarkeit eines Individuums, das »falsche« Überichinhalte internalisierte und an ihnen seine Ich-Findung und Bildung orientierte, auch kaum größer als die eines »normalen Menschen«. Der mangelnden Möglichkeit zur Manipulierbarkeit entspricht dann auch die oft schwach ausgeprägte Disposition für edukatorische Einflüsse.

Der *zweite Fall* ist sozial unauffälliger, doch kaum seltener: Die Ich-Bildung geschieht subjektivistisch oder objektivistisch. Geschieht sie objektivistisch, werden zumeist die handlungsleitenden Werte recht unkritisch denen des Überich entnommen. Wenn jemand die Sinnfrage unabhängig von seinen individuellen innerpsychischen Dispositionen und sozialen Außenwelten beantwortet, etwa so, wie sie ihm von Gesellschaften vorgegeben wird, dann kann das so gebildete Ich kaum seiner kontrollierenden und koordinierenden Funktion gerecht werden. Es ist zu einer Teilinstanz des Überich geworden.

Hierher gehören vorgegebene Antworten auf die Frage nach dem Lebenssinn etwa folgenden Typs:

● Der Sinn der individuellen Existenz ist identisch mit dem der kollektiven. Der Sinn des Lebens des Einzelmenschen besteht darin, den Sinn der Menschheit zu erfüllen oder die Menschheit ihrem Sinnziel näherzubringen. Das aber ist der »totale Mensch« in einem Reich der Freiheit von Entfremdungen (*K. Marx*).

● »Du bist auf Erden, um Gott zu dienen und ehren und dadurch in den Himmel zu kommen.« (*Christliche Katechismen*)

Die Orientierungshilfe, die von solchen Vorgaben ausgehen kann, soll nicht bestritten werden, werden sie jedoch zu verbindlichen Geboten normativer Art, wird damit der Person eine Ich-Findung und die damit ver-

bundene Übernahme handlungsleitender Werte in individueller Verantwortung ganz oder weitgehend abgenommen. Es kommt zu einer radikalen Desorientierung, da ein solches vorgegebenes Pseudo-Ich nur beschränkt den individuellen Bedürfnissen innerpsychischer und sozialer Art gerecht wird.
Es sei jedoch zugestanden, daß die Repression, die von solchen Sinnvorgaben ausgeht, auf den ersten Blick größer zu sein scheint, als sie tatsächlich ist. Die Formeln sind selbstverständlich sehr verschieden interpretierbar, und es kann durchaus sein, daß ein Mensch, der auf die Frage nach seiner Sinnantwort mit einer Stereotype antwortet, einen sehr individuellen und den individuellen Bedürfnissen und Fähigkeiten gerecht werdenden Lebenssinn gefunden hat. Im allgemeinen aber dürften solche Stereotype mehr schaden als nutzen, wenn sie anders denn als bloße Orientierungshilfe verstanden werden.
Hat einmal ein Individuum einen solchen kollektiven Lebenssinn akzeptiert, und ist also sein »Ich« nichts als Teil eines »Kollektiv-Ichs«, dann wird es von eben diesem Kollektiv leicht zu führen und zu verführen sein. In diesen Situationen finden wir den total manipulierten und manipulierbaren Menschen, dem alle Formen von Emanzipation *für sich* als Fehlverhalten (Sünde...) und *für andere* als Verbrechen oder Vergehen, bestenfalls als Unsinn erscheinen. Ein solcher Mensch ist überangepaßt. Sein Überich kann grundsätzlich nicht in einem vom Ich ausgelösten Sozialkonflikt – auch nicht in einen konstruktiven – geraten.
Es gab einmal eine Zeit, in der die Bildung solcher überangepaßten Menschen, die möglichst konfliktfrei leben können, das Ziel der Psychoanalyse war. Doch hat diese psychische Heilungstechnik zunehmend deutlicher erkannt, daß sie mit ihren Techniken einen verstümmelten Menschen produzierte, einen Menschen ohne psychisches Herz, einen Menschen ohne Ich. Die heutige Psychoanalyse zielt dagegen zumeist darauf ab, bei ihren therapeutischen Bemühungen in edukatorischer Absicht einen Menschen zu bilden, der zureichend stark ich-gesteuert ist und dessen Ich an den objektiven innerpsychischen und konkreten sozialen Vorgaben optimal orientiert ist.
Das aber ist ein Mensch, der keineswegs alle Konflikte vermeidet, sondern vielmehr in der Lage ist, destruktive Konflikte in konstruktive zu verwandeln, und der im konstruktiven Konflikt dessen positive Bedeutung für persönliches und soziales Wachstum und persönliche und soziale Entwicklung hin zum Besseren sieht. Die Psychoanalyse leistet also keineswegs mehr den bestehenden gesellschaftlichen Strukturen und Normierungen Handlangerdienste, ist also nicht mehr wie einst manipulatorisches Werkzeug der Großgesellschaften.
Das überangepaßte Individuum wird aufgrund seiner mangelnden Kritik-

fähigkeit die von der Gesellschaft, in die hinein es sozialisiert wurde, aufgestellten Werte, Normen, Handlungsziele unbesehen und unkritisch übernehmen. Die Ausschaltung eines kritischen Ich macht es zum idealen Mitläufer. Der Nationalsozialismus hat ebenso wie der Marxismus oder die Kirchen der Vergangenheit solche Typen hervorgebracht und positiv selektiert, d. h. sie wurden mit Führungs- und Erziehungsaufgaben betraut. Ich-Bildung ist dagegen immer Aufklärung (im Sinne *Kants*) und hat Emanzipation im Gefolge. Selbstverständlich haben Organe von Großgesellschaften Techniken entwickelt, um auch das emanzipatorische Bemühen wiederum zu manipulieren. Ist Emanzipation aber einmal aus dem Zustand des Bemühens in den des Besitzes übergegangen, haben viele Manipulateure kaum eine Chance. Doch hat der Emanzipierte auch Nachteile zu ertragen: Er wird von Gruppen nicht wie selbstverständlich akzeptiert, sondern muß sich schon einige Mühe geben (ist allerdings auch weniger gruppenabhängig als der Nicht-Emanzipierte). Er wird nicht selten Konfliktsituationen durchzustehen haben. Er wird selten des Beifalls der Vielen gewiß sein können. Er bemerkt Manipulationsabsichten und -versuche und kann darunter leiden. Er läßt sich nur durch Überzeugung und nicht durch andere Formen des »Motivierens« zum Engagement bringen (wenn das allerdings gelungen ist, engagiert er sich meist nachhaltiger und umsichtiger für eine Sache, einen Betrieb, einen Menschen) und ist also mitunter ein »schwieriger Mitarbeiter«.

Im Gegensatz zur objektivistischen Ich-Findung steht die subjektivistische. Wer die Sinnfrage (meist implizit durch handlungsleitende Werte ausgewiesen) weder gemäß den Normen gesellschaftlicher Vorgaben noch nach Maßgabe individueller Bedürfnisse und Notwendigkeiten (seien sie sozialer oder innerpsychischer Art) »nach Wohlgefallen« oder »nach Willkür« beantwortet, kann sicher sein, daß ein so gebildetes »Ich« nicht in der Lage ist, seine Kontroll- und Koordinationsfunktionen zureichend wahrzunehmen. Die Desorientierung ist perfekt (d. h. das Ich ist an keiner objektiven Vorgabe orientiert). Hierher gehören »Sinnantworten« des Typs:
- »Ich will möglichst viel, möglichst schnell Geld verdienen.«
- »Ich will, daß es mir im Alter gut geht.«
- »Ich lebe für meinen Beruf (oder meine Familie, oder mein Hobby).«
- »Ich will einmal eine Position erreichen, in der ich etwas zu sagen habe.«

Nun können solche vordergründigen und blassen Sinnantworten zweifelsfrei zwar eine erhebliche Menge von Handlungsorientierungen aus sich entlassen, doch kaum die Funktionen des Ich übernehmen. Sie sind auch solange unproblematisch, wie sie nicht die *grundsätzlichen* tatsächlichen handlungsleitenden Werte eines Menschen bestimmen, sondern eher Verlegenheitsantworten auf die nicht adäquat zu verbalisierende Sinnfrage sind (deren Antwort noch weniger adäquat verbalisierbar ist, sondern sich in den handlungsleitenden Werten eines Menschen implizit ausdrückt) oder gerade an der Bewußtseinsschwelle sich anbietende Motivationen vorstellen. Handelt es sich jedoch um den Versuch, Ich zu begründen, sind solche Antworten mehr denn fatal. Sie erlauben eine vielleicht schlitzohrige Orientierung in der sozialen Welt – aber keine Überwindung kleinlicher Egoismen, die notwendige Basis jeder Selbstverwirklichung ist.

Dazu kommt noch die Problematik der fast totalen Manipulierbarkeit eines solchen Menschen durch Personen oder Gruppen, die ihm versprechen oder zu versprechen scheinen, daß er diese seine Ziele erreicht. Da keine ich-entlassenen Wertorientierungen mehr vorhanden sind, die *über* solchen Wertorientierungen stehen, kommt es nicht selten zu *hemmungslosem* Streben nach Konsum oder Anerkennung oder Eigentum oder Sicherheit. Als hemmende Instanz käme dann allenfalls noch das Überich mit seinen Geboten und Verboten in Frage. Doch sollten diese selbst aktiviert werden, wird es unser Individuum versuchen, sie entweder zum Schweigen zu bringen oder seine egoistischen Zielvorgaben nach außen philanthropisch zu kaschieren, um wenigstens nicht durch die Verachtung von Menschen (sondern nur durch die des eigenen Überich) bestraft zu werden. Die Selbstachtung als notwendige Voraussetzung der Selbstverwirklichung bleibt dabei allemal auf der Strecke.

Doch auch das Gegenteil ist nicht nur denkbar, sondern auch nicht selten: Die Sinnantwort wird philanthropisch gegeben, ohne daß sie an den konkreten individuellen und sozialen Vorgaben orientiert wäre. Solche philanthropische Willkür ist um so tragischer, als sie oft den edelsten Motiven entspringt (sie kann natürlich auch Schuldgefühle kompensieren oder Ausfluß einer hysterischen Neurotisierung sein). Die Erfahrung des persönlichen Scheiterns vor dem Anspruch hoher menschlicher, obschon für den konkreten Menschen nicht realisierbarer Werteordnungen kann zum psychischen Kollaps, d. h. zu neurotischen oder gar psychotischen Verhaltensmustern führen. Häufig sind solche Menschen bereit, eher in eine Wahnwelt zu flüchten, in der sie ihre Ideale realisieren und ihren Werten leben können, als die schmerzliche Korrektur der Ich-Bildung vorzunehmen oder vornehmen zu lassen. Die Tragik der an den eigenen Idealen gescheiterten Persönlichkeit weiter auszuführen ist hier nicht unsere Sache. Hier bleibt nur festzustellen, daß solche Menschen ebenfalls außerordentlich leicht zu manipulieren sind, vorausgesetzt, ihr Realitätsbezug ist noch nicht grundsätzlich gestört. Man benötigt dazu nicht viel. Man muß nur ihre Ideale ansprechen und deren Verwirklichung verheißen, und schon sind sie zu den größten Opfern bereit. Auch hier ist die Kritikfähigkeit weitgehend beschränkt und funktioniert allenfalls zureichend in den Bereichen, die nicht von jenen Idealen unmittelbar betroffen werden.

Die Emanzipation ist auch hier wichtigstes Bildungsziel, um der gemeinsten aller Manipulationen zu entgehen, der gezielten mißbräuchlichen Ausnutzung hoher Ideale, die ein Mensch sich gesetzt hat in der irrigen Meinung, sie könnten ihm eine Wertordnung begründen helfen, die es ihm erlaubt, destruktiven Individual- und Sozialkonflikten zu entgehen, und seine Persönlichkeit zu voller Selbstverwirklichung zu führen.

Der »mißbrauchte Märtyrer« ist der krasseste Fall solcher Manipulationen. Die Geschichte kennt zahlreiche Beispiele für manipulatorisch mißbrauchten Idealismus. Doch sollte man sich hüten, solches nur in der Geschichte zu suchen. Da, wo Manipulation sich mit Charakterlosigkeit, Gemeinheit oder politischem Messianismus paart, werden vor allem junge und alte Menschen schamlos ausgebeutet. Selbst das sogenannte »Leistungsprinzip« und seine Realisierung haben da manches zum Mißbrauch desorientierter, weil zu ideal eingestellter Personen beigetragen. Die Expropriation (die materielle Enteignung), gegen die so viele Sozialreformer nicht erst seit K. Marx kämpfen, ist mitunter im ökonomischen Bereich der als Motivation kaschierten Manipulation gewichen, die, als Fall mißbrauchter Ideale, durchaus zu einer unmenschlichen Ausbeutung führen kann, gegenüber der sich die materielle wie harmloses Lämmerschwanzgewackel ausnimmt. Es ist schon verständlich, daß die desorientierte, obzwar ideal gesonnene Jugend der endenden 60er Jahre diese Form der Ausbeutung besonders anprangerte und gegen sie revoltierte, denn es war das eine Generation, die besonders von den Gefahren dieser Form der Manipulation bedroht wurde. Ich erinnere mich noch deutlich an diese anthropologische Wende des Marxismus, der ich als Hochschullehrer mein Verständnis nicht versagen konnte.

Heute scheinen die Menschen »realistischer« zu sein. Das sagt aber nicht, daß die Desorientierungen nach Zahl oder Intensität abgenommen haben. Sie sind nur durch andere ersetzt worden, die gesellschaftsgerechter zu sein scheinen. Als handlungsleitende Werte spielen Leistung, Erfolg, Konsum eine nicht unerhebliche Rolle.

Noch einmal: Gesellschaftskonformität hat nichts mit Ich-Stärke zu tun und ebensowenig mit der Möglichkeit zur Selbstverwirklichung. Sicher sind die »Märtyrer« der endenden 60er Jahre mißbraucht worden von allen möglichen Ideologien und Ideologen. Die Manipulierbarkeit des Protestes ist kaum merklich geringer als die der Zustimmung. Meist aber hat sie ihren Grund in Ich-Schwäche oder Desorientierung.

Im *dritten Fall,* der allzu starren Ich-Bildung, liegt ebenfalls ein verbreiteter

Defekt vor, der dadurch zustande kommt, daß eine Person die veränderten innerpsychischen (Es, Überich) und/oder sozialen Verhältnisse nicht verarbeitet und an einmal gefundenen (und zwar durchaus richtig gefundenen) handlungsleitenden Werten festhält. Man kann hier zutreffend vom »konservativen Charakter« sprechen. Doch handelt es sich um eine evidente Fehlorientierung, denn die innere und äußere Zeit ist an der einmal vielleicht optimalen Orientierung und den sich daraus ergebenden oder sie begründenden Werten und Werteordnungen vorbeigegangen.

Es wirkt merkwürdig, wenn ein 50-jähriger die gleichen Kompromisse oder Koordinationen zwischen Sexualität und Überich oder gesellschaftlichen Erwartungen sucht wie ein 20-jähriger. Es wirkt merkwürdig, wenn ein 30-jähriger die gleiche religiöse Konzeption (als oft wesentlicher Inhalt der Ich-Struktur) besitzt wie ein 16-jähriger. Es wirkt merkwürdig, wenn ein 40-jähriger dieselben politischen Meinungen vertritt (als Ausdruck und Elemente seiner Ich-Orientierung), wie er sie als 20-jähriger vertrat. – Nun, hinter dieser Merkwürdigkeit verbirgt sich nichts Lächerliches, sondern zumeist tiefe menschliche Tragik, die dadurch zustande kommt, daß ein Mensch seine handlungsleitenden Werte nicht dynamisch, sondern statisch (d. h. zeitlebens gültig) konzipierte. Ein Mensch, zumindest ein menschlicher Mensch, entwickelt sich, verändert sich. Die Konflikte zwischen Es und Überich, zwischen Individualität und konkreter Sozialität werden andere, weil er und seine konkrete Mitwelt sich verändern.

Der »konservative Charakter« hält zuviel von Treue und zuwenig vom Leben, dem stets sich ändernden. Er kann, ebensowenig wie der ich-schwache Charakter, die Balance halten zwischen Treue und Leben, die letztlich durch das Wort von der »Treue zum Leben« bezeichnet werden muß.

Der »konservative Charakter« hat durchaus eine positive gesellschaftliche Funktion wahrzunehmen: denn nur aus der Begegnung zwischen Konservativem und Progressivem ist geordneter sozialer (ökonomischer, politischer...) Fortschritt möglich. Und dennoch haftet beiden: dem konservativen wie dem progressiven Charakter eine eigentümliche Tragik an. Es ist die Tragik der *Ungleichzeitigkeit*. Menschen leben in einer Zeit, die individualpsychologisch oder sozial nicht mehr oder noch nicht die ihre ist.

Das Problem der Ungleichzeitigkeit spielt in der Theorie und Praxis der Manipulation eine nicht unerhebliche Rolle. Ungleichzeitige Menschen, sollten sie nun grundsätzlich vorzeitig oder nachzeitig, also hauptsächlich in ihrer und der Gesellschaft Zukunft oder Vergangenheit leben, werden mit der konkreten Gegenwart in allen von ihnen unzeitgemäßen Wertorientierungen betroffenen Bereichen in potentiellem Konflikt leben. Sie werden jedem dankbar sein, der sich tatsächlich oder scheinbar mit dem einen oder anderen ihrer Anliegen solidarisiert und ihm nicht selten unkritisch folgen.

Auch das schafft die Grundlage für die erfolgreiche Anwendung manipulatorischer Techniken.

Auch das grundsätzliche Miß- oder Unverständnis der in Ungleichzeitigkeit Lebenden gegenüber den Formen und Inhalten des Gegenwärtigen kann manipulatorisch mißbraucht werden – wie jedes grundsätzliche Miß- oder Unverstehen. So bedeuten bestimmte Inhalte (Werte, Normen, Rechte) und Formen (des Sagens, des Handelns) den in der Gegenwärtigkeit Lebenden etwas anderes als den in Ungleichzeitigkeit mit der Gegenwärtigkeit (in Vor- oder Nachzeitigkeit) Lebenden. Im Anspruch alter Inhalte und Formen (oder auch »praemoderner« Inhalte und Formen) kann sich manipulatorische Scharlatanerie verbergen, die auf nichts anderes aus ist, als auf das Verleumden gegenwärtiger Inhalte und Formen als revolutionär (oder restaurativ).

Der in Ungleichzeitigkeit Lebende hat die Sinnfrage insofern durchaus subjektivistisch beantwortet, da er seine Vorlieben, seine Träume, seine Sehnsüchte, seine Hoffnungen, seine Erwartungen, seine Erinnerungen als etwas so Reales verstand, daß er sich hieran, und nicht an den konkreten Inhalten seiner gegenwärtigen (gleichzeitigen) Welt, an Es, Überich und sozialer Mitwelt orientierte. Menschen in Ungleichzeitigkeit haftet meist etwas an, das zwischen Tragik und Komik liegt. Und dennoch spielen sie es eigentlich nicht selbst mit: das Spiel der Geschichte. Sie sind wie Figuren von fremdem Geist gezeugt und von fremder Hand geführt. Tragik und Komik der Restaurativen und der Revolutionäre.

Ein besonders heikles Kapitel ist die Manipulation des Protestes, des Aufbegehrens, der Revolte. Menschen, die in einem besseren Noch-Nicht, in einem vielleicht abstrakten Utopia siedeln, werden verbraucht für die massiven politischen und ökonomischen Zwecke der Gegenwart. So dürfte es ein nahezu offenes Geheimnis sein, daß fast alle antikapitalistischen Revolten und Revolutionen nach dem 2. Weltkrieg von der »Moskauer Zentrale« gelenkt oder doch beeinflußt worden sind – und das selbst dann, wenn den Revolutionären alles andere als ein System sowjetischer Prägung, eine Utopie, für die es zu kämpfen und zu leiden galt, vor Augen schwebte. So wurde es zu einem – wie mir scheinen möchte, erheblichen – Problem für alle antikapitalistischen Revolten und Revolutionen, zu verhindern, daß sie ferngesteuert oder unterlaufen, kurzum, manipuliert wurden und werden. Die manipulatorische Verzweckung derer, die gegen die Manipulation im allgemeinen und gegen die Manipulationen durch die kapitalistische Wirtschafts- und Gesellschaftsordnung im besonderen revoltieren, ist eines der Probleme des organisierten Protestes gegen solche Manipulation.

Der manipulierte Protest gegen die Manipulation zeigt die Fast-Allgegenwärtigkeit manipulatorischer Interessen in allen Verkehrsformen, die Menschen miteinander eingehen – zugleich aber auch die Grenzen der Möglichkeit, Manipulation grundsätzlich zu beheben.

2. *Die nicht-zentrierte Persönlichkeit.*

Nicht-zentriert nenne ich eine Persönlichkeit, der es nicht gelang, Bewußtes und Unbewußtes zu harmonisieren. Bei solch fehlender Harmonisierung ist immer die Möglichkeit eines Konflikts zwischen unbewußten und bewußten Motivationen möglich, ohne daß der betroffenen Persönlichkeit zureichende Strategien zur Verfügung ständen, diesen Konflikt zu beheben. Im psychologischen Sinne ist sie nicht mit sich selbst in eins, nicht mit sich identisch.
Diese fehlende Selbstidentität macht nicht nur jeden Versuch der Selbstverwirklichung vergeblich, sondern führt auch zu einer Reihe von psychisch nicht voll abgedeckten Verhaltensweisen. Die nicht-zentrierte Persönlichkeit empfindet *subjektiv* das Fehlen einer Mitte (das ist meist der Widerhall der nicht gelungenen Harmonisierung von Bewußtem und Unbewußtem), weil der sinnvolle Bezug zum Unbewußten abgerissen oder doch unbedeutend geworden ist. Die nicht-zentrierte Persönlichkeit trifft – nach subjektivem Empfinden – ihre Entscheidungen und Problemlösungen nicht »aus der Mitte«, sondern gleichsam an der Peripherie (ausschließlich also im Raum des Bewußten). Sie versucht ohne Rücksicht auf Emotionen, rational – ausschließlich rational – zu agieren. Das aber bedeutet immer eine Überbewertung des Peripheren.
Solche rational-pragmatischen Entscheidungen können zwar durchaus sachlich zutreffend sein, dennoch verkennen sie oft den Kern des Problems, der im emotionalen, im vor- oder unbewußten Bereich liegt. Solche Entscheidungsabläufe erscheinen merkwürdig disharmonisch und ohne durchgängiges Prinzip.
In gewisser Hinsicht ist die fehlende Zentrierung auch ein Problem der Orientierung. Wir wollen es hier jedoch gesondert behandeln, da die Erscheinungsformen der fehlenden Zentrierung und die fehlender Orientierung (über letztere haben wir schon gehandelt) doch recht unterschiedlich sind oder doch sein können. Im nachfolgenden seien hier einige Symptome ein- und desselben psychischen Defekts vorgestellt, den man mit »Verlust der Mitte« oder als »Verleugnung des Unbewußten« charakterisieren kann, und die zugleich die Manipulierbarkeit der Betroffenen erheblich steigern:
a) Aktion als Flucht oder Kompensation
b) Verwundbarkeit
d) Emotionale Ausdrucksschwäche (Alexithymie)
d) Resignation

e) Gehabtwerden
f) Bindungs- und Trennungsängste
g) Tragen von Masken.

Allen Menschen, die eines oder mehrere der hier genannten Symptome zeigen, haben – sieht man einmal von den Fällen manifester psychischer Erkrankungen oder neurotischer Fixierungen ab – ein gebrochenes oder verwundetes Verhältnis zur eigenen Emotionalität. Sie handeln vor allem *reaktiv* auf die Ansprüche der eigenen innerpsychischen Strukturelemente oder der sozialen Mitwelt und nicht *aktiv* aus einer orientierten Mitte heraus. Die Reaktivität ihres Handelns aber macht sie anfällig in ihren Motivationen für Außensteuerung, d. h. für Manipulation. Während der zentrierte Mensch sich vorwiegend aktiv verhält, und damit weitgehend innengesteuert, ist der nicht-zentrierte Mensch auf Handlungsanforderungen von außen verwiesen, ist stark abhängig von der äußeren (sozialen) und inneren (innerpsychischen) Situation, die er nicht beherrscht.

Ob introvertiert oder extravertiert: der nicht-zentrierte Mensch, der seine Mitte niemals fand, oder sie unter dem Anspruch der Mitwelt wieder verlor, wird in wesentlichen Anteilen von seiner Mitwelt beherrscht. Und diese fragt – sei es, daß sie sich als Einzelperson vorstellt, sei es, daß sie ihm als Gruppe begegnet – zumeist nicht primär nach seinem Interesse, seinem Nutzen, seiner Selbstverwirklichung. Und wenn sie es tut, dann ist selbst alles das nicht selten wiederum manipulatorische Technik.

Oft scheinen nicht-zentrierte Menschen als unbeständig, nur beschränkt berechenbar, zerfahren, ja unsicher. Sie haben sich nicht eigentlich selbst, sondern werden gehabt: von Situationen, die es zu bewältigen gilt, von Menschen oder Gruppen, die es zufriedenzustellen gilt, von Ehrgeiz, Besitzstreben... Sie sind psychisch schwer verwundet – und entwickeln eine Vielzahl von Techniken, um diese Wunde wenigstens vorübergehend zu schließen. Diese Techniken aber sind allesamt nichts anderes als Symptome eines psychischen Defekts (»Defekt« meint hier stets Mangel).

Sie leben nach außen, weil es in ihrem Innen nichts zu geben scheint, auf das hin sie leben könnten. Sie leben nach außen, um der inneren Leere zu entkommen. Sie sind auf der Flucht – und doch immer schon von ihrer eigenen Leere Eingeholte.

Aber sie haben eine Ideologie gemacht, um mit ihrer inneren Leere leben zu können: den Pragmatismus. Dieser behauptet, daß es einzig darauf ankomme, anstehende Probleme optimal zu lösen. Und daß das möglich sei ohne grundsätzliche Orientierung auf ein die Gegenwart übergreifendes Ziel, das allein erst Handlungen koordiniert. Dieser meint, man könne eine menschlichere Welt schaffen, ohne zuvor zu wissen, was denn eigentlich »menschlich« bedeutet. Die innere Leere schuf sich eine Antiideologie (und das ist der Pragmatismus bei Licht besehen), weil sie ja keine Ideologie aus sich entlassen konnte. Woher auch.

Der Pragmatismus der Mittelosen zielt auf die Behauptung, Schlafwandeln sei Fortschreiten. Nun, das ist es. Aber es ist ein Fortschreiten ohne bestimmtes Ziel, es sei denn, in den Abgrund. Und so denunzieren sie alle anderen als weltfremde Idealisten, als abstrakte Utopiker, als passive Tagträumer, als asoziale Weltverbesserer, als intolerante Ideologen. Das alles sind Schutzbehauptungen.

Sicher kann Zentrierung pervertieren. Dann sprechen wir aber nicht von zentrierten Persönlichkeiten, sondern von zentrierten Gesellschaften, oder Mitgliedern von zentrierten Gesellschaften, die, oft mit missionarischem Eifer, die merkwürdigsten Aktivitäten zeigen, die mit der von uns favorisierten Zentrierung nichts zu tun haben.

Im Gegenteil: Solche sozialen Zentrierungen sind oft nicht nur Ergebnis manipulatorischer Techniken, sondern oft genug auch Grund für Manipulationen der abscheulichsten Art. Diese gesellschaftlichen Zentrierungen sind in der Tat die Voraussetzung für so manche Intoleranz und Barbarei. Eine zentrierte Gesellschaft verschluckt nicht selten Individuen wie ein gefräßiger Moloch und setzt ihre Zentrierung für die individuelle ein. Sie kann dem Menschen ein »neues Herz« geben – ihres. Es ist aber nicht seines.

Zwar können alle Handlungen, Entscheidungen, Problemlösungen eines solchen Menschen mit einer von einer zentrierten Gesellschaft deligierten Mitte durchaus orientiert *wirken*. Sie sind es aber nicht, denn dieser Mensch lebt an der gesellschaftlichen Peripherie seines Selbst, hat seine Individualität in einem ihrer wichtigsten Ansprüche an die Sozialität verloren. Er ist zwar kaum von einer Fremdgesellschaft oder deren Mitgliedern in seinem Verhalten von innen heraus zu beeinflussen, sehr wohl aber von seiner eigenen. Die intrasozietäre Manipulation feiert goldene Urständ.

Es seien nun die einzelnen Symptome des psychischen Defekts: »Verlust der Mitte« mit ihren Konsequenzen für die Manipulierbarkeit dieses Menschen vorgestellt. Dabei setzen wir hier einmal voraus, daß eine Delegation einer sozietären Mitte auf das Individuum – zu seinem Heil oder Unheil – nicht stattgefunden habe.

a) Aktion als Flucht oder Kompensation.
Nicht wenige Menschen leiden heute an einer unguten *Erfolgsverwiesenheit.* Dieses Erfolghabenmüssen kann mancherlei Gründe haben. Etwa:
● Kompensation von Mindergefühlen,
● Kompensation von Frustrationen im Bereich primärer Triebe,
● Kompensation im Bereich von Anerkennung, Achtung, Liebe...

Die Kompensation von Mindergefühlen ist keineswegs immer dem Betroffenen bekannt. Er weiß – zumindest vorbewußt – um seine Erfolgsverwiesenheit, kennt jedoch oft nicht den Grund. Erst nach einigen Gesprächen kommen da Versagenserlebnisse, meist aus der frühen Schulzeit (etwa vom 6. bis zum 10. Lebensjahr), oder der (meist) frühen Pubertät ans Tageslicht, die sich nicht selten als Grund des Getriebenwerdens herausstellen. Es können einmalige physische, psychische, intellektuelle, moralische, soziale Versagenserfahrungen sein – meist sind es aber Kettungen solcher Erlebnisse ähnlicher Art durch wenigstens einige Zeit.

Ein Kind fühlt sich anderen Kindern unterlegen (physisch, psychisch, intellektuell, sozial) oder minderwertig (moralisch, anatomisch). Solche Versagenserfahrungen werden nicht selten während der Adoleszenz oder des Erwachsenenalters durch Hyperaktivität kompensiert. Diese Hyperaktivität ist jedoch kein Selbstzweck, sondern ist der Versuch, sich und anderen seine soziale, physische, intellektuelle... Werthaftigkeit zu beweisen.

Solche Menschen sind in ihrer Erfolgsabhängigkeit extrem leicht manipulierbar. Schon kleine Erfolge, schon geringe Anerkennungen wirken als erheblicher Leistungsverstärker. Das Fatale aber für diese Menschen ist, daß sie niemals genug an Anerkennung, an Erfolg (als Grundlage der Selbstanerkennung) haben können. Sie sind hungrig, ohne jemals satt werden zu können. Jeder Betrieb kann sich glücklich schätzen, zumindest in den unteren und mittleren Rängen, solche von Mindergefühlen geplagte Menschen zu beschäftigen, denn sie suchen, wenn sie nicht resignieren, den Erfolg – ihren Erfolg – um jeden Preis, der ihnen das Maß an Anerkennung nicht schmälert. Solche Menschen sind leicht zu »motivieren«, will heißen, zu manipulieren. Sie sind nicht selten bereit, um des Erfolgs (und der damit verbundenen Anerkennung) willen, ihr privates Leben und Glück zu opfern oder doch aufs Spiel zu setzen.

Andererseits sind die Erfolgsverwiesenen nicht selten recht verwundbar gegenüber Mißerfolg oder tadelnder Kritik. Sie sind also nur »beschränkt belastbar«. Damit sind sie für höhere Führungspositionen wenig geeignet. An ihnen erreicht das Peter-Prinzip seine mögliche Grenze: Obschon sie ihre Aufgaben erfolgreich erledigen, erreichen sie niemals die Stufe der Inkompetenz, weil sie wegen ihrer beschränkten Belastbarkeit niemals zu dieser Stufe aufsteigen. Mitunter schrecken die Erfolgsverwiesenen dieses Typs auch vor verantwortlicheren Tätigkeiten zurück, in der Furcht, jetzt könnte der lebensnotwendige Erfolg ausbleiben oder doch unbeträchtlicher werden.

Doch nicht nur Mindergefühle können durch erfolgsverheißende Hyperaktivität kompensiert werden, sondern auch Frustrationen im Bereich der Sexualität und Aggressivität. Ein Mann, der in der Sexualität wenig oder

kaum zureichende Befriedigung oder Erfüllung findet, wird – hat er die Techniken der Triebsublimation (etwa durch Kreativität oder durch soziales Helfen) nicht beherrschen gelernt – Lustbefriedigung anderswo suchen: etwa im Konsum oder in der Leistung. Vor allem in der Leistung. Sie gibt ihm das, was ihm vollzogene Sexualität weitgehend verweigert: selbstbestätigende und selbsterfüllende Lust. Die Befriedigung des ursprünglichen Triebes kann ihm durch innere (Überich) oder äußere (soziale) Verbote, kann ihm aber auch durch die Diskrepanz von Ideal und Wirklichkeit (der konkrete Sexualpartner kann nicht die an irgendeinem phantastischen Ideal orientierten Wünsche erfüllen) versagt sein. Das Ergebnis ist recht ähnlich. Das Ausweichen in die Ersatzbefriedigung der anerkannten Leistung ist eine gesellschaftlich wünschenswerte Reaktion, zumindest dann, wenn eine kranke Gesellschaft psychisch problematisches Verhalten honoriert. Und das gilt für unsere Gesellschaft ohne Zweifel.
Ganz ähnliche Kompensationen sind zu beobachten, wenn die Befriedigung der Aggressivität aus inneren oder äußeren Gründen nicht möglich ist. Solche Menschen stehen ständig unter Dampf, wie eine Lokomotive, deren Kessel zu platzen drohen. Auch sie finden nicht selten in der Hyperaktivität ein Ventil, das es ihnen ermöglicht, einigermaßen konfliktfrei zu leben. Auch sie haben niemals gelernt, Feindaggressivität in Gegneraggressivität hinein zu sublimieren. Und so kompensieren sie. Sie sind willige Opfer manipulatorischer Techniken, vorausgesetzt, diese werden nicht zu plump angewandt (und bleiben also dem Manipulierten undurchschaubar). Wie eine Lokomotive unter Dampf sind sie bereit, jede Schiene zu befahren. Die Weichen kann ruhig ein anderer stellen. Es gab einmal eine Zeit, da wurde solches Verhalten durchaus positiv bewertet. Es galt als aktive Indifferenz, eine »Tugend«, die den Betroffenen fast universell einsatzfähig machte.
Auch mangelnde Anerkennung, Achtung, Zuwendung, Liebe... können einen Menschen in die Aktion treiben. Hyperaktivität wird dann entweder zu einem Instrument, soziale Anerkennung zu erzwingen (als ob sie sich erzwingen ließe) oder aber zum Ersatz für soziale Anerkennung. Im letzteren Fall soll die Selbstachtung, die aus der Hyperaktivität erwachsen soll (wenngleich sie das nur sehr beschränkt tut), die mangelnde Fremdachtung ersetzen. In beiden Fällen sind die Betroffenen zum Scheitern verurteilt, denn weder Fremd- noch Selbstanerkennung lassen sich durch Aktivität – und mag sie noch so erfolgreich sein – erzwingen.
Was dabei herauskommt, ist allenfalls ein gewisses Maß an Achtung, Hochachtung vielleicht. Häufiger aber noch wird man einen solchen Menschen als »nützlichen Idioten« belächeln, wird ihn vielleicht auch seiner Erfolge wegen beneiden, wird ihn mißbrauchen in manipulatorischer Ab-

sicht. Nur menschliche Anerkennung wird er nicht finden. Mit der Zeit wird man seinen Leistungswillen und seinen Aktivismus vielleicht akzeptieren als Selbstverständlichkeit, doch nur um sich seiner, sobald er darin nachläßt, zu entledigen (dabei mag er immer noch sehr viel mehr leisten als seine Kollegen). Der Betroffene weiß oder fürchtet das. Und das wird ihn immer weiter in den Aktivismus hineintreiben – bis zum Zusammenbruch (dem physischen, psychischen, moralischen).
Er ist mit der *Verheißung*, dem Versprechen, der Möglichkeit von Zuwendung, Liebe, Akzeptation um seiner selbst willen (und nicht nur um seiner Leistung willen) bereit, sich leistend zu opfern. Auch er ist ein äußerst nützliches Instrument zur Profitmaximierung, solange er keine hohen oder höheren Führungspositionen einnimmt. Selten werden Menschen so ausgebeutet wie gerade diese. Mitunter wird sogar der sporatische Entzug von Achtung, Zuwendung, Liebe... als manipulatorische Technik verwandt, um labile Menschen zur Leistung bis hin zur Selbstaufgabe zu bringen.
Alle Hyperaktiven werden zumeist ihre gestörten Verhaltensmuster mit mancherlei Erklärung zu kaschieren versuchen. Manche sprechen von vorgegebenen Notwendigkeiten. Andere nennen hochherzige Ideale. Entschuldigungen sind es allemal. Doch mit solchen Entschuldigungen ergeben sich zusätzliche Formen der Manipulierbarkeit: die Berufung auf die Notwendigkeit oder die Ideale – an die der Hyperaktive schließlich selbst glaubt – kann ihn zu weiterer Leistung anstacheln, zum Nutzen seines Betriebes, seiner Partei, seiner Familie... – nur nicht zu seinem eigenen. Manipulation also allemal.
Wie aber kommt der kompensierende Hyperaktive zu seiner Hyperaktivität? Er hat niemals gelernt, aus seiner Mitte heraus zu leben. Er ist an der Peripherie orientiert. Sonst wäre er mit seinen Mindergefühlen schon anders – humaner – fertig geworden, sonst hätte er Techniken zur Triebsublimation entwickeln können, sonst wäre seine Abhängigkeit von Fremdanerkennung auf ein erträgliches Maß geschrumpft. In jedem Fall aber wäre der Grund zur Hyperaktivität, zum rastlosen Getriebensein entfallen.
Von ähnlichem Leben an der Peripherie des Selbst zeugt auch die Aktion als Flucht. Diese Menschen fliehen vor sich selbst. Sie können nicht mit sich selbst allein sein, weil sie um ihre eigene Hohlheit wissen. Wenn sie allein sind, fühlen sie sich einsam. Alle Beschäftigungsanregungen kommen von außen, weil die Mitte leer ist.
Und auch sie flüchten in die Aktion, um die innere Leere nicht zu erfahren, um sich nicht zugeben zu müssen, daß sie eigentlich nichts sind. Und aus der Angst nichts (oder ein Nichts) zu sein, müssen sie sich ständig beweisen, daß sie noch leben, daß sie etwas (oder ein Etwas), ein Wer sind. Dieses Wissen beziehen sie nicht von innen, sondern allein von außen. So sind sie

also auf der Flucht vor sich selbst und ihrem eigenen Nicht-Sein. Solche Flüchtende kennen keine Orientierung, es sei denn, sie würde ihnen von außen gegeben. Sie sind damit stark außengesteuert und so ein willfähriges Opfer mancher Manipulatoren. Diese haben es recht einfach. Sie brauchen dem Flüchtling nicht eine Heimat (ein Innen) zu versprechen. Es genügt, wenn sie ihm Fluchtwege öffnen, will heißen, ihm die Möglichkeit zur Aktion schaffen.

Noch größer aber kann die Dankbarkeit solch leerer Menschen sein, wenn eine Gruppe ihnen Teilhabe an einer sozialen Mitte verspricht. Ist eine solche Gruppe einmal zur Bezugsgruppe eines solchen Menschen geworden, wird sie ihm auch meist Heimat – damit aber sind der intrasozietären Manipulation Tür und Tor weit geöffnet. Doch im Regelfall kommt es nicht dazu, denn ein Hyperaktiver ist für jede Gruppe eine solche Belastung, daß sie schon starke Integrationskräfte entwickeln muß, um sich seiner zu bemächtigen.

Die Aktivität als Flucht oder als Kompensation, das Getriebenwerden durch die innere Unrast oder die Aufgaben eines peripher gelebten Lebens charakterisiert heute die Aktivität vieler. Sie ist *extensiv*.

Der intensiven, aus der Mitte gesteuerten und von der Mitte aus gelenkten und regulierten Aktivität darf aber keineswegs der Garaus gemacht werden. Gerade sie ist Bildungsziel oder sollte es doch zumindest sein. Aber wer lernt, aber wer lehrt heute schon das Leben aus der Mitte? Die Macht der Manipulateure, die unmittelbare oder die mittelbare Manipulation mit ihrer Technik der Belohnung eines bestimmten Typs von Erfolg, mit ihren Techniken der »Motivation«, mit ihrer Sachkategorialisierung des Menschen (er wird zum »Faktor« degradiert: zum Kostenfaktor, zum Produktionsfaktor, zum Kalkulationsfaktor...) ist stark und ungebrochen. »Man« ist an außengeleiteten Menschen interessiert. Und unsere Bildungsinstitutionen liefern sie alljährlich in reicher Menge an. Solange das geschieht, mag unser Gesellschaftssystem auch weiterhin ungefährdet von innen bestehen.

b) Verwundbarkeit.
Nun sind nahezu alle psychisch Gesunden mehr oder weniger verwundbar. Doch viele sind verwundbar, nicht weil sie empfindsam, sondern weil sie empfindlich sind. Empfindlich gegenüber Kritik, die meist als ungerecht oder zumindest in der Form als unangemessen, selten aber als gerecht und berechtigt empfunden wird, aber auch gegenüber Mißerfolg. In beiden Fällen kann die Ursache in einem von der Realität sehr unterschiedenen Idealbild von sich selbst zu suchen sein. Ich habe schon darüber berichtet, daß solche Menschen, mit sich selbst nicht identisch, leicht zu manipulieren sind (Seite 56 f).

Vor allem die objektiv verschuldete Verwundung, verschuldet durch die Unfähigkeit, destruktive Sozialkonflikte zu verarbeiten oder – besser noch – aufzuarbeiten, durch die Unfähigkeit aber auch, sich selbst richtig zu sehen, verschuldet durch individuelles Versagen, beruflich, fachlich, menschlich, kann, wenn die sie auslösenden Anlässe sich häufen, zu akuten psychischen Krisen führen, die keineswegs die Verwundbarkeitsschwelle senken. Der verwundbare Mensch ist auf verschiedene Weise über das Maß des Notwendigen hinaus manipulierbar; denn er hat ausnützbare Schwächen:

● er weicht jeder Gelegenheit aus, die eine Verwundungssituation mit sich bringen könnte,
● er ist dankbar für die Aufmunterung, Anerkennung, Lob,
● er ist mitunter – ähnlich wie oben beschrieben – erfolgsverwiesen.

Alle diese Dispositionen können manipulatorisch mißbraucht werden.
Das Ausweichen vor schwierigen (»kritischen«) Situationen, in denen das Ich-Ideal gefährdet werden könnte, läßt ihn schweigen oder verurteilt ihn zur Passivität, wenn der Manipulator auf die Möglichkeit »ungerechter Kritik«, »grundsätzlichen Mißverständnisses«, »Ablehnung durch die anderen«... verweist. Er ist manipulierbar durch Schmeicheleien, die seinem Ich-Ideal entgegenkommen (und mögen sie noch so verlogen sein). Er ist dankbar für alles, was in den Augen der andern die kritischen Angriffsflächen verkleinert, was ihn besser, tüchtiger, erfolgreicher, liebenswerter erscheinen läßt, als er ist. Bietet man ihm solche Situationen, wird er mit ziemlicher Gewißheit hineintapsen.
Der verwundbare Mensch wird eher den leichten Erfolg suchen als den mühsamen. Er wird im allgemeinen das Risiko scheuen. Er wird versuchen, sich beliebt zu machen. Er wird dankbar sein für jede Unwahrhaftigkeit, die es ihm erlaubt, sich länger und ungestörter im Gehäuse der eigenen Unwahrheit, der Scheinwelt von sich selbst zu bewegen. Zudem wird er niemals zu irgendeiner Form der Selbstverwirklichung gelangen, die ihm zureichende Selbstsicherheit und damit auch die Basis für zureichende Kritikfähigkeit bietet.
Wer sich nicht selbst so erkennt, wie er ist (und das ist oft sehr unterschieden von dem, was man sein will oder sein möchte), wird niemals zur Selbsterkenntnis gelangen. Die Selbsterkenntnis aber ist die Grundlage der Selbstannahme. Diese aber ist sowohl die Basis der Fremdannahme wie der Selbstverwirklichung. Wer sich selbst nicht erkennt, wird kaum in der Lage sein, sich mit seinen Fehlern und Schwächen zu akzeptieren. Damit bleibt er extrem verwundbar. Aber er wird auch kaum in der Lage sein, andere

Menschen, die ja ähnliche Schwächen haben, wie er selbst, zu akzeptieren. Er wird ein intoleranter Mensch sein.

Intolerante aber sind leicht zu verführen, zu manipulieren vor allem in ihren Gefühlen, denen die rationale Kontrolle als Folge einer trainierten Kritikfähigkeit fehlt. Intolerante sind zumeist intolerant aufgrund eines reichen Bestandes an (falschen) Vorurteilen, die sie sich zulegen, um vor sich selbst bestehen, das heißt, um ungefährdet ihrem Idealbild leben zu können.

Hier gibt es eine Fülle klassischer Beispiele:

- Die weitaus meisten Befürworter der Todesstrafe heute sind ausgesprochen verwundbare Menschen mit einem großen Bestand an Vorurteilen und einem recht unausgeprägten Selbst, das mit falscher »Selbstsicherheit« nur unzureichend in seinen Defekten kaschiert wird.
- Viele radikale Verurteiler Homosexueller (»Die sollte man alle kastrieren!«) sind selbst – oft unbewußt – homoerotisch organisiert. Sie sind aber nicht bereit, sich diese als minderwertig oder gar moralisch verwerflich vorurteilshaft ausgemachte Anlage einzugestehen. Daher haben sie es ständig nötig, sich selbst und anderen ihre Heterosexualität zu beweisen.
- Nicht wenige Männer, die habituell masturbieren, vertreten ein exzessives Keuschheitsideal. Das können sie nur, weil sie die eigene Sexualität in ihren konkreten Ausdrucksformen nicht akzeptieren, sondern mitunter gar komplexhaft abspalten. Auch hier kommt es zur mangelnden Selbstannahme, zu kompensatorischen und verlogenen Haltungen, die jeder Toleranz hohnsprechen.

Nun, diese Liste von Beispielen läßt sich fast beliebig vermehren. Wichtig für uns ist die Feststellung, daß intolerante Menschen außerordentlich leicht zu manipulieren sind. Da sie sich selbst nicht akzeptiert haben, benötigen sie Feindbilder, um im Gegensatz zu ihnen so etwas wie eine Pseudoidentität zu finden. Jeder, der ihnen solche Feindbilder vorstellt oder ihrer Vorurteilsstruktur entsprechend argumentiert, hat schon fast gewonnenes Spiel.

Übrigens mag interessant sein, daß die meisten intoleranten Menschen sich für ausgesprochen tolerant halten. Das gilt vor allem, wenn sie dem kleinbürgerlichen Milieu, oder dem Milieu der Aufsteiger entstammen, Milieus, in denen Intoleranz von jeher besonders fruchtbar gedieh. Aber mit der Intoleranz erwies sich und erweist sich gerade diese Schicht als außerordentlich leicht manipulierbar. Die Volksverführer von Mussolini, Hitler und Franco (auf der faschistischen Seite) bis hin zu den Vertretern des Euro-Kommunismus (auf der marxistischen Seite) wußten und wissen darum: wer den unteren Mittelstand, das Kleinbürgertum hat, hat das Volk. Sie wußten und wissen, welche Schicht am wenigsten mit sich selbst identisch ist, welche am unsichersten und ungefestigsten ist, welche dem Fetisch der Sicherheit und des Wohlstandes am stärksten verpflichtet ist, welche am leichtesten zu ängstigen ist...: Das Kleinbürgertum mit seiner permanenten Identitätskrise. Identitätskrisen künden aber immer von mangelnder Selbstannahme, die ihrerseits zumeist auf mangelnder Selbsterkenntnis beruht. Wer sich nicht um sein Selbst organisiert, wird eine Quasi-Organisation um seine Vorurteile versuchen. Er wird damit radikal verwundbar. Denn derjenige, der diese Vorurteile infrage stellt, wird nicht nur einen Teil der gestörten Persönlichkeit infrage stellen, sondern die Persönlichkeit selbst in ihrem zumindest vermeintlichen Bestand.

c) Emotionale Ausdrucksschwäche.

Eine emotionale Ausdrucksschwäche mag mehrere Gründe haben. Ein verbreiteter ist sicher in der Unfähigkeit zu suchen, »aus der Mitte« Emotionen zu praktizieren. Solche Menschen sind emotional leicht beeinflußbar bis hin zur emotionalen Labilität, wenn sich an der Peripherie starke, emotional Reaktionen einfordernde Ereignisse abspielen. Nun mag man solche emotionale Labilität, die sich etwa in Rührseligkeit oder Sentimentalität zeigen kann, als unerheblich abtun. Sie ist es jedoch nicht, wenn sie sich verbindet mit einer emotionalen Ausdrucksschwäche, das heißt, mit der Unfähigkeit, die Gefühle und Emotionen adäquat abfließen zu lassen. Diese Menschen wirken eigentümlich emotional gebremst oder gehemmt. Es scheint, daß sie um sich eine Mauer gezogen haben, bis an die heran sie, oft gerne, andere Menschen kommen lassen, die aber kein Tor hat, durch das man zu diesem Menschen emotional gleichsam eintreten könnte. Emotionale Schwäche kann wenigstens drei Gründe haben:

- Es werden keine oder nur unzureichend Emotionen produziert.
- Die Emotionalität ist weitgehend reaktiv (und kaum aktiv).
- Die emotionalen Ausgänge sind verstopft oder auf nur einige wenige beschränkt.

Wir wollen hier nicht von der pathologischen Abart emotionalen Ausdrucks handeln, bei der der Ausdruck und die emotionale Stimmung einander nicht entsprechen, ja sich mitunter gar widersprechen (Lachen bei Trauer; Wut bei Freude...). Die Emotionsschwäche, bei der entweder keine oder nur unzureichende Emotionen ausgebildet und erlebt werden, kann ebenfalls neurotische oder psychotische Ursachen haben. Auch hiervon soll nicht die Rede sein. Gemeint ist vielmehr eine Störung im Verhältnis von der *Menge* der Eindrücke, auf die emotional reagiert wird, zur *Intensität* des emotionalen Erlebens und der *Dauer* der Emotion.

Abartige Emotionsdauern sind nicht selten. Während im allgemeinen die Emotion an Intensität bei wachsender zeitlicher Distanz vom auslösenden Ereignis abnimmt, liegt eine Störung vor, wenn sie nach einer Phase der Intensitätsabschwächung plötzlich wieder zunimmt. So kann es geschehen, daß emotional nicht sonderlich stabile Menschen eine erfahrene Kränkung abends vor dem Schlafengehen sehr viel intensiver erleben als Stunden zuvor, als sie tatsächlich geschah. Das kann sicherlich neurotische Gründe haben. Es ist jedoch auch möglich, daß die Emotionsverarbeitung deshalb gestört ist, weil der Betreffende sich zu sehr an der Peripherie und zu wenig aus seiner Mitte heraus orientierte, und so zu einer gekonnten Emotionsverarbeitung nicht recht oder doch nicht immer fähig ist.

Hierher gehört auch der Fall, daß die Menge der eine emotionale Reaktion auslösenden Umstände extrem gering ist, jedoch auf die wenigen Auslöser extrem stark reagiert wird. Oder daß bei recht hoher Intensität das emotionale Feld spontan zusammenbricht. Oder daß Emotionen – vor allem negative – nur außerordentlich langsam abklingen (solche Menschen können wirken, als seien sie nachtragend). In jedem Fall liegen Mängel in der Emotionsbildung und/oder -verarbeitung vor, die diesen Menschen keineswegs psychisch stabilisieren. Diese Form emotionaler Labilität aber ist zumindest ein Symptom (wenn auch nicht Ursache) für leichte Beeinflußbarkeit durch jeden, der es gelernt hat, auf der gestörten Klaviatur solcher anormaler Emotionalität zu klimpern.

Das gilt in noch sehr viel stärkerem Maße für den Fall einer fast ausschließlich reaktiven Emotionalität, die auf Eindrücke emotional stark ansprechen kann, kaum aber in der Lage ist, »aus der Mitte« Emotionen zu produzieren. Menschen mit einer Emotionalität, die vorwiegend auf (äußere) Eindrücke *reaktiv* anspricht, kaum aber selbst – weitgehend unabhängig von äußeren Situationen – Emotionen *aktiv* produzieren kann, sind leichtes Opfer manipulatorischer Techniken. Sie werden zumeist von ihren Emotionen gehabt (und haben keine). Das Besessenwerden von Emotionen oder Stimmungen, die reaktiv auf die Ereignisse in der Mitwelt einsetzen, macht es leicht möglich, in manipulatorischer Absicht Auslöser zu produzieren, auf die dann mit einiger Sicherheit die erwartete emotionale Reaktion eintritt. So ist es durchaus möglich, Menschen über so hehre Gefühle wie Dankbarkeit, Zuneigung, Mitleid, Sorge ... zu manipulieren, wenn man nur ihre spezifischen Auslöser kennt.

Diese vorwiegend reaktive Emotionalität ist übrigens normal bei Jugendlichen und Heranwachsenden. Im Erwachsenenalter sollte sie jedoch durch aktive Emotionalität kontrolliert und ausbalanciert werden.

Das soll nicht heißen, daß emotionale Spontaneität von Übel sei. Das Gegenteil ist der Fall. Doch sollten spontane Emotionen nicht die Spontaneität von Instinktabläufen haben, die, das Vorhandensein eines Auslösers vorausgesetzt, mit Naturnotwendigkeit und unkontrolliert ablaufen. Es sollte vielmehr die Spontaneität produktiver und aktiver (und nicht bloß reproduzierender und reaktiver) Emotionalität sein, die aus der Mitte der Persönlichkeit kommt und nicht durch Ereignisse an der Peripherie erzwungen wird. Zeichen einer überwiegenden emotionalen Reaktivität sind auch emotionale Ausbrüche (Wut, Zorn, Ärger, Freude, Liebe, Trauer...). So wichtig und richtig es ist, alle diese Emotionen zu haben und zeigen zu können, so sehr zeigen emotionale Ausbrüche an, daß ein Mensch keine Emotionen hat, sondern von ihnen gehabt wird – wenigstens vorübergehend zum Sklaven einer starken Emotion geworden ist. Es ist zwar nicht leicht, solche Ausbrüche zu fremdem Nutzen zu provozieren, sehr wohl aber möglich. Auch hier zeigt sich also wieder emotionale Schwäche als Ansatzpunkt manipulatorischer Techniken.

Die verbreiteste Störung im Emotionalen ist jedoch die (teilweise) Verstopfung emotionaler Ausgänge. Solche Menschen haben zwar (oft starke und dauernde) Emotionen, können sie jedoch nicht zeigen oder gar über sie sprechen. Ist diese Unfähigkeit legiert mit einer starken Hinordnung auf das, was der Betreffende für »Realität« hält (etwa die »berufliche Wirklichkeit«), spricht man von »Alexithymie«, der »Stummheit der Seele«, einer heute zunehmend weit verbreiteten psychischen Störung. Diese mag in ihren Symptomen harmlos erscheinen, ist es aber keineswegs, denn es steht mit zureichender Sicherheit fest, daß zahlreiche psychosomatische Störungen oder Erkrankungen, von der »vegetativen Dystonie« über Magengeschwüre bis hin zum Herzinfarkt, entweder auf Alexithymie zurückgehen oder aber von ihr begleitet werden.

Die emotionale Blockade kann mancherlei Ursachen haben, exogene wie endogene. Wenn man einem Jungen sagt: »Ein Junge weint nicht« oder einem Mädchen: »Ein Mädchen flucht nicht«, dann werden hier schon ins Überich emotionale Blockaden eingebaut, die später von übler Wirkung sein können. Hier beginnt eine ganz überflüssige und nutzlose »Dressur der Emotionalität«. Die emotionalen Ausgänge werden vorzeitig und fast irreversibel in das Rollenkorsett einer der bestehenden und anerkannten Rollentypen einer Gesellschaft gezwängt, sehr zum Nachteil einer gesunden emotionalen Entwicklung. Und es ist keineswegs so, daß im späteren Alter der gesellschaftliche Druck auf die emotionalen Ausgänge nachließe. Hier wird sehr genau geregelt, welche Emotionen man wann und wo und vor wem zeigen darf. Das emotionelle Korsett wird also immer enger geschnürt, bis der Mensch darunter zu zerbrechen droht und die geknebelte Emotionalität sich in psychosomatischen Störungen oder Krankheiten eine Art Ersatzventil schafft.

Nun ist sicher der so geknechtete Mensch psychisch labilisiert und daher leichter zu manipulieren. Aber das ist nicht der Grund unserer Darstellung. Sie soll vielmehr zeigen, wie sehr die manipulatorische Repression konkreter Gesellschaften geht. Um die von ihr »genehmigten« und zugelassenen Rollen und damit elementare Gründe ihrer selbst nicht zu gefährden, um einen möglichst störungsfreien Verkehr der Individuen untereinander zu gewährleisten (und der wäre gestört, wenn man sich nicht auf das Rollenspiel seines Partners oder seiner Partner verlassen könnte), zwängt sie lebende Menschen in einer Weise von intrasozietärer Manipulation auf ein Prokrustesbett und normiert sie nach den zur Verfügung stehenden Rollenvorgaben.

Aldous Huxleys »Schöne neue Welt« ist nicht bloße Utopie. Eine kranke Gesellschaft macht Menschen krank, so daß sie die Krankheit der Gesellschaft als Wert, als Gesundheit empfinden. Das ist Manipulation à la Huxley. Der einzige menschliche Mensch ist nur noch der Wilde, der aber zwingend an der vorgegebenen Gesellschaft scheitert.

Ausdrucksgestörte Menschen zeigen nicht selten eine Desintegration von gesprochenem Inhalt und Ausdruck. Das Was und das Wie des Sagens passen nicht recht zusammen. Der Ausdruck, vor allem der somatische (Mimik, Gestik), wirkt seltsam steif und unbeholfen. Man nennt nicht umsonst die Alexithymie auch »Pinocchio-Syndrom« nach jener Gliederpuppe, die die Hauptfigur eines italienischen Kinderbuches ist (»Hölzernes Bengele«). Das Ausdrucksrepertoire emotional gestörter Menschen ist oft auf wenige Stereotype beschränkt. Sie neigen ferner dazu, nicht *mit* Menschen zu sprechen, sondern *zu* Menschen. Die emotionale Störung wurde zu einer sozialen, die nur deshalb nicht sonderlich auffällt, weil sie »normal« geworden ist, das heißt, nicht als anormal auffällt. Sie wirken kaum überzeugend. Das aber bedeutet, daß sie wohl sehr leicht Opfer manipulatorischer Techniken sind, kaum selbst aber die wichtigste beherrschen: das überzeugende Reden.

d) Resignation.

Resignation wird, wenn sie nicht nur gespielt wird – und das nicht selten in manipulatorischer Absicht –, in ihren Anfangsstadien nicht leicht offenbar. Mitunter zeigt sie sich in einem Schwinden des Humors, einer gewissen Interesselosigkeit in der Begründung neuer stabiler Sozialkontakte, in verstärkter Berufung auf die Pflicht als handlungsleitendem Wert. Und dennoch hat der Resignierende das Handtuch geworfen im Kampf um sich selbst. Er ist besiegt worden in innerpsychischen oder sozialen Konflikten (und mögen sie nach außen noch so konstruktiv ausgesehen haben). Er ist erschöpft. Vielleicht hat er zu lange gegeben, ohne zu nehmen. Alles das ist nicht zu verwechseln mit einer pathologischen Depression, obschon sie noch, bei entsprechender Disposition, verstärkend hinzukommen kann. Der Resignierte geht zumeist neuen, ungewohnten Situationen aus dem Weg. Er wagt kaum mehr Neues. Sein Kampfgeist, wenn nicht überhaupt erloschen, ist ausschließlich auf Bewahrung oder Verteidigung aus. Ein »Was solls?« zeigt das Fehlen jedes funktionstüchtigen Referenzrahmens an, in dem und an dem Orientierung möglich wäre. Und im Fehlen eines solchen Referenzrahmens, der den Ereignissen und Geschehnissen einen interpretierbaren Ort und damit eine regulierte Reaktion zuordnet, verliert sich der Resignierte selbst. Er wird in einem unübersehbaren sozialen Kosmos zu einem Glied, Mitglied. Er verliert seine Würde als handelndes Subjekt und wird zum Objekt manipulatorischer Machenschaften. Da er kaum mehr aus eigener Kraft vorangeht, wird er geschoben – geschoben, wohin andere ihn haben wollen.

Resignierende Menschen leugnen zumeist nicht einen Lebenssinn, sondern halten die Frage nach dem Sinn für sinnlos. Ihr Leben ist bedroht von der Absurdität des Lebens eines Sisyphos. Ein glücklicher Mensch? Nein. Aber auch kein unglücklicher. Denn Glück und Unglück sind keine Kategorien mehr, die ihm etwas bedeuten.

Nun begegnet man Resignierenden gar nicht so selten. Mitunter läßt sich ihre Resignation als »So-what-Syndrom« beschreiben. Es ist bestimmt durch folgende Merkmale:

- soziale Bindungen werden nicht gepflegt,
- der Antrieb scheint gering,
- depressive Grundstimmungen herrschen vor und
- der emotionale Ausgang erscheint blockiert (Emotionen werden allenfalls in stereotypen Abläufen dargestellt).

Sicherlich kann dieses Feld eine neurotische Abweichung oder den Beginn eines (psychotischen) Prozesses signalisieren. Das war schon immer so. Doch neu scheint zu sein, daß an sich psychisch »Gesunde« diese Symptome zeigen. Der Umfang dieser psychischen Störung ist kaum zu unterschätzen. Ist die Störung nicht neurotischen oder psychotischen Ursprungs, erweisen sich die Betroffenen als verdächtig leicht beeinflußbar. Sind sie noch nicht in dem stabilen Gleichgewicht des Tiefpunktes ihrer Resignation angelangt, greifen sie oft begierig nach jedem Strohhalm, der Hilfe oder Abhilfe verspricht. Sie werden damit überdurchschnittlich leicht von außen beeinflußbar – und damit manipulierbar.

e) Gehabtwerden.

Man kann von allen möglichen Dingen, Überzeugungen, Strebungen, Ge-

fühlen, Wünschen, Hoffnungen... gehabt werden. Sehr wohl: Es geht hier nicht ums Haben, sondern ums Gehabtwerden, ums Besessensein. Der »gehabte Mensch« besitzt sich selbst nicht mehr, sondern er wird von irgend etwas besessen. Die Peripherie hat die Kontrolle über die Mitte übernommen, wenn sie überhaupt jemals stark genug gewesen ist, sich gegen die Ansprüche »von draußen«, die Ansprüche des Nicht-Selbst zu wehren. Wir unterscheiden:
- das Gehabtwerden von materiellem Besitz,
- das Gehabtwerden von »geistigem Besitz« (Vorurteile, Überzeugungen, Meinungen),
- das Gehabtwerden von Gefühlen (Freiheit, Hoffnung, Furcht, Angst, Neid, Haß, Trauer, Ärger...),
- das Gehabtwerden von Strebungen (Ehrgeiz, Leistungswille...).

Es bedarf wohl keiner Betonung, daß die meisten dieser »Dinge«, die den Menschen besitzen können, an sich wertvoll sind. Aber sie verkehren ihre Werthaftigkeit ins bare Gegenteil, wenn sie der Mensch nicht besitzt, sondern sie ihn.
Verbreitet ist das Gehabtwerden vom *materiellen Haben*. Nicht wenige Menschen sehen im Besitzen ein Glücksäquivalent, vermeinen im materiellen Haben sich alles das erwerben zu können, was ihnen fehlt oder abgeht (Anerkennung, Freude, Selbstsicherheit, Vertrauen). Nicht selten steht dahinter die Vermutung, mit Geld (oder sonstigen materiellen Gütern) könne man sich letztlich alles kaufen. Das falsche Bewußtsein von der universellen Käuflichkeit auch ideeller Werte scheint heute bei den nicht Wenigen verbreitet zu sein, die sich selbst rücksichtslos einsetzen, um ihren materiellen Besitzstand zu erhalten oder zu mehren.
Hierher gehört aber auch das Gehabtwerden vom Habenwollen. Das Streben nach materiellem Besitz, an sich keine schlechte Sache, wird pervertiert zum Selbstwert, der über dem Menschen steht. Es übt nicht selten einen Terror aus, der niemals ein Ende findet. Ja, im wachsenden Haben eher noch wächst. Zufriedenheit ist für solche Menschen ein recht vergänglicher Zustand. Sie stellt sich allenfalls kurzzeitig ein, wenn einmal ein Ziel des Habenwollens erreicht ist. Doch schon bald weicht die Zufriedenheit einer Unzufriedenheit, die auf neues, auf mehr Haben abzielt.
Solche vom materiellen Haben oder Habenwollen besessene Menschen sind ein dankbares Opfer zahlreicher Manipulationstechniken. Wer einmal unter dem Zwang besitzen zu müssen steht, ist Sklave einer Sache, des materiellen Besitzes, geworden. In seiner Unfreiheit ist er bereit, sich selbst oder doch weite Zonen seiner selbst zu verkaufen, vorausgesetzt, der Preis ist gut. Wer einmal begonnen hat, seine Arbeitskraft zu verkaufen (und das

ist in unserer Gesellschafts- und Wirtschaftsordnung für alle Lohnabhängigen zwingende Notwendigkeit), ist stets in der Gefahr, sich selbst zu verkaufen, seine Ideale, seine Wertvorstellungen, seine Gesundheit, sein privates Glück...

Man mag darüber streiten, ob diese Art der Sklaverei humaner ist als die der alten Römer. In einem unterscheidet sie sich jedoch zumindest theoretisch von der alten: Man kann die Sklavensituation vermeiden, man kann aus ihr wieder aussteigen. Das letztere zumindest scheint jedoch eher eine abstrakte Möglichkeit, es sei denn, äußere Zwänge brächen die Gitter des goldenen Käfigs entzwei. Das aber ist eine Situation, die zumeist von den ehemals Gefangenen eher beklagt, denn begrüßt würde.

Sie sind ein Leben in Freiheit, in der Ungebundenheit gegenüber dem Habenmüssen oder Habenwollen nicht mehr gewohnt. Und ich muß zugeben, daß ein solches Leben in unserer Gesellschaft auch keineswegs leicht von anderen akzeptiert wird. Ist aber einmal die Freiheit von materiellem Haben in einem Menschen erwacht, erschöpfen sich eine Reihe von gesellschaftlich-manipulatorischen Zwängen in barer Erfolglosigkeit. Konkrete Gesellschaften, vor allem solche, die auf dem Egoismus aufbauen, dem Habenwollen um hohen Preis, fürchten kaum etwas mehr als Menschen, die dem Haben frei gegenüber stehen, mögen es Hippies sein oder »Kommunisten«. Beide demonstrieren, daß man auch anders leben kann.

Doch für ein freies Leben stellt unsere kapitalistische Ordnung mit ihrem radikalen Egoismus (der hier zum allgemeinen Prinzip erhoben wurde) keine Rollen (weder ökonomische noch politische oder soziale) bereit. Ein freier Mensch ist stets ein outsider (manchmal auch ein outcast). Er läßt sich nicht zwingen von den Zwängen intrasozietärer Manipulation. Er stellt die »Wertordnung« in Frage, nach der jeder Leistung ein materieller Wert zugeordnet werden kann; er bezweifelt den Nutzen von rein materiellen quantitativen Gewinn- und Verlustrechnungen, von materiellen quantitativen Kosten-Nutzenrechnungen. Er ist nicht für Geld zu kaufen. Und also verfehlen ihn eine Reihe von Manipulationstechniken, und zwar gerade die, von denen viele glauben, sie seien die wirkungsvollsten.

Das genaue Gegenteil gilt von dem, der vom materiellen Haben gehabt wird. Bei ihm greifen die billigen und simplen manipulatorischen Techniken, die eine Gesellschaft entwickelte, die glaubt, ihren Mitgliedern einen guten Teil ihres Menschseins – ihre Arbeitskraft – abkaufen zu können. Sie wurden entwickelt aber auch, um Menschen zu disziplinieren und, nach den Regeln einer mehr oder weniger perfekt beherrschten Lohn-Strafe-Dressur, zu braven und willfährigen Bürgern zu machen.

Zudem: Wer etwas zu verlieren hat, an dem er intensiv hängt, wird auch Angst haben, es zu verlieren. Die Drohung mit dem Verlust ist ein wirksames Disziplinierungsinstrument in manipulatorischer Absicht. Ich habe im Frühjahr 1976 in Portugal Fischer kennengelernt, die nur deshalb nicht die KP wählten, weil man ihnen gesagt hatte, die Kommunisten würden ihre armseligen Boote enteignen. Doch kann man auch sehr viel diffiziler mit der Angst vor dem materiellen Verlust, der Angst, den materiellen Wohlstand zu verlieren, an den man gewöhnt ist, manipulieren und manipuliert werden. Nur wenige Menschen sind bereit, eine schlechter dotierte Stellung anzunehmen, wenngleich ihre jetzige gut dotierte Position eindeutig einer weiteren Persönlichkeitsentfaltung im Wege steht. Sicherlich begegnet man solchen Menschen, aber erst von einer beachtlichen Einkommenshöhe an. Die Maslowsche Bedürfnispyramide funktioniert nur beschränkt und dann vor allem bei Spitzenverdienern.

Das Gehabtwerden von »geistigem Besitz« ist vielleicht noch verbreiteter als das Besessenwerden vom materiellen. Es gibt Menschen, die durchaus bereit sind, materielle Nachteile in Kauf zu nehmen, wenn nur ihre geistigen Wertvorstellungen, Vorurteile... erhalten bleiben. Gemeint sind hier nicht jene Wertvorstellungen, die aus den handlungsleitenden Werten abgeleitet werden, die das Ich konstituieren helfen, sondern Wertvorstellungen des Überich, die sich in Imperativen des »Man-Typs« (»Das tut man«; »Das tut man nicht«), der sogenannten »inneren Stimme« also, artikulieren. Solche Wert- und Vorurteile (mit meist wertenden Inhalten) sind außerordentlich stabil und können durch rationale Argumente nicht aufgelöst oder auch nur problematisiert werden. Sie bilden eine »Grundorientierung«, die von den betroffenen Individuen zumeist auch als Basis des Eigenwerts betrachtet werden. Solche vorrationalen Grundüberzeugungen in Frage zu stellen, bedeutet eine psychische Labilisierung, die zwar unter starkem emotionellen Druck erfolgen kann, doch kaum ohne erhebliche Konflikte und Identitätsprobleme möglich ist.

Beinahe jeder Mensch identifiziert sich mit seinen vorrationalen Überzeugungen und Orientierungen in einem Umfang, daß die Identität der Persönlichkeit zum guten Teil dadurch bestimmt wird. Eine Veränderung der vorrationalen Strukturen bedeutet eine Veränderung der gesamten Persönlichkeit, zu der diese meist nur unter starkem Leidensdruck (etwa einer Neurose) oder unter Fremdeinwirkung (»Gehirnwäsche«) bereit ist.

Man mag soweit gehen zu vermuten, daß sich Paranoiker nur durch die spezifische Art ihrer vorrationalen Grundüberzeugungen von anderen Menschen unterscheiden. Ist ein Student der Überzeugung, seine Professoren legten es darauf an, ihn durchs Examen fallen zu lassen, dann kann man ihm diese vorrationale (paranoide) Grundüberzeugung kaum mit rationalen Argumenten ausreden. Im Gegenteil: Man wird ihn damit nur noch mehr in seiner Wahnvorstellung bekräftigen. Er wird in all dem nur Versuche sehen, seine Wachsamkeit einzuschläfern.

Nun mag man über solche wirklichkeitsverschobenen Grundüberzeugungen lächeln oder den Kopf schütteln. Aber prinzipiell besitzt jeder Mensch solche vorrationalen Grundüberzeugungen, die nur deshalb nicht als paranoid gelten, weil sie »normal« sind, das heißt, weil sie von wenigstens 40 % der Menschen, mit denen unser »Normaler« zusammenlebt, als normal akzeptiert werden. Meist ist der Grund der Akzeptation, daß viele Menschen sehr ähnliche Grundüberzeugungen haben und nur »ausgefallene« als abwegig denunziert werden.

Prinzipiell ist es vergleichsweise ebenso schwierig, einen Paranoiker von seinen Wahnvorstellungen zu befreien, wie einen »Normalen« von seinen Grundvorstellungen. Man sollte es also gar nicht erst versuchen.

Dennoch ist der Betroffene stark manipulierbar. Er wird sich eine soziale Umgebung suchen, in der seine Grundüberzeugungen als normal akzeptiert werden. Er wird Situationen – in einer Art Appetenzverhalten – suchen, die seine Grundüberzeugungen bestätigen oder gar verstärken, und er wird Situationen möglichst meiden, in denen seine Grundüberzeugungen entweder in Frage gestellt oder aber als anormal betrachtet werden. Das aber bedeutet zumeist eine starke Bindung an Gruppen, die ähnliche oder gar identische Grundüberzeugungen als Gruppenüberzeugung ausgebildet haben. Die Zugehörigkeit zu einer solchen Gruppe wird als hoher Wert empfunden, gewährt sie doch erheblichen Schutz und bewahrt sie vor Identitätskrisen, so daß intrasozietäre Manipulationen leicht möglich werden. Schon allein die Vorstellung, in eine Situation zu geraten, in denen die Grundüberzeugungen keinen zureichenden Referenzrahmen mehr ausziehen, in dem Orientierung und Wertung sicher möglich sind, oder die Realisierung der Grundüberzeugungen zu destruktiven Individual- oder Sozialkonflikten führt oder führen kann, erweckt Schrecken. Wer aber ganz ähnliche Grundüberzeugungen äußert, wird als glaubwürdig akzeptiert, wenigstens solange, bis er sich eines eklatanten Vergehens schuldig macht. Nicht zufällig versuchen etwa Mitglieder mancher studentischer Verbindungen ihre Cartellbrüder ... zu favorisieren, denn sie setzen voraus, daß hier eine gemeinsame Umwelt eine Basis gemeinsamer Grundüberzeugungen geschaffen hat, die die Kommunikation, aber auch die Abhängigkeit von der alten wie der neuen Gruppe fördert. Nun, das alles ist durchaus Manipulation.

Es gibt Menschen, die beinahe perfekt die Technik beherrschen, mit wenigen Bemerkungen die Grundüberzeugungen ihres Partners ausfindig zu machen und sich mit ihnen zu solidarisieren, um so den Getäuschten für ihre Vorstellungen und Pläne willfährig zu machen. Es gibt inzwischen so-

gar Ratgeber, die solche Techniken, etwa im Einstellungsgespräch anzuwenden, vermitteln. Hier verbinden sich beherrschte Manipulationstechniken und Charakterlosigkeit, eine Verbindung, die ja nicht gerade selten ist.
Doch auch mancher falsche missionarische Eifer gründet in Vorurteilen und vorrationalen Grundüberzeugungen. Solche Eiferer manipulieren in edukatorischer Absicht. Sie wollen im allgemeinen das beste, nötigen jedoch anderen vermeintliche Erkenntnisse, Einsichten, Lebenseinstellungen, Moralnormen... auf, die ihnen keineswegs – objektiv gesehen – nutzen auf dem Weg zur Selbstverwirklichung. Der missionarische Eifer der von einer Idee Besessenen mag einmal manche Religionsgemeinschaft groß gemacht haben, in einer pluralen Gesellschaft wird er zumeist als manipulatorisch durchschaut und daher heftig abgelehnt.
Das Gegenteil vom geistigen Haben ist das (geistige) Suchen. Gemeint ist das Suchen nach »Wahrheit«, nach Sinn, nach Werten und Werteordnungen. Sicher kann man auch von solchem Suchen besessen werden. Ein so Suchender wird leicht ein Opfer all derer, die ihm – oft anspruchsvoll verkleidet – Antworten anbieten, die aufs erste überzeugen. Dies Überzeugen kann zustande kommen, indem »alte Lösungen« neu verpackt verkauft werden und so attraktiver erscheinen, obschon sie grundsätzlich der herrschenden Vorurteilsstruktur entsprechen. Mitunter fallen selbst solche Menschen auf diese Neuverpackungen herein, die sich von ihren Vorurteilen lösen möchten.
Solches Überzeugen kann aber auch genau die entgegengesetzte Strategie verwenden: Es kann mit dem Alten radikal brechen, um sich so den Anschein des Besseren zu geben, nur weil es neu ist. Diese Akzeptation von Neuem, nur weil es neu ist, von Veränderung, nur weil sie verändert, kommt vor allem bei »kritischen« Jugendlichen und jungen Erwachsenen an, die – oft unbewußt – alles Bestehende für wenig hilfreich halten, weil es nicht von ihnen, sondern von ihren »Vätern« begründet wurde. So kann man denn sehr wohl aus dem offenen oder latenten Generationenkonflikt manipulierend Kapital schlagen.
Aber es gibt auch noch eine andere Form des Suchens, die ich »Suchen aus der Mitte« nennen möchte. Es ist das ein Suchen, das darum weiß, daß es in diesem Leben niemals zum Finden kommen kann, das weiß, daß der Sinn des Lebens das Gehen, das Voranschreiten ist, nicht aber ein auszumachendes oder gar festzuschreibendes Ziel. Solches Suchen ist weitgehend gegen die Gefahr manipulierenden Mißbrauchs gefeit. Es weiß, daß alle Lösungsangebote wesentlich unstimmig sein müssen, da sie nur die Peripherie begreifen, und wird somit nicht auf solche Angebote, seien sie »modern« oder »alt«, hereinfallen. Nur derjenige wird sich einen optimalen Freiraum in

der Welt voller sozialer (und das sind oft manipulatorische) Zwänge schaffen, der sich von dem Mit, dem Außen, der Harmonie wie dem Konflikt, keine endgültigen Lösungen verspricht. Der wird die Freiheit des Wanderns haben, der, unbelastet vom Geist materiellen oder geistigen Habens, seinen Weg so schreitet, wie es sich für den homo viator geziemt: Ohne langes Rasten und ohne fremde Zielvorgaben, nur dem eigenen Kompaß gehorchend.
Sicherlich kann auch solches Gehen wieder entarten im prometheischen Hoch- oder Übermut und in dieser Entartung wieder manipulierbar werden. Doch ist der Grund des suchenden Gehens die eigene meditativ begründete und gefestigte Mitte. Weiß es und akzeptiert es eigenes Versagen (einschließlich charakterlicher Defekte), wird die Gefahr der prometheischen Außenorientierung ausbleiben können.

Auch das Gehabtwerden von *Gefühlen* läßt den Betroffenen nur wenig aus der Mitte, dafür um so mehr von der Peripherie her bestimmt sein. Zudem ist er, wegen dieser Schwäche, leicht auszunutzen, zu manipulieren. Wir alle kennen Menschen, die von irgendwelchen Gefühlen, Ärger, Freude, Angst, Wut... besessen werden. Sie sind dann kaum in der Lage, sich selbst und ihre Emotionen zu kontrollieren. Die Kontrolle müssen andere für sie übernehmen. Damit aber werden sie zu möglichen Manipulationsobjekten. Wer sich im Zorn zu vergessen pflegt, kann zumeist auch das Aufkommen der Emotion »Zorn« nicht verhindern, selbst dann, wenn sie gezielt von anderen aufgebaut wird. So kann ein solch armer Mensch zum Spielball von Manipulateuren werden.
Es gibt aber auch Gefühle, denen man ihren emotionalen Charakter nicht aufs erste ansieht. Hierher gehört vor allem »Freiheit«. Freiheit ist keineswegs zuerst ein Zustand oder eine Befindlichkeit des Wollens, sondern ganz einfach ein Gefühl (»Ich fühle mich frei«). Wie solche Gefühle dann rational verarbeitet werden, ist eine andere Sache. Nun verwechseln manche Menschen das Gefühl der Freiheit mit dem objektiven Fehlen innerer und äußerer Zwänge. Doch diese werden nur im Augenblick nicht wahrgenommen; ähnlich wie ein Kettenhund die Kette, die ihn anbindet, nur dann merkt, wenn er daran zerrt, fühlen sich nicht wenige Menschen frei, solange sie nicht in Grenzsituationen das Ende und damit den Zwang der Leine verspüren, an der sie immer schon geführt werden. Es gibt Ehefrauen, die durch lange Jahrzehnte so ihren Gatten führen, daß er niemals das Gefühl von Freiheit verliert, wohl aber durchaus an der Leine geführt wird. Das ist sicher oft Manipulation – und zwar geschickte.
Die Manipulation des Gefühls der Freiheit bei tatsächlicher Unfreiheit ist eine der raffinierten Techniken der Menschen(ver)führung. Da die mei-

sten Menschen sich keineswegs nach Freiheit sehnen, sondern nach dem *Gefühl* der Freiheit, Gefühle aber leicht zu vermitteln oder zu induzieren sind, wird das Wort »Freiheit« im Munde so mancher Politiker oder in der Praxis so mancher politischen Systems zu einem manipulierenden Faktor allererster Ordnung. Die weitaus meisten Menschen wissen nicht einmal, was Freiheit ist, und wären sie in ihrem Besitz, wüßten sie nichts mit ihr anzufangen. So sehr kann man sich an Fesseln gewöhnen, daß man das Fehlen von Fesseln als unangenehme Notwendigkeit einer bestimmten orientierungslosen Existenzphase betrachtet. Sie alle aber wissen sehr wohl um das Gefühl der Freiheit. Wer es ihnen vermittelt, gilt als Befreier, wird leicht und sicher als Führer anerkannt.

Die Manipulation des Gefühls von Freiheit ist keineswegs so verdammenswert, wie es aufs erste erscheinen möchte. Sie kommt in vielem dem menschlichen Bedürfnis nach Sicherheit und Geborgenheit (Freiheit aber bedeutet stets auch Unsicherheit und Ungeborgenheit) entgegen. Die Vielen wollen Freiheit fühlen, spüren, nicht haben. Eine Gesellschaft freier Menschen (und sich nicht nur frei fühlender) setzt den Abschluß eines gewaltigen Emanzipationsprozesses voraus, für dessen Beginn es nirgendwo in der Welt auch nur erste ernstliche Anzeichen gibt. Zwar werden immer wieder einzelne für sich den schweren Weg in die Freiheit gehen, sie wissen aber auch, was sie erwartet: Es kann das optimale Selbstentfaltung und -verwirklichung sein, wohl aber auch totales soziales und psychisches Scheitern. Die extreme Unfreiheit der Psychose liegt mitunter gar nicht weit entfernt von der wirklichen Freiheit, die nicht genutzt werden konnte. Aber auch *Hoffnung* ist zunächst einmal ein Gefühl und erst dann eine Grundstimmung, die auch das Wollen und Erkennen begreift. Die Manipulation des Gefühls der Hoffnung, das von vielen Menschen wiederum sehr viel mehr erwünscht ist als die Hoffnung (als Grundvollzug) selbst, ist ebenfalls außerordentlich verbreitet. Das Einem-Menschen-Hoffnungmachen ist in der Politik, im Berufsleben, in der Krankheit eine nicht selten gebrauchte Technik. Obschon sie auch in edukatorischer Absicht verwendet werden kann, läuft sie nicht selten auf Manipulation hinaus. Ich kenne Menschen, denen man jahrelang das Gefühl der Hoffnung auf Aufstieg, Anerkennung, Verwirklichung induzierte, und die dann elend in den Sielen starben, ohne auch nur das Ziel ihrer Hoffnung gesehen zu haben.

Die Manipulation des Gefühls von Hoffnung ist auch in religiösen und pseudoreligiösen Verbänden und Gesellschaften verbreitet. Die christliche (oder besser oft: unchristliche) Vertröstung auf ein besseres Jenseits gehört hier ebenso genannt wie die marxistische auf ein Reich der Freiheit von Entfremdungen. Sicherlich wird der Christ auf die Begründung des Gottesreiches warten (nicht passiv abwartend, sondern sich aktiv engagierend). Und das ist auch relativ unproblematisch, wenn er über dem Leben in diesem Gottesreich, dem sogenannten »Jenseits«, nicht das Leben im Diesseits vergißt. Christentum ist nicht nur eine Antwort auf die Frage: »Gibt es ein Leben nach dem Tode?«, sondern auch auf die Frage: »Gibt es ein Leben vor dem Tode?« Ein menschliches Leben wohlgemerkt, kein bloßes Vegetieren in den Niederungen elementarer Bedürfnisbefriedigung. Ebenso wird sich der Marxist fragen lassen müssen, ob er nicht ungedeckte Schecks auf die Zukunft ausstellt, wenn er von einem Reich der Freiheit von Entfremdungen spricht, an dem keiner der jetzt Lebenden teilhat, es sei denn, im Gefühl seiner Hoffnung. Für den Marxisten kommt der Zahltag nie. Niemals wird er für sein Arbeiten, Leiden, sein Mühen und Warten entlohnt. Selbst wenn der Scheck gedeckt wäre, den Zahltag erlebt kein heute Lebender. Das aber ist Manipulation im übelsten Sinne. Über das Gefühl der Hoffnung wird ein Mensch zu bestimmten Haltungen und Leistungen gebracht, die ausschließlich – und das auch nur sehr unwahrscheinlich – einer künftigen Generation nutzen. Verhaltensbeeinflussung zu fremdem Nutzen, wie sie krasser kaum sein kann.

Ähnlich häufig begegnen wir der Manipulation des Gefühls der *Furcht*. Da werden furchterregende Inhalte konstruiert, und zugleich wird – manipulatorisch – ein Weg gewiesen, wie man diese Ziele des Fürchtens meiden könne. Ziele unserer Furcht können sehr verschieden aussehen: es kann eine wie auch immer geartete Hölle sein, ein Zustand des Darbens und der Not, ein Zustand der Isolation und der Verlassenheit, ein Zustand der Schmerzen und der Hoffnungslosigkeit... Mit solchen futurischen Schreckensbildern hat man schon ganze Generationen manipuliert (am Tatbestand der Manipulation ändert sich gar nichts, wenn auch die Manipulateure, selbst wieder manipuliert, an die Möglichkeit solcher schrecklichen Zukunftsgeschehnisse glaubten).

International ist die Manipulation über die Furcht zu einer ständigen Einrichtung geworden, die uns einen wenigstens vorübergehenden »Frieden« beschert. Das sogenannte »Gleichgewicht des Schreckens« ist nichts anderes als die politische Stabilisierung der Furcht. Nur wer damit rechnen muß, selbst vernichtet zu werden, wird kriegerische Handlungen vermeiden, die den anderen vernichten. Somit ist die Furcht zu einem regulativen Prinzip internationaler Beziehungen geworden – mit Ethik hat das nichts zu tun.

Durchs Drohen versucht man den anderen zu einem Verhalten zu beeinflussen, das man von ihm wünscht – sehr wohl aber auch durch das Gegendrohen des anderen daran gehindert, seine Drohung wirklich werden zu lassen.

Dieser absurde Zustand hat kaum etwas mit einem Zustand zu tun, den man

zu Recht als »Friede« bezeichnen kann. Das erreichte Gleichgewicht, der hergestellte Nicht-Krieg ist keineswegs eine sonderlich stabile Situation. Sie kann schnell durch zahlreiche Umstände unversehens labilisiert werden:
- einer der Partner verliert die Nerven und rechnet sich relativ gute Chancen aus, den Gegner schnell zu überwinden mit einem relativ gering *erscheinenden* Risiko (nationaler Selbstmord ist uns durchaus aus der Geschichte bekannt),
- psychologisch und ethologisch gesehen, läßt sich ein Gleichgewicht von Drohen und Gegendrohen nicht beliebig lange durchhalten (entweder gibt der eine Partner friedlich nach, oder es kommt zu einer Auseinandersetzung auf Leben und Tod),
- das Gleichgewicht der Waffen- und Rüstungstechnik wird instabil, indem einer der Gegner eine effektive Abwehrtechnik gegen einen feindlichen Gegenschlag entwickelt.

Diese eigentümliche Doppelmanipulation zu einem vordergründigen Nutzen aller Beteiligten wird also nicht beliebige Zeit durchzustehen sein. Gelingt bis dahin nicht ein Abbau der ideologischen Barrieren, der politischen und ökonomischen Feindschaft, wird – nach einer kurzen labilen Phase – ein neuer allgemeiner Krieg kaum zu vermeiden sein. Die einzige Alternative wäre ein plötzliches Auftauchen eines ethischen Bewußtseins auf der ganzen Welt, das es den Menschen erlaubte, mit den Problemen des quantitativen Wachstums durch eine qualitative Veränderung ihrer Sittlichkeit fertig zu werden. Vorläufig aber ist das allgemein akzeptierte Fundament sittlichen Handelns (gleichsam »instinkthaft« fixiert) gerade noch zureichend, die Auseinandersetzungen der Menschen der Steinzeit – eine Zeit, die über 95 % der Menschheitsgeschichte abdeckt und so das Verhalten der Menschen nachhaltig prägte – halbwegs »human« zu regulieren. Der qualitativen Veränderung der beherrschten Tötungsmechanismen entspricht bis heute keine qualitative Veränderung der praktizierten Sittlichkeit. Und so bleibt uns also nichts als die gegenseitige Manipulation der Großen, um den Bestand der Menschheit zu sichern.
Die Technik, mit der Emotion »Angst« zu manipulieren, will ich etwas später abhandeln.

Das Gehabtwerden von *Strebungen* ist ebenfalls ein Zeichen mangelnder Steuerung aus der Mitte, einer zu starken Orientierung an der Peripherie und ermöglicht daher eine intensive Außensteuerung (etwa in manipulatorischer Absicht).
Sicherlich sind Ehrgeiz und Leistungswille nicht an sich schon Indizien ei-

ner überstarken Abhängigkeit von Geschehnissen an der Peripherie des Selbst, aber sie können es leicht werden. Wenn der *Ehrgeiz* nicht mehr der Wille ist, das aus sich zu machen, was – unter Berücksichtigung der konkreten Notwendigkeiten, Umstände und Zwänge – möglich ist (also zu einer optimalen Selbstverwirklichung zu gelangen), sondern

- entweder zum Willen wird, besser zu sein, als ein anderer,
- oder zum Willen nach Ehrung (»Ehr-Geiz«),

dann ist die Außenabhängigkeit so intensiv, daß sie manipulatorisch gebraucht oder mißbraucht werden kann. Schlägt man einmal in den üblichen Lehrbüchern über Führungstechniken nach, dann wird man auch diesen beiden Methoden begegnen, um aus Menschen höhere Leistungen herauszuholen. Das läuft dann meist unter dem Titel »Motivation«.

Das Dressur- und Manipulationsinstrument »vergleichender Ehrgeiz« mag im Spiel und Sport seine relative Berechtigung haben, denn hier darf und soll der Mensch sich ja einmal ans Außen verausgaben. Im Berufsleben aber kann er für die Entfaltung einer menschlichen Person katastrophale Folgen haben. In seinem Gefolge stellen sich nicht selten solch negative Emotionen wie Neid und Mißgunst, ja Haß ein, wenn der vergleichende Ehrgeiz nicht befriedigt wurde. Da heute in der Schule nicht selten mit der pädagogisch anrüchigen Methode des vergleichenden Ehrgeizes gearbeitet wird (Wer ist Primus? »Der Karl ist aber besser als du!«...), kann es kaum verwundern, daß sich nur wenige gegen solche unmenschliche Führungsmethoden wehren, wenn sie ihnen in der betrieblichen Wirklichkeit wiederbegegnen. Die »Allgemeinheit« scheint sich schon so an dieses Manipulationsinstrument gewöhnt zu haben, daß sie seine Anwendung nicht mehr ablehnt, selbst dann nicht, wenn ansonsten eine ziemliche Allergie gegen die Verwendung manipulatorischer Techniken besteht.

Doch auch das Geizen nach Ehre ist hier zu nennen. Davon sind vor allem Menschen betroffen, die Mindergefühle oder Versagenserfahrungen kompensieren müssen, um mit sich selbst einigermaßen in Frieden leben zu können. Ich habe darüber schon berichtet (vgl. Seite 86).

Neben der Manipulation des Ehrgeizes ist auch die des Leistungswillens durchaus üblich und wird kaum beanstandet. Im Hintergrund solcher Manipulationen steht eines der verschwommensten und brutalsten Prinzipien unserer Gesellschaftsordnung: das Leistungsprinzip. Ursprünglich stammt das Wort »Leistungsprinzip« aus der schulischen Wirklichkeit und fordert, jeden Schüler ausschließlich nach Maßgabe seiner tatsächlich erbrachten Leistungen zu beurteilen. Dann wurde das Wort in den ökonomischen und politischen Raum extrapoliert (oft verbunden mit so edler Motivation wie der der Gerechtigkeit). Hier entartete es.

Jedermann sollte eintreten für eigene und fremde Leistung. Leistung sollte auch honoriert werden. Das sei unbestritten. Aber man sollte Leistung nicht zum Prinzip von Wertungen machen, Wertungen zudem meist quantitativer Art, die dem betroffenen Menschen kaum gerecht werden. Doch das sogenannte »Leistungsprinzip« ist zum Herrschaftsinstrument in der spätkapitalistischen und nachindustriellen Gesellschaft geworden, obschon es seine praktischen Höhepunkte im Frühkapitalismus und in der industriellen Gesellschaft hatte. Das ist um so kurioser, als kaum jemand in der Lage ist, zu definieren, was er denn exakt mit dem Wort »Leistungsprinzip« bezeichnet. Die Herrschaft des Arationalen, des Gefühls, besser zu sein, ist meistens charakteristisch für die Vielen, die mit dem Wort »Leistungsprinzip« konkrete Herrschaftsansprüche sanktionieren oder durchsetzen wollen.

Eine Gesellschaft, die vom Leistungsprinzip beherrscht wird, in der der Kult der »Leistung« (was auch immer das sein und wie auch immer sie quantitativ gemessen werden mag) vorherrscht, nennen wir »Leistungsgesellschaft«. Man muß schon ziemlich naiv sein, um ein solches Wort voller Stolz auf die eigene Gesellschaft anzuwenden. Denn die Leistungsgesellschaft ist eine Gesellschaft mit extrem ausgeprägten intrasozietären Zwängen und einer Fülle von Manipulationstechniken, die zumeist nach dem banalen Schema: Lohn-Strafe funktionieren. Die intrasozietären Zwänge richten sich nicht nur gegen den, der keine »Leistung« erbringen will, sondern auch gegen den, der mehr »Leistung« erbringen könnte. Es ist nur mit Mühe ein System denkbar, in dem Unfreiheit so sehr kultiviert wird wie in einer Leistungsgesellschaft – und das nicht selten mit dem Anspruch von Liberalität (das Wort hat etwas mit Freiheit zu tun, die Sache oft wenig). Wird also der natürliche Leistungswille in das Korsett einer Leistungsgesellschaft gesperrt und unter die anonyme Herrschaft des sogenannten Leistungsprinzips gestellt, wird er zwar in gesellschaftlich wünschenswerter Weise kanalisiert – oft aber auch gebrochen in hektische Routine. Fast jeder psychisch Gesunde will etwas leisten, aber nur wenige wollen etwas leisten müssen. Das Muß der Leistung ist aber die oft unausgesprochene Implikation des Leistungsprinzips. Der Mensch wird von der Leistung, dem Leistenmüssen beherrscht und bleibt nicht mehr Herr seiner Leistung. Die Herrschaft aber eines Prinzips ist die Herrschaft eines gesichtslosen Götzen, eine unmenschliche Herrschaft zudem, weil sich unter dem Anspruch von Prinzipien der Mensch zur unfreien Sache, zum Objekt wandelt.

Mit dem Leistungsprinzip steht es ähnlich wie mit dem Besen des Zauberlehrlings. Einmal zur Herrschaft gebracht, ist es kaum mehr zu stoppen, weil es nichts Menschliches, sondern etwas Sachliches, eben etwas Prinzipielles ist – ähnlich wie der Besen des Lehrlings. Die Herrschaft der Sache frißt aber auch die Herrscher über Menschen und versachlicht radikal wesentliche menschliche Bezüge. <u>Leistung wird aus dem Raum herausgenommen, in dem sie allein ihre Erfüllung finden kann: dem Raum der Selbstverwirklichung von Menschen. Sie wird zu einer allgemeinen sachlichen (quantitativen) Regel gemacht.</u> Die Manipulation der Menschen durch die Sache hat begonnen – das aber ist, wenn auch schon nicht die unmenschlichste, so doch die entwürdigendste Form der Manipulation. Ihr kann sich kaum jemand entziehen: weder die Herrschenden noch die Untergebenen, weder die Planenden noch die Ausführenden. Sie alle können sich allenfalls solidarisieren unter dem Leidensdruck dieses anonymen universellen Herrschaftsprinzips. Ob sie aber auch in der Lage sind, dieses Prinzip abzulösen etwa durch ein Selbstverwirklichungsprinzip oder ein Bedürfnisbefriedigungsprinzip, die beide einander durchaus vertragen? Ich denke: nein! Die Ablösung des Leistungsprinzips dürfte nur möglich sein, wenn Menschen beginnen, grundsätzlich andere Verkehrsformen miteinander einzugehen als die uns heute gewohnten. Das aber setzt eine lange Entwicklung voraus. Bis dahin werden dem Moloch »Leistungsprinzip« noch viele Millionen Menschen und noch wesentliche Bereiche an Menschlichkeit geopfert werden. <u>Die Manipulation manipuliert die Manipulateure.</u> Das aber ist ein fataler Teufelskreis, aus dem auszubrechen vermutlich lange Jahrzehnte gesellschaftlichen und humanen Bemühens nötig sind.

f) Ängste.
Neben den Sozialängsten sind heute die Trennungs- und Bindungsängste weitverbreitet. Alle Ängste dürften ihren Grund in mangelnder Identität des Menschen mit sich selbst haben, in fehlender Mitte also (wobei hier wie auch anderswo »Mitte« als Identitätszentrum von Bewußtem und Unbewußtem verstanden sein soll). Der Sich-Ängstigende ist immer leicht von außen zu steuern – wenigstens solange die Angst nicht psychotisch oder kollektiv (Panik) geworden ist.
Das Sich-Ängstigen richtet sich nicht auf eine bestimmte beschreibbare Situation (und unterscheidet sich so grundsätzlich vom Fürchten). Angst kann sich einstellen im Denken an bestimmte mögliche Situationen der Zukunft oder auch der Vergangenheit. Dabei dient das Vorstellen von Situationen jedoch nur als Auslöser. Die Angst selbst ist nicht unmittelbar einsichtig an diese Situationen gebunden, sondern sehr viel universeller. Angst hat die Tendenz, sich auszuweiten.
Folgerichtig ist eine durch Angst bestimmte Handlung prinzipiell ungerichtet. Sie kann also nicht als ein sinnvolles Mittel verstanden werden, ein bestimmtes Ziel zu erreichen – eben weil dieses Ziel nicht vorhanden, zumindest aber nicht bewußt vorhanden ist. Somit sind verstandesmäßige

Kontrollen weitgehend ausgeschaltet. Der Sich-Ängstigende handelt unkritisch und unkontrolliert. Damit aber ist er leicht durch andere zu führen wie zu verführen.

Das gilt schon für die – entwicklungspsychologisch gesehen: normale – *Reifungsangst* von Kindern und Jugendlichen. Hier kann Angst eine positive Funktion haben. Angst stellt sich ein vor oder in Situationen, die die noch schwach ausgeprägte psychische Stabilität und Identität gefährden oder gefährden können. Angst hat hier Abwehr- und Schutzfunktion. Solche Ängste können zu durchaus fruchtbaren Individual- und Sozialkonflikten führen, die die Reifung des jungen Menschen positiv begleiten.

Doch auch diese Angst macht den Menschen empfänglich für alle Versprechungen und Verheißungen, die ihm seine Ängste zu nehmen vorgeben. Hierher gehört vor allem die Kompensation der fehlenden eigenen Mitte durch eine funktionierende soziale Mitte, die im Anschluß an eine Gruppe, Bande, Horde... erfolgt. Damit aber setzt sich der Jugendliche wieder möglicher starker intrasozietärer Repression in manipulatorischer Absicht aus. Doch auch edukatorische Beeinflussungen werden akzeptiert, vorausgesetzt, sie senken die Angstschwelle oder sie helfen, die unbewußten Angstgründe aufzuarbeiten. Freilich ist solche Edukation selten. Zumeist wird aus den oft durch Großmannssucht und arrogantem Verhalten kaschierten Ängsten Jugendlicher Kapital geschlagen. Nicht wenige kommerzielle Werbung für Konsumgüter, die speziell Jugendliche anspricht, greift die unbewußten Gründe jugendlicher Ängste auf und verheißt ein angstfreies Leben durch eben den Konsum der angepriesenen Ware.

Die *Trennungsangst* kann man als eine Art vorweggenommener Todesangst verstehen. In jedem Sich-Trennen-Müssen wird das endgültige Sich-Trennen-Müssen im Tod mehr oder weniger intensiv und bewußt geahnt und vorausprojeziert. Für diese Freud'sche Theorie spricht, daß Trennungsängste um so häufiger und intensiver erlebt werden, als der konkrete Mensch nichts mit seinem eigenen Sterben anzufangen weiß, es aus seinem Leben verbannte und aus seinem Bewußtsein verdrängte. Diese Verdrängung des eigenen Sterben-Müssens verstärkt zumindest die Disposition für alle möglichen Trennungsängste ganz erheblich, bis hin zum Pathologischen.

Trennungsängste führen zu den eigentümlichsten Reaktionen:

- Flucht in die finanzielle Sicherheit (als Kompensation für die somatische Gefährdetheit),
- Flucht in die Aktion (um sich ständig selbst die Entfernung vom eigenen Sterben zu beweisen),
- Flucht in die Masse (da sie niemals sterben wird),

- Flucht in den Kult der Jugend (da in ihr Sterben noch nicht sichtbar ist),
- Flucht in den Besitz (da er unvergänglich zu sein scheint und uns von seiner Unvergänglichkeit einiges abtreten könnte),
- Flucht in alle möglichen materiellen oder ideellen Versicherungen (als wenn sie Schutz böten vor dem Sterben).

Das alles sind nicht »gesunde« Fluchtreaktionen, wie sie die Furcht auslöst, sondern billige und wirkungslose Ausflüchte. Der Sich-Ängstigende handelt eben irrational. Er wird damit zu einem unkritischen Opfer all derer, die ihm Sicherheit von Trennungen versprechen, sei es Sicherheit vor Trennungen im beruflichen, materiellen, geistigen, psychischen oder physischen, sozialen oder religiösen Bereich.
Sicherheit wird als Sicherung vor Trennung verstanden. Das Wagnis, das immer auch die Möglichkeit von Trennungen mit sich bringt, wird gemieden. Die Manipulation über die Verheißung von Sicherheit und Beständigkeit, über das Versprechen: »Keine Experimente!« findet reiche Beute.
Das Eigentümliche dieser Starrheit, die allein minimale Trennungen zu akzeptieren scheint, ist ihr Aktionscharakter. Sie löst häufige Aktionen des Fluchttyps aus, wie oben erwähnt. Die »lähmende Angst« dauert meist nicht lange. Sie wird abgelöst von Angstzuständen, die durch oft hektische Fluchtversuche gekennzeichnet sind. Die völlige Aussichtslosigkeit solcher Flucht ist dabei dem Fliehenden durchaus nicht immer nur unbewußt sicher, handelt es sich doch um die Flucht vor sich selbst. Und damit auch vor dem eigenen Sterben.
Wer kein positives Verhältnis zum eigenen Sterben gewinnt, wird niemals die Manipulation über die Angstgefühle minimalisieren können. Da hilft auch nicht die beste Überzeugung. Die latente Todesangst läßt sich nicht und von niemandem ausreden, sie kann nur reduziert werden in der positiven Akzeptation des eigenen Sterbens als wichtigem Vollzug des Lebens.
Doch auch das Gegenteil ist nicht selten: die psychische Flucht in das eigene Sterben, den physischen, sozialen, psychischen Untergang in Krankheit und Tod. Kennzeichen dieser Flucht in den eigenen Untergang, Ergebnis der Kapitulation vor der Trennungsangst, ist das oft unbewußte Sich-Schaden-Wollen. Der so Verängstigte sucht in einer Art von Appetenzverhalten Situationen auf- oder herzustellen, die ihm schaden oder schaden können. Er ist dann mit sich zufrieden, wenn er sich selbst sozial oder psychisch oder physisch geschadet hat. Das wird dann nicht selten rationalisiert in Richtung auf das Heroische oder Philanthropische.
Auch solche Menschen sind durchaus manipulierbar, wennschon das Manipulieren von Menschen, die sich selbst – zumindest unbewußt – abgeschrieben haben, nicht ganz leicht ist. Doch kann man vor allem ihren Ra-

tionalisierungen entgegenkommen, indem man sie in ihren Destrudo-besetzten Aktionen als heroisch oder menschenfreundlich anerkennt. Die so erreichte Selbstverwirklichung über destruktive, auf die eigene Person gerichtete Antriebe kann ausgesprochen lustvoll erlebt werden. Der geschickte Manipulateur wird diese Lust wecken oder verstärken. Das kann zu begeistertem Selbstmord führen, für den vor allem große Heerführer etwas übrig hatten, wenn er die ihnen unterstellten Soldaten betraf. Doch solch begeisterter Selbstmord braucht nicht immer die physische Existenz zu betreffen, er kann auch auf die soziale oder religiöse oder politische oder ökonomische... Identität gerichtet sein. Und da erleben wir ihn alltäglich. In bestimmten Zeiten gilt es geradezu als chic, in einer Art russischem Roulette ohne jeden Sinn die verschiedenen Schichten der inneren und äußeren Identität fahrlässig aufs Spiel zu setzen. Auch das können große Zeiten für den technisch geschickten Manipulateur sein.

Eine andere Art von Angst ist ebenfalls Grundlage vieler manipulatorischer Eingriffe in das Verhalten der Sich-Ängstigenden: die *Gewissensangst*. Gemeint ist hier Gewissen nicht als Instanz, das Ich-Gehorsam einfordert, sondern Gewissen als Überich-Instanz. Der nicht gelöste Konflikt zwischen Überich und Es kann zu einer habituellen Angst führen, die Angst des Ungehorsamen gegenüber einer (in diesem Fall anonymen) Autorität. *S. Freud* interpretierte solche Gewissensängste stets als Ursachen oder Symptome psychischer Störungen und Krankheiten. So versuchte er etwa nachzuweisen, daß ein Individuum, das von solcher Angst besessen wird, nicht selten versucht, aus stereotypen Verhaltensmustern, die bald zwangshaft ablaufen, eine Art Sicherheit zu beziehen, die den Leidensdruck durch die Angst verringert. Das Dem-Zwang-Folgen vermindert den Bereich der Verantwortlichkeit und damit den Raum möglichen Versagens gegenüber dem Überich-Anspruch. Doch sind solche von der Angst besorgte Stereotype kein wahrer Halt, sondern nur die Illusion davon.

Die Manipulation der Gewissensangst und über die Gewissensangst kann sich sehr verschiedener Techniken bedienen:

● Das Einbringen von rigorosen, nicht zu erfüllenden Forderungen in die Überichinhalte kann das Schuldigwerden – und damit, wenn dessen Aufarbeitung nicht oder nur unzureichend gelingt, die Gewissensangst – vorprogrammieren (etwa durch rigorose Verbote im Sexualbereich).
● Das Versprechen, die Schuld durch Ritualien aufzuheben, kann einen Menschen an die Sozietät, die ihm solche Schuldbefreiung gewährt (etwa durch Selbstbezichtigung...) stark binden.
● Das Ausnutzen der durch die Angst besorgten allgemeinen psychischen Labilität und damit Beeinflußbarkeit kann die Manipulationsschwelle stark senken.

Religiöse und pseudoreligiöse Gemeinschaften haben wohl fast alle ein Repertoire entwickelt, um über die Gewissensangst intrasozietäre Manipulation zu versuchen. Es darf jedoch nicht a priori ausgeschlossen werden, daß im konkreten Einzelfall Schuld und Schuldaufhebung der konkreten (und nicht einer ideologisierten) Situation entspricht. Doch auch dann ist die Gefahr des Mißbrauchs der Techniken der Schuldaufhebung nicht immer vollständig gebannt. Sie können zu Herrschaftsintrumenten entwickelt werden.

Die Manipulation über die Gewissensangst ist vor allem dann leicht, wenn Verstärker wie »ewiger Lohn« oder »ewige Strafe« in bezug auf Übertretungen der Weisungen der »inneren Stimme« (des Überich also) eingesetzt werden können. Daß »Gott« nur in infantilen Gottesvorstellungen ein rächender Gott ist, bedarf keiner besonderen Erwähnung. Das Christentum hat sich zumindest in der Theorie von solchen Gottesbildern gelöst, wenn es verkündet, daß Gott die Liebe ist. Zudem ist es jedem entwickelten Monotheismus klar, daß Gott wesentlich unveränderlich von außen ist, und somit weder manipuliert noch geärgert oder erfreut werden kann durch menschliches Tun.

In der konkreten religiösen Praxis sieht das dann aber oft sehr viel anders aus. Die Furcht vor dem strafenden Gott, der durch Wohlverhalten sehr wohl manipuliert werden kann, beherrscht auch noch in manchen Grauzonen des Religiösen die Volksfrömmigkeit. Die Gewissensangst ist damit vorprogrammiert.

Die religiöse Manipulierbarkeit des unter Gewissensängsten leidenden Menschen ist eine permanente Versuchung für manche Seelsorger (oder solche, die sich dafür halten). Dabei kann es zu sogenannten »ekklesiogenen Neurosen«, das heißt zu Neurosen kommen, die durch die konkrete seelsorgliche Praxis im Raum einer Kirche ausgelöst oder verursacht werden. Mitunter verhindert allein die starke Sozialbindung an die auch Vergebung zusprechende Gemeinde (oder Kirche) den Ausbruch einer Individualneurose. Die Übernahme kollektiv-neurotischer Verhaltensweisen kann anstelle der sonst fälligen Individualneurose treten. Eine Kollektivneurose bedeutet aber für ein gefügiges Mitglied des Kollektivs keinen Leidensdruck – es erfährt die Neurose nicht, solange es dem Kollektiv emotional intensiv verbunden bleibt. Die psychische Notwendigkeit solcher engen emotionalen Bindung aber ist wiederum Grundlage möglicher Verwendung manipulatorischer Techniken.

Doch auch die *Bindungsangst* schafft ein für die Manipulation günstiges Klima. Die Angst, soziale oder andere Bindungen einzugehen, erwächst zumeist aus der Vorstellung, daß Bindungen stets eine Beschränkung der persönlichen Entfaltung und der Selbstverwirklichung bedeuten. Das erste ist sicher stets der Fall, das letztere kann, muß aber nicht zutreffen. Sicherlich bedeutet jede Bindung das Verschließen von Möglichkeiten, die mit dieser Bindung nicht vereinbar sind. Doch kann – grob geschätzt – jeder Mensch allenfalls 20 % seiner Anlagen einigermaßen voll entfalten. Der Verzicht auf den allergrößten Teil ist also zwingendes Muß. Er steht zudem einer Selbstverwirklichung in keiner Weise entgegen, sondern kann sie unter Umständen fördern. Denn mit der Festlegung der die Persönlichkeit bestimmenden Momente, die stets nur eine Auswahl aus den tatsächlich möglichen sein können, kann erst der Prozeß der Selbstannahme und damit die Voraussetzung für die Selbstverwirklichung geschaffen werden. Trotz aller dieser rationalen Einsichten ist aber die Bindungsangst gerade unter jungen Menschen recht verbreitet. Ob es sich nun um die Bindung an einen Partner, an einen Beruf, an eine religiöse oder weltanschauliche Richtung... handelt, in nicht wenigen Fällen ist die Bindungsentscheidung angstbesetzt. Oft schon ruft die bloße Vorstellung der Entscheidung schon Ängste wach.

Solche Bindungsängste sind wiederum mögliche Grundlage für Verhaltensbeeinflussung zum fremden Nutzen. Die durch Bindungsängste ausgelöste Desorientierung mindert nicht selten die Kritikfähigkeit auch in Bereichen, die nicht unmittelbar angstbesetzt sind. Bindungsangst führt häufig zu ganz ähnlichen irrationalen Handlungen, wie wir sie aus dem Bereich anders gearteter Ängste kennen. So kann Bindungsangst durchaus in übersteigerten Konsum einmünden, der wiederum zu einer Konsumabhängigkeit führen mag. Die Bindung an den Konsum, das heißt an einen Bereich, in dem schneller Wechsel möglich ist, der gar von mancher Werbung auch noch helfend unterstützt wird, kommt genau dem Habitus der Menschen, die unter Bindungsangst leiden, entgegen.

Auch kann langwährende Bindungsangst sich als Antriebsschwäche tarnen. Entscheidungs- und Antriebsschwäche lassen sich aber allemal zu fremdem Nutzen mißbrauchen, denn ein so geschwächtes Individuum agiert nur selten und reagiert fast ausschließlich. Die Reaktionsweisen aber sind über Lernprozesse durchaus in gewünschte Richtung zu lenken (zumindest im Bereich der Bindungsschwäche). So ist ein Mensch, der sich nicht für einen bestimmten Beruf entscheiden kann, für alle möglichen Beschäftigungen und Engagements zu begeistern, solange sie nicht in etwas Berufsähnliches ausarten, und das keineswegs immer zum eigenen Nutzen.

Endlich ist in dieser Liste der Ängste die *soziale Angst* zu nennen. Sie ist in Einzelfällen auf eine der schon genannten Angsttypen zurückzuführen, doch nicht in jedem. »Soziale Angst« beschreibt eine Fülle von angstbesetzten Situationen, Situationen also, *vor* denen ein Mensch Angst hat oder *in* denen ihn Angst überkommt. Hierher gehören etwa:

- die Angst vor dem Alleinsein,
- die Angst vor der sozialen Isolierung,
- die Angst vor der Selbstpreisgabe,
- die Angst vor der Überlegenheit anderer,
- die Angst vor einem Informations- oder Kommunikationsdefizit.

Die Manipulation eines sich so Ängstigenden ist zumeist nicht schwierig. Man muß nur bestimmte Verhaltensweisen (die anderen nutzen) an die Aufhebung sozialer Angst binden, und schon wird der sich Ängstigende solche Verhaltensmuster wählen, ohne indes die Angst wirklich besiegen zu können. Manche Werbung verfährt nach diesem Muster. »Wer A verbraucht, der ist dabei«; »wer B benutzt, ist anderen überlegen.«... Wie dumm solche Werbung auch wirken mag: im Fall sozialer Ängste, die zudem meist nicht voll bewußt sind, kann sie, ein zureichendes Maß von Ich-Schwäche vorausgesetzt, durchaus wirksam sein. Diese Bindung von Verheißung der Überwindung von Angst und dem Konsum von Waren kommt zudem noch dem Hang des sich sozial Ängstigenden entgegen, durch Konsum sich sozialer Anerkennung zu versichern. Daß auch dieser Hang völlig irrational fundiert ist, tut nichts zur Sache.

Noch verbreiteter aber ist die Manipulation der sich sozial Ängstigenden über das Angebot von sozialer Bindung und Annahme oder von »vertraulichen Informationen«. Auch diese Manipulationen haben einen breiten Markt gefunden.

Wegen der weiten Verbreitung sozialer Ängste kann hier der Anschluß an eine Gruppe, die soziale Geborgenheit nicht nur verheißt, sondern auch durchaus gibt oder geben kann, die Angst beseitigen helfen. Der Ersatz der individuellen Mitte, die dem Sich-Ängstigenden zumeist fehlt, durch eine soziale, kann zwar in der Regel (das heißt, solange noch keine pathologische Fixierung der Angst vorliegt, oder wenn die Angst nicht schon pathologisches Symptom ist) die Angst beheben, doch nur um den Preis vermehrter Disposition intrasozietärer Manipulationen.

Besonders übel ist die Manipulation *über* die *Angst vor der Einsamkeit* oder die *mit* der Einsamkeit. Da der Mensch von Natur ein »gesellschaftliches Wesen« ist, das sich nur in der Aktualisierung gesellschaftlicher Vollzüge selbst verwirklichen kann, ist er auf andere Menschen und ihre Fähigkeit und Bereitschaft, sich zu sozialisieren, angewiesen. Das gilt keineswegs nur für die Kindheit oder Jugend eines Menschen. Die grundsätzliche Du- und Wir-Beziehung, die Valenz, die den Menschen auf einen anderen wie auf Gesellschaft hin orientiert, kann nicht ohne erheblichen Schaden für den

Menschen, seine psychische, physische, moralische Gesundheit abgebaut oder vernachlässigt werden.
Nun aber gibt es zahllose Menschen, die einsam sind. Es gibt solche, die in einer »splendid isolation« psychotischer Art sich in ihrer Einsamkeit wohlfühlen und darin um keinen Preis gestört werden möchten. Von ihnen sprechen wir nicht, denn sie sind außerordentlich schwer zu manipulieren. Es gibt aber auch Menschen, die allein sind und das Alleinsein als Einsamkeit empfinden und darunter leiden. Sie sind durchaus manipulierbar mit der Verheißung einer sie erfüllenden und ihnen entsprechenden Realisation ihrer sozialen Valenzen.
Einsame Menschen können verbittern und verzweifeln, sie können aber auch einen jahrelangen Kampf gegen die Einsamkeit führen. In dieser Situation sind sie ausgesprochen gutgläubig und empfänglich für jedes gute Wort, das die Mauern ihrer Einsamkeit überwindet. Und diese Gutgläubigkeit und Empfänglichkeit macht sie offen für alle möglichen Manipulationstechniken.

g) Tragen von Masken.
Jeder Mensch spielt eine Vielzahl von Rollen in einer Vielzahl von gesellschaftlichen Bindungen (Familie, Beruf, Bekannt- und Freundschaften, Verbände und Vereine...). Solche Rollen gehören durchaus in den Bereich der Identitätsfindung. Die Übernahme von Rollenverhaltensmustern und das sichere Rollenspiel entlasten das menschliche Zusammen ganz erheblich, weil bestimmte patterns erwartet werden können, und sich diese Erwartung selten täuscht. Ein Aus-der-Rolle-Fallen gilt als erheblicher Verstoß gegen die sozialen Spielregeln.
Während die Rolle durchaus zu »echten« Verhaltensweisen führt, bringt das Tragen einer Maske unechte Verhaltensweisen hervor. Der Maskenträger *spielt* also nur bestimmte Rollen, ohne sich mit ihnen zu identifizieren. Oft identifiziert sich ein Mensch auch mit seiner Maske. Er spielt Theater, ohne es zu wissen. Diese Fehlentwicklung ist vor allem in der zweiten Lebenshälfte zu beobachten.
Da die Maske nicht dem wahren Selbst des Menschen entspricht, kommt es notwendig zu Konflikten. Das, was nicht im Tragen der Maske realisiert werden kann, wird zum Teil ins Unbewußte verbannt und kann hier, jeden adäquaten Ausgangs beraubt, zu destruktiven Individualkonflikten führen. Es gelingt meist nicht, die Herrschaft des Selbst gegen die Maske durchzusetzen.
Das Tragen von Masken stört also erheblich die Selbsterkenntnis und damit die Selbstannahme und Selbstverwirklichung. Das Tragen von Masken ist recht verwandt in seiner Problematik mit dem des nicht der Wirklichkeit

entsprechenden Ich-Ideals. Der Maskenträger lebt, wenigstens mit nicht unerheblichen Persönlichkeitsanteilen, an der Peripherie des Theaters und nicht aus der Mitte. Die Identifikation von Person und Maske entfremdet ihn bis hinein in unbewußte Schichten der eigenpsychischen und sozialen Wirklichkeit. Obschon er oft sehr selbstsicher mit seiner Maske wirkt, ist er zumeist ein verunsicherter, zumindest aber ein verunsicherbarer Mensch. Er wird alle Situationen meiden, die ihn nötigen könnten, seine Maske abzulegen; er wird gerade solche Situationen suchen, in denen er gerade *in* seiner Maske anerkannt und geschätzt wird.

Damit kann er über Situationen manipuliert werden. In der Situation, in der der Maskenträger seiner sozialen Mitwelt (vermeintlich) gerecht und von ihr anerkannt wird, wird er leicht auf Anregungen, Wünsche... eingehen. Mitunter wird er auch solche Situationen zu etablieren suchen, etwa durch Einfinden in entsprechende Gruppen, die solche Situationen regelmäßig bieten. Er wird sich bemühen, Mitglied einer solchen Gruppe zu werden. Dann aber setzt wieder die Möglichkeit der intrasozietären Manipulation ein.

Damit will ich die Überlegungen zur Manipulierbarkeit nicht-zentrierter Personen abschließen. Es mag offensichtlich geworden sein, daß gerade solche Menschen, die nicht aus ihrer Mitte heraus, sondern stark an der Peripherie, vor allem der sozialen, leben, leicht durch andere zu beeinflussen sind. Damit ist grundsätzlich auch eine leichtere Manipulierbarkeit gegeben, vor allem dann, wenn zudem auch noch, etwa durch Ich-Schwäche, die Kritikfähigkeit beschränkt ist.

3. Die nicht-integrierte Persönlichkeit.

Die mangelnde Integration von Persönlichkeitsanteilen führt ebenfalls zu Persönlichkeitsdefekten, die einen Menschen relativ leicht von außen beeinflußbar machen, wenn auch nicht immer in so offensichtlicher Weise, wie ich es im Zusammenhang der desorientierten oder nicht-zentrierten Persönlichkeit vorgestellt habe.

Desintegriert ist eine Persönlichkeit, die wichtige und wesentliche Anteile der Persönlichkeitsstruktur gleichsam verselbständigt oder abgespalten hat, so daß sie nicht mehr mit entsprechenden bleibenden Strukturanteilen harmonieren und korrespondieren. Sie hat in sich eine teils fremde, teils andere Welt aufgebaut. Solche Desintegration ist in der Pubertät oder Adoleszenz »normal«, sollte aber, bei gesunder psychischer Entwicklung, im Laufe der Adoleszenz überwunden werden. Wir wollen hier nicht von geistig Kranken sprechen, die ebenfalls oft nicht in der Lage sind, bestimmte Persönlichkeitsanteile zu integrieren, sondern eher von einer Art Regres-

sion, die Erwachsene noch Verhaltensmuster zeigen läßt, die allenfalls in der Adoleszenz normal und tolerabel sind. Besonders häufig werden folgende Persönlichkeitselemente »abgespalten«, oder ihre Integration mißlingt:
a) Emotionalität,
b) Triebstruktur,
c) Sozialität (oder seltener: Individualität),
d) Arbeitswirklichkeit (oder Privatwirklichkeit),
e) Religiosität.

a) Abspaltung der Emotionalität.
Bei nicht wenigen Menschen unserer rationalistisch orientierten Welt ist die Integrierung der emotionalen Besetzungen von Situationen, Personen, des eigenen Ich nur unzureichend gelungen. Dann kann die Emotionalität ein Eigenleben beginnen, das nicht mehr mit den Funktionen der anderen Persönlichkeitsstrukturen verbunden ist, also ohne Kontrolle und ohne Zusammenwirken durch und mit Intellektualität und volitiven Antriebskräften abläuft. Die Gründe für eine solche Abspaltung können vorwiegend in der sozialen Mitwelt und ihren Interessen oder in der Geschichte der individuellen Psyche begründet sein.

Unter den vorwiegend gesellschaftlich bedingten Gründen ist vor allem das Vorherrschen einer sachorientierten *technischen Rationalität* zu nennen. Die Technik als »Kunst des Machens des Machbaren mit optimalem Einsatz aller zur Verfügung stehenden menschlichen (intellektuellen, kreativen…) und sachlichen Hilfsmittel« besorgt nötigend ein zweckrationales Denken von optimaler materieller und intellektueller Ökonomie. Diese Form der Rationalität hat kaum Raum für emotionale Äußerungen. Im Gegenteil: Sie werden zumeist als schädlich, störend oder doch wenigstens als unnütz abqualifiziert. Die Technik denkt hin auf Verwendung und Verwertung. Sie ist orientiert am Nutzen.

Das technische Denken mag einmal beschränkt gewesen sein auf die sich als »praktisch angewandte Naturwissenschaft« verstehende Technik, heute hat es sich weit über diesen Bereich rationalen Agierens auf weite Gebiete menschlicher Aktion ausgedehnt. Nicht nur, wenn es darum geht, die Natur neu zu gestalten, die Gesetze der Natur und ihre Schätze »nutzbar« zu machen, sondern auch im menschlichen Bereich hat das technische Denken sich durchgesetzt. Und hier beginnt es, den Menschen und seine »Schätze« (d. h. seine Vermögen: Rationalität, Kreativität, Antrieb, Anpassungsfähigkeit…) nutzbar zu machen. Politik, Ökonomie, Soziologie, Psychologie, Pädagogik… sind zu Wissenschaften und ihren entsprechenden Praxisräumen geworden, die auszumachen versuchen – jede unter anderer

Rücksicht und zum Teil auch unter anderem Interesse –, wie man den Menschen zu einem »nützlichen« Wesen machen könne.
Diese Nützlichkeit ist natürlich zuerst als Fremdnützlichkeit zu verstehen (vielleicht, daß dabei auch etwas an Eigennützlichkeit für den nützlichen Menschen abfällt), d. h. sie ist wesentlich mit Manipulation verbunden, die doch nichts anderes ist als Verhaltensbeeinflussung zu fremdem Nutzen. Die Frage der Verwertbarkeit des Menschen, die nach seinem Nutzen, ist nun keineswegs neu. Schon im 4. vorchristlichen Jahrhundert gab es Pädagogen, die der Ansicht waren, es käme vor allem darauf an, den jungen Menschen zu einem »nützlichen Glied« der menschlichen Gesellschaft zu formen. Politische und ökonomische Technik (wie sie etwa in Management oder Führungstheorien entwickelt wird), Soziotechnik, Psychotechnik... sind heute zu Praktiken (und den ihnen entsprechenden theoretischen Reflexionen) geworden, die darauf abzielen, den Menschen für bestimmte Handlungen, Entscheidung, Strebungen... so zu disponieren, daß er nützlich wird für die konkrete – ihn manipulierende – Gesellschaft (mag sie politischer, ökonomischer oder privatgesellschaftlicher Art sein).
Die Nützlichkeit, die Verwertbarkeit des Menschen sieht von seinen Emotionen weitgehend ab, da sie nur in den seltensten Fällen verwertbar und damit nützlich sind. Somit selektiert das bestehende System positiv Menschen, die es gelernt haben

● keine Emotionen zu haben (außer Begeisterung für die geforderte Sache),
● keine Emotionen zu zeigen,
● die Emotionalität in den Dienst der geforderten Sache zu stellen.

Es ist geradezu undenkbar, daß ein Mensch gefördert wird, der noch über gegenwärtige oder vergangene Trauer spontan sprechen kann. Trauer darf man allenfalls haben, aber zeigen sollte man sie nicht. Darüber zu sprechen, gilt in der politischen Welt für ähnlich obszön wie ein unanständiger Witz im Nonnenkloster. So züchten die verschiedenen Darstellungsformen unserer Gesellschaft den Alexithymiker heran, einen psychisch gestörten Menschen. Gestört zwar psychisch, aber nicht gesellschaftlich. Das ist eine Diskrepanz, die darauf verweist, daß unsere Gesellschaft krank ist. Emotionalität wird zur Privatsache (wie schon die Religion einige Jahrhunderte zuvor). Sie ist nichts Öffentliches, wie etwa die Rationalität.
Doch solche Praxis übersieht die »Natur« des Menschen. Er ist auch immer und vor allem ein emotionales Wesen, und das sehr viel intensiver als ein rationales. Die absolute Herrschaft der Vernünftigkeit über die Emotionalität ist bestenfalls medikamentös herstellbar. Unnatürlich ist sie allemal. Die stärksten Motivatoren wurzeln nicht etwa in der Rationalität, sondern in der Emotionalität. Jeder, der erfolgreich Menschen führen will, wird

darum wissen, wie wenig Einsicht und wie sehr emotional besetzte Zustimmung motiviert (zumal, wenn es sich nicht um eine einmalige Aktion handelt). Ein als »rational« empfundenes Lob wird kaum motivieren, sehr wohl dagegen ein emotional positiv besetztes Wort der Anerkennung (das neben der Anerkennung der Leistung sehr wohl auch die Anerkennung des Menschen ausdrückt). Ebenso waren die großen Appelle der Volksverführer keineswegs Appelle an die Vernunft, wenn sie sich auch mitunter so kaschierten, sondern Appelle an die Emotionalität.

Im Konflikt zwischen Emotionalität und Rationalität hat die Rationalität nur für eine beschränkte Frist eine Chance zu dominieren. Auf die Dauer wird sich die emotionale Stimmung durchsetzen, vor allem, wenn es sich um eine zureichend stark besetzte handelt. Dieses Versagen der Herrschaft der Vernünftigkeit gegenüber dem starken emotionalen Anspruch wird um so stärker, je intensiver

● die Emotionalität »unterdrückt« wird und
● der technisch rationale Anspruch wächst.

Alles, was ich hier über die Herrschaft der Emotionalität über die Rationalität darlege, gilt vor allem für die nicht-integrierte, für die gar abgespaltene Emotionalität, denn nur hier ist der Entgegensatz emotional – rational kraß und deutlich ausgeprägt und der Konflikt zwischen beiden grundsätzlich angelegt. Die Emotionalität beginnt nur dann ein antirationales Eigenleben, wenn sie nicht integriert wurde in Rationalität und Antriebsstruktur. Bei fehlender Integration hat der betroffene Mensch noch nicht zu seiner emotionalen Identität gefunden.

Emotionale Identität meint, daß Emotionalität nicht nur im Bewußtsein, sondern auch im Sein (etwa im Handeln) eines konkreten Menschen als eine mit anderen psychischen Teilstrukturen eine psychische Struktur ausmachende Einheit dargestellt wird. Konkret bedeutet das, daß Rationalität, Emotionalität und Antrieb (Wollen) sich gegenseitig kontrollieren, inhaltlich befruchten und koordinieren zu einem Funktionsgesamt. Die integrierte Emotionalität steht also unter dem Gesetz der eigenen Mitte, die nicht-integrierte unter den Gesetzen des Außen. Sie wird von außen beeinflußt und gesteuert, sie kann durch Fremdrationalität beherrscht werden, da die eigene nur einen beschränkten Einfluß gleichsam von außen in den emotionalen Raum hinein hat.

Offensichtlich sind Menschen, deren Emotionalität nicht mit der eigenen Rationalität ichgeleitet und zentriert legiert, in der dauernden Gefahr, daß sich ihre Emotionalität unter eine fremde Rationalität stellt und die Ansprüche der eigenen Rationalität überschwemmt, ja die eigene Rationalität blendet.

Ein solcher Mensch wird sich mitunter durchaus bewußt sein können, daß er manipuliert wird, und im Aufbegehren gegen diese Manipulation emotional unkontrolliert ausbrechen. Die Manipulation über die abgespaltene quasiautonome Emotionalität ist also für den Manipulator keineswegs ungefährlich. So mancher große Volksverführer mußte erfahren, daß die Volksgunst in wenigen Tagen umspringen kann, vor allem dann, wenn den manipulierten Menschen der repressive Druck der Manipulation – meist von außen – deutlich gemacht wird.

Wie sehr technische Vernünftigkeit zur Abspaltung und damit zur rationalen Unbeherrschtheit emotionaler Impulse durch das Individuum führt, wird jedem bekannt sein, der im Überzeugungs- oder Motivationsgeschehen die emotionale Unterströmung übersah.

Zu einer Zeit, in der nur noch wenige Menschen ihre Emotionalität voll integriert haben, in der nur noch wenige Menschen zu ihrer emotionalen Identität finden, gilt es besonders darauf zu achten, daß jedem, auch dem sachorientierten Gespräch, eine emotionale Tiefenstruktur entspricht. Diese Tiefenstruktur setzt sich aus zwei Komponenten zusammen:

- der habituellen, die schon ins Gespräch mitgebracht wird und schon weitgehend verfestigt ist und
- der aktuellen, die sich während des Gesprächs ständig ändert.

Diese emotionale Tiefenstruktur, die schon das vermeintlich rational bestimmte Umgehen eines Menschen mit sich selbst nicht nur begleitet, sondern insgeheim auch beherrscht, muß in jedem Gesprächsfall berücksichtigt werden, wenn ein Gespräch erfolgreich sein soll. Die rational orientierten Worte schwimmen gleichsam wie ein Stück ausgehärteten Glases auf einer ausgedehnten Glasschmelze, wobei der Übergang zwischen rationaler Sprechzone und emotionaler Gleit- und Führungszone fließend und unscharf ist.

Versucht man nun, die emotionale Masse zu vernachlässigen, kann es zu den eigentümlichsten Reaktionen der Gesprächspartner kommen. Im Grenzfall kann es geschehen, daß ein Partner das Gespräch abbricht, ohne selbst recht zu wissen warum (wobei nicht auszuschließen ist, daß Rationalisierungen nachgeschoben werden).

Wir stehen hier vor einem Paradoxon: Die technische Rationalität verhindert zum einen durch Vernachlässigung der emotionalen Bedürfnisse die emotionale Identitätsfindung durch Integrierung der Emotionalität in die übrigen Aspekte der Persönlichkeitsstruktur, zum anderen fordert das aber gleichzeitig sorgfältige Rücksichtnahme auf emotionale Unterströmungen und die emotionale Tiefenstruktur jedes menschlichen Ausdrucks. Sie besorgt also eine Situation, wie sie uns aus manchen Fällen von Medikamentenmißbrauch bekannt ist: Beruhigungsmittel und Anregungsmittel halten sich eine fatale Waage.

Diese Abspaltung der Emotionalität in eine private-emotionale Eigenwelt bringt also keineswegs nur Gefahren für die psychische Gesundheit des betroffenen Individuums mit sich, sondern auch für seine soziale Integrität. Nicht nur der destruktive individuelle Konflikt, sondern auch der destruktive soziale ist vorprogrammiert. Zum individuellen destruktiven Konflikt kann es kommen, wenn die Emotionalität für das Individuum nicht akzeptable Forderungen stellt (etwa sexueller oder aggressiver Art), zum sozialen Konflikt, wenn die habituelle und aktuelle emotionale Tiefenstruktur, die in jeder Form menschlicher Interaktion (Gespräch, Arbeit... Spiel) ganz erheblich ins Spiel kommt (und um so unberechenbarer als die emotionale Identität nicht gefunden wurde), vernachlässigt wird. Wird sie aber nicht vernachlässigt, besteht stets die Gefahr der Manipulation, insofern ein Gesprächspartner den anderen zu Entscheidungen... bringt, die dessen rationaler Prüfung entzogen waren und nicht selten auch bleiben.

Bei der technischen Rationalität handelt es sich um eine *grundsätzliche* Orientierung, die schon während des Kindesalters die Menschen und ihr Verhalten weitgehend prägt. Die weitaus meisten Menschen sind in der Wolle von technischer Rationalität durchfärbt, so daß die grundsätzliche Unfähigkeit, zur vollen Integration der Emotionalität zu gelangen, vorgeben ist. Damit vorgegeben ist aber auch der Mißbrauch der so abgespaltenen oder doch nicht voll integrierten Emotionalität, die nicht eigenrational koordiniert und kontrolliert wird, sondern fremdrational, entweder durch bewußt diese Schwäche anzielende einzelne (Manipulateure) oder aber auch durch diese Schwäche unbewußt korrigierende Gesellschaften, die als Gesellschaften für sich eine emotionale Identität erreichten (das heißt: die Gruppenrationalität und die Gruppenemotionalität wurden miteinander relativ konfliktfrei legiert).

Doch noch ein anderer möglicher Ansatzpunkt manipulatorischer Techniken wird durch diese Herrschaft technisch-rationaler Orientierung freigelegt: Die technische Rationalität besorgt ein erhebliches *emotionales Defizit* vor allem in der öffentlichen, dann sekundär auch in der privaten Welt. Viele Menschen suchen nun dieses Defizit zu kompensieren, indem sie sich für alle möglichen irrationalen Einflüsse öffnen. Der durch das emotionale Defizit unserer öffentlichen und weitgehend auch privaten Welt besorgte Leidensdruck führt zu eigentümlichen Versuchungen der Irrationalen, angefangen von den sogenannten »Jugendreligionen« bis hin zu allen möglichen Formen des Aberglaubens (etwa in der Astrologie). Je arationaler sich ein solches Angebot gibt, um so sicherer darf es sein, angenommen zu werden.

Ein anderer erheblicher gesellschaftlicher Grund für die Abspaltung der Emotionalität ist die konkrete Erziehungsstruktur, wie sie sich in Überich-Imperativen niederschlägt. Die Überich-Verbote, Emotionalität zu zeigen, werden schon in der frühen Kindheit festgelegt. Bestimmte Formen emotionalen Ausdrucks sind nicht mit den Rollenvorgaben unserer Gesellschaft vereinbar. Werden sie dennoch gezeigt, wirken sie abstoßend, erregen Ärgernis oder Verwunderung. Weinende Männer, betrunkene Pfarrer, im Betrieb jodelnde Generaldirektoren, sich liebkosende Männer, nasebohrende Zahnärzte, ehrbare Frauen, die Männer Zoten erzählen... wirken ähnlich unpassend wie ein Leichenschmaus, bei dem die betreffende Leiche verschmaust wird. Es gibt halt eine ganze Menge von Dingen, die »man« nicht tut, und dazu gehören auch eine ganze Reihe von emotionalen Äußerungen.

Auf diese Weise kommt es zu einer Verstopfung wenigstens einiger emotionaler Kanäle und dem entsprechenden Emotionsstau (mit eventueller späterer Emotionsvernichtung) oder zu einem Abspalten von erheblichen emotionalen Anteilen des Gesamt der emotionalen Begabungen eines Menschen. Wenn vielleicht auch nicht in dem Umfang, wie die technische Rationalität, ist unsere konkrete Erziehungswirklichkeit im allgemeinen keineswegs emotionsfreundlich. Die emotionale Unreife, die sich in solcher partieller Desintegration von Emotionen anzeigt, ist heute keineswegs mehr auf die Adoleszenz beschränkt.

Zudem gilt es zu beachten, daß Überich-Verdikte gerade Primäraffektbereiche betreffen: Sexualität und Aggressivität. Was man alles nicht machen darf, ist erstaunlich, wenn man nur einmal darüber nachdenkt, was man eigentlich machen möchte. Dabei sind keineswegs alle gesellschaftlichen Regelungen für den Bestand einer konkreten Gesellschaft notwendig, sondern zum Teil höchst überflüssig. Warum sollte ein Mann seine Trauer nicht auch durch Tränen ausdrücken, warum ein Generaldirektor nicht auch einmal vor Freude laut im Betrieb jodeln dürfen...? Warum ist beim Gefühlezeigen-Dürfen der private Bereich säuberlich vom öffentlichen zu trennen? Warum diese Schizophrenie zwischen privater und öffentlicher Persönlichkeit überhaupt? Nun, es gibt Menschen, die sich im Privaten »öffentlich« darstellen – und die sind bemitleidenswert. Und es gibt Menschen, die sich im Öffentlichen »privat« geben – die sind, vorausgesetzt es ist eine selbstverständliche und keine gespielte Privatheit – beneidenswert. Im ersten Fall beginnt das Überich nicht mehr zu verbieten (sondern vermutlich zu bestrafen), im zweiten ist die vom Überich meist nahegelegte Trennung zwischen privatem und öffentlichem Verhalten überwunden, oder erst gar nicht im Überich internalisiert worden.

Selbst wenn nur partielle emotionale Abspaltungen vorliegen, sind die Betroffenen ausgesprochen leicht zu manipulieren (vorausgesetzt, die Abspaltung hat keine latente Psychose aktualisiert). So bieten die Spannung und Spaltung zwischen öffentlichem und privatem Bereich die Möglichkeit von »erpresserischen Enthüllungen«. Oder es wird die Repression, die von einer Rollenerwartung ausgeht und die eine Verletzung des Rollenspiels ahndet, erhebliche Destrudo freisetzen können, die dann manipulatorisch verwertbar wird. So ist erfahrungsgemäß ein permanent frustrierter Mensch sehr viel leichter dazu zu bringen, einen anderen Menschen zu hassen, zu verachten, zu beneiden... als ein selten frustrierter.

Negative Emotionen kann man sich aber durchaus zunutze machen. Vor allem stärken sie die Bindung des Individuums an eine – etwa politische – Gruppe, die ihre Identität nicht aus ihrem Selbstbewußtsein bezieht, sondern aus der Negation einer Negation, etwa dem Hassen eines als gemeinsam akzeptierten Feindes. So kann man selbst ganze Völker, wenn sie einmal zureichend frustriert wurden, manipulieren. Hitler manipulierte das deutsche Volk, das durch Versailles und die Wirtschaftskrise frustriert war, durch seinen Judenhaß oder seine Kommunistenfurcht zu einer negativen Identitätsfindung, die es immerhin erlaubte, es als gewisse Einheit zu führen und dann intrasozietär positive Gefühle wie Nationalstolz oder Solidarität zu erzeugen.

Ganz ähnlich manipulierte auch Adenauer das durch Teilung und verlorenen Krieg frustrierte Volk mit seinem Kommunistenhaß (zentrale Ablehnungsfigur wurde W. Ulbricht) zu einer Art nationaler Einheit. Vielleicht werden Sie sich jetzt ärgern und sagen, das ist doch unverschämt, Hitler und Adenauer in einen Topf zu werfen. Dieser Ärger hat seinen objektiven Grund und ist sicher – subjektiv gesehen – berechtigt, denn vielleicht sind auch Sie Opfer einer Manipulation geworden. Vielleicht sehen Sie in jeder Manipulation etwas Schlechtes, dann sind Sie ein manipuliertes Opfer einer Anti-Manipulationskampagne, die es Ihnen nicht mehr erlaubt, zu sehen und zu akzeptieren, daß Hitler und Adenauer beide Politiker von erheblicher Folgewirkung waren. Und diese Folgewirkung hatte nun eben ihren Grund darin, daß sie das Verhalten von Menschen beeinflußten und das keineswegs immer und nur zu deren Nutzen.

Politik und Manipulation sind kaum voneinander zu trennen, wenn man unter »Politik« erfolgreiche Politik versteht. Schon allein der reichlich großzügige Umgang mit der Wahrheit macht die manipulatorischen Absichten der meisten Politiker deutlich.

Nun, die politische Manipulation von destrudogeleiteten oder -beherrschten Emotionen ist vermutlich so alt wie die Politik selbst. Dennoch aber ist die Theorie der »*Motivation*« *über destrudobeherrschte Emotionen* heute noch weitgehend tabuisiert. Es gibt kaum einen Führungstheoretiker, der sich solch triviale Erkenntnis, wie die über destrudoorientierte Emotionalität (von der analytischen Psychologie entwickelt), zu eigen gemacht und in praktische Hinweise übersetzt hätte. Das ist erfreulich, weil damit eine erhebliche Menge möglicher manipulatorischer Techniken wenigstens im ökonomischen (vor allem innerbetrieblichen) Bereich nicht entwickelt wurden. Erstaunlich, weil gerade im Bereich der Motivationsforschung die möglichen Anreize, Mitarbeiter zum »Nutzen des Betriebs« zu mehr und wirkungsvollerer Arbeit anzuregen, intensiv erforscht werden. Das einzige, worin unsere ökonomische Verkehrsform sich im Bereich destrudobesetzter Emotionalität mitunter leichttut, ist die Einführung oder Verstärkung persönlicher Konkurrenz. Das aber ist recht wenig zum einen und recht gefährlich zum anderen. Unzufriedenheit läßt sich nicht beliebig steigern.

Die Angst vor dem Überich-Ungehorsam ist aber nicht nur erheblich, weil ihm gesellschaftliche Sanktionen drohen. Die Drohung mit dem Schuldbewußtsein ist für manche Menschen von sehr viel erheblicherer Bedeutung. Nur wenige Menschen haben gelernt, im Ich-Gehorsam (im Gewissensgehorsam also) sich den Imperativen des Überich zu versagen und Schuldgefühle (das ist etwas anderes als objektive Schuld) auf sich zu nehmen. Und wenn sie es lernten, beherrschen sie oft nicht die Technik, solche Schuldgefühle aufzulösen, damit es nicht zur Situation des »strafenden Überich« kommt, eine durchaus *neurotische* Situation.

So wird denn die Verbotstafel, die das Überich (und mittels des Überich die Gesellschaft) vor dem Ausdruck von vor allem sexuellen und aggressiven Emotionen aufgestellt hat, beachtet und die damit verbundene Frustrationserfahrung klaglos in Kauf genommen, obschon der Leidensdruck dadurch erheblich werden kann. Unter Leidensdruck aber werden fast alle Menschen zu leichten Opfern von Manipulateuren, die zahlreiche Techniken entwickelten, diesen, meist überflüssigen, Leidensdruck zu mindern. Der erheblichste *individuelle* Grund für eine wenigstens partielle Abspaltung von Emotionen oder doch die Versperrung oder Verlegung ihres natürlichen Ausgangs ist eine individuelle Traumatisierung. Ein Mensch, der einmal erlebte, daß seine gezeigten Gefühle ausgenutzt, mißbraucht, enttäuscht wurden, wird sich aufgrund dieser Verwundung nicht leichttun, Gefühle zu zeigen, vor allem nicht die enttäuschten, mißbrauchten, ausgenutzten. Was anfangs vielleicht noch rational kontrolliert war, wird nach einiger Zeit zum Zwang: die mißbrauchten... Gefühle *können* nicht mehr gezeigt werden, selbst, wenn der Betreffende es wollte. Eine angstbesetzte Barriere hat sich niedergelassen, die zu überschreiten im Regelfall die eigenen psychischen Kräfte nicht (mehr) ausreichen. Oft mischt sich solche Unfähigkeit, Gefühle zu zeigen, mit Resignation.

In manchen Fällen kann dieser Zustand schleichend in den der Gefühlsarmut übergehen: das heißt, die Gefühle, die nicht gezeigt werden können, werden unter Umständen nach einiger Zeit auch nicht mehr gehabt. Die Unfähigkeit etwa, über Trauer zu sprechen, kann zur Unfähigkeit werden, zu trauern.

Ein anderer möglicher Ausgang ist die Flucht in die Sentimentalität, das heißt, die in ihren ursprünglichen und genuinen Ausgängen verstopften Emotionen suchen sich andere Ausgänge und können so gleichsam kompensatorisch ausgelebt werden. So kann Wut als Arbeitswut, Zorn als starker Bewegungsdrang dargestellt werden. In beiden Fällen aber spaltet sich Emotionalität ab oder wird zumindest nicht in ihrer ursprünglichen Form integriert.

Wiederum stellt sich ein gewisser Leidensdruck ein, der entweder neurotisch aufgefangen und institutionalisiert wird oder aber eine allgemeine psychische Instabilität des betroffenen Individuums herbeiführt, die es zu einem leichten Opfer manipulatorischer Techniken macht. So wird sich ein emotional beschränktes Individuum freuen, wenn es gerade und wenn möglich ausschließlich in jenen Emotionen gefordert wird, für die es passende Ausgänge bereithält. So wird eine »traurige Situation« von dem als belastend empfunden, der nicht trauern oder keine Trauer zeigen kann. Dagegen wird er allgemein positiv reagieren, wenn er Freude zeigen darf, vorausgesetzt, dieser Ausgang steht ihm offen.

Das liegt nun keineswegs nur daran, daß allgemein Trauer als eine eher negative und Freude als positive Emotion empfunden werden, sondern vor allem auch an der Adäquatheit von Emotion und beherrschtem Kanal. Die Emotionen, die einen entsprechenden Abfuhrkanal haben, werden meist auch intensiver und stärker erlebt, wenn einem Individuum nur wenige emotionale Ausgänge zur Verfügung stehen. Wer also hier versteht, Emotionen zu wecken, kann mit starken Reaktionen rechnen. Das gilt vor allem von emotionalen Äußerungen, die dem einzelnen als Individuum verboten, ihm als Kollektivwesen aber gestattet sind. Hierher gehört etwa die Verachtung des politischen Gegners, aber auch das Töten des militärischen Feindes.

In nicht wenigen Fällen wirkt der emotional gehinderte Mensch so, als habe er eine Mauer um sich errichtet, die Schutz vor allzu intensiver emotionaler Inanspruchnahme bietet. Ein Mensch, der keine Liebe oder Zuneigung mehr zeigen kann (oder allenfalls noch in Stereotypen), wirkt eigentümlich verschlossen, wenn er in Situationen kommt, in denen er Zuneigung empfindet. Mitunter versucht er das Problem dadurch zu lösen, daß er die Zuneigungssituation zerstört, etwa indem er dem Menschen, dem er sich zugeneigt fühlt, aus dem Wege geht oder ihn absichtlich verletzt und so auf

Distanz schickt. Wer aber am meisten darunter leidet, ist der emotional Blockierte selbst. Eine Reintegration der abgespaltenen Fähigkeit zu lieben scheint aus eigenen Kräften kaum möglich.

In allen drei genannten Fällen, die zur Nicht-Integration oder gar Abspaltung von Emotionalität (oder Anteilen davon) führen, lassen sich eines oder mehrere der folgenden Verhaltensmuster beobachten:

● Die Fähigkeit, Gefühle zu zeigen, ist begrenzt; in den nicht affizierten Bereichen werden Emotionen mitunter sehr stark angesprochen und abgeführt. Es kann – vor allem im Kollektiv – zu emotionalen Eruptionen (von Angst, Haß, Zuwendung, Trauer...) kommen.

● Sentimentalität ist eine häufige Gefühlsregung. Der Betroffene kann von banalen Kinoszenen zu Tränen gerührt sein (auch das ist ein Anzeichen nicht integrierter Emotionalität).

● Die Emotionalität bleibt im wesentlichen reaktiv. Aktive Gefühlsäußerungen, die eine aktive Produktion von Emotionen voraussetzen, sind selten und oft sehr eruptiv oder »unfertig«.

● Aggressivität und Sexualität werden nicht voll entwickelt, sondern bleiben »primitiv«. Primitive Formen von Sexualität sind etwa Autosexualität (wie sie sich im regelmäßigen Masturbieren vorstellt) oder Homosexualität. Primitive Formen von Aggressivität sind etwa die Unfähigkeit zur Toleranz, oder die Unfähigkeit, aus einem dualistischen Freund-Feinddenken auszubrechen.

● Bei psychischen Belastungen werden regressiv emotionale Ausdrucksmuster gezeigt, die einer früheren Entwicklungsstufe (etwa der Pubertät) zugehören und hier normal sind (etwa sexuelle Autismen, Abkapselung unter Druck...).

● Die Emotionalität verarmt, und es kommt zu Abweichungen im Intensitätserleben (etwa »emotionalen Aufschaukelungen« im nachhinein).

● Niedergeschlagenheit, Antriebsschwäche, Überaktivität, Unlust, Bitterkeit und Bissigkeit, Spott und Ironie werden zu Protestaktionen gegen die Mitwelt, die mittelbar oder unmittelbar die emotionale Kastration verursachte. Solchen Protest sollte man also durchaus als das verstehen, was er auch, zumindest unbewußt, von Seiten des Protestierenden sein will: Protest eben und nicht etwa eine Demonstration einer ursprünglichen emotionalen Stimmung. Vor allem Spott und Hohn werden oft mißverstanden. Sie sind nicht selten Rufe um Hilfe eines Menschen, der aus der emotionalen Abspaltung um seine Identität ringt, häufig am Rande der Neurose.

b) Abspaltung der Triebstruktur.
Primär wird die Triebstruktur durch Überichimperative sozial unschädlich kontrolliert. Zwischen Triebstruktur und solchen, wenn auch internalisier-

ten Imperativen besteht eine offene oder verborgene Konfliktsituation: Der Trieb fordert, das Überich verbietet. Aus solchen akuten Konflikten ergeben sich habituelle. Mit der Erfahrung des eigenen Wirklichseins geht einher die Erfahrung, daß die eigenen Bedürfnisse niemals ganz befriedigt werden können. Um geliebt und anerkannt zu werden, muß der Mensch (das empfindet schon ein Kind recht deutlich) gegen sich selbst und seine Ansprüche und Wünsche eine Barriere aufrichten und »sein offenes, spontanes, freiempfindendes und handelndes Selbst« einer strengen Zensur unterwerfen (vgl. A. Janov). Geliebt wird also niemand so, wie er ist oder sein möchte, sondern nur, so wie er sein soll.

Dieser tragische Konflikt der mit der Spannung von Individualität und Sozialität gegeben ist und der nur in der neurotischen oder psychotischen Abkapselung von möglichst allen Sozialvollzügen und der psychotischen Befreiung von Angst vor Kritik aufgelöst werden kann, vermag doch durch die Ausbildung eines kontrollierenden und koordinierenden, also auch konfliktschlichtenden Ichs einigermaßen erträglich, vielleicht gar konstruktiv gehalten werden.

Jeder Trieb ist entweder von der Art der Erhaltungs- oder Vernichtungstriebe (sieht man einmal davon ab, daß in concreto oft beide Triebe im Triebhandeln miteinander legiert sind). Zu den Erhaltungstrieben kann man die eher biologischen (Sexualtrieb, Hunger, Pflegetrieb, Fluchttrieb...) und die eher sozialen (Aggressionstrieb, Ehrtrieb, Leistungstrieb...) rechnen. Zu den Vernichtungstrieben, die wiederum eher biologisch oder sozial sein können, gehören der physische, psychische, soziale Selbstzerstörungstrieb und seine Kompensationen (und Sublimationen) wie: der Trieb, in Angstsituationen zu handeln oder zu verharren (»wie von Angst gelähmt«), der Trieb zu Unter- oder Überlegenheitsdemonstrationen, der Trieb, sich selbst zu strafen, der Trieb, andere zu beherrschen...

Nun aber werden gerade die Erhaltungstriebe besonders intensiv sozial geregelt und an ihrer spontanen Darstellung gehindert. Die Vernichtungstriebe dagegen werden oft sehr viel nachsichtiger behandelt und aus ihnen hervorbrechende spontane Triebhandlungen mitunter geduldet, mitunter aber auch sogar belohnt und zu sozialen Tugenden (Demut, Bescheidenheit...) hochstilisiert. Hier ist nicht »Demut« als Vollzug der Selbstakzeptation gemeint, sondern das sich unterwerfende »Demutsverhalten«.

Die soziale Regulation der Erhaltungstriebe durch unmittelbare Sanktionen oder durch mittelbare (des strafenden Überich) kann nun, wenn die habituellen oder aktuellen Konflikte nicht ichreguliert gelöst oder doch minimalisiert werden können, zu einer Abspaltung dieser sozial nicht in ihrer Spontaneität akzeptierten Triebbereiche führen, zumindest aber geschieht nicht ihre Integration, weil sie nicht positiv, sondern negativ gewertet werden. Die negative Wertung liegt begründet in der Erfahrung, daß das Handeln aus diesen Triebbereichen zum Liebesentzug oder gar zur sozialen Ächtung führt.

Ich nehme an, daß eine Integration der Es-Antriebe (vor allem der Sexualität und/oder der Aggressivität) nicht gelungen ist, wenn wenigstens einer der folgenden Tatbestände regelmäßig erfüllt wird:

● Es kommt zu Triebhandlungen, die nicht zum allgemeinen »Persönlichkeitsbild« passen (etwa: ein sonst ausgeglichener Mensch wird in bestimmten Situationen regelmäßig ausfallend aggressiv).

● Die Triebhandlungen befriedigen den Triebanspruch autistisch (etwa: regelmäßige Masturbation).

● Die Triebhandlungen sind stark destrudo-geleitet (etwa: Freund-Feinddenken).

● Die Triebhandlungen werden als etwas Unpersönliches empfunden, die eigentlich aus der Verantwortlichkeit und Zurechenbarkeit der Persönlichkeit herausfallen.

Die mangelnde oder unvollständige Integration der Triebstruktur oder wesentlicher Anteile davon sind wiederum in der Adoleszenz durchaus »normal«. Während dieser Zeit ist vor allem darauf zu achten, daß es nicht zu einer eigentlichen Abspaltung kommt, für die der dritte und vierte Tatbestand Anzeichen sein können. Eine eigentliche Abspaltung dürfte wohl stets neurotisch oder psychotisch enden. In ihr ist zwar der Konflikt zwischen Triebanspruch und Gesellschaft gelöst, doch nur um den Preis der inneren (oder gar äußeren) Isolation von eben dieser Gesellschaft. Solche Menschen sind wiederum kaum zu beeinflussen, also auch nicht zu manipulieren (zumindest nicht mit den üblichen Techniken).

Manipulierbar dagegen sind Menschen, denen die Integration ihrer Triebstruktur (oder erheblicher Teile dieser Struktur) nicht gelang. Sie müssen, um ihrer Selbsterhaltung willen und um gleichzeitig die nicht in gleicher Weise gebremsten Ansprüche destruktiver Art beherrschen zu können, mangels innerer Regulative das Angebot äußerer annehmen. Da solche Angebote aber selten rein sind, sondern mit reichlicher Verpackung und zweifelhaften Beigaben versehen gemacht werden, bleibt oft nichts anderes übrig, als um des Inhalts willen auch Verpackung und Beigaben mitzunehmen. Und da kann dann manipuliert werden.

Sicherlich ist auch ein falsch etikettierter Inhalt als verlockendes Angebot möglich, auf das unkritische Verbraucher, das heißt Menschen, die auf der Suche nach ihrer Triebidentität sind (Wer bin ich eigentlich als sexuelles oder als aggressives Wesen?), leicht hereinfallen können. Die Identitätsfrage wird dann objektiv falsch beantwortet. Solche Fehl- oder Falschant-

worten sind im religiösen oder pseudoreligiösen Bereich keineswegs selten (vor allem auf der Stufe der »Volksreligiosität«). Wenn man etwa einem jungen Menschen sagt, daß Sexualität und Schweinerei nahe beieinander liegen, legt man ihm sicherlich eine falsche Antwort, vielleicht gar noch in religiöser Verpackung vor, die eine Integration der Sexualität eher hindert und das humane Auffinden der sexuellen Identität nahezu unmöglich macht.
Verbreiteter aber ist die falsche Verpackung der brauchbaren Antwort oder die Verbindung einer brauchbaren Antwort mit irgendwelchen Zugaben, die eng mit der Antwort verbunden sind. So kann etwa die richtige Antwort, daß Aggressivität für menschliches Beisammen notwendig ist, verbunden werden mit der Aufforderung zur Gewalt, oder sie kann verpackt werden in eine Schachtel mit der Aufschrift: »Nur mit fremder Erlaubnis zu öffnen.« Alles das ist entstellend oder verstellend und nur sehr beschränkt hilfreich bei der Suche nach Integration der Triebstruktur.
Besonders aber verbreitet ist das Angebot, sich in einer Gruppe zu realisieren und in ihr zur sexuellen und aggressiven Identität zu finden. Nun, das kann durchaus geschehen, bedeutet aber eine starke Bindung an die Gruppe, da nur in der von ihr akzeptierten Form Integration möglich wird. Solche Integration mit Hilfe einer Gruppe – so therapeutisch wertvoll sie auch immer sein mag – ist stets eine labile Teilintegration, die, wenn die schützende Hülle der Gruppe entfällt, wieder zerfallen kann. Oft ist eine solche Integration nur übertragbar auf ein Leben in ähnlich strukturierte Gruppen mit ähnlichen Vorstellungen über »richtige« Triebhandlungen.
Gerne sei zugegeben, daß solche Gruppen wertvolle Hilfe leisten können, weil sie den Rahmen für »erlaubte« Triebhandlungen meist sehr viel weiter ziehen als die »übliche Gesellschaft« und somit wenigstens teilweise die Triebrepression mindern und bestimmte Überich-Verbote relativieren können. Die Gruppentherapie hat hier zweifelsfrei erhebliche Verdienste erworben. Doch sollte man sie nicht als ideales und vollkommenes Instrument zur Triebintegration behaupten. Je nach Art der Gruppe kann durchaus auch eine weitere Desintegration eintreten, ja eine Triebabspaltung scheint möglich.
Vor allem aber ist zu bedenken, um welchen Preis solche »Hilfe« bei der Triebintegration erkauft wird. Die Gruppenrepression außerhalb der helfenden Haltungen und Handlungen ist oft beachtlich. Intrasozietäre Manipulation wird praktiziert.
Eine klassische Folge nicht-integrierter (oder gar abgespaltener) Triebstrukturanteile sind Antriebsstörungen, die sicher auch sehr verschiedene andere Ursachen haben können, hier aber auch gehäuft zu beobachten sind. Antriebsschwäche äußert sich in der relativen Unwirksamkeit dynamisie-

render oder das Handeln motivierender Impulse. Im Extremfall ist das Individuum selbst unfähig, Entscheidungen (vor allem es selbst betreffende) zu fällen (Abulie). Im letzten Fall ist die Manipulierbarkeit offensichtlich gesteigert: andere müssen die notwendigen Entscheidungen treffen – und nicht selten werden sie das zu eigenem Nutzen tun. Im ersten Fall scheint zunächst eine Außensteuerung erschwert – ist es aber in der Praxis kaum. Nicht wenige Antriebsschwache sind stark anlehnungsbedürftig und neigen gar zur Hörigkeit. Beides aber sind Dispositionen, die eine Manipulation sehr erleichtern.

c) Abspaltung von Sozialität oder Individualität.

Sicher sind völlige Abspaltungen von Sozialität und Individualität recht selten und sind im Zusammenhang der Psychopathologie darzustellen. Strenger Autismus als Folge der völligen Abspaltung der Sozialität bedarf einer klinischen Behandlung. »*Autistisches Denken*« aber ist verbreiteter: Es ist eine Art des Denkens oder der Einstellung, in deren Verlauf sich ein Individuum ausschließlich von seinen eigenen Wünschen leiten läßt, ohne dabei die (vor allem soziale) Umwelt besonders zu berücksichtigen. Solche autistische Orientierung kommt zumeist zustande, wenn ein Individuum mit seiner Sozialität nichts Rechtes anfangen kann, die Sozialbindung nach Intensität und Extensität vernachlässigt, sie vielleicht gar als Gefährdung empfindet und sich dann auf sich selbst zurückzieht. Wunschdenken und Phantasien ersetzen dabei die fehlenden oder mangelhaft ausgeprägten Sozialkontakte.

Das Gegenteil stellt das sogenannte »realistische Denken« dar. Es kennzeichnet eine Art des Denkens oder der Einstellung, in deren Verlauf das Individuum *vorwiegend* die Bedingungen der sozialen Umwelt mit ihren Konstellationen und Ereignissen berücksichtigt. Solche realistische Orientierung kommt meist dadurch zustande, daß eine Person wenig oder gar nichts mit sich selbst anfangen kann und ihre Identität ganz aus der Sozialität statt, wie aus der Gleichurspünglichkeit von Individualität und Sozialität folgt, aus Individualität *und* Sozialität bezieht (und meist auch theoretisch herleitet). Der Mensch ist zwar auch, aber nicht nur ein animal sociale (ein vergesellschaftetes Lebewesen). Nicht nur ein zôon politikón, sondern auch ein Individuum mit seinen Ansprüchen, die es immer auch berechtigt, sich in Gegensatz zu jeder Gesellschaft zu stellen. Fehlt dieser Entgegensatz, identifiziert sich ein Mensch mit seiner sozialen Umwelt ähnlich wie ein Tier es mit seiner kosmischen tut. Es gibt Einheit, nicht aber ein kritisches Gegen- und Miteinander. Autismus und Realismus haben ganz ähnliche Ursachen: In beiden Fällen ist nachhaltig die Balance zwischen Individualität und Sozialität gestört. Obschon beide ähnlich störend sich auf die

Persönlichkeitsbildung auswirken, ist doch die autistische Orientierung gesellschaftlich verpönt, während die realistische meist nicht nur akzeptiert, sondern auch honoriert wird (etwa durch soziale Anerkennung und beruflichen Aufstieg). Diese positive Selektion der in Richtung auf den Realismus ausgeprägten Desintegration der Individualität und der eventuellen Abspaltung der individuellen Bedürfnisse als egoistisch oder egozentrisch und damit ablehnenswert kann sich in mancherlei Symptomen vorstellen. Hier seien nur einige erwähnt:

- Anlehnungsbedürftigkeit (bis hin zur Hörigkeit),
- Kritikunfähigkeit (bis hin zur kritiklosen Übernahme von fremden Handlungsanforderungen, wenn sie nur aus der eigenen Gruppe kommen),
- nicht abgebaute infantile Mutterbindung (der Betreffende sucht in seinem ganzen Leben Ersatzmütter, das kann die Ehefrau sein, das können aber auch Gruppen und Organisationen [Kirchen, Orden, Verbindungen, Logen...] sein, die so etwas wie mütterliche Geborgenheit schenken und vor der Unbill des Lebens schützen)
- mangelndes Durchsetzungsvermögen (vor allem im Entgegensatz zu kollektiven Verhaltensweisen oder Meinungen, insofern sie vom eigenen Kollektiv ausgebildet werden).

Diese Symptome werden zumeist vom Betroffenen selbst als Schwächen erkannt und nicht selten ängstlich verborgen, ohne daß aber eine Integration der Individualität zustande käme. Er bleibt ein extrem gruppenverwiesenes Wesen. Ganz offensichtlich ist ein solcher Mensch leichtes Opfer intrasozietärer Manipulation. Dazu aber kommen nun zahlreiche Öffnungen für manipulatorische Techniken, die durch die erwähnten Symptome unmittelbar gegeben sind. Mangelnde Kritikfähigkeit und schwaches Durchsetzungsvermögen prädestinieren ihn zum fast idealen Opfer manipulatorischer Technik.

Auch ist das vor sich und anderen Verbergenwollen von Schwächen ein Ansatz manipulatorischer Technik. Jeder, der etwas (vor allem vor sich selbst) zu verbergen hat, ist nicht identisch mit sich selbst und seinen Rollen. Er spielt in beiden Bereichen schlechtes Theater. Die damit verbundene – oft unbewußte – Selbstunsicherheit verstärkt noch die Anlehnungsbedürftigkeit und Kritikschwäche, obgleich nach außen solche Menschen sehr selbständig und überzeugend wirken können. Mit der Selbstunsicherheit ist oft auch eine ausgesprochene Empfindlichkeit gegenüber Kritik verbunden, so daß solche »Realisten« meist außerordentlich empfänglich sind für Lob und Schmeicheleien. Sie sind dankbar für jede Anerkennung, die sie die eigene Schwäche vorübergehend vergessen macht.

Auf der anderen Seite stehen die »autistisch« Orientierten. Sie haben die

Balance zwischen Sozialität und Individualität zugunsten der Individualität verloren und sind meist nicht bereit zuzugeben, daß auch sie sich nur in konkreter Sozialität, das heißt im Leben in Gesellschaft realisieren können. Der autistische Typ ist u. a. durch eines oder mehrere Merkmale folgender Liste auszumachen:

- Kontaktstörungen,
- Mindergefühle,
- Egozentrik und Egoismus.

Autistische Kontaktstörungen können mancherlei Ausdrucksformen annehmen. Verbreitet ist eine allgemeine *Kontaktschwäche,* die es erheblich erschwert, soziale Bindungen einzugehen oder aufrechtzuerhalten. Bei Kontaktschwäche handelt es sich um eine eigentliche Schwäche (vergleichbar einer Seh- oder Muskelschwäche). In Entsprechung zu Organschwächen ist die soziale Belastbarkeit deutlich herabgesetzt und die soziale Streß-Schwelle liegt niedrig. Schon vergleichsweise leichte Unannehmlichkeiten, die mit fast jedem Sozialkontakt verbunden sind, wie etwa Zeiteinsatz, Kritikgefährdung, Vernachlässigung... werden so erheblich gesehen, daß die »Lust am Sozialkontakt« verschwunden ist und statt dessen eher eine Unlust am Kontakt aufgebaut wurde.

Doch die Kontaktunlust ist nicht das einzige Merkmal einer Kontaktschwäche. Diese ist zudem verbunden mit der Unfähigkeit, Kontakte aufzunehmen oder zu vertiefen oder durchzuhalten, obschon man es gerne möchte. Der Kontaktschwache leidet vor allem unter diesen Unfähigkeiten. Oft hat er niemals recht die Strategien erlernt, wie man Sozialkontakte (etwa Freundschafts- oder Liebeskontakte) auf- und ausbaut. Weitgehend hilflos steht er der sozialen Welt gegenüber, mit der er allenfalls sachorientierte, kaum aber personenorientierte Kontakte aufnehmen kann.

Kontaktschwäche kann sich durchaus verbinden mit starker Kontaktsehnsucht. Die Sehnsucht aber läßt sich nur erfüllen, wenn der Partner ein fast unendliches Maß an Geduld und Werbung aufbringt und so die Kontakt-Fähigkeit langsam – zumindest auf ihn bezogen – steigert. Kontaktschwache Menschen tun sich aber auch schwer mit jeder Art von Gruppenbindung, die den Ausdruck von Emotionen verlangt oder anbietet. Das Angebot von Emotionen, sei es von individuellen oder sozialen, wird eher als peinlich empfunden und schreckt den Kontaktschwachen ab. Vermutlich sieht er in solchen emotionalen Angeboten eine Gefährdung seiner Pseudointegrität, da solche Angebote ja auch ihm das Zeigen von Emotionen abverlangen können.

Der kontaktschwache Mensch ist durchaus manipulierbar, wenn auch die Manipulation mit Vorsicht und Sorgfalt geschehen muß. So ist er dankbar für jede Zuneigung, die keine emotionale Antwort von seiner Seite verlangt. Derjenige, der aber Zuwendung gibt, ohne die Angst des Kontaktschwachen zu aktivieren, er müsse selbst eventuell Emotionen zeigen, wird stark emotional positiv besetzt sein. Diese positive Besetzung ist oft um so stärker, je weniger der Partner irgendwelche Ansprüche stellt. Da Gruppen im Regelfall keine anspruchslosen Partner sind, kommen sie hier seltener ins Spiel. Ist aber ein kontaktschwacher Mensch einmal in Gruppenbeziehungen eingebunden, die er nicht auflösen kann, entsteht nicht selten ein erheblicher Leidensdruck, der noch dadurch vermehrt wird, daß er der Kritik der Gruppe ausgesetzt wird und erlebnismäßig an die Peripherie der Gruppe gedrängt wird.

In solchen Fällen kann ein gruppendynamisches Training (etwa als sensitivity training) nur helfen, wenn es sich um eine gleichsam angelernte Kontaktschwäche handelt. Das heißt, wenn einfach niemals die Techniken gelernt wurden, soziale Angebote zu erkennen und auf sie zu antworten. In allen anderen Fällen dürfte allenfalls eine längerdauernde Gruppentherapie (mit analytischer Begleitung) einigen Erfolg haben.

Mir sind Fälle bekannt, in denen das Übersehen dieser Unterscheidung zu psychischen Zusammenbrüchen im Trainingsverlauf oder bald nach Trainingsabschluß führte, bis hin zum Ausbruch psychotischer Erkrankungen. Die Hau-Ruck-Methode ist also bei Kontaktschwachen selten erfolgreich. Das gilt auch für alle Beeinflussungsversuche, einschließlich der manipulatorischen. Kontaktscheue Menschen neigen dazu, hinter jeder Einflußnahme auf ihr Verhalten manipulatorische Absicht zu vermuten, eine Vermutung, die sich bis zu wahnhafter Sicherheit steigern kann.

Eine andere Form von Kontaktstörungen stellt sich als *Kontaktscheu* vor. Der Kontaktscheue empfindet fast alle Sozialbindungen und die daraus sich ergebenden möglichen Verpflichtungen als ausgesprochen lästig. Vor allem vor emotionalen Kontaktangeboten scheut er zurück wie ein Reh, das in einem Wanderer seinen potentiellen Jäger vermutet. Zwar sind fast alle Kontaktschwachen auch kontaktscheu, nicht aber alle Kontaktscheuen kontaktschwach. Kontaktscheue Menschen können, wenn einmal gegenüber einem Menschen die Scheu überwunden wurde, sehr anhängliche und aufopferungsfähige Kontaktpartner sein. Sie sind durchaus fähig, Freundschaft und Liebe zu erfahren. Sie scheuen meist vor Forderungen zurück, sind aber – ist einmal der Kontakt hergestellt – zu Opfern, die niemand fordert oder verlangt oder erwartet, durchaus bereit.

Der Kontaktscheue ist sehr viel leichter zu manipulieren als der Kontaktschwache. Hier handelt es sich aber in der Regel um Manipulation in einer ihrer widerwärtigsten Formen. Sie mißbraucht das Vertrauen eines Menschen, der nach langem Zögern zumeist seine Sozialscheu aufgab, um nun um so intensivere Sozialbindung zu gewähren. Erkennt der Kontaktscheue die manipulatorische Absicht seines Partners, kann das zu einem abrupten Abbruch der Sozialbindungen und einer schweren psychischen Verletzung führen, die mitunter in Jahren nicht ausheilt. Das klassische, wenn auch selten realisierte Beispiel der Aufnahme von Sozialkontakten mit Kontaktscheuen in manipulatorischer Absicht ist öfters beim Heiratsschwindel gegeben. Doch es braucht gar nicht zu solchen krassen Fällen mißbrauchten Vertrauens eines scheuen Menschen zu kommen. Jede Form des Sich-Einschleichens in das Vertrauen vor allem scheu gewordener älterer Menschen, in der Absicht, solches Vertrauen zu eigenem Nutzen auszuschlachten, ist kaum weniger widerlich.

Endlich begegnet uns in der *Kontaktangst* eine dritte Form der Kontaktstörung. Kontaktängste können in Bindungsängsten begründet sein (vgl. Seite 112 f), es gibt jedoch darüber hinaus eine Kontaktangst, die darin gründet, daß ein Mensch fürchtet, im Sozialkontakt die eigene Identität zu verlieren und deshalb Sozialkontakte als bedrohlich empfindet. Das gilt vor allem für identitätsschwache Individuen. Identitätsschwäche liegt aber immer dann vor, wenn eine so erhebliche Persönlichkeitskomponente wie die Sozialität nicht integriert wurde. Die Angst, sich selbst im Sozialkontakt zu verlieren oder doch etwas Wesentliches von sich selbst herzugeben, hat nicht selten ihre Ursache in neurotischen Störungen. Kontaktangst abzubauen ist einem Laien kaum möglich, wenn Identitätsschwäche als Dauerzustand einen pathologischen Befund vorstellt. Ein solcher Mensch ist außerordentlich mißtrauisch bei allen möglichen Sozialansprüchen, vor allem aber gegenüber solchen, die von ihm irgendeine emotionale Bindung erwarten könnten.

Dagegen gibt es vor- oder auch nicht-pathologische Phasen der Identitätsschwäche, die zur Kontaktangst führen können (etwa bei Jugendlichen, beim Verlust von Beruf oder Ehepartner ...), und die eine hervorragende Basis für Manipulationsversuche abgeben. In solchen Phasen ist ein Mensch für scheinbar absichtslose und nicht-fordernde Sozialkontakte aufgeschlossen. Diese Aufgeschlossenheit aber macht ihn wiederum recht manipulationsanfällig.

Alle Typen von Kontaktstörungen finden sich vermutlich häufiger bei Introvertierten als bei Extravertierten. Introvertierte scheinen in besonderer Weise für ein Mißlingen der Integration der Sozialität disponiert.

Ein zweiter Symptombereich, der nicht gelungene Integration der Sozialität anzeigen kann (und meist auch anzeigt), sind Mindergefühle. Mindergefühle können sich als *Minderwertigkeitsgefühle* (man fühlt sich in seinem Wert anderen unterlegen – vgl. Seite 86 f), *Minderleistungsgefühle* (man fühlt sich in seinen physischen, psychischen, sozialen Leistungen anderen zu Unrecht unterlegen) oder *Minderanerkennungsgefühle* (man fühlt sich nicht seinen Leistungen, seinem Einsatz, seiner Zuwendung... entsprechend anerkannt) ausdrücken. Werden Mindergefühle zu festen und vorherrschenden Stimmungen, spricht man von *Minderkomplexen*. Sie alle führen nicht selten kompensatorisch zu Hyperaktivismus und einer unstillbaren Sucht nach Fremdanerkennung. Mindergefühle sind in kritischen Lebensphasen sehr verbreitet (etwa in der Pubertät oder den Wechseljahren) und hier als »normal« zu betrachten. Es kommt darauf an, daß sie sich nicht komplexhaft verfestigen, was vor allem bei Mindergefühlen möglich ist, die während der Vorpubertät (6. bis 10. Lebensjahr) oder in der Pubertät ausgebildet werden.

Die Manipulation von Menschen mit Mindergefühlen kann auf eine doppelte Weise geschehen:

- man hält die Mindergefühle wach (oder erzeugt sie),
- man nutzt den Kompensationswillen aus.

Beide Formen der Manipulation sind in keiner Weise moralisch vertretbar und bilden dennoch mitunter das Rückgrat so mancher Menschenführung (in der Praxis eher denn in der Theorie). Das Erzeugen von Mindergefühlen ist nach wie vor in vielen Schulklassen die gängigste Methode, um »Leistungen« zu erreichen. Daß so psychische Defekte für das ganze Leben grundgelegt werden können, die dem Betreffenden nur ein gebrochenes Verhältnis zu seiner Gesellschaftlichkeit erlauben und weiterer Manipulation Tür und Tor öffnet, ist zwar theoretisch unbestritten, wird aber von der Praxis entweder gewollt oder übersehen.

Das Produzieren von Mindergefühlen ist jedoch auch in der Technik der »negativen Motivation« etwa durch Tadel, Mißachtung, Vernachlässigung, Übergehen... eine durchaus gängige Praxis. Zwar kann man durchaus negativ motivierend helfen, Fehler abzustellen, doch kaum, um menschlich Leistungen zu erreichen. Die Spekulation auf den kompensatorischen Effekt ist unmenschlich.

Nicht selten werden aber auch Mindergefühle bewußt oder unbewußt wachgehalten. Wenn man einem Menschen ein Versagen immer wieder vorhält, wenn er damit rechnen muß, daß es ihm vorgehalten wird, dann wird er zwar entweder resignieren oder kompensierend zu hohen Leistungen zu bringen sein, doch wieder ist die Spekulation auf den Kompensationsmechanismus keineswegs menschlich.

Auch unbewußt können Mindergefühle wachgehalten werden, wenn sich der Betroffene unbewußt in eine Sühnerolle hineinlebt. Das meist schlecht kaschierte Schuldbewußtsein läßt sich dann dadurch manipulatorisch ausnutzen, daß man sich großmütig erweist, verschiedentlich darauf verweist, daß man den begangenen Fehler doch längst vergessen habe... Ein Mensch in der Rolle des Sühnenden (meist verbunden mit dem unbewußten Wunsch, sich selbst zu strafen), läßt sich leicht manipulieren, ähnlich wie ein Hund, der noch die Hand dankbar leckt, die ihn schlug. Die manipulatorische Technik kann immer da ansetzen, wo der Betroffene unbewußt Sühne realisieren zu können glaubt. Meist geschieht das durch vermehrte Leistung (als Kompensation und Strafe zugleich).

Mindergefühle sind vor allem in ihrer komplexhaften Fixierung immer Ausdruck (mitunter auch Ursache) von nicht gelungener voller Integrierung der Sozialität, des menschlichen Sozialentwurfs. In diesen Fällen steht zu vermuten, daß ein Mensch es nicht gelernt hat, sich auch mit seinen Fehlern zu akzeptieren. So wird er sich als minderes Mängelwesen verstehen und zur Selbstakzeptation nicht bereit sein. Er wird allenfalls jene Teile von sich akzeptieren, die nicht durch Mängel belastet sind. Mängel aber wirken sich zumeist vor allem in den Sozialbeziehungen aus. So kann es denn dazu kommen, daß diese Beziehungen abgespalten werden aus dem Identitätsbereich des Selbst (sie werden nicht von der Selbsterkenntnis und -anerkenntnis betroffen).

Egozentrik und *Egoismus* haben sehr verschiedene Ursachen – aber stets ein ähnliches Ergebnis: das Verhältnis zur sozialen Mitwelt ist gestört, das Gleichgewicht zwischen Individualität und Sozialität ist erheblich zuungunsten der Sozialität verschoben.

Egozentrik meint einen Defekt, der das Interesse des Menschen auf sich selbst zieht (»Ich interessiere mich eigentlich nur für mich selbst!« – »Nur wie es mir geht, ist wichtig!«...). Der Egozentriker macht sich und sein Verhalten zum Maßstab von Gut und Böse (»Wenn doch nur alle Menschen so wären wie ich!«), von Leistung und Erfolg (»Die sollen mir das erst einmal nachmachen!«).

Egoismus bezeichnet dagegen einen Defekt, der einen Menschen dazu führt, in seinen ethischen oder sozialen Einstellungen von der Annahme auszugehen, daß das Grundmotiv jedes ethischen oder sozialen Handelns die Wahrung der eigenen Interessen sei. Auf solcher egoistischen Basis ruht die anthropologische Begründung für die Humanität des Kapitalismus. So ist es nicht verwunderlich, wenn Menschen in dieser Wirtschaftsform sich, ausgesprochen oder nicht, zum Egoismus bekennen oder ihn doch praktisch realisieren.

Weder der Egoist noch der Egozentriker haben die Sozialität integriert – im Grenzfall haben sie sie sogar in den Bereich des Unwertigen, des Nicht-Selbst abgespalten. Nun sind Egoisten und Egozentriker leicht manipulierbar. Da ihr kritisches Denkvermögen in bezug auf soziale Wertungen recht beschränkt ist, fallen sie jedem Demagogen anheim, der ihnen die Befriedigung ihrer auf das eigene Ich gerichteten Interessen oder Normierungen verspricht. Der Egoist wird in einer kapitalistischen Wirtschafts- und Gesellschaftsordnung ausgesprochen konservativ agieren und reagieren. Diesen Hang zum Konservativen hat schon mancher Politiker und mancher Verband zum eigenen Nutzen verwendet.

Auch der Egozentriker ist leicht zu manipulieren. Manche Managementtheoretiker scheinen geradezu in ihren Motivationstheorien vorauszusetzen, daß alle Menschen defekte oder gar kranke Egozentriker seien, die vor allem und an erster Stelle immer oder doch meistens an sich selbst interessiert seien. Damit produzieren sie geradezu psychische Defekte: Labile Menschen werden früher oder später die Rolle spielen, von der man erwartet, daß sie sie spielen. Es ist gar nicht einfach, jahrelang wie ein Egozentriker behandelt zu werden, ohne einer zu werden. Ist man es aber einmal, dann ist man der ganzen Pyramide der Motivatoren ziemlich hilflos ausgeliefert: Achtung, Anerkennung und Lob auf der unteren, Selbstbestätigung und -erfüllung auf den oberen Stufen. Doch sollte man nicht vergessen, daß es sich dabei wohl zumeist um die Bestätigung und Erfüllung eines entarteten Selbst handelt – letztlich also eines sozial-defekten.

d) Abspaltung eines Lebensraums.
Die wichtigsten Lebensräume, in denen ein Mensch lebt, sind zumeist der Raum seiner Arbeit und der seiner Familie – allgemeiner: der private und der öffentliche Lebensraum. Nun kann es durchaus zu Abspaltung eines Lebensraums kommen. Seine Realität wird nicht integriert, sie wird als uneigentlich empfunden und wahrgenommen. Hier gibt es nun erhebliche Differenzen zwischen den eher ausführenden und eher leitenden oder planenden »Arbeitern«. Während der eher ausführende Arbeiter dazu neigt, sein »eigentliches« Leben privat (Familie, Freizeit) zu leben und die Arbeitswelt davon als uneigentlich abzuspalten, kann es bei eher führender Arbeit dazu kommen, daß das private Leben in die Uneigentlichkeit verbannt wird, selbst wenn das nur wenige »Manager« zugeben.

Über die Abspaltung des öffentlichen Lebens aus dem Bereich der Identitätsfindung einer Person hat sich schon *K. Marx* durchaus zutreffende Gedanken gemacht. Für den, der an seinem Arbeitsplatz nicht oder nur sehr beschränkt Autonomie und Initiative entwickeln kann, wird sich das »eigentliche« Leben da abspielen, wo er diesen, in der frühen Kindheit erlernten Grundbedürfnissen entsprechen kann: zu Hause. *K. Marx* schrieb:

> Der Arbeiter fühlt sich ... erst außer der Arbeit bei sich und in der Arbeit außer sich. Zu Hause ist er, wenn er nicht arbeitet, und wenn er arbeitet,

ist er nicht zu Hause [bei sich]. Seine Arbeit... ist daher nicht Befriedigung eines Bedürfnisses, sondern sie ist nur ein *Mittel*, um Bedürfnisse außer ihr zu befriedigen. (MEGA 1, 3, 85 f)

Es ist kein Argument gegen diese Art von Entfremdung der Arbeit, in deren Vollzug der Arbeiter seiner Arbeit und sich selbst gegenüber fremd wird, wenn man feststellt, daß viele – vielleicht die meisten – Arbeiter gar nicht an mehr Initiative und Autonomie interessiert seien. Das mag stimmen und mancherlei Gründe haben – keiner aber ist sonderlich schmeichelhaft für unsere Gesellschaft und die Verhältnisse, in und unter denen sie sich darstellt.

● Entweder ist der konkrete Mensch in der frühkindlichen Entwicklung an der Ausbildung und Einübung von Autonomie (2. und 3. Lebensjahr) oder/und Initiative (4. und 5. Lebensjahr) durch falsche Erziehung oder falsche Erziehungsideale seiner Eltern gehindert worden
● oder er hat die Arbeitswelt soweit aus seinem Leben ausgeschieden, sie ins Abseits gestellt, so wenig integriert, daß er hier möglichst wenig belästigt werden und sie mit einem Minimum an Engagement erledigen will.

Anzeichen für eine mißlungene Integration der Arbeitswelt in den Persönlichkeitsraum können sein:

● Die Freizeit wird als eigentlicher Entfaltungsraum der Persönlichkeit gesehen.
● Die Unfähigkeit, mit seiner Freizeit etwas Sinnvolles anzufangen, wächst (ich vermute, daß ein Mensch, der mit seiner Arbeit nichts anzufangen weiß, auch kaum seine Freizeit auf die Dauer sinnvoll gestalten wird).
● Die Arbeit – nicht nur diese oder jene, sondern jede Arbeit – wird als lästig empfunden.

Die manipulatorischen Techniken werden also auf die Verheißung von mehr Freizeit (die ideologisch assoziativ mit mehr Freiheit gekoppelt wird) zurückgreifen. Sie werden versprechen, die Entfremdung am Arbeitsplatz aufzuheben. Sie werden damit Menschen ködern, ein System einer relativen Freiheit gegen ein System erheblicher Unfreiheit einzutauschen. Unter dem Anspruch der Freiheit werden kaum zu sprengende Fesseln geschmiedet. Fesseln, die, da in der Gesellschaft verankert, von einzelnen kaum gelöst werden können. Die Manipulateure werden Freiheit verheißen (wenn auch nicht mehr mit dem besudelten: »Arbeit macht frei«), die durch Arbeit gewonnen wird. Sie werden beharrlich innere und äußere Freiheit miteinander verwechseln. Die Welt der Arbeit, und vor allem die der nicht-integrierten, ist die Welt der utopischen Manipulation, der Manipulation über das Hoffen auf eine bessere Gesellschaft.

Auf der anderen Seite aber kann auch die Integration des »F...
Persönlichkeitsstruktur mißlingen, vor allem dann, wenn e...
seinem Beruf »aufgeht« (besser spräche man von »untergehe...
herrscht dann oft zwar noch die privaten Rollen (»Famil...
»Freund«...), doch spielt er sie mit halbem Herzen und ohne Enga...
Das kann so weit gehen, daß ihm alle privaten Anforderungen lästig ...en.
Diese Art der Entfremdung vom Privaten, von der Familie, vom Ehegatten,
von Freunden... ist sicher wenigstens ebenso tragisch wie die Entfremdung des Arbeiters von der Arbeit. Während vor 100 Jahren diese Entfremdung vom »Privaten« nur sehr wenige Menschen betroffen haben mag: heute ist sie zu einem verbreiteten psychischen Defekt vor allem derer geworden, die in leitender, dispositiver Stellung tätig sind. Sie verkaufen nicht selten mit ihrer »öffentlichen« Arbeitskraft auch ihre Privatsphäre. Und das ist übler Sklavenhandel.

Anzeichen für eine mißlungene Integration des Privaten sind:

- Die Arbeit wird zur Zuflucht, um die Schwierigkeiten und Widrigkeiten des privaten Lebens zu vergessen.
- Die Arbeit erhält einen absoluten Wert. Das Selbstwertgefühl rekrutiert sich aus der erbrachten Leistung. Selbstverwirklichung und Berufsverwirklichung werden aneinandergekoppelt.
- Beruflicher Erfolg wird zum Wertkriterium gemacht (auch zum Kriterium des eigenen Werts).
- Es kommt zu einer Dominanz der Zwecke. Mit ihr verbunden ist zumeist die Unfähigkeit zu träumen, zu phantasieren, mit sich allein sein zu können (also gerade ein wesentlicher Teil der Symptombeschreibungen alexithymischer Störungen). Mitunter werden auch Emotionen als zwecklos abgelehnt.
- Es wächst die Unfähigkeit, von beruflichen Sorgen abschalten zu können.
- Auf Urlaub wird verzichtet, entweder, weil man nichts damit anzufangen weiß oder weil man sich für unabkömmlich hält.

Nun wird man nicht schon aus dem vorübergehenden Auftauchen *eines* Merkmals auf eine mißlungene Integration des Privaten schließen können. Doch auch dann ist durchaus Gefahr im Verzug, denn es gibt hier nicht nur mißlungene Integration, sondern sehr viel häufiger noch schleichende Desintegration. In diesem Fall löst sich der private Bereich langsam und fast unmerklich aus der einmal wenigstens partiell geleisteten Integration. Man sollte also stets die Gefahr solch schleichenden Defekts vor Augen haben. Ist er einmal perfekt, wird nicht selten Fremdhilfe (etwa die eines Psychotherapeuten) angebracht sein. Treffen aber langandauernd auf Sie mehrere

Merkmale zu, sollten Sie sich unbedingt Ihrer psychisch schwierigen Lage bewußt werden und entweder versuchen, durch meditierendes Besinnen oder durch therapeutische Maßnahmen diese Situation zu beheben.
Ganz offensichtlich ist jedes der oben genannten Merkmale ein Ansatzpunkt für das Einsetzen manipulatorischer Techniken. Wenn die Arbeit zum Zufluchtsort geworden ist, man sich also nur noch in und mit seiner beruflichen Arbeit wohl fühlt, wird man zweifelsfrei mit einem wachsenden Arbeitspensum bedacht. Das aber sieht nun vordergründig gar nicht nach Manipulation aus. Ist es aber, denn es hilft nicht dem Betroffenen, sondern nur seinem Betrieb. Der Betroffene gerät vielmehr in Gefahr einer immer weiter um sich greifenden Desintegrierung seiner Persönlichkeit mit der Möglichkeit eines Persönlichkeitsverlustes. Damit kann durchaus eine psychotische Situation beschrieben sein – im Regelfall aber bedeutet »Persönlichkeitsverlust« hier das Verlieren des eigenen Selbst an die Peripherie, der Verlust der Selbstentfaltung als Bildungsziel, kurz: das reine Verzwekken und Vermarkten der eigenen Kräfte und Fähigkeiten.
Auch wenn die Arbeit oder die Leistung zu einem absoluten Wert erhoben wird (und kein relativer ist, bezogen auf die eigene Selbstverwirklichung und die Verwirklichung der sozialen Funktionen – beides ist nur künstlich und theoretisch voneinander zu trennen), wird sich der Betroffene in die Arbeit stürzen, sich in der Arbeit verlieren, um in ihr seinen Selbstwert (oder besser: sein Selbstwertgefühl) zu realisieren. Ist ein Mensch einmal in diesen Teufelskreis: Arbeit – Selbstwertgefühl – Mehrarbeit – gesteigertes Selbstwertgefühl eingefangen, dann wird er zwar bis hin zum physischen oder psychischen Zusammenbruch arbeiten, wird zwar behaupten, daß Arbeit ihm Freude mache (je mehr Arbeit, um so mehr Freude), aber er wird nicht sich nützen, sondern allenfalls (und auch das nur mit Beschränkungen) seinem Betrieb.
Zugegeben werden muß, daß mitunter Menschen in diese psychische Situation durch Konkurrenzmechanismen hineingezwungen werden. Sie müssen viel und immer mehr leisten, um im personalen Wettkampf bestehen zu können. Dieses Übermaß an Leistung fordert eine gröbliche Vernachlässigung des privaten Bereichs, die schließlich zu dessen Desintegration führen kann. Unsere Konkurrenzwirtschaft, insofern sie sich auf zwischenmenschliche Konkurrenz ausdehnt, ist kaum als sonderlich menschlich anzusehen. Sie verbraucht Menschen wie Maschinen: verschleißend. In dieser Situation versuchen nicht wenige, die von ihnen erzwungene Leistung zu ideologisieren, um mit den Anforderungen überhaupt leben zu können. Und die beliebteste Ideologie ist die vom Selbstwert der Arbeit.
Auch wer den beruflichen Erfolg zu einem Wertkriterium für die Bewertung anderer (und dann auch meist seiner selbst) macht, für den wird der

Motivator »Selbstverwirklichung« realisiert im stets zunehmenden beruflichen Erfolg. Bis sich dann auf einmal die Angst vor dem Mißerfolg einstellt und das ganze Kartenhaus einstürzen läßt. Es gibt nur wenige Menschen, die so hilflos sind, wie solche, die Erfolg mit Selbstverwirklichung verwechseln, und dann über längere Strecken Mißerfolg haben. Nur eine verdrehte Führungstheorie lehrt die Selbstverwirklichung in der beruflichen Leistung als wichtigsten und obersten Motivator. Nur, eine verdrehte Führungspraxis hilft einem Menschen nicht, mit seinen Mißerfolgen fertig zu werden.

Nun sind berufliche Mißerfolge meist zum Schaden des Unternehmens. Sie passen nicht ins Kalkül, ein Kalkül, das auf Erfolg aus ist. Krisenmanagement gibt es für finanzielle oder konjunkturelle Probleme, kaum aber für konkrete menschliche, vor allem, wenn sie »nur« einen einzelnen betreffen.

Auch die Unfähigkeit zu träumen, zu phantasieren ist ein alarmierendes Zeichen für eine nahende psychische Störung. Sicher wird hier nicht dem Zwang zum Traum und zur Phantasie das Wort geredet – aber der Fähigkeit dazu. Ist sie einmal verschwunden, tritt eine »Orientierung an der Wirklichkeit« ein, die nichts anderes ist als eine ventillose Einsperrung unbewußter Regungen und Strebungen, die sich im Träumen und Phantasieren ihr Recht suchen. Dieses Einkapseln und Zurückdrängen unbewußter Inhalte führt aber mit ziemlicher Sicherheit zu einem Konflikt zwischen Bewußtem und Unbewußtem, der sich allzu leicht in psychosomatischen oder psychischen Störungen oder Erkrankungen »aufzulösen« versucht. Das Ausgeliefertsein an die Unfähigkeit zu träumen und zu phantasieren (oft ist dieses auf wenige rituell verlaufende Handlungen etwa sexueller Art beschränkt), macht einen Menschen aber nicht nur krank, sondern stört auch sein Verhältnis zur privaten Wirklichkeit. Eine emotionale Blockade (etwa in der Unfähigkeit, über Trauer zu sprechen) sind die ersten Anzeichen des Bruchs mit der privaten Wirklichkeit. Sie wird mit schwindender Fähigkeit zum emotionalen Ausdruck und Engagement immer unwirklicher. Um dann endlich aus der Integration mit der Restpersönlichkeit entlassen zu werden. Diese »Rumpfperson« aber ist psychisch dann schwer gestört und kann sich kaum mit eigenem Instrumentarium in die volle Wirklichkeit zurückholen.

Insofern viele Betriebe nicht gerade freundlich dem Träumen und freien Phantasieren ihrer Mitarbeiter gegenüberstehen, weil sie vermeinen, »das« gehöre in den privaten Bereich und senke nur die Arbeitsleistung, manipulieren sie wenigstens implizite, indem sie Träumer nicht aufsteigen lassen. Oft denunziert man Träumer aber auch als Spinner. Und wer dieses Etikett einmal erhalten hat, wird es kaum jemals wieder los werden. Schon allein

...e Angst davor, während der Arbeit zu träumen und deshalb als Spinner – vielleicht als liebenswürdiger – verschrieen zu werden, hindert viele am sinnvollen Entspannen auch während der Arbeitszeit im Träumen und Phantasieren. Letzteres ist allenfalls in seiner oberflächlichsten Form, dem Blödeln, vorübergehend erlaubt.

Mitunter protestiert die Psyche auf solche Verbote und Repressionen auch mit Konzentrationsstörungen oder Gedächtnisschwierigkeiten. Man kann die »kleinen grauen Zellen« nicht beliebig disziplinieren. Sie müssen mitunter auch einmal das tun dürfen, was sie gerade mögen. Nun, das nennen wir Träumen und Phantasieren. Phantasien sind eine Art freien Stoffwechselprodukts unserer Hirntätigkeit.

e) Die Abspaltung der Religiosität.

Mancher, der nichts mit Religiosität im Sinne hat oder zu haben glaubt, wird diesen Abschnitt für reichlich überflüssig halten. Er ist es aber nicht. Denn Religiosität ist – mag sie nun ontologisch begründet sein etwa in der »Existenz« eines personalen unendlichen Du, das man gemeinhin Gott nennt, oder nicht – ein menschliches Grundbedürfnis, das zwar zum Teil kompensiert, aber selten ohne Schaden einfach abgespalten und aus der Persönlichkeitsstruktur entlassen werden kann. Religiosität meint hier eine feste Bindung an einen vorgegebenen Orientierungsrahmen, der nicht sach-, sondern personenbegründet ist.

Nicht integrierte oder später desintegrierte Religiosität kann sich sehr verschieden darstellen:

- als sogenannte Sonntagsreligiosität (die Religiosität durchwirkt nicht die Persönlichkeit und ihre Entscheidungen, sondern wird aus dem »normalen« Leben auf die Sonntage oder wenige Tage des Lebens gar [Taufe, Trauung...] beschränkt),
- als konventionelle Religiosität (Religiosität und religiöse Vollzüge gehören zu den überich-orientierten Daten, ohne daß ein tragendes Entscheidungsgeschehen und eine Ich-Integration stattgefunden hätte; hierher gehört auch der religiöse Ausdruck aus Heuchelei (d. h. um der Optik und des Images willen),
- als Unreligiosität (Religiosität wird als Kinder- oder Frauenkram oder als Sache des Aberglaubens, der nicht mehr in unsere aufgeklärte Zeit hineinpaßt, abgelehnt),
- als Unglaube (der zumeist mit einer nicht-theistischen Form der Religiosität verknüpft ist; so können die Natur, die menschliche Gesellschaft, Leistung und Konsum, der eigene Leib... zu Götzen werden, die die Rolle des »alten Gottes« übernehmen),

● als Aberglaube (Religiosität verkürzt sich auf und gründet in magischen Praktiken, fatalistisch-astrologischen Lehren und parapsychologischen Deutungen zweifelhafter Genese).

Ich möchte nun diese verschiedenen Symptome mißlungener Integration der Religiosität nicht ins einzelne auffalten. Eines aber ist allen gemeinsam: ein vernünftiger (oder doch nicht vernunftwidriger) Glaube wird durch einen vernunftwidrigen oder unvernünftigen ersetzt. Fast alle Menschen, die sich als Atheisten bezeichnen oder Atheisten sind (oft ohne es zu wissen) oder sich in einem praeatheistischen Zustand befinden (d. h. die eine reine Überich-Religiosität praktizieren, die meist mit infantilen Gottesbildern Hand in Hand geht), sind leicht zu manipulieren.

● Manche ersetzen die religiöse Gläubigkeit etwa durch Wissenschaftsgläubigkeit und akzeptieren so ziemlich alles, was ihnen unter der Verpackung Wissenschaft angeboten wird.

● Manche sind »religiös frustriert«, weil sie erkennen müssen, daß ihre religiösen Akte (Gebete, Opfer...) nicht »erhört« wurden. Solche Frustration geschieht oft, wenn in infantiler Religiosität an einen »manipulierbaren Gott« geglaubt wird, den es bekanntlich nicht gibt. Wegen dieser Vergeblichkeitserfahrungen öffnen sie sich allen möglichen Einflüsterungen pseudoreligiöser Art.

● Andere können in ihrem religiösen Selbstverständnis mißbraucht werden, vor allem, wenn für sie Religiosität, nicht internalisiert, einen erheblichen (etwa gesellschaftlichen) Wert darstellt. Sie akzeptieren recht unkritisch vieles, was zu Unrecht sich als religiös begründet vorstellt (etwa eine Partei oder ein Programm). Ihre religiöse Uneigentlichkeit ist so ausgeprägt, daß sie religiös Uneigentliches als Eigentliches betrachten und darauf hereinfallen. Das gilt ganz besonders, wenn Religiosität bestimmte gesellschaftliche (politische oder ökonomische) Verhältnisse zu decken scheint. Daß wahre Religiosität niemals gesellschaftliche Verhältnisse sanktionieren, sondern allenfalls kritisieren kann, ist ihnen nicht aufgegangen. So mag es Vertreter einer kapitalistischen Gesellschaftsordnung geben, die sich deshalb für Christen halten, weil sie der irrigen Meinung sind, der Kapitalismus sei gleichsam die Außenseite des Christentums. Sie werden dann durchaus von religiösen Instanzen für deren Zweck manipulierbar sein.

Die Abspaltung der Religiosität von den übrigen Persönlichkeitsstrukturen ist heute vermutlich die verbreitetste Form der Desintegration. Da ihr Mangel durch quasireligiöse Substitute (etwa »Menschheit« im Marxismus) einigermaßen behoben werden kann, ist die Zahl der psychischen Defekte nicht ganz so erheblich, wie es auf den ersten Blick scheinen möchte.

Dennoch aber nimmt etwa der »*Cargo-Kult*«* keineswegs nur unter den Melanesiern auch unter psychotherapeutischen Aspekten bedenkliche Ausmaße an. Der Besitz von Konsumgütern wird mit einer gleichsam religiösen Inbrunst angestrebt und dem Konsum wird eine religiöse Verehrung entgegengebracht. Daß die europäischen und amerikanischen Verehrer des Gottes »Cargo« leicht zu manipulieren sind, bedarf wohl kaum einer Erläuterung. Nicht wenige Werbung in den Massenmedien zielt auf solche Manipulation ab, indem sie Befriedigung im Besitz verheißt, die es – wie jeder Mensch aus Erfahrung weiß – nicht geben kann.

Ich habe in diesem ersten Teil unseres Buches versucht, die objektiven und subjektiven anthropologischen Grundlagen der Manipulation aufzuweisen. Ich habe Ihnen eine Fülle von psychischen Defekten genannt, die die Abwehrschwelle gegenüber manipulatorischen Ansprüchen senken. Vielleicht möchten sie jetzt gerne wissen, wie man solche Defekte vermeidet oder wie man sie, hat man sie einmal, wieder behebt. Diese Frage kann ich hier nicht beantworten. Ich habe ihr ein eigenes Buch gewidmet.**
Wichtig aber ist, daß wir uns nicht nur damit abfinden, alltäglich erfolgreich manipuliert zu werden und das als einen Teil unserer Menschlichkeit begreifen, sondern daß wir lernen, Manipulationen zu durchschauen, um sie zu prüfen. Sehr vieles, was manipulatorisch an uns herangebracht wird, nützt keineswegs nur dem Manipulator, sondern auch uns. Es kommt darauf an, solche Manipulationen von den sehr viel gefährlicheren zu unterscheiden, die nur dem Manipulierenden nutzen, uns selbst aber schaden. Diese Einsicht muß aber auch umgekehrt werden. Der Einsatz manipulierender Techniken ist mit dem menschlichen Zusammenleben notwendig gegeben. Wir können uns ihrer also sehr wohl bedienen, ohne ein schlechtes Gewissen zu haben – vorausgesetzt nur, wir schaden dem Mitmenschen nicht und sind nicht bereit, seinen Schaden auch nur zuzulassen. Sicher ist das Vermeiden von Schaden nicht das einzige moralische Postulat, aber es ist immer da, wo es um die Art des zwischenmenschlichen Beisammens geht, erheblich und wichtig.

---

* »Cargo-Kult« ist eine magische Verhaltensweise der melanesischen Eingeborenen, die sich vor allem während des Zweiten Weltkrieges entwickelte, als europäische und amerikanische Schiffe und Flugzeuge mit reicher Ladung eintrafen. Man betrachtete sie als von den Ahnen geschickt. Die Ladung selbst (»cargo«) wurde kultisch verehrt. Diese Religion ist in rascher Ausbreitung begriffen.

** Meditationstechniken für Manager, München (Wirtschaftsverlag Langen-Müller/Herbig) 1976.

Exkurs: Man kann auch in der Sprache sterben. Oder: Die Abspaltung der Wirklichkeit.

Eine besondere Form von Disharmonie und Disorganisation macht sich in der Abspaltung von Sprache und Realität bemerkbar und zwar zunehmend mehr. Diese Abspaltung ist durchaus ebenfalls ein Mittel vor allem der politischen Manipulation geworden. Wie aber kommt es zur Abspaltung von Sprache (als eines Persönlichkeitskonstituenz) von Wirklichkeit?

Zum einen werden die Eigenerfahrungen immer geringer. Die explosionsartig anwachsende Menge von Daten und Fakten, die durchaus auch für den normalen Bürger zu beherrschen sind, ist fast ins Uferlose gewachsen. Damit aber ist zugleich ein verstärktes Angewiesensein auf Fremdinformationen verbunden. Vieles, was sich uns in Sprache vorstellt, berührt also oft nur die Oberfläche, weil es nicht durch Eigenerfahrungen internalisiert wird.

Dieser Mangel an Eigenerfahrung beeinträchtigt durchaus den Umgang mit der Realität. Es gelingt zunehmend nur der Umgang, der in Eigenerfahrungen gründet. Der andere, auf Fremderfahrungen gründende, die mitunter nur recht oberflächlich zur Kenntnis genommen werden, bleibt merkwürdig farblos und uninteressant. Die Realität wird gespalten. Zudem erfolgt eine Ablösung der Sprache von den Bereichen, die ausschließlich über Fremderfahrung, relativ interesselos, zur Kenntnis genommen werden. Innenwelt und Außenwelt decken sich nicht mehr. Der Mensch gerät mit seiner kosmischen Außenwelt zunehmend in Konflikt. Er beherrscht sie sprachlich nur noch unzureichend. Sie wird ihm ein fremdes, oft feindliches Gegenüber. Werden überhaupt hier noch spontane Reaktionen gewagt, sind sie oft falsch, mißlingen und steigern dann nicht selten das Desinteresse an einer solchen unbeherrschten und unbeherrschbaren Welt. Das hat unter anderem zwei Folgen:

- auch das spontane Gespräch versiegt und
- die Subjektivität siegt über die Objektivität, da diese als unbeherrschbar ausgeklammert wird.

Der Rückgang der Bedeutung der Objektivität fällt in etwa zusammen mit der ersten Explosion des menschlichen Wissens. Es ist das die Zeit der Renaissance. Nun, diese Unversöhntheit mit der Objektivität ist keineswegs in den letzten Jahren, in denen sich in jedem Jahrzehnt menschliches Wissen mehr als verdoppelte, verschwunden, sondern eher stark gewachsen. Der ins Subjektive eingebundene Mensch fühlt sich, durchaus richtig, von der objektiven Welt verstoßen, weiß sich ihr entfremdet – und das um so stärker, je schmäler sein eigener Erfahrungshorizont wird. Er zieht sich in

allerlei selbstgemachte Gettos zurück und trainiert hier das geistige Überleben. In dieser künstlichen Gettowelt gibt es nur eine intensive Wirklichkeitsberührung, und das ist die soziale. Die universelle kosmische Welt wird also im Bewußtsein immer stärker auf die soziale zurückgenommen, weil sie noch einigermaßen übersichtlich und beherrschbar erscheint. Die sozialen Systeme machen Wirklichkeit.
So paradox es aufs erste klingt: Damit werden die personalen (und das ist nicht dasselbe wie die sozialen) Bindungen (wie Ehe, Freundschaft, Familie) eher gelockert. Zwar besteht noch ein reger Gesprächsdrang in der künstlichen Welt mit ihren verstellten Gegenstandsbezügen, doch stellen sich die Themen deutlich abnehmend noch spontan ein. Anregungen wie Fernsehen, Funk, Presse werden notwendiger. Damit aber wird zugleich die Kommunikation entpersönlicht und versachlicht.
Man hat verschiedentlich darauf verwiesen, wie sehr auch der Sprachwandel diese Analyse bestätigt. So schreibe ich nicht mehr dem Freund, sondern schreibe an den Freund. Der Dativ der personalen Bindung wird abgelöst durch den Akkusativ der sachlichen Beziehung. Personale Kategorien bezeichnende Wörter (Freiheit, Zuneigung...) werden abgewertet, so daß sie mit ebenso abgewerteten Partikeln wieder aufgewertet werden müssen (»wirkliche Freiheit« – »echte Zuneigung«...). Mitunter geht das soweit, daß die Sprache ihre Kommunikationsfunktion nur noch als Signalfunktion (wie etwa bei lautlichen Äußerungen der Tiere) wahrnimmt und als Bedeutungsträger verkümmert. Auch das häufige »darf« (»Ich darf sie bitten...«; »Ich darf darauf verweisen...«) markiert ein unbewußtes Ausweichen in die Unverbindlichkeit der sozialen Begegnung, während die Verbindlichkeit der personalen schwindet. *J. Binkowski* hat das einmal richtig so charakterisiert: »Die Sprache zielt nicht mehr auf die Wirklichkeit der Dinge, sondern stellt sich selbst zur Schau.«
Die Manipulation hat sich dieser Sprachschwäche angenommen. Sie weiß darum, daß durch Sprachänderung Bewußtseinsänderung erreicht wird. Sie weiß also auch darum, daß durch Bewußtseinsänderung Veränderung gesellschaftlicher Strukturen sich »wie von selbst« einstellen kann. Es geht um die Manipulation der Gesellschaftsordnung. Der »semantische Betrug« (*K. Steinbuch*) wird zur bewußt genutzten manipulatorischen Technik: Man benutzt gegnerische Wortfelder und ändert ihre Bedeutungen (Freiheit, Demokratie, Solidarität...). Das alles ist ohne sonderliche Schwierigkeiten möglich, wenn einmal die Wirklichkeitsbeziehung gelockert ist und die Sprache labilisiert wurde, zwei Prozesse, die in enger Wechselbeziehung miteinander stehen. Und beide kennzeichnen unser sprachliches Schicksal in der Gegenwart und vermutlich unser politisches in der Zukunft.

2. Teil

Typen manipulatorischer Technik.

Jetzt will ich Ihnen einige Typen manipulatorischer Technik vorstellen. Als Typenrahmen sollen dabei die Typen der sozialen Interaktionen dienen, die Menschen im täglichen Leben miteinander eingehen: politische, ökonomische, pädagogische, religiöse... Ich werde also von politischen, ökonomischen... Manipulationen zu sprechen haben, die hier typisch dargestellt und an einigen Beispielen erläutert und durchsichtig gemacht werden sollen.

Diesem Hauptabschnitt werden zwei kürzere vorangestellt. Im ersten werde ich noch einmal einige wenige Überlegungen eher grundsätzlicher Art anstellen, die aber für das rechte Verständnis des folgenden wichtig sind. Im zweiten werde ich einige klassische Methoden der Manipulation darstellen und kurz erläutern, wie sie in praktisch allen Manipulationstypen vorkommen (wenn auch verschieden gehäuft).

1. ABSCHNITT

Einige weitere Gedanken über den Menschen als manipulierbares Wesen.

Wir Menschen unterscheiden uns von Tieren sicher sehr viel weniger als wir gemeinhin vermuten. Da hat sich im Laufe von einigen Jahrhunderttausenden ein Funke entfacht – oder wurde er von außen in die Welt gegeben? –, den wir »Geist« nennen und der sich in Vernunft und Verstand auszudrücken versucht. Das gelingt sicher recht punktuell. Es geschieht vor allem dann, wenn der Mensch sich mit seiner Vergangenheit und seiner Zukunft auseinandersetzt. Bei diesem Auseinandersetzen wird er früher oder später mit seinem eigenen Ende konfrontiert. Er kann seinen Tod geistig antizipieren. Das kann kein Tier. Die damit möglichen Trennungsängste dürften sicher teilgehabt haben an der Ausbildung all dessen, auf das wir Menschen so stolz sind: Kultur und Religion, Wissenschaft und Techniken verschiedener Art, Weltanschauung und Politik.

Mit der Vernunft aber verschwand auch weitgehend die Verhaltenssteuerung von innen (durch den »blinden Instinkt«) und an deren Stelle trat die Außensteuerung, die sich aus der Begegnung von Welt (kosmischer und sozialer) und Vernunft bildet. Der Mensch wurde zu einem zunehmend stärker außengeleiteten Wesen, da man der Vernunft etwas »klarmachen« kann, dem Instinkt nicht. Nun läßt sich aber auch die Vernunft betrügen – der Instinkt nur in sehr viel beschränkterem Umfang. Die Verhaltensunsicherheit griff um sich, und der Mensch schuf eine Reihe von Institutionen, nach ziemlich festen Regeln gefügt, die ihm die verlorene Verhaltenssicherheit wenigstens zum Teil zurückgaben, solange er sich den Gesetzen und Regeln dieser Institutionen unterwarf. Er wurde als »vernunftbegabtes Gesellschaftswesen« zu einem wesentlich manipulierbaren Wesen.

Dabei darf jedoch der positive Gehalt des »Geisthabens« nicht überschätzt werden. »Geist« ist so etwas Ähnliches für den Menschen wie ein mittleres Fettauge auf einer Tasse Bouillon. »Geist« ist nur selten das Regierende und Bestimmende. Im Regelfall ist der Mensch ein Spielball seiner Emotionen und unbewußten Antriebe. Daß er es im Laufe der Jahre lernt, seine Handlungen vernünftig zu begründen, hängt nicht mit der Vernünftigkeit der Handlungen zusammen, sondern mit dem Problem der Selbstachtung. Es ist diese Selbstachtung und die primitive Abhängigkeit von ihr, der immer gefährdeten, die den Menschen zwingt, vernünftige Gründe für sein Handeln zu suchen und zu finden. Mitunter ist es auch der Zwang, sich anderen erklären zu müssen, der solche Rationalisierung bewirkt.

So unerheblich auch der primäre Einfluß der Vernunft auf den Menschen sein mag und wie ohnmächtig auch immer er seinen Emotionen und unbewußten Antrieben ausgesetzt ist, immerhin wird er durch diesen kleinen Unterschied zum Menschen. Hier ist er offen. Und durch diese Öffnung hindurch wird er manipulierbar. Sicherlich ist auch ein Tier beeinflußbar. Auch ein Tier kann durch intrasozietäre Dressur dazu gebracht werden, nicht seinen eigenen Nutzen, sondern den seiner »Gesellschaft« (etwa seiner Herde, seines Rudels...) in seinem Handeln anzustreben. So ist jedes gesellig lebende Tier sicher in seinem Verhalten auch »überich-geleitet«. Für den Menschen aber ist typisch, daß wegen der fehlenden Verhaltenssicherheit aufgrund angeborener Muster eine Konfliktsituation zwischen Triebstruktur und Gesellschaft, zwischen Es und Überich vorprogrammiert ist.

Dieser typisch menschliche Konflikt kann nun mehr oder weniger menschlich gelöst werden. Menschlich wird er gelöst durch den Auf- und Ausbau einer koordinierenden und kontrollierenden Ich-Instanz. Weniger menschlich wird er gelöst durch die Übernahme einer kollektiven Mitte, eines kollektiven Überichs, das zwar die Triebansprüche mit denen der Gesellschaft koordiniert, aber nicht kontrolliert. Für den Menschen mit geringer Ich-Orientierung wird also die gesellschaftliche Außensteuerung zum existentiellen Bedürfnis. Manipulatorische Absicht wird zur edukatorischen Notwendigkeit. Alle diese Mechanismen, die eine Gruppe ausbilden kann, um den einzelnen zu beherrschen, dienen ihm zugleich. Ihm, der durch ein kollektives Über-Ich als Ich-Ersatz einigermaßen konfliktfrei leben kann.

Die folgenden Überlegungen dieses Teils sind also zwar durchaus in sozialkritischer Absicht geschrieben, wollen aber nicht unbedingt Manipulation oder die Verwendung manipulatorischer Techniken verteufeln, denn sie sind für nicht wenige Menschen notwendige Regulative und vermitteln nicht selten durchaus brauchbare Orientierungen und Normierungen.

Im Erwerb des Geistes und der damit verbundenen Zwangslage, sich stärker außengeleitet zu orientieren, ist ebenfalls der Grund gelegt für die unglaubliche Anpassungsfähigkeit des Menschen an alle möglichen kosmischen und sozialen Situationen. Er ist nicht – oder nur beschränkt – fixiert auf die Existenz *bestimmter* Außenreize, um leben zu können. Vermutlich ist nur die Angewiesenheit auf eine Sozialwelt unaufgebbar. Alles andere kann ersetzt, ausgetauscht werden oder lange Zeit auch fehlen. In dieser Welt entwickelte der Mensch eine Reihe von Verhaltensmustern, die wir zu Recht als »Tugenden« bezeichnen können, da sie allein die destruktive Ag-

gressivität, die dem extremen Konfliktwesen (gemeint ist der Konflikt zwischen Trieb und Gesellschaft) Mensch zu eigen ist, dämpft. Es scheint mir, daß der Mensch weniger ein denkender Raubaffe, als ein kämpferisches Lebewesen ist, dessen zerstörerischer Kampfgeist nur mühsam durch innere und äußere Einrichtungen gezügelt werden kann.
Wer an die Herrschaft der Vernunft glaubt und die Geschichte der Menschen kennt, ist entweder perfekt im Rationalisieren oder ein weltfremder Tagträumer. Wenn wir ehrlich sind, müssen wir uns sagen, daß Vernunft oder Religion, Einsicht oder guter Wille noch niemals Geschichte gemacht haben, sondern vielmehr die unter diesen liegenden sehr viel stärkeren halbanimalischen unbewußten (besser: unterbewußten) Antriebe und Emotionen.
Dennoch will ich nicht unbedingt die Ohnmacht der »Tugenden« behaupten. Sie sind zwar statistisch ohnmächtig. Und überall, wo der Mensch in Masse auftritt, sind sie kaum zu bemerken (wie ja Geschichte immer Ergebnis wenigstens der »vollziehenden Masse« ist und von ihr *gemacht* wird, selbst, wenn sie ein einzelner planen sollte, der auch immer unter dem Spruch und Anspruch eines kollektiven Über-Ich steht). Doch den einzelnen und sein Bewußtsein von Welt, von Gesellschaft und Geschichte können »Tugenden« prägen. Die Menschheit wird vermutlich niemals so etwas wie eine kollektive Vernunft ausbilden und also unvernünftig bleiben, doch der einzelne kann gegen alle Widervernunft und Unvernunft des Kollektivs vernünftig sein.
Die Proklamation der kollektiven Vernunft durch den Marxismus hat keineswegs mehr Humanität und Rationalität in die geschichtlichen Abläufe gebracht. Ob eine offene Kommunikationsgemeinschaft aller beteiligten Wissenschaftler so etwas wie kollektive Vernünftigkeit wird begründen können, bezweifle ich. Allenfalls wird es möglich sein, in diesen theoretischen Räumen die individuellen Versuche vernünftig zu sein, zu einer Einheit zu integrieren, die dem Anspruch von kollektiver Vernunft in etwa nahekommen kann. Die allgemeine Integrierbarkeit der *praktischen* Vernunft zu einer kollektiven mögen Schwärmer und Rationalisten verschiedenster Herkunft für möglich halten. Ich bin der Ansicht, daß sich die Vernünftigkeit der Masse wegen der widerstrebenden Tendenzen in wesentlichen Punkten auf Null hintendiert, also hin auf eine kollektive Unvernunft.
In der intrasozietären Manipulation manipuliert also ein an sich unvernünftiges Etwas (die Sozietät) über Mechanismen, die den instinkthaften der Tiere nicht ganz unähnlich sind, ein an sich vernünftiges Etwas. Hier ist der Konflikt zwischen der kollektiven Unvernunft und der individuellen Vernunft programmiert, ein Konflikt, der auf höherer Stufe das wiederholt, was ich als vorprogrammierten Konflikt zwischen Es und Überich schon

beschrieben habe. Dieser Konflikt ist um so tragischer, als
wegen der grundsätzlichen Sozialität des Menschen unverme
zum anderen kein Mensch ein zureichendes Instrumentar bes
zulösen. Dieser Konflikt ist der eigentlich menschliche. Die g
Tragödien wissen um diesen Konflikt. Hier spielt blindes, w
weichliches Schicksal oft tragisches Spiel.
Nun nannte ich einige »Tugenden«, die aus diesem tragischen Konflikt geboren, ihn doch mindern lassen, wenn sie als Grundhaltungen gelebt werden (können). Es sind dies vor allem die menschlichen (vom Christentum religiös erhobenen und teils neu interpretierten zentralen) Tugenden: Glauben, Hoffen und Lieben.
Glauben läßt einen Menschen etwas für wahr halten, weil es ein anderer sagt oder gesagt hat. Zweifelsfrei ist menschliches Beisammen ohne Glauben nicht möglich. Und Glauben ist nicht nur deshalb vernünftig, sondern auch, weil wir alle alltäglich erfahren, daß wir glauben dürfen. Wir erfahren, daß wir anderen Menschen vertrauen können, und daß wir selten Grund haben, unser Vertrauen zurückzuziehen.
Sicherlich gibt es Menschen, die nicht vertrauen können, deren Urvertrauen (das im ersten Lebensjahr grundgelegt wird) gebrochen und in Urmißtrauen verwandelt wurde. Nun mag es aufs erste scheinen, daß Menschen, die nicht vertrauen und somit auch nicht glauben können, sehr viel schwerer manipulierbar seien als jene, die glaubend vertrauen, daß sie niemand ohne Grund belügen oder betrügen werde. Tatsächlich ist aber der Mißtrauische sehr viel leichter zu manipulieren. Man braucht nur sein leicht zu weckendes Mißtrauen anzusprechen. Schon wird er aus der Haltung des Mißtrauens heraus ganz das tun, was der Manipulateur von ihm erwartet. Dazu kommt die Schwierigkeit des Ungläubigen, sich zu sozialisieren. Sein Mißtrauen wird jeder Bindung skeptisch gegenüberstehen. Das aber führt leicht zu einer Ungleichgewichtigkeit zuungunsten der Sozialität, d. h. der Ungläubige ist ähnlich leicht zu manipulieren wie der Egozentriker, wenn er nicht gar in der Egozentrik sein endgültiges Schicksal findet.
Ähnlich leicht ist jedoch auch der Leichtgläubige zu manipulieren. Leichtgläubigkeit stellt sich immer da ein, wo eine starke kollektive Überich-Komponente teils integriert wurde und die Ich-Bindung nur unzureichend gelang. Auch solche Menschen sind, ihrer mangelnden Kritikfähigkeit wegen, leicht zu beeinflussen.
Hoffen ist die Tugend, die im Zukünftig positive Inhalte ansiedelt und im konkreten Lebensvollzug anzugehen versucht. Sicher ist Hoffen auch immer mit dem Fürchten verbunden, daß das Erhoffte nicht wirklich wird. Der Hoffende befreit sich soweit als irgend möglich von den Trennungsängsten (als Projektionen der Todesangst), insofern er jenseits von jeder

...rennung positive Inhalte sieht. Der Hoffende wird also nicht allen möglichen kollektiven Angeboten (die oft in manipulierender Absicht an ihn herangetragen werden), ihn von seinen Ängsten zu befreien, erliegen. Er hat zureichende Abwehrkräfte, die kollektive Unvernunft singulär zu überwinden, und kann wenigstens seiner eigenen Geschichte Sinn geben.
Selbstverständlich gibt es auch Angebote kollektiver Hoffnung (wie im Marxismus), die alle jene gern akzeptieren, die nicht die Kraft haben, ichgeleitet sich eigene individuelle Orientierungen (in denen soziale Elemente sicherlich eine erhebliche Rolle spielen sollen) in Zukunft zu geben. Hier wird eine Tugend manipulierend mißbraucht (ähnlich wie die des Glaubens beim Leichtgläubigen).
Doch noch leichter ist der Hoffnungslose zu manipulieren. Es gab schon mehrmals in der Geschichte Europas Denkansätze, die das Hoffen aus dem Bereich menschlicher Vollzüge verbannen wollten, weil sie im Festschreiben von Zielen die konkreten Freiheitsräume des Menschen unnötig beschränke. Doch der Hoffnungslose geht nicht fortschreitend auf ein Ziel in die Zukunft, sondern taumelt wie ein Schlafwandler ziellos und letzlich auch zwecklos einher. Man mag sich darüber streiten, ob der eine oder der andere freier ist. Kaum zu bezweifeln ist aber, daß das Schlafwandeln nicht gerade die menschlichste Form des Fortschreitens ist (obschon manche aus den Schulen des Liberalismus ähnliches voraussetzen). Schlafwandler sind, wie alle Menschen ohne Ziel, leicht von außen zu beeinflussen.
Das *Lieben* endlich ist die Tugend, gemeinsam miteinander einen Weg zu gehen ohne die fremde Individualität des andern irgendwie unterdrücken oder ummodeln zu wollen. Liebe ist also der Manipulation gerade entgegengesetzt. Sie will und sucht das Zusammen, doch ohne den anderen zum eigenen Nutzen beeinflussen zu wollen. Die Absichtlosigkeit der Liebe macht sie zum Ausdruck und zur Verwirklichung höchster menschlicher Freiheit, denn sie weiß von keinem Zwang. Der Liebende wird stets auch gläubig Vertrauender und Hoffender sein.
Er übt im Lieben nicht nur nicht sozial Zwänge aus und überwindet die an ihn gerichteten manipulierenden Adressen, sondern ist auch frei von Emotionen wie Haß, Neid, Mißgunst. Er schafft sich somit die optimalen sozialen und psychischen Freiräume.
Psychische Erkrankung läßt sich recht bestimmen als psychische Unfreiheit oder – und das scheint mir dem zu entsprechen – als psychisch bedingte Unfähigkeit zu lieben. Ich will hier keineswegs behaupten, daß Liebe und Glück eng miteinander befreundet sein müßten. Es gibt auch ein unglückliches, gar ein leidendes Lieben, aber selbst dieses ist trotz erfahrener innerer Bedrängung noch freiheitsschaffender, als jeder Haß es sein könnte.
Vor allem aber reguliert das Lieben das reiche destruktiv-aggressive Po-

tential des Menschen in sozialer Bindung, das – lieblos – stets irgendwie als zwangshaft empfunden wird, und das so destruktives Potential freisetzen kann.

Ich habe von Glaube, Hoffnung und Liebe als Emotionen gesprochen. Hier sind sie keineswegs als *bloße* Emotionen verstanden, obschon sie ihren psychischen Ursprung im Emotionalen haben. Als »Tugenden« stehen diese zu Haltungen gewandelten und gleichsam erhöhten Emotionen im transemotionalen, ebenso aber auch im transrationalen Bereich. Sie sind stimmende Haltungen, die den ganzen Menschen beanspruchen und sein Verhältnis nicht nur zur Welt der Sachen, sondern auch zu der der Personen und vor allem auch zu sich selbst bestimmen. In ihnen können sich konkret Rationalität und Emotionalität wie Antrieb zu einer humanen Einheit zusammen realisieren.

Diese »Tugenden« erlauben zugleich in einer notwendig auf Manipulation mit aufgebauten sozialen Struktur, der mit jeder Manipulation gegebenen Gefahr der *Selbstentwicklung* zu entgehen. »Selbstentwicklung« meint einen Zustand oder einen Prozess, in dem sich die menschliche Person nicht mehr oder zunehmend weniger selbst wirklich ist. Somit steht der Selbstentwirklichung die Selbstverwirklichung diametral entgegen. Die genannten Haltungen sind, wenn sie zu Grundhaltungen geworden sind, wesentlicher Ausdruck des realisierten Selbst. Hier sollen noch wenige Gedanken erwähnt werden über das Problem der Selbstentwirklichung in einer sozialen Welt, die wesentlich gründet auf der Beeinflussung des Verhaltens anderer gegen deren Nutzen oder auf der Beeinflussung des eigenen Verhaltens durch andere zu deren Nutzen in ihrem Bestand.

Die Wirklichkeit des Selbst (d. h. der integrierten Persönlichkeit, die ohne Konflikte von Bewußtem und Unbewußtem ihre »Außenbeziehungen« regelt) wird immer dann geschwächt, wenn die sozialen Beziehungen diese Wirklichkeit nicht stützen, sondern relativieren. Dabei meint »Wirklichkeit« die Summe aller sicheren und zweifelsfrei gewissen Überzeugungsinhalte des Menschen. (Im Gegensatz zur »Realität«, die von der Summe aller möglichen wahren Sätze bezeichnet wird.) Der Raum der Sicherheiten und Gewißheiten wird im Prozeß der Selbstentwirklichung meist sozial entleert und relativiert, so daß man in gewissem Sinn von Selbstentleerung und Selbstrelativierung sprechen könnte. Manche moderne Gruppentheorie und -praxis (etwa in vielen Denominationen der sogenannten »Gruppendynamik«) hat solche Selbstentwirklichungen zum allgemeinen Grundsatz ihrer manipulatorischen Technik (zumeist edukatorisch rationalisiert) gemacht. Die Selbstschwächung wird zu einem Ideal in einer Gesellschaft, in der Anpassung erhebliche Selektionsvorteile (vor allem berufliche und soziale) mit sich bringt.

Die soziale Anpassung (im Sinne einer Gleichschaltung und nicht im Sinne von sozialer Orientierungsfähigkeit oder der Realisation der eigenen Sozialität verstanden) ist aber nahezu immer mit Selbstentwirklichung verbunden. Das schwache oder geschwächte Selbst ist vor allem in seiner Gesellschaftsabhängigkeit, die sich bis zur Gruppenhörigkeit steigern kann, stets ein leicht zu manipulierendes Selbst. Diese Manipulation ist um so problematischer, als sie nicht die Peripherie der Person trifft, sondern eben die Mitte, das Selbst. Manipulatorisch kann vorgeschrieben werden etwa eine bestimmte Form der Integration von Sexualität oder Religiosität, der Emotionalität oder Sozialität. Die Selbstentwirklichung setzt zwar so etwas wie eine Selbstfindung voraus, führt jedoch nicht zur Verwirklichung dieses Selbst, sondern zu dessen Entleerung und Entfremdung.

Besonders häufig setzen die manipulatorischen Techniken an den drei entscheidenden Punkten an, deren Ausbildung und Entfaltung zur Selbstfindung und -bildung unaufgebbar nötig zu sein scheint: Vertrauen, Autonomie und Initiative. Vorausgesetzt, diese drei Grundfähigkeiten der menschlichen Persönlichkeit sind durch rechte Bildung in den ersten fünf Lebensjahren zureichend entfaltet worden, besteht oft der Zwang – vor allem in der ferneren Bildung – diese Grundfähigkeiten nur zur beschränkten – sozial wünschenswerten – Realisierung zu führen. Dabei bedeutet das »Sozial-Wünschenswert« stets »erwünscht von den bestehenden sozialen Strukturen«.

Die Entfaltung von *Vertrauen* wird also etwa beschränkt auf ein Vertrauen, das sich auf die Mitglieder der bestehenden Sozialgebilde, in die ein Mensch hineinsozialisiert wurde, oder auf ein Vertrauen – jetzt nach Art eines fast blinden Urvertrauens – gegenüber dem Sozialgebilde selbst richtet. Sollte ein Bürger (im strengen Sinn des Wortes) der BR Deutschland etwa Leonid Breschnew oder gar der UdSSR als Ganzer vertrauen, wird er bald als outcast (wenn nicht gar als outlaw) behandelt werden.

Ähnliches gilt auch für die Schwächung und von außen besorgte Orientierung der *Autonomie*. Autonomie wird solange akzeptiert, als sie sich in den Dienst der Sozietäten stellt. Die Autonomie des eigenen Urteils, die sich keineswegs den »herrschenden Meinungen«, den »allgemeinen Überzeugungen«, dem »common sense« unterwirft, wird in vergesellschafteten oder gar in vermaßten Sozietäten, die Rationalität allenfalls nach innen zulassen, kaum geduldet. Hier hat die bürgerliche Toleranz ihre repressiv geschützten Grenzen. Käme etwa ein Bürger der BR Deutschland zu der Ansicht, daß Israel ein verurteilenswerter Aggressor sei oder der Marxismus ein geringeres Übel als der Liberalismus, dann würde er sich diese Meinung gegen die »Allgemeinheit« seiner Mitbürger gebildet haben. Das mag gutgehen, solange er seine Meinung verschweigt. Sagt er sie aber, wird man ihn

entweder aggressiv attackieren oder gar gesellschaftlich ausstoßen. Die Allgemeinheit herrscht. Sie beherrscht auch die Autonomie.
Die Zwangsherrschaft der Allgemeinheit über die Autonomie der Person mag zwar verbal gerade von liberal Denkenden geleugnet werden, ist aber immerhin so erheblich, daß nahezu die gesamte Presse der Bundesrepublik ganze Informationsbereiche ausspart oder selektiv darstellt oder gar verstellt. Das gilt etwa im Bereich der Berichterstattung über sogenannte »anarchistische Umtriebe« oder der Fragen, die Israel betreffen. Hier wird die Meinung der Allgemeinheit durch allgemeine Unsicherheit oder ein allgemeines Schuldgefühl, das von Israel zudem noch mehr oder minder offen bewußt geschürt wird (– in manipulatorischer Absicht natürlich –), bestimmt. Wer sich zu solchen Themen einigermaßen zutreffend unterrichten will, ist auf schweizerische oder französische Zeitungen (und beschränkt auch englische) angewiesen. Da nun aber nicht nur die Freiheit der Presse, sondern auch die Freiheit der Meinungsäußerung, die theoretisch im Grundgesetz (Art. 5) garantiert werden, Basis jeder Demokratie sind, kann man schon einmal nachdenken über die Reife der bundesdeutschen Demokratie. Aber auch das ist ein Tabu. Darüber spricht »man« nicht, wenn man nicht als Nestbeschmutzer tätig werden will.
Zum dritten wird endlich auch die Entfaltung der *Initiative* kanalisiert und gelenkt. Initiativ werden darf man nur, solange es die bestehende Ordnung nicht in Frage stellt. Ordnungskonflikte werden stets als destruktive Konflikte behandelt, wenn eine Sozietät ihrer selbst nicht sicher ist. So kann es dazu kommen, daß man nur als Bundestagsabgeordneter die Änderung des Grundgesetzes betreiben darf, nicht aber als normaler Bürger. Diese, obzwar einseitige Interpretation des »Radikalenerlasses« der Bundesregierung ist dennoch vorherrschend. Und die politische Polizei interessiert sich für jeden, der etwas gegen die augenblickliche Fassung des Grundgesetzes (nach der 34. Änderung – Stand Ende 1976 –) hat. Der einzige unverdächtige Änderungswunsch betrifft die Wiedereinführung der Todesstrafe (gegen Art. 102 GG).
In allen anderen Bereichen darf man allenfalls Meinungsautonomie entfalten, nicht jedoch initiativ werden.
Beschränkung und Kanalisierung von Vertrauen, Autonomie und Initiative führen aber zu deren endlicher Verkümmerung und Verarmung und damit zu einer mehr oder weniger schleichenden Selbstentwirklichung. Wesentliche Vollzüge des sich realisierenden Selbst werden kastriert oder doch kupiert. Ganz offensichtlich ist solche Begrenzung von Vertrauen, Autonomie und Initiative im allgemeinen manipulatorisch. Zumeist manipuliert hier eine Gruppe (oder Gesellschaft) ein ihr zugehörendes oder auch ein außenstehendes Individuum.

Mit der fatalen Stärkung der sozietären Identität eines Menschen geht Hand in Hand zumeist eine Schwächung der Identität der Sozietät. Nur eine schwache Gesellschaft, die ihre eigene Identität noch nicht gefunden oder wieder verloren hat, ist in erheblichem Maße an gängelnder intrasozietärer Manipulation interessiert. Im politischen Raum bieten sich hier etwa die Staatsvölker vieler Ostblockländer an, die im marxistischen Denkraum noch nicht wieder ihre Identität gefunden haben, aber auch das Staatsvolk in der BR Deutschland, das nach dem Zusammenbruch des Hitlerreiches noch nicht zu seiner Identität fand (was anfangs auch gezielt vermieden wurde, um die Einheit der beiden Deutschland bewußt zu halten). Die völkische Identitätsschwäche kann sich sehr verschieden zeigen. Immer aber demonstriert sie sich in der Unfähigkeit, vernünftig mit outcasts umzugehen. Die Radikalenhysterie ist ebenso ein Zeichen von mangelnder Identität wie die Empfindlichkeit gegenüber Kritik von innen oder außen.

Eine Sozietät kann sich nun an die Verwendung manipulatorischer Techniken zur »Disziplinierung« ihrer Mitglieder so gewöhnen, daß sie keinerlei Bedürfnisse mehr verspürt, davon zu lassen. Manipulation wird zur Institution – und zwar zur systemerhaltenden und für den Systembestand zwingend notwendigen. Da die Tendenz zu Verwendung manipulatorischer Techniken eher zunimmt als schwindet, wenn eine Sozietät, die nicht zur Identität mit sich selbst gefunden hat, sie verwendet, kann es zur *Diktatur* kommen.

Man kann eine Diktatur durchaus bestimmen als ein staatliches und politisches System, in dem konstante manipulatorische Techniken zur Disziplinierung der Untertanen verwendet werden, bei wachsender Tendenz der manipulierenden Einflüsse. Gegen solche Diktaturen gibt es nur ein Rezept, sieht man einmal von ihrer Beseitigung durch äußere politische Feinde ab: die Revolution. Hier hat sie ihren legitimen Ort. Hier verbinden sich Autonomie und Initiative zur verantworteten Einheit gegenüber einer zur Tyrannis entarteten manipulierten Welt.

Der Teufelskreis der Manipulation wird gerade leicht dann in Gang gesetzt, wenn die fehlende Identität deutlich erfahren wird. Da aber mit wachsender Manipulation und dem damit verbundenen inneren Widerstand der »Bürger« die Identität eines Sozialgebildes mit sich selbst weiter in Frage gestellt wird, hilft nur der Einsatz zunehmend kräftigerer Dosen dieses – für die Mächtigen – verführerischen süßen Gifts: Manipulation. Die Selbstentwirklichung der Sozietät hat begonnen.

2. ABSCHNITT

Die wichtigsten Regeln der Menschenbeeinflussung

Nach unserem erneuten Ausflug in die Anthropologie und vor der Darstellung einiger Manipulationstypen (verstanden als typische Manipulationsfelder) seien einige inzwischen schon klassische Regeln der Menschenbeeinflussung genannt* und erläutert. Da jede Manipulation eine Art der Verhaltens- und damit Menschenbeeinflussung ist, spiegeln die hier erwähnten Regeln auch die wichtigsten Grundregeln der Manipulation wider. Sie sind gleichsam die Grundlagen manipulatorischer Techniken von ihrer *objektiven* Seite her betrachtet. Von ihrer *subjektiven* her habe ich sie versucht im ersten Teil darzulegen.

1. Regel: Die Beeinflussung soll einem bestehenden Bedürfnis entsprechen.
Die Befriedigung eines bestehenden Bedürfnisses wird stets lustvoll erlebt, sei es nun ein Bedürfnis der Selbstverwirklichung oder Selbstentwirklichung. Das Streben nach Lusterfüllung bedeutet das Streben nach möglichst unmittelbarer Erfüllung von Triebansprüchen. Das kann geschehen, indem das Triebziel erreicht wird, oder in entsprechenden Vorstellungen. Das Bedürfnis ist ein Zustand, der sich durch ein Gefühl des Begehrens nach etwas (etwa einer Handlung, einer Sache, einer Vorstellung, einem Erlebnis...) oder im Wunsch nach Vollzug einer bestimmten Klasse von Handlungen äußert (etwa Wutausbrüchen, sexuellen Handlungen... Leistung). Jeder Mensch steht unter dem Anspruch von Bedürfnissen, angefangen von physischen (wie Hunger, Durst, Sex) bis hin zu den Selbstbedürfnissen (Selbstverwirklichung, Selbstentwirklichung). Die Fülle der Bedürfnisse macht es meist nicht schwer, erfolgreich ein Bedürfnis anzusprechen und seine Befriedigung zu versprechen. Über diese Mechanismen laufen alle Formen der Fremdbeeinflussung eines Menschen und daher auch die Manipulation. (Ob die Selbstbeeinflussung eines Menschen auch gegen jede Bedürfnisbefriedigung laufen kann, will ich nicht entscheiden, da ich ausschließlich über Außenbeeinflussungen handle.)
Bedürfniskataloge sind schon verschiedentlich erstellt und die einzelnen Bedürfnisse auf ihren Motivationswert untersucht worden. Ich möchte

---
* Vgl. D. Krech und R. S. Crutchfield, Theory and Problems of Social Psychology, New York (McGraw-Hill) 1948.

mich nicht in extenso noch einmal dieser Frage stellen.* Hier seien nur einige Bedürfnistypen vorgestellt, die für die Manipulation von einiger Wichtigkeit sind. Wir unterscheiden:
- physiologische Bedürfnisse (Nahrung, Trinken, Schlaf, Sex, Eigenrevier...),
- Sicherheitsbedürfnisse (Geborgenheit, Schutz vor Gefahren, Sicherheit vor unvorhersehbaren Unannehmlichkeiten, Schutz in Krankheit und Alter...),
- Sozialbedürfnisse (Eingliederung in wenigstens eine Primärgruppe, Autonomie, Initiative, Rückzugsgebiet vor sozialer Inanspruchnahme...),
- Anerkennungsbedürfnisse (Lob, Achtung, »Etwas-zu-sagen-Haben«, Aufstieg in einer sozialen Rolle...),
- Selbstbedürfnisse (Selbstachtung, Selbsterfüllung oder Selbstverwirklichung und Selbstentwicklung).

Über alle diese Bedürfnisse ist ein Mensch zu manipulieren. Ist ein Bedürfnis jedoch befriedigt, ist es wenigstens für die Dauer der Erfahrung der Befriedigung keine unmittelbar mögliche Quelle der Beeinflussung.
Liegt kein Bedürfnis vor, über das konkrete Manipulationsabsicht sich realisieren ließe, kann der Manipulierende versuchen, ein Bedürfnis zu wecken. Die Bedürfnisweckung kann in verschiedener Weise vor sich gehen:
- Ein latentes (im Augenblick nicht im Mittelpunkt des Interesses stehendes) Bedürfnis kann wachgerufen werden. So kann man sich beim Anblick von Speisen seines Hungers »erinnern« und selbst hungrig werden.
- Ein unbewußtes Bedürfnis kann bewußt gemacht werden. So kann ein unbewußtes Bedürfnis nach Zuwendung durch den Anblick sich liebender Menschen bewußt werden.
- Ein nicht vorhandenes Bedürfnis kann suggeriert werden. Besteht etwa kein Bedürfnis an einer antikapitalistischen Kampagne, kann der Manipulierende durch gezielt einseitige Informationen über objektive Systemmängel, die an und für sich relativ unerheblich sind, ihre Erheblichkeit durch einseitige oder unvollständige Berichterstattung so sehr aufbauschen, daß ein Bedürfnis an einer antikapitalistischen Aktion (etwa an einem Streik) geweckt wird.
- Ein schwaches Bedürfnis kann verstärkt werden. Ist ein Arbeiter an seinem Arbeitsplatz relativ zufrieden, kann man durch ständiges Aufzählen von Mängeln die schwach vorhandene Unzufriedenheit steigern und das Bedürfnis nach Änderung wecken.
- Ein vorhandenes und erfahrenes Bedürfnis kann umorientiert werden. Ist

---
* Vgl. H. Thomae (Hrsg.), Handbuch der Psychologie II, 1965.

etwa ein Arbeiter unzufrieden über die Arbeitsbedingungen, kann man durch geschickte Argumente die Unzufriedenheit etwa auf die Entlohnung umlenken.

Diese Manipulation *am* Bedürfnis selbst wird dann die Voraussetzung der Manipulation *über* das Bedürfnis. Vor allem im Bereich der Werbung hat sich die Methode der Bedürfnisweckung in fast wissenschaftlicher Weise objektiviert.

2. Regel: Die Beeinflussung soll eine mehrdeutige Situation klären.
Mehrdeutige Situationen werden von den meisten Menschen als Krisen empfunden. Es ist nicht mehr deutlich, wie es weitergehen soll. Genauer: Es bieten sich mehrere Möglichkeiten an, die Zukunft zu gestalten, die alle insgesamt nicht sonderlich positiv bewertet werden. Das mag seinen Grund darin haben, daß sie tatsächlich nicht positiv gewertet werden können. Öfters aber noch ist die Sicherheit, die das Bestehende gibt, der maßgebliche Ratgeber und führt zu einer Desorientierung gegenüber der Zukunft. Mehrdeutigkeit belastet, während Eindeutigkeit entlastet. Fast alle Menschen streben aus dem labilen Zustand der Mehrdeutigkeit in den (zumindest scheinbar) stabilen der Eindeutigkeit. Ist der Manipulierende nun in der Lage, etwa durch eine einleuchtende Interpretation der Gegenwart, eine eindeutige Lösung der Probleme anzubieten, die zur Krise geführt haben, wird man ihm mit Sicherheit folgen, wenn es ihm nur gelingt:
● andere Alternativen als minderwertig zu denunzieren,
● konkurrierende Analysen als unzutreffend zu behaupten,
● das Krisenbewußtsein zu steigern,
● die Repräsentanten des bestehenden Zustands als überlebt zu karikieren.

Gibt es keine Krise, kann sie von dem geschickt agierenden Manipulator herbeigeredet werden. Der Manipulator weiß um die praktische Bedeutung des Thomasschen Theorems:

> Situations which men define as real, are real in their consequences, applics with equal force to the realm of ideas. As long as men live by what they belief to be so, their beliefs are real in their consequences. *(W. I. Thomas, The Child in America, New York 1928, 572)*

Man kann also so ziemlich alle denkbaren Mehrdeutigkeiten und Krisen herbeireden, und sie werden wirklich, wenn nur genug Menschen an ihre Wirklichkeit glauben.
Der Versuch der Manipulation über die Schaffung und scheinbare Klärung mehrdeutiger Situationen gehört zum Standardrepertoire eines jeden Revolutionärs. Es gibt in Osteuropa sogar Schulen, die die Einzelheiten solcher

manipulatorischer Techniken lehren. Es wäre nun völlig falsch, deren Unwirksamkeit zu behaupten. Und gefährlich dazu.

3. Regel: Die Beeinflussung soll bestehenden Einstellungen entgegenkommen.
Man kann nur etwas akzeptieren, das man zu verstehen meint. Verstehen aber setzt eine gewisse Bekanntheit des Verstandenen schon voraus. So kann eine Antwort nur verstanden werden, wenn die Frage, die sie beantwortet, bekannt ist und verstanden wurde (also eine »eigene Frage« ist). Im Verstehen geschieht die Überlagerung und, wenigstens vorübergehende, Verschmelzung von Teilen zweier Lebenswelten. Haben zwei Lebenswelten keinen gemeinsamen Durchschnitt, wird Verstehen niemals zustande kommen. Will ich also jemandem meine Meinung so vortragen, daß sie auch für ihn akzeptabel wird, muß ich zunächst einmal gemeinsame Interessen, Kenntnisse, Erwartungen, Einstellungen ansprechen. Ist dies geschehen, ist Kommunikation auf *einer* Ebene möglich (und nur solche Kommunikation verdient ihren Namen, denn eine versuchte Interaktion auf verschiedenen Ebenen wird zu keiner Begegnung führen, sondern allenfalls zum Anschein einer solchen, wenn man genug Raum hat zur perspektivischen Verzerrung).
Manipulation wird also stets an etwas »Bekanntem« (sei es bewußt oder nicht) anknüpfen, wird gemeinsame Interessen, Kenntnisse, Erwartungen, Stimmungen, Einstellungen betonen und hervorheben. Das stellt einige Anforderungen an den geistigen Horizont des Manipulierenden, der sich recht gut in Fremdpositionen einfühlen können muß. Er muß versuchen, durch das Tor seines Opfers einzugehen, um es zum eigenen hinauszuführen. So kann ein Marxist, um die Sympathie eines Christen zu gewinnen, auf die gemeinsamen sozialen Ideale verweisen, um aber die Zuwendung eines Atheisten zu erlangen, auf den eigenen Agnostizismus.
Wer Bekanntem begegnet, fühlt sich eher verstanden, eher heimisch, als in der Begegnung mit Fremdem. Wer manipulatorisch Neues einbringen will, wird also im Regelfall dieses Neue an Bekanntes, Vertrautes anlagern, oder das Neue in alter Verpackung anbieten, oder gar Neues mit Altem so vermischen, daß das Neue als bloß veränderte Version des Alten, als zeitgenössische Ausdrucksform des Alten vielleicht, erscheint. Die Maskierung der manipulatorisch eingebrachten Interessen, Stimmungen, Ansichten, Theorien, Interpretationen, Stimmungen gehört zur hohen Kunst der Manipulation. Im vollendeten Zustand wird der Manipulierte nicht einmal merken, daß ihm hier etwa Unheimliches, Unheimisches, Fremdes geboten wird, sondern wird freudig das gewohnte Lamm akzeptieren, ohne auch nur zu ahnen, daß hier ein Wolf sich märchenhaft verkleidete.

4. Regel: Die Beeinflussung betont die positiven Seiten der angebotenen Inhalte.
Dieser Trick ist nun so trivial, daß er kaum noch der Erwähnung bedarf. Es handelt sich um die Unwahrheit durch Auslassungen. Ein an sich richtig dargestellter Tatbestand wird verfälscht, indem wesentliche Momente, die den Tatbestand mit ausmachen und keineswegs selbstverständlich sind, verschwiegen werden. Kaum jemand wird einer »Werbung« begegnen, die nicht über die Technik des Verschweigens wirbt: sei es, daß ein Junge um ein Mädchen, eine Likörfabrik um Kunden, die Bundeswehr um Freiwillige wirbt.

5. Regel: Die Beeinflussung zielt auf eine attraktive Sache, die, wenn sie akzeptiert wird, weniger attraktive in Kauf zu nehmen nötigt.
Wenn eine Sache sehr schätzenswert zu sein scheint, sind die meisten Menschen um des Besitzens dieser Sache willen auch bereit, Opfer zu bringen, d. h. die mit dem Erwerb oder dem Besitz der Sache verbundenen Unannehmlichkeiten in Kauf zu nehmen. Die Manipulation besteht nun darin, entweder die Bindung der beiden Aspekte einer Handlungsfolge zu verwischen oder aber die Nachteile des negativ empfundenen Folgeteils als unerheblich oder vernachlässigbar zu deklarieren.
So kann man etwa einen religiösen Menschen unter Umständen dazu bringen, in »diesem Leben« alle möglichen Nachteile in Kauf zu nehmen, weil ihm in der Entscheidung für eine bestimmte Ausdrucksform meist pseudoreligiöser Art zwar »dieses Leben« verbiestert, dafür aber »jenes« verschönert werde.
Hier macht sich der Manipulator einen üblen Trick zunutze: er spielt mit der Angst. Viele Menschen sind bereit, für »die Zukunft Opfer zu bringen«, da die vermeintliche Sicherheit einer besseren Zukunft die Angst vor der Zukunft mindert. Sie sind bereit, Belastungen auf sich zu nehmen, wenn nur damit die Zukunft entlastet wird (»Da habe ich das Unangenehme schon mal hinter mir!«). Das gilt keineswegs nur für jene Kleinbürger, die sich beim Essen einen guten Happen bis zuletzt aufheben.
In diesem Kontext spricht man mitunter von »indirekter Propaganda«. Anstatt vorzuschlagen, in der BR Deutschland die Todesstrafe wieder einzuführen, kann der Manipulator auf die Solidarität mit Ländern wie Frankreich, in denen die Todesstrafe besteht, auf die Gefährdung der Demokratie durch mordende Anarchisten, auf die Gefährdung der eigenen Sicherheit durch Wiederholungstäter... hinweisen. Tut er das intensiv und gekonnt, wird ein Teil seiner Zuhörer schon von selbst darauf kommen, daß man all das vermeiden könne, wenn man nur die Todesstrafe wieder einführe. Daß sie dabei plumpen Tricks aufgesessen sind, werden wenige bemerken.

Der »harmlose Bürger« wird zu einer blutrünstigen Bestie, der nach dem Blut seines Mitmenschen, des sozial oder psychisch Kranken gar, verlangt. Er wird nicht einmal merken, daß zwischen verhängter Todesstrafe aus gleich welchen Gründen und der verhängten wegen Hexerei (die damals als Pakt mit dem Teufel der höchste Gipfel der Asozialität war) kein grundsätzlicher Unterschied besteht. Der Grad der Barbarei ist keineswegs geringer. So wird er denn lustvoll zu einem verspäteten Hexenverbrenner, zu einem Anachronismus, der im 20. das 17. Jahrhundert lebt.

Die indirekte Propaganda spricht also nicht aus, was sie will. Sie will zwar auch das, was sie ausspricht, aber dieses nicht um seiner selbst willen und bloß sekundär, oft eher zugelassen als gewollt. Die indirekte Propaganda ist ein klassischer Fall der Verführung durch das Wort (daneben gibt es auch eine Verführung durch Beispiele), das sich selbst nicht spricht, sondern durch andere sprechen läßt. Und das keineswegs immer nur im bildhaften Sinn. Nicht selten setzt der so Manipulierende nicht sein Wort ein, sondern das anderer, um zum Ziel zu kommen. Die Ansteckungskraft der politischen Verführung beruht mitunter auf diesem Mechanismus.

6. Regel: Die Beeinflussung spricht oft ein »Wir-Gefühl« an.
Es gibt mancherlei Wir-Gefühle:

- Solidaritätsgefühl,
- Liebe und Freundschaft,
- Nationalgefühl und Standesgefühl,
- Kameradschaft und Kumpanei,
- Gesellschaftsgefühle aus Zweckorientierungen (etwa das Zusammengehörigkeitsgefühl der Aktionäre einer AG, ausgelöst durch den verbindenden Wunsch nach optimalen Gewinnen)...

Das Ansprechen von Wir-Gefühlen wird immer dann besonders erfolgreich sein, wenn entweder die sozialen Bedürfnisse eines Menschen nicht befriedigt sind oder die Ich-Orientierung über eine Substitution durch die Orientierung mittels eines kollektiven Über-Ichs ersetzt wurde. Auch wenn die Zugehörigkeit die Befriedigung anderer (etwa materieller) Bedürfnisse verspricht, können leicht Wir-Bindungsgefühle ausgelöst werden.

Die über solche Beeinflussung agierende Manipulation kann sich sehr verschiedener Techniken bedienen:
- Sie kann das »Gewissen« ansprechen, das sagt, was »man« tut oder nicht tut. Die Bemerkung: »Die Bürger der Schweiz sind gründlich!« oder »Wir Deutsche sind fleißig!« kann zur Solidarisierung all derer führen, die als Schweizer die Gründlichkeit nicht emotional negativ besetzt haben oder als

Deutsche sich selbst für fleißiger halten als die Mitglieder anderer Völker. »Man ist als Deutscher eben fleißig!«
Ist aber einmal ein gewisses Zusammengehörigkeitsgefühl auf einer emotional als positiv bewerteten Ebene hergestellt, gehorcht die so solidarisierte Gruppe weitgehend gruppenpsychologischen Regeln und kann damit von außen relativ leicht gemeinsam beeinflußt werden. Doch auch die Solidarisierung auf einer emotional negativ besetzten Ebene kann zu Handlungsanforderungen in manipulatorischer Absicht ausgenützt werden. Appelle wie »Proletarier aller Länder vereinigt euch!« zu einer Zeit als es noch kein proletarisches Selbstbewußtsein gab, mögen das belegen.

- Sie kann ihre Inhalte um Prestigepersonen herum aufbauen, um so dem »Unterprivilegierten« das Gefühl zu geben, an dem Status der Prestigeperson irgendwie teilzuhaben. So werden Stars aus Sport und Schlager etwa zur Werbung eingesetzt. Was sie gebrauchen, kann nicht schlecht sein – und wenn ich es gebrauche, dann haben *wir* etwas gemeinsam.
- Sie kann sich auf »anerkannte« Spezialisten berufen. Das gilt vor allem für Manipulationen in Bereichen, die dem normalen Bürger undurchsichtig sind wie etwa die Makroökonomie, die Atomphysik oder die Medizin. Da kann man Autoritäten zitieren, um seine eigenen ökonomischen, technischen oder pharmazeutischen Interessen gut zu plazieren.
- Man kann aber auch einfach den Herdentrieb ansprechen. Das geschieht etwa unter Berufung auf statistische Werte oder, noch primitiver, auf »die meisten«. »Die meisten Frauen waschen mit...«. »Es ist statistisch erwiesen, daß die Quote der Erfolgreichen unter unseren Lesern überdurchschnittlich hoch ist.«...

Mitunter laufen solche Techniken über die Abteilungen für Public Relations von Firmen oder Regierungen, von Politikern oder Parteien. Hierzu gehören aber auch alle in manipulatorischer Absicht zustande gebrachten Sozialgefühle, die an negativere Regungen vieler Menschen anknüpfen. So lassen sich organisieren:

- kollektiver Haß,
- kollektive Verachtung,
- kollektive Überheblichkeit,
- kollektive Wut,
- kollektiver Neid,
- kollektive Habsucht...

Das ist möglich, weil ein Mensch in der Anonymität der Masse sich Emotionen »leistet«, die ihm ohne den Schutz der Masse, der Überich-Verbote wenigstens zeitweilig außer Kraft setzt, nicht einmal in den Sinn kämen.

Der Appell an »niedrige Instinkte« ist nicht unwirksam, wenn er an eine Masse, die ich schon als grundsätzlich unvernünftig vorgestellt habe, gerichtet wird. In der Anonymität der Masse werden unterdrückte Emotionen mobilisierbar. So gelang es etwa Hitler, kleinbürgerlichen Judenhaß und kleinbürgerliche Kommunistenfurcht zu organisieren und zur Masseneruption zu steigern.

Die Kollektivierung über Negativemotionen aber kann auch in harmloseren Situationen durchaus als Mittel zur Manipulierung des Bewußtseins verwendet werden. Wenn ein Redner einen Mitpolitiker »in der Luft zerreißt«, wird er, außer bei seinen eigenen Gegnern, sehr viel mehr an Sympathie gewinnen können, als wenn er einen Parteifreund lobt oder gar sich selbst verteidigt. Diese Taktik – etwa von Franz Josef Strauß verwendet – kann zwar recht lieblos sein, sichert aber bei Freunden starke Zustimmung und solidarisiert sie durch das Gefühl gemeinsamer Überlegenheit.

7. Regel: Die Beeinflussung entspricht den Regeln wirksamer Reizorganisation.

»Reiz« kann hier in doppelter Weise verstanden werden:
● Er ist jener Ausschnitt der Umwelt, bei dessen Veränderung den Graden und Arten der Veränderung entsprechende unterscheidbare Reaktionen erfolgen (sign stimulus).
● Er ist ein im Organismus angenommener oder beobachteter Vorgang, in dessen Folge ein bestimmtes Verhalten auftritt oder eingeleitet wird (drive stimulus).

In beiden Fällen können sich Reize zu Sequenzen organisieren, die zu besonders eindrucksvollen Reaktionen (responses) führen. So können sich Reize ähnlicher Art organisieren, es können unterschwellige (= nicht bewußt wahrgenommene) Reize zu lebhaften Reaktionen führen, es können bestimmte Muster figürlicher Art über verschiedene Reize aufgebaut werden, auf die ein Individuum der produzierten »Figur« entsprechend reagiert...

Hierher gehören etwa:
● Beeinflussung durch Wiederholung einer meist kurzen Sequenz. Das ständig wiederholte »Ceterum censeo Carthaginem esse delendam« (Im übrigen bin ich der Meinung, daß Karthago zerstört werden muß«) des älteren Cato führte die Römer zum 3. Punischen Krieg mit der nachfolgenden Zerstörung Karthagos (146 v. Chr.). – Die ständige Wiederholung einer unwahren Aussage kann sie zwar nicht »wahrer« machen, sehr wohl aber glaubwürdiger. Durch ständige Wiederholung gelang es etwa *K. Adenauer* im westdeutschen Raum eine Kommunistenfurcht zu erzeugen und damit mittelbar die K-Parteien bis zur Bedeutungslosigkeit zu schwächen.

- Beeinflussung durch »unterschwellige Werbung«.

Bei der unterschwelligen Werbung werden dem Umworbenen kurzzeitige Reize (etwa Bilder) dargeboten. Die Darbietungsdauer ist zu kurz, als daß das Bild bewußt wahrgenommen werden könnte. Dennoch aber wird es gesehen und setzt ganz die gleichen psychischen Mechanismen in Gang wie eine längerdauernde Reizsituation. Besonders deutlich werden die Reaktionen, wenn der unterschwellige Reiz in Abständen einige Male wiederholt wird. So führt das mehrmalige unterschwellige Einblenden einer Cola-Flasche in einen Spielfilm zu erhöhter Cola-Nachfrage während der Pause. In Deutschland ist solche unterschwellige Werbung aus kommerziellen Gründen (richterrechtlich) verboten.

- Ein Reiz führt zu einem Gestaltaufbau (etwa über meist unbewußte Assoziationen). So können etwa versteckte oder offene Sexualsymbole die Sexualität anregen und zu einer Ersatzbefriedigung führen im Konsum der mit dem Sexualsymbol assoziierten Waren. Es können aber auch etwa »Düfte« (Parfums) einen Reiz auslösen, der zu einem Aufbau einer »Gestalt« (etwa eines Sexualpartners) führt. Nicht selten geschieht solch ein Gestaltaufbau unbewußt. Meist wird er nur bei sehr dringlichem Befriedigungsbedürfnis oder sonstwie verursachter starker Ansprechbarkeit überhaupt bewußt.

An sich gehören hierher auch Attrappen, die als Reizauslöser dienen. So können Attrappen die reaktionsspezifischen Handlungen (etwa im Sexual- oder Aggressionsbereich) stärker in Gang setzen als jeder in der natürlichen Realität vorkommende Reizauslöser. Dabei muß »Reiz« in enger Wortbedeutung verstanden werden. Es gibt Menschen, die sehen, wenn sie von bestimmten Reizen angesprochen werden (»gereizt werden«), rot, weil mit dem Zutreffen des »Reizes« über fast zwangshaft ablaufende Reaktionen ein Gesamtbild, eine Gestalt aufgebaut wird, deren »Wahrnehmung« zu solch aggressiver Reaktion führt.

8. Regel: Die Beeinflussung geschieht durch Interpretation von Fakten.
Kaum etwas überzeugt mehr als »Tatsachen«. Nun sind Tatsachen keineswegs immer schon für sich sprechend. Sie bedürfen der Interpretation, das heißt: sie müssen in einen größeren Zusammenhang gestellt werden, um etwas zu »sagen«. Dieser interpretierende Kontext ist aber, innerhalb gewisser Grenzen, austauschbar, so daß ein und dieselbe Tatsache zu sehr verschiedenen Denkergebnissen führen kann. Das bekannteste Beispiel für die Notwendigkeit des Aufzugs eines Interpretationsrahmens, um Fakten zum Sprechen zu bringen, sind viele Statistiken. Der alltägliche Mißbrauch statistischen Materials durch den Aufbau verfälschender Rahmen ist allgemein bekannt und geläufig.

Es geht hierbei in extremen Sonderfällen um eine »Umdeutung von Daten«, doch im Regelfall ist solche Entstellung für eine gelingende Manipulation nicht einmal notwendig. Ein bestimmtes Datum, in den verführenden Kontext gestellt, genügt im Regelfall. Wenn ein Autor etwa suggerieren möchte, daß Italiener an Diebstahlsdelikten in der BR Deutschland überproportional beteiligt sind, muß er nur die Steigerung der Diebstahlsdelikte in den letzten Jahren in einen äußeren Kontext mit einer eventuellen Steigerung der Quote der italienischen Arbeitnehmer in Zusammenhang bringen. Fast jeder unkritische Leser wird dann diesen äußeren Zusammenhang zu einem inneren wandeln.

Einige weitere, eher spezielle Regeln, die bei der Anwendung manipulatorischer Techniken zu beobachten sind, werden im folgenden (3. Teil) vorgestellt werden.

3. ABSCHNITT

Typen der Manipulation

In diesem Abschnitt sollen einige typische Felder abgeschritten werden, in denen Manipulation bevorzugt spielt. Dabei soll es weniger um die Manipulation eines Menschen durch einen Menschen, sondern um die Manipulation von einzelnen oder Gruppen durch Gruppen oder Sozietäten (im Grenzfall auch Massen) gehen. Der offensichtlichste und bekannteste Fall solcher Manipulation ist die politische.

1. *Die politische Manipulation*

Sicher ist die politische Einflußnahme auf Menschen zum Nutzen des einflußnehmenden Gemeinwesens, und damit mittelbar auch zum Nutzen des Menschen, der in diesem Gemeinwesen lebt, notwendig, denn ohne solche manipulatorischen Einflußnahmen wird es kaum zu einem politisch stabilen Gebilde kommen können. Man könnte nun den Wert politischer Organisation, die zu Staatsgebilden führt, bezweifeln. Das geschieht von anarchistischer Seite (aber auch von marxistischer), wenn darauf verwiesen wird, daß in jedem politischen Gemeinwesen mit Staatscharakter die Herrschaft des Menschen über den Menschen institutionalisiert und verewigt werde, obschon sie nicht notwendig sei. Der politische Staat sei also abzulösen durch Verwaltungseinheiten. Über die Richtigkeit der anarchischen Theorie kann man streiten. Sie ist genauso wenig bewiesen wie die Theorie von der Notwendigkeit der politischen Staatsherrschaft von Menschen über Menschen.

Ich nehme hier einmal an, daß bei dem augenblicklichen Zustand des sozialen Bewußtseins und bei der Art und Weise, wie heute noch Menschen miteinander gesellschaftlich verkehren, das politische Gebilde Staat notwendig ist. Damit ist auch notwendig, daß dieser Staat (im allgemeinen oder besonderen Sinne) Gewalt über seine Bürger ausübt. Das aber heißt auch, daß er ihr Verhalten zum Staatswohl beeinflußt. Angewandte Politik ist also auch immer Manipulation. Und zwar weitgehend unvermeidliche.

Es gibt nun aber auch Formen der politischen Manipulation, die vermeidbar und überflüssig sind. Hierzu zählen etwa:

● Die Autorität hat sich zu Macht gewandelt, und der Staat ist zum Selbstzweck geworden.

- Die staatliche Autorität greift in Bereiche ein, die sie per se nichts angehen (ökonomische, private, religiöse...).
- Das Staatsgebilde benutzt Manipulation zu Legitimationszwecken.
- Das Staatsgebilde versucht über manipulatorische Techniken seine Identität aufzubauen oder zu erhalten (etwa durch die Konstruktion von Feindbildern).
- Das Staatsgebilde übt seine Macht despotisch oder diktatorisch aus.

Ich will diese Formen von manipulatorischem Mißbrauch politischer Gewalt im einzelnen ausführen, jedoch ohne Anspruch auf die Vollständigkeit der Aufzählung. Repräsentativ scheinen sie aber allemal zu sein.

a) Der Staat wird zum Selbstzweck.
Zweifelsfrei steht am Anfang des Staates eine Assoziation von Menschen, die zusammen politische Probleme zu lösen versuchen. Wie bei allen Assoziationen von Menschen bildet sich, wenn die Gruppe zahlenmäßig zureichend stark ist, über psychosoziale Mechanismen früher oder später zwingend eine Autoritätsstruktur aus. Unterbleibt die Bildung einer wenigstens informellen Strukturierung, zerfällt in aller Regel die Assoziation nach einiger Zeit wieder in Kleingruppen oder Individuen.
Durchaus normal und üblich ist es aber auch, wenn die politischen Probleme länger andauern, eine stabile und effiziente Assoziationsbildung anzustreben, zu der im allgemeinen auch eine formelle Strukturierung der Autoritätsabläufe innerhalb der Assoziation gehört. Das aber bedeutet konkret, daß sich einzelne oder Kleingruppen als institutionale Autoritätsträger herausbilden. Dabei wird die Institutionalisierung der konkreten Autoritätsträger überlagert von einer Institutionalisierung des Autoritätstragens (durch eine Art Proto-Verfassung, die die Ablösbarkeit der konkreten Autoritätsträger gewährleistet).
Nun kann es vorkommen, daß sich Autoritätsträger und Autoritätsausübung von ihrer gesellschaftlichen Basis, die sie hervorgebracht haben, ablösen und eine Art Eigenleben beginnen. In diesem Augenblick werden aus Sozietätsmitgliedern Untertanen und aus Autoritätsträgern Machtausübende, und die politische Herrschaft des Menschen über den Menschen wird zum Selbstzweck. Ich verstehe hier unter »Macht« eben jene entartete, sich von ihrer Basis ablösende und verselbständigende Form der Autorität. Die fatale Machtrelation läßt sich auf eine zweifache Weise aufbrechen. Entweder wird das Bewußtsein der Untertanen sich gegen die manipulatorischen Versuche, sie im Untertanenstatus zu halten, auflehnen und sich emanzipieren. Der Erfolg könnte etwa darin bestehen, daß man den Mächtigen einfach nicht mehr gehorcht. Oder aber die Mächtigen werden durch

Gewaltakte beseitigt (Revolution im engeren Sinne). Im ersten Fall wird sich bald eine lenkende und tatsächlich regierende Nebenautorität bilden, die dann fast evolutiv (obschon die Marxisten hier lieber von struktureller Revolution sprechen) zur Hauptautorität wird.

Nun begehen wir der Entartung der Autorität zur Macht gar nicht so selten. Sie ist meist leicht zu identifizieren durch ihre Manipulationsversuche. Hier handelt es sich um Manipulationen, die ausschließlich zum Nutzen der Mächtigen und der sie tragenden formalen Struktur geschehen. Solche Manipulationen sind überflüssig und sollten nicht akzeptiert werden.

Welche Typen von Manipulationen wird eine solche entartete politische Herrschaft wählen, um sich zu erhalten? Hierher gehören etwa:

- Der Aufweis der eigenen Unentbehrlichkeit.
- Die Diffamierung des nationalen oder politischen Gegners.
- Die Warnung vor dem Ungewissen, den Experimenten.
- Der Einsatz massenwirksamer Aktionen mit vordergründigen oder nahzielenden Verbesserungen (Wahlgeschenke).
- Die Delegation von weniger wichtigen Befugnissen an untergeordnete Stellen nach dem römischen Herrschaftsprinzip: »Divide et impera.« (Teile und herrsche.) Die konsequente Durchführung der Subsidiaritätsforderung kann durchaus auch ein entartetes politisches System stabilisieren. Mit dem Trick scheinbarer Demokratisierung wird ein demokratischer Wille vorgetäuscht.
- Die Identifikation von Gruppen (Gewerkschaften...) oder Parteien und deren Interessen mit dem Staatsinteresse.

Alle diese Strategien werden keineswegs nur in despotisch entarteten Systemen zur Erhaltung der Macht gewählt, sondern auch in scheinbar demokratischen. Das »an die Macht kommen« oder das »an der Macht bleiben« kennzeichnet schon sprachlich die Situation entarteter Autorität; Machterwerb oder Machterhalt wird zum Zweck und Ziel politischen Handelns und nicht primär das Durchsetzen von Ordnungsvorstellungen, die von der Mehrheit der Bürger akzeptiert oder gar gewollt sind.

Nun setzt zweifelsfrei ein funktionierendes politisches Ordnungsgebilde ohne entartete Autoritätsstrukturen voraus, daß die Menge der Bürger »mündig« ist, das meint aufgeklärt genug, sich ihres Verstandes zu bedienen und kritisch zwischen Versprechen und Leistung zu unterscheiden. Es ist nun ein offenes Geheimnis, daß diese Voraussetzung etwa in der BR Deutschland kaum als erfüllt gelten kann. Die weitaus meisten Bürger delegieren ihre politische Funktion nach recht praeterrationalen Gesichtspunkten (etwa persönlicher Sympathie oder Antipathie bezüglich eines Kanzlerkandidaten, politischer Vorurteile aus der Gruselkammer der politischen

Verhetzung, ja nach dem Parteinamen – ob da etwa sozial oder christlich erwähnt wird – nach der politischen Meinung des Ehepartners...). Vermutlich wird ein solches Staatsvolk kaum anders als durch »Macht« zu regieren sein, sicherlich aber ist die Versuchung, so zu regieren, für jeden Autoritätsträger (als Person oder Institution) riesengroß.
Somit bietet sich als verlockend die Manipulation der Unmündigen an: Indem man ihre Mündigkeit betont und ihnen damit hilft, das meist uneingestandene Wissen der eigenen politischen Unmündigkeit ins Unbewußte abzudrängen, indem man ihnen also einen Teil ihrer Mindergefühle nimmt, macht man sie zu willfährigen Werkzeugen. Die Suggestion: »Wer mündig ist, tut dieses...!« kann durchaus so erheblich sein und so zwingend, daß in dieser Verpackung manch anderes mit akzeptiert wird. Da, wo ein mündiger Bürger das Bündel entschnüren und dem Etikett »mündig« nicht unkritisch Glauben schenkt, wird ein unmündiger auf alle möglichen Etiketten hereinfallen. Das Wort vom »Etikettenschwindel« ist nicht unbedingt neu, bezeichnet aber trefflich den gemeinten Sachverhalt bei dieser Art von Manipulation.
Die primitivste Form der Manipulation, der Schwindel, erweist sich gerade im politischen Bereich als der wirkungsvollste, was andersherum wiederum Rückschlüsse auf die Mündigkeit des so leicht zu Manipulierenden zuläßt. Es ist ausgesprochen verpönt, die große Errungenschaft des allgemeinen und gleichen Wahlrechts zu problematisieren. Vor allem ist niemand an solcher Problematisierung interessiert: die »Mächtigen« nicht, weil sie so eine nicht geringe Schar von unmündigen und damit leicht zu manipulierenden Wählern vorfinden, die Untertanen nicht, weil sich niemand gerne die wenigen Möglichkeiten nehmen läßt, die mit der Einbildung verbunden sind, man hätte etwas zu sagen oder etwas von einiger Erheblichkeit zu entscheiden.
Die psychischen Automatismen, die sich gegen die Mühsal der verantworteten Mündigkeit sträuben, sind gerade auch jene, die das Aufbegehren gegen Manipulationsversuche verhindern. Alles, was Mühe macht, was Unannehmlichkeiten verspricht, was Verunsicherung bedeuten oder bewirken könnte... wird als falsch, als undemokratisch, als gefährlich, als subversiv, als anarchistisch denunziert. Und so bleibt denn der Appell an den »mündigen Menschen« (sei er nun Bürger oder Verbraucher oder Mitarbeiter) ein beliebtes und meist erfolgreiches Instrument der Manipulation. Wer nimmt es schon auf sich, seine Mündigkeit zu demonstrieren dadurch, daß er als unmündig erscheint? Oder seine Kritikfähigkeit dadurch, daß er als unverantwortlich und urteilslos abgestempelt wird?
Solche Disziplinierungsstrategien gegen mündige, aber lästige Mitglieder entwickelten so ziemlich alle Gesellschaften, besonders effizient aber

die politischen der Staatsvölker. Das Fatale an diesen Strategien der intrasozietären Manipulation ist jedoch leicht zu erkennen. Das Angehen gegen solche Manipulation verifiziert die Richtigkeit ihrer Prämissen zumindest in den Augen der Vielen. Die Zivilcourage, sich zugleich gegen die Manipulation und die allgemeine und öffentliche Meinung zur Wehr zu setzen, mag dann leicht den Anblick von Donquichotterien bieten, und solche Art Zivilcourage ist immer dann selten, wenn die Identität des politischen Bewußtseins nicht zureichend gefestigt ist. Es gehört schon ziemlich viel an nationalem Identitätsbewußtsein dazu, in Don Quichotte und nicht in Faust ein nationales Denkmal und einen legitimen Ausdruck des Nationalcharakters zu sehen. Und eine Menge an Humor, der meist Ausdruck gefundener und kaum zu verunsichernder Identität ist.

b) Die Staatsgewalt überschreitet ihre Grenzen.
Die Sorge vor dem allmächtigen, zumindest doch stetig wachsenden Staatsanspruch, individuelle Freiheit zu retten, hat in Deutschland eine durchaus positiv zu wertende Tradition mit sich. Sie ist eine Reaktion auf die in die Praxis übersetzte Theorie *Hegels* vom Staat als der Inkarnation der absoluten Idee. Diese religiöse Staatstheorie wurde unter anderm durch *Julius Stahl* in Preußen zur offiziösen politischen Theorie erhoben. Gegen diese, die Allmacht des Staates nahelegende Theorie rebellierten zu Recht die deutschen Liberalen. Daß sie dabei mitunter zu weit gingen und eine Art von Nachtwächterstaat konzipierten, mag sie vor dem ungeheuerlichen Anspruch der Staatsallmacht entschuldigen.
Nun ist zweifelsfrei die legitime Grenze für ein Tätigwerden staatlicher (oder allgemeiner: öffentlicher) Organe konkreten äußeren Notwendigkeiten und dem Wandel des Bewußtseins unterworfen. Es gibt *an sich* autonome Bereiche, in denen die Staatsgewalt per se nichts zu suchen hat (Ökonomie, Religion, Familie, Bildungswesen...). Dennoch können hier Staatsinterventionen durchaus zulässig sein, wenn anders das Gemeinwohl ernstlich und langwährend geschädigt werden könnte. Dabei hat jedoch die Staatsgewalt die Beweislast zu tragen.
Nun aber hat die politische Gewalt nur selten der Versuchung widerstanden, alles das zu regeln, was sie aufgrund ihrer legalen und praeterlegalen Möglichkeiten regeln kann. Selbst in einem Rechtsstaat kann es geschehen, daß die Staatsgewalt ihre Möglichkeiten bis an die Grenzen des Legalen ausschöpft, ohne durch die Forderung, für das allgemeine Wohl zu sorgen, dazu gezwungen zu sein.
Daß solcher Machtmißbrauch immer da institutionalisiert wurde, wo Völkern eine »Diktatur des Proletariats« aufgezwungen wurde, bedarf keiner Erwähnung. Wenn keine funktionierende rechtsprechende Instanz vor-

handen ist, die den Bürger vor den unberechtigten Ansprüchen des Staates schützt, wird dieser Staat aufgrund der schon geschilderten Entartungstendenzen seine von unten deligierten Kompetenzen (im Sinne von Autoritätsausübung) überschreiten und zur universellen und ungehinderten Machtausübung übergehen. Über solche Entartung der Staatsgewalt soll hier nicht geprochen werden, denn sie beeinflußt das Verhalten ihrer Untertanen so massiv, daß hier Bericht und Analyse von Manipulation zur baren Trivialität schrumpfen müßten.

Eine klassische Versuchung der Staatsgewalt (der legislativen wie exekutiven) besteht zweifelsfrei darin, in *wirtschaftliche Abläufe* »im nationalen Interesse« einzugreifen. Doch nicht nur kann eine ganze Volkswirtschaft manipuliert werden, sondern ebenso möglich ist eine Manipulation bestimmter Branchen oder auch Einzelfirmen durch politische Einheiten. In einigen faschistischen Ländern hatte etwa die politische Gewalt die Regulationsfunktionen des Marktes übernommen bei gleichzeitiger Bewahrung des Privateigentums an Produktionsmitteln. Dieser Semisozialismus setzte die Marktmechanismen durch »nationale Planung« außer Kraft und mit ihnen das Konkurrenzprinzip. Damit konnte die Leistungsfähigkeit der Volkswirtschaft kurzfristig und kurzlebig erheblich erhöht werden bei steigenden Unternehmergewinnen. Eine gewisse Anfälligkeit gegen diesen Typ von Manipulation ist auch heute vor allem in Ländern zu beobachten, in denen ein relativ unreguliertes Konkurrenzprinzip chaotischen Entwicklungen nicht Einhalt gebieten kann. Der Ruf nach dem Staat, nach mehr »law and order«, als Versuchung faschistoiden Denkens, ist auch im ökonomischen Raum keineswegs überhörbar, sobald die klassischen Prinzipien des Kapitalismus (Marktwirtschaft + Privateigentum an Produktionsmitteln) nicht mehr in der Lage sind, einen zufriedenstellenden (vor allem für die Unternehmerseite zufriedenstellenden) Wirtschaftsablauf zu sichern.

Faschismus aber bedeutet allemal Manipulationen in Fremdbereichen durch die Staatsgewalt. Faschistisch organisierte oder gar regierte Staaten neigen dazu, wenig Gegenkräfte zu entwickeln, wenn es darum geht, der Staatswillkür und dem Gewaltenmißbrauch eine Grenze zu ziehen.

Nun werden in der BR Deutschland ausdrücklich faschistische Argumente nicht öffentlich akzeptiert. Dennoch aber wird man nicht selten den Ruf nach einem starken Staat immer dann vernehmen können, wenn sich der Bürger in seiner (physischen, ökonomischen...) Sicherheit bedroht fühlt. Der Ruf nach dem starken Staat ist aber auch zugleich der Ruf nach dem stärkeren Staatseinfluß auf Gebiete, in denen der Staat – zumindest per se – nichts zu suchen hat.

Andererseits können staatssystemerhaltende Manipulationen vor allem

dann notwendig erscheinen, wenn ein konkretes Wirtschaftssystem zusammenzubrechen droht. Bei der wechselseitigen Verwiesenheit von politischem und ökonomischem System, die heute soweit geht, daß das eine ohne das andere nicht bestehen kann, und die Gefährdung des einen die des anderen bedeutet, scheint nichts natürlicher zu sein, als daß die Staatsgewalt mit allen ihren zur Verfügung stehenden Kräften das ökonomische System stützt. Solche Stützungsmanipulationen mögen im Einzelfall hilfreich und richtig sein. Eine allgemeine Regel läßt sich aber nicht daraus herleiten. Es ist durchaus denkbar, daß die immanenten Konflikte eines ökonomischen Systems nicht dessen oberflächliche externe Behebung verlangen, sondern eher eine Förderung des ökonomischen Systemkonflikts, weil nur so eine sinnvolle Veränderung und eventuelle Anpassung des ökonomischen Systems an die konkreten Produktionsbedingungen (Menschen, Maschinen, Materialien) gewährleistet werden kann. Der staatliche Eingriff kann die Krise unter Umständen hinauszögern. Sie wird dann aber um so heftiger und unaufhaltsamer ausbrechen. Am Ende solcher manipulatorischer Konservierungsprozesse stünde dann zwingend eine soziale *und* politische Revolution.
Sicher sei zugegeben, daß eine Veränderung der ökonomischen Struktur in der Regel auch eine solche der politischen erzwingt oder doch einleitet. Doch nur ein politisches System, das sich selbst und seine Verfaßtheit als Selbstwert sieht und zu schützen versucht, wird sich gegen eine Veränderung der Verfaßtheit konkreter Autoritätsstrukturen wehren. Auch politische Systeme überleben sich, und mögen sie den von ihnen Geprägten noch so optimal gebildet erscheinen. Mit Sicherheit wird auch einmal der Typ der demokratischen Verfaßtheit der BR Deutschland geändert werden und einer kommenden Generation als politischer Anachronismus erscheinen, der sich noch über seinen funktionalen Tod hinaus am Leben zu erhalten versuchte.
Doch gibt es außer den Versuchen der staatlichen Gewalten mit dem Ziel des Selbsterhalts, ökonomische Funktionen und Strukturen zu manipulieren, auch andere Felder, in denen die Staatsgewalt ihre Grenzen überschreitet. Einige davon gehören eher der Geschichte an. Seit unter Kaiser Konstantin die christliche Kirche toleriert wurde (313), begann zwischen Kirche und Staat eine Mesalliance heranzureifen. Das erste allgemeine Konzil der Kirche (Nikaia, 325) fand unter dem Vorsitz des noch nicht getauften Konstantin statt, der sich als Inhaber der höchsten weltlichen Macht und zugleich als »Bischof für äußere Angelegenheiten« der Kirche verstand. Die Symbiose von Staat und Kirche sicherte dem Staat über die Kirche zusätzliche politische Gewalt, garantierte dem Staat die Existenz eines ideologischen Einheitsbandes (die Einheit der Ideologie war noch immer ein Si-

cherheitsfaktor erster Ordnung für die Einheit des Staatsgebildes), versprach aber auch der Kirche nicht nur die ideologische Alleinherrschaft, sondern auch den Schutz ihrer Eigenhandlungen (im kultischen, im seelsorglichen wie im karitativen oder rechtsprechenden Bereich). Das Pendel um die Vorherrschaft von Staats- und Kirchengewalt schlug einmal nach der einen, meist aber nach der anderen, zugunsten der kirchlichen Gewalt aus, – in letzten Andeutungen noch heute bemerkbar – versuchte und versucht sie, sich staatlicher Organe zur Durchsetzung ihrer Ziele und Zwecke zu bedienen. Dieser Zumutung kommen viele staatliche Stellen nicht gerade selten nach, weil sie sich von solchem Verhalten eine systemstabilisierende Praxis des kirchlichen Einflusses versprechen.

Es wäre also vermutlich falsch, den Nutzen, den die Kirchen aus konkreten staatskirchenrechtlichen Regelungen ziehen, als reine Geschenke zu betrachten. Auch der konkrete Staat hat seine Interessen daran. Er verspricht sich Nutzen davon, mit den Kirchen in Frieden zu leben. Durch seine Leistungen gegenüber den Kirchen erkauft er sich deren grundsätzliches Wohlverhalten. Das aber ist durchaus Manipulation.

So ist es in der BR Deutschland keineswegs leicht, die offizielle katholische Lehre über gesellschaftliche und ökonomische Abläufe zu vertreten. Man erntet nicht nur das Mißtrauen staatlicher, sondern auch kirchlicher Stellen. Ich selbst wurde einmal darauf hingewiesen, daß meine Ansicht zwar mit den päpstlichen Lehraussagen voll übereinstimme, politisch jedoch höchst inopportun sei. Nun muß man wissen, daß Papst Paul VI. keineswegs ein Freund kapitalistischer Strukturen oder Anschauungen ist, die er für radikal egoistisch angelegt und daher für ebenso radikal unchristlich hält. Doch darüber schweigt zumeist nicht nur die offizielle Kirche in der BR Deutschland, sondern auch in ziemlicher Einmütigkeit die gesamte (oder nahezu die gesamte) Presse. Manche päpstlichen Lehräußerungen werden offensichtlich als deplaziert oder doch als peinlich empfunden. Zumindest kommen sie politisch oft ungelegen.

Nun ist die katholische Großkirche (ähnliches gilt auch für Großkirchen der Reformation) in sehr verschiedenen Staaten mit sehr verschiedenartigen vor-, hoch-, spät-, nachkapitalistischen Ordnungsstrukturen zu Hause. Sie kann es sich durchaus leisten, Kritik zu üben, nicht ganz so die Kirchen in bestimmten politisch eindeutig festgelegten Ländern. Hier ist das Wider-den-Stachel-Löcken schon sehr viel schwieriger und verlangt einigen Mut, der durchaus von nicht wenigen, etwa südamerikanischen Bischöfen aufgebracht wird. Meines Wissens aber von keinem deutschen. Dabei haben unsere mitteleuropäischen Kirchen eine positiv zu wertende, zugleich aber auch systemstabilisierende Funktion übernommen.

Kapitalistisch verfaßte politische und ökonomische Strukturen produzieren zunehmend mehr »Ausschuß«, das sind Menschen, die an den Anforderungen einer zumindest nicht gesunden Gesellschaft scheitern oder gar zerbrechen. Diesen Randgruppen kann mit dem kapitalistischen Allheilmittel, dem Geld, nicht mehr oder doch nicht dauernd und effizient geholfen werden. Somit produziert die kapitalistische Ordnung zunehmend mehr Menschen, die an und durch sie scheiterten: Strafgefangene und -entlassene, Rauschgiftsüchtige, Neurotiker verschiedener Genese und Darstellungsform, Ausgeflippte... Bodensatz der Gesellschaft, das moderne Lumpenproletariat, dem im Gegensatz zu dem des 19. Jahrhunderts nicht die materielle Hilfe fehlt, sondern die geistige.

Hier haben die Kirchen ein breites Feld ihrer Tätigkeit vor sich, beginnen gar schon mitunter zaghaft mit wirkungsvoller Hilfe. Doch sie tragen und sichern zugleich damit ein *geistig* marodes Staats- und Wirtschaftsgebilde. Wir stehen also vor einer neuen Komplementarität (oder Symbiose) von Staat und Kirche, in der die Kirche diesmal die Hauptarbeit zu leisten und das Staatsinteresse in der Hauptsache das Sagen hat. Auch hier sind Ansatzpunkte für Manipulierbarkeit gegeben, zugleich aber bietet sich auch die einmalige Chance für die Kirchen, sich von politischen Absichten und Zwecken kritisch zu emanzipieren. Sie haben nicht mehr nur die Funktion durch Beeinflussung der Menschen, die beiden Zonen angehören, Staat und Kirche, konkreter Staatsverfaßtheit zu dienen, sondern sie können Menschen helfen, die Staat und Ökonomie nicht mehr wirkungsvoll erreichen. Sehen sie hier einen Hauptpunkt ihrer seelsorglichen Funktion, können sie den staatlichen Organen mit einem neu erweckten und moralisch gerechtfertigtem Selbstbewußtsein gegenübertreten und mehr Gerechtigkeit *fordern* und nicht nur zögernd und undeutlich anmahnen.

Grenzüberschreitungen sind aber nicht nur von Seiten der Staatsgewalt möglich. Es kann durchaus geschehen, daß die Staatsgewalt informelle Macht anderen Institutionen überläßt, wie etwa politischen Parteien oder Gewerkschaften. Die Verwandlung einer parlamentarischen zu einer Parteiendemokratie dürfte gar nicht so selten sein und ist auch in der Bundesrepublik als Gefahr erkennbar. Der »Etatismus« (= die fortschreitende Überlagerung und Übernahme aller erheblichen Institutionen durch die staatliche Bürokratie) kann in der Parteiendemokratie durchaus kaschiert weiterleben und sich fortentwickeln, doch die eigentliche Quelle und letztlich aufsichtführende Instanz ist die Partei, die in den legislativen Organen die Mehrheit hat. Sie nimmt unmittelbar Einfluß auf die Legislative (und mittelbar damit auch auf die Rechtsprechung) wie auf die Exekutive. Sie unterwandert nach den Spielregeln der »Filzokratie« auch Institutionen nicht ursprünglich staatspolitischer Funktion, wie z.B. Gewerkschaften. Die Übernahme der Staatsgewalt durch eine Partei ist, selbst wenn die Organe, die die Staatsgewalt ausüben, nach außen unbeschadet weiterbestehen, stets eine Aufgabe des klassischen demokratischen Gedankens.

Der Umfang der Unterwanderung der Staatsorgane durch politische Parteien kann in etwa ermessen werden an der Freiheit der Abgeordneten in den Legislativorganen gegenüber der Partei, der sie entstammen. Im Prinzip ist die Bundesrepublik eine parlamentarische Demokratie, denn das Grundgesetz schließt eindeutig jede Form eines imperativen Mandats aus. (»Die Abgeordneten des Deutschen Bundestages... sind Vertreter des ganzen Volkes, an Aufträge und Weisungen nicht gebunden und nur ihrem Gewissen unterworfen.« Art. 38 GG) In der Praxis besteht aber bei allen wichtigen Entscheidungen Fraktionszwang. So werden dann die Parteivorstellungen und -meinungen, die keineswegs demokratisch zustande kommen, imperativ in die Legislative eingebracht.

Über die Unterwanderung der Staatsorgane durch ökonomische Organe ist schon allzuviel geschrieben worden. Hier ist vor allem die Problematik eines Gewerkschaftsstaates zu nennen, eines Staates also, in dem Gewerkschaften über die Staatsorgane in den politischen Ablauf zu ihrem eigenen Nutzen, mehr oder weniger unmittelbar eingreifend, das Verhalten der Bürger zu bestimmen versuchen. In beiden Fällen, dem Gewerkschafts- wie dem Parteienstaat, ist die legale Ausübung der Staatsgewalt erheblich behindert. Im Parteienstaat besteht gar die Gefahr der faktischen Entpolitisierung der Staatsmacht, da die alleinigen Träger und Verwalter politischen Denkens und Agierens die Parteien geworden sind. Der Staat ist dann faktisch unregierbar. Er verwaltet noch bestenfalls nach ihm auferlegten oder aufgezwungenen Spielregeln das Gemeinwesen im Interesse einer Partei oder einer Parteienkoalition. Auf diese Weise kommt es zu einer demokratisch verkleideten und verpackten Oligarchie. Die Oligarchen sind die wenigen, die über das Wollen der Partei entscheiden. Sie manipulieren in doppelter Hinsicht: einmal die Meinungsbildungsprozesse innerhalb der Partei und damit das »Parteivolk«, zum anderen aber auch über mehr oder weniger offenen Fraktionszwang die Legislative (und die von ihr abhängigen Staatsmachtsorgane) sowie über direkte Einflußnahme die Exekutive, die zum Teil ausführendes Organ einer Partei wird.

Auf diese Weise kann es zu einer nahezu autonomen Exekutive kommen. Das aber bedeutet die Herrschaft der Technokraten und Bürokraten, die sich allenfalls als Parteimitglieder das Wohlgefallen der Partei sichern müssen, nicht aber das der Bürger. Die so zu fast unbeschränkter Macht gelangte technokratische Bürokratie beherrscht den Bürger vor allem mit dem Ziel, ihre eigene Notwendigkeit sich und anderen zu beweisen. Manipulation wird zum gängigen Herrschaftsinstrument werden, denn eine praeterlegale Form einer Exekutive, die nicht mehr Beschlüsse, Entscheidungen,

Gesetzesforderungen der legislativen Organe durch- und ausführt, sondern allenfalls die einer Partei, zumeist aber im eigenen Interesse und dem ihrer Vertreter handelt, kann mit dem Machtinstrumentarium des Staates (Polizei, Heer...) die Durchsetzung ihrer eigenen Vorstellungen weitgehend erzwingen.

c) *Die Staatsgewalt legitimiert sich manipulierend.*
Die Legitimation von Herrschaft kann heute kaum mehr pragmatisch geschehen. Solche pragmatische Legitimation geschieht, wenn eine Gewalt ausübende Institution sich bloß auf das Faktum der Gewaltausübung, der erfolgreichen und nicht widersprochenen allzumal, beruft, um ihre Rechtmäßigkeit zu begründen. In einer von demokratischem und liberalem Geist geprägten Welt wird der tatsächlich Gewalt habenden Institution mehr abverlangt: sie muß sich selbst rechtfertigen können, und mit dieser Selbstrechtfertigung auch die Möglichkeiten und Grenzen der so legitimierten Ausübung von Gewalt. Das heißt: Der Anspruch auf Ausübung von Gewalt muß sich prinzipiell rechtfertigen.
Das ist sicherlich gut so. Nun aber kann eine Institution (etwa die Staatsgewalt beanspruchende) durchaus zu unsauberen Mittel greifen, vor allem wenn es darum geht, die Grenzen der Gewaltausübung möglichst weit zu ziehen. Darüber wurde schon gehandelt.
Hier geht es mir vor allem um die Frage der Legitimation einer konkreten Staatsgewalt (mit dem Implikat der geteilten Gewaltausübung). Vor allem, wenn die »nationale Identität« gefährdet erscheint oder erst gar nicht recht ausgebildet wurde, besteht die Versuchung, zu eigentümlichen Formen der Legitimierung zu greifen. Die beliebteste ist der Aufbau eines inneren oder äußeren Feindes. Die »Identitätsfindung« mittels eines Feindbildes ist zwar außerordentlich riskant, wenn eine tatsächlich frei informierende Presse ihre Aufklärungsfunktion ausüben kann, doch meistens schwindet mit dem Identitätsbewußtsein auch faktisch die Freiheit der Presse, die sich – den allgemeinen, meist unbewußten Wünschen und Sehnsüchten entgegenkommend – zunehmend in den Dienst der fragwürdigen Identitätssicherung begibt und fleißig mithilft, das Feindbild zu weben. Jedes identitätsschwache politische System hat da seine Feinde, von denen es behauptet, sie würden es in seiner Existenz gefährden oder doch bedrohen. Feinde können sein: Kommunisten oder Revisionisten, Juden oder Freimaurer, Sozialisten oder Kapitalisten – je nach Bedarf. Ein solches Feindbild lenkt die Aggressionsantriebe aus dem Gesellschaftsinnen ins Gesellschaftsaußen. So kann sich denn eine Gesellschaft vor dem aggressiven Potential ihrer Mitglieder schützen, was sie um so nötiger hat, als sie noch keine eigene Identität fand. Die innere Schwäche wird durch die Stärke der äußeren oder inne-

ren Bedrohung kompensiert, die zu engerem Zusammenschluß der Mitglieder unserer Gesellschaft führt.
In Zeiten der äußeren Entspannung wird der Feind vor allem im Inneren gesucht und gefunden, der so dringend benötigt wird, um wenigstens eine Zentrierung um eine soziale Mitte aus negativer Motivation (Angst... Haß) zu sichern. Aus Kommunistenfurcht kann da etwa Anarchistenhaß werden. Und wie man zuvor über einen »gerechten Krieg« gegen den äußeren Gegner spekulierte und sinnierte, so jetzt über eine »gerechte Strafe« für den gefaßten Feind. Auf alle Fälle wird ein labiles politisches Gebilde versuchen, die inneren Feinde und ihre Handlungen zu entpolitisieren. Der Kampf gegen den Kommunismus wird zu einer weltanschaulichen Sache, der gegen den Anarchismus zu einer antikriminellen Sache hochstilisiert. Vor allem die Kriminalisierung politischer Straftaten gehört hierher. So gehen identitätsschwache politische Systeme mit ihren inneren Gegnern meist wie mit Kriminellen um. So kriminalisierte das Hitlerreich Freimaurertum, Kommunistsein..., so kriminalisiert das Regime in der UdSSR die Vertreter einer Demokratie westlichen Musters, so kriminalisiert die BR Deutschland die Taten ihrer Anarchisten, obschon niemand die grundlegende politische Motivation der »Täter« bestreiten kann, ohne sich in abstrakten Deduktionen und Rechtsvermutungen zu verlieren.
Hierbei wird ganz offensichtlich, zumeist mit Unterstützung der Presse, das Bewußtsein zahlreicher Bürger manipuliert. Ihr Verhalten wird auf Haß, Angst... umgestimmt, damit sie zum einen die Machttaten des Regimes akzeptieren (ja meist sogar ausdrücklich fordern) und zum anderen im gemeinsamen Haß, in der gemeinsamen Angst zu so etwas finden wie einem Zusammengehörigkeitsgefühl, das dann ein politisches Gebilde auf sich beziehen kann.
Das Spiel mit Angst und Schrecken kann aber auch mit umgekehrten Vorzeichen gespielt werden. Nun ist es ein Spiel mit Selbstvertrauen und Hoffnung. Beide können propagandistisch geweckt werden – und mißbraucht werden in manipulatorischer Absicht. So weckte das NS-Regime bewußt Nationalgefühl und die Hoffnung auf eine bessere Zukunft, um Menschen in ihrem Interesse zu heroischen Opfern umzustimmen, zu manipulieren also. Andeutungen davon kann man aber auch in Slogans wie: »Wir sind wieder wer!«, »Damit werden wir schon fertig!«, »Die Krise wurde importiert!«... wiedererkennen.
Der Mißbrauch der Hoffnung ist vor allem in den Sozialgebilden verbreitet, die ideologisch auf einer utopischen Basis stehen. Hier sind vor allem jene Gebilde zu nennen, die den utopischen Marxismus zur Grundlage ihrer Legitimation gemacht haben. Die Marxsche Behauptung, er habe einen »wissenschaftlichen Sozialismus« entwickelt, entbehrt jeden Beweises. Sein So-

zialismus ist ebenso utopisch wie der *Fouriers* oder *Owens*. Wenn nun der Anspruch, für eine zukünftige neue und bessere Welt zu leben und zu leiden, von der Staatsgewalt den Bürgern nahegebracht wird, dann wohl stets in manipulatorischer Absicht. Menschen sollen leben und leiden für andere, für eine Welt, die nicht die ihre ist, in der sich bestenfalls ihre individuelle Hoffnung über ihren Gräbern realisiert. Verhaltensbeeinflussung zum Nutzen eines Zukünftig dient jedoch keineswegs primär dem Zukünftig. Das ist vielmehr meist eine ziemlich verlogene Inanspruchnahme und brutale Ausnutzung guten Willens. Mit der Behauptung eines besseren Zukünftig kann man natürlich den Unmut über die miserable Gegenwart kanalisieren. Da mag ein fauler Wechsel auf die Zukunft schon recht beruhigend wirken. Und solche Wechsel werden in sozialistischen Staaten zahlreich und auf hohe Beträge lautend ausgestellt. Die Manipulation über den Mißbrauch der Hoffnung in ihren beiden Dimensionen (Solidarisierung vor dem Hoffnungsziel und Legitimation der miserablen Gegenwart) kann über Identitätskrisen leichter hinweghelfen.
Doch Staatsgewalt kann sich auch anders – manipulierend – zu legitimieren versuchen. Etwa durch eine manipulierende Interpretation der Geschichte. So versucht die offizielle Geschichtslehre in der SU die Existenz einer eigenständigen Kultur auf russischem Boden vor der Mongolenzeit (bestimmt durch das Eindringen Batus, des Enkels des Dschingis Khans um 1235) aufzuweisen; so versucht man in der DDR die erfreulicheren Seiten deutscher Geschichte für sich zu okkupieren... Diese Manipulation der Geschichtswissenschaft ist vor allem dann gefordert, wenn der traditionslose »wissenschaftliche Sozialismus« ausgeht, um den von ihm ideologisch beherrschten Menschen ein sozialistisches National- und damit politisches Identitätsgefühl anzudienen. Die Mißhandlung mancher historischer Daten und Fakten durch traditonsfreie Ideologien wirkt mitunter erheiternd, ist es aber nicht. Es geht hier um massive Manipulationsversuche. Hier soll Nationalgefühl mit Sozialismus legiert werden. Das ist um so notwendiger, als es bislang noch kein funktionierendes sozialistisches politisches System gibt, das einiges Selbstvertrauen ausstrahlen könnte. Das muß also anderswoher bezogen werden, um die beherrschten Menschen zu einer Identifizierung mit dem Staat zu führen – zu verführen.
In einiger Analogie ist auch hier der HISTOMAT als Legitimationsinstrument in manipulatorischer Absicht zu nennen. Die Behauptung, es gäbe objektive historische Gesetze, ist zweifelsfrei falsch. Dennoch kann man versuchen, mit dieser Behauptung die Unausweichlichkeit bestimmter Situationen zu erklären, vor allem wenn sie weniger attraktiv sind. Man kann aber auch versuchen, auf diese Weise unter Verwendung des Thomasschen Prinzips gesellschaftliche Veränderungen herbeizumanipulieren, selbst

wenn der Veränderung jede zwingende Basis fehlt. Die manipulatorisch hergestellte psychologische Notwendigkeit und Nötigung im Analysieren und Denken kann die fehlenden Bedingungen für einen revolutionären Umschwung zum Teil kompensieren. Wenn einmal die Massen von einer Idee erfaßt werden, dann wirkt sie wie eine materielle Gewalt, wie Marx schon richtig erkannte.

Der Historische Materialismus erlaubt es aber auch, die wenig attraktive »Diktatur des Proletariats« als gesetzmäßig notwendiges Durchgangsstadium auf dem Weg zum Sozialismus und Kommunismus zu deklarieren, obschon keinerlei Grund für die Annahme besteht, daß der mit der Diktatur des Proletariats in praxi meist verbundene Staatskapitalismus schneller und humaner zu einer sozialistischen Organisationsform in Politik und Wirtschaft führt als der »Spätkapitalismus« (besser: »Sozialkapitalismus«), wenn man schon einmal den sozialistischen Ausgang der näheren Zukunft annehmen möchte. Somit wird der Historische Materialismus also zu einem Disziplinierungsinstrument ersten Ranges. Man suggeriert den Menschen, daß man sich gegen historische Gesetze ganz ähnlich wie gegen Naturgesetze nicht sinnvoll auflehnen könne, sondern sie vielmehr nutzen müsse, um die gegenwärtige Lage akzeptabel zu machen. Das dient keineswegs den Menschen, sondern ausschließlich dem politischen Regime, das sich unter Berufung auf historische Gesetze zu legitimieren versucht.

d) Die Staatsgewalt wird diktatorisch oder despotisch verwaltet.
Von der Diktatur eines Tyrannen bis zu der einer Klasse (der Kapitalisten oder der Proletarier) ist zumeist, geschichtlich gesehen, nur ein kurzer Weg zurückzulegen. Eine Diktatur wird despotisch, wenn sie entweder die Bürger zu Untertanen degradiert, oder aber Autorität usurpiert und so zu Macht entfremdet. Man kann darüber streiten, ob jede Diktatur despotisch sei. Denkbar wären auch patriarchalische Verhältnisse, obschon heute kaum realisierbar, die, obschon durchaus diktatorisch organisiert, dennoch nicht despotisch sind. Sicherlich aber gibt es Despotien auch unabhängig von Diktaturen. Bestimmte Formen von sozialen Organisationsmustern mögen durchaus demokratisch verfaßt sein, sie können zugleich ausgesprochen despotisch agieren.

Nun bedeutet jede Form der schon erwähnten mißbräuchlichen Verhaltensbeeinflussung im politischen Raum einen Schritt in die Despotie. Hier werden Untertanen produziert, hier werden unnötige Abhängigkeitsverhältnisse geschaffen. Hier wird auch unrechtmäßig dadurch zur Macht entartete Autorität usurpiert. Darüber hinaus aber gibt es alle möglichen Zwischenstufen.

Nun ist sicher die Bedeutung der *äußeren* Unfreiheit nicht zu überschätzen (wie sie auch nicht unterschätzt werden darf), denn menschliche Freiheit ist zunächst innere Freiheit, das Fehlen innerer unnötiger Zwänge auf dem Weg zur Selbstverwirklichung. Dennoch aber kann ein System äußerer Unfreiheit die Entfaltung der inneren Freiheit erheblich erschweren und so eine Selbstentwirklichung erleichtern. Der selbstentwirklichte Mensch aber ist ein meist recht willfähriges Opfer vor allem versteckter manipulatorischer Techniken.

Doch despotische Systeme manipulieren meist nicht versteckt, sondern ganz offen. Durch eine recht ausgefeilte Methode von Überwachung, Kontrolle, Bespitzelung auf der einen Seite, einer Fülle von mit drastischen Strafen sanktionierten Geboten und Verboten auf der anderen Seite, wird die Person in ihrem Verhalten oft bis hin zu Geringfügigkeiten gesteuert und zwar zum Nutzen des Systems. Dabei werden vor allem Strafen bevorzugt, die die Selbstachtung schwächen, wie öffentliche Selbstkritik, öffentliche Fremdkritik, öffentliche Vermutung des Vorliegens geistiger Störungen...

Die Abwehr gegen solche tyrannischen Manipulationstechniken besteht entweder im Versuch, in revolutionärer Aktion das System zu stützen, oder aber in innerer oder äußerer Emigration. Die revolutionäre Aktion kann dann zum befreienden Selbstzweck werden. Menschen in der Revolte können frei werden vor allem von fremdinduzierten inneren Zwängen und sich Freiheitsräume auch dann schaffen, wenn sie die Zwänge der Despotie vor allem betreffen. Die Befreiung durch die Revolte kann gar schon durch die geistige Antizipation der tatsächlichen Revolte eingeleitet werden.

Dagegen wirkt die innere Emigration eher passiv, resignierend und abwartend. Der Emigrant, der sich aus der despotischen sozialen Außenwelt in eine relativ ungestörte psychische Innenwelt flüchtet, kann hier zwar die Erfahrung der Geborgenheit machen, doch um den Preis der wenigstens partiellen Einsamkeit. Der Mensch in der Revolte wird sich dagegen solidarisieren mit Gleich- oder Ähnlichdenkenden. Er kämpft um seine Freiheitsrechte, und er wird wohl einsam sterben. Nicht aber einsam leben, sieht man einmal von querulierenden Revolutionären ab.

Nun pflegen sich moderne Diktaturen recht geschickt zu tarnen. Es widerspricht keineswegs dem diktatorischen System, wenn alle vier Jahre der Bürger einmal wählen darf. Auch freie, gleiche und geheime Wahlen können zum Manipulationsinstrument werden, wenn sich die effiziente Einflußnahme des Bürgers auf die Staatsgewalt darin erschöpft. Er kann aller möglichen Behördenwillkür ausgesetzt sein, er kann genötigt werden, Dinge zu tun, die seinem Gewissen durchaus widersprechen, er kann durch das Sprechen von Freiheit zur Überzeugung gebracht werden, er sei wirklich frei... Er kann also auf sehr verschiedene Weise in seinem Verhalten zugunsten des bestehenden Systems beeinflußt werden.

Das Reden von Freiheit anstelle des Gebens von Freiheitsräumen ist ein beliebtes Manipulationsinstrument pseudodemokratischer Diktaturen. In solchen Systemen wird mitunter gar der Freiheitsanspruch des Bürgers rechtlich geschützt durch Verfassungsgerichte oder Verwaltungsgerichte... Der Zugang zu solchen Gerichten aber wird, selbst wenn sie unabhängig sind, dem Bürger durch alle möglichen, vor allem psychologische Tricks erschwert (»Gegen den Staat klagt man nicht!«). Oft fehlt auch die zureichende Beratung des Bürgers über die Möglichkeiten, sich gegen Zwänge zu wehren, oder auch gar die Information über den konkreten Inhalt seiner formal verfassungsmäßig geschützten Rechte. Und so kann dann unter dem Mantel von Unwissenheit und Scheu langsam ein diktatorisches System heranreifen.

Diktaturen sind definiert durch ihre Praxis. Eine Diktatur wird nicht zu einer Nicht-Diktatur, wenn die Verfassung von Demokratie spricht oder, nach einiger Zeit, die diktatorische Macht ausübende Partei oder Parteiengruppe gegen eine andere ausgetauscht wird. Die *modernen* Diktaturen sind geradezu gekennzeichnet durch eine Verfassung und Verhaltenswirklichkeit der Staatsorgane und Hoheitsträger (etwa der Beamten) auf der einen, und der faktisch unmündigen Bürger auf der anderen Seite. Das Arge ist, daß anscheinend niemand daran interessiert ist, solche Zustände zu ändern. Die Bürger fühlen sich in ihrer politischen Unmündigkeit ähnlich wohl wie so manche Arbeiter in ihrer ökonomischen: Sie wollen möglichst wenig gestört werden. Jede nicht auf die Wirklichkeit der eigenen Person oder Familie gerichtete Tätigkeit wird eher als lästig empfunden. Sicher aber ist sie kein Raum, in dem man freiwillig initiativ wird. Aus dem Bürger ist ein Untertan geworden.

Zum andern wünscht auch kein Vertreter der Staatsorgane oder der Staatsgewalt eine Zustandsänderung. Der Untertan ist noch immer für die weitaus meisten Beamten oder Abgeordneten oder Richter der angenehmste Gesprächspartner. Er macht keine Schwierigkeiten, ist einsichtig und gehorsam.

So kann man also durchaus in ein faktisch despotisches System hineingleiten, ohne daß es jemand bemerkt und dagegen wirkungsvoll protestiert. Das Versagen von Autoritätsträgern und Autoritätsorganen wie auch der Bürger besteht darin, daß sie nicht aufpaßten und den bequemsten Weg gingen. Die Bequemlichkeit war allemal der beste Verbündete von Despoten und Diktatoren. Die Autoritätsträger hatten Wichtigeres zu tun als sich um die Mündigkeit ihrer Bürger zu kümmern, die Bürger Wichtigeres als gegen die fast unmerklich wachsende Selbstherrlichkeit der Staatsorgane aufzubegehren, die allenfalls kurz vor den Wahlen einmal gemildert wurde. Manipulation durch Unterlassung ist zwar selten, im politischen Raum aber durchaus gebräuchlich, wenn es darum geht, durch Unterlassung den einzusetzenden manipulatorischen Techniken das Feld zu bereiten.

2. Die ökonomische Manipulation.

In den Räumen der Ökonomie ist der einzelne zumeist sowohl am Prozeß der Produktion als auch der Konsumtion beteiligt. Und in diesen beiden Prozessen wird er vor allem ökonomisch manipuliert. Die ökonomische Manipulation kann als aufdringlicher und erheblicher empfunden werden als die politische, da sie es mit Tatbeständen und Sachverhalten zu tun hat, die den Durchschnittsbürger sehr viel intensiver beschäftigen als die Politik: mit Arbeit und Lohn als Basis und Voraussetzung von Konsum. Diese Einstellung hat teilweise ihre Berechtigung, da die ursprüngliche Form der Selbstverwirklichung in unserer Gesellschaftsordnung die kreative und produktive Interaktion (d. h. die Arbeit) und nicht die politische Interaktion ist. Ich habe schon darauf verwiesen, daß dieser Tatbestand zu einem politischen Desinteresse vor allem dann führen kann, wenn die ökonomischen Eigeninteressen einen Menschen voll in Anspruch nehmen. Konsumbürger sind meist recht unpolitisch. Damit werden sie zu leichten Objekten der Willkür der Staatsgewalten. Zugleich aber steigt mit der psychischen Bindung an ökonomische Daten (Arbeit und Konsum vor allem) jedoch auch die Manipulierbarkeit durch ökonomische »Institutionen« wie die des Kapitals (oder der Arbeitgeber allgemein) und die durch die Distribution (Handel und Vermittlung allgemein) erheblich an.

Ich will folgende Formen ökonomischer Manipulation hier abhandeln:
- Die Manipulation des Arbeitnehmers durch den Arbeitgeber:
  - Die Techniken der Motivation zu höherer Leistung.
  - Die Techniken der Entfremdung (als Selbstentwirklichung).
  - Die Techniken der Bindung an einen Betrieb.
  - Die Techniken der Solidarisierung mit dem Interesse des Arbeitgebers.

- Die Manipulation des Konsumenten durch den Produzenten oder Distribuenten:
  - Die Techniken der Konsumgüterwerbung.
  - Die Techniken der Gewöhnung an Wohlstand.
  - Die Techniken der Bindung an einen Produzenten oder Distribuenten.

a) Motivieren zu höherer Leistung.
Motivations- und Führungstheorien, wie sie im allgemeinen gelehrt und praktiziert werden, beziehen Motivieren und Führen eindeutig und nahezu ausschließlich auf den Nutzen des Betriebes. Sie sind also Theorien über Manipulationstechniken. Insofern sie dies offen zugeben und insofern in

der Praxis die Verwendung manipulatorischer Techniken nicht kunstvoll verschleiert, sondern der Mitarbeiter auf den Sinn und Zweck der Manipulation zureichend hingewiesen wird, ist gegen manche Arten dieser manipulierenden Praxis kaum etwas einzuwenden. Aber das geschieht meist nicht. Ziel des Führens und Motivierens ist es vielmehr, aus dem Mitarbeiter ein Optimum an Leistung herauszuholen, wobei der Maßstab für das Optimum am Betriebsnutzen orientiert wird.

Hier seien, kurz zusammengefaßt, die wichtigsten in diesem Kontext entwickelten Motivationstheorien referiert:

A. H. Maslow (Motivation and Personality, New York 1954; dt. Olten 1977) unterscheidet fünf Bedürfnisse des Menschen, die motivierend angesprochen (bzw. manipulatorisch ausgenützt) werden können:

- Die Grundbedürfnisse (Essen, Trinken, Bewegung, Ruhe, Kommunikation, Alleinseinkönnen, Sexualität), die, abgesehen von Alleinseinkönnen und Sexualität, befriedigt werden *müssen,* wenn der Mensch leben will,
- die Sicherheitsbedürfnisse (Sicherheit des Arbeitsplatzes und am Arbeitsplatz), die als wertgerichtete gruppenspezifische Dauerbedürfnisse von der Psychologie meist »Strebungen« genannt werden,
- soziale Bedürfnisse (Freundschaft, Zuneigung, Fremdanerkennung),
- egoistische Bedürfnisse (Unabhängigkeitsbedürfnis, Kompetenzbedürfnis, Prestige-, Status-, Macht- und Selbstbestätigungsbedürfnisse),
- idealistische Bedürfnisse (Streben nach Selbstverwirklichung und Kreativität).

In der Sekundärliteratur wird diese Bedürfnisaufzählung meist recht wirr dargestellt. Ich habe über die Bedürfnis- und Bedürfnisbefriedigungsmanipulation schon gehandelt (vgl. Seite 138 f). Sachlich gesehen sind die von Maslow aufgezählten Bedürfnisse durchaus der Art, daß sie Ansatzpunkte für die Verwendung manipulatorischer Techniken bieten.

Doch hat die Theorie einige Mängel:

- Sie behauptet u. a., daß die Bedürfnisse höherer Stufe erst ansprechbar sind (und also erst über sie motiviert werden kann), wenn die Bedürfnisse der niederen Stufen schon befriedigt sind. Der Manipulateur wird also die Stufe wählen, die gerade noch nicht (voll) befriedigt ist. Nun ist das offensichtlich falsch. Denn eine manipulatorische Verunsicherung etwa eines Grundbedürfnisses hat ganz erhebliche Wirkungen, weil im gleichen Augenblick die ganze Hierarchie zusammenbricht.
- Sie vernachlässigt die negativen Motivatoren wie Neid und Haß, Mißgunst und das Streben nach Selbstentwirklichung. Diese negativen Motivatoren sind immer dann leicht zu aktualisieren, wenn die Destrudo-Anteile im Triebanspruch überwiegen. Das ist vor allem in Phasen der Fall, die

durch persönliche, privat- oder öffentlich-soziale Krisen bestimmt sind. Die Ursachen der Krisen liegen mitunter im außerbetrieblichen Bereich und können kaum durch betriebliche Führungs- oder Motivationsstrategien behoben werden. Ausgenutzt werden aber können sie – und das in manipulatorischer Absicht.
• Sie übersieht unbestritten eine Fülle von Motivatoren (oder Manipulationsstrategien).

D. Riesman (Die einsame Masse, Berlin 1955), bereicherte die Literatur über Motivations- und Führungstechniken um ein Klassifikationsmodell, das es erlauben soll, schnell und sicher den Typus des Mitarbeiters einzuschätzen, um typentsprechende Motivationstechniken einsetzen zu können. Er unterscheidet:
• den traditionsgeleiteten Typ (gekennzeichnet durch (1) ein ausgeprägtes Sicherheitsstreben, (2) das Bemühen, Risiken zu vermeiden, (3) den Wunsch, anderen zu folgen, (4) das starke Bedürfnis nach Bestätigung, (5) die meist konservative Orientierung, (6) die meist zustimmende Grundhaltung und (7) eine leicht pessimistische Grundtönung),
• den außengeleiteten Typ (gekennzeichnet durch (1) ein Streben nach sozialer Anerkennung, (2) eine Bereitschaft, beschränkte und überschaubare Risiken einzugehen, (3) eine große Kompromißbereitschaft, (4) den Willen, bewundert zu werden, (5) eine leichte Verletzbarkeit, (6) ein diszipliniertes Verhalten, (7) eine standesbewußte Orientierung und (8) eine Neigung zu Stimmungsschwankungen),
• den innengeleiteten Typ (gekennzeichnet durch (1) ein starkes Streben nach Selbstverwirklichung, (2) das Suchen der Herausforderung, (3) eine Tendenz zum Individualismus, (4) eine Neigung zur Konsequenz, (5) ein Aufgeschlossensein für Neues, (6) ein Suchen des Wagnisses und (7) eine vorwiegend optimistische Grundhaltung).

Würde diese Klassifizierung mit der genannten Summierung von Eigenschaften der Realität entsprechen, wäre hier jeder Führung ein breites und hohes Tor geöffnet, durch das sie manipulierend einmarschieren könnte. Nun sind aber in der Praxis keineswegs die Menschen nach diesen Eigenschaftskatalogen zu sortieren. Der von Riesman konstruierte »Typ« ist so selten, daß man sich in der Praxis nicht darauf verlassen kann, daß ein Mitarbeiter, der zwei oder mehr der zu einer Gruppe zusammengefaßten Eigenschaften besitzt, auch die übrigen hat, so daß er auf sie wie auf Motivationsdispositionen besonders leicht ansprechbar wäre. Mischtypen sind so häufig und reine Typen so selten, daß die Riesmansche Typologie praktisch ohne Wert ist. Sie hat ähnlich wie die Graphologie (die einigermaßen richtig die augenblickliche Stimmung des Schreibenden ausmachen kann, kaum aber nicht aktualisierte Dispositionen) oder die Astrologie nur den Glauben des Führenden mit sich. Dieser aber ist von nicht unerheblicher Bedeutung. Die weitaus meisten Menschen spielen die Rollen, die man von ihnen erwartet. Und wenn ein Vorgesetzter von seinem Mitarbeiter ein bestimmtes Verhalten erwartet, wird dieser, eine gewisse Sensibilität vorausgesetzt, unbewußt solcher Erwartung zu entsprechen suchen, und das selbst dann, wenn es sich um eine Negativerwartung handelt. Viele Eigenschaften von Mitarbeitern werden also zuerst durch den Vorgesetzten produziert, nicht alle sind charakterlich fixiert.

Eine weitere Problematik kommt auf das Typisierungsschema zu, wenn man bedenkt, daß es bisher noch nicht gelang, den Grund für bestimmte Kombinationen des Schemas anzugeben, wie das etwa zum guten Teil bei den Klassifikationsversuchen von *E. Kretschmer* (Körperbau und Charakter, 1931) oder *C. G. Jung* möglich war.

Jede zutreffende überindividuelle feste Kombination von Verhaltens- oder Stimmungsdispositionen ist selbstverständlich eine ideale Möglichkeit, manipulatorische Techniken anzusetzen. Hier wären aus der Kenntnis individueller Eigenschaften Dispositionen zu erschließen, an denen die Motivationsstrategie ansetzen könnte, ohne wie nach Maslow alle Menschen prinzipiell über einen Kamm zu scheren. Zwar gibt es von der Psychologie entwickelte Theorien über das Zusammentreffen von bestimmten, auch manipulatorisch nutzbaren Dispositionen, doch sind diese Kenntnisse erfreulicherweise noch nicht in die betriebliche Führungspraxis übernommen worden. Abgesehen von der Verwertung durch einzelne Wirtschaftspsychologen werden sie in der Literatur verschwiegen. Das mag daran liegen, daß sie nicht ganz so problemlos zu diagnostizieren sind wie die von Riesman aufgezeichneten.

Sehr viel besser, wenn auch nur von beschränkter Verwendbarkeit, ist die Motivationstheorie von *K. Levin* (A Dynamic Theory of Personality, New York 1935). Die Feldtheorie Levins behauptet die Bedeutung der gesellschaftlichen Umgebung (und hierher gehört vor allem auch das Führungsverhalten des Vorgesetzten) für die Motivation eines Mitarbeiters. Die gesellschaftliche Umgebung sei wie ein vektorielles Kraftfeld strukturiert. Es komme darauf an, den Mitarbeiter in einem Feldpunkt zu orientieren, der in konstruktiven Spannungen auf ihn einwirke. So erzeuge ein autoritäres Führungsverhalten einen Mangel an Arbeitsmotivation. Es läßt gegenseitiges Vertrauen (als Basis von Autonomie und Initiative) erst gar nicht aufkommen.

Auf den theoretischen Arbeiten Levins beruhen heute die weitaus meisten Führungskonzepte mit ihren praktischen Hinweisen zur Kooperation. Auch die »Management by...«-theorien haben hier zumeist ihre Wurzel.

Die Theorie Levins ist vor allem von *F. Herzberg* kritisiert und ergänzt worden. Herzberg (The Motivation to Work, New York 1959) sieht nicht in der sozialen Mitwelt und ihrer Struktur den erheblichsten Motivator, sondern in der Arbeit selbst. Das soziale Feld wird von ihm als »Hygienefaktor« behandelt. Arbeitsbedingungen, Entlohnung, Führungsstil, Betriebsklima, human relations... haben auch bei ständiger Verbesserung nicht zwingend eine Steigerung der Produktivität zur Folge. Eigentliche Motivatoren zur Produktivitätssteigerung seien vielmehr Leistungsbefriedigung, Anerkennung, Verantwortung, Beförderungschancen, Herausforderungen... Erst wenn hier verbessert wird, wird der Mitarbeiter mehr leisten.

Nun erkennt man ohne sonderliche Schwierigkeiten in der von Herzberg favorisierten Theorie den Einfluß Maslows wieder. Und gegen diese Theorie sprechen all die Gründe, die gegen Maslow angebracht erscheinen. Es dürfte kaum bestreitbar sein, daß Levin den Maslowschen Motivatoren eine wichtige und richtige Ergänzung (und damit zugleich auch eine Korrektur) zukommen ließ.

Es ist aber eben doch nicht gleichgültig, wie das soziale Hintergrundklima ist. Auch eine noch so perfekte Beherrschung manipulatorischer Techniken, die auf den Theorien Maslows (und auch Riesmans) basiert, wird kaum daran vorbei können. Jeder Mensch ist sehr viel radikaler und grundsätzlicher ein soziales Wesen, als daß die Sozialität nur als ein Aspekt unter anderen in der Motivationsstruktur gesehen werden dürfte. Sie informiert, von einem Teil der Grundbedürfnisse einmal abgesehen, alle anderen Motivatoren.

D. McGregor stellte mit einigem Erfolg einige Prämissen der gängigen Führungs- und Motivationstheorien in Frage. Er leugnet, daß Menschen »von Natur« diese Eigenschaften haben:

- eine angeborene Abneigung gegen Arbeit, die nur durch Kontrolle und innere oder äußere Zwänge überwunden werden kann,
- einen Widerwillen gegen Verantwortung,
- ein Fehlen jeden Ehrgeizes,
- ein Streben nach Sicherheit um jeden Preis.

Alle diese Eigenschaften können jedoch erworben werden, wenn die Arbeitsverhältnisse und Motivationen unzureichend sind. Es kommt also nicht unbedingt darauf an, positiv zu motivieren, sondern die Hinderungen, die zur negativen Motivation führen, abzubauen. Sollte McGregor recht haben, dann ist seine Theorie noch die menschlichste von allen mir bekannten Motivationstheorien. Zwar geht es auch ihr um die Steigerung der Produktivität des Faktors Arbeitskraft, doch wird diese nicht durch

Manipulation, sondern durch Beseitigung von ihr entgegenstehenden inneren Hemmnissen erreicht.
A. *Sahm* (Motivation, in: Management-Enzyklopädie, München 1971, 738) stellte durch Befragung von nicht-gewerblichen Mitarbeitern (statistisch recht unzulänglich) folgende Faktoren der Leistungsmotivation fest:

Aufgabenstellung	bei 25 %	der Befragten
Aufstiegsmöglichkeiten	15 %	
Führungsstil	15 %	
Führungsentscheidungen	10 %	
Gehaltsentwicklung	8 %	
Weiterbildung	5 %	
Kollegiale Atmosphäre	5 %	
Arbeitsbedingungen	4 %	
Sicherheit der Position	3 %	

Alle anderen Faktoren (Erfolgsbeteiligung, Betriebsklima, Anerkennung, Prestige, Status, Firmenimage, Sozialleistungen) wurden von weniger als einem Prozent der Befragten genannt.
Nun sind solche Befragungen mit äußerster Vorsicht zu werten, selbst wenn sie repräsentativ wären. Die wichtigsten Motivatoren sind dem Menschen nicht bewußt. Die bewußten Motivatoren sind nicht selten Rationalisierungen unbewußter oder an irgendwelchen Ich-Ideal-Inhalten orientiert. Eine technisch perfekte und effiziente Manipulation läßt sich jedoch nur bei zureichender Berücksichtigung unbewußter oder vorbewußter Motivatoren einbringen. Dabei kann allerdings der Fall auftreten, daß in einer bestimmten Schicht (hier der leitenden Angestellten) die erwähnten Motivatoren als Rationalisierungen für recht schichtspezifische unbewußte Motivatoren stehen.
Damit ist sicher nicht das Feld der innerbetrieblichen Manipulationsmöglichkeiten abgeschritten. Es gibt hier vor allen auch die »Motivation durch Kritik«, die Motivation durch Angst, die Motivation durch Konkurrenzdruck...
Den weitaus meisten der genannten Motivationsarten ist es eigen, daß sie – obzwar an sich nicht unmenschlich – unmenschlich werden können, dann nämlich, wenn der Betriebsnutzen so sehr in den Vordergrund rückt, daß für ihn auch der Schaden oder gar die Schädigung des Mitarbeiters in Kauf genommen wird. Solche Schäden sind keineswegs unmittelbar auf die verwendete Manipulationstechnik zurückzubeziehen. Es gibt auch den erheblichen mittelbaren Schaden zu bedenken, der durch Arbeitsdruck in einer an sich ungeliebten Tätigkeit zugefügt werden kann.

Solche Streßschäden sind heute recht verbreitet. Sie zeugen von einem Mißbrauch im Einsatz von Motivatoren. Dabei muß solcher Mißbrauch keineswegs auf individuelle Schuld zurückgehen. Er kann auch seinen Grund in der Art des ökonomischen Systems haben oder ganz einfach in der Weise, wie Menschen innerhalb einer bestimmten Form gesellschaftlicher Verfaßtheit miteinander zu verkehren pflegen. So ist der individuelle Konkurrenzdruck nicht ein Mangel von Führung, sondern ein Mangel des Systems. So ist das Umgehen mit dem Menschen wie mit einem Produktionsmittel nicht ein Mangel an Führung, sondern hat seine Ursache in dem gesellschaftlichen Klima, in dem sich Führung realisiert. Ein Klima, das dazu neigt, Menschen als Sachen zu behandeln, ein Klima, in dem Menschen Beziehungen (vor allem ökonomischer Art) eingehen, die sie auch mit Sachen eingehen könnten. Nicht umsonst spricht man in einer solch sachkategorial orientierten Welt etwa von »Arbeitsmarkt« (das klingt ganz ähnlich wie »Viehmarkt« und ist auch gar nicht wesentlich davon verschieden). Der »Arbeitsmarkt« hat noch manche Züge des alten »Sklavenmarktes« bewahrt, vor allem die Verdinglichung des Menschen, der selbst oder in seiner Arbeitskraft zur Ware wird, die man kauft, um aus ihr Gewinn zu schlagen. Man sollte nicht entgegnen, das sei ein semantisches Spielchen. Mitunter entlarvt die Sprache menschliches Denken sehr viel mehr, als es eine rationale Kontrolle zugeben möchte oder kann.

Besonders ausgefeilte, wenn auch selten verwendete Techniken hat die Managementtheorie im Bereich der »Führungsstile« entwickelt. Alle Techniken zielen auf die alleinige Verantwortung des Vorgesetzten ab. Um die Mitarbeiter zur vollen Leistung zu bringen und damit die eigene Position zu sichern, wird dem Vorgesetzten geraten, sich an folgende Regeln zu halten:

- Mitarbeiter sind mündige Menschen,
- ihnen soll möglichst viel Eigenverantwortlichkeit eingeräumt werden,
- ihr Sicherheits- und Selbstwertgefühl soll nicht verletzt werden,
- Vorgesetzte sollen ihre Autorität aus Sachkompetenz begründen,
- sie sollen ihre Mitarbeiter für die Unternehmensziele gewinnen.

Diese Führungsregeln, ein krudes Durcheinander ungeordneter pseudopsychologischer Ratschläge, sind zwar alle an sich richtig und beherzigenswert, doch sie werden praktisch nicht etwa zum primären Nutzen des Mitarbeiters angewandt, sondern zu dem des Betriebes oder des Vorgesetzten.

Ein beliebtes Argument gegen die »Manipulationsdenunziation« von Seiten der Unternehmer lautet: »Was dem Unternehmen nutzt, nutzt auch dem Mitarbeiter.« Das ist sicherlich in gewissen, sehr weiten Grenzen nicht ganz falsch. Wenn ein Betrieb schließen muß, dann leiden darunter vor allem die Vertreter des schwächsten Faktors im Produktionsprozeß: die Arbeiter und kleinen Angestellten. Doch sieht man einmal von Grenzfällen wie Massenentlassungen oder Betriebsstillegungen ab, dann ist der Nutzen des Betriebs nur selten mit dem des Produzenten identisch. Sehr viel häufiger sind sie einander gar konträr entgegen. Die Ausbeutung ist keineswegs eine materiell oder quantitativ meßbare Kategorie. Sie steht für die Selbstentwirklichung, die in der Ausnutzung des Menschen als *Sache* disponiert wird. Sie kann sich zwar der Sorge und auch Fürsorge dann gewiß sein, wenn es darum geht, ihre Funktionskraft zu erhalten oder zu steigern. Diese »Versächlichung« wird – obschon real – von den meisten Unternehmern verdrängt und daher geleugnet. Wer rationalisiert, lügt keineswegs, aber er täuscht sich selbst.

So wird die Entfremdung (oder Selbstentwirklichung) als Ursache, Vollzug und Konsequenz manipulatorischer Techniken deutlich. Die kapitalistischen Systeme (ob Privat- oder Staatskapitalismus) haben eine Reihe von Entfremdungsmechanismen ausgebildet, die für diese Verkehrsform, die keineswegs nur eine ökonomische ist, typisch sind. In jedem Fall zielt die Motivation darauf ab, die »formelle Organisation« zu stärken.

Im Privatkapitalismus decken die Führungstechniken jedoch neben dem Leistungsprinzip vor allem das kapitalistische Eigentumsprinzip ab, im Staatskapitalismus dagegen neben dem Leistungsprinzip das Prinzip des kollektiven Nutzens. In beiden kommt die menschliche Person entschieden zu kurz. Für den Raum des privaten Kapitalismus wird Führen sich nicht nur an betriebswirtschaftlichen Leistungsprozessen orientieren dürfen, sondern muß die zwischen Wirtschaftsbetrieb und Gesellschaft bestehenden Bezüge berücksichtigen, so daß sinnvolle und gesellschaftlich verantwortbare Lösungen für den Konfliktfall: Betriebsinteressen gegen Gesellschaftsinteressen bereitstehen.

Für den Raum des öffentlichen Kapitalismus muß Führen auf die wechselseitigen Beziehungen achten lernen, die zwischen menschlicher Person und Betrieb bestehen. Es hat sich nach der Maxime zu richten, daß der Betrieb um der Menschen (und vor allem der in und durch ihn beschäftigten) da ist, und daß er soweit als irgend möglich die Arbeitswelt zur Welt der Selbstbegegnung (in der Fremdbegegnung), der Selbstannahme und der Selbstverwirklichung machen muß. Der Arbeiter muß stets wissen, und aus den konkreten Umständen auch stets wissen können, daß seine Arbeit ihn als gesellschaftliches Wesen realisiert, ohne daß seine Individualität und deren rechtmäßige Ansprüche verletzt werden.

Führen heißt also den Menschen in der rechten Balance zu halten zwischen Individualität und Sozialität; es spielt zwischen personenorientierten und sachorientierten Entscheidungen, zwischen betriebsorientierten und ge-

sellschaftsorientierten Entschlüssen. Dabei ist hier immer und vor allem an die menschliche Person, ihre Würde und ihre Rechte zu denken.
»Person« heißt hier nicht etwa Arbeitskraft und ist auch nicht durch sie zu definieren. »Person« ist auch nicht der Erbringer von Leistungen, und nicht von hierher zu bestimmen. Die Eigenwertigkeit der Person ist nur außerökonomisch auszumachen. Somit läßt sich ein Betrieb also nicht nur nach bloß ökonomischen Gesichtspunkten führen. Wer den transökonomischen Einbruch in die ökonomische Sphäre, der in der Beschäftigung eines jeden Menschen verwirklicht wird, nicht sieht, wird auch ökonomische Zwecke zu den höchsten Zielen seiner Entscheidungen machen: etwa hohe Produktion (im Staatskapitalismus) oder hohe Gewinne (im privaten).
Das Ziel aber aller Ökonomie und damit auch aller wesentlichen ökonomischen Entscheidung ist der Mensch – und zwar dieser und jener und nicht irgendein Abstraktum, über das sich gut philosophieren läßt, oder die »Menschheit«, um derentwillen man leicht unmenschlich werden kann. Jede Führungsentscheidung, die nicht den primären Zweck der Ökonomie überhaupt und eines jeden Betriebes im besonderen zureichend berücksichtigt, ist eine manipulatorische Entscheidung, weil sie das primäre Ziel aller Ökonomie verfehlt, dem einzelnen konkreten Menschen zu dienen, sondern irgendwelchen anderen, vielleicht noch so hehren Idealen folgt. Sie beeinflußt das Verhalten von Menschen nicht zu deren eigenem Nutzen. Das aber gerade ist das Wesen der Manipulation.
Entfremdung oder Selbstentwirklichung ist Grund, Vollzug und Folge von ökonomischer Manipulation. Das gilt es im einzelnen zu belegen.

● *Manipulation setzt einen gewissen Grad an Entfremdung voraus.*
Wer manipuliert, über das Maß des im Menschen Angelegten und von allen Menschen Akzeptierten hinaus, wird sich nicht leicht von dem Verdacht reinigen können, daß er ein gestörtes Verhältnis habe zu seinem Mitmenschen, den er manipuliert. Diese Störung kann sehr genereller Art sein. Sehr generell ist sie, wenn ein Mensch grundsätzlich mit anderen Menschen nach der Maßgabe von Sachkategorien verkehrt. Er ist damit den Menschen – und über sie auch der Gesellschaft, die er ebenfalls, was ihn betrifft, sachkategorial versteht – entfremdet, so daß er die Eigenheit der Gesellschaftsbindung etwa nach quantitativen Kosten/Nutzensrechnung auszumachen versucht und – wenn möglich – reguliert. Damit aber, da sich jeder Mensch nur im anderen oder in den anderen finden und menschlich realisieren kann, ist er auch sich selbst entfremdet. Viele Manipulateure von Berufs wegen sind oft sehr viel mehr sich selbst und der menschlichen Gesellschaft entfremdet, als diejenigen, die sie zu manipulieren trachten.
Vermutlich kann man nicht jahrelang manipulieren, ohne selbst ein Opfer

des hinter dem Manipulieren stehenden Menschenbildes und damit auch Selbstbildes zu werden. Nicht wenige Manipulateure dieser Art sind Zyniker im tiefsten Inneren oder aber behandeln sich selbst wie eine Sache und verzwecken ihr Leben. Das wird dann rationalisiert als »ganz in einer Sache aufgehen«. Genau diese Redewendung zeigt die psychische Armut des Manipulators. Er geht in der Sache auf, in die Sache ein, versachlicht sich selbst. Emotionen werden jetzt meist als störend empfunden, denn eine Sache hat keine Emotionen.

Übrigens hatte schon *K. Marx* darauf verwiesen, daß in einer kapitalistischen Wirtschaftsordnung der Arbeiter wie auch der Kapitalist dem Prozeß (oder Zustand) der Entfremdung unterliegen. Der Unternehmer ist ein ganz ähnliches Opfer der Verhältnisse geworden wie der Arbeiter.

Doch auch der Arbeiter (und Entsprechendes gilt für alle Menschen, die im Vollzug ihrer Arbeit Autonomie und Initiative gar nicht oder nur beschränkt einbringen können) muß zuvor schon sich selbst fremd sein, daß er sich manipulierend orientieren läßt. In dieser Form von Arbeit ist der Mensch sich selbst »abhanden gekommen« (K. Marx, MEGA I, 3, 97), hat ein Selbstentwirklichungsprozeß begonnen, ehe die Selbstverwirklichung einen zureichenden Grad erreicht. Das Zulassen einer übergewöhnlichen Außensteuerung kann das Fehlen einer genügenden Eigensteuerung anzeigen. Die außerordentliche Fremdsteuerung kann aber sehr wohl auch durch eine Reihe von Repressionen erzwungen werden (Angst vor Entlassung, Sorge um die materielle Existenz...).

Manipulation, im ökonomischen Raum zumeist als Motivation verschönt, setzt also auf beiden Seiten, dem des Manipulierenden und dem des Manipulierten, ein gestörtes Verhältnis zur eigenen und fremden Person-Wirklichkeit voraus.

- *Manipulieren ist entfremdendes und entfremdetes Tun.*

Der manipulierende Vollzug ist Ausdruck eines entfremdeten Verhaltens. Zudem aber führt er auch zur Verstärkung der Entfremdung. Zwischen manipulatorischem Wollen (als Ausdruck von Entfremdung) und vollendeter Manipulation (als Folge und Ergebnis manipulatorischen Tuns) liegt die manipulatorische Handlung selbst. Auch sie steht im offenen oder versteckten Widerstreit zur Selbstverwirklichung. Im Manipulieren verwirklicht sich der Manipulierende nicht etwa, wie es ihm – eine gestörte Psyche vorausgesetzt – erscheinen möchte, sondern er entwirklicht sich. So können Befehlen und Verbieten, Loben und Tadeln, Kooperation und deren Verweigerung zu entfremdenden Vollzügen werden, wenn sie – oft unbewußt – in manipulatorischer Absicht geschehen. Wer manipuliert, entachtet den Manipulierten und damit und in ihm schließlich sich selbst.

Solche Entachtung kann durchaus zur Mißachtung des Menschlichen führen. Man kann nicht ungestraft längere Zeit mit anderen Menschen wie mit Sachen, wenn auch mit sehr hochwertigen und kostspieligen vielleicht, verkehren, ohne sich selbst zu verkehren. Die Gefahr der Manipulation liegt ja nicht einmal vor allem in ihrer einzelnen Realisierung, sondern in dem Klima, das sie schafft, in dem kaum volle emotionale Entfaltung möglich ist. Die Entemotionalisierung der zwischenmenschlichen Kontakte (wenn man einmal von Zornesausbrüchen absieht, wie sie ganz ähnlich geschehen können, wenn plötzlich eine Maschine streikt) führt zu einer psychischen Verkrüppelung. Es ist mir bislang immer ein Rätsel geblieben, warum die meisten Menschen sich vor körperlichen Verstümmelungen mehr fürchten als vor psychischen. Vielleicht, weil man die körperlichen eher bemerkt – und man sich schämen müßte über eine offensichtliche Schwäche, die vielleicht gar nicht ins Ich-Ideal hineinpaßt. Dagegen werden die ärgsten psychischen Verstümmelungen nicht nur in Kauf genommen, sondern gar gezielt angestrebt. Denn nur ein psychisch verstümmelter Mensch kann versucht sein, seine Beziehungen mit anderen Menschen im wesentlichen auf sachlicher Ebene abzuwickeln unter strikter Vernachlässigung der emotionalen – menschlichen. Der über das Maß des Notwendigen oder gesellschaftlich Akzeptierten hinaus andere Manipulierende ist aber meist ein psychisch verstümmelter Mensch, der eine erhebliche Seite des Menschseins entweder nicht entwickelte oder aber mit gleich welcher Motivation amputierte.

● *Manipulieren hat Entfremdungen zur Folge.*
Daß der Manipulierende sich selbst als Person fremd wird oder doch fremd zu werden droht, ist schon gesagt worden. Am Ende dieser Entwicklung wird ein vollständig einwandfrei funktionierender (meist angestellter) Unternehmer oder Beamter stehen, der zumindest in der Berufswelt jeden konkreten Bezug zur Menschlichkeit verloren hat, auch zur eigenen. Die Entpersonalisierung unserer öffentlichen Interaktionen ist weit fortgeschritten. Und nicht nur Feldherrn rechnen mit Tausenden von anonymen Toten, sondern auch Unternehmer mit »Ausfällen«.
Die Anonymität der Arbeitsweltbeziehung kann ganz ähnlich sein wie die der Mieter in einem Wohnblock. Da haben es die Arbeiter noch besser. Sie können sich während der Arbeit, wenn auch nicht in der Arbeit und durch die Arbeit, solidarisieren und so dem Ganzen ein zwar arbeitsweltfeindliches, aber menschliches Gesicht geben. Der Unternehmer dagegen ist, insofern angestellt, dem Konkurrenzdruck ausgesetzt. Er wird nur selten einem Kollegen vertrauend seine Emotionalität erschließen. Zum einen, weil das der Unternehmerrolle widerspricht, zum anderen, weil er fürchtet, man könne ihm solch ungeheuerliches Tun als Schwäche auslegen und ge-

gen ihn benutzen. Auf der Ebene der Unternehmerkollegen (gemeint sind hier stets angestellte Unternehmer) gilt noch weitgehend der böse Satz des *Thomas Hobbes:* »Homo homini lupus.« (Ein Mensch ist dem andern ein Wolf.) Im Rudel solidarisiert man sich. Aber wehe, einer ist verwundet. Der sublimierte Kannibalismus einer Wettbewerbsgesellschaft zeigt dann, welcher Grad von Humanität in solchen gesellschaftlichen Arrangements steckt. Und dabei sei nicht geleugnet, daß die Wettbewerbs- oder Konkurrenzgesellschaft die, materiell gesehen, effizienteste ist. Sie entspricht am ehesten der archaischen Instinktausstattung des Menschen. Vor allem aber wird der Manipulierte als Folge erfahrener Manipulation systematisch entmenschlicht. Die Erfahrung der Außensteuerung macht ihn hilflos, und dieser Zustand der Hilflosigkeit wird durchaus nicht unabsichtlich aufrecht erhalten. Die Hilflosigkeit, die Unfähigkeit, sich selbst zu helfen, und das damit verbundene Verwiesensein auf andere, die ihn dahin führen, wohin *sie* wollen, ist Ausdruck einer tief wurzelnden Unmündigkeit, die keineswegs durch erzieherische oder sozialtherapeutische Maßnahmen von heute auf morgen behoben werden kann. Die Manipulation kränkt aber auch, wenn sie bewußt wird und gelingt, das Selbstbewußtsein und Selbstvertrauen des Manipulierten. Auch das sind Schritte zur Selbstentwirklichung, wenn solche Manipulationserfahrungen nicht kritisch verarbeitet werden und häufig sind.

Endlich kann man im geheimen Widerspruch gegen den Manipulierenden (sei es ein Mensch oder eine Institution) unterliegen, indem der Widerspruch, schon ans Schweigen gewöhnt, zum Schweigen gebracht wird. Das Ergebnis werden sozial voll- oder überangepaßte Menschen sein, die den schemenhaften Gestalten aus *A. Huxleys* »New brave world« ähneln.

Ich will hier keineswegs behaupten, daß durch die Verwendung von Motivationsstrategien (und also von Manipulationen) die Menschen unglücklicher würden. Im Gegenteil: Ein gut motivierter Mensch wird sich selbst in einer entfremdenden Situation wohlfühlen und den Prozeß der Selbstentwirklichung unter Umständen gar lustvoll realisieren. In meiner Kritik am Einsatz manipulatorischer Techniken beanstande ich im allgemeinen nicht den dadurch ausgelösten Leidensdruck, denn der ist bei gekonnter Manipulation durchaus nicht vorhanden, wird gar durch sie gemindert oder abgebaut, sondern vielmehr das gestörte Bild vom Menschen, das zumeist hinter der manipulatorischen Intention steht.

Im Mindern des Leidensdrucks kann sogar durchaus so etwas wie eine Pseudo-Legitimation des manipulierenden Tuns gesehen werden. Was anders kann Ziel der menschlichen Interaktion sein, als den anderen etwas glücklicher zu machen? Wenn das nicht anders geht als dadurch, daß ich ihn in seinem Verhalten so beeinflusse, daß es mir nutzt, um so besser für beide.

Zwar streben die meisten Menschen nach Glück. Aber dieses Streben ist in der Hand von Entmündigten oder Unmündigen ein zweischneidiges Schwert. Man kann durchaus Selbstentwirklichung lustvoll erfahren, weil damit die soziale Reputation (scheinbar) steigt, weil Konflikte seltener werden, ganz einfach, weil man sich wohlfühlt und psychisch entlastet. Der mühsame Weg der Selbstverwirklichung dagegen kann all dieses nicht bieten, hat es zumindest nicht zum Ziel. Hier haben es Demagogen leicht. Sie sind stets daran zu erkennen, daß sie Menschen mehr Glück versprechen. Mitunter ist auch von Selbstverwirklichung die Rede (wenn auch nur bei anspruchsvollem Publikum), doch das geschieht in offener Täuschungsabsicht. Der Mensch, der sich selbst verwirklicht, ist keineswegs immer ein glücklicher, wohl aber ein menschlicher Mensch.

Die Verwechselung von Glück und Verwirklichung ist recht weit verbreitet. So weit, daß die ihr Handwerk verstehenden Manipulateure nicht nur mehr Glück versprechen, sondern oft ihr Versprechen auch halten. Manipulation und Selbstverwirklichung sind dagegen nicht leicht miteinander vereinbar. Und so lebt man dann in einer gekonnt manipulierten Welt gar nicht unangenehm.

Wer andere Werte ins Spiel bringt als die des Glücks, wird zunächst einmal als Störenfried in der harmonischen Betriebslandschaft betrachtet. Gelingt es nicht, ihn zu kaufen (mit dem Versprechen und dem Zuerteilen von irgendwelchen materiellen oder ideellen Gütern, deren Besitz Glück verspricht und manchmal auch gewährt), wird er am Ende seiner Karriere als unbelehrbarer Querulant, ja als Anarchist sozial kaltgestellt.

Der auf das Glück ausgerichtete Mensch ist nicht selten das Produkt langwährender raffinierter Manipulationen. Er ist seinem Selbst gänzlich fremd geworden, hat sein Selbst vielleicht gar verloren. Diese Prozesse gehen meist schleichend vor sich. Am Ende aber ist das Ergebnis stets ein selbstentwirklichter Mensch, der weiteren Manipulationsversuchen kaum Widerstand leistet, weil Widerstand die glücklich hergestellte psychische Balance gefährden würde.

Solche Menschen, vorwiegend außengesteuert, sind auf den unteren und mittleren Rängen der betrieblichen Arbeitsteilung nicht selten anzutreffen. Sie sind problemlos, machen ihre Sache gut, sind leicht zu motivieren, glauben an das, was man ihnen in manipulatorischer Absicht nahebringt, kennen außer dem Familienleben (das sich zum guten Teil in Anschauen von Fernsehprogrammen erschöpft) keine Fremdtätigkeit, sind in ihrem Ehrgeiz gezügelt und also relativ ungefährlich. Kurzum: Sie sind die Mitarbeiter, die sich viele Bosse wünschen.

Nun kann es geschehen, daß sie ob ihrer willfährigen Tüchtigkeit und allgemeinen Beliebtheit immer weiter auf der hierarchischen Leiter des Betriebs aufsteigen. Bis sie die Stufe ihrer Inkompetenz erreicht haben. Und die haben sie zumeist dann erreicht, wenn Autonomie und Eigeninitiative, wenn Kreativität und aktive Emotionalität mehr gelten als willfährige Tüchtigkeit. Diese Stufe liegt in manchen Betrieben sehr niedrig, in andern recht hoch. Man kann durchaus einen Betrieb in seiner Struktur recht gut erfassen, wenn man einmal die Mitarbeiter herausfischt, die die Stufe *menschlicher* Inkompetenz gerade erreicht haben. Auf welchen Posten befinden sie sich? Welche Stellung in der Hierarchie haben sie? Oft ist eine Analyse dieser Art sehr viel aufschlußreicher, wenn man sich über den Zustand eines Betriebs informieren möchte, als das Studium von Bilanzen und ein auffallend gepflegtes Betriebsimage. Je häufiger man die Inkompetenten auf den Stühlen der unteren hierarchischen Stufen findet, um so mehr scheint ein Betrieb Autonomie und Initiative als personale Grunddispositionen zu schätzen.

b) Das Binden an einen Betrieb.
Da das Ausscheiden von betriebskundigen Mitarbeitern und die Einarbeitung neuer eine recht kostspielige Sache ist, sind viele Betriebe daran interessiert, die Fluktuationsrate so niedrig wie möglich zu halten. Dazu wurden eine Vielzahl von Techniken entwickelt. Die Betriebstreue wird belohnt, das Wechseln des Betriebes bestraft. Ich will mich hier darauf beschränken, nur einige wenige Techniken anzuführen, ohne sie lange auszuführen, denn sie sind ebenso bekannt wie in ihrer Intention durchschaut und damit für dieses Buch reichlich uninteressant.
Die beliebteste Technik besteht sicherlich darin, dem Mitarbeiter deutlich zu machen, daß er sich anderwärts kaum verbessern könne. Um diese Suggestion durchzuhalten, bedarf es verschiedener Tricks, denen alle die feste Überzeugung gemeinsam ist, daß jeder Mensch käuflich ist, wenn man ihm nur genug an materiellen und/oder ideellen Werten bietet. Hierher können gehören:

● Gewinnbeteiligungen (in Form von Bargeld, Mitarbeiter-Aktien...),
● materielle Sozialleistungen (Altersversorgung, übertarifliches Urlaubsgeld...),
● ideelle Sozialleistungen (verstärkter Kündigungsschutz, Einführung einer »Familien-Ideologie«).

Daneben sind aber auch Repressionen verschiedenster Art durchaus möglich:
● Entzug von zuvor gezahlten Gratifikationen,
● Entzug des Gruppenwohlwollens (über intrasozietäre Manipulation),
● Furcht vor einem schlechten »Zeugnis«.

Die stärksten Bindungen entstehen aber zumeist, wenn es dem Unternehmen gelingt, ein Betriebsklima zu schaffen, in dem sich über starke Gruppenbindungen ein Team-Geist einstellt, der das Verlassen der Gruppe als Verrat empfinden ließe. Hier beginnt die Manipulation gerade dann, wenn der Vertreter des Unternehmens bewußt den entstandenen Teamgeist nutzt, um zusätzliche Leistungen herauszuholen, oder aber auch an den Team-Geist appelliert, um einen Mitarbeiter daran zu hindern, unter dem Druck von Repressionen oder zusätzlich geforderter Leistung, das Team – und das heißt hier meist auch den Betrieb – zu verlassen.

Eine recht beliebte Strategie, einen (leitenden) Mitarbeiter an das Unternehmen zu binden, besteht darin, ihm das Gefühl zu geben, er sei unersetzlich. Da jeder psychisch gesunde Mensch auch ein gesundes Verhältnis zur eigenen Individualität hat und sich damit für nicht beliebig austauschbar hält, ist die Disposition, sich selbst für unersetzlich zu halten, auch in psychisch Gesunden durchaus angelegt. Die »ontologische Nicht-Austauschbarkeit« der Person wird leicht auch auf andere Bereiche der Lebenswelt übertragen und zwar vor allem auf solche, die konstitutiv an erster Stelle sind in der Organisation einer konkreten Lebenswelt. Ist das die Berufswelt, geschieht die Übertragung nicht selten in diesen Bereich hinein. Das kann zu Rationalisierungen führen wie »Ich kann doch die anderen nicht hängen lassen!« – »Auf mich kann man sich absolut verlassen!« – »Wenn ich nicht da bin, geht alles schief!«...

Diese Methode, dem Mitarbeiter seine Unersetzlichkeit zu suggerieren, ist zwar im Umgang mit leitenden Mitarbeitern besonders verbreitet, aber keineswegs auf sie beschränkt. Man kann einem Straßenkehrer seine Unentbehrlichkeit deutlich machen und ihn so mit seinem recht eintönigen und sozial nicht hoch geschätzten Beruf versöhnen und positiv motivieren. Es ist merkwürdig, daß diese Strategie in nicht wenigen Anleitungen zur innerbetrieblichen Menschenführung (was nicht selten recht manipulatorisch interpretiert wird) fehlt oder nur angedeutet wird.

Dieser Versuch, die Betriebsbindung zu stärken, ist dann besonders fatal, wenn es schließlich zu einer Trennung von dem Mitarbeiter kommt. Ich habe einige Male erlebt, daß Menschen dann psychisch zusammenbrechen und keineswegs nur labile. Ihr Selbstwertgefühl wird stark verletzt.

Die Bindung an den Betrieb durch ideelle Motivatoren wird heute in der Regel bevorzugt. Sie ist, vor allem bei Angestellten, auch deutlich wirkungsvoller als die durch rein materielle Motivatoren praktizierte Manipulation. Vor allem aber ist sie nicht selten billiger. Da nach kapitalistischem Verständnis ein Betrieb eine Einrichtung ist, mittels derer man Gewinne erzielt oder erzielen will (und nicht primär der mittelbaren oder unmittelbaren Versorgung der Mitbürger mit Produkten oder Dienstleistungen oder

gar der Selbstverwirklichung der Mitarbeiter dient), ist alle Manipulation besonders geschätzt, die wenig Geld kostet und dennoch effizient ist.
Somit wird die »Motivationskraft« als bedeutende Führungsqualifikation gesehen. Sie spart Geld und erhöht den Gewinn. Die Motivation über ideelle Belohnung bezahlt materielle Leistungen mit Anerkennung, Ehrung, Achtung, größeren Freiräumen für Autonomie und Initiative... Es hat sich mittlerweile herumgesprochen, daß der am meisten und oft auch am effizientesten arbeitet, der »freiwillig« d. h. der ohne *äußere* Repression arbeitet. Die äußere wird dann mittels motivierender Techniken durch sehr viel stärkere innere Repression ersetzt. Unter dem Schein von Freiheit wird der innere Zwang einprogrammiert.
Somit sind es gerade auch Techniken, die einen Mitarbeiter emotional an den Betrieb binden, die intensive Unfreiheit (als Ausübung innerer Zwänge) bewirken. Die Unfreiheit, aufgrund innerer Zwänge nicht mehr den Betrieb wechseln zu können, ist nur eine davon. Meist erhalten diese inneren Zwänge recht hehre Namen: Solidarität, Treue, Kameradschaft, Verantwortungsbewußtsein sind nur einige davon.

c) Die Solidarisierung mit dem Unternehmerinteresse.
Die Solidarisierung mit dem Unternehmensinteresse, die zumeist durch ganz ähnliche Techniken evoziert wird wie die Bindung an das Unternehmen überhaupt, ist sorglichst zu unterscheiden von der Bindung an das Unternehmerinteresse. Zwar ist die Bindung an das Interesse des Unternehmens eine Voraussetzung für die Bindung an das Interesse des Unternehmers, doch nicht mit ihr identisch, denn der Unternehmer ist nur *ein* Faktor des Unternehmens und keineswegs der in der Orientierung des Arbeiters primär angestrebte.
Bei den leitenden Angestellten, die selbst Unternehmer*funktionen* ausüben, wird die Bindung an den Kapitaleigner als selbstverständlich vorausgesetzt. Sie vertreten im Betrieb die Interessen des Kapitaleigners, sind verantwortlich für die Rentabilität des Unternehmens. Dieser Primat in der Ordnung der Orientierungen leitender Angestellter ist in der BR Deutschland noch deutlich zu spüren, wenngleich in den letzten Jahren hier auch eine erhebliche Bewußtseinsveränderung eingesetzt hat (wie sie in Frankreich schon nahezu abgeschlossen erscheint): die Umorientierung vom Kapitalinteresse zum Unternehmensinteresse.
Auch bei selbständigen Unternehmern (oft identisch mit den Kapitaleignern) ist hier ein langsamer Bewußtseinswandel deutlich zu merken. Der Betrieb ist nicht länger mehr eine Institution, in die man Geld steckt, um mehr Geld herauszuziehen, sondern zugleich ein auch soziales und sozial zu verantwortendes Unternehmen. Obschon der Trend also in Richtung

auf das Betriebsinteresse (wozu auch und vor allem das Interesse der im Betrieb Beschäftigten gehört) bemerkbar ist: Zum Primat des sozialen vor dem ökonomischen Interesse kommt es selten und kann es wohl auch nicht universell kommen, solange kapitalistische Verkehrsformen das Geschehen beherrschen und somit die Gesetze und Spielregeln des Marktes vor allem die Beachtung der Konkurrenzmechanismen erzwingen.

Ein »Sozialkapitalismus« scheint mir nur als ein »Kapitalismus ohne Marktregulation« möglich, wie er etwa während der Hitlerzeit in Deutschland zum Teil realisiert war. Er ist vermutlich nicht sonderlich wünschenswert. Somit wird für die Dauer einer wie auch immer gearteten marktgesteuerten Ökonomie der Konkurrenzdruck erheblich bleiben. Das hat für den angestellten Unternehmer unter anderem zur Folge eine Abhängigkeit vom Wohlwollen des Kapitaleigners, die er sich im Regelfall nur erhalten kann, wenn er zureichende (und oft sogar: optimale) Gewinne erwirtschaftet.

Auch der selbständige Unternehmer wird sich, wenngleich nicht unter gleichem Druck, dem sozialen als letztlich sekundären Interesse zuwenden. Da hört man nicht selten Rationalisierungen wie: »Wenn es dem Betrieb (finanziell) gut geht, geht es auch den Mitarbeitern gut!« – »Die finanzielle Leistungskraft des Betriebes ist die Voraussetzung für soziale Orientierungen!«... Das gilt sicher etwa für den Extremfall einer Betriebsschließung bei anhaltenden Verlusten, das gilt zum Teil auch für über- oder außertarifliche Leistungen. Nicht aber gilt das für die betriebliche Normalsituation, obschon die relative Höhe der frei verfügbaren Gewinne nicht überschätzt werden darf.

Die Solidarisierung mit dem Unternehmerinteresse ist für die leitenden Angestellten zumeist zwingende Notwendigkeit, zu der es, eben dieses Zwanges wegen, keiner zusätzlichen Motivation bedarf. Das ist nicht ganz so bei allen anderen Mitarbeitern. Zwar ist in der BR Deutschland der Geist des Klassenkampfes weitgehend erloschen, doch ist mit der Aufgabe des kämpferischen Entgegensatzes Kapital : Arbeit noch nicht der feindliche Gegensatz aufgehoben. Die meisten Arbeiter und Angestellten wähnen sich noch im Entgegen zum Kapital, eine Haltung, die durch die alljährlichen Tarifverhandlungen zwischen Gewerkschaften und Arbeitgeberverbänden durchaus wachgehalten wird.

Dennoch gibt es verschiedentliche Versuche, so etwas wie ein »ständisches Bewußtsein« oder einen »Familiengeist« in Unternehmen einzubauen mit der Absicht, eine Solidarisierung auch der Arbeiter mit dem Unternehmen zu erreichen. Gelingt eine solche Manipulation, ist sie sicher auf die Dauer die am wenigsten kostspielige und effizienteste. Patriarchalische Führung ist in Klein- und Mittelbetrieben heute keineswegs ausgestanden. Gewerkschaftliche Aktivität paßt nicht in die Ordnungsvorstellungen des seinen Betrieb so führenden Unternehmers. »Ich sorge selbst für meine Mitarbeiter. Besser können es die Gewerkschaften gar nicht!« lautet eine klassische Rationalisierung solchen Verhaltens. Und es gibt nicht wenige Arbeiter, die sich dabei recht wohl fühlen.

Da prinzipiell die Interessen von Arbeitern und Kapitaleignern unter den Umständen einer kapitalistischen Verkehrsform nicht deckungsgleich sind, ist jeder Versuch, sie kongruent erscheinen zu lassen, Manipulation. Es soll Verhalten beeinflußt werden – und zwar zumeist das des Arbeiters zum Nutzen des Unternehmers.

Doch wird der Arbeiter nicht nur als Produzent manipuliert, sondern auch als Konsument. Über solche Manipulationsversuche und -techniken soll nun einiges gesagt werden, obschon darüber zahlreiche Studien erschienen sind.

d) Manipulatorische Techniken in der Konsumgüterwerbung.
Prinzipiell muß man davon ausgehen, daß jede Art von Werbung in manipulatorischer Absicht geschieht. Kaum ein Unternehmen wird für seine Produkte werben in philanthropischer Absicht, sondern doch wohl stets, um das Käuferverhalten zum eigenen Nutzen zu ändern. Das aber bedeutet Manipulation. Nun gibt es sicher verschiedene Grade von Manipulation und verschiedene Typen, die eine unterschiedliche Wertung der manipulatorischen Absicht erfordern. Im günstigsten Fall werden sich das Interesse des Käufers und das des Verkäufers, das des Produzenten und das des Konsumenten in einem durch Werbung zustande gekommenen Kaufentschluß die Waage halten. Nicht selten aber ist das nicht so; das heißt, das Interesse des Produzenten wird stärker und eindeutiger befriedigt als das des Konsumenten.

Ich will mich im folgenden ausschließlich auf die Konsumgüterwerbung beschränken und Werbung für Dienstleistungen oder Investitionsgüter einmal außer acht lassen. Diese Beschränkung ist durch die einstweilig nicht begründete Vermutung gerechtfertigt, daß im Bereich dieser Marktsparte besonders manipulierend geworben wird.

Doch seien zunächst einmal die Vorteile erwähnt, die der Verbraucher aus der Werbung ziehen kann:

- größere Markttransparenz,
- erste Vorinformation über die Marktbreite und die Anbieter,
- Ermöglichung von Massenanfertigungen mit der Folge von Preissenkungen,

- Absatz von Überproduktionen durch Bedarfsweckungswerbung und damit die Stabilisierung der Volkswirtschaft,
- Senken der Kosten für den Werbeträger (Illustrierte, Funk...).

Sicher ist der eine oder andere Vorteil durchaus fragwürdig. Die Markttransparenz kann in einzelnen Fällen durch aufdringliche oder durch überstarke Werbung der ökonomisch starken Anbieter eher verdunkelt als erhellt werden. Doch immerhin informiert jede Werbung über die Existenz eines Herstellers oder eines Produkts, indem sie dessen Namen und einige Eigenschaften bekannt macht. Damit ist aber nicht auch selten der objektive Informationsgehalt der »werbenden Aussage« erschöpft. Vieles andere ist Blickfang, Aufmerksamkeitsfang oder ein sonstiger Fang, der den Hörer oder Seher einfangen will, sich auch die meist spärliche Information anzuhören oder anzuschauen.

Es kann auch nicht immer gesagt werden, daß Werbung die Produktion von Massenwaren erlaube und damit der Stückpreis gesenkt wird. Bei streng begrenztem Markt geht es um Marktanteile der Anbieter. Die Gesamtmenge der Verbrauchswaren bleibt ziemlich konstant. Dann aber schlagen die Werbungskosten voll auf den Verbraucherpreis durch. Doch oft wird werbend versucht, einen geschlossenen Markt zu öffnen (Bedürfnisse zu wecken und diese dann zu befriedigen). In diesem Fall sind sicher größere Stückzahlen möglich, doch um den Preis eines »geweckten« Bedürfnisses (d.h. der Käufer kauft eine Ware, die er »eigentlich« gar nicht braucht). Die Liebe zu einer Volkswirtschaft kann kaum erzwungen werden. Sicher nutzt dem Verbraucher eine »funktionierende« Volkswirtschaft. Und unter der Rücksicht des Verbrauchers gesehen, ist die kapitalistische Wirtschaftsstruktur mit ihrem potentiellen Überangebot sicher recht angenehm. Das aber sagt nichts über die Lebensqualität, die eine solche ökonomische Verfassung dem Konsumenten vermittelt.

Andererseits ist es ein und derselbe Mensch, der auf dem Markt als Produzent und Konsument auftritt, und mancher ist sicher bereit, als Produzent Opfer an Humanität zu bringen, um als Konsument etwas anspruchsvoller bedient zu werden. Aber das muß nicht so sein. Für die Bürger, die anders denken, die also eine Humanisierung der Produktionswelt (d.h. der Arbeitswelt) einem überreichen Gebrauchswarenangebot vorziehen, gibt das System weniger gute Orientierungen und Möglichkeiten, ihre Vorstellungen zu realisieren. Es ist also Manipulation, auch diese Bürger zu einem Verhalten zu veranlassen, daß ihnen als Käufer wohl Vorteile, als Produzenten aber erhebliche Nachteile bringen kann: Die Akzeptation des bestehenden Wirtschaftssystem durch die ökonomische Praxis.

Bleibt also zuletzt noch das Argument der Kostensenkung der Werbeträ-

ger. Eine Illustrierte, die mit dem heutigen Werbematerial ausgestattet 2.- DM kostet, würde, frei von aller Werbung, vielleicht 5.- DM kosten. Dieses Argument ist sicher relativ stark, dann nämlich, wenn auch die Quantität und Qualität des redaktionellen Teils solcher Träger sich verbessert. Eine reine Vermehrung des Umfangs durch Werbung ist sicher nicht ein Grund, Werbung zu begrüßen.
Doch kommen wir zu den Nachteilen, die dem Verbraucher durch Werbung erwachsen können:

● Die unvollständige Information kann zur Täuschung werden.
● Ein schwacher Anbieter kann sich oft gegen einen stärkeren nicht durchsetzen, da sein Werbeetat zu gering ist. Das aber führt tendentiell zu möglichen Oligopolbildungen zum Schaden oder doch zum Nachteil des Verbrauchers.
● Die Anzeigen- und Fernsehwerbung zeichnet mitunter ein Bild von »Wirklichkeit«, das mit der Realität wenig gemein hat.
● Die Werbekosten werden auf das Produkt überwälzt und verteuern es so.
● Die Werbepraxis spricht gezielt Es- oder Überich-Inhalte an und erleichtert so keineswegs die humane Orientierung.
● Die Werbung für gesundheitsschädigende Produkte verschweigt mitunter den Umfang der möglichen Gesundheitsschäden, die durch den regelmäßigen Konsum einer bestimmten Ware entstehen können (etwa in der Werbung für Alkoholika oder Tabakwaren).
● Manche Bedürfnisse werden erst durch Werbung geweckt. Mitunter handelt es sich um Scheinbedürfnisse (der Schein wird erst erkannt, wenn die Ware gekauft wurde) oder aber um Abhängigkeiten schaffende Bedürfnisse.

In all diesen Fällen aber nutzt die Werbung ausschließlich dem Produzenten oder dem die Ware absetzenden Händler, also dem Werbenden. Der Nutzen des Konsumenten ist gering, verschwindet gar mitunter in einer Schädigung. Offensichtlich handelt es sich also oft um eine fragwürdige Manipulation. Das wird heute stark betont, fast so, als ob der Raum der Konsumgüterwerbung der Raum von Manipulation schlechthin sei. Das ist sicher nicht der Fall. Manipulationen im politischen, sozialen, religiösen, erzieherischen Raum betreffen den Menschen, den Manipulierten, oft sehr viel stärker als die Manipulation durch Werbung. Hier haben manche Manipulateure ein Opfer gefunden: Sie stürzen sich auf die Manipulation durch Werbung, um andere, oft tiefergreifende Formen von Manipulationen gleichsam unsichtbar zu machen, wenigstens aber, um das allgemeine Interesse von ihnen abzulenken.
Keineswegs dürfen aber auch die Gefahren übersehen werden, die vor allem

dem »unmündigen Verbraucher« durch die Werbung zukommen. Vor allem Kinder im »Märchenalter« können durch Werbung stark und zwar falsch orientiert werden. Die Fernsehwerbung etwa kommt ihrem Bedürfnis nach psychischer Entlastung in der Verarbeitung der Umwelt entgegen. Dieses Entlastungsbedürfnis wird auch deutlich, wenn Kinder darauf bestehen, daß Märchen in identischem Wortlaut, ohne Abweichungen erzählt werden. Viele Werbespots wirken durch ihre identische Wiederholung, graben sich ein ins Unbewußte. Die Widerholungsentlastung nun läßt ein Kind die Werbewirklichkeit ähnlich erleben wie die Märchenwirklichkeit. Doch hier gibt es gravierende Unterschiede. Während die Märchenwirklichkeit der archetypischen Realität der Menschen weitgehend entspricht, bringt die Werbung eine Pseudowelt hervor, die keine archetypische Entsprechung findet. Hier wird also tatsächlich etwas Neues implantiert und induziert. Da dieses Neue aber auch mit der Außenwelt der Psyche nichts Erhebliches zu tun hat (sondern illusionär eine heile oder kranke – in jedem Fall aber eine verstellte – Welt vorstellt), treten in der kindlichen Psyche drei Weltteile in Konflikt miteinander: die archetypische innerpsychische Welt mit Symbolen, die durch die Märchenfiguren und Märchenhandlungen eingefangen werden, die konkrete materielle und gesellschaftliche Außenwelt und zum dritten die »Wahnwelt der Werbung«. Ist die Integrationsproblematik, für die beiden ersten Welten schon eine erhebliche Leistung mit ihren Krisen für ein Kind, dann wird durch die Einführung einer dritten Welt die Krisensituation verschärft und die Anpassung an die Außenwelt, so wie sie ist, keineswegs erleichtert. Das alles mag ziemlich akademisch klingen, ist aber, wie jeder Jugend-Therapeut bestätigen kann, zu einem ernsthaften Problem geworden.
In jedem Fall sollten sich Eltern fragen, ob sie ihren Kindern, die gern gesehenen Werbesendungen im Fernsehen gestatten. Sie bedeuten, wenn sie nicht im Gespräch mit den Kindern aufgearbeitet werden, eine sehr viel größere Gefahr als manche Frühabend-Western, die, obschon mitunter recht brutal, weitgehend der psychischen Innenwelt des Kindes entsprechen und den Kampf widersprechender Archetypen nach außen setzen. Ähnliches geschieht ja auch in den Märchen, die keineswegs eine heile Welt vorspiegeln, sondern mitunter recht grausame Handlungsabläufe schildern.
Nicht aber nur Kinder sind »unmündige Verbraucher«. Unmündig vor dem Anspruch einer geschickt gemachten manipulierenden Werbung sind wir alle. Wir alle fallen immer wieder auf Werbeaussagen, die kaum etwas mit unserer Alltagsrealität zu tun haben, herein, ob wir das nun wahrhaben wollen oder nicht. Es gibt halt keine volle Mündigkeit des Menschen gegenüber seinem Es (und nur eine beschränkte gegenüber seinem Überich).

Da die Werbung aber nicht selten in Form- und Farbgestaltung oder auch im Textablauf unbewußte Auslöser anspricht (etwa des sexuellen oder des Gewissenstyps), geschieht die Informationsübertragung zum Teil auf der Ebene des Unbewußten. Und eine solche Kommunikation kann von uns kaum rational gesteuert werden.

Das Unbewußte realisiert sich, spricht zu uns in Bildern und nicht in Worten. Die nicht verbale Kommunikation zwischen einem Werbebild und der unbewußten Schicht von Bildern und Symbolen, die zumeist noch eng an Emotionen gekettet sind, kann und wird im Regelfall durchaus dem oft wiederholten Werbebild einen Platz im Unbewußten schaffen. Taucht dann in der bewußten Sphäre ein dem Bild entsprechender Anspruch auf oder aber gar ganz das gleiche Bild, dann werden wir der unbewußten Bekanntheitsqualität folgen und das Neue als längst Bekanntes favorisieren.

Besonders anfällig für solche Manipulationen über die Bilder- und Symbolwelt des Unbewußten sind gerade Menschen, die sich für recht mündig halten und so die Skepsis gegenüber ihren Handlungsentscheiden und deren Gründen aufgegeben haben. Die Anfälligkeit gegenüber Fremdsuggestionen ist allgemein besonders stark bei Menschen mit einem »starken Willen«, wie die Erfahrung im Umgang mit der Hypnose lehrt.

Nun aber möchte ich Ihnen verschiedene Punkte erläutern, die ich im Zusammenhang der Manipulation zum Nachteil der Verbraucher durch Werbung schon aufgezählt habe:

Nicht selten wird die Werbeinformation recht unvollständig sein und dem Verbraucher keineswegs alle Daten liefern, die für einen rational begründeten Kaufentscheid notwendig oder doch nützlich wären. Vor allem sind alle Daten weggelassen, die die Nachteile einer Ware im Vergleich mit einem Konkurrenzprodukt wiedergeben würden. (Obschon auch die Negativ-Werbung heute einige Anhänger in Theorie und Praxis gefunden hat. Sie will aber eben durch die Aufzählung von Negativen auffallen und so den Kunden keineswegs vom Kauf der so angepriesenen Ware abhalten).

Man könnte dagegen einwenden, bei solcher Werbung handle es sich eher um eine Erinnerungswerbung (die an einen Firmennamen oder ein Produkt erinnern soll) und nicht um eine eigentliche Informationswerbung, da jeder Firma oder Produkt kenne und auch über die wesentlichen Eigenschaften der vorgestellten Ware zureichend informiert sei. Also seien weitere Ausführungen nicht nötig. Solche Erinnerungswerbung hat sicher ihren legitimen Platz. Doch gerade dieser Werbungstyp verwendet gehäuft den Appell an unbewußte oder vorbewußte Triebansprüche mit ihren Auslösern oder aber an das »Gewissen«. Sicher wird hier Information nicht verfälscht (was in besonders deutlichen und rechtlich erheblichen Fällen zudem § 4 UWG widerspricht), doch werden suggestive Ketten gebildet, die das Produkt mit schätzenswerten und emotional positiv besetzten Situationen verbinden (etwa mit Ferien, mit Freundschaft, mit Sex...). Die hier verwendete Masche ist durchaus der der »unterschwelligen Werbung« ähnlich, da die verwendeten »Bilder« unbewußte Prozesse in Gang setzen, die zu einem Konsumwunsch führen können.

Doch neben erheblichen Manipulationen mit und über psychische Fehlorientierungen ist die ökonomische Seite nicht zu vernachlässigen. Auch hier können ganz unmittelbar dem Verbraucher nicht unerhebliche Schäden erwachsen. Zunächst muß er sich darüber im klaren sein, daß er selbst die Werbung finanzieren muß. Die Werbung selbst schafft keine Werte, ist also sowohl im Vollzug als auch im Ergebnis eine besondere Aneignung des durch Einsatz von Arbeitskraft im unmittelbar produktiven Bereich geschaffenen Gesamtwerts. Diese Aneignung nutzt makroökonomisch betrachtet weder dem wertschaffenden Arbeiter (hier als Gesamtarbeiter verstanden) etwas, noch dem sich wertaneignenden Konsumenten. Makroökonomisch gesehen ist Werbung eine non-sense-Dienstleistung.

Andererseits kann sie in der Distribution, im Prozeß der Vermittlung und Verteilung von Gütern, eine erhebliche Rolle spielen. Obschon im Verkehr des Gesamtproduzenten mit dem Gesamtkonsumenten recht sinnlos, kann sie in mikroökonomischen Abläufen zwischen dem Einzelproduzenten und den Einzelkonsumenten eine große Bedeutung haben. Sie schafft zwar keine Werte, kann aber den Distributionsprozeß nachhaltend beeinflussen.

Ein beliebter Einwand lautet nun: Der mündige Verbraucher fällt auf manipulierende Werbung nicht herein. Das stimmt nicht nur nicht, weil es *den* mündigen Verbraucher selten oder gar nicht gibt, sondern auch, weil durchaus kritische Menschen immer wieder durch Werbung genasführt werden. Durch Werbung, die sich durchaus in den Grenzen des Zulässigen hält. Haben Sie etwa noch nie etwas gekauft, für das Sie später keine rechte Verwendung hatten? Haben Sie noch nie etwas gekauft, von dem sie hinterher enttäuscht waren?

Zwar werden viele Menschen Werbung, deren manipulierenden Anspruch sie durchschauen, als rationalen Antimotivator betrachten. Aber diese Betrachtung impliziert nicht selten eine Täuschung. Auch eine als manipulierend durchschaute Werbung (etwa marktschreierischer Art) kann durchaus zu Kaufentscheiden führen.

Das aber ist nicht das eigentliche Problem. Das Problem liegt vielmehr darin, daß gute Werbung die manipulatorische Absicht durchaus glaubwürdig zu kaschieren versteht, so daß dem Ungeschulten, normal kritisch einge-

stellten Konsumenten die manipulatorische Absicht gar nicht deutlich wird. Er wird etwa auf Lockvogelangebote hereinfallen. Er wird im Selbstbedienungsladen zunächst zu dem greifen, was sich ihm in Augenhöhe präsentiert. Er wird in bebilderter Werbung Phallus- oder Vagina-Symbole nicht erkennen. Er wird über Neidgefühle ansprechbar sein und das haben wollen, was die Freundin, der Nachbar, der Kollege hat.
Abschließend noch einige Worte zur gesundheitsschädigenden Werbung: Etwas verallgemeinernd kann man sagen, daß jede manipulatorische Werbung eine vorhandene Ich-Schwäche ausnützt und so eher verstärkt als mindert. Ebenso verallgemeinernd kann man sagen, daß jede manipulatorische Werbung die Abtrennung des Umworbenen von der Realität eher verstärkt denn mindert. Somit wäre also denn jede Form manipulierender Werbung zum Schaden der psychischen Gesundheit. Daß dem nicht immer so ist, und daß selbst da, wo psychische Gesundheit gefährdet oder geschädigt wird, dieses nicht auffällt, liegt zum Teil in der Tatsache begründet, daß es sich hierbei um kollektive Ich-Schwächen, Desorientierungen oder Weltverschiebungen handelt und ein kollektiv neurotischer Mensch in seinem Kollektiv nicht nur nicht auffällt, sondern der Besitz von neurotischen oder psychotischen Symptomen als so normal gilt, daß ihr Fehlen eine Gefährdung der sozialen Bindungen bedeutete.
Die Zufügung von psychischen Schädigungen wird zudem weder vom Gesetzgeber noch von der Rechtsprechung geahndet. Sie ist nicht einmal gesellschaftlich verpönt, sondern gilt eher als notwendige Begleiterscheinung von cleverem Geschäftsgebahren, das eher Bewunderung als Verachtung verdient, solange es nicht als persönliche Bedrohung erfahren wird.
Anders sollte es jedoch mit Werbung sein, die zum Verbrauch von Konsumgütern anregt, die physisch schädlich sind. Hierher gehört keineswegs nur die Werbung für Alkoholika oder Tabakwaren. Hierher gehört durchaus auch manche Werbung für den Verbrauch – dem selbstverordneten wohlgemerkt – von Medikamenten (gegen Schmerzen, gegen Darmbeschwerden, gegen Hämorrhoiden, gegen Husten und Heiserkeit, gegen Übergewicht, gegen Schnupfen...). Nicht wenige ernsthaft Erkrankte kommen so zu spät in ärztliche Behandlung, nicht wenige schädigen aber auch ihre Gesundheit durch die Begleiterscheinungen und die nicht intendierten Wirkungen der Medikamente. (So enthielten bis vor wenigen Jahren viele schmerzlindernde Medikamente Phenazetin, ein Nierengift.)
Gesundheitsschäden werden aber auch in Kauf genommen bei einer Werbung, die mittelbar die Umwelt gefährdet (wenn sie etwa auffordert, Auto zu fahren, bestimmte Reinigungsmittel zu verwenden, gewisse Sprays zu gebrauchen...) oder die Gesundheit schädigt (Genuß von Süßigkeiten mit Gefährdung der Zähne und des Normalgewichts).

Da jedoch der Gesetzgeber in allen erwähnten Fällen einer starken Lobby gegenübersteht, wird er kaum aktiv tätig werden können, es sei denn, eine Gegenlobby könnte die Aktivitäten der Produzenten relativieren. So kann es durchaus zu einer Regelung kommen, die den Arzneimittelmißbrauch dadurch eindämmt, daß sie bestimmte Arzneien als verordnungspflichtig deklariert. Interessiert ist an einer solchen Regelung die Lobby der Ärzte u. a. auch deshalb, weil bei der Verordnung ein Arzthonorar fällig wird.

Exkurs: Sexualität in der Werbung

Das Verbrauchermagazin DM veröffentlichte in den Herbstnummern des Jahres 1969 eine Beitragsserie »Sex in der Werbung«, die auch heute durchaus noch lesens- und bedenkenswert ist. Hier werden zahlreiche Beispiele für offensichtliche, aber auch unterschwellige sexuelle Werbung angeführt. Interessant ist vor allem die sexuelle Werbung, die, ohne daß es dem Umworbenen bewußt ist, seine Sexualität und seine sexuellen Wünsche anspricht und sie zu befriedigen verspricht, wenn er nur... Sicherlich gibt es auch hier primitive Werbung, die mit offenem Sex ihre Zielgruppe ansprechen will, ohne daß die angepriesene Ware unmittelbar mit entsprechenden Auslösern oder Assoziationen bedacht wird. Der Umworbene merkt hier zumeist sehr bald die manipulatorische Absicht und ist eher abgelenkt oder gelangweilt, als zum Konsum gestimmt. Er wird sich fragen, was ein bestimmtes Automodell oder ein bestimmter Reifen denn mit Sex zu tun habe, wenn beide stets zusammen mit wenig bekleideten Mädchen abgebildet sind.

Aber mit etwas Witz ist diese Klippe primitiver und augenscheinlicher sexueller Ansprüche zu umgehen. Vor allem gilt es, das Produkt selbst als sexy darzustellen: das kann eine Autokarrosserie, eine Banane oder eine Flasche sein, es kommt nur auf die Perspektive an, unter der sie abgebildet werden. Dann aber kann man auch versuchen, eine Assoziation mit dem Produkt und sexuellen Wunschvorstellungen herzustellen. Das aber ist schon meist weniger werbewirksam.

Grundlage jeder Werbung über sexuelle Auslöser setzt aber voraus eine »Standardisierung sexueller Verhaltensweisen« *(Helmut Schelsky)*, eine »Massentypisierung durch konformistische Angleichung des Habitus«, durch die man sich »nach gewissen Arten von Modellen« orientiert, denen archetypische Attribute zukommen *(Alexander Mitscherlich)*. *Reimut Reiche* spricht hier von »repressiver und kontrollierter Entsublimierung«:

> Diese Entsublimierung... besteht in erster Linie im Abbau der Ich-Leistungen, von denen das Individuum überhaupt erst über seinen Triebapparat verfügen könnte, von denen aus es entscheiden könnte, welche

Triebanteile es verdrängen muß, welche es umwandeln kann oder welche es offen lassen will. Die Entscheidungen darüber werden an dieselben Instanzen abgegeben, die auch die kontrollierte Entsublimierung vornehmen und nunmehr anordnen, wie sich die Person von Augenblick zu Augenblick zu verhalten hat, wann und wie sie offen sexuell reagiert, wann und wie sie aggressive Strebungen abwehrt oder zuläßt... Diese Entscheidungen werden ihm von den Steuerungsmechanismen abgenommen, die außerhalb seiner selbst liegen.

Sicherlich beschränkt sich die Technik der Entsublimisierung in manipulatorischer Absicht keineswegs auf die Werbung, doch auch sie wird hier angesprochen. Die Enttabuisierung verschiedener sexueller Ausdrucksformen, verbunden mit einer oberflächlichen Liberalisierung der Moral (bei der oft genug das Überich nicht mehr verbietet, wohl aber straft), mag zu einer gewissen wünschenswerten Entkrampfung des menschlichen Verhaltens zur Sexualität geführt haben, hat ihn jedoch auch durchaus ansprechbarer durch sexuelle Manipulation gemacht, insofern mit der Pseudo-Liberalisierung zwar die Sexualität aus ihrem dumpfen kleinbürgerlichen Halbdunkel befreit, zugleich aber auch normiert wurde. Es wurde also nur zu oft ein Zwang gegen einen anderen eingetauscht. »Selbst Bikini und Mini-Rock beweisen alles andere, als daß wir sexuell nun ›freier‹ geworden wären.« *(Arno Plack)*
In der neueren Zeit sind Trends bemerkbar, die sogenannten sexuellen Abartigkeiten werbewirksam verwerten. Der »normale« Mensch bewegt sich in der Mitte zwischen Sadismus-Masochismus, Exhibitionismus-Voyeurismus, Auto- und Heterosexualität. Doch ist diese gleichsam idealtypische Mitte selten genau einzuhalten. Abweichungen sind die Regel. Und hier kann dann die Manipulation ansetzen.
Es kann aufgewiesen werden, daß die ständige Aufforderung an Frauen, möglichst schön auszusehen, eine gewisse Entsublimierung im narzißtischen Bereich zur Folge hatte, die zu erheblichen Vergebnis- und Versagenserlebnissen führt. Solche Werbung mit »Schönheit« spricht also durchaus die narzißtische Komponente der fraulichen Sexualität an und das mit um so größerem Erfolg, als sich die angesprochenen Frauen ihrer »Schönheit« selbst nicht sicher sind. Dabei wird »Schönheit« meist identifiziert mit »sexuellem Ansprechen«.
Bemerkenswert ist sicher auch, daß mit der »neuen sexuellen Liberalität« eine Versachlichung der Sexualität gegeben war. Zwar haben viele Jugendliche (Adoleszenz) heute über dieses Stadium hinaus oft wieder zur Personenorientierung in der Sexualität zurückgefunden, doch gibt es noch viele Erwachsene, die durch diese primitiv-pubertäre Haltung zur Sexualität ge-

prägt erscheinen. Sexualität wird dann zu einer Ware neben anderen, die konsumiert werden kann, und an deren Stelle eventuell andere Waren treten können. Diese Menschen muß man, simplifiziert gesagt, nur noch zureichend sexuell frustrieren, was mittels sexueller Normierung meist leicht möglich ist – da die Realität selten der Norm entspricht – und schon hat man den gewünschten konsumfreudigen Bürger, der auf unterschwellige sexuelle Reize stark anspricht.

Die sexuelle Pseudo-Liberalität kann aber auch eine von *Alexander Mitscherlich* beobachtete Folge haben:

> Schrankenlose Befriedigung bringt mit sich, daß der junge Mensch frühzeitig durch Lusterfahrungen, die er nicht zu beherrschen lernt, domestizierbar und manipulierbar gemacht wird. Was ihm als Freiheit angeboten wird, ist die Förderung eines früh entstandenen und fixierten süchtigen Verhaltens. Sexualität wird als Suchtmittel erlebt, dient also genaugenommen nur der Selbstbefriedigung und ist an keinen Austausch der Gefühle, keine Einfühlung geknüpft.

Ein so geschwächtes und unterentwickeltes Ich ist nicht nur willfähriges Opfer aller möglichen manipulatorischen Techniken, sondern kann auch nicht die Kraft zu libidinösen Objektbesetzungen aufbringen, wird liebesschwach oder gar liebesunfähig. Eigentliche Liebeserfahrungen sind kaum mehr möglich, wenn Sexualität einmal sachkategorial orientiert wurde.

e) Manipulation durch Gewöhnung an Wohlstand.
Nicht wenige Manipulationstechniken haben ihre Ursache und Wirksamkeit in der Tatsache, daß wir als Ganzes eine »Gesellschaft im Überfluß« (*Herbert Marcuse*) sind. H. Marcuse meint:

> Es besteht in der modernen Überflußgesellschaft eine derartige Diskrepanz zwischen den gegenwärtigen Existenzformen und den erreichbaren Möglichkeiten menschlicher Freiheit, daß die Gesellschaft, will sie zu starkes Unbehagen vermeiden, eine wirksamere Koordination der Individuen vornehmen muß. So wird die Psyche in ihrer unbewußten und ihrer bewußten Dimension einer systematischen Kontrolle und Manipulation zugänglich gemacht und unterworfen.

Manipulation hat also nach Marcuse unter anderem das Ziel, den in der Konsumwelt immer unbefriedigten und daher unzufriedenen Menschen mit der ihm aufgezwungenen Lebensform zu versöhnen. Solche Formen der Manipulation sind in einer Konsumgesellschaft nötig, um ein Zerbrechen des sozialen Gebildes zu vermeiden. Im Überfluß überwiegen in normalen Gesellschaften eher die zentrifugalen Kräfte, während in Mangelzeiten eher die radialen überwiegen. Hier zeigt sich eine Antinomie des Menschlichen. Viele zeigen sich am ehesten zum Egoismus gestimmt, wenn sie ihn am wenigsten nötig haben, und sie können Opfer bringen, wenn sie selbst in Not sind. Falsch wäre es nun aber, die Situation einer inneren oder äußeren Not heraufzubeschwören, nur um den Menschen das Gefühl für eine ihrer Grundbedingungen, das Leben in solidarischer Gemeinsamkeit, wiederzugeben. Wir wollen vielmehr davon ausgehen, daß eine Überproduktion und, daraus resultierend, Überangebot und möglicher Massenwohlstand durchaus erstrebenswert sind. Nur muß man auch die Gefahren, die dem einzelnen und der Gesellschaft aus dieser Situation erwachsen können, sehen.

Eine dieser Gefahren für den einzelnen besteht sicher in seiner leichteren Manipulierbarkeit, wenn er nur einmal an Wohlstand gewöhnt ist. Ich unterscheide hier zwei Ansatzpunkte möglicher Manipulation:

● Die Angst, den Besitz im Wohlstand wieder zu verlieren.
● Die Tendenz der Gesellschaft, die im Wohlstand auftretenden zentrifugalen Kräfte manipulatorisch zu neutralisieren.

Die Gewöhnung an Wohlstand kann einen Menschen zweifellos korrumpieren. Sie ist eine verbreitete Form, einen Menschen zu »kaufen«. Kaum jemand, der sich an Wohlstand gewöhnt hat, ist um irgendwelcher Prinzipien leicht bereit, auf solche Gewöhnung zu verzichten – im Gegenteil: Viele werden zu Handlungen oder Unterlassungen bereit sein, die sie niemals auch nur ernsthaft erwogen hätten, wenn es nicht darum ginge, den erworbenen Wohlstand zu sichern und zu verteidigen. Es ist ein bekannter Trick politischer und ökonomischer Scharlatanerie, die Gefährdung des einmal gewonnenen Lebensstandards an die Wand zu malen, um bestimmte politische und ökonomische Verhaltensweisen zu evozieren. Sogar der Gesetzgeber trägt dem Rechnung, wenn er einen Arbeitslosen nicht unbedingt verpflichtet, eine Arbeit zu übernehmen, die nicht seinem erworbenen Status entspricht.

Das Handelsgeschäft: Wohlstand gegen Wohlverhalten ist üblich geworden. Für Wohlstand sind nicht wenige bereit, ihre politische Meinung zu ändern, in ihrem Betrieb zu schweigen, wenn sie sprechen sollten, den faulen Weg der Kompromisse zu gehen, wenn sie etwas verändern müßten. Es ist eine klassische Form diktatorischer Manipulation, ein Staatsgebilde dadurch zu stabilisieren, daß man einen starken und breiten »Mittelstand« schafft, einen »Stand« also, der etwas verlieren kann, darum weiß und es befürchtet. Die Bewahrung des status quo ist ein höherer Wert als die eigene Überzeugung – oder schlimmer noch: auch die Überzeugung wird gekauft. Dann ist ein Mensch soweit korrumpiert, daß er nicht nur sein Ver-

halten, sondern gar seine Überzeugung so ausrichtet, daß der erreichte Standard möglichst nicht gefährdet wird.
Nicht selten begegnete ich in Gesprächen Menschen, die der festen Überzeugung waren, daß ihre ökonomischen und politischen Entscheidungen so zu treffen wären, daß sie persönlich aufgrund dieser Entscheidung einen optimalen Nutzen zu erwarten hätten. *Adam Smith* scheint die menschliche Natur, durch kapitalistische Ordnungsstrukturen weitgehend zerstört, doch auch noch für das 20. Jahrhundert richtig (zumindest aber zutreffend) beschrieben zu haben.
Diese Gewöhnung an den Wohlstand ist sicher auch der notwendige Hintergrund für eine manipulierende Werbung, die nicht vorhandene Bedürfnisse im großen Umfang weckt. Vermutlich ist auch der »Markenartikel-Fetischismus« eine Wohlstandsfolge.
Nicht selten wird unter den für den Verbraucher nützlichen Werbefolgen erwähnt, daß nur die Werbung die Einführung und Durchsetzung von Markenartikeln ermögliche, die ihrerseits im In- und Ausland dem Verbraucher gleichbleibende Qualität garantierten. Mag das auch so sein (obschon jedermann weiß, daß etwa unter deutschen Firmennamen im Ausland gebraute Biere keineswegs der inländischen Qualität entsprechen), so sind doch die Nachteile solcher Bindungen an einen Warennamen erheblich. Denn auch der Name muß gekauft werden, und das kostet oft mehr Geld, als die konstante Warenqualität oder etwa mit dem Kauf übernommene Zusatzleistungen des Herstellers oder Verkäufers (etwa Garantien) rechtfertigen. Man lese nur einmal die Testergebnisse in neutralen Zeitschriften. Hier wird nicht selten für typengleiche Artikel ein Preisunterschied von bis zu 40 % ausgewiesen, je nachdem ob es sich um ein unter einem bekannten Herstellernamen vertriebenes Produkt handelt oder ein etwa von Versand- oder Warenhäusern verkauftes. Und alles das, obschon die Preisbindung der zweiten Hand lange der Geschichte angehört.
Aber der Wohlstandsbürger achtet eben nicht immer primär auf Qualität und Service, sondern oft auf den Bekanntheitsgrad und den Namen eines Produzenten oder einer Ware. Das mögen unbewußte oder bewußte Renommiergründe sein, wenn es sich um langlebige Produkte handelt, das mögen aber auch – und so ist es sehr oft – nichts anderes als Vorurteile sein. Prestigegründe, wie etwa: »Wir können uns das halt leisten.« sind jedoch keineswegs selten und dürfen nicht unterschätzt werden.
Je inniger aber Prestige und Konsum miteinander verkoppelt werden, um so abhängiger wird der einzelne von Lebensstandard, der ihm einen bestimmten Konsum und damit – wenigstens vermeintlich – ein bestimmtes Prestige sichert. Das böse Wort vom »Wohlstandsbürger«, der nichts mehr anderes sieht als seinen Wohlstand und ihn mit nahezu allen Mitteln zu er-

halten und zu mehren trachtet, ist keineswegs nur ein böses Wort, zum Zweck der Publikumsbeschimpfung erdacht, sondern entspricht wenigstens einer Teilwirklichkeit. Der »Wohlstandsbürger« als Karikatur des satt gewordenen Aufsteigers, der niemals mehr die Not und das Elend seiner Jugend oder seiner Eltern zu tragen bereit ist, ist bestens konditioniert, in den fatalen Kreislauf der Unzufriedenheit hineinzuwachsen. Konsum weckt immer neue und zusätzliche Konsumbedürfnisse.

Es gibt da eine klassische Faustregel: »Am Gehalt fehlen immer 10 %.« Je größer das Einkommen, um so höher die Ansprüche; je höher die Ansprüche, um so stärker die Manipulierbarkeit. Sicher ist es falsch, zu verallgemeinern, daß die Menge der Einkünfte proportional der Manipulierbarkeit eines Menschen sei. Es gibt auch Menschen – wenn auch viel zu wenige – denen ihr Einkommen dazu dient, ihre Unabhängigkeitsräume zu weiten, Menschen, die sich vom Habenwollen befreiten, als das Habenmüssen (als reine Sicherung physischer Bedürfnisse) einmal zum Ende gekommen war. Doch meistens wird das Haben durch verstärktes Habenwollen in reine Notdurft pervertiert. Hier zeigt sich nicht nur die Mangelhaftigkeit des Habens (ihm haften Mängel an), sondern auch die Anfälligkeit des Menschen, sich in einer sachorientierten Gesellschaft an Sachen zu verlieren. Ein Mensch, der sich an Sachen verloren hat, ist auf die sicherste, wenn auch nicht preiswerteste Weise käuflich, die sich denken läßt: durch materielle Belohnungen oder Entgelte.

Der stärkste Motivator eines solchen sachverlorenen Menschen aber ist die nackte Trennungsangst in ihrer primitivsten und entehrendsten Form: die Angst vor der Trennung vom materiellen Besitz. Die Identifikation vieler Menschen mit ihrem materiellen Besitz ist soweit gediehen, daß sie den potentiellen Verlust an materiellem Besitz ähnlich (oder gar mehr) fürchten als den eigenen Tod. Die reine Dienstfunktion des Materiellen hat sich in eine Herrschaftsfunktion verkehrt, die es erlaubt, solche Trennungsängste schamlos auszunützen.

Vielleicht werden Sie jetzt meinen, das sei krasse Schwarz-Weiß-Malerei. Vergessen Sie aber nicht, daß mittels dieser manipulatorischen Technik, das heißt durch Ansprechen der Ängste, den erworbenen materiellen oder sozialen Besitzstand zu verlieren, Wahlkämpfe in der BR Deutschland nicht nur bestritten, sondern auch gewonnen wurden. Die bloße Vermutung, es könne etwas vom Besitzstand genommen werden, ist ein sehr viel stärkerer Motivator als jedes Parteiprogramm, das kaum 10 % der Wähler dazu bestimmen dürfte, eine bestimmte Wahlentscheidung zu treffen.

Die Manipulation über die Angst ist aber keineswegs eine Domäne der Politik und ihrer manipulatorischen Techniken, sondern durchaus auch der Wirtschaft. Wie anders ist es erklärlich, daß in Zeiten der Unterbeschäfti-

gung (und der damit gesteigerten Entlassungsängste) die Krankmeldungen in den Betrieben deutlich zurückgehen. Sicherlich ist solcher Rückgang keineswegs unbedingt begrüßenswert, denn nicht wenige scheuen den Weg zum Arzt, um nicht bei Krankheit »unliebsam aufzufallen«. Auch ein Manipulationseffekt, der in der Angst gründet, das mühsam Erreichte könne gefährdet werden.
Doch hat der Wohlstand auch Folgen, die schon angedeutet wurden. Die Zunahme egoistischer Tendenzen besorgt eine gesellschaftliche Bindungsschwäche, und die immer schon latent vorhandenen zentrifugalen Kräfte nehmen überhand. In der psychischen Ökonomie des Menschen gerät das Gleichgewicht zwischen Individualität und Sozialität zugunsten der Individualität ins Wanken. Die sozialen Bindungskräfte werden pervertiert abgesättigt durch egoistische Rückbindungen oder durch Bindungen an Sachen.
In dieser Situation werden Sozialgebilde versuchen, manipulatorische Strategien einzusetzen, um den Zerfall eines Sozialgebildes aufzuhalten. Hier bieten sich eine Fülle von Techniken an, deren politische Varianten schon dargestellt wurden. Hier seien einige ökonomische erwähnt:

- Kanalisierung des Konsumüberdrusses in eine gewünschte Richtung,
- Aufbau einer Team-Ideologie,
- Verstärkung von Kontrollen.

Während alle anderen Motivatoren in der Wohlstandsgesellschaft verstärkt eingesetzt werden müssen, um den gewünschten Effekt zu erreichen, ist die Sensibilitätsschwelle gegenüber Ängsten meist gesenkt. Somit wird also vor allem die Angst als Motivator eingesetzt werden (können).
Doch gibt es darüber hinaus typische Versuche zur Manipulation des Verhaltens, die die zentrifugalen Kräfte neutralisieren sollen. Vor allem wird immer wieder versucht, die mit dem gesteigerten Konsum einhergehende Unzufriedenheit (mitunter auch Konsumüberdruß) zu kanalisieren, indem andere Objekte und andere Gründe vorgestellt werden. So kann versucht werden, die Unzufriedenheit auf politische Zustände abzuwälzen. Es gibt eine ausgesprochene Wohlstandsmüdigkeit, die bereit ist, bestehende politische Zustände zu ändern – aus lauter Langeweile.
Die Demokratiemüdigkeit ist keineswegs in Krisensituationen besonders ausgeprägt, sondern in der Situation politischer und ökonomischer Gleichgültigkeit. Wichtig aber ist, daß vor allem der Grund der Unzufriedenheit in der Wohlstandssituation – eben der Wohlstand – möglichst nicht erkannt wird. Der Wohlstand reproduziert sich selbst, wenn er nicht durch politische oder ökonomische Krisen gebeutelt und geprüft wird, denn Bedürfnisse wecken stets neue und das ohne erkennbares Ende. Die positive Ein-

stellung zum Wohlstand (er ist ein erheblicher politischer und ökonomischer Motivator) kann aber durch diese Einsicht durchaus gefährdet werden und zu einem befreienden Ausflippen aus diesem Teufelskreis führen. Das aber ist ökonomisch nicht wünschenswert. Also müssen andere Gründe für die latente Unzufriedenheit herhalten.
Wieder bietet sich zumeist die Politik als willkommener Sündenbock an. Ist das aber aus irgenwelchen Gründen weniger opportun, kann man versuchen, auf äußere Feinde, die Konkurrenz oder aber auf eigene Fehler (meist unerheblicher und leicht abstellbarer Art) zu verweisen. Mitunter kann selbst ein Hinweis auf das Wetter vorübergehend Entlastung bringen und das hintergründige Unlustgefühl scheinbar erklären. In allen Fällen aber kommt es darauf an, die eigentlichen Gründe von Unlust, Langeweile, Überdruß und Unzufriedenheit zu verschleiern. Das ist nicht schwer, da der Manipulierte selbst den eigentlichen Grund für seine vorwiegend negative Stimmung nicht erkennen will.
Nicht selten kann das zur Ausbildung eines »So-what-Syndroms« führen. In diesem Zustand kann, in Anfällen vorübergehenden Übermuts, das Sprichwort wahr werden: »Wenn's dem Esel zu gut geht, tanzt er auf dem Eis.« Darin mag auch ein Teil der sogenannten Wohlstandskriminalität ihren Grund haben.
Für ein konkretes Gemeinwesen kann das Aufkommen solcher Wohlstandsmentalität eine Krise bedeuten. Einerseits ist die Vermehrung des Wohlstandes ein Ziel allgemeiner ökonomischer und politischer Aktivität, andererseits gefährdet sich eine Wohlstandsgesellschaft bei approximativer Erreichung des Ziels in ihrem Bestand. Offensichtlich ist der Mensch psychisch nicht zureichend disponiert, im Wohlstand zu leben, sondern durch Jahrhunderttausende währenden Kampf ums Dasein für das Leben in einer Notgesellschaft programmiert, einer Gesellschaft, in der alle Mitglieder um die nackte Existenz kämpfen müssen. Bleibt das Kämpfen aus, zeigen nicht wenige Menschen problematische psychische Symptome: von einer essentiellen Langeweile bis hin zu Neurosen.

3. Die soziale Manipulation.

Als »soziale Manipulation« bezeichne ich vor allem alle Formen intrasozietärer Manipulationen. Intrasozietär sind solche Manipulationen, die das Verhalten des Mitgliedes einer Gesellschaft oder Gruppe zum sozietären Nutzen beeinflussen. Zweifelsfrei gilt es hier deutlicher als oftmals zuvor Manipulation im weiteren (= Verhaltensbeeinflussung zu fremdem Nutzen) und im engeren Sinn (= Verhaltensbeeinflussung zu fremdem Nutzen unter Duldung von Wirkungen zum Schaden des Beeinflußten) zu unterscheiden. Sicherlich wird es manche sozialen Handlungsbeeinflussungen geben, die – obschon der Intention nach vor allem zum Nutzen der Gesellschaft – auch dem Manipulierten nutzen. Hiervon sei hier primär nicht gehandelt. Ich will vor allem von solchen Weisen gesellschaftlicher Verhaltensbeeinflussung berichten, die den Schaden des Beeinflußten in Kauf nehmen, wenn nicht gar intendieren.

Die soziale Manipulation richtet sich also auf ein Mitglied der Sozietät. Sie kann ausgeübt werden entweder durch die Sozietät selbst (»Gruppenrepressionen«) oder durch einzelne Mitglieder der Sozietät, die zu deren Vollzugsorganen werden, oft ohne es selbst zu bemerken.

a) Die Manipulation durch die Gruppe.
»Gruppe« sei hier zunächst als Primärgruppe verstanden, als eine Mehrzahl von Menschen, die sich über emotionale Bindungen zu einer Einheit gefunden haben. Als Gruppenwesen handelt die Person zumeist wir-orientiert und kann Verhaltensmuster zeigen, die sie als Einzelwesen niemals realisieren würde. Vielleicht können psychisch Gesunde nur in der Gruppenirrationalität und der Gruppenenthemmung brutal sein und andere Menschen physisch quälen oder gar töten.

Gruppen sind also vom Wir-Bewußtsein getragene kollektive Integrationsstufen, die sich zunächst und vor allem ins Gruppeninnen richten. Nicht selten ist mit der Gruppenbindung ein starkes Solidaritätsgefühl verbunden, und so wird das Handeln gegen die Gruppe und ihre Interessen als schuldhaft »gefühlt«.

Die Manipulation einer Gruppe gegenüber einem Gruppenmitglied ist nur möglich durch die Existenz solcher Schuldgefühle, solcher Solidarität, solcher Störung der Balance zwischen Individualität und Sozialität zugunsten der Sozialität. Einige solcher manipulatorischer Techniken seien genannt:
● Die Ausbildung eines kollektiven Selbstwertgefühls oder *Elitebewußtseins* kann gezielt angestrebt werden, um dann, unter Berufung auf das Elite-Sein, Verhaltensweisen zu erzwingen, die von der Gruppe gewünscht werden. Solches elitäre Gehabe findet sich bei Jugendbünden wie bei Studentenverbindungen, bei militärischen Einheiten wie bei bestimmten Ständen. Es ist sehr verbreitet und hilft dem einzelnen, eventuell vorhandene Mindergefühle zu kompensieren. Ist aber einmal ein Mensch dahin gebracht worden, zu glauben, Elite zu sein, weil er einer bestimmten Gruppe angehört, ist er fast stets bereit, unkritisch elitäres Verhalten zu zeigen (oder doch das, was die Gruppe für elitär deklariert). Das kann von bestimmten Werken der Frömmigkeit bis zu solchen besonderer Bestialität, von Leistungsorientierung bis zur Faulheit, vom Biertrinken bis zum Feindeshaß reichen. Kaum ein Gruppenmitglied wird sich der Suggestion ent-

ziehen, daß bestimmte – von der als elitär empfundenen Gruppe – geforderten oder auch nur nahegelegten Verhaltensweisen, eben weil sie durch den Gruppenwillen gedeckt sind, elitär seien.

● Wer sich an die Peripherie der Gruppe begibt, wird durch Rollenabstieg oder Zuwendungsentzug bestraft. Also will möglichst keiner an die Peripherie und damit in das Feld der Möglichkeit gelangen, sich von Gruppenzwängen zu befreien. An die Peripherie der Gruppe aber kann man auf vielerlei Weise gelangen. Der eine nähert sich einer konkurrierenden Gruppe ideologisch an, der andere löst die emotionalen Bindungen zur Gruppe, weil er eine emotionale Alternative gefunden hat. Der eine kümmert sich nicht zureichend um die Kritik der Gruppe, der andere reagiert auf Gruppenkritik zu empfindlich. Der eine lockert sein Rollenverhalten in der Gruppe auf, der andere greift unberechtigt und nicht legitimiert die Gruppenhierarchie an (wobei die Gruppe selbst die Legitimationskriterien ihrer Hierarchie festlegt).

Der an die Peripherie Gelangte kann nun auf zweierlei Art reagieren: Entweder versucht er, durch gesteigerten Eifer und vermehrte konstruktive Gruppenaktivität, durch freiwillige Aufgabe von Ämtern und Ehren oder durch harte Selbstkritik, entweder durch heftiges Bekämpfen aller Gruppenfeinde, besonders aber derer, mit denen der »Sünder« sympathisierte, oder durch außergewöhnliche materielle Opfer wieder in die Nähe der Gruppenmitte zu gelangen.

Oder aber er trennt sich von der Gruppe. Auf diese Trennung kann die Gruppe auf zweierlei Weise reagieren: Entweder sie versucht ein freundschaftliches Verhältnis aufrecht zu erhalten oder aber sie verfolgt den Abtrünnigen mit kollektivem Haß. Die den Scheidenden eventuell begleitende Gruppensympathie ist jedoch keineswegs selbstlos. Die Gruppe fürchtet nichts mehr als den Feind, der von außen demonstriert, daß man auch außerhalb der Gruppenbindung menschlich leben kann. Diese Demonstration wirkt ausgesprochen demoralisierend auf die Mitglieder. Deshalb wird im Regelfall die »freundschaftliche Trennung« vorgezogen.

● Auflösungserscheinungen können eine Gruppe auch dann gefährden, wenn sich Untergruppen bilden mit starker Eigendynamik. Diese Dynamik ist selten zentripetal – meist strebt sie in Eigengesetzlichkeit zur Absonderung und damit zu einer wenigstens inneren Trennung von der Gruppe, die sich in der Unwirksamkeit der Gruppe darstellt, effizient zu manipulieren. Die Bildung von Untergruppen wird also mit Mißtrauen beobachtet – und zumeist unterbunden werden. Das gilt vor allem dann, wenn der Informationsfluß aus der Untergruppe in die Gruppe nicht völlig frei fließt, wie ja Gruppentyrannei nichts so sehr haßt wie blockierte Informationsströme, die allein es der formellen oder informellen Gruppenhierarchie ermöglichen, ihres manipulierenden Amtes zu walten. Hier wird deutlich, daß sich die typische Form der Gruppen-Innen-Herrschaft als manipulatorische vorstellt.

● Die Gruppe fordert von ihren Mitgliedern, daß sie wesentliche Ich-Funktionen an die Gruppe delegieren. So kann denn die Gruppe ein Über-Ich ausbilden, das Ich-Funktionen übernimmt. Das führt zu einer Kollektivierung des Gewissens. Solche Gewissens-Normierungen sind dem Gruppenleben außerordentlich förderlich, da sie nicht nur uniformes Binnen-, sondern auch Außenverhalten der Gruppenmitglieder nahelegen und klare Möglichkeiten schaffen, Abweichungen zu erkennen und gegebenenfalls zu bestrafen.

Im Fall einer pathologisch entarteten Gruppe kann es dazu kommen, daß das kollektive Über-Ich seine primäre Funktion nicht mehr im Verbieten, sondern im Strafen sieht. Der entstehende Leidensdruck kann (muß aber keineswegs) zu kollektivneurotischen Erscheinungen führen, wie sie analog aus der Psychopathologie des Individuums bekannt sind.

Das Pseudo-Ich (als kollektives Über-Ich verstanden) unterwirft das Individuum meist recht unbarmherzig seinen kollektiven Normen und einer mitunter unbarmherzigen wechselseitigen Kontrolle. Es ist allgemein bekannt, daß kein individueller Tyrann so intensiv und extensiv straft wie eine Gruppe. Und gegen diese Strafe gibt es keine Appellationsmöglichkeit. Man muß sie erleiden oder nach innen oder außen emigrieren.

● Nicht selten versucht eine Gruppe sich als Ort und Möglichkeit von Emanzipation aufzuspielen. Daß solches Spiel bare Täuschung in manipulatorischer Absicht ist, dürfte heute kaum mehr – auch nicht von den fanatischsten »Gruppendynamikern« – geleugnet werden können. Im Regelfall bedeutet eine starke emotionelle Bindung an eine Gruppe keineswegs Befreiung, sondern Selbstentmündigung. Der Anspruch der Emanzipation wird auf die schmalen Bereiche reduziert, in denen der Gruppenanspruch nichts einfordert – und diese Bereiche werden tendenziell kleiner. Eine freie primäre Gruppe neigt dazu, immer mehr Bereiche des Lebens ihrer Mitglieder zu reglementieren.

Die Desorientierung des Mitglieds fällt nur deshalb nicht auf, weil das desorientierte Verhalten allgemein ist und eher belohnt als bestraft wird. Die Disposition zur Individualneurose wird in der Kollektivneurose aufgehoben. Die üblichen Anzeichen der Desorientierung: destruktive Individual- oder/und Sozialkonflikte kommen wegen der Neurotisierung des psychischen Gesamthintergrundes kaum mehr zum Ausdruck. Allenfalls dann, wenn ein Gruppenmitglied in eine fremde Welt, vor allem eine ungewohnte

Sozialwelt, freiwillig oder gezwungen auswandert. Dann aber sind die Konflikte um so heftiger und oft vernichtend.

• Die von der Gruppe angebotene Geborgenheit wird stets erkauft mit Abhängigkeiten und Zwängen. Hierher gehören etwa Verpflichtungen, an Gruppenaktivitäten teilnehmen zu müssen, sich gruppenkonform verhalten zu müssen, eigene Vorstellungen nur in dem von der Gruppe tolerierten Rahmen äußern und realisieren zu dürfen. Nicht selten wird die Gruppe zum Sklavenhalter ihrer Mitglieder. Die moderne Sklaverei kennt kaum noch den individuellen Sklavenhalter – sehr wohl aber den kollektiven. Und man darf sich sehr wohl fragen, welcher von beiden im allgemeinen unmenschlicher agiert. Ich habe den Verdacht, daß sich manche griechische Sklaven etwa der Zeit um Perikles freier vorkamen als viele Menschen, die heute einem unerbittlichen Gruppencomment unterworfen sind. Die von der Gruppe angebotene Geborgenheit erscheint nur auf den ersten Blick und nur bei zureichender Naivität als Hort und Ort von Selbstverwirklichung. Tatsächlich ist sie der Leim, auf den nicht wenige reinfallen. Sie vermeinen sich selbst zu verwirklichen, verwirklichen aber nur die Gruppe und entwirklichen sich selbst in einem.

• Gruppen neigen dazu, die sozialen Potenzen ihrer Mitglieder weitgehend zu absorbieren. Damit senken sie die Wahrscheinlichkeit einer zweiten Bindung ihrer Mitglieder und damit wiederum die Gefahr der Ablösung von der Gruppe. Manche Gruppen entwickeln ganze Strategien, möglichst keine emotionalen Sozialbindungen ihrer Mitglieder im Gruppenaußen aufkommen zu lassen. Wird eine solche Bindung doch einmal eingegangen, wird die Gruppe das als Verrat werten und das Mitglied an die Peripherie der Gruppe drängen.
Sicherlich gibt es auch Gruppenbindungen, die soziale Kräfte nach außen freisetzen. In diesem Fall dürfte aber die Gruppe von manipulatorischen Techniken absehen und sich selbst nicht als Eigenwert oder Selbstzweck betrachten, was theoretisch durchaus möglich ist. In der Praxis neigen jedoch Gruppen dazu, sich mit pseudopersonaler Würde zu schmücken und so in sich selbst ein Eigenwertigkeitsgefühl zu entwickeln. Eine Gruppe, der es gelingt, von dieser Versuchung frei zu bleiben, kann zweifelsfrei eine hohe Bedeutung für die Selbstverwirklichung ihrer Mitglieder haben und ist dann mit allen Mitteln zu fördern.

• Zusammen mit der Ich-Schwächung können Gewissensentscheide an die Gruppe delegiert werden. Als Kollektivgewissen beginnt dann die Gruppe ein moralisch verbrämtes manipulatorisches Spiel mit ihren Mitgliedern. Das Wort »Mündigkeit«, als verbreitete Kurzformel für emanzipatorisches Gruppenethos, wird dann zum Köder für einfältige Gemüter. Zwar wird das individuelle Gewissen entlastet, doch um den Preis einer schleichenden Selbstentwirklichung. An die Stelle des Mündigwerdens (einer Voraussetzung der Selbstverwirklichung) tritt ein kollektiver Lernprozeß, in dem niemand mündig werden kann. An die Stelle der Mündigkeit tritt das Erziehen. In einer solchen entmenschlichten Gruppe wird ein jeder eines jeden Vormund und Lehrer im Namen zweifelhafter Gruppenideale.

• Nicht selten wacht die Gruppe mit einer Reihe von manipulatorischen Techniken eifersüchtig darüber, daß sich keiner – ohne von der Gruppe dazu legitimiert zu sein – irgendwie besonders nach innen oder außen hervortut. Es gibt kaum einen übleren und nachhaltigeren Neider als eine Gruppe, die sich durch besondere Leistungen eines ihrer Mitglieder nach außen, die sie sich selbst nicht mit zurechnen kann, brüskiert fühlt. Da der Außenerfolg nicht durch die Gruppe relativiert werden kann, versucht sie ihn zumeist nach innen herunterzuspielen und gar in sein Gegenteil zu verkehren.
Der nach außen hin Erfolgreiche wird, wenn er nicht durch die Zugehörigkeit zur Gruppe erfolgreich wurde, sondern aus eigenem Vermögen, mit Sicherheit von der Gruppe an deren Peripherie gedrängt und dort entsprechend mißhandelt. Es ist für eine Gruppe einfach nicht akzeptabel, daß jemand die wesentlichen Orte seiner Selbstverwirklichung im Gruppenaußen findet – und dennoch Gruppenmitglied bleiben kann oder will. Das absolute Unverständnis geht dann meist dahin, daß die Gruppe ihr Selbstbewußtsein und Selbstvertrauen genau so zu bewahren versucht wie der individuelle Neider: Sie spielt den Erfolg des anderen mit allen Mitteln herunter.
Die Neidmechanismen innerhalb einer Gruppe können ein erhebliches aggressives Potential freisetzen. Bestenfalls wird der Betroffene dann als Kuriosität an der Gruppenperipherie toleriert (mitunter gar stolz vorgezeigt). Meistens aber wird er massiv durch Abstieg in der sozialen Rolle und durch Zuwendungsentzug bestraft.
Gruppen setzen nicht selten manipulatorische Mittel ein, die auf eine schlechte Gleichmacherei hinauslaufen, da eine Gruppe von Ungleichen stets in ihrem Bestand gefährdet ist.

• Diese Gleichmacherei gilt auch für die Ausbildung der Gruppenautoritäten. Es werden nicht etwa die Fähigsten oder Besten die hierarchischen Stufen der Gruppe erklimmen, sondern die Angepaßtesten, von denen die Gruppe keine störende »Regierungsaktivitäten« erwartet. Der bestangepaßte Aktivist oder aber auch der beliebte Passive werden in die Leitungsfunktionen berufen, die in einer Gruppe ausgebildet wurden. Sie gefährden am wenigsten das Funktionieren der Gruppe nach innen, sind nicht selten Kreationen gruppendynamischer Prozesse, sie beherrschen oft optimal die gruppenspezifischen Spielregeln. In Sonderfällen kann es dazu kommen, daß sie die Gruppe zum Instrument der Machtausübung und ihrer privaten Interessen gebrauchen. Darüber ist im folgenden zu handeln.

b) Manipulation mittels der Gruppe.
Hier wird die Gruppe selbst oder werden gruppendynamische Abläufe zu Herrschaftszwecken eingesetzt. Der Mißbrauch von Gruppen (Parteien, Gewerkschaften...) zum Zweck, sie und ihre Macht als verlängerten Hebel der eigenen Machtansprüche zu verwenden, ist in der Politik nicht gerade selten. Fragen der »Hausmacht« sind in nahezu allen »gesellschaftlich relevanten Gruppen« zum Problem geworden. Diese Form manipulatorischen Verhaltens wird noch näher auszuführen sein.
Zunächst sei einmal auf die Versuche verwiesen, über gruppendynamische Techniken, Menschen zu sozial wünschenswertem Verhalten zu beeinflussen, wobei das »wünschenswert« keineswegs aus der Natur menschlicher Sozialordnungen hergeleitet wird, sondern aus bestehenden Herrschafts- und Eigentumsverhältnissen.

Das *Sensitivity Training* gilt allgemein als die älteste gruppendynamische Form, human relations zu trainieren. Der »Human-Relations-Schule« liegen folgende Annahmen zugrunde:
● Der industrielle Konflikt (etwa zwischen den Tarifpartnern) ist unerwünscht. Es gibt keinen grundsätzlichen Interessengegensatz zwischen Kapital und Arbeit. Alle in konkreten Betrieben beteiligten »Faktoren« (Kapital, Disposition und Arbeit) sitzen in einem Boot und sollten daher am selben Strang ziehen. Treten dennoch Konflikte auf, dann beruhen sie auf Organisationsmängeln, die bei allseitigem guten Willen behoben werden können.
● Wenn Menschen nur richtig behandelt werden, leisten sie auch dementsprechend gute Arbeit. Zwischen Zufriedenheit am Arbeitsplatz und Leistung bestehen signifikante Zusammenhänge, so daß die Zufriedenheit als preiswerter Produktionsfaktor genutzt werden kann. Das böse Wort über viele Führungstheorien: »Die Leute behandeln, *als ob* sie Menschen seien.« *(Manfred Bosch)* wird hier realisiert.
● In der am meisten befriedigten Organisation ist der Arbeiter auch am leistungsfähigsten. Es kommt also darauf an, das zwischenmenschliche Verhältnis am Arbeitsplatz optimal zu organisieren, um optimale Leistungen zu erreichen.

Empirisch wurde festgestellt, daß Menschen ihre Arbeit besser verrichten, wenn sie sie bereitwillig und interessiert tun. Um das zu erreichen, bieten sich vor allem zwei Möglichkeiten an:

● Gruppenarbeit: das heißt, die Gruppe ersetzt die Führung, die sich allein darauf beschränkt, Ziele zu setzen und den Erfolg gelegentlich zu kontrollieren.
● Partizipation: das heißt, die Arbeiter identifizieren sich am ehesten mit einer Leistung (einem Arbeitsprodukt...), wenn sie bei deren Erbringung mitbestimmen und am Ertrag beteiligt sind.

Neuerdings versucht die »Human-Relations-Bewegung« einige vorläufige Strategien zu entwickeln, da die optimalen meist nicht zu verwirklichen sind. Hierher gehören:
● Job enlargement (Erweiterung des Arbeitsplatzes und der Autonomie- und Initiativräume),
● job rotation (Arbeitsplatzwechsel innerhalb eines Unternehmens bei gleichbleibender Vergütung),
● job enrichment (Arbeitsplatzbereicherung durch Vermehrung der Aufgaben und deren größere »Farbigkeit«),
● Teilautonomie von Arbeitsgruppen.

Diese Ziele und Strategien wurden nun keineswegs aus reiner Menschenliebe entwickelt, sondern primär um die Effizienz der menschlichen Arbeitskraft zu erhöhen und so zu einer vermehrten Produktion von Mehrwert zu gelangen. Nicht geleugnet werden soll, daß viele Theoretiker und Praktiker des Sensitivity Trainings recht philanthropische Motive haben. Wenn es aber in die betriebliche (oder allgemein gesellschaftliche) Wirklichkeit übersetzt wird, dann wohl zumeist aus rein materiellen Nutzensüberlegungen. Das gilt auch durchaus für die Trainingsziele.

Langfristiges Trainingsziel ist die Steigerung der Leistungsfähigkeit des einzelnen vor allem in der beruflichen Gruppe. Als Mitglied dieser Gruppe soll er sich möglichst unproblematisch mit den Gruppenzielen identifizieren, die keineswegs Ziele der Gruppe, sondern Ziele *für* die Gruppe (als von außen gegeben) sind. Er soll lernen, die Normen, Zwänge und Freiräume der Gruppe zu akzeptieren. Und er soll lernen, sich in der Gruppe wohlzufühlen. Denn das ist eine Voraussetzung für gesteigerte Leistung.

Ferner wird der Trainierte lernen, wie sein Verhalten ankommt, und welche Strategien dazu dienen, dafür zu sorgen, *daß* sein Verhalten ankommt. Auch das dient vor allem dem Arbeitsfrieden und der Zufriedenheit im Sinne größerer Arbeitseffizienz. Der gleichen Absicht dient der Erwerb von Techniken der Konfliktvermeidung, Konfliktaufarbeitung und Konfliktbewältigung.

> Unter dem Deckmantel der Humanisierung am Arbeitsplatz geht es um die Steigerung der Qualität und/oder der Quantität der Arbeitsleistung (W. Lange).

Selbst in der sogenannten »emanzipatorischen Gruppendynamik« *(W. Giere)*, in der auch Einsichten in soziale und politische Abhängigkeiten angestrebt werden, liegt der Hauptakzent doch auf der Analyse der Prozesse, die innerhalb der Gruppe ablaufen und nicht auf der Kritik der Prozesse, die von außen auf die Gruppe einwirken.

Sicherlich ist Leistungssteigerung nichts Schlechtes. Anrüchig wird die Sache nur, wenn man Profitorientierung mit dem Mantel der Menschlichkeit umgibt, denn dieser Mantel ist ihr allemal um viele Nummern zu eng.

Zwar gibt es auch im Raum der Theorie und Praxis des Sensibilisierungstrainings eine Richtung, die nicht primär auf Leistungssteigerung aus ist, sondern auf die individuelle Entfaltung der Persönlichkeit. Doch wird die personenorientierte Technik sehr viel weniger in Anspruch genommen als die leistungsorientierte. Das gilt vor allem für firmeninterne Seminare oder auch Seminare, in die hinein Mitarbeiter delegiert werden. Das »leistungsorientierte Training« kann sehr verschiedene Ausdrucksformen annehmen:

● Das *Organisationstraining*. Es steht ausgesprochen unter dem Aspekt betrieblicher Leistungssteigerung. Im Training werden vor allem die Fähigkeiten zur Kooperation, Kommunikation, Entscheidungsfindung innerhalb von Gruppen ausgebildet. Zudem soll trainiert werden die Fähigkeit, Großgruppen zu strukturieren und Blockaden, Hemmungen, Aggressionen richtig zu bewerten und zu behandeln. Außerdem soll geübt werden, optimalere (im Sinne der Leistungssteigerung) Organisationstypen zu konzipieren und durchzusetzen. Das Organisationstraining ist vor allem dann wirkungsvoll, wenn nicht nur eine Führungskraft, sondern – wenn möglich – ein Leitungsteam eines Unternehmens an ihm teilnimmt.

● Eine Sonderform des Organisationstrainings ist das *»Instrumentelle Laboratorium«*. Hier steht jedoch der individuelle Leistungsaspekt im Vordergrund. Die verborgenen Leistungsreserven eines Mitarbeiters sollen entfaltet, aktiviert und optimal ausnutzbar gemacht werden.

In der Theorie des »instrumentellen Laboratoriums« unterscheidet man zumeist fünf Typen des Führungsverhaltens, die jedoch rein selten vorkommen:

- ● Möglichst geringe Einwirkung auf die Mitarbeiter und deren Arbeitsleistung.
- ● Möglichst hohe Leistungen ohne Rücksicht auf zwischenmenschliche Beziehungen.
- ● Pflege der zwischenmenschlichen Beziehungen bei freundlicher Arbeitsatmosphäre und einem lockeren Arbeitstempo.
- ● Ausbalancieren menschlicher und sachlicher Aspekte bei genügender Arbeitsleistung.

- Begeisterte Mitarbeiter verfolgen ein gemeinsames Ziel bei hohem Arbeitsethos und guten Leistungen.

Diese letzte Form der Führung wird vor allem im von *Robert Blake* und *Jane Mouton* entwickelten Managerial Grid Seminar angestrebt.

- Das *Organisations-Entwicklungs-Training* (Organisational Development Training, OD) richtet sich an Menschen, die größere Gruppen zu führen haben. Ziel des Trainings ist es, Strategien einzuüben, um unterschiedliche Ansichten und Meinungen auf einen bestimmten Wissens- und Meinungsstand und einem bestimmten Niveau zu nivellieren, die Mitglieder einer bestimmten Organisation auf bestimmte ideelle Ziele zu fixieren und die Techniken unauffälliger Kontrolle des Grads der Nivellierung und Fixierung zu erarbeiten und zu beherrschen. Ziel ist also nicht, konkrete Probleme eines Unternehmens zu lösen, sondern das Potential der Mitarbeiter für das Unternehmen nutzbar zu machen, vor allem durch Einstellungsänderungen der gesamten Führungsgruppe und, von dieser ausgehend, der gesamten Belegschaft.
- Das *Training in Anwendungsgruppen* will zwar nicht die Effizienz, wohl aber die Leistung steigern. Die Gruppen haben etwa das Ziel, praktizierenden Ärzten die Möglichkeit zu geben, komplizierte Fälle in der Beziehung Arzt-Patient mit Kollegen durchsprechen zu lernen *(Balint-Gruppen)*. Michael Balint war der Ansicht, daß es gerade für Ärzte wichtig sei, ihr Verhalten im Umgang mit Kranken ständig zu prüfen, da nicht wenige Krankheiten eine psychische Komponente haben und das Vertrauen zum Arzt – als wesentlichem Therapeutikum – von dessen Verhalten abhängt. Vor allem sollen die Ärzte lernen, ein Feld von Empathie (tiefes Verständnis, Wärme, Akzeptierung) um sich herum aufzubauen.
Da diese Übungen, die auch für andere Berufsgruppen durchaus wünschenswert sind (Seelsorger, Anwälte...), keineswegs primär in der Absicht unternommen werden, dem Arzt reiche Patientenscharen zuzuführen, sei angenommen, daß hier Handlungsorientierungen trainiert werden, die nicht an erster Stelle dem Arzt, sondern dem Patienten nutzen. Somit wäre hier also kaum der Fall der Manipulation gegeben.

Doch auch *personenorientiertes* Sensibilitätstraining hat vor allem den Zweck, fit zu machen für den beruflichen Alltag. Obschon hier primär der Nutzen des Trainierten im Vordergrund steht, wird nicht selten, primär oder sekundär, der Betriebsnutzen im Auge behalten, wenn Unternehmen ihre Mitarbeiter in solche Seminare senden. Selbst wenn ein Teilnehmer aus eigenem Antrieb kommt, ist seine Motivation meist berufsbezogen: Er will mit den Anforderungen der konkreten Leistungsgesellschaft fertig werden, nicht etwa durch Ausbildung seiner Persönlichkeit und Autonomie, sondern durch Anpassung an die Zwänge eben dieser Gesellschaft. In einem etwas versteckterem Sinn handelt es sich hier also ebenfalls durchaus oft um Manipulation.

Einige Trainingsformen (Synonon, Daytop...) versuchen, den Trainierten für den Berufsalltag fit zu machen, wenn er ihm bislang nicht gewachsen war. Das gilt selbst für die *Themenzentrierte Interaktion* (TZI). Sie will die Kommunikationsstruktur im Arbeitsprozeß durch Personalisierung der für sich anonymen Informationen verbessern. Es kommt darauf an, die Ziele des Individuums, der Gruppe und der Aufgabenstellung möglichst optimal zur Deckung zu bringen und so möglichen Konflikten vorzubeugen.

Praktisch wird allen Teilnehmern an Seminaren zum Sensitivity-Training Persönlichkeitsentfaltung versprochen. Diese aber wird nur realisiert im Rahmen des vom Seminarziel her Wünschenswerten. Seminarziel aber ist vor allem die »Brauchbarmachung« für eine leistungsorientierte Berufswelt. Selbstentfaltung geschieht also nur im beschränkten Rahmen der konkreten gesellschaftlichen Vorgaben und Normen. Der Trainierte wird realtiv konfliktfrei und mit starker Leistungsmotivation zumeist die Seminare verlassen und, im günstigen Fall, das Gelernte oder Trainierte (Dressierte) zum Nutzen seines Betriebs und seines Fortkommens (beides wird weitgehend miteinander zu identifizieren sein) verwerten. *A. K. Rice* hat das so formuliert:

> Zur Führung gehören Sensitivität für die Gefühle und Einstellungen anderer, die Fähigkeit zu verstehen, was in einer Gruppe auf unbewußter wie auf bewußter Ebene vorgeht, und die Geschicklichkeit so zu handeln, daß die Erfüllung von Aufgaben erleichtert und nicht behindert wird. Gesteigerte Sensitivität und Verständnis sind jedoch nur Mittel; das Ziel ist die Heranbildung wirksamer Führer und Gefolgsleute... Sowohl die Aneignung des Wissens als auch seine Anwendung erfordern die direkte Erfahrung. Ziel der Seminare ist es deshalb, die Teilnehmer in den Stand zu setzen, mittels direkter Erfahrung etwas über die Zusammenarbeit mit andern zu lernen, als Individuum wie als Mitglieder der Gruppen, denen sie angehören.

Nicht selten sind Sensitivity-Trainer nichts anderes als ein Feigenblatt der Unternehmungsführung, wenn ein bestimmter Führungsstil, eine bestimmte Kommunikationsstruktur, eine bestimmte Leistungs- und Entscheidungstechnik in einem Unternehmen durchgesetzt werden soll. Die Seminarteilnehmer werden als Agenten der angestrebten Veränderungen betrachtet. Sie sollen »human« die neuen Formen durchsetzen. »Human« bedeutet hier jedoch nicht primär »menschlich«, sondern »mit maximaler

Effizienz und bei geringstem Widerstand«. So werden meist solche Agenten mit humanen Zielen motiviert. Ziel des Ganzen ist aber selten etwas anderes als die Steigerung des Unternehmensgewinns, oft gar auch nur des Unternehmergewinns.
Die ganze Trainingsrichtung ist nicht etwa primär aus therapeutischen oder sonstigen philanthropischen Gründen entwickelt worden, sondern auf Drängen »fortschrittlicher« Unternehmer, die möglichst optimale Betriebs- und Arbeitseffizienz bei minimalem Einsatz materieller Mittel anstrebten.
Auch sind die Seminarstrukturen, inhaltlich wie formal, nicht immer unproblematisch. Sie entsprechen selten dem neuesten Stand wissenschaftlich psychologischer Erkenntnisse, vor allem weil Trainer erfahrungsgemäß ein einmal »bewährtes« Programm jahrelang durchhalten, ohne sich um den Fortschritt von wissenschaftlich reflektierten Erfahrungen zu kümmern. So können heute nahezu alle hier erwähnten Trainingsmodelle als wissenschaftlich überholt gelten, selbst wenn man die Trainingsprogramme einfach als Manipulationstechniken sieht. Es gibt bessere. Aber für diese besseren gibt es – Gott sei Dank – keine Trainer. So haftet denn der Manipulation über gruppendynamische Prozesse meist etwas reichlich Hausbackenes an, selbst dann, wenn der Trainer *praktizierender* Psychoanalytiker ist (was selten genug vorkommt).
In den weitaus meisten Fällen nimmt der Trainierte nach kurzer Zeit wieder sein ursprüngliches Verhalten an. Alte Gewohnheiten, vor allem wenn sie sich bewährt zu haben scheinen, sind keineswegs leicht zu transformieren. Geschieht das nicht, dann ist der Trainierte außerhalb des »Laboratoriums« meistens recht verunsichert, so daß die neuen Verhaltensweisen eher aufoktroiert erscheinen.
Zudem kommen nicht wenige Teilnehmer unfreiwillig (als »Geschickte«) zu den Seminarien und verweigern deshalb die für jeden Lerneffekt notwendige volle und kompromißlose Mitarbeit (obschon sie zumeist nach Abschluß das Seminar sehr loben).
Ebenfalls werden nicht wenige, vor allem leitende Angestellte, hier lernen, ihren autoritären Führungsstil und ihre sachorientierte Menschenbetrachtung mit einigen Techniken zu kaschieren. Das aber hat, auf lange Sicht gesehen, nur sehr beschränkten Erfolg. Selbst die geschickteste Manipulation ist prinzipiell durchschaubar.
Es soll jedoch nicht geleugnet werden, daß die Teilnahme an einem gut geleiteten Seminar den Teilnehmern durchaus Nutzen bringt. So lernen manche, die Unfähigkeit Gefühle zu zeigen, zu überwinden. Sie können, zumindest während des Seminars, Gefühle »authentisch« (echt) zeigen: Trauer, Freude, Ärger, Sorge, Befürchtung, Niedergeschlagenheit, Überra-

schung, Neugier... Das ist für nicht wenige eine durchaus wichtige therapeutische Hilfe. Andere erlernen Techniken, ein Feedback zu erreichen, zu verarbeiten und positiv umzusetzen.

Im allgemeinen besteht jedoch die Gefahr, daß der zu Trainierende zwar deutlich erfährt, *daß* etwas geändert werden muß, nicht aber *wie* er dieses in der konkreten Lebenswelt durchführen kann. So liegt denn der Hauptwert eher im Bereich der Diagnose (auch der Hilfe zur »Selbstdiagnose«), weniger in dem der Therapie. Die weitaus meisten Regeln zur Konfliktbewältigung, die im Verlauf solcher Übungen gelernt werden, sind in concreto schwerlich anzuwenden.

Neben dem Sensitivity Training gilt heute das *Encounter* (Kontaktgruppe, Selbsterfahrungsgruppe, Begegnungsgruppe, Erlebnisgruppe...) als beliebte Form des gruppendynamischen Trainings. Im Gegensatz zum Sensitivity Training ist das Encounter nicht leistungs- sondern persönlichkeitsorientiert. Der Manager soll kein besserer Manager werden, sondern er soll lernen, im Einklang mit sich selbst, in Harmonie von Bewußtem und Unbewußtem zu leben. Die Grundidee des Encounter ist also recht begrüßenswert. Weniger gut ist jedoch das Verhältnis von Theorie und Praxis. Eigentlich hat das Encounter keine eigene Theorie, sondern benutzt meist recht selektiv verschiedene theoretische Ansätze [etwa der analytischen Psychologie, der nicht-direktiven Gesprächstherapie *(C.R. Rogers),* der nicht-verbalen Kommunikation, der Meditationstheorie...] und geht von theoretisch problematischen Ansätzen aus. Hierher gehören u.a.:
- Die Denuntiation des Intellekts:
  Jedesmal, wenn du die Frage »Warum« stellst, nimmst du an Format ab. Du plagst dich selbst mit falscher, unnötiger Information. Du fütterst bloß den Computer, den Intellekt. Und der Intellekt ist die Mätresse der Intelligenz. Er ist dir ein Klotz am Bein. *(F.S. Perls)*
- Der anthropologische Optimismus:
  Tief in uns sind wir alle gut, freundlich und liebevoll. Das Märchen vom Aggressionstrieb stimmt nicht. Es ist die Gesellschaft, die uns von früh auf einschränkt und belastet. Wenn wir uns von diesen Hemmungen befreien, öffnen wir uns für das wirkliche Glück. Wir kommen dann in Einklang mit dem Kosmos. Dann können wir zur Veränderung der Welt beitragen. *(H. Knapp)*
- Die Vernachlässigung der individuellen Geschichte. Im Encounter geht es ausschließlich um die Probleme, wie sie hier und jetzt bewußt sind.
- Die Überbetonung des somatischen (nicht-verbalen) Ausdrucks. Die Encounter-Theoretiker gehen davon aus, daß die nicht-verbale Kommunikation, die mehr als 70% der gesamten Kommunikationsmasse ausmacht,

nicht fest ritualisiert und schichtenunabhängig ist. Alle diese Annahmen scheinen nicht zureichend begründet.
- Die Unterschätzung der psychischen Belastbarkeit labiler Menschen. Oft werden gerade psychisch labile zu solchen Encounter-Seminaren eingeladen, und es wird ihnen Behandlung und Heilung versprochen. Das gelingt meist nicht. Im Regelfall sollten nur zureichend psychisch und sozial Gesunde an solchen Encounters teilnehmen (vor allem, wenn diese nicht von therapieerfahrenen Psychologen geleitet werden).

Ebenso problematisch wie die Theorie ist die Praxis. Auf dem Encounter-Markt tummeln sich zahlreiche Scharlatane, die aus der Sehnsucht ihrer Mitmenschen, der technisch rational verzweckten Welt zu entfliehen, um sich selbst zu begegnen, Kapital schlagen. Aber auch seriös organisierte und geleitete Encounters entgehen oft nicht der Gefahr, die Bindung der Trainierten an die Gruppe oder an den Trainer zu zementieren und eine eigentliche Ich-Bildung zu verhindern. Hier wird also recht unauffällig manipuliert, indem die Bindungsfähigkeit dadurch gesteigert wird, daß man eine Bindungsbedürftigkeit aufbaut. Mit der Bindungsbedürftigkeit wird nun keineswegs die Autonomie der Persönlichkeit, nicht seine Selbstfindung in Gang gesetzt, sondern vielmehr der Prozeß des sozialen Selbstverlustes zumindest nicht verhindert oder aufgehalten. Oft ohne es zu wollen wird der Trainierte zwar »gruppenfähiger«, aber keineswegs durch Verstärkung des Ich und seiner rechten Orientierung, sondern durch die Notwendigkeit, die Ich-Funktionen an ein soziales Über-Ich zu delegieren.

Sicherlich gibt es noch eine Reihe weiterer Techniken der Manipulation mittels der Gruppe. Hier wäre etwa auch die des »offenen Mitarbeitergesprächs« zu nennen. Prinzipiell können solche gemeinsamen Erwägungen, Überlegungen, Planungen... außerordentlich fruchtbar sein. Damit sie es sind, ist jedoch ein völlig herrschaftsfreies Klima erforderlich. Das bedeutet zumeist, daß der Vorgesetzte nicht an solchen Veranstaltungen teilnehmen darf. In der Regel besteht aber gerade das Interesse der Vorgesetzten an der Veranstaltung eben in dieser Teilnahme. Solche »Gespräche« sind zu einem üblichen Herrschafts- oder Motivationsinstrument geworden. Ihre manipulatorische Absicht hat sich schon inzwischen so herumgesprochen, daß sie kaum mehr sinnvoll (das heißt: mit manipulatorischem Effekt) eingesetzt werden können.

c) Die Manipulation der Gruppe.
Da Gruppen selbst keine Vernunft haben, sind sie kritikunfähig und deshalb oft leicht zu manipulieren. Die Manipulation einer ganzen Gruppe ist nicht selten sehr viel einfacher als die eines einzelnen. Die Aufgabe der Kri-

tikfähigkeit ist als massenpsychologischer Prozeß schon oft beschrieben worden. Es ist durchaus frappant, im Umgang mit Massen (oder auch mit Gruppen) zu sehen, wie sich der einzelne seiner Kritikfähigkeit begibt und sich dem Massen- (oder Gruppen-)urteil fast widerstandslos und ohne Murren – ja nicht selten begeistert – anschließt. Jeder, der gelernt hat, zu reden, weiß um diesen Effekt. Er weiß, daß abweichende emotionale Stimmungen eines Gruppenmitgliedes zumeist nicht toleriert werden.

Die Gruppensolidarität läßt sich oft mit einfachen Mitteln herstellen, vor allem, wenn es sich um »Zufallsgruppen« handelt. Schnell ist eine gemeinsame emotionelle Basis geschaffen etwa über das Ansprechen gemeinsamer Interessen, Erwartungen, Stimmungen... Ist hier einmal Koordination hergestellt. läßt sich eine Gruppe zumeist gerne dort abholen und weiterführen. Die Basis für manipulierende Einflüsse ist geschaffen. Selbst bei stabilen Gruppen ist die »gemeinsame« Stimmung, das »gemeinsame Interesse«... sehr oft kollektivistisch, das meint: völlig arational. Arationale Räume aber sind es, in denen Manipulation wie eine Pflanze im Mistbeet gedeiht.

Große Redner haben die Reste rationaler Kontrollen, die bei einzelnen Gruppenmitgliedern noch vorhanden gewesen sein mögen, einfach durch die Induktion einer bestimmten emotionalen Stimmung hinwegfegen können. Ich werde Ihnen zu Ende des Buches einige solcher Reden vorstellen und sie zu analysieren versuchen. Die Kanalisation der Emotionen, die, wachgerufen, nur noch *einen* Abfluß kennen, ist Handwerkzeug jedes Demagogen, mag er nun Parteiredner oder Prediger sein.

Es kann also sehr wohl Ziel der Gruppenbildung und der Favorisierung von Assoziationen sein, die individuelle Kritikfähigkeit zu mindern und so zum erfolgreicheren Einsatz manipulatorischer Techniken zu gelangen. Nicht umsonst und nicht zufällig versuchen Diktatoren verschiedenster Couleur möglichst viele Menschen in Organisationen mit regelmäßigen Treffen zu bringen, sehr wohl wissend, daß der einzelne in einer Gruppe sehr viel leichter manipuliert werden kann denn als Individuum.

Da gibt es mitunter einige Schwierigkeiten. Emotionen, die im Gruppenkontakt aufgebaut wurden, zerfallen bald wieder, wenn der Gruppenkontakt abgebrochen oder auch nur für längere Zeit unterbrochen wird. In der Gruppe und mit ihr zusammen ist es leicht, »gute Vorsätze« zu evozieren, die dann aber kaum mehr eingehalten werden, wenn der einzelne sich selbst überlassen bleibt. Also gilt es zugleich ein wirksames Netz von Kontrollen aufzubauen, die den einzelnen so permanent im Gruppenzwang halten. »Big brother is watching you« – und der »große Bruder« ist repräsentiert durch die Gruppe, die als Instrument in der Hand eines Diktators (sei es im ökonomischen, politischen, religiösen ... Bereich) agiert.

Es gibt nur wenige Menschen, die solchen Gruppenzwängen gänzlich ausweichen können. Innere und/oder äußere Nötigungen hindern sie daran. Wieder einmal zeigt es sich, daß die Balance zwischen Sozialität und Individualität nur mühsam erreicht und beibehalten werden kann. Die meisten Menschen binden ihre sozialen Sehnsüchte in Gruppen ab, denen zuzugehören keineswegs die Selbstverwirklichung fördert – oder aber sie fallen ins andere Extrem, das einer neurotischen Vereinsamung und einer angstbesetzten sozialen Skepsis.

Gruppen zu verhetzen ist im allgemeinen außerordentlich einfach. Entstellte Wahrheit, ja Lüge werden von Gruppen meist leicht akzeptiert, wenn sie nur entfernt in den sozialen Vorurteilsrahmen passen. Sowohl in der Hetze gegen einzelne, wie auch in der gegen Gruppen ist die manipulatorische Technik der Verhetzung nicht selten wirksam. So wird denn die Gruppe (eine Klasse, eine Partei, aber auch Hausgemeinschaften...) zu einem Instrument in der Hand des Manipulierenden, um seinen Haß, seinen Neid, seine Unterlegenheitsgefühle... zu universalisieren und somit in deren Folgen zur höchsten Effizienz zu führen.

Es mag eigentümlich erscheinen, daß Gruppen in der Hand von sittlich Hochstehenden kaum ein brauchbares Instrument der (diesmal wohl allgemein edukatorischen) Verhaltensbeeinflussung anderer sind. Das mag daran liegen, daß Menschen in der Gruppe sehr viel leichter zu negativen Stimmungen zu bringen sind als zu positiven. Das große Bedürfnis, der Destrudo einen Ausweg geben zu dürfen, der nicht gesellschaftlich verpönt ist, sondern gar von der Gruppe honoriert wird, kann in der Einzelaktion kaum durch die Gesellschaft oder das individuelle Überich ungestraft verwirklicht werden, sehr wohl aber in der Gruppe. Haß, Neid, Mißgunst sind aber gar üble Sklavenhalter, die harte Zwänge ausüben und kaum der Freiheit Raum lassen. Sie entwirklichen den Menschen stärker als es äußere Sklaverei je vermochte.

Exkurs: Manipulation in Ehe und Familie

Die Familie ist eine ausgezeichnete Form der Gruppe. In ihr verwirklicht sich Gruppenbindung sehr ursprünglich und elementar. In ganz besonderer Weise scheint sie der Neigung des Menschen zu entsprechen, seine Sozialität zu verwirklichen. Sicherlich ist sie ihrem Anspruch nach die primäre Weise, soziale Bedürfnisse zu befriedigen und soziales Verhalten zu erlernen. Sie kann auch durchaus der Ort sein, an dem in optimaler Weise soziale Selbstverwirklichung geschieht. Sowohl die Ehepartner als auch die in einer Familie heranwachsenden Kinder geben sich ein Gefühl von gemeinsamer Geborgenheit, die die menschlichen psychischen Grundbedürfnisse:

Vertrauen, Autonomie und Initiative realisiert und zur optimalen privaten Entfaltung bringen kann. (Neben dieser privaten hat die öffentliche Entfaltung, etwa im Beruf, zu stehen. Die rein private gleitet sonst leicht in eine Art gemeinschaftlicher emotionaler Selbstbefriedigung ab, zu häuslicher Idylle.)
Theoretisch ist also die Ehe oder die Familie der primäre und ursprüngliche Ort privater sozialer Selbstverwirklichung. Soweit die Theorie.
Leider sieht hier die Praxis oft sehr viel anders aus. Nicht wenige Ehen leiden darunter, daß sich der einer – oder beide – Partner in der und durch die eheliche Bindung beengt und in seiner Selbstentfaltung eher gehemmt als gefördert fühlt. Sicherlich ist es nicht leicht, mit einem anderen Menschen hautnah jahre- und jahrzehntelang zusammenzuleben. Die nur beschränkt belastbare Instinktsicherheit des Menschen im Bereich erotischer und sexueller Bindungen muß durch »personale Liebe« kompensiert werden. Es soll keineswegs geleugnet werden, daß es so etwas gibt, es ist jedoch seltener, als gemeinhin angenommen wird. Tatsächlich sind viele Ehen weniger Lebensgemeinschaften, denn Institute der Manipulation eines Ehepartners durch den andern. Manipulation ließe sich nur dann ausschließen, wenn eine absolute Gleichgewichtigkeit und wesentliche Gleichartigkeit der Partnerpositionen und des Partnerranges sowie eine gleichwertige »Emanzipation« beider erreicht wäre. Die dann vorkommenden Partnerbeeinflussungen hätten wesentlich das Ziel gemeinsamer Selbstverwirklichung (in edukatorischer Absicht, wobei das Edukationssubjekt und -objekt das Paar selbst ist). Da aber meist kaum eine dieser Bedingungen erfüllt ist, kommt es zu ausgesprochen manipulatorischen Absichten und Verhaltensmustern beider Ehepartner (selten nur eines). Denkschemata, die solche manipulatorische Einstellung begünstigen, sind keineswegs selten. Hierher gehören:

- »Ich werde mir den Mann schon ziehen, wie ich ihn haben will.«
- »Das werde ich ihm (oder ihr) schon abgewöhnen.«
- »Hauptsache, er verdient gut.« – »Hauptsache, sie kümmert sich um den Haushalt.« (Gerade die bürgerlichen Vorstellungen über fixe Rollenverteilungen können zur Manipulationsursache werden.)

Sicherlich gibt es gutmütige Menschen, die sich nahezu alles gefallen und sich daher auch fast ohne Gegenwehr manipulieren lassen. Doch solche Menschen sind weder unbedingt als ideale Ausdrucksformen menschlicher Selbstverwirklichung zu erkennen, noch sind sie sonderlich häufig.
Nicht wenige sogenannter »Ehekrisen« beruhen auf dem durchschauten oder mißglückten Versuch einer Manipulation. Kann sich der betreffende Partner nicht rechtzeitig umstellen, kann die Krise habituell destruktiv werden und so zur schleichenden Selbstentwicklung führen.

Doch auch im sogenannten »Erziehen« der Kinder sind manipulatorische Praktiken nicht selten. Sie können geschehen:

- im Interesse der Eltern,
- im Interesse der Familie,
- im Interesse einer Klasse, eines Berufs, eines Standes...
- im Interesse einer Religionsgemeinschaft,
- im Interesse eines politischen Gebildes,
- im Interesse einer bestimmten ökonomischen Struktur.

Kinder, Jugendliche und Heranwachsende sind also einer besonders intensiven Verhaltensbeeinflussung zu fremdem Nutzen ausgesetzt, die sich allzuoft als Edukation (wenigstens der Absicht nach) etikettiert. Was aber heute in Elternhäusern, Kindergärten, Schulen, Hochschulen... geschieht, ist meist nichts anderes als eine mehr oder minder geschickt kaschierte Manipulation.

Man möchte einwenden, daß solche Manipulationen auch im Interesse der zu Erziehenden geschehen oder doch in ihrem Interesse seien. Dieses Argument, das die Praxis der Erziehung aus dem anrüchigen Raum strenger Manipulation herausnehmen will, darf jedoch nicht überbewertet werden. Sicherlich bedeutet jede Edukation auch Sozialisation, und Sozialisation ist stets auch mit der Übergabe und Übernahme *bestimmter* sozialer Verhaltensmuster und Wertungen verbunden. Doch dürfen solche Wertungen und Muster nicht so fixiert werden, daß sie nicht, relativiert, auch später aufgrund von Einsicht gegen andere ausgetauscht werden können. Die materialen Inhalte des Überich werden sicher edukatorisch vermittelt.

Solche Edukation aber wird zur Manipulation, wenn irgendwelche so vermittelten Wertvorstellungen so absolut implantiert werden, daß sie nicht mehr in Frage zu stellen sind, und von der kritischen Ich-Prüfung und Kontrolle ausgespart bleiben müssen, weil solche Prüfung und Kontrolle nur unter erheblichen Schuldgefühlen oder anderen psychischen Belastungen möglich ist.

Mitunter wird in der Phase der primären Sozialisation eine Wertordnung mit Sanktionsmechanismen (und das bedeutet immer auch Furcht bei Übertretungen oder gar vor Übertretungen) übertragen, die eine Selbstverwirklichung unmöglich machen und zu kaum zu behebenden destruktiven Konflikten des Menschen mit seiner eigenen Triebstruktur führen. Solche Erziehung will ich »repressiv« nennen. Sie ist, selbst, wenn sie in bester Absicht geschieht, streng manipulatorisch (das heißt zum Schaden des Beeinflußten).

Nun sind uns sehr verschiedene Weisen der in der Kindheit vorgenommenen psychischen Verkrüppelungen bekannt. Es sei nicht behauptet, daß Eltern vorsätzlich und willentlich ihre Kinder psychisch verkrüppeln. Oft genug tun sie das »in bestem Willen«, indem sie ein Kind nach ihren gesellschaftlichen und individuellen, nach ihren öffentlichen und privaten Idealen zu erziehen versuchen. Sie vergessen dabei, daß ein Mensch nicht eine von Menschen schaffbare Größe ist und die prometheische Versuchung, eben prometheisch und nicht menschlich ist. Schon die Erziehung im Kleinkindalter hat vor allem der Entfaltung der einzigartigen und unwiederholbaren Persönlichkeit dieses Menschen zu dienen.

Die Verschiebung der Triebenergien macht das kindliche Individuum in bestimmten Phasen seiner individuellen und sozialen Entwicklung besonders verletzbar. Im ersten Lebensjahr muß das »Vertrauen« gelernt werden. Das setzt u. a. voraus, daß das Kind *eine* Bezugsperson hat (und zwar immer die gleiche), der es unbedingt vertraut. Hier wird eine vertrauende Grundhaltung zu sich selbst, zu Welt und Gesellschaft grundgelegt, die, wenn sie einmal gebrochen wurde (»Urmißtrauen«), kaum reparabel erscheint. Das Sich-Verlassen-Dürfen auf andere ist die Grundlage jeder Sozialbeziehung, die zur Selbstverwirklichung führt.

Im zweiten und dritten Lebensjahr ist das Kind besonders sensibilisiert für die Entwicklung von Autonomie. Die Autonomie will gegen Scham und Zweifel durchgesetzt sein. Sie darf weder gebrochen noch verbogen, sondern muß erzogen werden. Das rechte Verhältnis zur Autonomie der eigenen Persönlichkeit, in diesen Jahren gebildet und grundgelegt, bestimmt, ob der heranwachsende Mensch ein rechtes Verhältnis
- zu Ordnung und Gesetz,
- zu Eigentum und Haben jeder Art
- zur ethischen Orientierung (im Ich-Gehorsam)

erwerben kann. Gelingt es nicht, die Autonomie recht zu entwickeln und zu bilden, ergeben sich schon bald Symptome, die zwangsneurotischen durchaus ähneln.

Im vierten und fünften Lebensjahr ist das Kind besonders empfindsam für die Ausbildung von Eigeninitiative. Die Initiative muß gegen Schuldgefühle durchgesetzt werden. Dazu bedarf ein Kind der begleitenden Hilfe. Während ein Kind bislang fürchtete, entdeckt zu werden, fürchtet es sich jetzt vor Scham. In dieser Phase werden weitgehend die materialen Inhalte des Überich fixiert. Die Bildung in diesen Jahren entscheidet darüber, ob der heranreifende Mensch einmal ein gesundes Verhältnis haben wird
- zur Freude am Wettbewerb mit andern,
- zum zielstrebigen Handeln,
- zur Sexualität als Bindungselement und Lustfaktor.

In den ersten Schuljahren sollte das richtige Eigenwertgefühl ausgebildet werden. Hier gründen auch die zahlreichen Mindergefühle, über die schon berichtet wurde und die so außerordentlich erfolgreich manipulatorisch ausgenutzt werden können. Vor allem reguliert sich in diesen Jahren ein sinnvolles Verhältnis zur Leistung ein oder nicht ein: sowohl ein Ausweichen vor jeder Leistungsanforderung als auch ein Leistenmüssen als Zwang, sich ständig zu beweisen, daß man ebensoviel wert ist wie die anderen, werden jetzt grundgelegt.

Offensichtlich ist also in allen vier Phasen, die die ersten zehn Lebensjahre des reifenden Menschen ausmachen und in denen er weitgehend irreversibel für sein zukünftiges Leben geprägt wird, eine sehr vorsichtige und verantwortete Erziehung und Bildung nötig, die nicht primär die Eingliederung in bestimmte Sozialverhältnisse zum Ziel haben darf, sondern die Sozialisationsfähigkeit in Harmonie zur Individualität überhaupt. Dennoch sieht konkrete Erziehung meist sehr viel anders aus: Sie ist bestimmt vom Ich-Ideal des Erziehers, von einer gesellschaftlich präformierten Instanz also, die dazu dient, einmal überkommene Vorstellungs-, Verhaltens- und Wertmuster möglichst identisch weiterzugeben. Um das zu verdeutlichen, sollen die einzelnen »erzieherischen« Interessen einmal geprüft werden.

a) Erziehung im Interesse der Eltern.
Eltern haben so mancherlei private Interessen bei der Erziehung, die nicht auf den Nutzen des Kindes abzwecken, sondern auf den eigenen.
Es gibt Eltern, die ein braves, wohlerzogenes Kind vorweisen wollen,
solche, die ihre Ruhe über alles lieben und dem Kind jedes lärmende Spiel verbieten,
solche, die ihr eigenes Prestige realisiert sehen wollen (etwa im Schulerfolg des Kindes). Sicher läßt sich der Katalog von elterlichen Wunschvorstellungen noch erheblich erweitern. Aber schon diese kleine Auswahl zeigt, daß – trotz andersartiger Rationalisierung (»Wir wollen doch nur das Beste für unser Kind!«) – massive Egoismen in der Erziehung am Werk sein können. Bleiben wir nur einmal bei den drei erwähnten Fällen:
● Die Eltern wollen ein braves Kind vorweisen können.
Es gibt nicht wenige Eltern, die stolz darauf sind, wenn ihr Kind sich bei Erwachsenen möglichst gesittet (das heißt: erwachsen) benimmt. Sie kommen gar nicht auf den Einfall, daß ein »braves Kind« nicht selten ein psychisch krankes Kind ist mit erheblichen Antriebsstörungen. Gerade diese Kinder benehmen sich nicht kindtümlich, sondern zeigen sogar so etwas wie ein »frühreifes Gewissen«. Ein solches Kind ist im Regelfall in der Entwicklung seiner Autonomie gestört worden. Es hat alle Chancen, später ein ungeordnetes Verhältnis zu Recht und Gesetz (entweder übertriebene Unterordnung oder aber offene oder versteckte Rebellion gegen beide) zu zei-

gen, ein gebrochenes Verhältnis zum (eigenen und fremden) Eigentum zu erwerben und kaum in der Lage zu sein, die Es-Überich-Konflikte konstruktiv aufzulösen, da die Überich-Struktur in bestimmten partiellen Gebieten (etwa dem religiösen) übermächtig ist.
Sicherlich kann ein braves Kind ein Renommierobjekt sein. Es paßt sich ausgezeichnet in die innerfamiliäre Hierarchie ein und spielt die Kindesrolle perfekt. Es ist meist ruhig und zurückhaltend, schließt Freundschaften meist nur auf Distanz und mit von den Eltern erwünschten Spielgefährten. Kurzum: Naive Eltern haben ihre Freude.
Das hört aber meist auf mit der Pubertät oder Adoleszenz. Ein so verbildetes Kind hat oft keine zureichenden Ressourcen und Techniken entwickelt, um mit den Krisen dieser Jahre allein fertig zu werden. Es bedarf fremder Hilfe (meist der eines Therapeuten). Da aber die »armen« Eltern sich den Verhaltensumschlag nicht erklären können, versuchen sie den scheinbaren Widerstand zu brechen, die Offenbarung ihrer Erziehung als Ausdruck ihres eigenen Egoismus zu verdrängen, und greifen zu dem beliebtesten, aber unwirksamsten Erziehungsmittel: der Strafe durch Liebesentzug oder Abstieg in der sozialen Familienrolle.
Da der »Wandel« des »braven Kindes« in die Schulzeit fällt, wäre durchaus eine ergänzende und kompensierende Erziehung durch die Schule möglich, um zumindest die destruktiven Kräfte zu kanalisieren. Das setzt einfühlsame Lehrer voraus, von denen es sicherlich einige gibt – doch viel zu wenige.
● Die Eltern lieben ihre Ruhe über alles und wollen ein ruhiges Kind.
Es ist schon verständlich, daß, wenn der Vater oder die Mutter von der Berufsarbeit erschöpft nach Hause kommt, die strapazierten Nerven Kinderlärm nur selten ertragen. Es ist auch verständlich, wenn sich Mitmieter über lärmende Kinder beklagen. Es ist also durchaus verständlich, wenn Eltern ihre Kinder zu ruhigem Verhalten anzuleiten versuchen. Die Frage ist aber, wie das geschieht. Zum einen ist festzuhalten, daß dem kindlichen Bewegungsdrang und dem kindlichen Wunsch zu lärmen genügend Rechnung getragen werden muß. Kann das nicht in der Wohnung geschehen, sind entsprechende Einrichtungen zu schaffen, wo das geschehen kann. Auf der anderen Seite ist es unmenschlich, das Kind wegen seiner entwicklungspsychologisch normalen Verhaltensweisen zu strafen, es sei denn, man wolle kindliche Initiative abblocken und fehlleiten, wenn nicht gar zum Verkümmern bringen. Über die Folgen solcher Fehlbildung wurde schon berichtet.
Doch ist die Strafe, die sich gegen das entwicklungspsychologisch normale und gesunde Verhalten eines Kindes richtet, keineswegs die einzige Form der Manipulation des kindlichen Verhaltens, um »Ruhe zu haben«. Man

kann sich auch Ruhe erkaufen – im wahren Sinn des Wortes. So erhalten Kinder über ein vernünftig bemessenes Taschengeld hinaus Zusatz, um sich anderswo als gerade zusammen mit ihren Eltern zu »realisieren« (Kino, organisierte Freizeitangebote verschiedenster Institutionen...). Oder Kinder werden regelrecht abgeschoben zu Großeltern oder »Verwahranstalten«.
Das verwöhnte, aber ungeliebte Kind ist heute keineswegs ein völliger Ausnahmefall, dem man allenfalls in Fernsehfilmen begegnet. Und es ist keineswegs selten, daß die mangelnde Liebe darin ihren Grund findet, daß ein Kind halt nicht ein »kleiner Erwachsener« ist, sondern zur gesunden Entfaltung lärmen und toben will und soll.
Auch das Fernsehen kann zu einer Technik von Eltern werden, sich täglich ein paar Stunden Ruhe zu verschaffen. Solange die Kinder ruhig vor dem Bildschirm sitzen oder liegen, lärmen sie nicht, stellen keine sozialen Ansprüche, scheinen also zufrieden. Daß so die notwendige elterliche Zuwendung nicht kompensiert werden kann, ist allgemein in der Theorie bekannt – wird aber in der Praxis nicht immer beachtet.
»Kinder hört man nicht« ist noch eines der beliebtesten bürgerlichen Bildungsklischees. Das laute und lebhafte Kind gilt als »ungezogen«, womit man wohl sagen möchte »nicht erzogen«, aber sagt »nicht manipuliert«. Das »gezogene Kind« ist zumeist ein verzogenes.
• Die Eltern behandeln das Kind als Prestigeobjekt.
Um Prestigeobjekt sein zu können, muß das Kind weitgehend den Ich-Idealen der Eltern entsprechen. Es wird zur Projektionsinstanz unerfüllter elterlicher Wünsche. Und hierher gehört vor allem das Sozialprestige. »Unser Kind soll es einmal besser haben!« ist ein oft geäußerter Wunsch, wobei das »Besser« sich meist auf ein finanzielles Bessergestelltsein bezieht oder auf größeres soziales Ansehen – nur selten aber auf ein reicheres und emotional erfüllteres Leben.
Das elterliche Prestigebedürfnis wird aber zutiefst verletzt, wenn sich das Kind nicht den elterlichen Sehnsüchten entsprechend entwickelt oder verhält. Jede Art von »Versagen« gegenüber den Wunschvorstellungen wird zu einem objektiven Versagen hochstilisiert. Und versagen gegenüber elterlichen Ideal-Vorstellungen kann ein Kind auf mancherlei Weise: moralisch, sozial, intellektuell, körperlich... Vor allem aber gilt schulisches Versagen in Aufsteiger-Elternhäusern als mittlere Katastrophe und wird entsprechend behandelt. Das heißt konkret zumeist: das Kind wird bestraft. Im günstigsten Fall wird es gescholten oder geprügelt, im ungünstigsten wird sich die elterliche Beleidigung durch Liebesentzug oder Abstieg in der sozialen Rolle, die ein Kind in der Familie spielt, rächen.
Die Androhung solcher Strafen schon trifft das Kind gewaltig und macht

das schulische Lernen zu einem angstbesetzten Vollzug. Damit ist ziemlich sichergestellt, daß auch gute Begabung versagt, denn sie kann sich nur entfalten, wenn das Lernen zu einem lustbetonten Vollzug wird, zur Befriedigung einer in nahezu allen Menschen angelegten Neugierde. So schlägt denn gerade der Wunsch der Eltern, sich selbst in und durch das Kind zu verwirklichen (nicht in ihrem Selbst, sondern in ihrem Ich-Ideal), um zur potentiellen Beleidigung der Eltern im Versagen des Kindes.
Damit aber werden im Kind Mindergefühle grundgelegt oder verstärkt. Es werden Untertanen wie erfolgsverwiesene Managertypen, Verbrecher und Verzweifelte heranwachsen, alles Menschen, die – sozial oder asozial – ihre Mindergefühle zu kompensieren trachten oder aber in deren Sog untergehen. In allen Fällen der Kompensation oder der Selbstaufgabe, veranlaßt durch Mindergefühle, setzt eine schleichende Selbstentwirklichung ein. Der Mensch verliert sich selbst, wird sich selbst immer unwirklicher.

Die Manipulation des kindlichen Verhaltens zum Nutzen der Eltern bricht wohl in jedem Fall die Fähigkeit des Kindes, »seelisch zur Sprache zu kommen«. Es wird zumindest in seinen emotionalen Ausdrucksfähigkeiten verkümmern. Es wird bloß noch in der Lage sein, die emotionalen Verhaltensweisen zu zeigen, die nach Vorstellung der Eltern zur kindlichen Rolle passen. Früher oder später wird es das Kind verlernen, andere als die von den Eltern gebilligten emotionalen Ausdrucksweisen zu zeigen.
Es gibt gute Gründe anzunehmen, daß jedem Menschen eine reiche Zahl emotionaler Ausdruckskanäle angeboren zur Verfügung steht. Diese Kanäle werden aber nach und nach verstopft, bis es zur »Sprachlosigkeit der Seele« kommt. Die stumme Seele ist aber oft eine noch folgenreichere Beschränkung des Menschlichen als der stumme Leib. Die Psyche, die nicht mehr sprechen kann, oder ihre Sprachbegabung niemals zu entwickeln lernte, ist eine kranke Psyche. Und wie die körperliche Stummheit und Sprachlosigkeit keineswegs nur den Körper betrifft, sondern auch auf die psychische Entfaltung ihre Wirkungen hat, so die psychische Sprachlosigkeit (die Psychologen sprechen hier von »Alexithymie«) für den ganzen Menschen. Viele scheinbar somatische Erkrankungen sind Folgen oder Begleiter der seelischen Sprachlosigkeit, wie sie sich etwa ausweist in der Unfähigkeit, über Gefühle zu sprechen.
Über Gefühle sprechen lernt man aber nur im Raum der Zuwendung und Geborgenheit, weil sonst die Sorge besteht, Gefühle könnten verlacht oder ausgenutzt werden. Die Unfähigkeit, etwa über vergangene oder gegenwärtige Trauer zu sprechen, ist heute recht verbreitet. Sie mag sicher recht verschiedene Ursachen haben. Ihre erheblichste und sicherlich häufigste ist aber mangelnde Geborgenheit und mangelnde Zuwendung in den ersten

Lebensjahren. Und dieser Mangel ist immer dann erheblich, wenn Eltern ihr Kind eher als Sache denn als Person behandeln. Das aber tun sie, wenn sie sein Verhalten zu ihrem privaten Nutzen und nach ihren privaten Interessen und Wunschvorstellungen zu beeinflussen versuchen. Ein solcher Versuch steht im krassen Widerspruch zur Liebe, die gerade der Versuch ist, den anderen zu akzeptieren in seinem Anderssein – auch in seinem Kindsein. Gemeint ist sicher hier nicht die blinde Liebe (»Affenliebe« nennt es der Volksmund), denn solche Liebe sucht meist nicht den anderen Menschen, sondern sich selbst – sieht und erfährt in Liebe den lustvollen Selbstvollzug, nicht aber den emotional positiven Du- oder Wir-Vollzug (der sicherlich den Selbstvollzug nicht ausschließt).

b) Die Manipulation im Interesse einer »Kaste«.
Während die Manipulation im Interesse der Eltern (oder der Familie) sich meist leicht und sicher als Egoismus entlarven läßt, ist das bei allen anderen Formen nicht ganz so einfach. Hier wird eher ein Kollektivegoismus realisiert. Das kollektive Ego kann sehr verschieden aussehen, es kann eine Klasse, ein Staat, eine ökonomische Verfassung... sein. Zunächst sei hier der Fall besprochen, daß der Kollektivegoismus sich in den Eltern ausdrückt und repräsentiert, wobei das Kollektiv ein Stand, eine Klasse, eine Berufsgruppe ist. Ich will mich hier der Mühe entheben, diese drei Gesellschaftsformen gegeneinander abzugrenzen. Gemeinsam ist in allen drei Formen der emotionalen Kollektivierung – und nur solche Situationen seien hier behandelt –, daß die primäre Sozialisation wir-orientiert geschieht. Das Zusammengehörigkeitsgefühl innerhalb einer solchen Assoziation ist oft stärker als die familiäre Bindung.
Das aber bedeutet, daß ein Kind Wir-Verhaltensmuster lernt. (Wir Adelige, wir Arbeiter, wir Proletarier machen das so.) Man spricht dann von statusspezifischer Sozialisation (im Gegensatz zur personenspezifischen). Die Sozialisierung geht primär auf einen Status hin, in einen Status hinein, und nicht primär in die Familie, als Verbund, der nicht anonym, sondern sehr persönlich strukturiert ist. Mit dieser Form der Sozialisation – sie dürfte in der BR Deutschland etwa 10 % der Kinder betreffen – werden zugleich Verhaltensweisen eingeübt, die nicht immer der Persönlichkeitsverwirklichung optimal entgegenkommen. Einige Folgen solcher Sozialisation scheinen zu sein:
● Eine syntaktisch einfachere Sprache, die eine nur beschränkte sprachliche Welt- und Gesellschaftsbewältigung außerhalb der Strukturen der primären Sozialisation erlaubt.
● Eine eher konventionelle, dem Status verpflichtete Art der sozialen Interaktion.

● Eine Verarmung des sozialen, kognitiven und emotionalen Potentials zusammen mit einer Fixierung dieses Potentials auf fixe Geleise (oft allerdings verbunden mit größerer emotionaler Spontaneität und Ausdruckskraft).
● Einer beschränkten Lernfähigkeit und einer begrenzten Neugier. Das zeigt sich auch in der Verwendung sprachlicher Stereotype und der Fixierung von Vorurteilen.
● Die Starrheit, an einmal erworbenen Meinungen und Ansichten festzuhalten, besorgt nicht selten Angstzustände, wenn diese Meinungen und Ansichten in Frage gestellt oder verunsichert werden oder wenn Situationen auftreten, in denen die Art des sprachlichen Ausdrucks wesentlich ist.
● Eine konservative Grundhaltung ist oft verbunden mit häufigen Angst- und Unsicherheitsgefühlen, wobei Schuldgefühle eher weniger intensiv auftreten dürften.

Ich will hier keineswegs einem bürgerlichen Bildungsideal das Wort reden, obschon die »bürgerliche Erziehung« meist weniger statusorientiert ist. Es sei hier vielmehr auf eine Erziehung verwiesen, die ein Kind schon in den ersten Lebensjahren auf eine bestimmte »Kaste« fixiert und in seiner Kommunikationsfähigkeit mit Menschen, die nicht zu dieser »Kaste« gehören, beschränkt (obschon die Kommunikation innerhalb der »Kaste« meist um so intensiver und herzlicher und emotional reicher abläuft). Hier stehen die Erzieher offensichtlich im Dienst und Anspruch eines Kastendenkens, das keineswegs verhärtete soziale Strukturen aufzulösen in der Lage ist, sondern bestehende soziale Strukturen eher zementiert. Eltern sollten niemals Erfüllungsgehilfen von Gruppeninteressen werden, und mögen sie sich selbst diesen Gruppen auch noch so sehr verbunden oder verpflichtet wissen.

c) Die Manipulation im Interesse einer Religionsgemeinschaft.
Nicht selten geschieht eben das im Bereich organisierter Religiosität. Sicherlich ist die religiöse Bildung eine der wichtigsten Aufgaben elterlicher Erziehung, insofern Religiosität einer der Gründe ist, in denen Menschsein wurzelt. Aber es kommt darauf an, diese Religiosität nicht zu einer Dressurangelegenheit zu verfälschen. So darf es nicht vorkommen, daß Gott als lohnende und strafende Instanz ins kindliche Überich implantiert wird. In diesem Fall wird sich keine eigentliche Religiosität entfalten können, die doch auf freier, von göttlicher Gnade begleiteter und in Gang gesetzter Willensentscheidung beruht.
Die Implantation der Vorstellung eines übermächtigen lohnenden und strafenden Gottes wird nicht selten besorgt durch hilflose Eltern, die ihre Autorität letztlich auch in deren Einzelentscheidungen auf Gottes Willen be-

gründen (»Du mußt das tun, weil Gott es will!« – »Wenn du das nicht tust, wird Gott ganz traurig!« – »Wenn du nicht gehorchst, kommst du in die Hölle!«...). Die so ausgebildete »Religiosität« ist vergleichbar der eines Dackels bezüglich seines Herrchens.
Eigentliche Religiosität ist Ich-Religiosität; das heißt, sie wird begründet, wenn die konkreten handlungsleitenden Wertorientierungen theistisch-religiös ausgemacht und festgelegt werden. (Darüber mehr im folgenden Kapitel).
Mit dieser Implantation eines »Gottbildes« ins Überich werden zumeist auch konkrete kirchliche Orientierungsmuster vermittelt. So geschieht die Sozialisation keineswegs immer primär im Interesse einer radikalen Religiosität, sondern einer unkritischen Kirchlichkeit. Unkritisch nenne ich eine Kirchlichkeit, die wieder primär und vor allem überich-orientiert ist und durch Überich-Mandate zustandekommt und aufrecht erhalten wird (»Man ist halt katholisch, evangelisch...«). Die Bindung an eine Religionsgemeinschaft sollte auch Sache der freien und verantworteten Ich-Entscheidung sein und nicht schon derart präformiert werden, daß gegen eine solche Fixierung nur eine Lösung unter Schuldgefühlen möglich ist, wie sie sich bei Überich-Ungehorsam einzustellen pflegen.
Sicherlich ist jede Religionsgemeinschaft, wie jede andere menschliche Gesellschaft, daran interessiert, ihren »sozialen Besitzstand« zu wahren und, wenn möglich, zu mehren. Nur sollte man nicht zu den Mitteln der Manipulation greifen. Kirchlichkeit wird dann wichtiger als Religiosität. Das ist pervers.
Manipulation in dieser Richtung ist durchaus auch *möglich* in konfessionell gebundenen Kindergärten oder Schulen, wenngleich sie heute zunehmend seltener geworden ist. Doch kaum hat das Bemühen kirchlich orientierter Eltern (und das ist nicht zu verwechseln mit religiöser Orientierung, die, obschon an »Gemeinschaft« gebunden, doch nicht unbedingt an eine bestimmte fixiert sein wird) nachgelassen, ihre Kinder in dieselbe Religionsgemeinschaft hineinzuziehen, der sie selbst angehören. Dieses Bemühen ist durchaus verständlich und auch durchaus zu rechtfertigen, wenn es nicht manipulatorisch geschieht und nicht über Überich-Fixierungen. Vor allem hat jede Form von Bestrafung hier keine Berechtigung. »Religionsfreiheit« in dem Sinne, wie etwa das Zweite Vaticanum davon spricht, ist auch für die Familie und in der Kindererziehung zu fordern.

d) Die Manipulation im politischen Interesse.
Es ist keineswegs selten, daß Eltern versuchen, ihre eigene politische Meinung auf ihre Kinder zu übertragen – und das durchaus auch mit den Mitteln der Manipulation. Manipulation heißt hier, daß Eltern versuchen, das

politische Verhalten ihrer Kinder im Sinne einer politischen Partei oder einer bestimmten politischen Ordnung (etwa: »Die freiheitliche Ordnung des Grundgesetzes«) zu präformieren. Sie werden damit zu Handlangern politischer Interessenverbände oder einer bestimmten politischen Verfassung eines Volkes in einer bestimmten historischen und ökonomischen Situation. Die Schule leistet nicht selten dabei weitere Hilfe.

Zweifelsfrei ist die Bildung zur politischen Mündigkeit, die auch das politische Engagement kennt, ein wesentlicher Aspekt aller Bildung. Sie dient dem Nutzen des Gebildeten. Aber es gibt auch eine politische Verbildung. Sie hat zwei wesentliche Ausdrucksformen:

- die politische Passivität,
- die Überzeugung, daß bestehende politische Meinungen und Strukturen optimal seien.

Beide Ausdrucksformen entsprechen in etwa der Vorstellung vom richtigen Verhältnis zum Politischen in Diktaturen. In nicht wenigen Elternhäusern wird heute noch die Erziehung zu »Gesetz und Ordnung« größer geschrieben als die zur politischen Mündigkeit, die sich auch des Mittels des offenen Protestes, gar des tätlichen Widerstandes bedienen können darf. Demonstrationen gelten als anrüchig. Das Spielen mit dem Gedanken an Revolution kommt schon einem Verbrechen gleich.

Vermutlich stammen so einige Gesetze der letzten Jahre aus den Hirnen von Männern, deren Eltern sie zureichend zur politischen Unmündigkeit erzogen haben. Es gilt in der BR Deutschland jedenfalls als verpönt, sich politisch anders zu exponieren als in der Mitte (in der die Wahrheit sich selten findet, in der sie allzuoft aber begraben liegt). Denn außerhalb der Mitte liegen die Extreme. Und dagegen hat man etwas. Jedenfalls sollte ein Beamter oder der, der es werden möchte, das Wort »Revolution« mit ähnlichem Ekel aussprechen, wie unsere Ahnen über Sexuelles sich nur mit Scham und Ekel äußern konnten. Das gilt für alle möglichen zukünftigen Revolutionen.

Vergangene dagegen darf man preisen. Worin denn eigentlich der Unterschied zwischen zukünftigen und vergangenen Revolutionen liegt, wird man nur dann leicht erklären können, wenn man der Ansicht ist, am Ende der Entwicklung politischer Strukturen angekommen zu sein und die beste aller politischen Welten sich ausschließlich evolutiv aus der bestehenden entfalten würde. Eine solche Annahme ist so komisch, daß man nicht recht weiß, ob man den Humor oder die Dummheit des so Meinenden belächeln sollte.

Nun scheinen aber sehr viele Eltern, konservativ oder liberal-progressiv wie sie sind, dieser Ansicht zu sein, wenn auch nicht in der politischen

Theorie, so doch in der Praxis ihrer politischen Erziehung. Sie tradieren ihre politische Überzeugung ganz ähnlich wie ihre Glaubensmeinung – so als wäre sie alleinseligmachend. Nun weiß jedermann, daß es alleinseligmachende politische Strategien, Funktionen oder Strukturen nicht gibt, noch geben kann (es sei denn, man wäre ein etwas reichlich dogmatisch orientierter Marxist, doch die sind ziemlich selten bei uns). Das aber bedeutet doch, daß wir, die wir Kinder einer Reihe von Revolutionen sind, doch auch von der Notwendigkeit weiterer Revolutionen überzeugt sein sollten.

Sicherlich kann man sich dagegen wehren. Gegen die Revolution von 1789 haben sich Adel und Klerus auch gewehrt. Doch der Erfolg war gering. Ebenso gering wie der Erfolg der Militärs und des Adels, die sich gegen die Revolutionen von 1848/49 auf deutschem Boden wehrten.

Wenn Eltern dies nicht erkennen oder nicht akzeptieren, bilden sie ihre Kinder für eine politische Welt aus, die es nicht gibt – oder die, wenn es sie gibt – sich langsam selbst ideologisch entwirklicht. Sie treten in den Dienst bestehender Herrschafts- und Ordnungsstrukturen, so als wenn diese unsterblich und allgültig wären. Beides aber sind Eigenschaften Gottes, und zwar Gottes allein. Alles andere kann sich und wird sich ändern.

Meist ist der konservierenden politischen Bildung im Elternhaus auch ein guter Schuß offenen oder verkappten Egoismus' beigemischt. Viele Eltern sind grundsätzlich mit den bestehenden politischen Umständen zufrieden und können sich jede wesentliche Veränderung nur als Verschlechterung vorstellen. Sie wollen mit dem System auch ihren ruhigen Lebensnachmittag und -abend gesichert wissen.

e) Die Manipulation im ökonomischen Interesse.
Nahezu alle Bundesbürger sind der festen Überzeugung, daß – bei aller Reformbedürftigkeit – unsere ökonomische Verfassung gut sei. Und das ist sie ohne Zweifel. Niemand kann aber sagen, ob sie auch noch in 20 oder 30 Jahren gut sein wird. Gut ist eine ökonomische Verfassung, wenn sie an erster Stelle dem produzierenden und konsumierenden Menschen dient und Entfremdungen wie Versorgungsmängel möglichst ausschaltet, wenn sie allen Menschen Selbstrealisation am Arbeitsplatz bietet und allen, die arbeiten wollen, auch Arbeit. Alle diese Bedingungen sind zwar in der BR Deutschland nicht verwirklicht, aber auch durch kein anderes System *im Augenblick* besser zu verwirklichen. Das aber sagt nicht, daß es zu anderen Zeiten und unter anderen politischen und ökonomischen Bedingungen richtiger wäre, andere Produktions- und Distributionsmechanismen zu wählen, etwa sozialistische. Man sollte also niemals eine bestimmte ökonomische Struktur als ein goldenes Kalb betrachten, dem man nach Art religiöser Inbrunst zu dienen habe. Eine ökonomische Verfassung hat stets

den Menschen zu dienen, sie nicht ihr. Das ist trivial und wird vermutlich von allen Menschen anerkannt. In der Theorie.
In der Praxis sieht es aber dann alles ganz anders aus. Da ist man der Überzeugung: »Nur keine Experimente.« Da weiß man auch nicht, wohin denn eigentlich die Reise unserer Wirtschaft gehen soll. Nur nicht hin auf den Sozialismus, das weiß man. Nun geben sich viele Eltern redliche Mühe, ihre Kinder so zu erziehen, daß sie für das ökonomische System »brauchbar« werden – und zwar nicht für irgendeins, sondern für das bestehende. Das böse Wort vom »Faktor Mensch« in der Ökonomie, einem Faktor, den es sorgsam zu behandeln gilt, ähnlich sorgsam jedenfalls wie einen Computer, den jedes Stäubchen aus der Fassung bringen kann, geht um. Dabei verfährt man mit dem Faktor Mensch meist erheblich robuster als mit dem sehr viel teureren technischen Gerät. Nun ist unsere Arbeitswelt sicher nicht human. Aber sie ist humaner als jede andere, konkret realisierbare. Aber dieser »Humanität« wird optimale Selbstentfaltung geopfert.
Nicht selten werden schon in der Kindheit »Karrieren« oder doch zumindest »Erfolg« in dieser konkreten Arbeitswelt von den Eltern für ihre Kinder geplant. Dabei wird unter Erfolg etwas verstanden, was zumeist mit guter Entlohnung und hohem sozialen Ansehen verbunden ist. Insofern man Kinder aber auf solche Erfolge hin erzieht, manipuliert man sie im Sinne und im Auftrage oft genug des bestehenden ökonomischen Systems, nicht aber in deren eigenem Interesse. Nicht Ökonomisch-erfolgreich-Sein macht einen Menschen glücklich, sondern Menschlich-erfolgreich-Sein. Wer das übersieht in der Erziehung, wird kaum anders erziehen können als manipulatorisch, selbst wenn die Intentionen des Erziehers noch so illuster sein mögen.
Nun ist es nicht die Absicht dieses Exkurses, die Familie grundsätzlich als Manipulationsgemeinschaft zu denunzieren. Er will nur darauf verweisen, daß hier erhebliche Gefahren für die Entmenschlichung der primären menschlichen Sozialbezüge lauern. Und daß nicht wenige Familien zuinnerst durch die Verwendung manipulatorischer Techniken nach innen krank und gestört sind.

4. Die religiöse Manipulation

Die religiöse Manipulation kennt mancherlei Gesichter. Sie ist oft auch die sublimste und eine schwer zu entlarvende Form der Manipulation. Es geht hier um die Verhaltensbeeinflussung des Menschen zum Nutzen »Gottes«, wobei aber die Manipulation entweder im Namen Gottes geschieht oder auf etwas hin, das man nicht mit dem Namen »Gott« bezeichnen sollte. Davon hergeleitet gibt es die Manipulation des Religiösen zum Nutzen bestimmter Institutionen, die vorgeben, Gottes Willen und Wissen zu verwalten. Die Schwierigkeit des Geschäftes, hier Manipulation von berechtigten Anforderungen zu trennen, die vor allem zum Nutzen des Beeinflußten gestellt werden, ist offensichtlich. Denn diese Trennung setzt ein sicheres Verfahren voraus zu entscheiden, wo und wie sich denn Gottes Wille und Wissen legitim präsentieren. Dennoch scheint es einige Ausdrucksformen zu geben, in denen man sicher zu Recht von »Manipulation« sprechen kann. Es seien hier genannt:

- Die Einführung eines *lohnenden* und *strafenden* Gottes zum Zweck des Durchsetzens bestimmter »sittlicher« Normen oder sozialer Verhaltensweisen innerhalb einer Religionsgemeinschaft.
- Die sich vom Religiösen sozial abspaltende Eigenwirklichkeit religiöser Einrichtungen oder von Religionsgemeinschaften.
- Die milieuhafte Verkümmerung von Weltbemächtigung innerhalb von Religionsgemeinschaften.
- Der Umgang mit Schuldgefühlen zum Nutzen von Religionsgemeinschaften.
- Das Verteilen von Ketzerhüten und das Richten »vor dem Tag der Ernte«.
- Die Theologisierung der Religiosität.

Dieser (unvollständige) Katalog mag zeigen, daß religiöse Manipulation stets ein Nutzensziel hat: die religiöse Gemeinschaft. So könnte man sie durchaus auch zu den sozialen Manipulationen rechnen.

a) Gott als Garant kategorialer Normen.
Über diese Form von Manipulation wurde schon im vorigen Kapitel einiges kurz berichtet. Hier sei das dort Gesagte ergänzt, insofern es sich jetzt nicht mehr um elterliche, sondern um eine Form ekklesialer Manipulation handelt.
Das Wort vom mündigen Christen geistert seit etwa zwanzig Jahren durch die religiöse Literatur. Sicherlich gibt es ihn, den Christen, der seine religiöse Fundierung und seinen religiösen Ausdruck (und hierher gehört auch seine kirchliche Bindung nach Art und Intensität) aus der Grundorientierung des Ich bezieht, also aufgrund von kritischen Entscheidungsprozessen zu Gott und Kirche steht. Ein solch emanzipiertes Glauben wird sicherlich nicht der Selbstverwirklichung entgegen sein. Im Gegenteil: Hier wird einer der radikalen Gründe vom Menschsein realisiert, einer der Gründe, der wie alle anderen archai jedem menschlichen Vollzug einerseits voraus ist, zum andern aber ihn realisiert. So kommt es zur Selbstverwirklichung.

Aber »mündige Christen« sind ebenso selten wie »mündige Bürger« oder »mündige Verbraucher«.

Die Unmündigkeit läßt sich oft am Gottesbild ablesen. Werden kindliche oder kindtümliche Gottesbilder (wie die vom manipulierbaren, vom fernen, vom rechtenden Gott) in die Erwachsenenphase hineingenommen, wird das Glauben nicht kindlich bleiben, sondern kindisch werden. Zumeist ist ein solches Gottesbild überich-fixiert und kann nur unter Krisen und Schuldgefühlen überwunden werden.

Der Mensch in der religiösen Krise scheint nicht selten »atheistisch« zu sein, ist aber zumeist nur prätheistisch, er befindet sich auf dem Wege zu Gott, nachdem er kindliche Gottesbilder verließ.

Solche kindlichen Gottesbilder entsprechen so gar nicht den Erfahrungen, die ein Mensch in konkreten religiösen Vollzügen macht. Zumeist fühlt sich der Erwachsene, wenn er die Vorstellung vom manipulierbaren Gott aus der Kindheit herübergerettet hat, bitter betrogen, wenn er merkt, daß alle seine Versuche, Gott zu manipulieren (etwa durch Gebet, Opfer oder andere Formen des religiösen Wohlverhaltens), fehlschlagen. Er erfährt, daß sein Gebet nicht erhört wird. Das kann ihn zu der Annahme bringen, es »gäbe« keinen Gott, und damit hat er etwas Richtiges getroffen: den Gott, zu dem er gebetet hat, gibt es für ihn nicht. Der manipulierbare Gott ist allenfalls als Bild von Gott in der Kinderwelt zulässig, einer Welt, in der das Kind erfährt, daß alle Autoritäten durch Wohlverhalten in ihrem Tun zum Nutzen des Kindes (oder was es dafür hält) beeinflußbar sind.

Nun wird aber vor allem das Bild vom richtenden Gott verstellt durch das Bild vom rechtenden Gott. Gott wird zum Zählmeister degradiert, der mühsam unsere positiven und negativen Leistungen gegeneinander aufrechnet nach dem Ergebnis dieses Bilanzierungsvorgangs dann unsere absolute Zukunft, das heißt unser Leben nach unserem Sterben einrichtet. Himmel und Hölle werden hier durchaus in manipulatorischer Absicht eingeführt, um bestimmte wünschenswerte Verhaltensmuster zu erzwingen und andere möglichst zu eliminieren.

Ich glaube an ein Leben nach dem Tode. Aber Gott als Bilanzbuchhalter unserer Taten und Untaten ist mir nicht vorstellbar und widerspricht auch ziemlich gründlich dem offiziellen Gottesbild christlicher Kirchen. So wurde von der katholischen definiert, daß Gott wesentlich unveränderlich sei. Unter den Chiffren »Himmel« und »Hölle« können sich aber durchaus reale Sachverhalte verbergen. »Himmel« meint den Zustand endgültiger Selbstverwirklichung, den ein Mensch in seinem Sterben erreicht, wenn er zu dem Anspruch göttlicher Liebe (und das ist die unendliche Liebe selbst) »Ja« sagen kann und so in eine Art Struktureinheit mit Gott eingeht. »Hölle« dagegen bezeichnet den Zustand endgültiger Selbstentwirklichung, die erreicht wird, wenn ein Mensch, der Liebe unfähig, weil schuldhaft nicht trainiert, zum Anspruch unendlicher Liebe endgültig und abschließend »Nein« sagen muß, weil er sie einfach nicht erträgt.

Es ist also nicht leicht, eine Fülle von kategorialen Normen durch Gott abzudecken. Vermutlich gibt es nur zwei transzendente Normen: Das Jesusgebot von der materiellen und geistigen Ablösung, so daß man von nichts Kreatürlichem gehabt, besessen wird, und das Jesusverbot, von negativen Emotionen wie Haß, Gleichgültigkeit, Neid, Mißgunst gehabt zu werden. Ablösung und Liebe um des Gottesreiches willen sind die einzigen Forderungen Jesu gewesen. Sie zielen beide darauf ab, lieben zu lernen, um einmal auch eine unendliche Liebe ertragen zu können. Diese Normen sind transzendent, weil ihre vollständige Erfüllung schon identisch ist mit Gottesreich.

Sicherlich lassen sich aus diesen transzendenten Normen eine Reihe kategorialer herleiten, doch stets muß sichergestellt sein, daß sie zwei Bedingungen erfüllen:

● sie müssen erfüllbar sein und
● sie müssen im Dienst der religiösen Selbstverwirklichung stehen (das heißt u. a., daß sie Liebe und Ablösung sichern und fördern müssen).

Ist ssssssieser beiden Bedingungen nicht erfüllt, entfällt die Norm, die als kategoriale nur Hilfsfunktionen hat, die absolute zu sichern und zu stützen, zu übersetzen und zu entfalten.

Die Kirchen müssen sich immer fragen, ob sie nicht vielen Menschen Lasten auferlegen, die über das von Jesus erlaubte und geforderte Maß hinausgehen. Wenn sie es tun, müssen sie nach ihrer Motivation fragen. Jesus selbst hat das Lasten-Auflegen um des Auferlegens willen sehr getadelt. Es diente damals dazu, die Herrschaft der Pharisäer und Schriftgelehrten zu stabilisieren. Sie gaben sich aus als Fachleute, die behaupteten zu wissen, was Gott von uns wolle. Geht es mitunter im Christentum ganz ähnlich zu? Wird nicht auch die Moral von Fachleuten verwaltet, die weniger daran interessiert sind, die Jesusbotschaft zu verkünden, daß Sünde und Leid, Not und Tod nicht das Letzte sind, sondern daß darauf und danach sich Trauer in Freude wandeln wird. Mühen sie sich nicht vielmehr, immer neue Normen herauszufinden, um sie als göttlichen Willen zu präsentieren? Dahinter steht ein soziologisch gesehen kluger Gedanke: Um Einheit zu bewahren, muß man etwas von den Menschen fordern. Das Fordern von Handlungen und Unterlassung solidarisiert die so gemeinsam und gemeinschaftlich Geknechteten. Eine solche »Solidargemeinschaft der Sünder« (sie wurden eher von Menschen dazu gemacht als von Gott) ist aber ein dankbares Objekt aller möglichen Manipulationen.

Was nicht im Laufe der Zeit mit dem »Gott will es!« für ein Schindluder getrieben wurde! Im Namen Gottes wurde gemordet, geplündert, geschändet, geraubt, eingeäschert, gehaßt, betrogen, gelogen, falsch geschworen, tyrannisiert. Und viele Menschen ließen den so entstellten »Willen Gottes« klaglos über sich ergehen, ohne dagegen zu rebellieren, weil ihnen solches als Gotteslästerung vorgekommen wäre. So ist das Wort »Gott« viele tausend Male besudelt und getreten, verleumdet und verhöhnt worden.

Und dennoch ist es ein Wort geblieben, das wie aus einer anderen Welt auch noch das Gute im Menschen wecken und aufrufen kann. Wir sollten das Wort »Gott« nicht einfach zur Seite legen, weil es vielen heute ein Wort ist, das aus der Fremde einer scheinbaren Unwirklichkeit kommt. Aber es muß wieder reingewaschen werden, von unsäglichen Unmenschlichkeiten, die im Namen und im vermeintlichen Auftrage des mit dem Wort Bezeichneten geschehen sind.

Das aber bedeutet vor allem den Verzicht auf die Festlegung und das Einfordern von »Normen«, die nicht auf die transzendenten bezogen sind und nicht die beiden Bedingungen erfüllen, die oben genannt wurden.

Unmenschlich sind alle Normen, die praktisch unerfüllbar sind (wie etwa das Verbot von Ipsation für männliche Pubertierende heute) oder solche, die nichts zur Selbstverwirklichung beitragen (wie etwa das Verbot erotischer Beziehungen zwischen homoerotisch Geprägten), selbst wenn sie theoretisch und im abstrakten Einzelfall durchaus erfüllbar zu sein scheinen und durchaus der Naturordnung entsprechen. Aber das einer Norm zugrundeliegende Menschenbild muß auf den *konkreten* Menschen passen und darf nicht an irgendeiner abstrakten menschlichen Natur orientiert sein (vgl. Seite 126).

Manche »Naturrechtslehrer« begründen ihre Meinung mit dem Hinweis, daß Gott die Menschheit geschaffen habe und mit ihr bestimmte Normen realisiert wissen wollte. Das ist eine recht eigentümliche Theologie. Gott hat nicht die Gattung Mensch geschaffen, sondern den Menschen, und zwar nach allgemeinerer Auffassung jeden einzelnen. Somit hat die Normentheologie von eben diesem einzelnen auszugehen und darf erst von ihm auf Gemeinsamkeiten schließen, die für viele oder alle Menschen gelten. Schwere Bürden wurden also von manchen Religionsgemeinschaften ihren Mitgliedern im Namen Gottes und in vermeintlichem göttlichen Auftrag auferlegt. Zugleich wird behauptet, daß Gott die Einhaltung dieser Normen sorgsam überwache und den Verstoß gegen eine Norm bestrafe. Das kann zum »Glauben aus Angst« führen, der mit dem geforderten »Glauben aus Liebe« nur sehr wenig zu tun hat.

Wem aber nutzen solche »Normen«? Mitunter sicher – wie oben schon gezeigt – der konkreten Religionsgemeinschaft. Die Juden wären nicht in der

Zerstreuung als religiöse Einheit beisammengeblieben, wenn sie nicht »das Gesetz« gehabt hätten, daß ihnen recht schwere Lasten auferlegte. Oft genug aber nutzt die Beachtung einer Norm niemandem, weder dem einzelnen noch der Religionsgemeinschaft, noch einem dritten. Solche Leerlaufmanipulationen sind gar nicht so selten. Das gilt vor allem für »Normen«, die einmal Sinn hatten, ihn aber im Laufe der Zeiten verloren. Keiner weiß mehr, warum eigentlich so und nicht anders. Die »Norm« löste sich von allen Bezügen ab und wurde zum Selbstzweck. Hier spricht man weniger geeignet von Manipulation als von Tragik.

b) Die Verselbständlichung der religiösen Organisation.
Wie alle anderen Organisationen oder organisierte Gruppen haben auch die religiösen unbedingt dem Menschen zu dienen und nicht der Mensch der Organisation. Nun tendieren aber nahezu alle Organisationen dazu, sich von ihrem ursprünglichen Dienstzweck abzulösen und zum Eigenzweck mit Eigenwert zu »emanzipieren«.
Das gilt auch für Religionsgemeinschaften.
Die christlichen Kirchen haben nach dem Willen ihres Stifters den Zweck, ihn – den Stifter – in der Zeit seines Fortbleibens von dieser Welt in seinen Funktionen weiterzuführen. Das aber heißt, das Gottesreich sakramental zu bewirken, und die Strategien, die der Stifter verkündete, realisieren zu helfen, damit das Gottesreich wirklich werde. Die Aufgabe der Kirche ist also vergleichbar der des Johannes des Täufers. Gottesreich muß wachsen, die Kirche aber hat abzunehmen. Kirche als menschliche Organisationsform hat also den Zweck, sich selbst überflüssig zu machen.
Im Gegensatz zu diesem Ursprungszweck aber tun nicht wenige religiöse Gemeinschaften so, als seien sie Selbstzweck, und als sei alles das gut und von Gott gewollt, was ihnen, den Religionsgemeinschaften, nütze. Damit aber werden sie zu Schmarotzern. Sie schmarotzen an der Religiosität ihrer Mitglieder, die sie auf sich statt auf Gottesreich beziehen. Dieses Unterfangen ist aber zweifelsfrei massive Manipulation, denn es nützt niemandem als eben den Religionsgemeinschaften (weder dem einzelnen noch der Gemeinschaft der Glaubenden, noch dem Gottesreich).
Die Ablösung aber von ihrer ursprünglichen Funktion hat für Kirchen ganz ähnliche Folgen wie für Gewerkschaften, die sich von Solidarverbänden zu Institutionen mauserten. Sie geraten in Handlungszwänge. Während eine Solidargemeinschaft (wie etwa die der Glaubenden oder die der Arbeitenden) keine sichtbaren Außenerfolge braucht, um bestehen zu können, ist eine Institution auf solche Außenerfolge angewiesen, weil sie immer wieder ihre eigene Notwendigkeit beweisen muß. Legitimationsprobleme sind für Sekundärgesellschaften sehr viel bedeutsamer als für primäre.

Die Legitimationsproblematik der institutionalisierten Glaubensgemeinschaft wird im Regelfall unter Hinweis auf die von der Glaubensgemeinschaft erbrachten religiösen und außerreligiösen Dienstleistungen aufgelöst. Das aber macht die Religionsgemeinschaft zu einer Dienstleistungsgesellschaft, die sie eben weder sein will noch sein soll.
Sicherlich sind die Dienstleistungen, die Kirchen anbieten (Taufe, Eucharistie, Eheschließung, Begräbnis, Kindergärten, Krankenhäuser, Schulen...), erheblich, aber sie machen nicht, wie manche Religionssoziologen meinen, ihr Wesen aus. Kirche ist zuerst und vor allem eine Gemeinschaft ähnlich Glaubender, die in, mit und durch die Gemeinschaft den primären Jesusauftrag, Gottesreich näher zu bringen, verwirklichen wollen und sollen.
Die Verselbständigung religiöser Organisationen kann also durchaus zum Nutzen der Allgemeinheit sein, ein Nutzen, der sich etwa manifestiert in den erbrachten Dienstleistungen. Vergessen sie aber darüber ihren primären Auftrag, manipulieren sie nicht selten die Gläubigen weg von der ersten Aufgabe und dem ersten Inhalt des Glaubens und seines Zieles: das Gottesreich auf Erden.

c) Der Rückzug einer Religionsgemeinschaft ins Getto.
Für den gläubigen Juden ist das Wort »Getto« emotional zumeist positiv besetzt, für einen Christen jedoch keineswegs. Während das Judentum durchaus gemeindezentriert ist und war, ist das Christentum von seinem Gründer anders konzipiert worden: »Gehet in alle Welt« gebot er den Seinen. Christentum ist also wesentlich und grundsätzlich »missionarisch« und nicht konservativ.
Es geht nicht primär um die Erhaltung von Gemeinden, sondern um die Ausbreitung der Botschaft Jesu.
Doch damit ist es heute nicht sonderlich gut bestellt. Das ist schade, denn eine missionarisch orientierte Gemeinschaft kapselt sich nicht nach innen ab, sondern ist nach außen hin offen. Damit aber ist zugleich auch die Gefahr manipulierender Eingriffe nach innen erheblich geringer.
Vor allem in den Jahren nach dem 2. Weltkrieg entstand auch in der BR Deutschland eine Situation, die die Franzosen Jahrzehnte zuvor mit »Le milieu catholique« bezeichneten. Da eine vergleichbare Situation auch für andere christliche Großkirchen vorliegt, wollen wir statt dessen vom »kirchlichen Milieu« sprechen. Das »kirchliche Milieu« ist aber kaum etwas anderes als die Folge eines Exodus aus der Welt in ein inneres Getto. Wie aber kam es zu diesem Exodus? Einige Gründe seien genannt:
● Es gelang den Christen insgesamt nicht, sich als Christen mit profanem, vor allem naturwissenschaftlichem Denken (neuerdings ergänzt durch das

der »anthropologischen Wissenschaften« wie Soziologie, Psychologie, Pädagogik, Politologie) zu versöhnen.
● Ebensowenig konnte der Christ als Christ mit der technisierten »Kunstwelt« und ihrer Rationalität etwas anfangen.
● Dafür wurde aber stärker der Wert der Liaison mit der staatlichen Gewalt geschätzt, der die Illusion einer Offenheit zur Welt verstärkte.
● Die christliche Toleranz entwickelte sich in der falschen Richtung: Sie artikulierte sich – meist unausgesprochen – als *passive* Duldung anderer Glaubensformen (einschließlich atheistischer) und nicht als aktive Toleranz dessen, der weiß, daß er allen Menschen etwas zu sagen hat. Sie entwickelte eine Toleranz der Schwäche (vor allem der des eigenen Identitätsbewußtseins) und nicht die einer Stärke, die aus dem Anspruch der Liebe hervorgeht und aktiv ist wie die Liebe selbst.

Der Grad der Unversöhntheit ist allenthalben unter Christen nicht unerheblich. Diese Unversöhntheit kann sich sehr verschieden darstellen:
● als Flucht in die Ungleichzeitigkeit (d. h. im Leben in der Vergangenheit),
● als bedrohende Instanz, die das Glauben erschwert, wenn nicht gar in Frage stellt, und die man deshalb besser so weit als möglich ignoriert,
● als Abkapselung in eine eigene Denkwelt, in ein geistiges Getto.

Alle drei Versuche, mit der Unversöhntheit fertig zu werden und sich von bedrängenden Gedanken zu befreien, enden im kirchlichen Milieu. Hier läßt es sich noch recht unangefochten glauben. Hier wird Autorität nicht funktionalisiert. Hier ist billige Anerkennung möglich. Hier gibt die Hierarchie noch den Ton an. Hier ist das Regieren vergleichsweise leicht und muß sich nicht ständig nach seiner Legitimation befragen lassen. Das Leben im geistigen Getto ist halt bequem und wenig angefochten. Und es hat eine lange bewährte Tradition mit sich.

Im Jahre 1231 verbot Papst *Gregor IX.* die Beschäftigung mit den naturwissenschaftlichen Schriften des *Aristoteles*. Mit diesen Schriften drohte das naturwissenschaftliche Denken wenige Jahre zuvor – durch die Araber überliefert – in das christliche Abendland einzubrechen. Aber dieses Verbot war völlig sinnlos, denn im gleichen Jahr begannen alle Philosophieprofessoren, die etwas auf sich hielten, öffentliche Vorlesungen über diese verbotenen Schriften zu halten. 1263 wiederholte Papst *Urban IV.* das Verbot. Aber es war lange zu spät. Die Lebenswelt der akademischen Christen war gespalten: naturwissenschaftliche Denkstimmung stand gegen theologische. Vielleicht konnte man einige Jahrhunderte lang zweifeln, welche sich durchsetzen würde. Am 8. August 1269 wurde die erste rein naturwissenschaftliche Schrift des christlichen Abendlandes fertiggestellt. *Petrus Perigrinus* vollendete seine Abhandlung »Über den Magneten«.

Das naturwissenschaftliche Denken wurde also im Ungehorsam gegen kirchliche Autorität gezeugt. Und dieser Geruch der Illegitimität haftet ihm im kirchlichen Raum bis ins Heute an. Man sollte das Jahr 1231 in den Geschichtsbüchern wohl ebenso fett drucken wie etwa die Jahre 1492 oder 1789, denn 1231 geschah etwas Ungeheuerliches: es wurde ein Denken gezeugt, das sich von der Bevormundung durch die Theologie und die Kirche emanzipierte.
Seitdem befindet sich zumindest die Theologie in Abwehrhaltung und in ständigen Rückzugsgefechten gegen die Ansprüche dieses Denkens.
Als im 17. Jahrhundert der Fall *Galilei* die Gemüter bewegte (Galilei war 1633 der Ketzerei beschuldigt worden, weil er heliozentrische Thesen vertrat), war das ein letzter »Sieg« theologischen Denkens über das naturwissenschaftliche. Zugleich aber signalisierte das Urteil die beginnende Diffusion des naturwissenschaftlichen Denkens und der damit verbundenen veränderten Stimmung gegenüber Welt und Menschen aus dem akademischen Bereich hinaus in die Welt des allgemeinen Bewußtseins. Immerhin ist es erstaunlich, daß dieser Diffusionsprozeß 400 Jahre benötigte, während uns vom »Fall Galilei« gut 340 Jahre trennen.
Doch spätestens seit der zweiten Hälfte des 17. Jahrhunderts sind Symptome aufweisbar, die für eine Art kollektiven Mindergefühls der Theologen gegenüber den Naturwissenschaftlern sprechen. Es kam zu Kompensationen und Überkompensationen einerseits, zu depressiven Phasen andererseits. Und zu einer ganzen Reihe von Kuriositäten. Hierher gehört etwa folgende Geschichte: Die meisten Kirchenväter waren der Meinung, daß Leben aus Materie spontan entstehen könne. Sie beriefen sich dabei u. a. auch auf das 13. Kapitel des Buches der Richter, da Samson Bienen entdeckte, die aus einem Löwen hervorkamen. Auch die mittelalterliche Scholastik folgte dem Augenschein, nach dem offensichtlich aus Staub und anderem Kleinlebewesen entstehen können. Als dann *Louis Pasteur* nach 1854 die Urzeugungslehre als unzutreffend aufwies, stürzten sich recht unkritisch viele Theologen auf diese Theorie, behaupteten sie als Tatsache und stilisierten sie so weit hoch, daß sie fast mit dogmatischem Eifer vertreten wurde. Erst als die moderne Biologie darauf verwies, daß stets, wenn bestimmte chemische Bedingungen erfüllt sind, auch Lebensfunktionen gezeigt werden, und also die Urzeugungstheorie, wenn auch in erheblich veränderter Gestalt, wieder allgemein vertreten wurde, ließ man diese Überzeugung von der Unmöglichkeit der Urzeugung wie eine heiße Kartoffel fallen, an der man sich gerade noch verbrannt hatte.
Die Zahl dieser Beispiele ist nahezu beliebig vermehrbar. Ein klassisches sei noch erwähnt. Als *Einstein* aus den Differentialgleichungen der allgemeinen Relativitätstheorie ein kosmisches Modell entwickelte, nach dem die

Welt zwar unbegrenzt, aber endlich sei, stürzten sich wiederum nicht wenige Theologen auf diese Argumentation. Sie übersahen dabei, daß der »Einstein-Kosmos« ein bloßes Denkmodell war, das Voraussetzungen hat, die sicher nicht erfüllt sind (Quellfreiheit und Statik).
Die Menge der Mindergefühle wurde seit dem Aufkommen der modernen Anthropologie eher noch vermehrt. Das begann mit *Charles Darwin* und seiner Lehre von der Abstammung des Menschen, wurde weitergeführt über die *Freud*schen Theorien über die mächtige Herrschaft unbewußter Motivationen und endete vorläufig in den neuen anthropologischen Einsichten über Sittlichkeit, Sexualität, Gesellschaftlichkeit... des Menschen. Manche Theologen sahen neben der Gottgläubigkeit eine Wissenschaftsgläubigkeit heranreifen, die den alten Glauben nicht nur bedrohen, sondern gar ernsthaft gefährden konnte. Damit hatten sie zweifelsfrei recht. Aber das war eigene Schuld. Denn die Theologie hatte es versäumt, sich auf das neue, andere Denken einzustellen. Während der 400jährigen Inkubationszeit zwischen 1231 und 1633 unternahm sie nichts Positives, um Menschen zu einem kohärenten Weltbild zu führen, in dem religiöse *wie* naturwissenschaftliche Inhalte ihren Platz hätten haben können. Statt positiv aufzuarbeiten, kämpfte sie – und wich schließlich zurück.
Der Grund war ein radikales Mißverständnis der Natur von Wissenschaft überhaupt. Sie ist Ausdruck einer Lebenswelt und wirkt in ihren Erkenntnissen auf die konkreten Lebenswelten von Menschen zurück, doch ist sie nicht selbst Teil einer Lebenswelt. So kann ein Naturwissenschaftler, der im Raum seiner Wissenschaften empirischen Methoden huldigt, durchaus im Raum seiner Lebenswelt alles andere denn ein Empirist sein.
Die Folge war nicht nur der Versuch, Naturwissenschaften apologetisch zu verwenden. (Theologie und Naturwissenschaften sind wegen ihrer verschiedenen Methoden prinzipiell nicht harmonisierbar und können daher auf dieser Ebene auch nicht miteinander sinnvoll korrespondieren; eine Korrespondenz ist sehr wohl aber möglich auf der Ebene differenter Lebenswelten.) Auch andere Versuche wurden in manipulatorischer Absicht unternommen, Menschen vor dem Anspruch durch die Naturwissenschaften zu schützen, sie zu immunisieren etwa durch die (falsche) Theorie, die Naturwissenschaften seien auf dem Wege zu Gott.
Alles das waren Versuche, die mit ihrem Scheitern den Rückzug in das kirchliche Milieu beschleunigten. In diesem Milieu konnte man sich halt seines Selbstwertes noch sicher sein – er wurde von niemandem drinnen bestritten. Das galt vor allem für die Amtsträger der Kirchen. Die Binnenseelsorge bringt sehr viel leichtere Erfolge und sicherere Anerkennung als das harte Brot der Außenseelsorge. Denn hier gilt nur der Mensch und nicht das Amt.

Die Vorbeugemaßnahmen zur Immunisierung wie auch die Kompensation von Mindergefühlen führen zu nicht unerheblichen manipulatorischen Taktiken, denen religiöse Menschen ausgesetzt werden. Das Milieu schützt sich mit durchaus zweifelhaften Methoden gegen alle Öffnungsversuche. Hierher gehört sicher auch das Verhalten mancher Kirchen im publizistischen Bereich. Es kann bis zur Beseitigung mißliebiger Zeitschriften kommen (vgl. etwa »Publik« im Raum der katholischen Kirche in der BR Deutschland). Neutrale Berichterstattung wird als tendenziell schon dann gerügt, wenn sie unangenehm ist. Das ist eine typische Gettoreaktion.
Der Mensch, der im Getto ganz unauffällig lebt, wirkt außerhalb des Gettos oft ausgesprochen neurotisch in seinen Reaktionen. Sie fällt im Raum kollektiver Neurosen nicht auf, verhält sich aber außerhalb der Schutzräume deutlich und bemerkenswert auffällig.
Ein zweiter Grund für den Rückzug ins Getto war sicher die fatale Herrschaft technischer Rationalität mit ihrem Zweck- und Nutzendenken (vgl. Seite 117 ff). Anstatt hier mutig und sicher solchen verkehrten und anthropologisch keineswegs wünschenswerten Einseitigkeiten menschlicher Rationalität entgegenzuwirken und Alternativen anzubieten, hat die Theologie – oft auch in der Mentalität naiver Anbiederungsversuche verstrickt – es versäumt, gegen diese Art des Denkens klar und deutlich Stellung zu beziehen. War hier etwa die Angst im Spiel, nicht mit der Zeit zu gehen und ihrem Geist, und also rückständig zu wirken? Vieles, was der Club of Rome an Ideen erarbeitete, hätte als Mahnung und Warnung den Theologen recht gut zu Gesicht gestanden.
Heute polemisiert man noch lieber gegen innere Abweichler und verteilt Ketzerhüte, die niemandem mehr so recht passen wollen, und kümmert sich kaum oder nur unzulänglich um die Probleme, von deren Lösung der menschliche Fortbestand der Menschen abhängt. Die Menschheit scheint fast blind in einen ungeheuerlichen Abgrund zu taumeln. Hier wären die Religionsgemeinschaften anzurufen, den ihnen verbliebenen Rest an moralischem Ansehen und Gewicht einzusetzen, um menschliches Denken und Handeln wenigstens auf den Abgrund aufmerksam zu machen. Das aber bedeutete einen Auszug aus dem Getto, und den denunziert das Milieu gerne als häresieverdächtig.
Unter solchen Häresieverdacht geraten manche, die als Christen versuchen, in der nicht-christlichen Welt (d. h. außerhalb des Milieus) seelsorglich tätig zu werden. Man wird ihnen mangelnde Identifikation mit der konkreten Kirche und abweichendes Verhalten vorwerfen, ausdrücklich oder nicht ausdrücklich.
Es ist nicht leicht einzusehen, wie man die Unterlegenheit einer geistigen und an geistigen Werten orientierten Rationalität gegenüber einer techni-

schen zweckorientierten belegen könnte. Aber das kirchliche Milieu fühlt sich offenbar unterlegen und ist es deshalb auch. Solches Unterlegenheitswissen oder -bewußtsein ist aber wiederum Grund für Mindergefühle. Um sie zu tarnen und sich ein zureichendes Maß an Fremdanerkennung zu sichern, kann man sich wiederum auf das Milieu beschränken, oder aber versuchen, sie kompensatorisch abzureagieren. Beides läuft letztlich wieder auf eine Verhaltensbeeinflussung anderer hinaus – und zwar keineswegs zu deren Nutzen.

Kompensierte Minderwertigkeits- oder Unterlegenheitsgefühle führen zumeist zu unangebrachten Macht- und Herrschaftsansprüchen. Die Flucht in das Milieu verstärkt aber die Gettomauern, was den Menschen, die im Getto leben, objektiv – wenn schon nicht subjektiv immer wahrgenommen – schadet. Sie leben im Getto in einer Welt voller Unwirklichkeit und bilden so falsche Parameter aus, an denen sie sich selbst zu erkennen versuchen. Der Mangel an *Möglichkeit*, sich selbst zu erkennen, ist in einer psychotisch verstellten, »ver-rückten« Welt allgemein bekannt. Weniger bekannt ist die Tatsache, daß der Versuch zur Selbstverwirklichung in einer entwirklichten Welt entwirklichend auszugehen pflegt. Das Leben im Milieu ist also keineswegs ein Leben, das an der tatsächlichen historischen, kosmischen, gesellschaftlichen, religiösen Welt orientiert ist, sondern an einer selbstgebastelten, die meist hinter der bestehenden herhinkt, die allenfalls vor einiger Zeit noch ein relatives Lebensrecht besessen haben könnte. Die Selbstentwirklichung vieler Christen des Milieus oder im Milieu ist für jeden Psychotherapeuten erhebbar. Dabei ist es gar nicht so schwer, Christ zu sein; man muß nur versuchen, es *außerhalb* des Gettos zu sein, muß versuchen, den Auftrag des Christen in einer unchristlichen Welt zu leben.

Ein dritter Grund für den Rückzug ins Getto ist eine falsch verstandene Toleranz. Sie führt zwar nicht unmittelbar ins Getto zurück, doch unmittelbar aus dem missionarischen Anspruch des Wirkens im außerkirchlichen Bereich heraus und hinein in die rein kirchlich nach innen orientierte Aktivität. Gemeint ist die duldende, die passive Toleranz, die sich etwa so artikuliert: »Es ist doch gleichgültig, welchen Weg wir gehen, denn alle Wege führen zum Ziel!« Damit ist missionarisches Denken aufgegeben.

Christ-Sein heißt nicht etwa, in solch passiver Toleranz, in einer Toleranz der Schwäche zu leben, sondern ausschließlich in der Stärke, die, tolerant, zwar den anderen akzeptiert und seine Ansichten respektiert und in keiner Weise denunziert, sie aber dennoch den eigenen für unterlegen erachtet. Solche aktive Toleranz ist im Wissenschaftsbetrieb Voraussetzung für das Bemühen, im Dunkelfeld zwischen Wahrheit und Irrtum der wahren Erkenntnis einen Schritt näher zu kommen. Doch viele Christen scheuen sich,

mit den Wissenschaftlern diesen Schritt zur aktiven Toleranz zu machen. Und weil sie zur aktiven Toleranz unfähig sind, verbleibt ihnen nur die passive, wenn sie das christliche Liebesgebot nicht verletzen wollen. Die passive Toleranz ist aber nur aus dem Getto ins Getto-Außen zu leben. Sie ist eine Getto-Tugend, die zudem auch dem Frieden im Getto dient. Daß es sich dabei um einen faulen Frieden handelt, mag in wachen Stunden bewußt werden. Die aber sind selten genug, weil das süße Gift des Milieus alles friedfertig einebnet und Konflikte lieber verdrängt oder schlichtet als ehrlich und redlich austrägt.
Was aber sind nun die Folgen eines Rückzugs ins Getto? Wie lebt man im Milieu? Zunächst einmal beschränkt sich die Seelsorge auf eine Art Dienstleistungsbetrieb für Menschen des Milieus. Zudem verändert sich die Sprache. Sie entwickelt sich kaum mehr – wenn aber, dann ohne Abbildbarkeit auf die Sprache des Getto-Außen. So kam es dazu, daß die im Milieu gepflegte religiöse Sprache außerhalb des Milieus völlig unverständlich wirkt. Die Worte haben eigene Bedeutungen, die von Menschen außerhalb des Milieus nicht begriffen werden. Die ganze Sprache wirkt eigentümlich veraltet. Und selbst wenn ein Außenstehender alle Worte verstünde, so würde er doch kaum begreifen, über was der Getto-Mensch denn eigentlich spricht und was er eigentlich will.
Eines der Zeichen der Entwirklichung im Getto ist es, daß die Menschen ihre Sprache für natürlich halten – dabei ist sie ein Jargon, ganz vergleichbar dem Politjargon oder dem »Soziologenchinesisch« unserer Tage. Der Jargon hat erhebliche Vorteile. Er erlaubt zu sprechen, ohne dabei zu denken. Chiffren und leere Wortfolgen laufen ab mit Scheinbedeutung. Viele Menschen des Gettos können einfach nicht verstehen, daß man sie und ihre Sprache nicht versteht. Sie begreifen nicht, daß sie eine Fülle von Worten verwenden, die aus der dem Heute angemessenen Sprache längst verschwanden. Solche Worte aus der Fremde sind Worte wie »Gott«, »Sünde«, »Unsterblichkeit«, »Erlösung«, »Himmel und Hölle«, »Ewigkeit«, »Gnade«... Alle Versuche, sie in die Sprache unserer Welt zu übersetzen, sind bislang recht fragwürdig ausgegangen und betreffen zumeist nur das eine oder andere dieser Worte (so kann man in begrenztem Umfang anstelle von »Erlösung« – »Befreiung« einsetzen, anstelle von »Sünde« – »Fehlverhalten«...). Die zurückgehende Fähigkeit zur sprachlichen Kommunikation mit dem Getto-Außen verfestigt zusätzlich die Stärke der Getto-Mauern. Religiöse Sprache ist nun leider zur Getto-Sprache geworden, die den Ausbruch aus dem Milieu zusätzlich erschwert.
Sprache ist nun aber immer Ausdruck des Denkens, und über die Grenzen seiner Sprache hinaus kann niemand denken. So entlarvt sich das kirchliche Milieu weitgehend als Folge des Gettos in Sprache und Denken, die sich

beide aus der konkreten Weltwirklichkeit zurückgezogen haben. Die Emigration einer Sprache aus der konkreten Welt ist aber wohl immer ein Zeichen einer individuellen oder kollektiven Psychose. Gerade schizophrene Psychosen fallen auf durch die Unmöglichkeit, Sprache und damit Denken auf konkrete Wirklichkeit (d. h. der Menschen außerhalb des schizophrenen Sprachgettos) abzustellen.

Eine andere Folge des Rückzugs ins Getto ist eine starke intrasozietäre Repression, die nicht selten mit manipulatorischen Techniken operiert. Das Ziel solcher Repressionen ist es, das Mitglied bei der Stange zu halten. Repressionen dieser Art können sehr verschieden aussehen. Ihnen allen aber ist gemeinsam, daß sie eine mehr oder weniger vollständige Unterwerfung oder doch wenigstens teils unbedingten (blinden) Gehorsam fordern. Ein Netz von Geboten und Verboten reguliert das Verhalten innerhalb des Milieus.

Die meisten davon sind ungeschrieben. Der Verstoß gegen eine solche ungeschriebene Norm wird zumeist von den Führern im Getto als »unkirchliches Verhalten« – »kirchenschädigendes Verhalten«... beschrieben und bestraft. Je intensiver das Milieu, je stärker die Gettomauern, um so ausgedehnter die vom kirchlichen Comment vorgeschriebenen Verhaltensweisen.

Hier haben wir es ganz offensichtlich mit einem eklatanten Fall qualifizierter intrasozietärer Manipulation zu tun. Die Intoleranz nach innen wächst in dem gleichen Maße wie die Toleranz der Schwäche nach außen zunimmt. Diese Intoleranzen werden jedoch meist gut kaschiert. Wo sich kirchliche Institutionen gruppendynamischer Techniken bemächtigt haben, werden diese als repressive Herrschaftsinstrumente überall da eingesetzt, wo es sich um die Gleichschaltung von Motivationen und Handlungsmustern kleinerer Gruppen handelt. Daß auch dieses die innerkirchliche Toleranz nicht eben fördert, ist einsichtig.

Endlich sei als Folge des Rückzugs ins Milieu eine Entartung der Funktionen der Theologie genannt. Man kann Objekt und Aufgabe der Theologie sehr verschieden bestimmen. Etwa:
- Theologie ist Reflexion über konkrete Glaubensvollzüge.
- Theologie ist verantwortetes Verwalten von Wortoffenbarung.
- Theologie ist die Systematisierung von Glaubensaussagen und deren theoretische Interpretation.
- Theologie ist der Versuch, sich wissenschaftlich mit der Beziehung Gott – Mensch und Mensch – Gott zu beschäftigen.

Das alles kann für die Theologie durchaus legitim sein. Im Milieu aber übernimmt sie Herrschaftsfunktionen. Unter der Vorgabe von Wissenschaftlichkeit versucht sie das Glauben im Milieu zu kanalisieren und zu normieren. Sie entwickelt sich leicht zur Herrscherin über religiöse Vollzüge und bestimmt die Kirchenleitungen in ihren Entscheidungen. Der Primat des theologischen Denkens vor dem religiösen Vollzug ist einer der Ausdrucksweisen der Veräußerlichung und Institutionalisierung von »Glauben im Getto«. Den Juden ging es durch fast zwei Jahrtausende kaum anders. Doch die Situation und der Auftrag christlicher Religiosität ist nicht mit der jüdischer unbedingt zu vergleichen.

Die Repression, die von einer tief durch die Profanwissenschaften gedemütigten und verunsicherten Theologie ausgehen kann, darf nicht unterschätzt werden. Solche Repressionen gehen meist Hand in Hand mit einer merkwürdigen Uminterpretation des Dogmas. Es gilt nicht mehr als Wegweiser des konkreten Glaubens, sondern als Inhalt an sich, und nimmt Wert für sich an. Das ist aber dann die große Zeit einer dogmatischen Theologie, die nicht mehr um ihren primären Dienst an der Religiosität einzelner Menschen weiß.

d) Die Manipulation über Aberglaube und Schuldgefühle.
Neben diesen eher öffentlichen Gefahren für die Religionsgemeinschaften, ihre Mitglieder zu manipulieren, gibt es eine Reihe eher privater. Etwa:
● Die mangelnde Aufklärung und das Konservieren einer problematischen Volksfrömmigkeit.
● Das Einschalten in den Schuld-Sühne-Rhythmus in manipulatorischer Absicht.

Volksfrömmigkeit nenne ich problematisch, wenn die Inhalte und Formen dieser Frömmigkeit nicht dem allgemeinen Stand der Entwicklung der Emotionalität, Rationalität und Willensbildung entsprechen. *G. W. F. Hegel* meinte dazu:

> Dieser Kindessinn in der Religion sieht Gott als einen mächtigen Herrn an, der im übrigen Neigungen, Leidenschaften, auch gar Launen hat... bei dem man sich also einschmeicheln kann, gegen den man kaum mehr Furcht, höchstens Ehrfurcht empfindet... Dieser Kindessinn hat den religiösen Einrichtungen und Gebräuchen und Vorstellungen (besonders Opfer – Gebet und Abbüßung) den Ursprung gegeben, die der Vernunft oft bizarr und lächerlich, oft verabscheuungswürdig – und das am meisten, wenn sie sieht, daß Herrschsucht die guten Herzen der Menschen dabei betrogen –, immer unwürdig scheinen, dem Geist aber und der Phantasie, die sich in jenen Sinn zurücksetzt, oft lieblich, oft erhaben, gar oft im höchsten Grad rührend sind. (4. Fragment über Volksreligion und Christentum)

Sicherlich wird man einwenden, daß Hegel hier einen Pietismus schwäbischer Genese behandelt, doch wäre das ein allzu einfaches Einwenden. Zweifelsfrei gehört es offenbar zur *verwalteten* Religiosität, daß sie nachzeitig ist. Das galt schon für die Zeit des Tut-ench-amun und der Propheten in Israel.

Dennoch kann es durchaus dazu kommen, daß die etablierten religiösen Institutionen eine Religiosität in Nachzeitigkeit fixieren und favorisieren, indem sie ihr etwa in offiziellen liturgischen Texten und offiziösem religiösen Brauchtum weiten Raum geben. Man wird fragen dürfen, warum sie das tun.

Die günstigste Interpretation möchte annehmen, daß es darum geht, nicht durch den Abbau des »Kindessinns in der Religion« zugunsten einer Religion von Mündigen Verwirrung zu stiften. Die weitaus meisten Menschen legieren ihre Religiosität mit nostalgischen Zügen. Sie ist für sie so etwas wie konserviertes Kindesglück. Da ist verständlich, daß man solches Heimweh nicht leichtfertig zerstören möchte. Und dennoch ist dieses Argument nicht überzeugend, denn die Religion hat nicht primär konservierenden Charakter, sondern soll die emotionale, rationale und bewußte Entwicklung eines Menschen zumindest begleiten, wenn möglich gar fördern.

Interpretiert man das Verhalten der religiösen Institutionen zu der relativen religiösen Unreife vieler ihrer Mitglieder weniger günstig, könnte man daran denken, daß sie, bewußt oder unbewußt, ihre Mitglieder in einem erheblichen Bereich menschlicher Grundorientierung infantil halten wollen, um sie um so sicherer beherrschen zu können. Herrschaft hat es allemal schwerer, wenn sie es mit Mündigen und Aufgeklärten zu tun hat statt mit Unmündigen und Abergläubischen.

Das Wort »abergläubisch« mag sich in diesem Zusammenhang eher deplaziert ausnehmen, ist aber, auf einen objektiven Horizont bezogen, durchaus richtig verwandt. Aberglaube stellt sich immer auch da ein, wo das Gottesbild nicht den menschlichen Möglichkeiten (ontogenetisch wie phylogenetisch gesehen) entspricht und es so zu Kulthandlungen kommt, durch die man etwa Gott zu beeinflussen hofft. Aberglaube geht meist Hand in Hand mit der Überzeugung, durch irgendwelche Riten oder Gebete übermenschliche Mächte dazu bewegen zu können, in diese Welt einzugreifen. Entweder sind diese Mächte prinzipiell nicht (so wie vorgestellt) existent oder aber sie sind nicht zu manipulieren.

Der Überich-Gott vieler Menschen (vgl. Seite 238 f) ist nun aber durchaus ein solch manipulierbares Wesen. Also scheint doch ihr Glaube kindlicher Aberglaube zu sein. Es ist nicht leicht einzusehen, warum und aus welchen Gründen religiöse Institutionen dieses »Schlecht-Glauben« noch mittelbar oder unmittelbar fördern, es sei denn aus Angst vor der Emanzipation ihrer Anhänger, die sich – einmal emanzipiert – nicht nur gegen das Kindliche in ihrem Gottesbild, sondern auch gegen die kindliche Verehrung und Anhänglichkeit an die religiöse Gemeinschaft wenden könnten. Hier *kann* es sich zweifelsfrei um eine Art von intrasozietärer Manipulation handeln. Ganz Entsprechendes gilt auch für den anderen genannten Fall: Man verheißt dem Mitglied – und nur ihm – durch bestimmte Riten oder durch die Erfüllung bestimmter Vorschriften (Waschungen, Bußwerke...) Befreiung von aller Schuld. Da nun fast jeder Mensch (sieht man einmal von psychopathischen Abarten des Menschlichen ab) sich unter der Schuld weiß und sich oft genug auch schuldig fühlt, bietet sich hier gerne eine Institution an, um ihn von diesen Schuldgefühlen zu befreien. Sie macht das, indem sie ihm die Befreiung nicht von den Schuldgefühlen, sondern von der Schuld verspricht. Mit der Befreiung von Schuld aber schwinden dann meist auch die entsprechenden Gefühle. Ich leugne nicht, daß objektiv Befreiung von Schuld möglich ist. Es sei nur darauf verwiesen, daß sich hier ein mögliches Einfallstor manipulatorischer Techniken anbietet.

Die Manipulation wird vollkommen, wenn man die Menge der Inhalte und der Verhaltensweisen vermehrt, die Schuldgefühle aktivieren können (etwa den »Sündenkatalog« exzessiv aufbläht). Je weiter eine Menge von Geboten und Verboten das Verhalten von Menschen regulieren, um so wahrscheinlicher wird der Verstoß – vielleicht gar der habituelle. Mit dem Verstoß gegen solche Überich-Imperative ist aber ein Schuldgefühl verbunden, das man zwar mit einem souveränen »Was solls?« versuchen kann beiseite zu schieben, das aber selten tatsächlich so leicht zu beheben ist. In der Regel wird es nur verdrängt, vergessen. Es bleibt im nicht zu belügenden oder zu täuschenden Unbewußten stets präsent und abrufbereit. Eine Schuld fordert Vergebung, ein Schuldgefühl Verzeihung.

Beides wird, an bestimmte Riten geknüpft, dem Schuldigen versprochen. Handelt es sich um »wirkliche« Schuld, mag das noch angehen, ist aber das Schuldgefühl künstlich erzeugt worden, dann geht es zweifelsfrei um Manipulation, denn die Bindung eines Menschen an eine Institution, die ihm Befreiung von Schuld verspricht, ist zumeist recht stark. Er ist existentiell auf diese Institution nicht nur verwiesen, sondern psychisch von ihr abhängig. Das aber ist Ausdruck und Ziel intrasozietärer Manipulation.

Nun gibt es nur wenige Religionsgemeinschaften, die nicht irgendwelche nur ihren Mitgliedern vorbehaltenen Riten oder Zeremonien entwickelt haben, um die Verheißung der Befreiung von Schuld zu objektivieren. Mag es sich um freiwillig übernommene Strafe, um eine Form der Selbstkritik, ein mehr oder weniger öffentliches Bekenntnis handeln, auf das hin die Gemeinschaft durch einen ihrer Sprecher Schuldnachlaß verkündet, mag es eine eher äußerliche Zeremonie sein, wie die Sitte der nomadisierenden Juden, einen Bock mit den Sünden des Volkes zu beladen und in die Wüste zu jagen... immer ist das Ziel die Befreiung von Schuld(gefühlen).

e) Das Verteilen von Ketzerhüten.
Jesus legte seinen Jüngern dieses Gleichnis vor:

> Mit dem Himmelreich verhält es sich wie mit einem Mann, der guten Samen säte auf seinen Acker. Während seine Leute schliefen, kam nun ein Feind und säte Unkraut unter den Weizen. Da wuchs die Saat auf und mit ihr kam das Unkraut. Nun kamen die Knechte und fragten: »Herr, hast du nicht gute Saat gesät? Woher kommt das Unkraut?« Er entgegnete ihnen: »Das hat einer meiner Feinde getan.« Die Knechte fragten weiter: »Sollen wir gehen und das Unkraut jäten?« Er erwiderte ihnen: »Nein, ihr würdet beim Jäten des Unkrautes auch den Weizen niedertreten. Beides soll bis zum Tag der Ernte wachsen. Dann erst werde ich den Schnittern sagen: Lest das Unkraut zusammen und bindet es in Bündel, um es zu verbrennen. Den Weizen aber fahrt in meine Scheune. (Mt 13, 24ff)

Zweifelsfrei enthält dieses Jesusgleichnis eine Anforderung an seine Jünger, nicht zu richten und zu rechten über das Unkraut im Weizen des Glaubens. Und dennoch scheint das Interesse so vieler Mitglieder der Hierarchien christlicher Kirchen besonders aufs Jäten des Unkrauts gerichtet. Das »Wachen über die reine Lehre« und das Verurteilen von Ketzern war durch lange Jahrhunderte eine Lieblingsbeschäftigung all derer, die sich für besonders orthodox hielten und Gott dankten, daß sie nicht so waren wie die anderen, die Ketzer etwa. Und heute ist das keineswegs sehr viel anders, wenn auch etwas sublimer. Heute mordet man nicht mehr mit einem Scheiterhaufen, sondern mit der Zunge. Und mancher unserer modernen Ketzer wäre dabei vermutlich lieber auf einem Scheiterhaufen gestorben als durch die unermeßlichen Lieblosigkeiten seiner Mitchristen psychisch und sozial gemeuchelt zu werden.

Wie aber kam es zu solchen Verketzerungen? Wie kommt es noch heute dazu? Sicherlich ist es dürftig mit einem Menschen bestellt, der der Verketzerung anderer bedarf, um sich seiner eigenen Rechtgläubigkeit zu vergewissern, seine Glaubensidentität zu konservieren, sich in der Gruppe der Ketzerjäger zu profilieren, um vielleicht so von sich den Verdacht der Ketzerei auf andere umzubiegen. Aber hinter dieser Dürftigkeit, die oft nur einem kranken Menschen hilft, mit sich selbst leben zu können, steht ganz offensichtlich der Anspruch der Manipulation. Wer andere der Ketzerei bezichtigt, will sich selbst offenbar helfen, indem er anderen schadet. Aber Verketzerungen haben sicher auch andere Gründe. Vermutlich ist den

Ketzerjägern und -riechern die Hoffnung abhanden gekommen. Vermutlich glauben sie nicht mehr so recht an den Tag der Ernte. Und weil sie nicht mehr daran glauben, beginnen sie eifrig Unkraut im Weizen zu jäten, obschon sie kaum in der Lage sind, sicher Unkraut vom Weizen zu scheiden. So treten sie im Weizen herum, um ein paar Grashalme zu rupfen. Solche unheilige Ungeduld hat aber durchaus oft auch ihren Grund in manipulatorischer Absicht: Man will eigene Vorstellungen und Einfälle durchsetzen. Um das zu tun, ist manchem kein Mittel schmutzig genug. Auch nicht das der Ketzerdenunziation, obschon ihnen Jesus alles Richten untersagt: »Richtet nicht, damit ihr nicht gerichtet werdet; denn mit dem Gericht, mit dem ihr richtet, werdet auch ihr gerichtet werden.« (Mt 7,1 f)
Das Durchsetzen der eigenen Lehrmeinung gegen die eines anderen mit der Methode der Ketzerdenunziation ist zu bestimmten Zeiten unter Theologen verschiedener Schulen außerordentlich üblich gewesen – und ist bis heute nicht ganz außer Gebrauch gekommen. Der so Manipulierende hofft damit den anderen, den Feind, moralisch und sozial vernichtend zu schlagen (früher ging die kühne Hoffnung sogar bis zur physischen Vernichtung). Diese reichlich problematische Hoffnung geht nicht selten in Erfüllung. Die Erfüllungsgehilfen dieser zweifelhaften Hoffnung sind oft gutgläubige, in ihrer legitimen Aufsichtspflicht verunsicherte Mitglieder der Hierarchie, die den Ketzerrufen und -verrufen aufsitzen.

3. Teil

Situationen manipulierender Techniken

In diesem Teil will ich Ihnen einige Situationen und Bereiche vorstellen, in denen besonders häufig manipuliert wird. Anschließend soll an einigen Beispielen konkrete Manipulationstechnik vorgestellt werden. Der Teil soll abgeschlossen sein mit einigen klassisch gewordenen Reden, an denen Sie leicht alles das, was Sie im Vorhergehenden über Manipulation lernten, überprüfen können.

1. ABSCHNITT

Einige Regeln für die Verwendung manipulatorischer Techniken.

Diese Regeln stelle ich Ihnen nicht primär vor, damit sie sich ihrer bedienen. Obschon Manipulation nicht unbedingt etwas Verwerfliches sein muß, kann sie doch leicht unmenschlich ausgehen. Unmenschlich ist Manipulation immer dann, wenn der Schaden eines anderen als möglich einkalkuliert, in Kauf genommen oder gar beabsichtigt wird.
Ziel dieses Abschnittes soll vielmehr sein, Sie mit einigen wichtigen Techniken der Manipulation vertraut zu machen, damit Sie
● lernen, die manipulatorischen Absichten anderer zu durchschauen,
● lernen, die eigenen manipulatorischen Versuche als solche zu erkennen.

Die vorgestellten acht »Gesetze der Menschenbeeinflussung« sind durchaus ernst zu nehmen, doch nicht immer tierisch ernst. Sie wurden – meines Wissens – erstmals von *J. Kirschner** formuliert:

1. Regel: Sie müssen Ihre Gegner erkennen und sich gemäß den Erkenntnissen verhalten.

Die Regel scheint trivial zu sein, ist es aber keineswegs. Nur wenige Menschen haben die Geduld, ihren Gegner genau zu studieren und objektiv nach Schwächen und Toren abzutasten, durch die manipulatorische Techniken eingebracht werden können. Viele folgen einem einmal erfolgreichen Schema und vergessen, daß sich von Fall zu Fall die zu Manipulierenden in ihren Interessen, Erwartungen und Stimmungen ändern.
Die erste Voraussetzung aber besteht darin, daß Sie möglichst genau begreifen, wo und wann überall wie manipuliert wird. Ich habe schon berichtet, daß wir in einer Welt leben, in der die sozialen Beziehungen auf Manipulation, das heißt im allgemeinen: auf eigennützliche Verhaltensbeeinflussung anderer eingestellt sind. Mehr als 90 % aller verbalen Kommunikation dient dazu, das Verhalten des Hörenden zugunsten des Sprechenden zu beeinflussen. Leicht übertrieben kann man durchaus behaupten: »Wenn ein

---

* Vgl. zum ersten Abschnitt: J. Kirschner, Manipulieren – aber richtig. Die acht Gesetze der Menschenbeeinflussung. München und Zürich 1976.

Mensch den Mund aufmacht, um mit einem anderen zu reden, dann hat er nur eins im Sinn: Er will ihn manipulieren.« (J. Kirschner)
Lieben Sie einen Menschen, werden Sie zumeist versuchen, sich diese Liebe zu erhalten, etwa indem Sie sich von ihrer besten Seite (nicht aber von allen Seiten) zeigen. Prinzipiell dasselbe macht eine Autofirma, wenn sie ihr Produkt X anbietet. Das Erkennen solcher Zusammenhänge führt zunächst einmal zu der simplen Einsicht, daß alle Menschen, mit denen Sie es zu tun haben, Ihre aktuellen oder potentiellen Gegner in diesem Manipulationsspiel sind. Nur wenn Sie das klar und sicher erkennen *und* danach handeln, werden Sie beim Manipulieren Erfolg haben und sich selbst nicht über das Maß des für Sie Tolerierbaren manipulieren lassen. Ihre wichtigsten Gegner sind:
- Die Gesellschaft, in der Sie leben.
- Alle, die Ihrem Fortkommen oder Ihrer Anerkennung im Wege stehen.
- Alle Autoritäten oder solche, die sich die Autorität anderer zunutze machen.
- Der Ehepartner und die übrigen Mitglieder der Familie.
- Die Massenmedien.

a) Die Gesellschaft, in der Sie leben.
Leben Sie nicht gerade in einer Gesellschaft von Hippies, dann sind Sie mit Sicherheit ständig gesellschaftlichen Zwängen ausgesetzt. Manche wollen etwas von Ihnen, andere wollen, daß Sie sich so und nicht anders verhalten, einige schreiben Ihnen gar vor, was Sie zu tun haben. So werden Sie genötigt, immer etwas anders zu sein, als Sie gerade sind oder gerade sein möchten. Die Gesellschaft ist also der unbarmherzigste Manipulator, dem Sie sich kaum entziehen können.
Aber Sie versuchen sich zu rächen. Wenn Sie schon nicht die an Sie gerichteten gesellschaftlichen Ansprüche reduzieren können, so möchten Sie doch hin und wieder ein Geplänkel gewinnen. Und daran mag es liegen, daß Sie ununterbrochen irgend jemandem imponieren wollen. Das schränkt zwar nicht die intrasozietäre Manipulation ein, der Sie ausgesetzt sind, schafft Ihnen aber, wenn es mit dem Imponieren klappt, so etwas wie einen psychischen Ausgleich.
Um zu imponieren, können Sie sehr verschiedene Techniken wählen:
- Sie können mit einem sehr hübschen Mädchen ausgehen.
- Sie können Ihre Frau mit Schmuck und Nerz behängen.
- Sie können einen teuren Wagen fahren.
- Sie können versuchen, einen Job zu erhalten, der es Ihnen erlaubt, über andere zu herrschen.
- Sie können versuchen, sich mit Titeln zu schmücken.

- Sie können versuchen, durch hervorragende Leistungen aufzufallen.
- Sie können einem exklusiven Klub beitreten.
- Sie können versuchen, sich einen Orden oder ein Ehrenzeichen zu erwerben.
- Sie können durch jede Art von Konsum versuchen, den Neid anderer zu wecken, um in diesem Neid Selbstbestätigung zu erfahren.

Nun liegt zweifelsfrei in einem solchen Verhalten ein großes Maß an Sinnlosigkeit, ja an Absurdität. Absurd ist solches Verhalten, weil alles Imponierenwollen Sie manipulatorisch verwundbar macht. Ihr Imponierverhalten gibt Ihnen zwar das vorübergehende Gefühl des Sieges, doch wird es von den anderen meist gefördert, wenn Sie es nicht gerade allzusehr übertreiben und ihnen so auf die Nerven fallen.

So schließt sich denn der Kreislauf der Manipulation. Selbst die Technik, mit der Sie die intrasozietäre Manipulation ein klein wenig zurückdrängen möchten, ist nichts anderes als wieder Ergebnis und Ursprung solcher intrasozietären Manipulationen. Und das geht so:

- Man redet Ihnen ein Vorbild ein oder ein Verhaltensklischee, das von anderen als richtig festgelegt wurde.
- Man verspricht Ihnen Belohnung, wenn Sie sich dem Klischee entsprechend verhalten (Anerkennung, mehr Freiheit...).

Verhalten Sie sich klischeegerecht, dann wird Ihr Verhalten als für andere beispielhaft hingestellt. Sie werden also zum Werkzeug der Manipulation Dritter gemacht.

- Die Versuche, aus dem Klischee auszubrechen, sind schon einprogrammiert. Man rechnet mit Ihrem Imponierenwollen und macht es zum Gegenstand manipulatorischer Versuche, indem es wieder in Klischees gepreßt und so normiert und vorherschaubar wird.

Kennen Sie die Gesetze und Spielregeln der intrasozietären Manipulation, müßten Sie theoretisch in der Lage sein, aus ihnen auszubrechen. Haben Sie die beiden vorhergehenden Teile des Buches zureichend aufmerksam gelesen, sollte das sogar möglich sein, ohne daß Sie selbst dabei Schaden nehmen. Auf jeden Fall will der Ausbruch aus dem Gefängnis der intrasozietären Manipulation genau bedacht und geplant sein. Und vor allem werden Sie sich fragen müssen: Schade ich mir dabei nicht mehr, als ich mir nütze? Nur wenn Sie im Aufbegehren gegen manipulatorische Zwänge ein hohes Gut sehen, kann ich Ihnen empfehlen, den Ausbruch zu wagen, denn die Opfer, die Sie bringen müssen, werden nicht unerheblich sein.

b) Alle, die Ihrem Fortkommen oder Ihrer Anerkennung im Wege stehen.
Aus einem Grunde, den wir zumeist selbst nicht recht begreifen, sind wir

unablässig bestrebt, es zu etwas zu bringen. Das gilt ganz besonders dann, wenn wir unter Mindergefühlen leiden. Wir möchten mehr Anerkennung, mehr Geld, mehr »Selbstverwirklichung« (oder das, was wir dafür halten), mehr Liebe, mehr Macht... Auf diesem Wege stehen uns stets ein paar Leute im Wege, die uns daran hindern, unsere Träume zu realisieren oder die uns nicht unterstützen, obschon sie es könnten.
Alle diese Menschen müssen Sie als Ihre Gegner betrachten. Gegner sind etwa:
- der Mensch, der gerade den Job besitzt, den Sie gerne haben möchten,
- der Mensch, der mit Ihnen um Ihren Job konkurriert,
- der Mensch, der darüber zu befinden hat, ob Sie den Aufstieg schaffen.

Sie wissen aus eigener Erfahrung, daß im Regelfall nicht etwa der fachlich Bestqualifizierte aufsteigt, sondern der, der am sichersten und unauffälligsten seine Karriere manipulierend plant. Die unteren Sprossen der Aufstiegsleiter ist dicht bevölkert von Idealisten, die meinen, es käme ausschließlich auf die fachliche Qualifikation an. Sie mag Bedingung sein für Ihren Aufstieg – Ursache Ihres Aufstiegs ist sie niemals.

> Es genügt nicht allein, gut zu sein. Mindestens genau so wichtig wie Können, Wissen, Fleiß und guter Wille ist die Fähigkeit, die Leute dazu zu bringen, uns und unsere Leistung anzuerkennen und zu unserem Vorteil zu honorieren. *(Claude G. Hopkins)*

Wie gesagt, ist es nicht Ziel dieses Buches, solche Strategien positiv darzustellen, sondern auf sie aufmerksam zu machen. Auf dem Markt gibt es genug Bücher zum Thema »Wie werde ich erfolgreich?«. Sehr viel wichtiger aber als die Kenntnis von Einzelheiten ist es für Sie, daß Sie zunächst einmal den Mechanismus begreifen. Dann können Sie im Regelfall schon ohne weitere Hilfen Ihren Aufstieg planen.

c) Autoritäten oder alle, die sich Autoritäten zunutze machen.
Sicher ist es Ihnen auch schon oft so ergangen: Sie haben nicht das getan, was Sie tun wollten oder für richtig hielten, weil eine Autorität anderer Meinung war. Am stärksten lassen wir uns von folgenden Autoritäten manipulieren:
- Eltern
- Vorgesetzte
- Mächtigere
- Staatsorgane oder alle, die vorgeben diese zu repräsentieren
- Fachleute
- Mehrheiten
- Titelträger

Gegenüber einer Autorität ist man stets – wenigstens psychologisch – im Nachteil. Selbst wenn Sie eine radikale Position beziehen und gegen alle Autorität aufbegehren, demonstrieren Sie nur Ihre Abhängigkeit von Autoritäten und wie sehr Sie darunter leiden.
Wenn Sie es mit dem Vertreter einer Behörde zu tun haben, und in ihm nicht Ihren Angestellten, sondern irgendeine Autoritätsperson sehen, sind Sie schon von vornherein im Nachteil. Der andere spürt Ihre Unsicherheit und nützt sie aus. Nicht wenige Menschen haben sich mit solch kafkaesken Situationen abgefunden und sind der Ansicht, die Behörde habe immer recht. Zumeist hat sie das auch, obschon nicht wenige Verordnungen mehrere Anwendungsarten zulassen. Der Mann hinter dem Schalter beruft sich auf irgendeine Bestimmung. Und was machen Sie? Sie glauben ihm. Sie suchen Ihren Vorteil, aber der Staat samt seinen Organen bis hinunter zu der Organelle, die hinter dem Schalter oder Schreibtisch sitzt, suchen den Vorteil des Gemeinwesens (bestenfalls). Der aber entspricht nur sehr begrenzt Ihrem eigenen. In diesem Konflikt versucht man, Sie zu bürgerlichem Wohlverhalten zu manipulieren.
Fachleute treiben es ganz ähnlich, mögen es Ärzte, Anwälte oder Ihr Automechaniker sein. Nur geht es denen nicht um das Allgemeinwohl, sondern um ihr sehr individuelles, allenfalls noch ums Standeswohl. Mit ihrem Autoritätsstatus verteidigen sie sich und ihre Standesgenossen nicht nur gegen alle Angriffe von außen, sondern versuchen durchaus, Ihr Verhalten zu ihrem Nutzen zu gestalten. Und das meist mit Erfolg. Bestenfalls haben beide, Sie und der Fachmann, einen Nutzen in der konkreten Begegnung. Achten Sie aber immer auch auf Ihren eigenen.
Schon als Kleinkinder wurden wir darauf dressiert, Autoritäten fraglos anzuerkennen. Und diese Autoritäten ziehen schon zu dieser Zeit ihren Nutzen daraus. Wen nimmt es wunder, daß später in uns die Autoritätsabhängigkeit und -gläubigkeit sorgsam von allen Autoritätsträgern gehütet und gepflegt wird. So bleiben wir recht unmündig und haben so allerhand Vormünder, von Chefs bis zum Automechaniker um die Ecke, die so ziemlich alles mit uns anstellen können, was sie wollen, wenn sie es nur recht verpakken und die Sache so erscheinen lassen, als gereiche sie uns zum Vorteil. Das Fragen nach der Legitimation und der Grenze von Autorität gehört zu den gesellschaftlichen Todsünden und macht sich nur dann bezahlt, wenn man verdächtigt werden möchte, der Anarcho-Szene anzugehören oder doch mit ihr zu sympathisieren.
In diesem Spiel kommt es gar nicht darauf an, ob jemand auch wirklich Autorität ist oder hat. Entscheidend ist vielmehr, ob es ihm gelingt, einen Autoritätsstatus aufzubauen und ihn einzusetzen. Dagegen kann man sich denn auch nur wehren, wenn man

- sich einen eigenen Autoritätsstatus aneignet und sicher und geschickt einsetzt,
- die Schwächen des Autoritätsträgers erkennt (jeder hat welche) und massiv seine Erkenntnis ausnutzt, um der Manipulation zu begegnen.

d) Der Ehepartner und die übrigen Familienmitglieder.
Die weitaus meisten Menschen heiraten, weil sie sich beim anderen oder der andere sich bei ihnen unter Verwendung manipulatorischer Techniken durchgesetzt hat. Ist die Ehe einmal besiegelt, dann beginnt ein tägliches manipulatorisches Spiel in der Absicht, es gegen den andern zu gewinnen (d.h. seine Position durchzusetzen oder zu behaupten). Nur wenn beide Partner die Spielregeln der Manipulation beherrschen, kommt es nicht zu ernsthaften Krisen. Die Scheidung oder das Resignieren in der Ehe ist dann oft der vom unterlegenen Partner gewählte (schlechte) Ausweg.

Dabei lassen sich solche Krisen durchaus vermeiden. Es muß nur jeder erkennen, daß *jedes* menschliche Zusammenleben von dem selten unterbrochenen Bemühen jedes einzelnen geprägt ist, sich gegen den oder die anderen durchzusetzen.

Wenn Sie aber jeden manipulativen Versuch Ihres Partners als persönliche Beleidigung betrachten und entsprechend reagieren, schaukelt sich schnell ein Aggressionspotential auf, das nur schwer beherrschbar ist.

Der geschulte Partner wird dagegen seinerseits das manipulatorische Spiel aufnehmen. Er wird sich herausgefordert fühlen wie zu einer Partie Schach, die er verlieren oder gewinnen kann. Niemals aber sollte man im Angebot, das manipulatorische Spiel aufzunehmen, eine Kriegserklärung sehen. Folgen Sie dieser Einsicht (das hat so seine Schwierigkeiten, wenn man nicht trainiert ist, gegnerische Angebote von feindseligen säuberlich zu scheiden), werden Sie vielleicht manches Spiel verlieren, aber auch einige gewinnen. Und das Ganze kann sogar Spaß machen.

Nun werden Sie vielleicht diese Darstellung ablehnen, weil Sie meinen, hier würde Liebe gegen Technik vertauscht. Das ist nicht der Fall, denn auch die Liebe hat so ihre Manipulationstechniken.

Auch das Spiel zwischen Eltern und Kindern ist durch eine Fülle von Manipulationshandlungen markiert. Kinder versuchen das Verhalten der Eltern und die Eltern das der Kinder zu ihrem Nutzen zu beeinflussen. Hier ist eine Einsicht wichtig: Prinzipiell besteht gar kein Unterschied zwischen der Methode, wie Politiker ihre Wähler oder Produzenten die Konsumenten ihrer Produkte zu beeinflussen versuchen. Deshalb ist es höchst unangebracht, der gewerblichen Manipulation allzu große Achtung abzuringen. Manipulation ist etwas ganz Gewöhnliches, Alltägliches. Man muß nur lernen, sie zu sehen und in den Griff zu bekommen.

e) Die Massenmedien.

Als Sie dieses Buch kauften, wurden Sie manipuliert vom Autor, vom Verleger, vom Buchhändler, denn sie alle zogen einen Nutzen aus Ihrem Kaufentscheid, den Sie vermutlich nicht intendierten. Doch auch dieses Buch will Ihr Verhalten beeinflussen, wenn auch nicht in manipulatorischer, sondern – verzeihen Sie bitte dem Autor den Hochmut – in edukatorischer Absicht.

Die weitaus meisten Medien sind nicht gar so philanthropisch eingestellt. Zeitungen und Illustrierte, Rundfunk und Fernsehen, Plakate und Kino vermitteln uns eine Fülle von Botschaften. Einige davon sind ganz harmlos: Man will Sie unterhalten und dabei einigermaßen verdienen. Problematischer wird das schon, wenn über die Massenmedien geworben wird. Da sitzen einige hundert Ihrer Mitbürger alltäglich an ihren Tischen und überlegen und planen, wie sie Sie dazu bringen könnten, etwas zu tun, was Sie im Augenblick nicht im geringsten zu tun beabsichtigen. Man fragt sich hier nicht, ob Sie ein Produkt wirklich brauchen (das tut allenfalls der Produzent), sondern wie man es Ihnen so schmackhaft machen kann, daß Sie es endlich kaufen.

Doch auch die politischen Informationen können durchaus in manipulatorischer Absicht zusammengestellt sein. Durch Auswahl von Information, durch gezieltes Weglassen, durch verstellte Information, durch Vermischung von Information und Kommentar (eine journalistische Todsünde, die immer wieder begangen wird) will man in Ihnen eine bestimmte Sicht politischer Abläufe anregen, die Sie zu entsprechendem Verhalten (etwa bei Wahlen) veranlaßt.

Man schlüsselt Ihnen die Nachricht auf. Jedes Aufschlüsseln ist aber schon ein Kommentieren, weil es einen bestimmten Bezugsrahmen voraussetzt, in den das Bild (die Nachricht) eingespannt werden muß, um Konturen zu erhalten. So schlucken Sie denn mit der Nachricht den Kommentar und damit – wenn Sie nicht gelernt haben, kritisch mit Medien umzugehen – auch die Ansicht des Kommentators.

Einige Medien haben es zudem verstanden, sich den Status der Autorität in der Nachrichtenübermittlung und -verarbeitung anzueignen. Sie sind damit kaum mehr angreifbar, und ihre Manipulationen bleiben relativ unauffällig. Nicht wenige Ihrer Mitbürger sind der Ansicht, daß die Darstellung von Informationen von einer gleichsam allwissenden und nie irrenden Instanz komme. Sie ist auch tatsächlich unfehlbar, solange man nicht daran geht, die Unfehlbarkeit zu bezweifeln. Am Zweifeln aber tut man gut, wenn man nicht hilflos manipuliert werden möchte.

Auch die Medien sind also Produkte, die nicht nur Meinungen oder Werbeinformationen, sondern auch sich selbst verkaufen wollen. Sie werden

also durchaus ihre Kommentare und Berichte so abfassen, daß die Manipulation nicht auffällt oder aber komisch wirkt.
Sie können sich vor solchen Manipulationen optimal schützen, wenn Sie sich klarmachen, daß Ihnen selten jemand etwas schenken möchte. Die weitaus meisten Menschen wollen etwas von Ihnen. Und das gilt auch für die Massenmedien. Man will Ihnen etwas verkaufen – und Sie sollen dafür zahlen. Ob Sie etwas Sinnvolles mit dem Gekauften anfangen können, ist nicht sonderlich interessant, vorausgesetzt, Sie zürnen dem Verkäufer einer nutzlosen Ware nicht allzusehr. Und Informationen sind Waren.

2. Regel: Sie müssen lernen, andere auf sich aufmerksam zu machen.

Wenn Sie andere nicht auf sich aufmerksam machen, können Sie nicht erwarten, daß man Sie anhört. Wenn man Sie aber nicht anhört, haben Sie keine Chance, sich durchzusetzen und andere zu Ihrem Vorteil zu beeinflussen. Wer stets versucht, nicht aufzufallen, mag in der Bundeswehr und in manchen Stabsstellen der Industrie eine gemütliche Kugel schieben und ein relativ konfliktfreies Leben führen. Wer nicht den Mut hat aufzufallen und selbst wenn es dadurch geschieht, daß etwas Falsches getan wird (was man im allgemeinen nicht anstreben sollte), wird kaum eine Chance haben, sich durchzusetzen.
Die bekanntesten und meist auch wirksamsten Methoden, auf sich aufmerksam zu machen, sind diese:
● Tun Sie das Gegenteil von dem, was man von Ihnen erwartet (wenn es nicht offensichtlich falsch oder blödsinnig ist).
● Schmeicheln Sie gezielt.
● Provozieren Sie gezielt.
● Geben Sie sich überlegen.
● Stehen Sie auf, wenn Sie am Boden liegen (und Ihr Gegner meint, er habe Sie »zerstört«).

a) Tun Sie das Gegenteil von dem, was man von Ihnen erwartet.
Die Techniken der Manipulation zielen insgesamt darauf ab, Sie zu etwas zu bewegen, das Sie von sich aus, hier und jetzt zumindest, nicht tun möchten oder wollen. Statt dessen sollen Sie das tun, was der Manipulierende von Ihnen erwartet. Sie können im allgemeinen Manipulationen ins Leere laufen lassen, wenn Sie wenigstens hin und wieder etwas tun, was man nicht von Ihnen erwartet, vorausgesetzt, solches Tun schadet Ihnen nicht. Der Manipulator wird enttäuscht sein und Sie für besonders schwierig halten. Ist er sehr geschickt, wird er Ihre »Bockigkeit« voraussehen und Sie dennoch manipulieren, indem er Ihre Weigerung mit ins Kalkül zieht. Aber das

ist nicht die Regel und steht allenfalls bei Manipulateuren zu erwarten, die Sie sehr gut kennen, etwa Ihr Ehepartner oder Ihr Chef, der, wenn er ein guter Boß ist, in Kenntnis dieser Ihrer Fähigkeit, sich zu sperren, Sie dennoch »motivieren« wird, das zu tun, was er von Ihnen erwartet.

So erwarten nicht wenige von Ihnen, daß Sie warten. Nicht nur Ihr Chef, Ihre Ehefrau, auch der Kellner im Restaurant: Sie warten auf die Bestellung, die Bedienung, die Rechnung. Sie warten beim Zahnarzt, auf der Behörde... Alles dieses Warten hat nur einen Grund: Sie haben Ihre Partner nicht positiv auf sich aufmerksam gemacht, sondern benehmen sich wie Herr Jedermann, den man ruhig warten lassen kann – und der das in Geduld erträgt. Vermeiden Sie auf alle Fälle die Haltung eines Warte-Menschen. Bleiben Sie irgendwie Ihrem Gegner solange auf den Fersen, bis Sie Ihr Ziel erreicht haben.

Wir haben uns daran gewöhnt, die Rollen zu spielen, von denen man erwartet, *daß* wir sie spielen. Solches »projektives Verhalten« ist aber sehr oft manipuliertes Verhalten, da jeder Manipulierende die Technik beherrscht, durch Rollenerwartungen den anderen dazu zu bringen, diese Rolle auch zu übernehmen.

Das kann er auch, da die meisten Menschen nach allgemeinen Klischees reagieren:

- Auf einen Angriff antworten sie mit einem Gegenangriff.
- Auf Beschuldigungen oder Anklagen verteidigen sie sich.
- Sie kritisieren das Fehlverhalten anderer.
- Sind Autoritäten anwesend, verhalten sie sich respektvoll, ja ehrfürchtig.
- Erleiden sie Niederlagen, sind sie niedergeschlagen.

Vorausberechenbares Verhalten aber ist die Voraussetzung jeder Manipulation. Weil die weitaus meisten Ihrer Handlungen vorausberechenbar sind, sind Sie manipulierbar. Weil Sie Ihre Rollen entweder nach allgemein verbindlichen Normen oder aber nach Ihren Gewohnheiten stereotyp spielen, kann jeder Anfänger in der schwarzen Kunst der Manipulation mit Ihnen so ziemlich alles machen, was nicht gerade gegen Ihre Grundsätze und Prinzipien verstößt (obschon auch diese nicht selten Ergebnis langandauernder manipulatorischer Einflüsse während Ihrer Bildungsphase sein dürften). Daraus ergeben sich einige Verhaltensregeln:

- Überprüfen Sie Ihre Gewohnheiten und werden Sie nicht zu deren Sklaven. Ihr Verhalten wird sehr viel ursprünglicher und origineller wirken. Sie heben sich von den Klischee-Menschen ab. Sie machen durchaus zu Ihren Gunsten andere auf sich aufmerksam.
- Wenn Sie jemand kritisiert, verteidigen Sie sich nicht. Es ist im Regelfall besser, den Gegner auflaufen zu lassen. Bleiben Sie vor allem ruhig, und hö-

ren Sie geduldig zu. Bitten Sie um weitere Ausführungen und Begründungen. Danken Sie für Kritik.
Diese Regel hat natürlich ihre Grenze, die genau da gezogen ist, wo eine abwehrende Verteidigung für Sie existenzwichtig ist. Doch das ist sehr viel seltener der Fall, als Sie gemeinhin meinen.
● Haben Sie einen Fehler gemacht, versuchen Sie nicht, ihn zu beschönigen. Geben Sie ihn offen zu und bauschen Sie ihn eher noch etwas auf. Mitunter wird der andere sagen, daß es gar nicht *so* schlimm gewesen sei.
● Sind Sie mit dem Verhalten eines Mitmenschen nicht einverstanden, kritisieren Sie nicht einfach darauf los. Zeigen Sie, daß Sie den Fehler bemerkt haben und schweigen Sie. Das wird den anderen verunsichern und ihn daher leichter manipulierbar machen. Oder aber kritisieren Sie »implizite« etwa so: »Sie haben das Beste aus der Sache gemacht. In einem Punkt ist das vielleicht nicht ganz optimal gelungen!«. Auch so können Sie den anderen dazu bringen, den Fehler zukünftig zu vermeiden.

Durch solche Verhaltensweisen können Sie sich für die folgenden Züge im Spiel der Verhaltensbeeinflussung anderer eine bessere Ausgangsposition sichern.
Noch einmal: Nur wenn Sie auffallen, nur wenn Sie sich anders als erwartet verhalten, können Sie nicht nur Manipulationen abwehren, sondern auch das Verhalten anderer optimal zu Ihren Gunsten beeinflussen.
Spielen Sie aber »graue Maus«, erregen Sie allenfalls Mitleid. Diese Rolle steht nur Wehrdienstableistenden und Beamten zu, die sowieso durch reines Warten aufsteigen, langsam zwar, aber ungefährdet.
Wenden Sie aber die Technik des Auffallens an, dann achten Sie zudem noch auf diese Regeln:
● Übernehmen Sie nicht die Verhaltensweisen einer Rolle, die allgemein negativ besetzt ist (Querulant, Misanthrop...).
● Übertreiben Sie nicht.
● Vermeiden Sie jeden Krampf. Ihr Verhalten muß locker und natürlich wirken.

b) Lernen Sie zu schmeicheln.
Wenn Sie ein ehrlicher Mensch sind, werden Ihnen Schmeicheleien schwer fallen. Vor allem, wenn Sie Schmeichelei verabscheuen, weil Sie sie in der Nähe der Lüge sehen. Auch lehnen Sie es ab, daß andere Ihnen schmeicheln – so meinen Sie. Dennoch sind Sie sehr wahrscheinlich ebenso anfällig gegenüber Schmeicheleien wie mehr als 90 % Ihrer Mitmenschen – vorausgesetzt, es wird so elegant geschmeichelt, daß Sie es gar nicht recht merken. Vielleicht sind Sie auch zu stolz, um zu schmeicheln oder Schmeicheleien

zu akzeptieren. Auf beides: auf Wahrhaftigkeit wie auf Stolz haben Sie Ihr Recht. Aber man kann beides auch übertreiben. Schmeichelei bedeutet nicht Lüge oder Kriecherei. Es kann Wahrhaftigkeit und Stolz aus Fanatismus sein – und dann wird man mit seinen Mitmenschen in offener oder versteckter Fehde liegen.

Die gezielte Schmeichelei ist in der Werbung ein beliebtes Manipulationsinstrument. So versucht eine ganz Branche seit Jahren zahllosen Hausfrauen einzureden, sie seien gute Hausfrauen, wenn sie ein bestimmtes Waschmittel wählen, weil dann ihre Wäsche besonders weiß sei. Und nicht wenige fallen auf solch plumpe Schmeichelei herein. Es wird suggeriert, daß eine gute Hausfrau ihre Wäsche nicht nur wäscht (das tut, wie oft genug zu sehen, schon die schlechte), sondern, daß sie sie besonders weiß wäscht (selbst, wenn das der Wäsche schaden sollte – aber das wird tunlichst verschwiegen). Das ist offensichtlich die manipulatorische Technik der impliziten Lüge, denn die hausfraulichen Qualitäten entscheiden sich nicht an dem Weiß der Wäsche und erst recht nicht daran, daß sie ein bestimmtes Waschmittel verwendet. Aber was tut man als Hausfrau nicht alles, um ein »gutes Gewissen« zu haben?

Unser gesamtes Erziehungssystem beruht auf dem gleichen Mechanismus. Lob und Schmeichelei dienen dazu, Menschen zu Verhaltensweisen zu bewegen, die ihnen sonst kaum in den Sinn kämen. Wenn Sie kleinere oder größere Kinder haben, werden Sie sicher auch das Erziehungsmittel »Lob« oder gar »Schmeichelei« einsetzen, um so das Überich Ihres Kindes zu beeinflussen und feste Verhaltensweisen, die Sie für nützlich halten (ohne daß es sicher ist, daß sie dem Kind tatsächlich nützen), einzudressieren. Wer lobt, bindet den Gelobten an sich und sein Ordnungsprinzip und seine Wertvorstellungen. Der Gelobte fühlt sich dem Ungelobten überlegen und wird die Lob auslösenden Handlungen wiederholen (bis sie endlich zur Gewohnheit geworden sind), um diese Überlegenheitssituation zu stabilisieren. Zudem wird der Gelobte sich verstanden wissen. Und wer möchte sich nicht gerne verstanden wissen (oder doch wenigstens fühlen).

Andererseits dient die Technik des öffentlichen Lobens dazu, die anderen noch nicht Gelobten dazu zu bewegen, sich mehr Mühe zu geben. Die Fremdanerkennung als Motivator hilft also nicht nur dem Gelobten, sondern motiviert auch den Noch-nicht-Gelobten zu größerer Leistung und das zum Nutzen des Lobenden.

Es gibt sehr verschiedene Techniken zu schmeicheln: Öffentliches Lob, Prämien, Orden, Titel... sind nur einige davon – und es scheint so zu sein, daß die meisten Menschen ein unstillbares Bedürfnis haben, von anderen gelobt und anerkannt zu werden (vor allem aber all die vielen, die mit versteckten oder offenen Minderwertgefühlen herumlaufen).

Sie selbst werden und wurden zu dem, der Sie heute sind, weitgehend durch das Bildungsinstrument von Lob und Tadel, von Schmeichelei und Strafe. Verliebte schmeicheln einander nicht zufällig, sie versuchen sich mit Schmeicheleien zu umwerben – und keiner käme auf den Gedanken, daß sich hier zwei Menschen belügen oder voreinander kriechen. Schmeichelei gehört also in bestimmten Situationen zu den gesellschaftlichen Spielregeln – und warum sollte man sich durch sie nur ausnutzen lassen, ohne sie selbst zu nutzen? Glauben Sie nicht, daß Sie durch Schmeicheleien zu beeinflussen sind? Vermutlich täuschen Sie sich, denn auch Sie haben lieber Lob als Tadel, freuen sich, wenn jemand Ihre Arbeit anerkennt, wenn Sie etwas zu sagen haben... Vielleicht versuchen Sie einmal einige harmlose manipulatorische Techniken anzuwenden, die niemandem schaden, sondern allen (auch dem Geschmeichelten) nützen.

- Sagen Sie, wenn Sie sich über etwas freuen.
- Loben Sie einen Menschen, wenn er etwas gut gemacht hat.
- Sagen Sie einem Bekannten oder Freund, daß er heute gut aussehe.
- Schenken Sie etwas, auch wenn der andere es nicht erwartet (z. B. Ihrer Frau Blumen, auch wenn kein Anlaß besteht – Ihre Frau sollte auch keinen Grund haben, einen zu vermuten).
- Sagen Sie es Ihrem Chef, wenn Sie ihn bewundern (selbst wenn diese Bewunderung nur einem Teil der Aktivitäten Ihres Chefs gilt oder Ihre Bewunderung nicht besonders groß ist).

Das meiste ist sicher recht plumpe Schmeichelei. Aber nicht nur Sie fallen darauf herein. Versuchen Sie einmal herauszufinden, wie andere Menschen auf so etwas reagieren, was Ihnen selbst Freude macht. Sie werden hinterher wahrscheinlich mehr über Manipulation wissen, als in diesem Kapitel darüber geschrieben werden kann.

c) Provozieren Sie gezielt.
Es gibt Situationen, in denen man das Gesetz des Handelns über Schmeicheleien nicht an sich reißen kann. Dann geht es manchmal über die Technik der Provokation. Sie sollten jedoch niemals unbewußt provozieren oder gar aufgrund von Selbstentwirklichungszwängen provozieren müssen. Günstig ist es, wenn Sie Ihre Techniken der Situation anpassen können und nicht zum Sklaven Ihrer Gefühle werden.
Wählen Sie die Technik der Provokation, müssen Sie sich zuvor genau über die Ziele im klaren sein, die Sie so erreichen wollen. Sie müssen die Reaktionsweise Ihres Gegners zureichend sicher vorauswissen können und sich nicht irren in der Beurteilung der emotionalen Basis Ihres Gesprächs, in das die Provokation eingebettet sein soll.

Während die Schmeichelei dazu dient, den Gegner sicher zu machen, hat die Provokation das Ziel, ihn zu verunsichern. Dieses Verunsichern darf niemals so weit gehen, daß es zu einem Konflikt ausartet, dessen emotionalen und verbalen Ablauf Sie nicht mehr steuern können. Eine Ausnahme: Wenn die Provokation dazu dient, die Provokation eines Menschen zu neutralisieren, mit dem Sie nicht irgendwie zusammenleben oder -arbeiten müssen. Dann können Sie schon einmal einen destruktiven Konflikt destruktiv zu Ende führen. In allen anderen Fällen ist eine destruktive Konfliktsituation sicher zu meiden, oder wenn Sie unversehens geschaffen ist, müssen Sie Techniken beherrschen, sie abzufangen und den destruktiven Konflikt in einen konstruktiven zu verwandeln. Das ist nicht immer leicht und setzt die emotionale Beherrschung der Situation voraus.

Die manipulatorische Technik, aufzufallen durch Provokation ist nicht zu verwechseln mit emotional geführten Beschimpfungen oder Beleidigungen. Provokation will hier mit kühlem Verstand geleistet sein. Das soll durch das Adjektiv »gezielt« in der Überschrift angedeutet werden.

Nun, wie kann man provozieren? Das hängt weitgehend von der Situation und vom Partner ab. Hier einige mitunter erfolgreiche Techniken:

- Stimmen Sie zu, wenn der Partner Sie zu einem Nein provozieren will.
- Reagieren Sie mit einem lakonischen Nein, wenn der Partner in einem Disput ein Ja erwartet.
- Provozieren Sie durch langes Schweigen, wenn der Partner von Ihnen eine Reaktion erwartet.
- Geben Sie sich betont gelassen und gleichmütig, wenn der Partner meint, Sie sollten aufgeregt oder doch engagiert sein.
- Brechen Sie ein Gespräch ab, wenn es einen für Sie ungünstigen Verlauf nimmt.
- Verwenden Sie die Technik der Gegen-Schmeichelei (»Sie sehen heute aber schlecht aus!«).

Alle diese Techniken schwächen moralisch, im rechten Augenblick und gegenüber dem recht gestimmten Partner angewandt, die Partnersituation und geben Ihnen im Spiel um die erfolgreichere Manipulation einen Vorteil. Vor allem, wenn gesellschaftliche Beziehungen zu Ihren Ungunsten festgefahren sind, kann die *gezielte* Provokation (wie auch die gezielte Schmeichelei) die Situation unter Umständen zu Ihren Gunsten in Bewegung bringen. Prüfen Sie sich auch, ob Sie vielleicht zu feige sind, die Technik der Manipulation anzuwenden, obschon sie Ihnen rational als die optimale Strategie erscheint und nichts Vernünftiges dagegen spricht. Viele Menschen sind zu feige (das wird meistens von ihnen selbst in »zu vornehm« rationalisiert), um die Technik der Provokation einzusetzen. Ihnen sei zugegeben, daß sie die Kunst voraussetzt, einen emotionalen Prozeß beim Partner weitgehend zu steuern (zu manipulieren).

d) Geben Sie sich überlegen.
Es ist natürlich besser, wenn Sie dem Gegner tatsächlich überlegen sind. Und Sie sollten versuchen, es zu sein oder doch zu werden. Mitunter sind Sie ihm aber auch schon längst überlegen, nur wagen Sie nicht, diese Überlegenheit auch einzusetzen, weil Sie vielleicht Neid- und Mißgunstreaktionen fürchten. Dann sollten Sie zumindest die Technik beherrschen, tatsächliche Überlegenheit auch einzusetzen (ohne sie einsetzen zu müssen). Das Aufmerksamkeit-Erregen durch überlegenes Wissen ist wohl eine recht anspruchsvolle Art, sich einen guten Start zu verschaffen im wechselseitigen Spiel um erfolgreiche Manipulation. Im Regelfall ist es nur möglich, sie vor dem Hintergrund eines guten bis ausgezeichneten Allgemein-Wissens zu praktizieren (sieht man einmal von kurzzeitigen Begegnungen ab, in denen auch der Blender seine Chance haben kann). Die Methode des überlegenen Wissens setzt ein rechtzeitiges Studium des Partners oder Gegners voraus. Man muß sein Wissen, seine intellektuellen Interessen und Schwächen recht genau kennen. Vor allem sollte man kennen:
● das Geburtsdatum (auch das seiner Kinder einschließlich deren Vornamen),
● den persönlichen und beruflichen Werdegang,
● den Bekanntenkreis (Zugehörigkeit zu Vereinen...),
● besondere Freizeitbeschäftigungen,
● die politischen und ökonomischen Vorurteile,
● die Lieblingsideen,
● wichtige Erfolgs- und Mißerfolgserlebnisse.

Nun gelten im allgemeinen folgende Regeln:
● Wissen Sie nur sehr wenig, dann sagen Sie alles, was Sie wissen.
● Wissen Sie viel, dann flechten Sie Ihr Wissen wie beiläufig ein und warten Sie, an welcher Stelle Ihr Partner anbeißt, um ihm dann thematisch zu folgen.
● Wissen Sie *sehr* viel, deuten Sie Ihr Wissen nur an und versuchen Sie so das Interesse Ihres Partners auf sich zu ziehen. Hat er angebissen, zeigen Sie ihm *bescheiden* Ihre Überlegenheit.

Die Gefahren bei der Verwendung dieser Technik dürfen nicht unterschätzt werden. Vor allem müssen Sie im Regelfall vermeiden, daß die Weise Ihrer Wissensverwertung arrogant oder überheblich wirkt. Auch soll sich der Partner nicht überfahren fühlen. Er sollte staunend, positiv angeregt reagieren. Das ist das Ziel – und es darf niemals vergessen werden. Jede Wissensdemonstration, die zu einer anderen Stimmung beim Partner führt, ist meistens von Übel – es sei denn, Sie haben vor, ihn zu provozieren.

Eine andere Gefahr liegt darin, daß man Sie für einen Hochstapler oder Angeber hält. Solche Vorurteile sind leicht aufzubauen, aber nur mühsam wieder zu beseitigen. Beschränken Sie Ihre Wissensdemonstration aber auf allgemein zugängliche Daten und Fakten über Ihren Partner, dann wird es ihm schmeicheln. Damit aber ist er im Nachteil, denn seine Aufmerksamkeit ist abgelenkt, und er ist empfänglich für alle möglichen Suggestionen. Gefahren sind selten damit verbunden – der Partner hat vielmehr den – richtigen – Eindruck, daß Sie sich für ihn interessieren, wenn er auch einen schmeichelhaften, sein Selbstbewußtsein stärkenderen Grund für Ihr Interesse vermutet als gerade den Ihren.

e) Stehen Sie wieder auf, wenn Sie am Boden liegen.
Nicht wenige Menschen resignieren, wenn sie Mißgeschick und Erfolglosigkeit längere Zeit und hart treffen. Das ist normal. Wenn man aber auffallen will, muß man sich anormal verhalten. Man muß lernen, ein guter Verlierer zu sein. Im Leben, das keinen von uns verwöhnt, gilt die Maxime: »Der Versuch ist nichts, es zählt nur das Ergebnis!« Man mag das beklagen, aber es ist so. Worte wie »Ich habe mir doch Mühe gegeben, aber...«, »Ich habe doch immer wieder versucht, daß...«, »Ich habe doch niemals etwas falsch gemacht, aber...« markieren, wenn sie häufig von einem Menschen gebraucht werden, den »Versager«.

Ein Erfolgreicher wird niemals ganz kapitulieren, er wird niemals vollständig aufgeben, er wird niemals resignieren, sondern wieder aufstehen. Es kommt nur darauf an, dieses Aufstehen nach Zeitpunkt und Technik zu beherrschen. Viele Menschen können wieder aufstehen, wenn sie einmal am Boden liegen, aber nur wenige nutzen dafür den richtigen Augenblick – und das ist jener, in denen andere es am wenigsten erwarten.

Voraussetzung für den Erfolg dieser Technik ist es, daß Sie niemals die Hauptschuld bei anderen suchen, sondern stets bei sich selbst. Und daß Sie bereit sind, aus Ihren Fehlern zu lernen. Ein paar »Versager«-Entschuldigungen mögen zeigen, wie man es nicht machen darf:

● Ein Erzieher: »Jahrelang versuchte ich, die Kinder durch gutes Zureden zur Ordnung zu bringen. Es war nutzlos. Jetzt strafe ich hart. Denn das ist die einzige Sprache, die sie verstehen.«
● Ein Chef: »Ich habe es dem Herrn X ein Dutzend mal erklärt. Er hat es dennoch nicht kapiert.«

- Ein Mitarbeiter: »Ich weiß genau, daß ich recht habe, trotzdem hat mein Chef meinen Vorschlag zurückgewiesen.«
- Ein Hilfsarbeiter: »Ich habe eigentlich Gärtner gelernt. Als ich mich selbständig machen wollte, brachte ich kein Geld zusammen.«
- Ein Student: »Ich habe monatelang mein Examen vorbereitet. Besser als andere. Nun bin ich durchgefallen. Ich hänge das Studium an den Nagel.«

Viele Menschen können mit ihrem Versagen nur leben, wenn sie die Schuld bei anderen finden – und wenn sie nicht ganz dumm sind, werden sie sie auch dort finden. Nicht wenige sind Künstler im Rationalisieren von Inhalten, die ihnen unangenehm sind.

Ein Mensch aber, der gelernt hat, in Harmonie mit sich selbst, das heißt vor allem: mit seinem eigenen Unbewußten zu leben, wird mit »Schicksalsschlägen« schon allein deshalb leichter fertig, weil sie ihn nur an der Peripherie, im Bereich der Uneigentlichkeit des Selbst berühren. Er kann sie oft abschütteln mit einem leichten »Was soll's?«. Er kann auch niedergeschlagen sein – aber er wird immer aufstehen.

Wer versucht, Aufmerksamkeit zu erregen, wird sich stets der Gefahr des Mißerfolges aussetzen –, welche Methode er auch immer anwenden mag. Diese Technik, sich im Manipulationsspiel einen Vorteil zu verschaffen, ist also nur für Menschen geeignet, die ihrer selbst einigermaßen sicher sind (man spricht hier gerne von »Belastbarkeit«). Sie müssen wissen, daß ein Fehlschlag niemals eine Niederlage ist, sondern auf einem Fehler Ihrer Planung oder des eigenen ungeplanten Verhaltens beruht. Sie werden wissen, daß es immer ein »Noch-Einmal« gibt und daß, solange wir leben, nichts endgültig ist.

Wer all dies nicht als realisierbare Lebensmaximen akzeptiert oder akzeptieren kann, der sollte sich nicht auf das gefährliche Spiel einlassen, sich besonders zu exponieren und sich dadurch der Gefahr einer Verwundung auszusetzen. Der sich (sozial) Ängstigende wird da lieber zur Technik der »grauen Maus« greifen – und zeitlebens sich eher danach sehnen, das Mittelmaß zu übersteigen, als Strategien zu ersinnen, diese Sehnsucht in die Wirklichkeit zu führen.

George Bernard Shaw wußte, wovon er sprach, als er den Satz schrieb: »Der Versuch ist nichts, es zählt nur das Ergebnis!« Nur fünf Jahre ging er zur Schule, war dann Schreiber in einem Geschäft. Dann schrieb er fünf große Romane, die keinen Verleger fanden. Er wurde Theaterkritiker, hatte aber auch keine sonderlichen Erfolge. Erst nach 21 Jahren vergeblicher Versuche nahm man ihn literarisch zur Kenntnis. Er hatte in diesen langen Jahren niemals aufgehört, an sich zu glauben, obschon kaum ein anderer Mensch an ihn glaubte. 1925 erhielt er den Nobelpreis für Literatur.

3. Regel: Sie müssen lernen, Ihre Ziele und Vorstellungen richtig zu verpacken.

Man kann sehr vielen Menschen sehr vieles verkaufen, vorausgesetzt, man verpackt es richtig. Denn viele Menschen achten sehr auf die Verpackung. Die Verpackung ist dann am erfolgreichsten, wenn sie der Befriedigung eines Bedürfnisses entgegenkommt, oder eine solche Befriedigung doch wenigstens suggeriert. Verkaufen Sie also niemals anderen Ihre Ziele und Vorstellungen nackt, sondern verpacken Sie sie so, daß der andere im Kauf seine Bedürfnisse zu befriedigen trachten kann.

Dabei kann es nötig werden, das Bedürfnis zunächst zu wecken. Angenommen, Sie wollen jemandem Ihre Meinung über die SPD verkaufen, und der Betreffende ist aber weder an Ihrer Meinung noch an der SPD interessiert, dann werden Sie zunächst versuchen, ihn davon zu überzeugen, daß Grundkenntnisse über eine der großen Parteien für ihn wichtig sind, da er sich nur so richtig in seinen Planungen (privaten oder öffentlichen) verhalten kann. Ist erst einmal das Interesse für die politischen Vorstellungen der SPD geweckt, können Sie Ihre eigene Meinung unter der Verpackung »SPD« (sei sie nun befürwortend oder ablehnend) loswerden.

Man kann diese Technik als Etikettenschwindel denunzieren. Das wäre aber reichlich hart, denn die Technik ist sehr viel verbreiteter, als es scheinen mag. Immer wieder kaufen wir Verpackung, ohne den Inhalt zu kennen:

● Sie meinen, ein Arzt könne Sie von einem Leiden kurieren, nur weil er ein Arzt ist (dabei ist es sehr wichtig zu wissen, was sich in der Verpackung »Arzt« verbirgt).

● Sie meinen, ein Richter würde Ihnen Recht sprechen, nur weil er ein Richter ist (dabei ist er ein Mensch und von Emotionen ebenso abhängig wie alle Menschen).

● Sie wählen eine politische Partei, die verspricht, die Probleme so zu sehen und so zu lösen, wie Sie sie sehen und gelöst haben möchten (und übersehen dabei, daß Wahlkampf und Entscheidungen mit Problemlösungsstrategien in der praktischen Politik zwei verschiedene Sachen sind).

● Sie vertrauen Ihr Kind einem Lehrer an, von dem Sie nur wissen, daß er Pädagoge ist (wüßten Sie das nicht, wären Sie vermutlich sehr viel vorsichtiger).

Sie kaufen also Verpackung (Gesundheit, Gerechtigkeit, »richtige Politik«, Erziehung…) ein, ohne genauer nachzusehen, was darin steckt. Dabei soll durchaus vorausgesetzt werden, daß alle, Ärzte, Richter, Parteien, Lehrer ihr Bestes geben. Sie geben aber immer ihr Bestes als konkrete Menschen oder Parteien – und das kann sehr verschieden aussehen. In Wirklichkeit besteht aber ein erheblicher Unterschied zwischen dem Versprechen dessen, was das Etikett verheißt – oder nach allgemeiner Meinung, der Sie sich gewöhnlich anschließen, zu verheißen scheint – und der konkreten Funktion eines konkreten Menschen oder einer Partei.

Für viele ist die Verpackung wichtiger als der Inhalt. Sie sind davon überzeugt, jeder Arzt könne und würde Ihnen in kritischen gesundheitlichen Situationen helfen. Und sie kaufen Gesundheit, wenn sie die Honorarkosten begleichen (oder mittelbar über Beiträge entrichten).

Wir alle sind da leicht unkritisch. Wenn wir einen Kunden in formellem Anzug vorfahren sehen, verhalten wir uns anders zu ihm, als wenn jemand mit Mofa, Jeans und Shirt eintrudelt. Warum eigentlich? Nun, weil wir von der Verpackung auch auf den Menschen schließen. »Kleider machen Leute« heißt ein altes Sprichwort – und es hat, wie manche alten Spruchweisheiten, ein bißchen Wahrheit in sich. Das Drum und Dran macht es oft aus, denn nicht wenige Menschen kaufen nicht den Inhalt, sondern die Verpackung – oder werden doch durch die Verpackung in ihrem Verhalten beeinflußt.

Es kommt also darauf an, die eigene Meinung, die eigene Leistung, die eigene Person, die eigene Ware... entsprechend den Wünschen und Bedürfnissen der potentiellen Käufer zu verpacken. Die Kunst der Werbung beruht in mancher Hinsicht auf solchen Verpackungstricks. So können Sie mit einer Zigarette befriedigtes Fernweh oder frische Natur kaufen, so mit einem bestimmten Waschmittel die Anerkennung Ihrer Familie... redet man Ihnen ein. Und ganz unbewußt beginnen Sie solchen Unsinn zu glauben.

Sie werden jetzt vermutlich den Kopf schütteln und meinen, Ihnen würde das niemals passieren. Sie prüften stets, was Ihnen unter der Verpackung da angeboten werde. Das können Sie meist gar nicht.

Ihren Wagen, Ihre Waschmaschine, Ihr Fernsehgerät, Ihre Zigarette, Ihr Kleid... haben Sie zumeist gekauft auch deshalb, weil ein bestimmter Name (Hersteller oder Produktname) damit verbunden ist, der Ihnen etwas bedeutet. Und diese Bedeutung ist weitgehend arational, ist Ihnen durch Werbung oder andere Manipulationen suggeriert worden.

Überlegen Sie doch einmal, wann Sie das letzte Mal etwas spontan gekauft haben, ohne es eigentlich kaufen zu wollen. Etwas, das für Sie ganz nutzlos war und ist (außer Sie haben es weiterverschenkt). Ich kenne Wohnungen und Kleiderschränke, die voll sind von solch unbrauchbarem Zeugs. Da sollten Sie sich fragen, warum Sie dies oder jenes denn nun eigentlich gekauft haben. Weil es Ihnen gefiel? Warum gefiel es Ihnen? Meist, weil das, was Sie da kauften oder zu kaufen meinten, die Verpackung also, Ihnen gefiel.

So werden Sie es vermutlich auch weiterhalten, denn Sie verhalten sich sehr menschlich: Sie lassen sich durch Verpackungen manipulieren.
Die »Verpackungsexperten« wenden sich an den »Menschen in der Masse«. Er ist nach *Ernesto Grassi* durch folgende Merkmale bestimmt:
● *Anonymität.* Die individuellen Verhaltensmuster werden nivelliert, und eine Steuerung durch ein kollektives Über-Ich tritt an die Stelle einer Ich-Steuerung.
● *Gefühlsbestimmtheit.* Die Stelle von Vernunft und Verstand wird durch Emotion und Trieb besetzt. Die Motivation spricht vor allem die Emotionssphäre und die Triebstruktur an. In Massen reagiert auch der einzelne fast ausschließlich emotionsbetont.
● *Intelligenzschwund.* Die Intelligenz der Masse dürfte weit unter der ihrer unintelligentesten Mitglieder liegen. Wer den Beifall der Vermaßten sucht, muß sich auf ein Minimum an Intelligenz einstellen und auf jede logische Argumentation verzichten. Durch die positiv erlebte Solidarisierung in der Masse werden Massenvorstellungen und -emotionen leicht auch auf sonst recht skeptische Mitglieder überschlagen. Die Leichtgläubigkeit und Verführbarkeit der Massen kennt kaum eine Grenze.
● *Verantwortungsminderung.* In nahezu dem gleichen Maß, in dem der einzelne die Kontrolle über seine Emotionalität aufgibt, verliert er sein Verantwortungsgefühl und kann zu Handlungen verleitet werden, die er alleine öffentlich niemals begehen würde.

Viele Menschen sind zu recht unmündigen Massenmenschen geworden. Das Gerede von der Mündigkeit dient meist dazu, diesen fatalen Sachverhalt zu verschleiern und eventuelle emanzipatorische Regungen gleich im Entstehen zu ersticken. Es gibt vermutlich nur sehr wenige Menschen, denen ernsthaft daran gelegen ist, uns zur Mündigkeit zu erziehen, weil so gut wie niemand daran interessiert ist, es mit wirklich Mündigen zu tun zu haben.
Ich versuche seit Jahren meine Vorlesungstätigkeit als Erziehung zur Mündigkeit zu verstehen und systematisch so zu konzipieren. Daß ich dabei Schwierigkeiten haben würde von seiten der Kollegen oder anderer Institutionen, die sich für Erziehung und Bildung an Hochschulen interessieren, war mir von Anfang an klar. Überrascht hat mich anfangs der Widerstand der Studenten selbst gegen eine emanzipierende Methode, Philosophie zu »machen«. Auch viele Studenten sind eher an dem bequemen Leben eines Massenmenschen interessiert, der nicht auffällt, sondern die bestehenden Strukturen als unausweichliches Schicksal akzeptiert, um ein Mitläufer auf Lebenszeit zu werden, denn an einer Ausbildung zum eigenständigen kritischen Denken, das seine Kritik zu verantworten bereit ist. Es ist also

schwer, in emanzipatorischem Interesse zu bilden. Man muß allenthalben gegen jede Gewohnheit und gegen alle Ströme schwimmen:

● Die Eltern wünschen vom ersten Augenblick des Lebens ihres Kindes, daß es das tut, was *sie* für richtig halten. Es stört sie, wenn das Kind stundenlang schreit, selbst wenn es ihm Freude macht. Zudem wird das Kind gefüttert, weil die Mutter gern einen gut genährten Säugling vorzeigen möchte.
● Wenn das Kind zur Schule kommt, soll es nicht etwa den Lehrer auf seine Fehler aufmerksam machen, sondern das lernen, was im Lehrplan steht. Wenn es das tut, wird es belohnt, andernfalls wird es bestraft.
● Die Eltern bilden derweil das Kind weiter, nicht nach Maßgabe seiner Interessen und Anlagen, sondern nach ihren Vorstellungen von einem »nützlichen und erfolgreichen Mitglied unserer Gesellschaft«. In diesem Verbildungsprozeß werden sie allgemein (von Schule, Beratern, Kirchen...) unterstützt.
● Im Arbeitsprozeß braucht man eingegliederte Menschen und keine Individualisten. So wird denn nun unser inzwischen herangereiftes Menschenkind wieder zu etwas angehalten, was es eigentlich gar nicht tun – oft gar zu etwas gebildet, was es gar nicht sein möchte. Kaum jemand hat es in der Praxis gern mit kritischen und mündigen Menschen zu tun, und mag er es auch noch so überzeugend behaupten. Jeder soll sich an die Regeln halten, die für alle gemacht sind.
● Im Verkehr mit den Behörden geht es ihm ganz ähnlich. Hier wird er weitgehend als Nummer behandelt. Seine individuellen Wünsche haben nur insofern Berechtigung, als sie irgendwo im Verordnungsapparat vorgesehen sind. Fügt er sich nicht den kollektiven Normierungen, wird er solange repressiv behandelt, muß warten, wird benachteiligt..., bis er sich an die allgemeinen Spielregeln hält.

Diese Mechanismen und manche andere, die in den vorigen Kapiteln beschrieben wurden, machen die weitaus meisten zu Massenmenschen: unkritisch, nicht emanzipiert, unmündig. Niemand sagt dem einzelnen, was für ihn allein richtig und gut ist, wenn es gegen die Norm verstößt. Niemand fordert uns auf, etwas zu tun, was nur uns nützt – vor allem, wenn es dem Auffordernden gar schaden würde.
Also müssen wir uns selbst um uns kümmern. Um unsere Mündigkeit ebenso wie um unseren Vorteil. Sicherlich dürfen wir uns dabei an die allgemeinen Spielregeln halten. Wir müssen uns also in einer »kapitalistischen Gesellschaft«, in der der Egoismus positiv gewertet wird und als normatives Element gilt, *wie Egoisten benehmen, ohne jedoch jemals welche zu werden.* Sollten wir in unserer Strategie des praktizierten Egoismus selbst

zu Egoisten werden, würde uns unsere Strategie beherrschen und nicht wir sie. Wir würden zu armen, in unserem Menschsein verschrumpften Menschen werden, die im Bemühen um Selbstverwirklichung sich immer weiter selbst entwirklichen.

Aus der »Verpackungs-Regel« ergeben sich für Sie unter anderem vier Konsequenzen:

● Öffnen Sie stets Verpackungen und prüfen Sie, ob der Inhalt für Sie den Wert hat, den Sie erwarten, und ob er seinen Preis wert ist.

● Schaffen Sie sich Klarheit über Ihre tatsächlichen Bedürfnisse und lassen Sie sich niemals Bedürfnisse einreden, suggerieren, aufschwatzen.

● Legen Sie die Erwartungen, die Sie mit Ihren tatsächlichen Bedürfnissen verbinden, selbst fest.

● Lernen Sie Ihre eigenen Vorstellungen und Ziele so zu verpacken, daß die Verpackung dem Partner (oder Gegner) die Erfüllung eines Bedürfnisses verheißt.

Niemand erwartet von Ihnen, daß Sie zunächst einmal sehr genau prüfen, was man Ihnen da aufreden will. Fast alle Verkäufer von Zielen, Waren oder Ideen sind davon überzeugt, Sie mit einer geeigneten Verpackung überfahren zu können. Vor allem, wenn die Verpackung Ihren Wünschen entspricht, wählen Sie die Verpackung, ohne den Inhalt zu betrachten. So sind manche Menschen um der Fremdanerkennung willen bereit, mehr zu leisten. Unter der Verpackung »Anerkennung« wird ihnen mehr Arbeit, größere Effizienz nicht zum eigenen, wohl aber zum Nutzen des Vorgesetzten verkauft. Und viele sind noch froh über diesen Kauf.

Solch üble Praktiken nennt man »Motivieren«. Wenn man Sie also zu irgend etwas (meist also zur größeren Leistung) motivieren will, verpackt man das in einer recht billigen Packung (Lob, Anerkennung, mehr Geld...). Lernen Sie es, stets zuerst die Packung zu öffnen, ehe Sie sich auf ein Geschäft einlassen. In 90% der Fälle, in denen man Sie lobt, geschieht das nicht, weil man Sie sympathisch findet, sondern, weil man Sie zu etwas motivieren will, d. h. also Sie zu etwas verwenden will. Man behandelt Sie ganz ähnlich wie einen Hund, den man mit Zucker oder Wurstresten dazu bringen möchte, auf Kommando Männchen zu machen, zu einem Handlungsablauf also, zu dem ein Hund nicht zu bewegen wäre, wenn man ihm das Handlungsziel nicht verzuckern würde.

Zunächst einmal sollten Sie allen Schmeicheleien mißtrauen. Das setzt voraus, daß Sie sich selbst erkennen. Der geschickte Schmeichler wird Ihr Ideal-Bild ansprechen, das Sie sich von sich selbst gemacht haben. So werden Sie denn manche Schmeichelei nicht durchschauen, sondern als bare Münze nehmen. Andererseits sollte das Mißtrauen aber nicht soweit gehen,

daß Sie grundsätzlich allen Menschen mißtrauen, die Ihnen etwas Gutes oder Nettes sagen. Es kann immerhin sein, daß man Sie um Ihretwegen schätzt und liebt.
Aber immer da, wo Sie zu Recht vermuten können, daß eine solche Situation nicht sicher gegeben ist, wird ein gesundes Mißtrauen Sie vor mancherlei Enttäuschung bewahren. So mancher hat schon geglaubt, er würde um seinetwillen angenommen, dabei wurde er nur um der Steigerung seiner Leistung und seines Leistungswillens wegen gelobt.
Dann sollten Sie auch skeptisch werden, wenn man Ihnen etwas verspricht:

● Sie sollten prüfen, ob Sie das Versprochene auch wirklich wünschen. Ob es Ihnen tatsächlich nützt. Ob Sie etwas damit anfangen können.
● Sie sollten sich fragen, welchen Preis Sie bezahlen müssen, um das Versprochene zu erhalten. Stehen Preis und Nutzen in einem für Sie günstigen Verhältnis?
● Sie sollten sich fragen, ob der Versprechende sein Versprechen halten will oder halten kann. Und was geschieht, wenn er sein Versprechen trotz Ihres Einsatzes nicht hält.

Sorglichst sollte man darauf achten lernen, daß die meisten Versprechen keineswegs einklagbare Rechte beinhalten, sondern eher lockere Verheißungen sind. Meist werden sie nicht einmal voll verbalisiert, sondern eher angedeutet. Um sich hier etwas kritischer zu machen, können Sie ja einmal versuchen, einige Anzeigenwerbungen zu analysieren. Was verspricht sie (durch ihre Verpackung, ihre Aufmachung)? Was kann sie halten? Was will sie halten? Nur wenn Sie Schmeicheleien und Versprechungen durchschauen – und das setzt voraus, daß Sie zunächst gelernt haben, zu schauen – werden Sie im manipulatorischen Spiel nicht zweiter Sieger bleiben.
Zum nächsten gilt es, sich über seine tatsächlichen Bedürfnisse klar zu werden und sie sorgsam von aufgeschwätzten zu unterscheiden. Viele Menschen erliegen den Schmeicheleien und Verheißungen der Verpackung, weil sie ihre eigenen Bedürfnisse nicht zureichend genau kennen. So geben sie den »Verkäufern« Gelegenheit, ihnen alle möglichen Bedürfnisse, Wünsche, Sehnsüchte einzureden.
Wenn Sie einmal Ihre Bedürfnisse und Wünsche (nach notwendig, nützlich und angenehm) ausgemacht, sie auf ihre Tatsächlichkeit hin geprüft und in eine sinnvolle Ordnung gebracht haben, dann haben Sie eine Skala entwickelt, die es Ihnen erlaubt, die Angebote zur Bedürfnisbefriedigung zu prüfen. Dabei sind nicht nur materielle, sondern auch soziale, psychische, physische... Bedürfnisse, Sicherheitsbedürfnisse zu prüfen und aufeinander abzustimmen. Haben Sie einmal Ihre objektiven und subjektiven Bedürfnisse objektiviert (etwa die Rangfolge und Gewichtigkeit des Bedürf-

nisses »Fremdanerkennung« im Verhältnis zu den Bedürfnissen »Materielle Sicherheit« und »Selbstverwirklichung«), dann gilt es sehr vorsichtig die Angebote zu prüfen. In jedem Fall sollten Sie sich nicht von der Verpackung blenden lassen und die Mühsal auf sich nehmen, zu schauen, was denn eigentlich darin oder darunter steckt, um die Relation von Angebot und Bedürfnis in rechter Weise herstellen zu können.

Stets ist auch damit zu rechnen, daß ein bestehendes Bedürfnis angesprochen wird – jedoch von einer niedrigen zu einer hohen Stufe Ihrer Bedürfnisbefriedigungs-Skala emporgehievt wird, durch Versprechungen oder täuschende Verpackungen etwa. Ich habe sehr lange gerade hier lernen müssen, die *Dringlichkeit* der Bedürfnisbefriedigung (bestehendes Bedürfnis vorausgesetzt) dem manipulatorischen Zugriff anderer zu entziehen.

Wenn Sie in Ihrer Vergangenheit forschen, wird Ihnen wohl auch das eine oder andere einfallen, wo durch manipulatorische Eingriffe Ihre Bedürfnisfolge geändert wurde. Das kann etwa dadurch geschehen, daß Sie etwas bislang als angenehm Eingestuftes plötzlich für nützlich halten.

Doch nicht alle Befriedigung und Erfüllung tatsächlicher Bedürfnisse ist ihren Preis wert. Gerade wenn ein normales und tatsächliches Bedürfnis manipulatorisch angegangen wird, kann es dazu kommen, daß wir seine Befriedigung für wichtiger halten, als sie es tatsächlich ist. Sicher haben Sie das auch schon einmal erlebt. Sie haben sich ganz auf ein Bedürfnis konzentriert. Dadurch gewann seine Befriedigung für Sie eine Bedeutung, die der objektiven des Bedürfnisses keineswegs angepaßt erschien. Das so gesteigerte Wollen zur Bedürfnisbefriedigung ließ Sie einen Preis zahlen, der in keiner Weise die Kosten/Nutzen-Relation für Sie günstig ausfallen ließ. In einer ruhigen Stimmung wären Sie nach kritischem Überlegen vermutlich nicht auf das im Augenblick so verlockend erscheinende Angebot hereingefallen. Sie können durchaus in solchen Fällen mit der Möglichkeit rechnen, daß der Bedürfnisbefriedigungs-Druck von außen gesteuert wurde – ohne daß es Ihnen unbedingt bewußt geworden sein müßte.

Zeiten starker emotionaler Inanspruchnahme können eine Bedürfniswertung in Ihnen aufbauen, die nicht Ihren wirklichen Interessen entspricht. Seien Sie also skeptisch bei allen Handlungsentscheidungen, gleich welcher Art, die Sie aus Emotionen oder Stimmungen heraus treffen. Sie können sonst leicht ein Opfer manipulatorischer Techniken sein. Emotionen haben durchaus ihren Ort im Menschenleben, sie machen es gar zum guten Teil aus. Doch sollte man niemals aus Emotionen (vor allem niemals *nur* aus Emotionen) entscheiden. Sehr wohl ist es menschlich, daß Emotionen unsere Entscheidungen und die Ausführung von Entscheidungen begleiten. Das sollte sogar so sein.

Um den Spieß umdrehen und selbst ein Verpackungskünstler werden zu können, ist es notwendig, daß man einige Techniken beherrscht:
- Das Studium der Bedürfnisse des andern.
- Das Ausmachen, welches Bedürfnis durch Ihre Verpackung geeignet und mit guter Aussicht auf Erfolg befriedigt werden kann.
- Die Verwendung einer optimalen Strategie, das Bedürfnis des anderen so zu steigern, daß er die Verpackung unbedingt haben will, ohne sonderlich auf den Inhalt zu achten. Der andere muß das Gefühl haben, mit dem Kauf der Packung (Verpackung + Inhalt) ein gutes Geschäft zu machen.

Da werden von Anfängern die simpelsten Fehler gemacht. Verbreitet ist etwa die Annahme, der andere habe genau die gleichen Interessen, Vorlieben, Bedürfnisse wie man selbst. Er sei zudem auch in einer ähnlichen Stimmung, deren rechte Beurteilung für die Bedürfniswertung wichtig ist. Das aber ist meist nicht der Fall. Um gut manipulieren zu können, muß man in der Lage sein, seine eigenen Bedürfnisse, im Augenblick wenigstens, zu vergessen, ebenso wie die eigenen Interessen, Stimmungen, Erwartungen. Je perfekter Sie in Ihren Strategien unabhängig von Ihren eigenen Gefühlen und Stimmungen planen, um so wirkungsvoller werden Sie sie einsetzen können.

Das sagt nicht, daß Sie keine Gefühle zeigen dürfen. Die Großen der Demagogie verstanden es meisterhaft, ihre eigenen Gefühle zunächst abzuschalten, sich auf die im Augenblick von ihnen gewünschten Gefühle (Freude, Begeisterung, Haß, Wut, Zorn...) umzustimmen, diese Gefühle im Ausdruck zur Geltung zu bringen und so bei anderen zu induzieren. Wer nicht »Herr seiner Gefühle« ist, wird kaum jemals ein großer Manipulator werden können. Vermutlich wissen Sie, daß manche Frauen wie auf Kommando weinen können. Das ist durchaus vergleichbar der Taktik der Demagogie. Diese Frauen weinen durchaus, weil ihnen danach zumute ist. Aber es ist ihnen danach zumute, weil sie es wollen. Und mit ihrem Weinen bewegen sie alle möglichen Männer dazu, etwas zu tun, was sie bei klarem Verstand niemals getan hätten. Hier wird ein starkes Überich-Verbot real: Man darf niemals einen anderen Menschen zum Weinen bringen. Hat man es dennoch getan, fühlt man sich im allgemeinen schuldig. Wer sich aber schuldig fühlt, ist meist bereit, die Sühnegabe zu bringen, die der Weinende von ihm erwartet.

4. Regel: Sie müssen den Mut haben, durch ständige Wiederholung eine Behauptung glaubwürdig zu machen.

Die Technik der permanenten Wiederholung ist ein durchaus brauchbares Manipulationsinstrument. Werbeslogans wirken durch die ständige Wie-

derholung. Was kein Mensch nach dem ersten Anhören für vernünftig hält, halten die meisten in dem Augenblick für vernünftig, wenn es den Charakter eines »Man sagt« angenommen hat. Vieles wirkt nur durch Wiederholung. Dabei wird eine bestimmte Bekanntheitsqualität aufgebaut. Was aber schon bekannt ist, wirkt schon nicht mehr so leicht unglaubwürdig, es sei denn, beim ersten Mal wären starke Blocker eingebaut worden.
Die Manipulation über die Bekanntheitsqualität ist recht beliebt. Schauen Sie sich einmal Annoncen in Zeitschriften an. Wenn Sie sie zum zehnten Mal sehen, kommen Sie Ihnen bekannt vor. Was aber bekannt ist, wirkt nicht mehr fremd-bedrohlich, sondern vertraut-freundlich. Wenn Sie im Laden nun die angepriesene Ware sehen, werden Sie von diesen, Sie entlastenden und positiv stimmenden Bekanntheitsqualitäten dazu gebracht, die Ihnen so entgegengebrachte Ware zu favorisieren.
Ganz ähnliches gilt für die Werbestereotype in Funk und Fernsehen. Diese Technik untergräbt nicht selten Ihren Widerstand, verändert Ihre Bedürfnisstruktur und schichtet Bedürfnishierarchien um. Das aber ist nichts anderes als ein Versuch, die Festung (dargestellt durch Ihre wenigstens andeutungsweise autonome Persönlichkeit) reif zu schießen zur Einnahme (das heißt, teilweise die Autonomie-Funktionen außer Kraft zu setzen).
Man sollte die Macht des wiederholten Wortes nicht unterschätzen. Schon viele sind auf diesen Trick hereingefallen, denn mit der Zahl der Wiederholungen einer Behauptung wächst die Bereitschaft beim Hörenden, die Behauptung als wahr zu akzeptieren. Das gilt für alle Behauptungen, die dem Hörenden nicht auf Anhieb als unwahr erscheinen. Ist er unsicher, und das ist die Grundhaltung vieler Menschen gegenüber vielen Behauptungen, dann kann die Wiederholung die Sperre der Unsicherheit abbauen und gar ein Feld von Gewißheit über die Wahrheit dieser Aussage legen. Ist aber einmal eine Behauptung von einigen akzeptiert worden, dann beschleunigt sich der allgemeine Akzeptationsprozeß. Mit dem Hinweis, daß die Behauptung von anderen akzeptiert werde, verstärkt sich mit dem wachsenden Druck, der von allgemeinen Überzeugungen ausgeht, auch die Wahrscheinlichkeit, daß praktisch alle die ursprünglich als unsicher gewertete Behauptung als wahr akzeptieren. Sie muß nur konsequent und lange genug stereotyp wiederholt werden.
Da geht es ganz ähnlich zu wie beim Vokabeln-Lernen. Zunächst schaut uns eine Vokabel wie ein Wesen aus einer fremden Welt an, dann wird sie uns vertrauter und endlich beherrschen wir sie (mit wachsender Zahl der Wiederholungen). Sie gräbt sich im Schriftbild und/ oder im Lautbild in unser Gedächtnis ein, wird uns bekannt und vertraut. Und jeder Mensch geht lieber mit Vertrautem um, als mit Unbekanntem.

Die Werbung macht sich solche psychischen Mechanismen zunutze. Keine Firma, die Waschmittel, Zigaretten, Likör, Autos, Zahnpasta... auf den Markt bringt, denkt daran, ein neues Produkt mit einer einzigen Zeitschriftenannonce einzuführen. Werbeleute denken in Jahresprogrammen. Sie unterscheiden Einführungskampagnen und Erinnerungswerbung. Sie starten ihre Angriffe gegen ihren potentiellen Gegner – den noch nicht kauflustigen Kunden – auf breiter Front: Zeitungen, Zeitschriften, Plakate, Funk und Fernsehen, Auslagen... möglichst überall soll er, der Gegner, angegriffen werden, bis er nachgibt und – kauft.

Dieses Trommelfeuer der Werbung wird früher oder später beinahe jeden potentiellen Kunden erreichen. Und eines Tages ist ein Produkt, ein Star, ein Schlager, eine Idee, ein Slogan vielen Millionen Menschen bekannt. Und einige Zehntausend werden überrumpelt. Sie entdecken bei sich ein neues Bedürfnis, werden neugierig oder wollen sich einfach psychisch entlasten, indem sie die angepriesene Ware... einmal probieren. Ist es aber einmal soweit gekommen, beginnt die »allgemeine Meinung« als primärer Werbeträger aktiv zu werden, nur gelegentlich unterstützt von anderen Werbemaßnahmen. Auf eine ganz ähnliche Weise werden Dienstleistungen und politische Ideen, Menschen und Programme verkauft.

Lassen Sie sich nicht nur etwas verkaufen, sondern versuchen Sie mit der Wiederholungsmethode selbst etwas zu verkaufen. Wenn Sie bemerken, daß Sie Erfolg haben, werden Sie kaum mehr selbst auf die Verführung durch Wiederholung hereinfallen, denn Sie haben die suggestive Wirkung Ihrer eigenen Strategie auf andere erlebt.

Es kommt also darauf an, im Gegner ein Bedürfnis zu wecken, einen (vermeintlichen) Vorteil, der ihm durch Wiederholung eingebleut wurde, wahrzunehmen. Nun, das geschieht nahezu alltäglich. Theoretisch ist den meisten Menschen bekannt, daß mit jeder Wiederholung des Versuchs, ein gestecktes Ziel zu erreichen, meist die Erfolgswahrscheinlichkeit wächst. Voraussetzung ist allerdings, daß das Selbstvertrauen und Selbstwertgefühl durch Mißerfolge nicht geschädigt, sondern objektiviert wurde. Eine manipulatorische Aktivität hat meist nur dann Erfolg, wenn Sie sie aus der Position zureichender Selbstsicherheit heraus starten. Nur dann werden Sie durch Ihre Sicherheit in der Wiederholung Ihren Gegner langsam, aber sicher verunsichern. Früher oder später kann er Ihre Sicherheit gegen seine Unsicherheit wägen und wird Ihre Sicherheit vorziehen, zumindest akzeptieren. Dann haben Sie gewonnen.

Genau das versucht die politische oder ökonomische Werbung alltäglich mit Ihnen. Warum sollen Sie den Spieß nicht umkehren? Es gibt kaum Menschen, die durch die Wiederholung genau der gleichen Botschaft nicht zu verunsichern wären. Sagen Ihnen zehn Ihrer Mitarbeiter, daß Sie heute aber schlecht aussähen, glauben Sie es mit sehr großer Gewißheit; sagen Ihnen drei Ihrer Freunde, daß Sie von dem Automodell X begeistert seien, dann besteht eine ziemliche Wahrscheinlichkeit, daß Sie beim nächsten Autokauf die Marke X ins Kaufkalkül ziehen (vorausgesetzt, der Typ X entspricht Ihrem sozialen Standard – der ist meist ein noch intensiverer Manipulator als die Meinung Ihrer Freunde).

Das Thomassche Theorem und die Mechanismen der »Sich-selbst-erfüllenden Prophezeiung« (vgl. Seite 159) sind ebenfalls nur wirksam, wenn eine genügende Menge von Menschen durch ihren Glauben eine »soziale Tatsache« schaffen, die völlig unabhängig von ihrer Realität wirksam wird. Auch Gerüchte beziehen aus der Wiederholung ihre oft infame Gewalt. Das Gerücht: »X ist ein Trinker« kann innerhalb weniger Tage eine Karriere zerstören, ohne daß sich X dagegen wehren kann, vorausgesetzt, es wird so oft wiederholt, daß zunächst einige, dann immer mehr es glauben. Es wird allein durch das Glauben, die soziale Tatsache »X ist ein Trinker« geschaffen, die ganz dieselben Folgen hat, ob nun X wirklich ein Trinker ist oder ein Anti-Alkoholiker. Die Strategie des gezielten Gerüchts ist eine der unmenschlichsten, aber gar nicht selten angewandten Methoden der Manipulation. Es ist selbstverständlich, daß man eine solche Strategie, einen Gegner zu besiegen, niemals anwenden sollte. Aber man sollte sie kennen – schon alleine, um nicht leichtfertig sich selbst an der Ausbreitung von Gerüchten zu beteiligen. Auch sollte man um die Schwierigkeit wissen, sich gegen Gerüchte zu wehren. Werden Sie selbst häufiger Opfer von Gerüchten in derselben sozialen Umgebung, dann sollten Sie, wenn möglich, Ihre soziale Umgebung wechseln und sich fragen, was Sie falsch gemacht haben, denn der Grund der Gerüchtebildung ist meist Außenseitertum, Neid, Haß – kurzum: jedes Gerücht ist Ausdruck eines destruktiven Sozialkonflikts. Und an solchen Konflikten ist der Betroffene meist nicht völlig unschuldig.

Es gibt nun drei erprobte Techniken der manipulativen Wiederholung:

a) Die stereotype Wiederholung.
»Stereotyp« ist eine Wiederholung, wenn durch längere Zeit oder über mehrere Kanäle ein und dieselbe Botschaft signalisiert wird. Sie wirkt durch die Beharrlichkeit, mit der sie vorgebracht wird. Dabei wird der Gegner
- zunächst emotional verunsichert,
- dann informiert, wie er mit der Unsicherheit fertig werden kann,
- um endlich das zu tun, was man von ihm erwartet.

Vor allem die ersten beiden Schritte haben ihren günstigsten Zeitpunkt. Wenn Sie ihn abfangen, dann werden Sie schneller zum Ziel gelangen. Wer einem anderen seine Hilfe anbietet, wenn dieser keine Hilfe braucht, wird kaum imponieren. Bieten Sie aber einem Menschen Ihre Hilfe an, der in Not ist – und helfen Sie auch, dann wird er das kaum vergessen. Sagen Sie Ihrer Freundin, sie sei wunderbar, dann wird diese Botschaft, je nach der Stimmung Ihrer Freundin, sehr verschieden oft wiederholt werden müssen, um geglaubt zu werden, und Sie Ihren Wünschen näherzubringen. Die rechte Stimmung ist dann gegeben, wenn der andere bereit ist, das zu glauben, was Sie ihm sagen. Die Bereitschaft Ihnen zu glauben, hängt aber sehr von der augenblicklichen Disposition ab.

b) Die quantitative Multiplikation.
Je mehr Menschen eine Botschaft verkünden oder bestätigen, um so glaubhafter wirkt sie. Was ein einzelner sagt, mag man als Spinnerei abtun, wenn aber verschiedene Menschen von einer Sache überzeugt sind oder sich als überzeugt geben, dann wird sie schon sehr viel glaubhafter, denn jedermann weiß, wie problematisch es ist, die ganze Welt als mit Spinnern besiedelt anzunehmen (das weist meist auf einen schizoiden Defekt hin). Ab einer bestimmten Zahl von »Multiplikatoren« wird eine Nachricht zur Würde der »allgemeinen Meinung« emporgehoben – und gegen sie gibt es bekanntlich keine Argumente mehr.
Nicht wenige Manipulatoren machen sich diese Strategie täuschend zunutze, indem sie einfach behaupten, das, was sie verkünden, sei allgemeine Meinung. Damit verstummt zumeist jeder überzeugende Widerspruch. Wer gegen die allgemeine Meinung argumentiert, gilt als Querkopf oder Idiot (in der SU sperrt man ihn deshalb auch gleich in eine Anstalt).
Oft helfen selbst sehr unscharf gehaltene Hinweise dem Manipulator, den Effekt einer quantitativen Verstärkung zu erreichen:
- »Kaum einer hat widersprochen!« (selbst, wenn niemand recht verstanden hat, worum es eigentlich ging, und deshalb keiner widersprach).
- »Die meisten sind dafür!« (selbst wenn knapp die Hälfte dagegen war – und die meisten nur nicht widersprachen).
- »Alle sagen, daß es richtig ist!« (selbst wenn nur niemand widersprach).

Vor allem aber imponieren nicht wenigen absolute Zahlen, wenn sie nur groß genug sind. Hier wird oft manipuliert, indem man solche Zahlen nicht statistisch sauber auf ihre Aussagekraft hin überprüft (so nennt etwa K. Marx in seinem »Kapital« zahlreiche relative und absolute Zahlen und ohne ihre Signifikanz zu erheben, folgert er daraus allgemeine Gesetze oder doch Regeln).

c) Die qualitative Verstärkung.
Die qualitative Verstärkung kann über verschiedene Nachrichtenquellen gelingen:

- Etwas steht in der Zeitung.
- Eine Autorität behauptet etwas (oder ihr wird eine Behauptung untergeschoben).
- Etwas wird als wissenschaftlich erwiesen behauptet (Berufung auf Tests oder jahrelange Laboruntersuchungen...).

Die Technik der qualitativen Verstärkung ist uns allen aus der Werbung wohlbekannt. Mitunter wird etwa mit Anzeigen geworben, die zum redaktionellen Teil zu gehören scheinen. Oder eine bekannte Skiläuferin wirbt für Winterkleidung (obschon sie davon gar nichts versteht, nehmen die meisten an, sie sei Expertin auch auf diesem Gebiet). Oder ein Politiker beruft sich nicht auf seine eigenen Erfolge, sondern auf die Ergebnisse wissenschaftlicher Untersuchungen, die die Richtigkeit seiner Politik »bewiesen«... Und so geht es weiter.

»Das stand in der Zeitung« ist keineswegs nur unter Naiven ein begründendes Wort. Viele Menschen sind der Ansicht, daß eine Behauptung, einmal gedruckt, alleine deshalb schon glaubwürdiger ist. So vertrauen sie etwa der Zeitung mehr als der Nachbarin, wenn es um das Kolportieren lokaler Ereignisse geht. Dem gedruckten Wort haftet etwas von Objektivität an, und diese Objektivität wird dann auf den Inhalt der Nachricht transferiert. So haben so manche kuriosen Geschichten erst ihren Ernst bekommen, nachdem sie gedruckt worden waren. Sicherlich ist das »Es stand in der Zeitung« eine schwache Berufung auf eine schwache Autorität, wenn es um den Wahrheitsgehalt einer problematischen Nachricht geht, doch es gibt noch schwächere. Hierher gehört die Berufung auf Pseudoautoritäten. Pseudoautoritäten sind

- Autoritäten auf irgendeinem Gebiet, nur nicht auf dem, zu dem sie sich gerade äußern, vor allem, wenn sie zu anerkannten Fachleuten zählen,
- Autoritäten, die gar nicht existieren,
- Autoritäten, deren Autorität in Fachkreisen durchaus umstritten ist,
- Autoritäten, denen man einfach eine Behauptung unterschiebt,
- Autoritäten, deren Ansicht man verstümmelt oder unvollständig zitiert,
- Autoritäten, die seit geraumer Zeit tot oder überholt sind...

Ein paar Beispiele mögen das erläutern:
- Ein Autorennfahrer – Idol vieler Jugendlicher – lobt einen bestimmten Wagentyp. Ein Schlagerstar – ebenfalls zum Idol geworden – lobt ein bestimmtes Hundefutter.
- »Ein bekannter Professor in den USA, James K. Deer, hat unser Produkt getestet und ist begeistert.«

»Wir verfahren bei unserem Test nach einer wissenschaftlich erprobten Methode.«

- »Selbst Albert Einstein war der Ansicht, daß...«
»Schon Karl Marx war der Ansicht, daß...«
- Ein wirtschaftswissenschaftliches Gutachten oder eine statistische Erhebung wird selektiv interpretiert.

Nun sollten Sie nicht unbedingt selbst solch billige Tricks verwenden. Sie sollten aber immer skeptisch sein, wenn jemand zur Stützung seiner Argumente Autoritäten heranzieht. Wer unter Berufung auf Autoritäten beweist, dessen Ansicht ist meist schwach begründet. Und je mehr Autoritäten er nennt, um so wahrscheinlicher reicht sein Geist nicht aus, selbst eine behauptete Tatsache zu überprüfen. Und so ist er denn auf die primitive Form der Manipulation verwiesen, die Sie schon als Kind beherrschten: »Vater hat aber gesagt...«
Sie alle haben es sicher schon im Umgang mit sich selbst erfahren: Wenn Ihnen ein gebildeter Laie einen komplizierten Sachverhalt – etwa aus dem EDV-Bereich – erklärt, glauben Sie ihm viel weniger als einem Fachmann, der eine Sprache spricht, der Sie kaum folgen können. Lassen Sie sich also niemals düpieren, wenn ein Fachmann seinen Jargon spricht, sondern fragen Sie ihn genau, was er denn eigentlich damit sagen wolle. Haben Sie ihn einige Male gefragt, dann wird er sich entweder verständlich ausdrücken – oder er hat etwas zu verbergen.
Eine ziemlich widerliche Methode, das Wiederholungsprinzip zu Manipulationszwecken zu bemühen, ist die häufige Erinnerung an einen Fehler, eine Schwäche. Wenn Sie verheiratet sind, kennen Sie sicher diese Taktik, einen Partner zu demoralisieren und so zur Manipulation reif zu machen. Die Taktik will das Selbstbewußtsein des Gegners untergraben und das eigene heben, um einen Ausgangsvorteil im manipulatorischen Spiel zu erringen. Es gibt da eine Technik, die den stärksten Mann auf die Dauer umwirft. Die Ehefrau etwa kaschiert eine Abwertung geschickt als Schmeichelei: »Für das, was du kannst, wirst du unterbezahlt.« Die ersten Male werden das Unerfahrene als Lob verstehen, bis dann eines Tages auf einen Nachbar hingewiesen wird: »Der ist doch weniger tüchtig als du, und die können sich wieder ein neues Auto leisten!« Man muß diesen Vorwurf nur einige Dutzende Male wiederholen, und die meisten Männer kommen sich wie Versager vor. Da sie aber keine Versager sein wollen, versuchen sie mit so ziemlich allen Mitteln zu beweisen, daß sie wer sind. Und das bringt Geld ein. Und genauso war das von der liebevollen Ehefrau gedacht.
Ich kenne Männer, deren Ehefrauen ihnen noch nach mehr als zehn Jahren einen Fehltritt vorwerfen – nicht, weil sie sich noch gekränkt fühlen, sondern einzig, um das Schuldgefühl ihres Gatten immer und immer wieder auszunutzen zu manipulatorischen Zwecken. Vermutlich neigen Männer

eher dazu, sich Blößen zu geben, als Frauen. Oder Frauen haben für die Fehltritte ihres Gatten ein besseres Gedächtnis. Oder aber sie sind die geborenen Manipulateure. Im allgemeinen nämlich bietet die spezifische frauliche Verhaltensweise (in unserer Gesellschaft) eine gute Startposition für Manipulationen.

Die Verbindung von Tadel und Schmeichelei setzt im allgemeinen die häufigere Wiederholung voraus, damit der Tadel manipulierend wirkt. So wird etwa für eine bestimmte Zahnpasta geworben, indem gezeigt wird, daß die Zähne langsam ausfallen, wenn man sie nicht verwendet. Die Drohung wird erst dann zum Kaufentschluß führen, wenn sie in ihrem ganzen Umfang begriffen wurde. Das aber setzt zumeist die Wiederholung voraus.

Auch der Staat verwendet diese Technik. Durch wiederholte Verbote, die nun gar keinen Sinn haben, erzieht er uns zur Unmündigkeit. Wenn wir dagegen aufmüpfen, werden wir sogar bestraft. So mancher hat schon nachts vor einer roten Ampel gehalten und sich gefragt warum eigentlich, wo doch weit und breit kein anderes Auto zu sehen ist (stellt er sich die Frage noch, zeigt er, daß er noch nicht zum totalen Untertanen verschrumpft ist). Dennoch werden die meisten Autofahrer warten, bis die Ampel auf Grün springt, um weiterzufahren. Unterschwellig wurde ihnen die Formel ins Überich eingepflanzt: »Denk nicht! Davon verstehst du nichts! Das tun wir für dich. Wir können das besser! Vertraue uns nur, dann kann dir nichts passieren!« Dazu kommt dann noch die Strafdrohung: »Wenn du das nicht tust, kannst du bestraft werden! Auf jeden Fall machst du dich strafbar! Wenn du nicht auffällst, hast du Glück gehabt, aber schuldig bist du dennoch! Du bist ein rücksichtsloser Mensch, der die anderen gefährdet!« Wenn Sie das alles glauben und sich entsprechend verhalten, sind Sie zum wohldressierten Staatsbürger herangereift. Sie haben Chancen, zu den Aufsteigern zu gehören. Jedenfalls eine Zeitlang.

Im Gegensatz zur Manipulation durch die Werbung, der man sich durch kritisches Denken und die Ausbildung kritischer Fähigkeiten entziehen kann, ist die Manipulation durch die Verwaltung ein Spiel mit ungleichen Chancen. Sie können langfristig dieses Spiel nicht gewinnen. Unter dem Mantel der Berufung auf die Autorität der Staatsgewalt, der Gesetze und Verordnungen wird Erpressung durch Strafandrohung zu einem legalen und allgemein akzeptierten Instrument, gegen das man sich nur sehr beschränkt wehren kann. Die Versuche, einen Verwaltungsbeamten zu manipulieren, mögen vielleicht erfolgreich sein, dennoch aber steht das positive Gesetz über (und nicht neben) Ihnen. Und deshalb können Sie allenfalls in Einzelfällen kämpfen mit Aussicht auf Sieg, aber gegen den gesamten Apparat von Manipulationstechniken, die die Staatsgewalt seit ihrer Erfindung vor einigen tausend Jahren entwickelt und verfeinert hat, anzugehen, ist

Unsinn. Es gehört zur Klugheit zu erkennen, wann man besiegt ist, wann es zwecklos ist, gegen unmündig machende Gesetze, Verordnungen... anzugehen.

5. Regel: Sie müssen lernen, Gefühle anzusprechen.

Fast alle Menschen werden von Gefühlsregungen sehr viel stärker zum Handeln oder Unterlassen gedrängt als durch Vernunfteinsichten. Die Appelle an die Gefühle haben also nicht nur den Vorteil mit sich, daß sie keiner kritischen Zensur unterliegen, sondern auch, daß sie viel wirkungsvoller, weil unmittelbarer und stärker sind. Hierher gehören auch die Appelle an Wertvorstellungen wie Ehrlichkeit, Treue, Mut, Zuverlässigkeit, Männlichkeit...

Um den Umfang der Bedeutung von Gefühlen auch in Ihrer Welt in etwa zu erahnen, können Sie sich vorzustellen versuchen, in welchen konkreten Welten Sie leben. Die erste Welt ist sicher die Welt, wie sie uns unsere Sinnesorgane vorstellen. Da wir Menschen vor allem Augenwesen sind, ist es eine vorwiegend optische Welt, die vor allem durch akustische und taktile Eindrücke bereichert wird. (Im Gegensatz dazu dürfte eine Hundewelt vor allem eine Riechwelt sein.) Auch diese Sinneswelt entspricht nun keineswegs der realen Welt. Wir nehmen die Dinge der Welt nicht so wahr, wie sie sind, sondern so, daß wir uns möglichst gefahrlos mit ihnen einrichten können.

Die weiteren Welten sind »hergeleitete, sekundäre Welten«, weil sie nur existieren, insofern wir mit der ersten Welt in Interaktion treten. Dazu gehört vor allem und zunächst unsere Innenwelt. Es ist das die Welt unserer Verarbeitung von Sinneseindrücken zu irgendwelchen Ganzheiten, die nicht schon von der objektiven Welt vorgegeben sind. Es ist das die Welt der Verstandesverarbeitung von Sinneswahrnehmungen, aber auch die Welt unserer emotionalen Verarbeitung von Sinneswahrnehmungen. Dabei ist für unser konkretes Handeln die Verstandeswelt relativ unerheblich. Sehr viel engagierter und lebhafter getönt ist unsere primäre emotionale Welt. Hier siedeln Angst, Freude, Hoffnung, Verzweiflung, Ehrfurcht... und viele andere Gefühle, die unser Verhalten weitgehend bestimmen, sehr viel weitgehender jedenfalls, als die meisten Menschen auch nur ahnen. Diese hergeleiteten Welten, vor allem aber die primäre emotionale Welt, treten nun miteinander in Wechselwirkung, so daß einige Inhalte der hergeleiteten Welt in die Sinneswelt als objektiv bestehend hineinprojiziert werden. So entstehen neue Welten, vor allem aber die sogenannte Mitwelt, die soziale Welt. Diese Mischwelt hat nun wiederum zwei Komponenten, eine stärker emotional bestimmte und eine eher rational festgemachte. Doch

auch hier ist wieder die emotional bestimmte die wesentliche Komponente. Sie bildet die Welt unserer eigentlichen (sekundären) sozialen Emotionen (oder der Emotionen, die sozial bedingt sind). Wir sprechen dabei von »Gefühlswelt«. Inhalte dieser Gefühlswelt sind alle Emotionen, die nicht nur irgendwie gegenstandsbezogen sind, sondern sich auf ein Du oder Wir als Gegenstand beziehen. Und hier unterscheiden wir zwei Gegenstandsbereiche der Gefühlswelt:
a) die sozialen Gefühle (wie Glaube, Liebe, Vertrauen, Haß, Neid, Mißgunst...),
b) die sittlichen Gefühle (wie Ehre, Treue, Mut, Gerechtigkeit, Gehorsam, Ehrlichkeit, Männlichkeit... und deren Gegenteil).
Vor allem diese beiden Gegenstandsbereiche also konstituieren eine recht hergeleitete Welt, die mit der objektiven materiellen und biologischen Welt kaum etwas zu tun hat. Und dennoch ist diese Welt unsere eigentliche Welt vor allem. Vor allem leben wir in dieser Welt, richten uns in ihr ein. Sind ansprechbar auf Auslöser, die die Gefühle dieser Welt ansprechen.
Stellen Sie sich einmal vor, Sie seien als kleines Kind auf einer einsamen Insel gestrandet und hier frei aufgewachsen. Dann hätten Sie vermutlich diese Mitwelt gar nicht entwickelt. Soziale Gefühle wie auch sittliche Gefühle würden Ihnen nichts bedeuten. Sie hätten dafür keine Worte. Es wäre eine leere Welt. Sicher hätten Sie auch dann Gefühle, aber es wären die der primären emotionalen Welt (Erwartung, Angst, Freude, Verzweiflung, Ehrfurcht...).
Das mag auf das erste befremdlich scheinen für alle diejenigen, die annehmen, der Mensch sei ein von Natur aus sittliches Wesen. Diese Annahme ist in der Tat ausgesprochen problematisch. Unser Robinson hätte keinerlei Anlaß anzunehmen, daß Tapferkeit eine größere Tugend sei denn Feigheit, oder Gerechtigkeit eine größere als Ungerechtigkeit, denn er würde die Begriffe nicht kennen und mit ihnen auch nicht das, was sie bezeichnen. Leben aber einmal mehrere Menschen enger zusammen, dann müssen sie ihr Leben miteinander regeln und bestimmte Verkehrsregeln einführen, die das Zusammen erst erträglich machen und die Freiheit des einen vor dem Anspruch des anderen schützen. Solche Konventionen werden sehr verschieden aussehen. Vermutlich wird man früher oder später auf einen Codex von Verhaltensweisen kommen, die den zehn mosaischen Geboten in etwa ähneln. Sicher aber wissen wir das nicht.
Nun ist unsere soziale Welt also vor allem eine Gefühlswelt. Das heißt: Unsere sozialen Kontakte und Interaktionen sind zum wesentlichen Teil durch Emotionen (soziale wie sittliche) bestimmt. Da Emotionen aber nur sehr beschränkt der rationalen, kritischen Kontrolle unterliegen, ist unsere soziale Welt (die von nicht wenigen Menschen als die »eigentliche Welt« be-

trachtet wird) die Welt der manipulatorischen Strategien. Manipulation erscheint uns also als die Begegnung einer fremden Rationalität mit unserer Emotionalität. Da diese arational ist, wird sie dem fremden rationalen Anspruch relativ hilflos ausgeliefert sein. So kommt es denn zu ständigen (meist erfolgreichen) Manipulationsversuchen, gegen die nur eine beschränkte Abwehr möglich ist.

Zwischen sittlichen und sozialen Gefühlen kann man sicherlich bei aller Ähnlichkeit auch Differenzen herausarbeiten. So scheinen die sozialen Gefühle irgendwie schon vorprogrammiert zu sein, denn sie entwickeln sich schon in ihren ersten Ansätzen in den ersten Lebensmonaten eines Menschen. Die sittlichen Gefühle sind dagegen wohl in ihrer konkreten Ausgestaltung stets Dressur-Leistungen der Mitwelt. Sie gehören zum Überich. In jedem Fall aber ist die Gefühlswelt – aus der Sicht exakter Wissenschaftlichkeit – eine Scheinwelt. Ein Großteil unseres Denkens und Handelns ist nun an den Inhalten dieser Scheinwelt orientiert, ja es wird von den Inhalten dieser Scheinwelt bestimmt. Geraten »objektive Vernünftigkeit« (das ist etwas, was vom Menschen sehr selten erwartet werden kann, zumeist begegnet uns Vernünftigkeit nur als Feigenblatt arationaler Prozesse, oder als Ergebnis eines Orientierungsversuchs in einer Scheinwelt) und Emotionalität in einen länger anhaltenden Gegensatz, siegt in aller Regel die Emotio über die Ratio, obschon dieser durchaus gelegentliche Kurzerfolge zugestanden sein sollen. Wir formieren also unser Leben im Zustand der Abhängigkeit von unseren Emotionen.

Im folgenden möchte ich einige Emotionen beschreiben und an Szenen erläutern, die besonders häufig Handeln und Denken bestimmen:

- Eitelkeit (oft mit Trotz legiert),
- Neid (oft mit Geltungssucht legiert),
- Mut (mitunter mit Verzweiflung legiert),
- Ehrlichkeit,
- Treue,
- Fleiß.

Dazu nun einige Szenen:
a) Viele Männer sind nur erfolgreich geworden im Leben, weil sie unter Mindergefühlen litten. Das führte denn zu der emotionalen Grundstimmung: »Ich werde es euch beweisen, daß ich es schaffe.« Kleingewachsene Männer oder häßliche Frauen entwickeln meist sehr viel mehr Ehrgeiz und Machthunger als Menschen ohne Mindergefühle. Solche (armen) Menschen drücken ihre emotionale Grundstimmung dann so aus:

- »Ich liebe den Erfolg.«

- »Geld macht mich glücklich.«
- »Ich liebe es, Macht auszuüben.«

Das angeknackste Selbstwertgefühl jagt sie so einen Weg entlang, der niemals ein Ende findet – allenfalls im Tod. Arm sind solche Menschen, weil sie – oft wider eigene Vermutung – nicht selbst ihr Leben bestimmen, sondern von allen möglichen Faktoren bestimmt werden. Der Weg zur Selbstverwirklichung bleibt ihnen verschlossen. Je älter sie werden, um so mehr entwirklichen sie sich, bis sie endlich kaum mehr etwas mit sich anfangen können – und nur noch ihrer Peripherie leben.

Die Würdigung durch andere ist ein starker Motivator. Er entspricht unserer Eitelkeit. Es ist uns keineswegs gleichgültig, was andere Menschen von uns denken oder sagen, selbst, wenn wir das behaupten sollten. Alle Menschen sind im Verkehr mit anderen eitel geworden. Das soziale Gefühl Eitelkeit ist uns von früh an eingepflanzt worden, damit man uns leichter manipulieren konnte.

Schon in unseren ersten Lebensjahren lernten wir, auf Lob mit Wohlverhalten zu reagieren. So haben wir vermutlich nur richtig sprechen gelernt, weil uns die liebende Zuwendung auf unsere ersten Sprachversuche als erheblicher Verstärker gedient hat, uns der Sprache der uns lobenden Mitwelt möglichst anzupassen. So freuen wir uns denn, wenn unsere Arbeit gewürdigt wird: Die Hausfrau freut sich, wenn ihr spiegelblanker Parkettboden gelobt wird, ein Kind freut sich, wenn der Lehrer es in der Schule wegen einer guten Leistung lobt und der Mann, wenn er wegen seiner Zuverlässigkeit oder seines Fleißes von seinen Kollegen sichtlich anerkannt wird.

Unser Robinson brauchte solches Lob nicht. Er dürfte vermutlich zufriedener gewesen sein als wir. Zumindest war er freier. Er konnte sein Leben gestalten, wie er es wollte und war nicht genötigt, es so zu gestalten, wie andere es wollten, nur damit er hin und wieder seine Streicheleinheiten erhielt. In unsere Welt versetzt, wäre er vermutlich gescheitert, weil er aber auch gar nicht zu manipulieren gewesen wäre, sondern versucht hätte, das ihm unbekannte soziale Leben nach den Regeln der Vernunft zu gestalten.

b) Auch der *Neid* ist eine starke Triebkraft. Er bestimmt unser Verhalten sehr viel stärker, als wir es gemeinhin wahrhaben wollen (vor allem, wenn man uns eindressiert hat »Man ist nicht neidisch!«). Wenn Sie ein Auto kaufen wollen (oder irgendein anderes langlebiges Konsumgut), dann werden Sie sich einige Zeit nehmen zu überlegen, wieviel Geld sie dafür auslegen wollen und zum Unterhalt zur Verfügung haben, ohne sich unverhältnismäßig einschränken zu müssen. Sie werden sich auch zumeist überlegen, welcher Typ welcher Firma für Sie in Frage kommt. Hier hat denn auch die

rationale Planung meist ein Ende. Daß auch sie auf einem emotionalen Boden aufsitzt, bedarf keiner Erläuterung – doch immerhin *wirkt* das Ganze ziemlich rational.
Sehr viel weniger Zeitaufwand aber werden Sie vermutlich an die Beantwortung der Frage verlieren, ob Sie denn das Auto wirklich brauchen. Diese Frage ist schon zuvor emotional erledigt worden. Sie brauchen ein Auto, oder ein entsprechend großes Auto nicht aus irgendwelchen rationalen Gründen (dann käme vermutlich für Sie nur eine Ente ernsthaft in Betracht), sondern weil Sie mit Ihrem Auto renommieren wollen, weil Sie sich unabhängiger fühlen, weil Sie sich auf die nächsten Ferien freuen, auf die Bewunderung Ihrer Freundin, auf den Neid der Nachbarn und Kollegen. Vielleicht werden Sie auch nur einfach sagen: »Ja, ein Auto braucht man halt heutzutage.« Keine dieser Antworten zeugt von besonderer intellektueller Anstrengung. Sie alle sind rationalisierte Emotionen oder Emotionsfolgen.
Sicherlich ist es keine sonderlich erfreuliche Maxime, nur das kaufen zu wollen, was man notwendig braucht. Wenn ich meinen Schreibtisch betrachte, sehe ich gleich einige Dinge, die ich mir einmal gekauft habe, nur weil sie mir Spaß machen (also aus rein emotionalen Gründen): Da ist ein ziemlich aufwendiges Gerät, um Kugelschreiber und Zettel zu verwahren, da stehen die kleinen »Drei Affen«, und da liegt eine Ledermappe, deren Inhalt genauso gut in Aktendeckeln untergebracht wäre. Auch in meinem Bücherbord sehe ich einige Titel, die ich mir gekauft habe, weil ich mir beim Kauf dachte: »Das müßtest du eigentlich mal lesen!«, obschon mir mein Verstand hätte sagen können, daß ich auf absehbare Zeit nicht dazu kommen würde.
Vielleicht werden Sie mich nun für einen besonders labilen Typ halten. Kann sein, daß Sie recht haben. Aber doch nur so mal zum Spaß sollten Sie Ihre letzten zehn Einkäufe durchgehen und sich fragen, was Sie denn vom Eingekauften ausschließlich rational gesteuert erworben haben. Wahrscheinlich werden auch Sie beim Kauf selbst emotional beeinflußbar sein – und also leicht manipulierbar.

c) *Heldentum* ist ähnlich wie Rauschgift eine absolut unvernünftige Angelegenheit. Es gibt Leute, die in deren Folgen bereit sind zu sterben. Das ist zweifelsfrei, wenn man es ausschließlich rational betrachtet, recht töricht. Viele Menschen nehmen die größten Opfer auf sich, nur um tapfer oder mutig zu erscheinen. Das fängt schon bei ganz primitiven Emotionen an: Etwa, wenn Sie ein etwas waghalsiges Fahrmanöver unternehmen, wenn es Ihnen gelingt, einen »Gegner« auf der Autobahn zu besiegen, indem Sie ihn überholen...

Die Militärs aller Zeiten hätten es ausgesprochen schwer gehabt, Kriege zu führen und Schlachten zu gewinnen, wenn nicht irgendeine Menschenhorde in dunkelgrauer Vorzeit festgestellt hätte, daß ein Großwildjäger erfolgreicher ist, wenn er eine Eigenschaft zeigt, die der Angst entgegensteht. Seitdem ist es offenbar allgemeine Überzeugung, daß Mut besser ist als Feigheit, obschon heute das Überleben der Menschen sehr viel eher gesichert wäre, wenn alle Menschen feige wären.

Doch dieses archaische Relikt »Mut« beherrscht noch so unsere Gefühlswelt, daß wir uns unserer Feigheit schämen. Noch immer sind so einige Großmanipulateure äußerst daran interessiert, daß andere »Mut« für einen Wert an sich halten, für eine »Tugend«, wenn Sie so wollen. Bemerkungen wie: »Lieber fünf Minuten feige, als ein ganzes Leben tot« oder »Lieber rot als tot« gelten als ausgesprochen subversiv. So wurde denn Mut zu einer der höchsten männlichen Tugenden erklärt, ganz einfach, weil ein potentieller Krieg nur von möglichst vielen Mutigen gewonnen werden kann. Um den Mut zu verstärken, erfand man eine reichhaltige Palette aller möglichen Manipulationsstrategien:

● Orden, Beförderungen, Lob und Slogans der Art: »Süß und ehrenvoll ist es für das Vaterland zu sterben!« (aus den Oden des Horaz).

● Strafe für Feigheit, von der öffentlichen Verachtung bis hin zur Todesstrafe.

Und so gibt es immer noch Menschen, die nur deshalb etwas tun, weil sie es für tapfer halten. Sie wissen nicht, daß sie Opfer einer großangelegten Manipulationskampagne geworden sind, die schon seit Jahrtausenden menschliches Denken bestimmt und terrorisiert.

d) Nun sind auch die weitaus meisten Menschen *ehrlich*. Doch keineswegs, weil sie den Nutzen der Ehrlichkeit einsehen, sondern weil sie es einfach für besser halten, stets ehrlich zu sein, als hin und wieder unehrlich, oder weil sie Strafe fürchten, wenn sie unehrlich sind. Dabei wird jeder ausschließlich vernünftig denkende Mensch sich sagen, daß es mitunter sehr viel besser sein kann, unehrlich zu sein als ehrlich. Aber eine solche Lebensmaxime gilt heute bei uns als ausgesprochen anrüchig. Haben Sie sich schon einmal überlegt, warum eigentlich?

Sicherlich kann man da verschiedene Gründe anführen. Einer der beliebtesten ist der kategorische Imperativ *Immanuel Kants*, nach dem man stets so handeln soll, daß die Maxime des eigenen Handelns auch zur Grundlage einer allgemeinen Gesetzgebung dienen könnte. Daß man *im allgemeinen* so handeln soll, ist ja unbestritten. Daß man aber so handeln muß, wenn gewichtige vernünftige Gründe dagegen sprechen, ist nicht einzusehen. Und

flugs kommen da so hehre Begriffe wie »Pflicht« ins Spiel oder triviale Bemerkungen des Typs: »Was du nicht willst, daß man dir tu, das füg' auch keinem anderen zu!«
Die Sache mit der Pflicht ist nun wieder ein reines universelles Manipulationsinstrument, ähnlich wie die mit dem Mut. Die Sache mit dem trivialen Satz ist problematisch, denn seine Umkehrung gilt keineswegs: »Handle so an den anderen, wie sie mit dir umspringen!«, obschon zwischen den beiden Sätzen – vernünftig gedacht – kaum ein erheblicher Unterschied besteht.
Die Ethik des *Hammurabi* (um 1700 v. Chr.) war noch effizienter als die modernen Pflichtethiken – dennoch gilt sie aus irgendwelchen Gründen heute als barbarisch. Das mag sie auch sein. Aber in einem unterscheiden sich beide Ethiken gar nicht voneinander: Sie haben den Zweck, menschliches Verhalten zu fremdem Nutzen zu beeinflussen, und sie tun das über Emotionen. Hammurabi tat es über die Angst, Kant versuchte es über die Pflicht.
Doch da hat man in bester Absicht den Manipulationstechniken einen weiteren Schleier umgehängt, der die Konturen etwas verwischt: Man behauptet, menschliches Zusammen sei nur in menschlicher Weise möglich, wenn alle Menschen immer ehrlich zueinander seien. Das ist ganz offensichtlich nicht zu beweisen. Bestenfalls läßt sich zeigen, daß man im allgemeinen ehrlich sein müsse. Das aber bestreitet kaum jemand. Daß man aber ehrlich sein müsse, wenn die Ehrlichkeit offensichtlich unvernünftig ist, ist eine Erfindung der sogenannten »Verantwortungsethik«, die ihre Regeln für stets und ausnahmslos gültig hält und so erheblich intensiver manipuliert, als die sogenannte »Gesinnungsethik«, die mit dem Prinzip der Güterabwägung arbeitet, und so der Vernunft einigen Spielraum läßt.

e) Nun ist *Treue* keineswegs nur eine menschliche Tugend, wenn man das Wort nicht allzu esoterisch interpretiert. Selbst Tiere können »treu« sein. Vermutlich meint das Wort zunächst das animalische Bedürfnis, eine einmal eingegangene Sozialbindung nicht zu lösen, selbst wenn vernünftige Gründe für die Lösung sprächen. Weil keine Gefahr des Überlegens besteht, pflegen denn auch Tiere sehr viel »treuer« zu sein als Menschen, vorausgesetzt, es handelt sich um Herdentiere, die sich nur in Rudeln oder Herden eine optimale Lebenschance sichern.
Nun ist der Mensch auch ein solches Herdentier, obschon die optimale Mitgliederzahl einer Menschenherde deutlich unter zehn liegen dürfte. Und da der Herdenbindungsinstinkt beim Menschen sich doch von dem des Tieres unterscheiden muß, spricht man beim Menschen von Treue und beim Tier vom »moral-analogen Verhalten«. Tatsächlich unterscheidet sich

Treue als soziales Gefühl von vergleichbaren sozialen Gefühlen bei Tieren, da sie durch vernünftiges Denken immer beeinträchtigt und in Frage gestellt werden kann. So hat man sie denn zur »Tugend« erhoben, um der Vernünftigkeit eine objektive Grenze zu ziehen, jenseits derer sie nur beschränkt etwas zu suchen habe.

Damit aber wurde zugleich ein recht effizientes Manipulationsinstrument geschaffen. Unter der Berufung auf Treue hat man Menschen schon seit Menschengedenken manipuliert. Der Spruch der Waffen-SS hieß recht pathetisch: »Meine Ehre heißt Treue.« Da hat man denn gleich zwei sittliche Gefühle aneinandergekoppelt, für den Fall, daß das eine einmal von der Vernunft befragt werden könnte. Und so mancher Mitarbeiter bleibt »seinem« Betrieb treu. Also aus emotionalen Gründen, selbst wenn die Emotion nicht durch Belobigungen verstärkt würde.

Sicherlich ist gar nichts gegen soziale und noch weniger gegen sittliche Gefühle zu sagen. Sie sind für menschliches Zusammen ausgesprochen wertvoll und wichtig. Nur sollte man sich darüber klar zu werden suchen, daß sie leicht manipulatorisch ausgenutzt werden können – und auch sehr oft werden. Eine Welt ohne Emotionen wäre schrecklich unmenschlich. Doch sollte man darauf achten, daß das, was die Welt menschlich macht, nicht unmenschlich mißbraucht wird – etwa zum Zweck einer Manipulation zum Schaden des Manipulierten.

f) Auch *Fleiß* kann durchaus etwas sein, was dem Menschen hilft bei seiner Selbstverwirklichung, obschon seine Bedeutung zumeist überschätzt wird. Zur Selbstverwirklichung gehört eine gehörige Portion Muße. Nun wird man die sicherlich haben, solange man nur fleißig ist und sein Gefühl: »Du mußt fleißig sein!« rational beherrscht und nicht von ihm beherrscht wird. Jeder Mensch, der nicht gerade antriebsgestört ist, empfindet Lust, wenn er seine körperlichen und geistigen Fähigkeiten realisiert. Ein Fleiß, der in solcher Vollzugslust wurzelt, ist sicher recht positiv zu bewerten.

Doch kann man diese Neigung zur Aktivität, zum Fleiß auch ausnutzen, wie das in unseren heutigen Wirtschaftsordnungen zumindest in den Ostblockländern oder in der BR Deutschland durchaus gerne geschieht. Dann wird Leistung zum Selbstwert hochgewichtet, nur um Menschen besser und erfolgreicher ausbeuten zu können. Das klingt ein bißchen sehr vereinfacht – doch die erfolgreichsten Manipulationstechniken können ganz einfach beschrieben werden, weil sie einfach sind: Sie appellieren einfach an etwas, was »man« für eine Tugend hält. Und man hält das für eine Tugend, auf das hin wir alle von Kindesbeinen an dressiert worden sind.

Ich will hier nicht das Lob der Faulheit singen, obschon sie durchaus auch nicht unbedingt ein Laster (das Gegenteil einer Tugend also) sein muß. Ich

glaube, daß, mit dem Maßstab unserer modernen Leistungsgesellschaft gemessen, die weitaus meisten Menschen von Natur aus faul sind (das heißt: ihr lusthafter Selbstvollzug reicht nicht aus, um den level des Fleißes zu erklimmen). Somit müssen sie also mit allerlei Motivatoren dazu gebracht werden, ihre eigene Faulheit zu überwinden. Die Maslowschen Motivatoren gehören etwa hierher. Aber nicht nur sie. Auch so manche Ethik kommt ihnen zu Hilfe, indem sie Fleiß zur Tugend erklärt. Das geschieht so, daß man dem Kind beibringt, daß Fleiß belohnt werde (was keineswegs immer der Fall ist). Diese falsche Überzeugung wird dann im Überich internalisiert. Und Überich-Ungehorsam wird durch Schuldgefühle geahndet. Ich kenne Menschen, die Jahre dazu brauchten, um die Faulheit, die natürliche, wieder zu erlernen, um ohne Schuldgefühle zu faulenzen.
Vor allem Bürgerkindern wird der hohe Wert des Fleißes immer wieder eingeredet, bis sie daran glauben und fleißig sind. Sie werden denn auch deutlich in unserem Wirtschaftssystem positiv selektiert. Und nicht viele werden bei solch unmenschlichem Unterfangen alexithymisch, ihre Seele verstummt. Wer dieses auf Leistung getrimmte Erziehungssystem einmal vor Gott (oder, wenn er nicht an Gott glaubt, vor der Menschheit und ihrer Geschichte) verantworten muß, hat sicher nichts zu lachen, denn es widerspricht der elementarsten Regel jeder Bildung: Nach der hat Erziehung vor allem das Ziel, dem (jungen) Menschen zu helfen, einmal sich selbst in unserer Gesellschaft zu verwirklichen. Die Dressur aber, die darauf aus ist, möglichst nützliche Kreaturen für unsere Leistungsgesellschaft abzurichten, lehrt alles andere. Und sie disponiert zur Selbstentwirklichung.
Wie aber kann man lernen, seine Abhängigkeit von Gefühlen besser zu kontrollieren, um so zu verhindern, daß andere sie ausnutzen? Die Scheinwelt der vorgeschobenen Gefühlsappelle ist ausgesprochen verwirrend. Hier Ordnung zu schaffen, hier zu selektieren, will geübt sein. Man packt uns an unserer Ehre, appelliert an unsere Treue, spricht unser Anerkennungsbedürfnis an, verspricht uns die Erfüllung unserer Bedürfnisse... Alles das in manipulatorischer Absicht.
Die Gläubigkeit gegenüber manipulativen Verheißungen oder Versprechungen hat in den letzten Jahren vermutlich eher zu als abgenommen. Viele Menschen stehen im Prozeß der selbstgewählten Entmündigung. Sie hören zunehmend mehr auf, Maßstäbe für sich festzulegen und die Versprechungen, die an sie herangetragen werden, an diesen Maßstäben allein zu messen. Das aber ist die einzig wirksame Strategie, um im Dschungel der manipulatorischen Verheißungen, die *letztlich* nicht erfüllt werden, und daher permanent zu Frustrationen führen, nicht unterzugehen.
Der entscheidende Schritt, den Sie tun müssen, um dieser Forderung gerecht zu werden, ist die Ausbildung einer starken Instanz, die es Ihnen er-

laubt, die Überich-Imperative zu kontrollieren und zu prüfen. Das heißt: Nur eine ich-starke Persönlichkeit wird sich gegen manipulierende Einflüsse zur Wehr setzen können. Um das aber zu lernen, müssen Sie den Mut finden, hin und wieder aus den starren Rollenspielen, in die Sie von den konkreten Gesellschaften, in denen Sie leben, hineingezwängt werden, auszubrechen.

Ohne gelegentliches Ausflippen werden Sie stets Gefangener Ihrer Rollen bleiben und so ein gut manipulierbares Objekt sein, das so ziemlich alles tut, was »man« von ihm erwartet. Sie müssen also in jedem Fall versuchen, die Herrschaft des »man« zu brechen. Nur so können Sie sich von Rollen- und Denkklischees befreien, die die Voraussetzung mancher erfolgreichen Manipulation mit Ihnen sind.

Es gehört Mut dazu, die üblichen Rollenspiele aufzugeben. Und diesmal meint »Mut« nicht jenen, den die Feldherrn brauchen, um Kriege zu führen, sondern Zivilcourage. Versuchen Sie es also einmal, nicht die Untertanenrolle im Verkehr mit Behörden zu spielen, nicht die Hausmütterchenrolle in Ihrer Ehe (oder die Verdienerrolle), nicht die Vaterrolle gegenüber Ihren Kindern (sondern etwa die Kumpanenrolle). Haben Sie den Mut, Ihre Ferien ganz anders zu gestalten, als »man« es tut (zigeunern Sie doch mal so durch die Gegend, und betrachten Sie Hotels, Campingplätze und alle Orte, an denen sich Ihre normierten Mitmenschen wohlfühlen oder wohlzufühlen vorgeben, weil man sich halt in den Ferien wohlfühlt, mit tiefer Verachtung). Es gibt zahlreiche Möglichkeiten, sich von gesellschaftlichen Zwängen zu emanzipieren, ohne gleich der Gesellschaft den Rücken zu kehren.

Die Welt der Manipulation ist eine Welt der Täuschungen. Es kommt also darauf an, sich nicht täuschen zu lassen. Da die Täuschung aber in einer Scheinwelt spielt, ist es nicht leicht, sie zu durchschauen und sich ihrer zu erwehren. Dennoch seien einige Techniken vorgestellt, die von *Sun Tse,* dem Verfasser des ersten strategischen Lehrbuchs der Welt und erfolgreichen chinesischen Feldherrn, inspiriert sind. Ein Zitat aus den Schriften Sun Tses steht nicht zufällig am Anfang dieses Buches.

a) Spielen Sie Bescheidenheit.
Einem stärkeren oder gleich starken Gegner sollten Sie nicht unbedingt zu imponieren versuchen, wie das so gemeinhin geschieht. Es ist sehr viel besser, seiner Eitelkeit zu schmeicheln und im (nicht übertriebenen) understatement zu operieren. Hier bieten sich verschiedene Methoden an:
- Zeigen Sie ihm Ihre Bewunderung.
- Sagen Sie ihm, daß Sie – verglichen mit ihm – ein Anfänger (oder Laie) seien.

- Zeigen Sie ihm, daß Sie bereit sind, von ihm zu lernen.
- Sagen Sie ihm, daß er doch wesentlich besser sei als X (hier ist der Name des schärfsten Konkurrenten einzusetzen).

Dann wird meist folgendes eintreten:
- Er wird sich selbst überschätzen und Sie unterschätzen.
- Er wird Ihnen erklären, er sei gar nicht so gut und eventuell einige seiner Schwächen verraten.
- Er wird versuchen – aus reiner Höflichkeit – auch Ihre Vorzüge zu nennen.

In jedem Fall bringen Sie sich so für das Weitere in eine ausgezeichnete Ausgangsposition. Da ist es schon durchaus einmal überlegenswert, ob man seine eigene Eitelkeit nicht vorübergehend zurückstellen sollte.

b) Wählen Sie die Flucht nach vorn.
Hier prozedieren Sie, einen gleich starken oder stärkeren Gegner vorausgesetzt, genau umgekehrt. Sie demonstrieren starkes Selbstbewußtsein (selbst, wenn Sie es nicht besitzen). Damit nutzen Sie die verbreitete Autoritätsgläubigkeit aus, der sich auch Ihr Gegner nur selten ganz entzogen haben dürfte. Vergessen Sie nicht, daß Menschen nicht oder nur selten nach ihren wahren Fähigkeiten beurteilt werden, sondern daß sie – zumindest kurzzeitig – nach der Maßgabe des Vermögens Autorität vorzustellen, eingeschätzt werden.
Dabei können Sie versuchen, eine höhere Autorität vorzutäuschen als die, die sich Ihr Gegner selbst zuschreibt. Das verunsichert ihn erheblich. Sie können aber auch mit Ihrem Gegner über ein Thema reden, von dem er nichts versteht, ohne sich auch nur im geringsten auf ein Thema einzulassen, auf dem Ihr Gegner Fachmann ist. Auch das kann – lange genug durchgehalten – Ihren Gegner demoralisieren. Solches Verunsichern ist nun nicht Selbstzweck. Es soll Ihnen helfen, sich von einem potentiellen Manipulator zu befreien und sich einen legitimen Startvorteil zu verschaffen.

6. Regel: Versuchen Sie, sich die Ängste anderer zunutze zu machen.
Viele Menschen haben – bewußt oder unbewußt – Angst. Angst kennen wir in den verschiedensten Verpackungen (vgl. Seite 108–115).
- als Angst, etwas Erworbenes zu verlieren,
- als Angst vor Tod und Krankheit,
- als Angst vor dem Ungewissen,
- als Angst vor der (sozialen) Realität,
- als Angst vor der Bindung.

Angst ist eine »conditio humana«, sie scheint allen Menschen zuzugehören. Sie bleibt, wenn auch alles sich ändert (Moral, Sprache, Gewohnheit...). Viele körperliche Symptome (Impotenz, Hunger, Freßsucht, Ehrsucht, Magenverstimmung und Schlaflosigkeit) haben nicht selten ihre Gründe in einer mitunter verborgenen Angst. Die weitaus meisten Helden dürften aus Angst vor der Schande zu Helden geworden sein. Die Angst ist also recht universell und meist gegenwärtig. Früher mag die Angst einmal – wie heute noch bei Kindern, Jugendlichen und Heranwachsenden (»Reifungsangst«) – einen positiven Sinn gehabt haben, um den (jungen) Menschen von Situationen fernzuhalten, die er (noch) nicht meistern kann. Für die weitaus meisten Erwachsenen aber hat sie ihren ontogenetischen (und phylogenetischen) Sinn verloren. Sie hat keinen Wert mehr als Mittel zu überleben. Aber so leicht lassen sich alte phylogenetische Erwerbungen (aus der »Kindheit der Menschheit«) nicht löschen. So wird denn die Angst zu einer wesentlichen Chance für jeden Manipulator.

Erziehung ohne Angst ist heute selten. Die meisten von uns sind noch durch Angst – oder doch durch Ansprechen von latenten Ängsten – zu dem verbildet worden, was wir heute sind. Man kann so mancherlei Ängste haben:
- die Angst vor Mundgeruch,
- die Angst vor dem Sterben,
- die Angst, von anderen verlacht zu werden,
- die Angst, jemandem Unrecht zu tun,
- die Angst, einen Job zu verlieren,
- die Angst, durchschaut zu werden,
- die Angst vor Mißerfolg oder Kritik...

Nun ließe sich die Liste solcher Ängste beliebig verlängern. Um sich selbst besser kennenzulernen, kann man einmal versuchen, einen Katalog der eigenen Ängste aufzuzeichnen. Selbst, wenn Sie gerade hier beim Lesen sich nicht recht vorstellen können, daß Sie etwas ernsthaft ängstigen könnte, wird Ihnen bei einigem redlichen Nachdenken sicherlich eine lange Liste von persönlichen Ängsten einfallen.

Man kann nun die Ängste vieler standardisieren und kommt dann zu den eingangs erwähnten Ängsten:

a) Die Angst, Erworbenes wieder zu verlieren.
Diese Angst ist zweifellos verbreitet, wenn man bedenkt, was sie alles abdecken kann:
- materielles Gut,
- geistigen Besitz (Vorurteile),
- Sicherheiten (auf Grund von Überzeugungen oder religiösem Glauben),

- Frau und Kinder,
- einen Beruf.

Ähnlich wie Rauschgifthändler ihre Kunden süchtig machen, so gewöhnt man Menschen an einen bestimmten materiellen oder ideellen Besitzstand. Man gibt ihnen etwas zur Probe, wartet, bis die Gewöhnung eingesetzt hat, droht mit der Entziehung, wenn nicht bestimmte Gegenleistungen erbracht werden. Damit aber ist die Manipulierbarkeit kaum begrenzt. So verfahren:
- Unternehmer mit ihren Arbeitern,
- Frauen mit ihren Männern,
- Offiziere mit ihren Soldaten,
- Ärzte mit ihren Patienten,
- Kirchen mit ihren Gläubigen,
- ökonomische oder politische Systeme mit den Menschen, die sie beherrschen.

Das Ziel ist immer dasselbe: Eine Abhängigkeit soll geschaffen werden, um den anderen gefügig, vielleicht gar hörig zu machen. Man gibt ihm etwas, von dem er sich nicht mehr trennen kann oder will. Dann wird er früher oder später bereit sein, große Opfer zu bringen, um sich von dem Gehabten nicht trennen zu müssen. Die oft unausgesprochene Nötigung, die dieser Manipulationstechnik zugrunde liegt, kann man annähernd so verbalisieren: »Wenn du nicht tust, was ich von dir verlange, dann muß ich dir leider das, was ich dir gegeben habe und an dem du so sehr hängst, wieder abnehmen.« Sicher wird das Prinzip meist nicht so klar formuliert. Oft genügt es durchaus, die früher oder später automatisch aufkommenden Trennungsängste nicht zu beheben. So kann der Manipulator manipulieren, ohne von sich aus etwas dazu zu tun. Er könnte dem Betroffenen zwar einen Teil seiner Ängste nehmen, aber er unterläßt es, um sich ein wirksames Manipulationsinstrument zu bewahren. Bei diesem Typ von Manipulation, der über die verborgene Drohung mit der Trennungsangst arbeitet, gewinnen mitunter beide, wenn die Angst nicht pathologisch ausartet. Besonders aber gewinnt der, der dem anderen Angst einflößen kann.

b) Die Angst vor dem Ungewissen.
Solche Ängste entstehen oft ohne jeden erkennbaren Anlaß. Erst nach und nach werden sie thematisch, das heißt, der Sich-Ängstigende kann angeben, was oder welche Vorstellung die Angst ausgelöst hat. In Angstphasen herrscht zumeist die Phantasie. Die merkwürdigsten Zukunftsbilder werden ausgebaut, negative Erlebnisse werden aufgebauscht und selbst viele Ereignisse der Vergangenheit werden neu, unter dem alles verändernden Anspruch der Angst, interpretiert.

Was aber tun wir alles aus Angst vor dem Ungewissen:
- wir versichern unser Leben und unser Hab und Gut,
- wir versuchen sittlich zu leben aus Angst vor Bestrafung (etwa in der »Hölle«),
- wir werden abergläubisch (und machen etwa kein Testament),
- wir verbannen das Sterben in Kranken- und Schlachthäuser (um nicht an unser eigenes erinnert zu werden),
- wir ziehen uns aus sozialen Bindungen zurück, wenn wir vermuten, daß sie uns und unser Selbstbild in Frage stellen können,
- wir vermeiden es, Bindungen einzugehen, weil wir uns vor der Verantwortung fürchten oder aber Angst haben, unsere Freiheit aufzugeben,
- wir pflegen täglich unsere Gesundheit,
- wir versuchen, das Alter zu überlisten (indem wir etwa Sport treiben oder – vor allem bei Frauen zu beobachten – eine Reihe von »Schönheitsmittelchen« verwenden),
- wir putzen uns zweimal täglich die Zähne, weil wir uns vor dem Zahnarzt ängstigen,
- wir werden mißtrauisch, wenn uns die Angst die Möglichkeit einer Trennung vorgaukelt (hierher gehört auch die Eifersucht).

Nun sollte man niemals vergessen, daß die Angst eine Realität bewirken kann, die zuvor als irrationaler Angstauslöser unwirklich war. Der Angstgrund kann zu einer »sozialen Tatsache« werden, die sich nach den Spielregeln der »selbsterfüllenden Prophezeiung« realisiert.

Der Impuls, der eine Angst auslöst, kann endogener Art sein. Im Regelfall aber ist es irgendein äußerer Anlaß, der, fehlinterpretiert und oft als Auslöser nicht erkannt, die irrationalen Angsthandlungen aktiviert. Und dieser Auslöser kann durchaus von anderen Menschen geplant sein. Das Geschäft mit der Angst ist noch immer eines der lukrativsten, denn die Angst ist nur beschränkt kontrollierbar und neigt dazu, alle rationalen Überlegungen fortzuspülen wie eine Sturmflut ein Streichholz.

Das Geschäft mit der Angst hat zwei mögliche Aspekte. Entweder werden Angstauslöser gezielt eingesetzt oder aber man verspricht die Befreiung von Ängsten. Das erste ist meistens erfolgreich, das zweite kaum (außer durch psychotherapeutische Maßnahmen). Aber das Versprechen, seine Ängste zu verlieren, bringt alltäglich auf der ganzen Welt Menschen dazu, viele Milliarden Mark auszugeben (etwa für die Rüstung), ohne daß die Angst dadurch gemindert werden könnte. Der Abbau von Ängsten versperrt sich jedem Vernunftzugang.

c) Die Angst vor der Realität.
Wir alle leben in der Spannung zwischen Ich-Realität und Ich-Ideal. Wir alle erleben recht vielseitig die Nicht-Entsprechung von Realität und Wunsch oder Sehnsucht. Nun kann man dieser Diskrepanz auf zweierlei Weisen begegnen:

- Entweder man stellt sich der Realität und sucht das Beste daraus zu machen,
- oder man geht ihr aus dem Wege, weil man fürchtet, mit ihr nicht fertig zu werden.

Die Mehrzahl aller Konfrontationen mit den Realitäten des Lebens ist mit der Angst verbunden, wir könnten sie nicht bewältigen. So werden wir stets versucht sein, der Realität aus dem Wege zu gehen, um damit auch die Angst zu beseitigen. Damit aber sondern wir uns nur noch mehr von der Realität ab, und ihre Ansprüche und Forderungen ängstigen uns noch mehr. Das gilt jedenfalls so lange, bis unsere Absonderung von der Realität nicht paranoid geworden ist. Erst die Endstufe dieses Prozesses: die Wahnkrankheit, kann unter Umständen die Ängste beseitigen, weil sie dem Kranken hilft, eine Fluchtwelt aufzubauen und sie als wirklich zu betrachten. Dem Gesunden bleibt aber zumeist noch soviel Wirklichkeitssinn, daß er seine Flucht als Flucht erkennt und darunter leidet.
Solche Realitätsangst kann mancherlei Ausdrucksformen annehmen:

- Berufswünsche, die dem Konkurrenzdenken weitgehend ausweichen (Bademeister, Straßenkehrer...),
- Alkoholismus (oder andere Suchtkrankheiten),
- unkontrolliertes Tagträumen,
- Ausweichen vor Prüfungen, Tests und ähnlichem,
- Angst vor Kritik oder Mißerfolg,
- Angst vor der Beschränkung der eigenen Freiheit...

Wählt man die Flucht, um mit der Angst vor der Realität, die immer gegenüber idealen Vorstellungen miserabel ist, zu überwinden, wird langfristig die Angst nicht bewältigt, sondern verdrängt. Der Verdrängende kann die Realität kaum anders verstehen, denn als Bedrohung, selbst wenn ihm das nicht bewußt wird. Das Unbewußte läßt sich nicht nachhaltig betrügen. Hier bleibt die Angst bestehen, jederzeit auf dem Sprung, verstärkt wieder ins Bewußtsein zurückzukehren. Langfristig werden Ängste sich so eher verstärken als mindern. Ein Angstabbau ist, jedenfalls so, nicht möglich. Versucht man dagegen, die Angst zu bewältigen, indem man das Problem bewältigt, das die Angst ausgelöst hat, dann nimmt man die Konfrontation mit der Realität auf, und es kann sein, daß man so mit der Angst »fertig« wird.

Viele Menschen setzen sehr viel mehr Energien ein, um vor der Angst, vor dem Anspruch der Wirklichkeit zu versagen, zu fliehen. Würden sie dieselben Energien darauf verwenden, die Konfrontation mit der Wirklichkeit für sich positiv zu gestalten, hätten sie kaum Grund zu Ängsten.

Nun gibt es durchaus Menschen, die daran interessiert sind, ihre Mitmenschen im Zustand der Angst zu belassen (wenigstens der unbewußten). Dazu ist es nötig, Ihnen Fluchtchancen vor der Wirklichkeit zu geben und Fluchthilfe zu leisten. Ein sich ängstigender Mensch greift nach allen möglichen Strohhalmen, um seine Angst zu übertönen. So wird er etwa überaktiv, oder er versucht im Konsum, sich ständig zu beweisen, daß doch zur Angst kein Grund bestehe... Es gibt einige klassische Methoden, aus den versteckten oder offenen Ängsten seiner Mitmenschen Kapital zu schlagen. Für den Bereich der Realitätsängste sind etwa zu nennen:

● Ihr Gegner befolgt die wichtige Spielregel spätrömischer Politik und macht sie sich zum Führungsprinzip: »Teile und herrsche.« Das geschieht dann so, daß einmal der Mitarbeiter A, das andere Mal Sie bevorzugt werden, doch stets so, daß der Benachteiligte sich irgendwelche Sorgen machen muß, aus Gunst und Gnade gefallen zu sein. Er wird sich dann um so mehr anstrengen, wird versuchen, durch Zusatzleistungen wieder das alte Vertrauensverhältnis herzustellen. So kann Ihr Vorgesetzter ein Abhängigkeitsverhältnis schaffen, das Sie und Ihren wichtigsten Konkurrenten ständig gegeneinander ausspielt. Das Wechselbad: Angst und Befreiung von Angst ist eines der beliebtesten Manipulationsspielchen, die sich manche Vorgesetzte angewöhnt haben, weil so das Regieren fast zum Kinderspiel wird. Zudem bringt man die Konkurrenten dazu, sich ständig zu beneiden oder zu bekämpfen. Das aber absorbiert soviel Kraft, daß sie kaum auf den Einfall kommen, am Sessel ihres Vorgesetzten ein Bein abzusägen.

● Auch die Unterhaltungsindustrie kann zu Ihrem Gegner werden. Sie hat es aufs Ganze darauf abgestellt, Sie mit dem harten Leben in der Realität dadurch zu versöhnen, daß sie Ihnen eine andere, weiche, liebevollere, mitunter gar heile Welt vorstellt. Im Übermaß genossen, können solche Eindrücke ein dauerndes Angebot zur Flucht aus der Welt-Realität besorgen. Nach *Juvenal* sollen die Bürger Roms zur Kaiserzeit »Brot und Spiele« gefordert und sich zugleich nicht mehr um das Gemeinwohl gekümmert haben. Die Sucht nach Entspannung kann sich durchaus nicht nur im Tranquilizer-Konsum niederschlagen, sondern auch in der Sucht nach »Spielen«, wie sie uns heute das Fernsehen so reichlich anbietet.

● Auch die Erfüllung der Sensationsgier mancher Menschen etwa durch die Boulevard-Presse gehört hierher. Nicht nur daß sie eine entstellte Welt

vorzeichnet, sondern daß sie ebenfalls durch das Hochspielen von Nachrichten zu Sensationen Menschen von ihrem gegenwärtigen Elend abzulenken versuchst, sie damit auch von der Wirklichkeit entfremdet und die Angst vor ihr übertüncht. Das Scheitern anderer hilft uns, unser eigenes Scheitern leichter zu ertragen. Die Not anderer hilft uns, unsere Not zu akzeptieren, ohne uns dagegen zu wehren. Alles das aber sind Folgen von Realitätsangst.
• Manche Parteien versprechen vor allem die Erhaltung des Bestehenden. Auch sie spielen mit der Realitätsangst des Menschen, der sich in der Gegenwart eingerichtet hat, sehr wohl aber Angst hat vor der Realität der Zukunft. Um die Zukunft möglichst lange auf- und fernzuhalten, versprechen mitunter gar alle großen Parteien die Sicherung der politischen und ökonomischen Verhältnisse vor jedem Umsturz, jeder Revolution, obschon das bestehende System mit Sicherheit nicht beliebig lange konservierbar ist. Die Extremistenangst mit dem typischen Umschlag in Extremistenhaß ist ein charakteristisches Symptom der Realitätsangst so vieler Bundesbürger. Ihr kommen die politischen Parteien entgegen, indem sie einen Fluchtweg anzubieten scheinen, der den Weg in die Zukunft versperrt, indem alle Ansprüche des Zukünftig negiert werden.
• Auch so manche professionelle Verwalter von Religiosität versuchen der Realitätsangst durch Aufweisen von Fluchtwegen beizukommen. Marx nannte nicht zufällig Religion »Opium des Volkes«. Um die recht miserablen Zustände des Gegenwärtig und die Bedrohung durch das Zukünftig, um also Realität ertragen zu können, bietet sich manchen Menschen die Flucht in eine religiöse Unwirklichkeit an. Hier können sie sich einen Himmel als Wolkenkuckucksheim bauen, der ihnen als Refugium vor der Unbill der Wirklichkeit im religiösen Traum dienen kann. Es bedarf wohl keiner weiteren Ausführungen, daß solche abartige Religiosität nicht für Religiosität schlechthin stehen kann. Der *wirklich* religiöse Mensch wird sich vom Pseudo-Religiösen gerade darin unterscheiden, daß er die Probleme der Wirklichkeit mutig angeht. Er wird gerade aus der Religion Kraft schöpfen, um sich mit der Wirklichkeit auseinanderzusetzen. Er braucht also am allerwenigsten eine religiöse Flucht- oder Wahnwelt.

So sind denn also viele Menschen fast ihr Leben lang auf der Flucht vor der Wirklichkeit. Der eigenen, der sozialen, der politischen, der religiösen... Und fast stets bieten sich hilfreiche Hände an, die die Flucht erleichtern wollen und dafür ihren Preis fordern. Der geringste ist noch der, daß wir unserem Helfer in seinem Helfen helfen, seine eigene Realitätsangst zu überwinden.
Wie kann man nun versuchen, mit seiner Angst fertig zu werden? Daß ich Ihnen hier keine Patentrezepte liefern kann, liegt an der Unzugänglichkeit

der Angst für rationale Argumente, aber auch an der Vielgestaltigkeit der Ängste, die in einem Menschen wohnen. Doch mitunter kann die Angst auf ein erträgliches Maß reduziert werden, wenn man sich zunächst einmal über die Art der Angst klar zu werden versucht (Reifungsangst, Trennungsangst, Bindungsangst, soziale Angst...). Hier bietet die Psychologie recht plausible Begründungsschemata an, die es im Regelfall erlauben, den objektiven Angstgrund (außer, er ist neurotisch im Sinne einer psychoneurotischen Störung) auszumachen. Dann können Sie versuchen, drei Fragen sachlich zu beantworten (am besten schriftlich):

- Wovor habe ich eigentlich Angst?

Haben Sie einmal klar erkannt, wovor Sie sich eigentlich ängstigen, dann ist eigentlich die Angst schon weitgehend überwunden. Sie wird in Furcht transformiert. Damit aber können Sie auf vernünftige Strategien sinnen, die die eigentliche Angst Ihnen wegen ihrer Objektlosigkeit verbietet. Sicher werden Sie diese Frage nur unzureichend beantworten können, denn wirkliche Angst entzieht sich dieser Frage. Aber die weitaus meisten Ängste haben an der Oberfläche Befürchtungen mit sich. Diese Befürchtungen kann man durchaus rational ausmachen und damit auch – im günstigen Fall – die Angst am Schopfe packen.

- Was ist das Schlimmste, das mir in dieser Sache oder Situation passieren könnte?

Es ist zwar nicht immer richtig, stets an das Schlimmste zu denken. Doch in der Situation der anonymen Angst kann man versuchen, sich das Schlimmste auszumalen. Es ist oft sehr viel weniger schrecklich, als es das Angstgefühl wahrhaben möchte. Angenommen, Ihre Angst wurde ausgelöst (wenn auch nicht verursacht) durch ein bevorstehendes Examen. Dann sollten Sie sich fragen, was, nach Würdigung aller *wirklichen* (und nicht nur eingebildeten) Umstände, für Sie die schlechteste in Frage kommende Möglichkeit sei. Meist ist sie bei weitem nicht so schrecklich, wie die dumpfe Angst es suggeriert.

- Wollen Sie das Risiko eingehen?

Obschon die Angst die Phantasie zu absonderlichsten Produktionen beflügelt, kann man meist doch solche Phantasien zurückdrängen, vorausgesetzt, man beginnt rechtzeitig damit. In einer von solchen Angstphantasien freien Atmosphäre sollten Sie sich nun überlegen: Kann ich das Risiko eingehen? Wenn Sie zum Schluß kommen: Nein, fragen Sie sich, ob nicht doch die Angstphantasien gegenüber aller Rationalität überhand genommen haben. Sollte das der Fall sein, können Sie sich therapeutisch helfen lassen. Kommen Sie aber zu dem Ergebnis, daß Sie das Risiko auf sich nehmen sollten, weil die Chancen zu siegen größer sind als die zu verlieren, oder der Einsatz sich in jedem Fall lohnen wird, dann sollten Sie, Angst hin, Angst her, so arbeiten und so planen, als ob Sie frei von Ängsten wären. Im äußersten Fall heißt das: Entwickeln Sie eine Strategie, zu verhindern, daß das Schlimmste eintrifft.

In der konkreten Praxis wird sich dann zeigen, daß die Dinge meist viel einfacher liegen und sind, als wir es uns in unseren Angstphantasien ausgemalt haben.

Mitunter ist es auch hilfreich, eine Liste von Problemen aufzustellen, die alle Entscheidungen enthält, die wir herausgezögert haben. Oft war uns sicher die Angst hier ein schlechter Ratgeber.

In dem gleichen Maße, in dem wir lernen, mit unseren Ängsten umzugehen, werden wir uns emanzipieren und damit die Chancen anderer, uns zu manipulieren, auf ein sozial wünschenswertes Maß senken.

Wer immer daran denkt, was wohl andere zu seinen Handlungen oder Entscheidungen sagen werden, wer also Angst hat vor der Meinung anderer, wird niemals etwas anderes sein als ein Manipulationsobjekt seiner Ängste. Nicht, daß es uns nicht kümmern sollte, was andere von uns halten. Es ist sehr wichtig, das zu wissen, um richtig in der sozialen Welt zu agieren. Aber wir sollten vom Wohlgefallen der Menge nicht unsere Handlungen und Entscheidungen bestimmen lassen. Auf längere Sicht gesehen ist ein solcher Handlungs- und Entscheidungsstil jedenfalls sehr viel erfolgreicher als ein falsch verstandener kooperativer, der möglichst auf Anerkennung aus ist.

Wenn Sie einmal mit Ihren eigenen Ängsten sinnvoll umzugehen gelernt haben, können Sie versuchen, die Ängste anderer zu Ihren Gunsten zu verwenden. Das ist solange unbedenklich, als

● Sie in einer Gesellschaft leben, in der jeder den anderen so weit wie möglich und ohne Furcht vor Strafe zu seinem Eigennutzen im Verhalten steuert und

● Sie niemandem dabei schaden (also nicht etwa Ängste zunächst induzieren).

Machen Sie Ihrem Gegner also seine Ängste bewußt, und bieten Sie ihm dann Techniken an, die Ängste zu überwinden. Das mag etwas unmenschlich klingen, ist aber eine Strategie der Manipulation, der wir selbst seit unserer Kindheit ausgesetzt sind. Unsere Eltern haben uns etwa damit erzogen, daß sie uns unsere Angst vor Liebesentzug deutlich und bewußt machten (etwa in Strafen), um uns dann Strategien aufzuzeigen, wie es nicht zu einem solchen Liebesentzug kommen könne (Gehorsam). Letztlich ist das aber eine Charakterfrage. Ich persönlich halte solche Strategien der Verwertung der Angst anderer zu meinem Nutzen für meiner unwürdig und versuche Angst abzubauen, wo immer sie mir begegnet.

7. Regel: Wenn Sie jemanden beeinflussen wollen, passen Sie den günstigsten Augenblick ab.

Die weitaus meisten Menschen wissen nicht genau, was sie im Leben wirklich wollen. Und wenn sie es zu wissen glauben, dann können sie es nicht in alltägliche Strategien umsetzen. Sie sind ich-schwach, das heißt, sie überlassen es anderen, für sie die Entscheidungen zu treffen, oder aber sie lösen ohne langfristige Zielorientierung für ihr Leben die anstehenden Probleme schlicht pragmatisch. Diese Pragmatiker sind meist noch recht stolz auf ihr Verfahren und wissen gar nicht, wie sehr sie von anderen mißbraucht werden.

Der ich-starke Mensch (die Persönlichkeit) wird nach den vorgegebenen handlungsleitenden Werten handeln und nicht nach Außen- oder Überich-Imperativen. Die anderen, die unsere Probleme bestimmen oder uns gar die Lösungen vorschreiben, tun das natürlich nicht, um uns zu nutzen, sondern meist zum eigenen Nutzen.

Es gibt Menschen, die die Entscheidungen darüber, was Sie tun oder lassen, was das Leben lebenswert macht, keinem anderen überlassen, weder dem Anspruch ihres Überich noch dem von sozialen Klischees, noch dem der Wünsche oder Vorstellungen ihrer Mitwelt. Meist sind diese Menschen sehr glücklich. Oft können sie über ihr Leben das Schönste sagen, was ein Mensch über ein Leben sagen kann: Es hat sich gelohnt, zu leben.

Aber nur wenige dieser Menschen sind sonderlich »erfolgreich«, wenn man das Wort in dem mißbrauchten Sinne versteht, wie es unsere Leistungsgesellschaft zu mißhandeln pflegt. Sie wissen, was sie wollen, und sie tun das auch. Niemals kämen sie auf die Idee, in einem Gasthaus sich ein anderes Bier aufreden zu lassen als ihre Marke, oder sich mit Menschen zu treffen, die sie nicht leiden mögen.

Die meisten Menschen haben nie im Leben gelernt, Entscheidungen zu fällen. Sie entscheiden so in den Tag hinein und versuchen, ein Problem möglichst objektiv zu erkennen und zu beheben. Sie geben sich aber nur beschränkt Mühe, größere Zusammenhänge zu sehen. Oft machen sie Zustimmung oder Ablehnung von augenblicklichen Detailkenntnissen abhängig oder auch nur von der gerade herrschenden Stimmung, oder von den Vorlieben ihrer Berater, oder von der Beantwortung der Frage, wie denn wohl diese Entscheidung aufgenommen würde...

Andere gehen Entscheidungen aus dem Wege, wann immer es sich eben einrichten läßt. Wenn sie sich dann doch einmal entscheiden müssen, folgen sie oft einem augenblicklichen Impuls. Sicher sind diese Menschen nicht selten von der Angst gepackt, sie könnten etwas Falsches tun. Deshalb tun sie lieber gar nichts. Oder sie schließen einen Kompromiß, der so wenig wie möglich eine innere Entscheidung pro oder contra voraussetzt und, wenn möglich, eine Rückkehr in den Zustand vor der Entscheidung offenläßt.

In beiden Fällen sind Menschen leicht zu manipulieren. Da es nur wenige Menschen gibt, die genau wissen, was sie wollen, kann man den meisten sagen, *was* sie eigentlich wollen. Da nur wenige in der Lage sind, Entscheidungen richtig zu fällen, kann man sie mit allerlei Techniken dazu bewegen, eine Entscheidung zu treffen, die einem selbst genehm ist. Da manche Menschen nur unwillig Entscheidungen fällen (sei es, weil sie von Bindungsängsten bestimmt werden oder unter Antriebsschwäche leiden oder resigniert haben...), sind sie froh, wenn andere für sie entscheiden.

Menschen aller dieser Kategorien können durchaus Karriere machen. Sie können Aufsichtsratsvorsitzende werden oder Staatsoberhäupter. Im Gasthaus werden sie aber letztlich den Kellner entscheiden lassen, was sie essen. Entscheidungskräftige Menschen aber werden sich niemals ein Steak verkaufen lassen, wenn sie ein Schnitzel wollen. Damit ist freilich noch lange nicht gesagt, daß sie sich auch immer *richtig* entscheiden.

Die optimale Entscheidungsvorbereitung eines Chefs besteht zweifellos darin, zusammen mit den Mitarbeitern (als Gruppe) die Entscheidungsgründe zu diskutieren und so die Entscheidung vorzubereiten. Aber in vielen Fällen entscheidet man nicht als Chef. Dann ist es sicher angebracht, jede wichtigere Entscheidung vor dem Hintergrund der festgelegten handlungsleitenden Werte zu prüfen. Die Entscheidung wird dann konsequent und zumeist auch richtig ausfallen (wenn auch nicht immer von Anerkennung gekrönt).

Natürlich kann man sich alle erwähnten Schwächen des Gegners zunutze machen. Es kommt zunächst einmal darauf an festzustellen, zu welchem Entscheidungstyp er gehört:

- Er entscheidet möglichst gar nicht.
- Er neigt zu revidierbaren Kompromissen.
- Er entscheidet langsam und intuitiv.
- Er entscheidet schnell und intuitiv.
- Er entscheidet langsam und wertorientiert.
- Er entscheidet schnell und wertorientiert.

Um es gleich vorweg zu sagen: Im letzten Fall ist eine Manipulation schwierig. Sie müssen da schon versuchen, Ihre Interessen mit den Wertvorstellungen des Entscheidenden in (scheinbare) Übereinstimmung zu bringen, indem Sie auf diese Übereinstimmung verweisen, sie deutlich machen... Das aber setzt voraus, daß Sie ein möglichst genaues Wissen über den Entscheidungsgegenstand und die Wertvorstellungen Ihres Gegners haben.

Es ist außerordentlich erstaunlich, wie wenige Menschen sich zureichend informieren, wenn sie eine Entscheidung vorbereiten. Dieser Informationsmangel läßt sich manipulatorisch verwerten, indem man Informationen in die vorhandenen Informationslücken nachschiebt. Das gilt vor allem für alle »Entscheidungsträger«, die dazu neigen, intuitiv zu entscheiden – und nicht selten auch noch darauf stolz sind.

Andere wünschen das unangenehme Entscheiden – auch in kleinsten Dingen: etwa beim Briefschreiben – möglichst schnell und mit möglichst geringem Aufwand hinter sich zu bringen. Ihnen mit zusätzlichen Gründen zu kommen, hieße sie nur zu verärgern. Sie lassen sich nur in der meist kurzen Phase des Problemaufbaus und der Problemstellung manipulieren.

Entscheidungen kann man kaum entfliehen, es sei denn, man spielt Robinson. Da das heute aber recht kostspielig ist, können es sich nur wenige leisten.

Es gibt vor allem vier Menschentypen, die uns ständig zu Entscheidungen nötigen oder doch beim Entscheiden berücksichtigt sein wollen:

- Menschen, die daran interessiert sind, aus unserer Entscheidung einen direkten Vorteil zu ziehen.
- Menschen, die, indem sie unsere Entscheidung in eine bestimmte Richtung lenken, sich daraus einen mittelbaren Vorteil erhoffen.
- Menschen, an denen wir uns bei Entscheidungen orientieren.
- Menschen, auf die wir beim Entscheiden glauben Rücksicht nehmen zu müssen.

Sicherlich sind sie nicht alle gegenwärtig. Aber der eine oder andere macht fast ständig auf sich aufmerksam. Und so kann es sein, daß wir unter einer Variante des sozialen Stresses entscheiden müssen: dem Entscheidungsstreß. Manche Leute haben Freude daran – andere nicht. In jedem Fall ist der so Gestreßte in keinem Fall frei in seinen Entscheidungen. Er steht unter personalem Entscheidungsdruck (das ist ein ganz anderer als der sachorientierte, der allein aus der Natur der Entscheidung und des Entscheidungsgegenstandes hervorgeht). Damit werden aber die meisten Menschen labilisiert. Und Labile sind leicht zu manipulieren. Manipulateure befinden sich in allen vier genannten Menschengruppen.

Gehören Sie selbst zu einer, dann versuchen Sie zwar den für sich optimalen Entscheidungserfolg zu sichern, doch sollten Sie versuchen, dem Entscheidenden möglichst wenig auf die Nerven zu fallen. Das aber tun am wenigsten die Vertreter der dritten Gruppe. Mitunter zahlt es sich aus, wenn man schon manipulieren muß, bei diesem Spiel, den anderen so weit als möglich zu schonen, und seine Nerven möglichst nicht zu strapazieren.

Es gibt aber auch andere Entscheidungsfehler, die zum Anlaß manipulie-

renden Eingreifens werden können. Der häufigste besteht darin, daß sich der Entscheidende nicht genug Gedanken über die Folgen seiner Entscheidung machte. Das kann sehr verschiedene Gründe haben:
- Er informierte sich nicht zureichend über mögliche Konsequenzen.
- Er entschied aus Freude an der Entscheidung.
- Er war zu stark von der Absicht bestimmt, ein gegenwärtiges Problem aus der Welt zu schaffen.
- Er wurde bei der Entscheidungsvorbereitung oder -findung manipuliert.
- Er entschied sich für einen Kompromiß (der sich später als faul erwies).

So kommt es denn zu dem heftigen Wunsch, eine einmal getroffene Entscheidung zu revidieren. Mitunter können wir nicht mehr zurück. Oft aber ist eine Änderung der Entscheidung möglich. In diesem Fall sollte uns nichts, weder die Maxime der »Treue gegenüber der eigenen Entscheidung« noch der Stolz, der in dem Eingeständnis, sich geirrt zu haben, verletzt werden könnte, von einer Änderung der Entscheidung abhalten. Es ist menschlich, Fehler zu machen. Und es ist redlich, sie sich einzugestehen. Und es ist klug, sie, wenn möglich, zu revidieren.

Sicherlich werden Sie bei solchem Vorgehen Feinde haben. Nämlich alle diejenigen, denen Ihre Entscheidung nutzte oder denen eine andere Entscheidung schaden könnte. Man wird versuchen, unter Berufung auf Ihre Treue oder sonstige soziale oder ethische Gefühle, Sie von einer Änderung Ihrer Entscheidung abzubringen. Andere werden versuchen, Ihre Entscheidung umzustürzen und Ihnen die Folgen einer möglichen Fehlentscheidung ganz besonders kraß ausmalen, um eine Entscheidungsänderung herbeizuführen (natürlich zu ihrem Nutzen). Um all dies zu vermeiden, gilt es also beim Entscheiden, die Entscheidungsfolgen zu bedenken.

Die klassischen Methoden der Entscheidungsbeeinflussung lassen sich, etwas vereinfacht, auf drei reduzieren:
- Man versucht, Sie in Ihrer kritischen Urteilsfähigkeit zu beschränken (etwa indem man Gefühle ins Spiel bringt).
- Man versucht, Sie auf einseitige Informationen zu fixieren.
- Man versucht, Sie unter Zeitdruck zu setzen (damit sie keine Alternativen oder die Entscheidungsfolgen prüfen können).

Allen diesen Techniken werden Sie alltäglich ausgesetzt. Etwa durch die Werbung. Dagegen können Sie etwas tun. Das aber setzt voraus, daß Sie die manipulatorische Technik durchschauen. Das ist relativ einfach bei der dritten, bei den anderen aber werden Sie vermutlich nur nach einigem Training Dauererfolge haben. Schon eine einfache Zigarettenwerbung versucht, Sie in Ihrer Kritikfähigkeit zu blockieren, indem sie ihr Produkt assoziativ an positive Emotionen bindet (Freiheit, Selbstsicherheit, Anerkennung...) und informiert Sie durchaus einseitig, da Sie im Regelfall mit den angegebenen Mängeln (Kondensat und Nikotin) kaum etwas anzufangen wissen und sie nicht zureichend würdigen können. Dabei ist die Zigarettenwerbung so ziemlich die einzige, die vom Gesetzgeber verpflichtet wurde, auch Mängel zu erwähnen. Das tut kaum ein Werbender freiwillig.

Bis hierher ist alle Manipulation eher Technik oder Handwerk als Kunst. Zur Kunst wird die Manipulation von Entscheidungen, wenn die Beeinflussungen im Vorraum der Entscheidungen genau zur richtigen Zeit erfolgen. Die Werbung muß versuchen, den Mangel, nichts über die konkrete Lage des einzelnen Entscheidenden ausmachen zu können, dadurch zu kompensieren, daß sie die Verbreitung ihrer Nachricht möglichst streut und allgegenwärtig bleibt. Dadurch wird sie den Entscheidenden auch in seiner empfindlichen Phase treffen.

Wir alle wissen, daß uns in bestimmten emotionalen Situationen bestimmte Nachrichten stark ansprechen oder recht kalt lassen. Um aber Ihre kritische Urteilsfähigkeit leicht ausschalten zu können, muß man Sie entweder in einer emotional labilen Lage treffen (Enttäuschung, Scham, Angst, Liebe, Großmut...), oder aber man muß Sie emotionalisieren. Dafür gibt es eine Fülle von Techniken. Sie werden sicher schon gemerkt haben, daß Sie auf die meisten Nachrichten, die mittelbar oder unmittelbar Sie betreffen, emotional positiv oder negativ reagieren. Solche Nachrichten, die Sie betreffen, wird aber der Manipulator zuhanden haben:

- Lob oder Tadel,
- Angstauslöser und Sicherheitswiegler,
- Selbstwert steigernd oder mindernd,
- Schmeichelei oder Kränkung,
- Interesse oder Desinteresse,
- Begeisterung oder Niedergeschlagenheit...

Man wird Sie also emotional stimmen. Das aber bedeutet stets einen Rückzug aus der »wirklichen Welt« in die Scheinwelt der Gefühle. Hier werden Sie dann beeinflußbar sein, die Vor- und Nachteile einer Entscheidung nur undeutlich oder realitätsverschoben wahrnehmen.

Und die Moral? Treffen Sie niemals Entscheidungen aus einer emotional engagierten Situation heraus. Achten Sie sorglichst darauf, ob man Sie vor einer Entscheidung in eine bestimmte emotionale Stimmung versetzen möchte. Wenn Sie einen solchen Angriff nicht abwehren können, dann sollten Sie die Entscheidung verschieben.

Nun haben die Manipulateure ein Argument zur Hand, daß Sie zwingen soll, eine im emotionalen Feld vororientierte Entscheidung zu treffen: Man bringt Sie unter Zeitdruck oder setzt Sie unter Zugzwang. Daß es sich dabei meist nur um scheinbare Zeitnot handelt, wird Ihnen meist erst klar, wenn Sie wieder im emotional entspannten Feld denken und sich kritisch orientieren können. Diese Methode wird in der innerbetrieblichen Wirklichkeit keineswegs selten verwandt. Sollte man Sie etwa nach einem Lob bitten, eine andere Arbeit zu übernehmen, erfragen Sie doch Bedenkzeit. Wenn man Sie Ihnen nicht zubilligt, ist höchste Aufmerksamkeit geboten.

Auch die Fixierung auf selektive Information hat ihren »kairos« (ihre hohe Zeit). Meist geht ein systematisches Verschleppen der Entscheidungsvorbereitung zuvor. Dann aber wird es plötzlich hohe Zeit, sich zu entscheiden. Jetzt werden Sie für jede Entscheidungshilfe dankbar sein. Selbst bei einseitigen Informationen. Die Methode der selektiven Information setzt also, wenn sie als Manipulationsinstrument im Entscheidungsprozeß eingesetzt werden soll, stets einen gewissen Zeitdruck voraus, denn der kritische und nicht emotional schon eingewickelte Entscheidende wird versuchen, möglichst umfassend informiert zu werden, ehe er eine Entscheidung fällt. (Das gilt natürlich nicht für die arroganten Typen, die der Ansicht sind, auch ohne zureichende Information »intuitiv« schon das Richtige zu treffen).
Die Fixierung auf einseitige Information kennt verschiedene Techniken:

- Man setzt Sie unter Zeitdruck (wie schon beschrieben).
- Man serviert Ihnen Informationen, die Ihnen schmeicheln.
- Man informiert Sie übervollständig, ohne Wertungen und Akzente.
- Man sagt Ihnen nur das, was Sie hören wollen (dann sind Sie allerdings selbst schuldig an einer Fehlentscheidung).
- Man appelliert an Ihre Großmut oder Ihre Genialität (auch bei unvollständiger Information stets das Rechte zu treffen).
- Man verhindert technisch, daß Nachrichten bis zu Ihnen gelangen (der sogenannte »Vorzimmerfilter«).
- Man verstellt Nachrichten bewußt oder verwendet die Methoden der selektiven oder projektiven Informationsverarbeitung (vgl. Seite 43 ff).

Daß alle diese Techniken *mitunter* Erfolg haben, läßt sich nicht bestreiten. Sie haben aber zumeist dann Erfolg, wenn genau der rechte Augenblick abgepaßt wurde, sie anzuwenden. Seien Sie also ungemein vorsichtig, wenn Ihre Informanten, die Sie zur Entscheidungsfindung befragen, geschickte Taktiker sind. Solche Taktiker kann man zum guten Teil paralysieren, wenn man nicht seine Nachrichten aus einer oder mehreren voneinander getrennt strömenden Quellen bezieht, sondern im Team bei eigener Anwesenheit erarbeiten, vortragen und diskutieren läßt.

8. Regel: Machen Sie sich nicht selbst, sondern den Gegner zur zentralen Figur im manipulativen Spiel.

Es gibt Menschen, die Reden als lustvollen Selbstvollzug empfinden und kaum davon zu überzeugen sind, daß 70% dessen, was sie sagen, Ihnen eher schadet als nutzt. Da gibt es unter anderem folgende Fehlhaltungen:

● Man sagt mehr, als man sagen wollte, ehe man zu sprechen begann.
● Man reagiert mit einer Gegenbehauptung, obschon es sehr viel klüger wäre zu schweigen oder zu fragen (wer schweigt oder fragt, kann kaum etwas irreparabel falsch machen).
● Man hört nicht mehr aufmerksam und analytisch zu, sondern versucht, möglichst bald wieder zu Wort zu kommen.

Das heißt also, daß die meisten Menschen recht undiszipliniert, stets danach trachten, selbst im Mittelpunkt des manipulatorischen Spiels zu stehen. Damit aber begeben sie sich einer reellen Gewinnchance.

a) Die meisten Menschen reden zuviel.
Es ist sicher sehr schwer, nur das zu sagen, was man sagen wollte, ehe man zu sprechen begann, und dann aufzuhören. Die Schwierigkeit liegt vor allem darin begründet,
● daß manche – oft unbewußt – meinen, solange sie reden, könnte der andere nichts sagen und so Schaden anrichten,
● daß manche meinen, daß der, der am meisten redet, von den anderen als Führer anerkannt werde,
● daß recht viele sich nicht beherrschen können und einen Gedanken, der während des Redens assoziativ auftaucht, wegen seiner *scheinbaren* Bedeutungsfülle oder Schönheit auch noch anbringen müssen,
● daß einige es sich zur Angewohnheit gemacht haben, sich auch dann zu wiederholen, wenn die Wiederholung nur Langeweile auslöst.

Wer aber zuviel redet, bietet ganz unnötig Angriffsflächen. Zudem sind alle Vermutungen, die den Rationalisierungen der Vielredner zugrunde liegen, erwiesen unrichtig. So sagte man *Nixon* in einer Wahl-Fernseh-Diskussion, daß der, der am längsten rede, vom Publikum als der natürlich Überlegene betrachtet werde. Das war ein Irrtum, wie eine Umfrage und das Wahlergebnis zeigten. *John F. Kennedy* gewann Sympathie und Wahl, nicht zuletzt, weil er sich davor hütete, mehr zu sagen, als zum Verständnis seiner Ansichten wirklich nötig war. Ebenso schlecht scheint *H. Kohl* in der Fernsehdebatte vom 30.9.76 beraten worden zu sein, als er mehr zu sagen versuchte als sein interner Rivale *F. J. Strauss* und mehr als sein externer Gegner *H. Schmidt*. Er verlor Sympathien und die Wahl.

Das gilt aber auch schon im privaten Bereich. Man redet entweder so lange, bis man nichts mehr zu sagen weiß, oder der Partner einen unterbricht. Auch dieses Verfahren hat nichts mit eigentlicher Kommunikation zu tun. Jeder redet am anderen vorbei. Eigentlich handelte es sich um zwei parallel laufende Monologe.

Schon so mancher hat sich um Kopf und Kragen geredet, weil seine unbewußten Selbstentwirklichungszwänge ihn dazu trieben, oder einfach die törichste aller Eitelkeiten, die des Schwätzers.

Vor allem aber neigen zum ungeordneten Dauerreden Menschen mit Profilneurose oder überkompensierten Mindergefühlen. Sie machen sich dadurch zusätzlich verwundbar, denn wer viel redet, redet manches Überflüssige und viel Falsches. Das aber wird der Gegner im manipulatorischen Spiel erbarmungslos ausnutzen.

b) Die meisten Menschen können nicht fragen.

Die Unfähigkeit zu fragen, geht meist Hand in Hand mit der Unfähigkeit, genau und geduldig zuzuhören. Wer geduldig und analytisch (das heißt, die Voraussetzungen, Implikationen und Konsequenzen des Gesagten bedenkend) zuhört, wird in aller Regel eine Fülle von Fragen haben. Mit Fragen alleine vergibt sich niemand etwas, denn Fragen sind keine Behauptungen und können kaum angegriffen werden. Dem Fragenden kann man nicht unterschieben, er habe dies oder jenes behauptet, das aber solle er erst einmal beweisen, oder das sei doch barer Unsinn...

Die meisten Menschen reagieren auf eine Behauptung, die ihnen nicht paßt, mit einer Gegenbehauptung. Und das ist im allgemeinen falsch. Denn so werden Konflikte programmiert, die verbal kaum mehr aufzulösen sind. Dazu gibt es ingesamt drei Auswege:

● Einer der Partner kapituliert (meist nach der Regel: »Der Klügere gibt nach!«),
● der Streit wird ergebnislos abgebrochen und flammt bei allen möglichen Anlässen wieder auf,
● man versucht ihn im Gebiet nicht verbaler Kommunikation beizulegen (so enden die meisten Ehekräche).

Die Regel: »Der Klügere gibt nach« ist im allgemeinen falsch. Sie sollte ersetzt werden durch die Regel: »Der Klügere fragt!«. Wer fragt, vergibt sich nicht nur nichts, er kann auch den anderen durch die fragende Prüfung seiner Gründe in seiner Meinung sehr viel leichter verunsichern, als wenn er mit seiner Gegenbehauptung herausplatzen würde.

Dabei gilt es natürlich, dem oder den anderen nicht durch bloßes Fragen lästig zu fallen. Aber viele Menschen sind froh, wenn sie nach etwas gefragt werden, wovon sie glauben, etwas Rechtes oder gar Wichtiges berichten zu können. Kommt ein Kollege aus dem Urlaub zurück, wird er geradezu darauf warten, daß man ihn fragt: »Nun, wie war's? Erzähl doch mal!«. Die nichtdirektive Gesprächsführung – zunächst zwischen Arzt und Patient erprobt – hat sich heute weitgehend durchgesetzt, wenn es sich um personenorientierte Gespräche handelt. Es geht dabei im Wesentlichen um eine Technik, den Partner am Reden zu halten. Die verwandten Techniken sind sicher situationsgebunden. Hierher gehören etwa:

- die fragende Wiederholung der letzten Worte des Partners,
- weiterführende Fragen (»Und was kam dann?«...),
- interjektive Fragen (»So war das also?« – »Ach, wirklich?«...),
- lobende und versichernde Feststellungen in wenigen Worten (»Das haben Sie gut gemacht!«).

Wenn Sie den anderen sich aussprechen lassen, wird er Ihnen im allgemeinen dankbar sein. Sprechen wird von vielen als lustvoll oder entlastend empfunden. Die Manipulation hat dann folgende Ansatzpunkte:

- Ausnutzen der positiven Stimmung des Partners.
- Verwenden von (vertraulich) berichteten Inhalten (eine Technik, die sich bei offiziellen Gesprächen selbstredend verbietet, da niemand Vertrauen mißbrauchen darf).
- Manipulation des Selbstverständnisses und des Bedürfnisbewußtseins durch gezielte Fragen. (Man kann nicht wenige Menschen durstig machen, wenn man sie im Sommer auf ihren Durst mit der Frage: »Haben Sie auch Durst?« aufmerksam macht.)

Die weitaus meisten Menschen, die viel über sich reden, haben nicht unbedingt viel erlebt, sondern möchten sich im Gespräch Klarheit über sich selbst verschaffen. Hören Sie ihnen zu. Die meisten Menschen, die Sie um einen Rat bitten, wollen keinen Rat. Ihre Entscheidung ist meist, wenn auch unbewußt, längst getroffen worden. Man will von Ihnen die Entscheidung lediglich bestätigt erhalten. Beide Personengruppen reden oft stundenlang über Inhalte, die man in wenigen Minuten deutlicher berichten könnte. Dennoch wird der geschickte Manipulator auch nicht nur einen einzigen Augenblick Ungeduld zeigen (oder auch nur ungeduldig werden – denn, wenn Sie die Regeln der nicht verbalen Kommunikation nicht beherrschen, werden Sie Ihre Ungeduld – ohne es zu wollen – zeigen). Wer anderen Menschen geduldig und aufmerksam zuhört, kann sie zumeist nicht nur führen, sondern auch, wenn es einmal unbedingt sein muß, manipulieren.

Nicht wenige Menschen sind in der Lage, anderen nur wenige Minuten konzentriert zuzuhören. Wenn Sie sich dennoch über längere Perioden der Aufmerksamkeit Ihrer Zuhörer sicher sein wollen, sollten Sie es mit folgenden Techniken versuchen, die den Gründen für das »Abschalten« des oder der anderen gerade entgegen sind:

● Stellen Sie Fragen (denn der andere langweilt sich, weil er nicht selbst aktiv sein kann).

● Ehe Sie eine Gespräch beginnen, sollten Sie sich über Inhalt und Form zureichend Gedanken gemacht haben (denn der andere schaltet ab, wenn er den Eindruck hat, Sie wüßten selbst nicht genau, was Sie eigentlich wollen).

● Sprechen Sie kurz, präzise und scharf gegliedert (wenn Sie eine amorphe Wortfolge von sich geben, wird der Partner den Eindruck haben, Sie wüßten auch nicht so recht, was Sie eigentlich sagen möchten – und er wird kein Ende absehen können und deshalb vorsichtshalber erst gar nicht hinhören).

● Vermeiden Sie Monologe (denn ein Partner, der vermutet, Sie seien nur an sich selbst interessiert, wird sich kaum auch für Sie erwärmen, da die meisten Menschen sich vor allem für sich selbst interessieren).

Der geschickte Manipulator wird natürlich auch in den Fällen nicht geistig wegtreten, wenn der andere diesen Regeln nicht folgt, sondern gerade in solchen Fällen gespannt zuhören, denn jetzt kann er mehr erfahren vom anderen und seinen Gedanken, Vorstellungen und Wünschen, als wenn sie ihm in einem optimal geführten Gespräch präsentiert würden.

c) Die meisten Menschen können nicht schweigen.
Im Zweifelsfall ist es meist besser zu schweigen als zu reden. Die Spruchweiseit: »Reden ist Silber, Schweigen ist Gold« hat hier ihr relatives Recht. Es gibt Menschen, die das »Herz auf der Zunge haben«. Sie können, je nach der Kombination ihrer Redseligkeit mit anderen Eigenschaften, angenehm wie auch unausstehlich wirken. Im allgemeinen wirken sie jedoch kaum sonderlich vertrauenerweckend. Die Kunst der Menschenführung besteht zum guten Teil in der beherrschten Technik, im rechten Augenblick schweigen zu können. Schweigen kann vor allem dann Gold sein, wenn Sie emotional stark beansprucht sind und Ihre rationale Kontrolle deshalb nur partiell funktioniert. Das gilt auch dann, wenn Sie sich ärgern.
Angenommen, Sie kommen abgearbeitet nach Hause und Ihre Frau serviert Ihnen versalzene Suppe. Natürlich können Sie dann *denken:* »Da hast du nun den ganzen Tag geschuftet und sie kann noch nicht einmal beim Salzen der Suppe aufpassen!«. Wohlgemerkt, Sie können das *denken.* Nur *sagen* sollten Sie es auf keinen Fall. Denn durch eine Bemerkung wird die Suppe nicht entsalzen, sondern der Schaden nur noch größer. Ihre Frau merkt doch selbst, daß die Suppe nicht schmeckt, warum müssen Sie es Ihr dann

auch noch sagen! Sie wird Ihnen dankbar sein, daß Sie die Gelegenheit, sie zu demütigen, nicht wahrnehmen. Zudem hätten Sie mit Ihrer Bemerkung nur einen mittleren Ehekrach provoziert und nicht nur Ihrer Frau, sondern auch sich geschadet. Schweigen Sie aber, nutzen Sie allen Beteiligten. Vor allem aber sich selbst.

Versuchen wir, das auf eine allgemeine Regel zu bringen:

● Ehe Sie sprechen, sollten Sie sich fragen: »Was will ich erreichen, und werde ich es so erreichen?«.

● Anschließend überlegen Sie sich, was genau Sie am günstigsten sagen. Wenn Ihnen hier nichts einfällt, ist es viel häufiger, als man gemeinhin annimmt, besser zu schweigen.

Das mag recht akademisch klingen. Es hat auch den Nachteil, daß Sie Ihre Aggressionen nicht so richtig los werden können. Beherrschen aber sollten Sie die Kunst des rechten Schweigens allemal, denn es gibt Situationen, in denen ein aggressiver Ausbruch Ihnen mehr schadet als ein »Herunterschlucken«.

Aber Schweigen kann auch unangebracht sein! Manche Menschen sind der Ansicht, daß es Tabus gibt, an die man nicht rühren dürfe. So kann es dazu kommen, daß zwei Menschen lange im Unbehagen nebeneinander leben, weil keiner den Mut hat, eine Sache anzusprechen, die beiden am Herzen liegt. Früher war das einmal das Geständnis der Liebe. Heute handelt es sich meist um sehr viel prosaischere Dinge. Es kommt nur darauf an, das heiße Eisen so anzupacken, daß keiner der Partner sich angegriffen fühlt, oder am Ende gar beschämt oder besiegt ist. Dann fällt die Angst als Hinderungsgrund weg.

Es kommt also auf die Taktik an, mit der Sie etwas sagen. Und Sie sollten sich Zeit lassen, die Taktik recht zu planen. Dabei gelten diese wichtigen Regeln:

● Beide Partner sollten sich in einem entspannten emotionalen Feld befinden.

● Die Antipathie zwischen den Partnern sollte – wenn vorhanden – möglichst abgebaut werden (etwa durch freundliche, positiv stimmende *längere* Eröffnungen).

● Sprechen Sie über das heikle Thema, als wenn es Sie emotional völlig kalt ließe. Sie sollen sich nicht engagieren, sondern erreichen, daß der Partner es tut. Nur wenn absolut notwendig, können Sie mit einer Frage schließen (etwa: »Was meinen Sie dazu?«).

● Verhält sich der Partner immer noch ablehnend, zählen Sie ihm die Vorteile auf, die für den Schritt sprechen, den Sie ihm nahelegen. Dabei sollte man auch einige (geringfügigere) Nachteile nicht vergessen. Bringen Sie so

Ihren Partner dazu, Ihnen Fragen zu stellen. Ist es einmal soweit gekommen, haben Sie schon fast gewonnen.
● Reagiert der Partner noch immer nicht in der von Ihnen gewünschten Weise, brechen Sie das Gespräch ab und lassen Sie Ihre Argumente wirken. Nicht selten werden Sie im Wiederholungsfall – weil schon bekannt und vertraut – überzeugender wirken, es sei denn, Ihr Partner hat sich sehr gründlich mit einer Gegenargumentation auseinandergesetzt. Ist das so, dann müssen Sie wohl oder übel die Techniken der Dialektik beherrschen (Dialektik ist die Kunst, einen anderen nicht bloß zu überreden, sondern zu überzeugen).

Um den Gegner zum Mittelpunkt des manipulatorischen Gesprächs zu machen, gibt es außer der Kunst zu schweigen und nur im rechten Augenblick das Rechte zu sagen, weitere Techniken, die man beherrschen sollte. Vor allem gilt es zu bedenken, daß eine Sache keineswegs so plausibel ist, wie Sie es für sich vermuten, sondern wie sie es für Ihren Partner oder Gegner ist. Das aber heißt, Sie müssen sie ihm plausibel machen. Das ist eine triviale Einsicht, gegen die wir immer dann verstoßen, wenn wir uns selbst zum Nabel der Welt, zumindest aber zum Mittelpunkt unseres Gesprächs machen wollen. Es kommt darauf an, daß Sie sich zunächst über folgende Sachverhalte klar werden:

● Wie glaubhaft *wirke* ich als Mensch?
● Wie glaubhaft *wirken* meine Ausführungen und Argumente?
● Wie überzeugend *wirkt* meine Stimme und mein somatischer Ausdruck?
● Wie ernst nehmen mich meine Zuhörer?
● Akzeptieren sie mich als Mensch?
● Akzeptieren sie mich als Autorität in der Sache, zu der ich spreche?

Wenn Sie auch in nur einer Frage unsicher sind, sollten Sie versuchen, Ihr Image oder Ihre Selbstdarstellung zu verbessern. Das ist wichtiger als die Verwendung irgendwelcher Tricks. Sind aber alle Fragen für Sie günstig beantwortet, dann können Sie versuchen, folgende Techniken zu beachten:

a) Vermeiden Sie ein hartes »Nein«.
Sicherlich gibt es Situationen, in denen ein klares »Nein« die einzig rechte Reaktionsweise ist. Doch diese Situationen sind nicht die Regel. Es gibt auch Menschen, die die Kunst des »Nein-Sagens« nicht beherrschen. Diese sind hier nicht angesprochen.
Wir anderen sind oft zu leicht versucht, »Nein!« zu sagen, wenn wir nicht zustimmen wollen oder können. Innerlich sollen wir das auch, um unsere Position für uns selbst klar abzugrenzen. Aber in der sprachlichen Formu-

lierung sollte man doch elegantere Methoden zur Verfügung haben, die die zwischenmenschlichen Beziehungen weniger belasten und niemandem das Gefühl vermitteln, einen Kampf verloren zu haben. Sicherlich kann man auch einen gedemütigten Menschen manipulieren, aber erfreulich sind solche Manipulationen allemal nicht. Ein gedemütigter Mensch kann die Sympathiebande, die ihn emotional an uns knüpfen, abbrechen. Er kann auf Vergeltung sinnen. Er kann so manches planen, das uns zum Schaden gereichen könnte. Das gilt es zu vermeiden.

Ein »Nein« hat etwas Endgültiges und Verletzendes. Es bricht gut gemeintes und offenes Fragen und oft mühsam aufgebaute Sozialkontakte abrupt ab. Ein »Ja« aber verbindet. Und eine solche Verbindung läßt sich zu eigenem Nutzen durchaus ausbauen. Sagen Sie also, wenn Sie ablehnen müssen etwa:

- »Ja, da haben Sie recht. Aber...«
- »Ja, das ist ein guter Gedanke, doch sollten wir vielleicht nicht noch...«
- »Ja, darüber freue ich mich. Das ist sehr konstruktiv, aber...«

Nun kann man das »Ja, aber...« auch übertreiben. Es gilt vor allem zu vermeiden, daß die beiden Worte allzu nah zusammenstehen. Sie sind also in der Praxis möglichst weit – etwa über die Distanz mehrerer Sätze – auseinanderzunehmen.

Ein »Ja, aber...« ist in jedem Fall besser als ein »Ja«, an das man sich nicht gebunden glaubt. Es gibt Vortragsredner, die kaum absagen, wenn sie um einen Vortrag gebeten werden. Erst wenige Tage vor dem vereinbarten Termin kommt dann die Absage, meist nichtssagend begründet. Das ist eine Flegelei, die unter gebildeten Menschen nicht vorkommen darf. Gemeint ist hier nicht etwa eine akademische Bildung, sondern die ganz gewöhnliche Herzensbildung, gegen die man auch bei aller Manipulation nicht verstoßen sollte.

b) Locken Sie den Partner aus seiner Reserve.

Manchmal ist es kaum möglich, den anderen dazu zu bringen, von sich und seinen Aufgaben oder Problemen zu reden. Er will uns einfach nicht sagen, was wir gerne von ihm wissen möchten. Ist unser Wissen-Wollen in nichts begründet als in unserer Neugier, sollten wir das Schweigen des anderen achten. Mitunter aber *müssen* wir einfach wissen, was er von einer Sache hält, wie er in einer Situation gestimmt ist, um richtig entscheiden zu können. Dann kann man natürlich bluffen (eine von Journalisten und Polizeibeamten gern angewandte Methode):

- »Ich habe gehört, daß Sie...«
- »Man sagt von Ihnen, daß Sie... Stimmt das?«

- »Ich würde mich freuen, wenn Sie mit mir übereinstimmten in folgender Sache...«
- »Es wäre ausgesprochen hilfreich für Sie, wenn Sie...«

Solche Bemerkungen können, wenn sie auch nur ungefähr die Richtung andeuten, in der »etwas zu holen« ist, überraschenden Erfolg haben. Ihr Partner oder Gegner fühlt sich angegriffen oder soll eine Belobigung rechtfertigen. In beiden Fällen reagieren die meisten Menschen.
Umgekehrt bedeutet das: Sie sollten sich niemals durch einen vagen Angriff oder eine unbestimmte Hoffnung auf Anerkennung dazu verleiten lassen, auch nur ein Wort mehr zu sagen, als Sie sagen wollten, ehe Sie das Gespräch begannen.

c) Beflügeln Sie die Phantasie Ihres Gegners.
Mitunter kann es nützlich sein, einen Gegner oder Partner in eine Phantasiewelt zu führen, um ihn von der Richtigkeit Ihrer Gedanken zu überzeugen. So machen das viele Marxisten. Sie führen Ihre Freunde und Gegner in ein imaginäres Paradies und lassen unter dessen Anspruch die Gegenwart Revue passieren. Und dabei schneidet sie meist schlecht ab.
Ganz allgemein gilt: Bilder sagen mehr als Worte. Es kommt also darauf an, daß Sie das, was Sie sagen, zureichend illustrieren, um die Phantasie Ihrer Zuhörer zu aktivieren. Das ist eine simple rhetorische Technik, die aber auch außerhalb der rhetorischen Situation oft gute Dienste leistet. Das aber bedeutet:

- Versuchen Sie das, was Sie zu sagen haben, mit optischen Hilfsmitteln zu untermauern (das können durchaus Zündhölzer und eine Streichholzschachtel sein).
- Versuchen Sie, passende Bilder zur Illustration des Gemeinten verbal zu zeichnen.
- Illustrieren Sie das Gemeinte an einer Wandtafel...
- Legen Sie Graphiken, Skizzen... vor.

Die weitaus meisten Menschen speichern das Gehörte sehr viel besser, wenn sie es an bestimmte optische Eindrücke anlagern können. Das sollten Sie sich zunutze machen können.

Damit soll dieser Abschnitt abgeschlossen sein. Die Darstellung wird ausreichen, daß auch in praxi manipulatorische Situationen, in denen entweder Sie manipuliert werden sollen oder aber Sie andere manipulieren können, zureichend sicher auszumachen. Über allem aber vergessen Sie niemals die oberste Regel aller Manipulation:

Es kommt nicht darauf an, Schlachten zu gewinnen, sondern den Krieg. Das aber bedeutet, daß Sie manche Schlacht verlieren können müssen – mitunter ganz gezielt und bewußt. Im allgemeinen ist es besser, einen Kampf zu verlieren als das Wohlwollen seiner Mitmenschen.

2. ABSCHNITT

Fälle

In diesem Abschnitt sei an einigen Fällen deutlich gemacht, wie in praxi manipuliert wird oder manipuliert werden kann. Die Menge der Szenen ist beliebig vermehrbar, da die Allgegenwart manipulatorischer Versuche und Erfolge in jeder Form des menschlichen Beisammens deutlich geworden ist. Die einzige Möglichkeit, manipulatorische Einflüsse und Einflußnahmen auf ein erträgliches Maß zu begrenzen, scheint in der existentiellen Beachtung des Kantschen praktischen Imperativs zu bestehen:
Handle so, daß du die Menschheit sowohl in deiner Person, als in der Person eines jeden anderen jederzeit zugleich als Zweck, niemals bloß als Mittel brauchst. (AA 4, 429)
Jede Manipulation macht den anderen zum Mittel eigenen Nutzens. Er darf es aber niemals ausschließlich sein. Wer nicht nur in der Theorie, sondern auch in der Praxis die Würde der Person (in sich und anderen) anerkennt, wird kaum zum Schaden anderer manipulieren, obzwar auch er – wie alle anderen – am manipulatorischen Spiel teilhaben wird.
Die Darstellung der manipulatorischen Situationen geschieht in diesem Abschnitt so:
- Zunächst wird der Fall dargelegt,
- dann wird er auf die verwendeten manipulatorischen Techniken hin analysiert,
- es folgt eine Kritik der manipulatorischen Techniken,
- und endlich möchte ich einige Hinweise zur Abwehr anfügen.

1. Fall

Ihr Chef bestellt Sie zu sich: »Herr X, können Sie heute nachmittag mal zu mir kommen!« – Sie können da schlecht »Nein« sagen, also stimmen Sie irgendwie zu, wenn Ihnen Ihr Chef überhaupt Gelegenheit läßt, etwas zu sagen. – Nachmittags gehen Sie so gegen 16.00 Uhr ins Chefbüro. Eine halbe Stunde später sagt man Ihnen, heute sei leider keine Zeit mehr, Sie möchten doch morgen früh vorbeikommen. Morgens sind Sie wieder da und warten eine halbe Stunde. Dann endlich werden Sie vorgelassen. Nun beginnt der Chef Sie zu loben: »Ich bin mit Ihrer Arbeit zufrieden...« Dann teilt er Ihnen mit, daß er Sie in eine andere Abteilung versetzen will oder mit einer anderen Aufgabe betrauen möchte... Und schon steht er auf und verabschiedet sich.

Ihr Chef hat Sie durch mancherlei Techniken zu manipulieren versucht:
● Die Bestellung erfolgte zu einem späteren Termin (Sie sollen verunsichert werden und sich fragen: »Was will der wohl von mir?« – »Habe ich etwas falsch gemacht?«... In jedem Fall aber sollen Sie gespannt sein auf das Kommende und das Gespräch selbst als Entlastung empfinden. Dann werden Sie weder der Kritik noch den Änderungsvorschlägen Ihres Chefs erhebliche Widerstände entgegensetzen.)
● Man läßt Sie warten. (Das ist eine beliebte Methode, die Erwartungshaltung noch weiter zu steigern und Sie in Ihrer Kritikfähigkeit zu beschränken.)
● Man bestellt Sie zu einem neuen Termin. (Auch das soll die Erwartungshaltung verstärken und die Kritikfähigkeit mindern.)
● Man lobt Sie. (Jetzt sollten Sie sich erinnern, was im vorhergehenden Abschnitt über die Manipulation durch Schmeichelei gesagt wurde.)
● Der Chef möchte, daß Sie sich verändern. (Jetzt können Sie sicher sein, daß er das nicht primär zu Ihrem, sondern zu seinem Nutzen anrät.)
● Sie werden abrupt entlassen. (Vor allem, damit Sie keinen Widerstand leisten können und Ihnen nicht trotz beschränkter Kritikfähigkeit noch Fragen einfallen.)

Die Technik ist ausgesprochen primitiv und allgemein bekannt. Nur ziemlich dumme oder einfältige Chefs verwenden sie noch. Das aber bedeutet, daß Sie vermutlich mit einer geschickt angelegten Strategie einer Gegen-Manipulation Erfolg haben werden. Sie müssen dazu nur etwas Phantasie und gute Nerven mitbringen. Sollte die berichtete Szene übrigens zum festen Repertoire der Führungstechniken Ihres Chefs gehören, sprechen Sie mit anderen solange darüber, daß jeder über diesen primitiven Trick lacht – und der Chef selbst einmal erfährt, daß man ihn »durchschaut« hat. Vielleicht wird er dann etwas menschlicher im Umgang. Hat alles das keinen Erfolg, würde ich mich, an Ihrer Stelle, nach einem anderen Job umsehen. Das scheint mir eine Sache der Selbstachtung und des Charakters zu sein.

Welche Möglichkeiten der Abwehr stehen Ihnen zur Verfügung?
● Wenn Sie bestellt werden, erfragen Sie stets die genaue Uhrzeit.
● Wenn Sie bestellt werden, fragen Sie stets, um was es sich handelt.
● Wenn Sie damit rechnen, warten zu müssen, nehmen Sie sich Lektüre mit (und bringen Sie sie ruhig mit ins Gespräch). Ihr Chef kann durchaus wissen, daß Sie Wartezeiten nicht passiv bangend zu verbringen pflegen. Sie

können im allgemeinen ruhig das Gespräch mit einem Thema eröffnen, das sich aus dem gerade Gelesenen ergibt.

● Wenn Sie das nicht wollen oder können, dann eröffnen Sie das Gespräch nicht, sondern warten höflich interessiert, niemals aber irgendwie ungeduldig oder nervös (beachten Sie also genau, ob Ihre Hände ruhig, Ihr Blick offen und gelassen, Ihre Beine nicht verkrampft oder Ihr Auftreten nicht zu salopp wirken. Alles spricht von innerer Unruhe oder Verkrampfung). Bleiben Sie knapp und höflich, bis Sie herausgefunden haben, was man von Ihnen will.

● Jetzt erfragen Sie gründlich und bestimmt Einzelheiten (Kompetenzen, Arbeitsbedingungen, Gehaltsänderung, vor allem aber den Grund der Versetzung...).

● Ist Ihr Vorteil nicht völlig evident (d. h. handelt es sich nicht etwa um einen Posten, den Sie gern schon gehabt hätten), dann bitten Sie um Bedenkzeit. Lassen Sie sich niemals unter Druck setzen.

● Und noch einmal: Seien Sie mißtrauisch, wenn man Sie lobt. Kaum einer lobt Sie um Ihretwillen, sondern fast alle Menschen wollen etwas von Ihnen, wenn sie mit Ihnen sprechen. Das gilt aber ganz besonders, wenn man Sie lobt!

2. Fall

Sie sind ausgesprochen erfolgsverwiesen und leisten deshalb überdurchschnittlich viel, um anerkannt zu werden. Sie stellen fest, daß all Ihr Bemühen nur sehr beschränkt oder gar keinen Erfolg hat. Vielleicht lacht oder spottet man gar über Sie (gutmütig oder gehässig).

Ihr Verhalten kann verschiedene Ursachen haben. Zwei seien vorgestellt:
1. Sie leiden unter Mindergefühlen (oft ohne deren Grund zu kennen). Nun läuft der Manipulationsmechanismus so ab:

● Weil durch Anerkennung Ihre Mindergefühle wenigstens vorübergehend verstummen könnten und damit der Anreiz zu überdurchschnittlicher Leistung entfiele, ist man Ihnen gegenüber mit Anerkennung recht sparsam. Gibt man Sie Ihnen aber, dann so wohl dosiert, daß gerade Ihr Appetit nach Anerkennung geweckt wird, den Sie über Leistung zu stillen versuchen.

● Da Sie ja von sich selbst aus so viel leisten, hält sich Ihr Betrieb Ihnen gegenüber nur sehr beschränkt verpflichtet. Man wird versuchen, Ihren Leistungswillen (der ja eigentlich ein Leistungszwang ist) mit einem Minimum an rechtsverbindlichen Verpflichtungen und Zusatzhonorierungen auszunutzen.

2. Sie wollen »dazugehören« (vielleicht, weil Sie sich einsam fühlen). Jetzt läuft der Manipulationsmechanismus etwas anders ab:

● Weil Sie sich an der Peripherie einer Gruppe oder Gemeinschaft befindlich wähnen, aber zu ihrer Mitte und damit zur vollen Anerkennung und Geborgenheit kommen möchten, leisten Sie für die Gruppe Überdurchschnittliches. Um Ihren Leistungswillen zu erhalten, wird man Ihnen aber nie die Geborgenheit geben, die Sie suchen – sondern Sie weiterhin schamlos ausnutzen.

● Selbst wenn Sie aufgrund Ihrer Leistungen mit Ehren- und anderen Ämtern bedacht werden sollten, dann nicht, weil man Sie besonders schätzt, sondern um Sie zu noch mehr Leistung anzuspornen. Menschliche Geborgenheit aber wird man Ihnen standhaft verweigern.

● Mitunter vermittelt man Ihnen das Gefühl, einige Mitglieder der Gruppe spotten über Sie. Vielleicht tun sie es sogar. Das soll den Zweck haben, Sie zu der Haltung zu motivieren: »Denen zeig' ich es aber!« und zwar durch noch mehr Leistung.

In beiden Fällen handelt man unmenschlich an Ihnen. Können Sie Ihre Mindergefühle nicht therapeutisch abbauen, besteht die Gefahr, daß es Ihnen in jeder anderen Position ganz ähnlich ergeht. Finden Sie in der Wunschgruppe, auch nach einigem Bemühen, keine Geborgenheit, dann sollten Sie sie verlassen.

Sie haben folgende Möglichkeiten zur Abwehr:

1. Versuchen Sie, Ihre Mindergefühle therapeutisch zu überwinden. Oder suchen Sie sich eine Menschengruppe, die Ihnen soviel Anerkennung gibt, daß Sie auf die leistungsorientierte Anerkennung in Ihrem Betrieb nicht mehr verwiesen sind, um mit sich selbst leben zu können.
Versuchen Sie mit allen geeigneten Mitteln, in Ihrem Betrieb Ihre Rechtsstellung zu verbessern (Kündigungsschutz, Alterssicherung) und drängen Sie auf eine Ihrer Leistung entsprechende Entlohnung.
2. Versuchen Sie sich klarzumachen, daß Gruppenanerkennung *niemals* durch Leistungen für die Gruppe erzwungen werden kann. Im Mittelpunkt der Gruppe stehen meistens die Bestangepaßten, nicht aber die fleißigsten Gruppenmitglieder. Nur durch die optimale Befolgung der informellen Spielregeln, die eine Gruppe beherrschen, werden Sie die Geborgenheit finden, die Sie suchen. Wenn man über Sie lächelt, dann sind das zumeist Neidgefühle kompensierende Handlungen. Wenn man Sie verleumdet, ist ebenfalls Neid der häufigste Grund. Durch Ihre Leistungen erzeugen Sie bei anderen unter Umständen Mindergefühle. Diese werden im Vorfeld oft

durch Belächeln oder Verleumdungen abgewehrt. Diese Mechanismen müssen Sie kennen, um recht zu reagieren.
Wenn Sie zur Gruppe gehören wollen, primär um Geborgenheit zu finden, sollten Sie die Zugehörigkeit zu *dieser* Gruppe so schnell als möglich lösen. Die informellen Gruppenregeln passen nicht zu Ihren Wertvorstellungen und Idealen. Wenn Sie aber der Gruppe nur angehören, weil Sie sie als Organisationsrahmen für sich für nützlich halten, dann sollten Sie Ihre emotionale Einstellung zu dieser Gruppe jedoch von der emotionalen auf eine möglichst rationale Basis stellen.

3. Fall

Ihre Ehefrau fühlt sich Ihrer absolut sicher. So versucht sie, Sie zu allem möglichen zu nötigen. Etwa zu einer Erhöhung des Haushaltsgeldes, einem neuen Pelz, einer anspruchsvollen Ferienreise, zur Vernachlässigung Ihrer Berufspflichten, zur Aufgabe eines Hobbies... Als Drohmittel setzt sie etwa ein die Scheidung, die Rückkehr ins elterliche Haus, das Fortziehen zu einer Freundin... Tränen.

Nur wenige Frauen, die sich Ihrer Männer sicher fühlen, können der Versuchung zu theatralischen Szenen widerstehen. Sie beuten Ihre Männer schamlos aus, demütigen sie... verachten sie endlich. Setzen die Männer nicht rechtzeitig mit Gegenmaßnahmen ein, die ihnen wenigstens eine gleichberechtigte Position zurückgeben, bleibt ihnen meist nichts anderes als die Resignation oder die Flucht.
Als Abwehr hilft hier meist nur die Methode gezielter Provokationen. In jedem Fall wäre es falsch, bei jeder Kleinigkeit um Verzeihung zu bitten, oder auf jeden Vorwurf mit Erklärungen zu reagieren.
● Seien Sie hart gegen sich selbst und versuchen Sie einige Wochen oder Monate permanenter Ehekrise durchzustehen, wenn Sie sich und Ihre Ehe retten wollen.
● Reagieren Sie nicht auf Drohungen, Bitten oder Tränen, es sei denn, es sei vernünftig von der Sache her gefordert. Dann aber erst, wenn die zeitliche Distanz zur Drohung... groß genug geworden ist, so daß Ihre Frau emotional keine Verbindung zwischen Drohung... und Ihrer Entscheidung herstellen kann.
● Werden Sie initiativ. Machen Sie Vorschläge und setzen Sie sie auch durch.
● Geben Sie auf keinen Fall die Verwaltung der »Familienkasse« in die Hand Ihrer Frau. Sollten Sie es getan haben, wird Ihre Frau Sie meist nicht unbedingt hochschätzen, ihre Eigenwertgefühle werden übermäßig steigen

und Sie werden als eine Art Milchkuh gehalten. Bemächtigen Sie sich also wieder der »Kasse«, vor allem, wenn Sie der Geldverdiener der Familie sind.

- Nehmen Sie sich mehr Zeit für Ihre gemeinsamen Kinder.
- Oft hilft es, wenn man die Drohung (etwa mit einer Trennung) unterstützt und der besseren Hälfte beim Packen hilft.

Das beste Mittel aber ist, es gar nicht soweit kommen zu lassen. Achten Sie auf eine sinnvolle Funktionsteilung auch in der Ehe (gemeinschaftliche Hilfe ist durchaus mit inbegriffen). Wichtig ist aber auch, daß kein Ehepartner sich des anderen zu sicher ist. Menschliches Beisammen ist nur menschlich zu gestalten, wenn beide Partner so emanzipiert sind, daß sie zu einer Trennung bereit sind, wenn sich eine Bindung unzweifelhaft als falsch erwiesen hat. Das läßt sich zwar erst nach einer länger währenden Prüfung sicher ausmachen – aber auszumachen ist es allemal. Es ist besser allein zu leben, als in einer Wolke von Zwietracht, Haß, Mißgunst und Streit, die allenfalls hin und wieder durch kurze Augenblicke eines Scheinglücks aufreißt.

Manche Frauen gehen in die Ehe mit dem Ziel, sich den Partner zu erziehen. Lassen Sie sich das nicht gefallen, denn Erziehen heißt hier nichts anderes als Manipulieren. Wohl aber ist es richtig, daß im Prozeß der gegenseitigen Liebe und Gewöhnung aneinander alte Verhaltensmuster von *beiden* Partnern aufgegeben werden müssen und neue entwickelt werden. Das ist in jeder Bindung unvermeidbar, die Menschen längerdauernd miteinander eingehen. Das hat nichts mit Manipulation zu tun, sondern mit *wechselseitiger* Rücksichtnahme und Hilfsbereitschaft, die sich immer dann einstellen werden, wenn Verliebtheit zur Liebe reift.

Dieser Fall mag sehr »frauenfeindlich« scheinen, wird aber nur der allgemeinen Erfahrungstatsache gerecht, daß Frauen sehr viel stärker dazu neigen, das Verhalten Ihrer Männer zu manipulieren als umgekehrt. Vielleicht liegt das daran, daß in unserer, von bürgerlichen Wertvorstellungen und Wertfühlungen geprägten Gesellschaft den Männern Höflichkeit und Hochachtung gegenüber Frauen schon eingeimpft wurden, als sie noch kleine Jungen waren. Und es wäre völlig unverständlich, wenn sich Frauen diese Überich-Prägung nicht zunutze machen würden.

4. Fall

Sie betreten ein Restaurant, suchen sich einen freien Platz, legen Ihren Mantel ab und warten. Endlich kommt der Kellner, bringt Ihnen die Speisenkarte und geht. Sie wählen und warten. Endlich kommt der Kellner wieder, baut sich schräg vor Ihnen auf und zückt seinen Block. Ungeduldig wippt er auf den Sohlen und blickt gelangweilt hin und her. Da Ihnen keine Kombination so recht gefällt, bestellen Sie Ihr Peppersteak – aber nicht mit Kartoffeln, sondern mit Pommes frites (was die Karte nicht vorsieht). Der Kellner bedauert. Er könne nur das bringen, was auf der Karte steht (obschon Hähnchen mit Pommes frites auf der Karte zu finden ist). Sie äußern Ihren Unmut. Wenn Sie besonderes Glück und einen höflichen Kellner getroffen haben, verspricht er, in der Küche zu fragen, ob man Ihren Sonderwunsch erfüllen könne. Sie warten, ohne zu wissen, was wird. Nach einiger Zeit kommt der Kellner zurück und berichtet mit geheucheltem Bedauern, er könne Ihnen zu Ihrem Peppersteak nur Salzkartoffeln servieren. Endlich kapitulieren Sie. Sie warten noch einmal. Dann endlich kommt Ihr Steak. Sie freuen sich, obschon Ihr Hunger merklich unter der Warterei gelitten hat. Endlich haben Sie Ihr Essen beendet und warten. Diesmal auf die Rechnung. Nach einer Viertelstunde endlich kommt sie. Insgesamt haben Sie vielleicht 15 Minuten gegessen und 45 Minuten gewartet.

Vermutlich hat der Kellner den Koch gar nicht gefragt, ob Ihr Sonderwunsch erfüllbar sei. Er hatte nur keine Lust, etwas zu tun, was nur Mühe und kein Geld einbringt. Er versucht, seinen Job so zu gestalten, daß er möglichst wenig Aufwand hat und mit einem Minimum an Anstrengung ein Maximum an Geld verdient. Es ist ihm recht gleichgültig, ob Ihnen Ihr Essen schmeckt – wenn er Sie doch danach fragt, dann meist in der Hoffnung auf ein erhöhtes Trinkgeld. Sein ungestörter und gewohnter Arbeitsrhythmus interessiert ihn sehr viel mehr. So versucht er denn, Ihnen seinen Rhythmus aufzuzwingen.

Die Technik ist üblich und so verbreitet, daß man als Laufkundschaft in einem Lokal keine bessere Bedienung erwarten kann, wenn man sich so verhält, wie Sie es getan haben.

Zur Abwehr bieten sich folgende Strategien an:

● Wenn Sie das Lokal betreten haben, suchen Sie – noch ehe Sie sich setzen – den Kontakt mit dem Kellner. Sie können auf ihn zu gehen und ihn fragen, wo ein guter Tisch für Sie frei ist. Lassen Sie sich zum Tisch hinführen! Wenn Sie den Eindruck haben, daß der Kellner noch innerlich Widerstand leistet, können Sie den Tisch ablehnen (mit etwa der Begründung, hier zöge es Ihnen zu sehr...) und sich einen zweiten zeigen lassen. Nun ist der Kellner davon überzeugt, daß Sie ein selbstbewußter Gast sind, sich keineswegs etwas gefallen lassen und daß er klug daran tut, Ihre Wünsche schnell zu erfüllen, weil er sonst Nachteile für sich befürchtet.

● Bringt der Kellner die Karte, lassen Sie ihn nicht gehen, sondern verwikkeln Sie ihn ein ein Gespräch (etwa über die Spezialitäten des Hauses). Entlassen Sie ihn keinesfalls, ehe Sie bestellt haben, was *Sie* wollen. Sollte er sich wider Erwarten wehren (obschon Ihr Wunsch durchaus erfüllbar ist), treffen Sie Anstalten, das Lokal zu verlassen. Gibt der Kellner nicht nach, gehen Sie. Wenn Sie nicht gerade ein Lokal in einer einsamen Gegend aufgesucht haben, sollten Sie sich durch nichts davon abbringen lassen, daß man Ihre erfüllbaren Wünsche auch erfüllt.

● Sie können einmal in die Küche gehen, wenn Ihre bestellte Mahlzeit zu lange auf sich warten läßt. Wahrscheinlich wird der Kellner Sie schon vorher abzufangen versuchen. Lange warten werden Sie sicher nicht. Es ist mitunter verblüffend zu erfahren, was Kellner bereit sind zu tun, nur damit keiner der Gäste die Küche betritt (was übrigens auch rechtlich unerlaubt sein kann).

● Wollen Sie bezahlen, können Sie versuchen, den Kellner mit Augenkontakt auf sich aufmerksam zu machen. Warten Sie allzu lange, erheben Sie sich und beginnen gemächlich den Mantel anzuziehen. Zumeist kommt der Kellner recht bald.

Sicherlich ist es nicht angebracht, alle diese Techniken bei einer Mahlzeit gleichzeitig anzubringen, denn dann würden Sie den Kellner mit Sicherheit verbiestern. Wenn Sie Technik Nummer 1 noch mit einem kleinen Trinkgeld untermauern, werden Sie es sowieso nicht nötig haben, an die folgenden auch nur zu denken. Auch sollte man einen solchen trouble nicht unbedingt machen, wenn man ein Lokal zum ersten und zum letzten Mal betritt. Denken Sie aber daran, Ihr Stammlokal (neu) zu etablieren, dann kann die eine oder andere Technik Ihnen, einmal angewandt, auf lange Zeit hin helfen, freundlich und zuvorkommend – vor allem aber flott – bedient zu werden.

5. Fall.

Jemand kennt Ihr Hobby und macht sich das zunutze.

Ihr Hobby kann sein: klassische Musik hören oder Briefmarkensammeln, Golf spielen oder Waldlaufen, mit Ihren Kindern spielen oder Reisen machen. Unser Jemand kann Ihr potentieller Schwiegersohn, ein Herr, der Ihnen sich oder eine Ware verkaufen will, oder sonst irgend jemand sein, der etwas von Ihnen will.
Es ist außerordentlich wahrscheinlich, daß Sie dem einige Pluspunkte gutschreiben, der das gleiche Hobby oder die gleichen Interessen hat wie Sie, der die Namen Ihrer Kinder kennt, der weiß, was Sie schätzen und ablehnen in Politik, Wirtschaft, Religion..., vorausgesetzt, er treibt es nicht gar zu plump.
Diese Technik ist außerordentlich primitiv, aber fast immer erfolgreich. Sie

schadet nur selten irgendwem. Es wird hier die Regel aktualisiert, daß Sie einen Menschen schätzen, mit dem Sie sich über Ihr Lieblingsthema unterhalten können. Aus der Gleichheit der Interessen schließen Sie – meist unbewußt – auf die Ähnlichkeit des Charakters. Und da Sie den Ihren hoch einschätzen, färbt das auf den Partner ab. Die entstehende partielle emotionale Identifikation kann zur Grundlage jahrelanger fruchtbarer Zusammenarbeit werden.

Dennoch gilt es, sich vor Heuchlern zu schützen, die sich eben nur so gerade etwas angelesen haben, um Ihnen zu imponieren. Von daher bestimmt sich die Abwehrtechnik:
● Fragen Sie nach Einzelheiten, die nur der kennen kann, dem Ihre Sache (Hobby) auch wirklich am Herzen liegt.
● Achten Sie darauf, daß Sympathie keine fachlichen oder charakterlichen Mängel (voll) kompensieren kann. Ceteris paribus ist sie jedoch meist ein guter Ratgeber.
● Versuchen Sie, nicht aufgrund eines einmaligen Gesprächs eine Entscheidung zu treffen, sondern aufgrund einiger mehrerer.

Solche apriorische Sympathie kann auch empfunden werden, wenn es sich um einen Landsmann handelt oder einen Mitschüler, oder einen Kartellbruder... Immer ist einige Vorsicht anzuraten – verbunden mit der Erkenntnis, daß Sympathie eine wichtige Grundlage für Vertrauen ist, vorausgesetzt, sie wird von der anderen Seite nicht geheuchelt. Vertrauen aber ist die Grundlage für längere gedeihliche Zusammenarbeit.

6. Fall

Jemand versucht Ihre Zuneigung dadurch zu erringen, daß er
– Ihnen nie widerspricht,
– Sie versteckt lobt (was Sie als Bewunderung interpretieren),
– Ihnen jeden Wunsch von den Augen abzulesen versucht,
– sich unentbehrlich zu machen trachtet.

Da die heutige (auch akademische) Jugend zu solchen Verhaltensmustern neigt, weil sie schon durch den schulischen Leistungsdruck in einer Richtung erzogen wurde, die sie annehmen läßt, nur der habe Erfolg, der sich duckt und unkritisch und fleißig ist, werden Sie nicht selten Menschen begegnen, die so ihre berufliche Karriere beginnen und ausbauen wollen. Diese Technik der Manipulation beruht auf folgenden Mechanismen:
● Der (unauffällige) Schmeichler hat Ihre Sympathie.
● Sie schätzen keine Kritik, die Sie als destruktiv empfinden.
● Sie lieben es, in Ihrem Selbstbild bestätigt zu werden.

- Sie sind froh, wenn jemand, in Abhängigkeit von Ihnen, Ihnen so viel wie möglich an Arbeit abnimmt.
- Sie sind dankbar, jemanden zu finden, von dem Sie vermuten dürfen, daß er Ihre Anliegen versteht und akzeptiert.

Dennoch ist diese Technik der Manipulation nicht unproblematisch. Hat der Mitarbeiter Erfolg, wird er die Leiter emporsteigen mit Ihrer tatkräftigen Unterstützung. Meist aber sind solche Menschen hemmungslose Karrierejäger. Er wird Sie sofort fallen lassen, wenn er sich einen Vorteil davon verspricht. Diese Manipulationstechniken kann nur der längere Zeit durchhalten, der einen labilen Charakter hat und bereit ist, seinem Fortkommen alles unterzuordnen. Das ist keineswegs förderungswürdig. Ich würde einen Assistenten, der mich nach diesem Verfahren zu behandeln versuchte, nach einem Semester an die Luft setzen. Nach meiner Erfahrung sind nicht die »leichten« Mitarbeiter die besten, sondern nicht selten gerade die schwierigen.

Die Abwehr muß an zwei Punkten ansetzen:

1. bei Ihnen,
2. bei Ihren Wertungsmaßstäben.

Solange Sie auf die erwähnten Verhaltensmuster hereinfallen, sind Sie charakterlich nicht bis zum Optimum durchgebildet. Vor allem sollten Sie versuchen, dies einzusehen (und zwar nicht nur rational, sondern auch in emotionaler Zustimmung):

- ein begründeter Widerspruch ist Ihnen und Ihrer Sache nur förderlich,
- eine begründete Kritik ist, vor allem wenn sie feed-back-Charakter hat, von unschätzbarem Wert, selbst, wenn sie vorübergehend schmerzen sollte,
- ein Mensch ohne eigene Meinung und ohne eigene Vorstellungen oder jemand, der diese nicht nennt und zum Nutzen des Betriebs zu realisieren versucht, ist selbst auf den unteren Stufen des Managements nicht sonderlich gut untergebracht,
- wer sich unentbehrlich zu machen versucht, hat, wenn er damit erfolgreich ist, auch oft den Charakter und die fachliche Qualifikation, Ihnen zu schaden.

Zum anderen sollten Sie Ihre Wertmaßstäbe überdenken. Der ideale Mitarbeiter ist der verantwortlich kritisch und kreativ denkende, fachlich qualifizierte. Ein Mitarbeiter aber, der diese Eigenschaften hat, wird keine der Bedingungen erfüllen, die oben für das Gewinnen Ihres Wohlgefallens genannt wurden.

7. Fall

Sie haben einen Fehler gemacht. Vielleicht haben Sie anfangs geglaubt, ihn vertuschen zu können. Er ist aber Ihren Vorgesetzten bekannt geworden. Nun fordert man von Ihnen besondere Anstrengungen, um das Geschehene wiedergutzumachen.

Eine solche Forderung muß nicht unbedingt verbalisiert werden. Es genügt oft, daß der Vorgesetzte nicht mit Ihnen über die Sache spricht, Sie so im Ungewissen hält und damit zu besonderen Leistungen anregt, um die Scharte wieder auszuwetzen.
Auch diese Technik ist recht beliebt. Man nutzt die Schuldgefühle eines anderen aus, ohne ihm zu sagen, ob und wie er sein Versagen wiedergutmachen kann (es sei denn durch allgemeine Leistungssteigerung). Da gibt es Redewendungen wie: »Nun, diesmal wollen wir die Sache auf sich beruhen lassen, aber...«
»Wenn so etwas noch einmal vorkommt, sehen wir uns leider genötigt...«
»Mit Ihren bisherigen Leistungen waren wir ja zufrieden, nach dieser Sache müssen Sie sich aber einige Mühe geben...«
Oft aber wird das »Vergehen« überschwiegen. Vielleicht ein vorwurfsvoller Blick, ein kühler Gruß, ein Nichtansprechen... und schon kann bei empfindsamen Gemütern zumindest Unsicherheit, wenn nicht gar Angst induziert werden.
Diese Technik ist zweifelsfrei, wenn in manipulatorischer Absicht mit dem Ziel der Leistungssteigerung verwandt, recht problematisch. Ein auf sein Selbstbewußtsein achtender Mitarbeiter wird nicht beliebig lange im dumpfen Dschungel von Schuldgefühlen zu halten sein. Er wird entweder Licht in die Sache bringen oder auszubrechen versuchen.
Damit sind die Abwehrstrategien auch schon vorgegeben:

● Haben Sie einen erheblicheren Fehler gemacht, und ist das Ihrem Chef bekannt geworden, sprechen Sie in jedem Fall über die Sache. Es ist günstig, wenn Sie selbst in diesem Gespräch initiativ werden. Überlegen Sie gemeinsam, was man tun kann, um die Fehlerfolgen zu mindern und zu verhindern, daß ähnliches sich wiederholt. Wenn Sie so vorgehen, werden Sie kaum längere Zeit von Schuldgefühlen geplagt werden – und man kann Sie nicht ausnutzen.
● Lassen Sie sich niemals mit allgemeinen Aufforderungen abfertigen, mehr zu leisten, um das Geschehene vergessen zu machen, oder Drohungen des Stils: »Wenn Sie nicht...« Wenn Sie mit solchen Bedingungen oder Androhungen leben müssen, werden Sie kaum mit Ihrer Angst fertig. Versuchen Sie möglichst konkret einen eventuell destruktiven (emotional nega-

tiv besetzten) Konflikt zwischen Ihnen und Ihrem Chef auszuräumen und in einen konstruktiven (mit beiderseitigen positiven Emotionen) zu verwandeln.
• Normalerweise geraten Fehler nach einiger Zeit in Vergessenheit. Sollte das nicht der Fall sein, und reibt man Ihnen Ihren Fehler immer wieder gelegentlich unter die Nase (wie das ja auch mitunter in Ehen vorkommen kann), dann sollten Sie sich überlegen, ob es nicht besser ist, an eine Trennung zu denken. Das Nicht-Vergessen-Wollen eines der Partner ist stets ein Anzeichen dafür, daß er Sie manipulieren möchte, oder aber, daß ein unterschwelliger destruktiver Konflikt das Zusammen beherrscht. In beiden Fällen dürfte ein Ende mit Sorge besser sein als eine Sorge ohne Ende.

8. Fall

Sie bemerken, daß Sie nicht mehr zureichend informiert werden. Sie nehmen an, daß man Sie links liegen läßt, ohne zu wissen, warum. Im Versuch, den Tatbestand aufzuklären oder den Grund der vermuteten Ablehnung zu erfahren, scheitern Sie, obschon Sie sich längere Zeit mühen.

Es besteht begründeter Verdacht, daß man Sie entweder nach den Regeln des Peter-Prinzips auf ein Abstellgleis geschoben hat, oder daß man Sie los werden möchte. In keinem Fall braucht man Sie (oder man glaubt, Sie nicht zu brauchen).
Die Technik ist recht verbreitet. Manche Chefs sind der Ansicht, auf diese Weise eine schmerzlose Trennung herbeiführen zu können. Sie irren sich, denn meist geht einer Trennung, die über solche Schikane führt, ein längerer schmerzlicher und angstbesetzter Prozeß im Mitarbeiter voraus. Diese Technik erleichtert nur dem Chef, sonst aber niemandem, die Trennung.

Die Abwehr ist nicht einfach. Sollten Sie die Stufe der Inkompetenz erreicht haben (danach zu fragen, ist selten schädlich, wenn man längere Zeit keine »Karriere« mehr gemacht hat), haben Sie die Wahl, sich damit abzufinden und den Zustand des diensttuenden Pensionärs möglichst sinnvoll zu gestalten, oder den Betrieb zu wechseln, um eine Position anzustreben, die zwar wohl kaum so gut honoriert wird wie ihre jetzige, Ihnen aber wieder Selbsterfüllung in und durch Arbeit zu geben vermag.
Sollten Sie nach gründlichem Überlegen zu dem Schluß kommen, daß Sie die Grenze der Inkompetenz (noch) nicht erreicht haben, dann ist ein Unternehmenswechsel angebracht. Doch lassen Sie sich nicht drängen. Sie haben Zeit genug, in Ruhe zu wählen und unter Umständen einige Monate oder auch Jahre zu warten, wenn es Ihnen richtig erscheint. Die emotionale

Bindung an Ihren Betrieb wird langsam erkalten und die Trennung für *beide* Partner wünschenswert erscheinen.

Bei all diesen Strategien handelt es sich jedoch nur beschränkt um eine Abwehr manipulierender Techniken. Sie können ihnen trotzen, kaum aber entgehen.

9. *Fall*

Sie betreten ein Kaufhaus, um einige Kleinigkeiten einzukaufen. Als Sie nach einer halben Stunde wieder herauskommen, haben Sie etwa das Doppelte von dem ausgegeben, als das kosten sollte, was Sie zu kaufen planten. Die Technik der Warenofferte im Kaufhaus ist zweifelsfrei manipulatorisch:

● Manche Waren werden besonders preiswert angeboten (Lockvogel-Angebote).
● Die Waren, die verkauft werden sollen, sind etwa in Augenhöhe angebracht (in Bodennähe finden Sie oft das, was Sie ursprünglich kaufen wollten, weil es bei ähnlicher Qualität nur halb so teuer ist).
● Die Selbstbedienung verleitet, sich ohne Zeitdruck manches anzuschauen, was man gerade für hübsch hält, ohne es eigentlich gebrauchen zu können.
● Wühlstände vermitteln den Eindruck, hier sei etwas besonders preiswert zu haben.
● Sorgsam ausgewählte Musik bringt Sie in eine leicht euphorische Stimmung, die wiederum Ihre Kaufhemmungen senkt und Ihre Kauflust steigert.
● Sie sehen notwendig beim Suchen der Abteilungen, in denen die von Ihnen gewünschten Waren geführt werden, anderes, was besonders auffällig ausgestellt ist, um Ihr Interesse zu wecken.
● Geschulte Verkäufer(innen) versuchen gerade den Augenblick abzupassen, an dem Ihr Interesse das Maximum erreicht hat, um so den Kaufentschluß zu fördern (diese Taktik ist jedoch nur bei etwas naiven Käufern angebracht).

Die Technik ist so verbreitet, daß sie für Erwachsene als üblich und unbedenklich bezeichnet werden muß.

Sie haben folgende Möglichkeiten der Abwehr:
● Legen Sie sich einen Einkaufszettel an, nehmen Sie ihn in die Hand und kaufen genau und nur das, was darauf steht (nach Artikel, Qualität und Menge).
● Sehen Sie ein kleines Geschenk für einen Menschen, den Sie schätzen,

kaufen Sie es (hier ist Manipulation ein niedriger Preis für die Freude, die Sie machen können).
- Finden Sie nicht genau die Ware, die Sie suchen, verlassen Sie den Laden.
- Lassen Sie sich unter keinen Umständen von einem Verkäufer unter Druck setzen.
- Legen Sie einen Etat für Überflüssiges fest (etwa monatlich, vierteljährlich), den Sie nicht überziehen werden.

10. Fall

Man nötigt Sie, fortwährend einen Ihnen unangenehmen Gedanken durchzudenken (etwa ein moralisches, intellektuelles, berufliches... Versagen). Der Druck, der von solcher Nötigung ausgeht, kann Panik erzeugen (wie ein rotierender Anker Elektrizität) und Sie zu unüberlegten Handlungen verleiten (Kurzschlußreaktionen).

Die Technik ist ebenfalls verbreitet. Entweder läßt man einen Menschen mit seinen Sorgen allein (und läßt ihn also hilflos um sich selbst rotieren) oder aber man induziert mit einer »Kränkung des Selbstwertgefühls« solche Sorgen und verstärkt sie noch durch gelegentliche Wiederholung. Die Technik wird im beruflichen wie im privaten Bereich angewandt. Die dabei freigesetzte Destrudo-Energie kann sich gegen das Individuum selbst richten (er schadet sich in seiner Panik selbst, obschon er sich dieser mitunter nicht voll bewußt ist, etwa sozial oder physisch oder psychisch) oder aber gegen andere (hin bis zum Tötungswunsch).
Diese Technik ist zweifellos infam. Sie nutzt kaum dem, der sie verwendet. Oft ist ihr Motiv das Ergebnis eines nicht bewältigten destruktiven Konflikts des Auslösenden.
Die einzige Möglichkeit, solche Techniken abzuwehren, ist vermutlich die regelmäßige und analytisch richtige Aufarbeitung von Versagenserlebnissen. Nur wer mit sich selbst vernünftig und kritisch umgehen kann, wird eine Technik der analytischen Psychologie nutzen können. Dieser Technik liegt die Einsicht zugrunde, daß man über wiederholte und intensive Impulse rationaler Art den emotionalen und weitgehend unbewußten Bereich positiv beeinflussen kann. Eine solche Analyse zielt darauf ab, klar und deutlich die Eigenschuld von eventueller Fremdschuld zu separieren und die Eigenschuld auf vermeidbare und unvermeidbare Faktoren (Charakterschwächen, psychische Störungen...) hin zu analysieren. Das Ziel soll die Selbstannahme (und mit ihr auch die der eigenen unvermeidbaren Mängel oder Defekte) sein. Haben Sie sich selbst auch mit Ihren Schwächen und Fehlern akzeptiert, heben Sie die Sie traumatisierende Schwelle.

11. Fall

Sie versuchen, sich gegen irgend etwas zu wehren (Unrecht, Benachteiligung, Verleumdung...), ohne den Urheber fassen zu können. Das kann im privaten wie öffentlichen Bereich dazu führen, daß man sich irgendwelchen anonymen Mächten ausgeliefert weiß oder glaubt.

Wird hier tatsächlich manipuliert, wird eine unmenschliche Technik angewandt, gegen die es parktisch keine Gegenwehr gibt. Mit einer Technik unfaßbaren Unrechts... kann man innerhalb weniger Wochen einen Menschen aus dem psychischen Gleichgewicht bringen und ihn zu Handlungen veranlassen, die ihm im Zustand zureichender rationaler Lenkung und sicherer Kritikfähigkeit nicht im Traum eingefallen wären. Es ist jedoch auch mit der Möglichkeit einer psychischen Erkrankung zu rechnen, in deren Folge der Betreffende sich aufgrund wirklichkeitsentstellter Interpretationen nun von anonymen Mächten verfolgt glaubt.
Eine Abwehr gegenüber dieser Technik im eigentlichen Sinne gibt es nicht. In jedem Fall sollte man aber sorglichst auf die Erhaltung der psychischen Stabilität Wert legen (etwa durch gesprächstherapeutische Hilfen). Langfristig gesehen empfiehlt sich – eine reale Manipulation vorausgesetzt – ein Wechsel der sozialen Umwelt. Zunächst sollte jedoch geklärt werden, ob und in welchem Umfang eigene Verhaltensmuster zu der bösartigen Reaktion der Mitwelt beigetragen haben. Ist man sich nicht sicher, ob es sich um tatsächliche oder um eingebildete Manipulationen handelt, sollte man sich in jedem Fall psychiatrisch beraten lassen.

12. Fall

Man hackt auf Ihnen herum, weil Sie irgendwie anders sind als ihre Mitmenschen, irgendwie von der Norm abweichen.

Hierbei handelt es sich um einen Manipulationsversuch, den eine Gruppe stets unternehmen wird, um den Gruppenerhalt und die Gruppenidentität nicht zu gefährden. Diese Reaktion ist zumeist nicht gewollt, sondern geschieht unbewußt. Sie dürfte weitgehend instinktanalog ablaufen. Das abweichende Verhalten ist der reaktionsauslösende Reiz für die folgende Sanktion. Wenn man einem weißen Huhn einen Farbtupfer aufsetzt, dann freuen sich nicht etwa die anderen Hühner über die Variante in ihrer Hühnergruppe, sondern fallen über das so markierte Tier her. Es sind Fälle bekannt, in denen Artgenossen mit abweichendem Verhalten sogar getötet wurden.

Diese Technik der Abwehr von Besonderem ist also weitgehend der menschlichen Freiheit entzogen, wenn ein Individuum innerhalb einer Gruppe Verhaltensweisen zeigt, die vom Normal der Gruppe erheblich abweichen. Es sollte jedoch möglich sein, die emotionale Ablehnung zu überlisten, indem eine rationale Analyse der aufgebrachten Gruppenmentalität von der Gruppe selbst geleistet wird und, wenigstens vorübergehend, den Toleranzrahmen der Gruppe gegenüber abweichendem Verhalten dehnt.

Sich gegen solche Abwehrtechniken zu wehren, ist nicht einfach. Es empfiehlt sich, zunächst einmal zu prüfen, welche Opfer man zu bringen bereit ist, um die Zugehörigkeit zur Gruppe aufrecht zu erhalten und ob man in der Lage ist, das abweichende Verhalten aufzugeben, ohne sich selbst untreu zu werden.

Je nach dem Ergebnis der Analyse empfiehlt es sich:
- entweder die Gruppe zu verlassen
- oder sein eigenes Verhalten in der Gruppe zu ändern.

Sollte man sich von der Gruppe lösen wollen, ist immer mitzubedenken, ob man nicht auf eine Alternativgruppe angewiesen ist. Wenn eine solche Verwiesenheit besteht (vor allem bei jungen Menschen, die die Gruppenbindung zur Selbstfindung nötig haben), dann ist zu prüfen, ob von irgendeiner Gruppe die fraglichen Verhaltensweisen akzeptiert werden. Wenn man eine solche Gruppe findet, kann man sich ihr anschließen. Findet man keine, sollte man eher daran denken, sein Verhalten zu ändern, als sozial zu resignieren (»Mich versteht ja doch niemand!« – »Niemand mag mich!« – »Alle hätten es lieber, wenn ich nicht mehr da wäre!«...).

13. Fall

Man erwartet von Ihnen, etwas zu tun, was gegen Ihre Überzeugung ist.

Handelt es sich hierbei um eine Manipulation, das heißt: dem Erwartenden ist ihr Gewissensproblem bekannt –, dann kann man sehr verschiedene Absichten verfolgen:
- Man will Ihnen Ihren Schneid abkaufen (Ihnen Ihr Rückgrat brechen).
- Man will Sie vor sich selbst schuldig werden lassen, um sie leichter »führen« zu können.
- Man will Sie zu »normalem« (das heißt: gruppenkonformem) Verhalten bringen.
- Man will Sie testen (etwa auf Ihre moralische Belastbarkeit).
- Man will Sie einfach instrumental verwenden (ohne sich irgendwelche Gedanken über Ihr Gewissen zu machen).

Handelt es sich um eine geplante, vorsätzliche Strategie, ist das in jedem Fall ethisch nicht abzudecken. Man kann weder einen Rekruten oder einen Novizen dazu zwingen, etwas gegen sein Gewissen (oder seine Überzeugung) zu tun oder zu lassen, ohne nicht selbst seinen zutiefst korrumpierten Charakter zu demonstrieren. Sicher lassen sich Menschen mit gebrochenem Rückgrat leichter führen. Sie allein sind fähig zu bedingungslosem Gehorsam. Dennoch kann aber kein noch so erhabener Zweck dieses Mittel rechtfertigen.

Gegen solche Techniken gibt es nur eine Abwehr: Folgen Sie Ihrem Gewissen, was immer auch geschieht. Es ist besser, vor sich selbst bestehen zu können als vor Menschen, die anderen psychische Gewalt antun und sie zu brechen suchen. Doch gilt es hier sorglichst Gewissen (als Überichgehorsam) und Gewissen (als Ich-Gehorsam) voneinander zu scheiden. Wer auf Überich-Normen auch gegen Einsicht und Wertprüfung verharrt, ist ein Dickkopf und wird disponiert sein, das Schicksal des Michael Kohlhaas zu tragen. Meint Gewissen aber Ich-Gehorsam, und haben Sie sich um die rechte Orientierung Ihrer handlungsleitenden Normen bemüht, dann sollten Sie – wie gesagt – stets Ihrem Gewissen folgen. Auf die Dauer gesehen wird sich eine solche Entscheidung nicht nur als richtig, sondern auch als klug erweisen.

Denkbar ist aber, auch eine alsbaldige Trennung von Menschen und Gruppen anzustreben, die solche Mittel der »Dressur« verwenden. Vor allem, wenn Sie psychisch geschwächt sind, ist eine schnelle Trennung meist einem längerwährenden Konflikt vorzuziehen.

14. Fall

Sie haben den Eindruck, nahezu alle Menschen seien Ihre Gegner oder gar Feinde.

Auch hierbei *kann* es sich um eine gezielte – bewußte oder unbewußte – manipulatorische Technik handeln, die man Ihnen gegenüber verwendet, um sie zu gruppenkonformem Verhalten zurückzuführen. Das Spiel mit der Angst um die Isolation ist nicht selten.

Die Technik spricht eine instinkthaft grundgelegte Überzeugung im Menschen an, nach der jeder, der nicht gerade anwesend und emotional positiv besetzt ist, ein potentieller Feind sein könne. So schaut ein Mensch, der für sich allein ißt, nach jedem zweiten oder dritten Bissen zur Seite (ob da jemand ist, der ihm das Essen wegnehmen könnte). So setzt sich ein Mensch, der sich unsicher fühlt (etwa in einer ungewohnten Umgebung und nicht begleitet von guten Bekannten) in Restaurants mit dem Rücken zur Wand (damit sich nicht hinter ihm eine gefährliche Situation aufbauen kann). Diese instinkthafte Unsicherheit, die sicher durch lange Jahrhunderttausende der Menschheitsgeschichte ihr Recht hatte und auf die hin unser programmiertes Verhalten ausgerichtet ist, kann nun Ansatz zu einer Verhaltensmanipulation werden.

Das physische Sicherheitsbedürfnis, das nach dem vorgegebenen Programm nur sozial zu stillen ist, kann zum Problem werden, wenn die sozialen Bindungen gelockert werden. Solche Lockerungen können – vor allem bei ausgesprochen extravertierten Menschen – erhebliche Trennungsängste auslösen. (Isolationsängste sind eine Form von Trennungsängsten.) In diesem Angstzustand, der meist nicht einmal deutlich als Angst identifiziert wird, betrachtet der Betroffene nahezu alle Menschen als seine Feinde, Gegner, Rivalen. Sicher ist das ein regressives Verhaltensmuster, das in der Vorgeschichte der Menschheit seine Wurzeln hat, doch ist es kaum rational zu beheben.

Die Möglichkeiten zur Abwehr sind also ausschließlich emotionaler Art. Suchen Sie menschliche Geborgenheit – und zwar eine, die Ihnen nicht gefährdet erscheint. Meist werden sich dann die Isolationsängste legen (zumindest, was ihre irrationalen Auslöser betrifft). Ist das nicht der Fall, oder sollten Sie nicht mehr fähig sein, menschliche ungefährdete Geborgenheit zu suchen und zu finden, kann Ihnen meist ein Psychotherapeut helfen. Prinzipiell ist das Gefühl: »Alle sind meine Gegner« zwar instinkthaft begründet, doch darf es niemals zu Handlungskonsequenzen führen, die nicht rational kontrolliert sind. Wird das Gefühl übergewichtig, bestimmt es auch rationale Einsicht, dann ist stets der Verdacht auf eine psychische Erkrankung angebracht.

15. Fall

Sie werden häufig durch dialektische Kunstgriffe Ihres Gegners in eine für Sie nachteilige Position gebracht.

Die Manipulation über dialektische Kunstgriffe nimmt in dem Maße zu, als ihr Erlernen zum Standard-Repertoire so mancher Schulen geworden ist (Gewerkschaftseinrichtungen zur Weiterbildung ihrer Mitglieder, Management Institute, Bundeswehr-Akademien...). Die Technik beruht darauf

- entweder den Gegner verbal zu besiegen
- oder ihn emotional ins Unrecht zu setzen.

Da beide Techniken heute recht verbreitet sind, sollten Sie sie selbst beherrschen, nicht um sie unbedingt anzuwenden, sondern um sie erwidern zu

können, wenn man sie an Ihnen versucht. Die Technik ist sicher nicht verwerflich, wenn der manipulierende Teil
- sicher ist, niemandem zu schaden,
- sicher ist, daß seine Ansicht die bessere ist.

Diese Technik läßt sich nur abwehren, wenn man sie selbst beherrscht. Beherrschen Sie sie nicht, suchen Sie einen Kurs mitzumachen, der Ihnen die Verwendung und die Abwehr solcher Techniken beibringt.

3. ABSCHNITT

Reden

Das menschliche Wort, der menschliche Ausdruck sind die wichtigsten Kommunikationsinstrumente, über die allein menschliches Beisammen erst möglich wird. Menschliches Beisammen ist aber auch geprägt von dem Versuch, den anderen irgendwie zu beeinflussen – und von ihm beeinflußt zu werden. Ohne das Wechselspiel der Beeinflussungen wäre keine menschliche Gesellschaft oder Gruppe lebensfähig, ja sie wird oft durch solche Beeinflussungsbemühungen und -erfolge erst konstituiert. Darüber wurde schon ausführlich berichtet.
Im folgenden sollen nun einige Reden vorgestellt werden, die – wie alle Reden – den Zweck haben, den Zuhörer in seinem Verhalten, seiner Meinungsbildung, seiner Kritikfähigkeit zu beeinflussen. Nicht alle der vorgestellten Reden wurden in manipulatorischer Absicht gesprochen, aber alle wollten ihre Hörer massiv beeinflussen – und haben es getan. Insofern waren alle diese Reden »gute« Reden.
Es werden vorgestellt und diskutiert:

1. Die Verteidigungsrede des Sokrates vor dem Areopag (nach Platon).
2. Die Rede über den toten Cäsar des Mark Anton (nach Shakespeare).
3. Die Rede Hitlers über die Funktion der NSDAP auf dem Reichsparteitag 1935.
4. Die Rede Goebbels über den Unterschied zwischen Nationalsozialismus und Bolschewismus auf dem Reichsparteitag 1935.
5. Die Rede Churchills zur Übernahme der Regierung im Jahr 1940.
6. Die Rede Goebbels zum totalen Krieg vom 18. Februar 1943 im Berliner Sportpalast.

Selbstverständlich werden hier alle Reden gekürzt wiedergegeben. Das ist nötig, da die meisten der angeführten Reden länger als eine Stunde dauerten. Ich habe jedoch versucht, die typischen Passagen herauszusuchen – ohne den Tenor der Rede zu entstellen.
Sicherlich ließen sich noch zahlreiche weitere Reden anführen, die insofern »gut« waren, als sie Menschen dazu bewegten, etwas zu tun, an das sie normalerweise nicht einmal dachten, suggestive Reden also. Ich habe aber bewußt darauf verzichtet, Reden von Zeitgenossen (oder solcher, die als »lebende Denkmäler« noch unter uns weilen) auszuwählen.

Die Reden werden zunächst nach einer kurzen geschichtlichen Einleitung vorgestellt. Daran schließt sich eine Analyse der verwendeten Beeinflussungstechniken an. Endlich soll – wenn angebracht – eine Kritik der Technik versucht werden.

Der Nachteil dieser Methode ist offensichtlich. Alle Reden sprechen das Gefühl an. Das Gefühl aber wird nicht primär über das angesprochen, *was* gesagt wird, sondern sehr viel mehr über das, *wie* es gesagt wird. Das gesprochene Wort wirkt durch Inhalt *und* Ausdruck, das geschriebene nur durch den Inhalt. Das ist eine hier unvermeidliche Verkürzung. Um die Reden mit Leben zu erfüllen und ihren suggestiven Charakter wenigstens andeutungsweise zu erfassen, können Sie sie zunächst einige Male *laut* lesen. Versuchen Sie dann die Reden »emotional zu gliedern«. Das geschieht so, daß Sie bestimmten Blöcken bestimmte Emotionen zuschreiben und dann beim Lesen diese Emotion in den Text einzubringen versuchen. Erst dann wird der Text mit Ihnen zu sprechen beginnen.

Selbst Reden von Rednern, die Sie nicht leiden können, sollten Sie so zu entschlüsseln versuchen. Das Ärgste, was Ihnen dabei passieren kann, ist, daß Sie das Faszinierende auch des Diabolischen erleben. Vielleicht werden Sie dann Menschen besser verstehen, die den Demagogen auf den Leim gingen.

Sokrates

1. Die Umstände

Sokrates war der Ansicht, daß niemand gegen besseres Wissen handeln könne und Tugend daher lehrbar sei. Um sie zu lehren, verwandte er die dialektische Methode von Frage und Antwort. Er nahm an, daß in jedem Menschen eine warnende und tadelnde Stimme (daimónion) hörbar werde. So lehrte er vor allem auch die Jugend Athens. Er galt als der einflußreichste und bekannteste der Reformer, indem er versuchte, Vernunft und Ethik in die Politik einzuführen. So rüttelten seine Lehren durchaus an den Festen des politischen, sittlichen und religiösen Lebens auch des öffentlichen Athen.

399 wurde er der Asebie (Gottlosigkeit) angeklagt, da er nicht die Götter verehre, die der Staat verehrt, und der Verführung der Jugend, da er sie von den überkommenen politischen Idealen abbringe. Die Ankläger forderten den Tod. Sokrates forderte für sich dagegen eine Belohnung (Speisung im Prytaneion). Er bekannte sich in beiden Anklagepunkten für nicht schuldig.

Seine Verteidigungsrede wurde – vermutlich historisch einigermaßen zutreffend – von Platon aufgezeichnet, der mehrere Jahre sein Begleiter war.

Trotz einer hervorragenden rhetorischen Leistung wurde Sokrates zum Tode verurteilt und trank den Giftbecher ohne Angst und mit großer Gelassenheit.

Schon bald nach seinem Tode setzte in Athen ein Meinungsumschwung zugunsten des Sokrates ein. Vielleicht wurde ein Teil seiner Ankläger verbannt oder gar getötet.

2. Die Rede

Ob euch, ihr Athener, meine Ankläger beeindruckt haben, weiß ich nicht. Ich habe mich jedenfalls beinahe selbst vergessen, als ich ihnen zuhörte. So überzeugend klangen ihre Worte. Und doch sind sie alle erlogen.

Bei dem vielen, das sie so dahergelogen haben, wunderte mich vor allem eins: Ihr solltet euch hüten, von mir getäuscht zu werden, denn ich sei ein sehr gewandter Redner. Das ist dreist. Ich werde sie sogleich widerlegen.

Zwar hätten sie recht, wenn sie den einen guten Redner nennen, der die Wahrheit sagt. Doch das ist nicht ihre Art. Sonst wäre ich wirklich ein guter Redner, denn ich werde die Wahrheit sagen:

Sie haben alle gelogen. Von mir werdet ihr die Wahrheit hören, nicht in schönen Worten. Ich werde schlicht das sagen, was ich denke.

Einst suchte man euch zu betrügen, als man euch einredete, ein gewisser Sokrates denke über die Sterne nach und wolle erforschen, was unter der Erde sei. Die Männer, die das behaupten, muß ich fürchten. Sie sind meine Ankläger, denn sie sagen, wer solches erforsche, glaube nicht an die Götter.

Nun haben mich junge Leute freiwillig begleitet. Sie hörten mir gerne zu, wenn ich andere befragte. Nun ahmten sie mich nach. Da fanden sie eine Menge Leute, die zwar meinen, etwas zu wissen, in Wirklichkeit aber wenig oder nichts wissen. Diese Leute zürnten dann mir – und nicht etwa sich selbst. Sie behaupten, Sokrates sei ein widerlicher Mensch und verderbe die Jugend. Über die Wahrheit aber müssen sie sehr wohl schweigen: Denn sie sind überführt, nichts zu wissen, obschon sie sich den Anschein geben, als wüßten sie etwas.

Das, Athener. ist die Wahrheit. Nichts verschweige ich. Und ich bin mir bewußt, daß ich mich gerade dadurch verhaßt mache. Doch kommen wir nun zum Text der Anklage. Er lautet: »Sokrates tut Unrecht, denn er verdirbt die Jugend. Und er glaubt nicht an die Götter, die der Staat verehrt, sondern an andere göttliche Kräfte!« Das gilt es zu prüfen. Sage uns also Meletos, wie ich deiner Ansicht nach die Jugend verderbe?

Die Anklage behauptet, weil ich sie lehre, nicht an die Götter zu glauben, die der Staat verehrt, sondern an neue göttliche Mächte.*
Bei diesen Göttern, von denen da die Rede ist, Meletos, fordere ich dich auf, mir das zu erklären. Sagst du, ich lehre den Glauben an bestimmte Götter, nur seien es nicht jene, die der Staat verehrt? Dann aber bin ich nicht gottlos. Oder aber behauptest du, ich glaube an gar keine Götter? Meletos: »Ja, beim Zeus, du glaubst ganz und gar nicht daran.«
Jetzt aber widerspricht sich die Klageschrift selbst. Es ist, als ob sie sage: »Sokrates begeht Unrecht, weil er an gar keine Götter, sondern an Götter glaubt.«
So etwas kann man nur im Scherz sagen.
Ich habe den Eindruck, ihr Athener, Meletos ist recht unbeherrscht. Die Anklage hat er aus reinem Übermut verfaßt. Nichts anderes kann ich mir vorstellen. Entweder wolltest du, Meletos, uns auf die Probe stellen, oder du bist in ziemlicher Verlegenheit, was für ein Vergehen du mir vorwerfen sollst. Wie du aber so einen Menschen mit auch nur etwas Verstand davon überzeugen möchtest, daß jemand, der an das Göttliche glaubt, nicht an die Götter glaube – ist mir schleierhaft.
Athener! Wenn ihr mir sagt: »Wir sprechen dich frei, unter der Bedingung, daß du nicht mehr nach Wahrheit suchst. Und wenn du es noch einmal tust, mußt du sterben«, dann entgegne ich euch: »Athener, ich achte und liebe euch. Aber ich will der Gottheit gehorchen. Solange ich die Kraft dazu habe, werde ich nach Wahrheit suchen und euch mahnen. Jeden von euch, den ich treffe, werde ich fragen: Schämst du dich nicht? Du willst möglichst viel Geld und Ehre erlangen, kümmerst dich aber nicht um die Wahrheit!«
Ich werde nichts tun, ihr Athener, was ich für Unrecht halte. Wenn ich euch bloß überredete (und nicht überzeugte), lehrte ich euch zu glauben, daß es nichts Göttliches (keine innere Gewissensstimme) gäbe. Dann klagte ich mich durch meine Verteidigung selbst an. Ich glaube an das Göttliche – und zwar mehr als meine Ankläger:
So lege ich denn euch und Gott anheim, über mich zu urteilen, wie es für mich und für euch am besten ist.

---

* Sokrates glaubte, daß Gott (oder das Göttliche) als innere mahnende oder verbietende Stimme erfahrbar werde. Er sprach vom »daimónion« als Grund dieser inneren Stimme. Mit dem griechischen Götterkosmos hat er allerdings nichts anfangen können. Die Anklage der Asebie hatte ihr relatives Recht. Asebie konnte in Athen mit dem Tode bestraft werden.
Übrigens wurden einige Jahrhunderte später die frühen Christen von den römischen Gewalthabern unter der gleichen Anklage verurteilt und hingerichtet: Sie verehrten nicht die Götter, die der Staat verehrte.

3. Analyse
Nach attischem Recht wurde Sokrates wahrscheinlich zu Recht angeklagt. Gottlosigkeit war ein Staatsverbrechen. Die Verführung junger Menschen zu unsittlichem Lebenswandel (etwa der Asebie) wurde ebenfalls bestraft. Die Todesstrafe war für solche Vergehen durchaus vorgesehen.
Dennoch kann man vermuten, daß die Anklage wegen Asebie und Jugendverführung nur vorgeschoben war. Sokrates hatte sich über athenische Staatsmänner abfällig geäußert. Vor allem aber war er darauf aus, seinen Mitmenschen zu beweisen, daß sie nichts wüßten, obschon sie vieles zu wissen meinten. So sagt er noch in seiner Verteidigungsrede:
Verglichen mit diesen Menschen bin ich doch noch weiser. Wahrscheinlich weiß ja keiner von uns etwas Rechtes. Aber sie glauben, etwas zu wissen, obschon sie nichts wissen. Ich dagegen weiß zwar auch nichts, glaube aber auch nicht, etwas zu wissen.
Mit solchen Bemerkungen machte sich Sokrates nicht gerade beliebt. Und auch seine Verteidigungsrede war nicht darauf angelegt, das Wohlwollen des Volksgerichts zu erringen. Sokrates stellt sich hier jedoch unter den Spruch des Apollonorakels von Delphi, das auf die Frage des Chairephon, eines Begleiters des Sokrates, geantwortet haben soll: »An Weisheit nimmt es niemand auf mit Sokrates.« Sokrates versteht sich in der Tat als der Weiseste, weil er als einziger etwas sicher weiß: daß er nichts weiß.
Zumindest die meisten seiner 500 Richter werden sich für weise gehalten haben zu einer Zeit, da zwar »Weisheit« unter Philosophen wenig, im breiten Volk aber viel galt. Sokrates traf sie an genau der Stelle, an der sie verwundbar waren.
Die Anklage gegen Sokrates ist selbst Ausdruck rabulistischer Kasuistik, denn Sokrates lehnte – zumindest nach außen – die Staatsgötter nicht ab. Vermutlich opferte er ihnen nicht, aber das ist nicht dasselbe wie Leugnung. Das sokratische »daimónion« (die innere göttliche verbietende Stimme) wird in der Anklage universalisiert zu »daimónia« (göttliche Wesen). Diese aber sind nicht identisch mit den athenischen Staatsgöttern. Die Anklage der Asebie stand also auf tönernen Füßen – sie aber war die leztlich einzig gefährliche.
Sokrates baut seine Verteidigung in zwei Schritten auf:
1. Er versucht, seine Ankläger als Lügner zu entlarven und
2. er bemüht sich, die verschiedenen Anklagepunkte zu widerlegen.
In unserem Auszug geschieht der erste Schritt in drei Etappen:
a) Die Ankläger behaupten, Sokrates sei ein raffinierter Redner, der selbst die Lüge zur Wahrheit verdrehen könnte. Er verstünde es, die Geister zu verwirren. Sokrates *behauptet* (ohne den geringsten Beweis), er sei ein schlechter Redner, weil er ganz einfach spreche und nichts sage als die

Wahrheit. So versucht er, das Image loszuwerden, er sei ein Demagoge, der das Volk – und besonders die Jugend – durch dialektische Tricks verwirre. Er appelliert an die naive Überzeugung vieler Menschen, die Wahrheit sei stets einfach. So spreche auch der, der einfach spreche, die Wahrheit. Er möchte glauben machen, daß die Wahrheit sich selbst verteidige und durchsetze, ohne jedes rhetorische Bemühen. Das ist zwar einleuchtend – aber falsch, wie ein Blick in die Weltgeschichte zeigt. Es steht zu vermuten, daß die Athener, wenigstens beginnend in der Kunst der Rhetorik geübt, allzu großem rhetorischem Feuer tief mißtrauen. Da aber seine Ankläger rhetorisch geschickt vorgegangen zu sein scheinen, denunziert er sie auch so als Lügner. Vor allem aber lügen sie, weil er selbst nicht etwa rhetorisch gewandt spreche – das habe er nicht nötig – sondern ganz einfach.
b) Vor Jahren scheint man auch gegen Sokrates den Vorwurf erhoben zu haben, er betreibe Naturphilosophie. Das aber führe notwendig zur Gottlosigkeit. So sei auch er durch bare Verleumdungen in den Ruf der Gottlosigkeit geraten, ohne sich jemals mit Naturphilosophie beschäftigt zu haben. Die ganze Anklage beruhe also auf nichts anderem, als auf einer verbreiteten Verleumdung. Die Ankläger sind unbewiesenem Geschwätz aufgesessen. Tatsächlich verwarf Sokrates vermutlich (nach Antisthenes, Aristoppos, Xenophon) die Naturphilosophie, weil sie zu keinem sicheren, zumindest aber zu keinem nützlichen Wissen führe. Sie trage nichts zum Erwerb von Tugend oder zur Beruhigung der Seele bei.
c) Die Anklage behauptet, er habe Jugendliche zur Gottlosigkeit verführt. Das aber ist nur eine Scheinwahrheit. Er habe sie vielmehr die Kunst gelehrt, anderen zu zeigen, daß sie nichts wissen, also dumm seien. So dumm, daß sie es nicht einmal selbst merken. Die Anklage lüge also, indem sie von der Beleidigung abzulenken versuche, die einigen Honoratioren der Stadt durch seine Schüler angetan worden seien.

In einem zweiten Schritt versucht Sokrates, die Anklagepunkte zu widerlegen. Dabei scheut er keineswegs vor Sophismen zurück. Auf folgende Anklagepunkte geht Sokrates in dem vorgestellten Auszug ein:
a) Er versuche Jungen zu erziehen und nehme dafür ein Honorar. Sokrates argumentiert dagegen, daß die Jungen ihm freiwillig gefolgt seien (nicht aber gegen Bezahlung), um von ihm (und nicht durch ihn) zu lernen. Im Gegensatz zu den Sophisten verlange er keinen Pfennig, da er ja auch gar nichts zu lehren habe. Er wisse ja selbst nichts und wisse darum. Somit könne er nicht für das Verhalten und die Ansichten seiner »Schüler« verantwortlich gemacht werden.
b) Er tue Unrecht.
Dieser Vorwurf wird von Sokrates mit dem folgenden zusammengezogen.

Er interpretiert ihn im Kontext der ihm vorgeworfenen Asebie. Vermutlich war jedoch Sokrates – wie manche seiner Schüler – der Ansicht, Gerechtigkeit und Ungerechtigkeit seien auch von den Situationen abhängig, in denen Menschen handeln. Das würde erklären, warum die Anklage im Hintergrund auf Staatsgefährdung lautete. Staatsorgane neigen dazu, Gerechtigkeit an eindeutige Gesetze und Situationen anzubinden. Sokrates scheint aber die Gültigkeit von Gesetzen relativiert zu haben.

c) Er sei Atheist.

Zunächst versucht Sokrates sich zu vergewissern, ob die Anklage denn auch wirklich auf Atheismus laute (und nicht etwa auf staatsgefährdenden Kult fremder Götter). Nachdem der Ankläger ihm das bestätigte, kehrt er das Sophisma der Anklage um: Er glaube an ein daimónion und also auch an daimónia und also auch an Götter. Somit sei der Anklagepunkt der Asebie hinfällig und aus der Luft gegriffen.

In seinen letzten Worten verwendet er eine etwas recht spitzfindige Argumentationstechnik, die in Verbindung mit dem Anspruch von Emotionen recht wirkungsvoll hätte sein können: Er erweise sich als Atheist, wenn er in einem Appell an das Mitleid seiner Richter, diese dazu überrede, gegen ihr Gewissen zu handeln. Wenn sie aufgrund von Überredungskünsten ihren Eid brächen, dann wäre ein solcher, der sie dazu brächte, ein Verächter der Götter. Das aber tue er nicht. Er sage nichts als die Wahrheit. So sei er viel religiöser als seine Ankläger, die versucht hätten, die Richter zu überreden.

Auch der Schlußsatz beruft sich noch einmal auf Gott – und zwar auf den Gott, den auch seine Richter verehren. So erweckt er den Anschein, daß es mit der Anklage der Asebie oder der Verehrung staatsfremder Götter nicht allzu weit her sei.

Auch sein Hinweis, er gehorche den Göttern mehr als den Menschen, soll seinen Gottesglauben demonstrieren. Wenn man ihn also freispreche, dann habe man sich gefälligst darauf einzurichten, daß er genauso verfahre wie zuvor. Er werde nach Wahrheit suchen. Das aber bestand bei Sokrates nun zum guten Teil darin, anderen Menschen zu demonstrieren, daß sie unwissend seien.

4. Die Folgen

Der Grundduktus dieser Rede läßt den Verdacht gerechtfertigt erscheinen, daß Sokrates einen Freispruch weder gewollt noch erwartet habe. Wenn er dennoch versucht, der Anklage ihr Unrecht nachzuweisen, dann vermutlich eher um seine Jünger zu überzeugen, denn seine Richter. Er verfährt ziemlich arrogant und gibt nicht einen Schritt nach. Niemals sucht er die

Schuld – oder auch nur einen winzigen Funken davon – bei sich selbst. Die Schuld tragen allein die der eigenen Bosheit und fremden Verleumdungen aufgesessenen Ankläger.

Sokrates selbst wundert sich, daß nur 30 seiner 500 Richter hätten anders stimmen müssen, damit ihn das Gericht für unschuldig befunden haben würde. Im weiteren Verlauf des Prozesses fordert nun die Anklage die Todesstrafe. Jetzt sticht Sokrates offenbar der Hafer. Er stellt als Gegenforderung auf:

> Wenn ich also einen Antrag nach Recht und Billigkeit stellen soll, dann beantrage ich Speisung im Prytaneion.

Weitere 80 Stimmen gesellten sich nun der schwachen Majorität bei. Sokrates wurde zum Tode verurteilt. 30 Tage später wurde das Urteil vollstreckt. Zum Abschluß hatte Sokrates seinen Richtern gesagt:

> Jetzt werde ich euch, die ihr mich verurteilet, das Kommende prophezeien. Ich stehe schon da, wo Menschen weissagen können – an den Pforten des Todes. So sage ich euch denn: Euch wird nach meinem Tod eine viel schlimmere Strafe ereilen. Ihr müßt über euer Leben Rechenschaft ablegen. Ihr glaubt durch Hinrichtungen vermeiden zu können, daß euch jemand euren schlechten Lebenswandel vorwirft. Da täuscht ihr euch. Und damit nehme ich Abschied von euch.

Der (etwas geschwätzige) Diogenes Laertius meint dazu:

> Die Athener aber wurden alsbald von Reue befallen. Sie schlossen die Ringschulen und die Gymnasien, bestraften einige durch Verbannung und verurteilten den Meletos zum Tod. Den Sokrates aber ehrten sie durch Errichtung einer ehernen Bildsäule, die sie – ein Werk des Lysippos – im Zeughaus aufstellten.

Mark Anton

1. Die Umstände

46 v. Chr. wird Caesar zum Diktator auf Lebenszeit. Im folgenden Jahr bereitet er einen Feldzug gegen die Parther vor, der ihm die Weltherrschaft bringen soll. Vermutlich plante Caesar, sich nach dem erfolgreichen Feldzug zum König ausrufen zu lassen (der Titel war in Rom seit 510 recht verpönt). Noch aber lehnt er die angetragene Würde ab. Dennoch wächst der Widerstand der Republik gegen seine Alleinherrschaft. Gaius Cassius und Marcus Brutus stellen sich an die Spitze einer Verschwörung gegen Caesar.

In der letzten Senatssitzung vor seinem geplanten Aufbruch zum Partherkrieg wird Caesar am 15. März 44 ermordet. – Doch die Stimmung in Rom springt innerhalb weniger Stunden um: die Mörder Caesars werden abgelehnt. Marcus Antonius sucht die Nachfolge Caesars anzutreten und vertreibt die Mörder Caesars aus Rom.
William Shakespeare hat die (inhaltlich unbekannte) Rede des Mark Anton nachgestaltet, die die Römer in wenigen Minuten aus Gegnern Caesars zu Feinden seiner Mörder machte.

2. Die Rede

Mitbürger! Freunde! Römer! hört mich an!
Begraben will ich Cäsarn, nicht ihn preisen.
Was Menschen Übles tun, das überlebt sie,
Das Gute wird mit ihnen oft begraben.
So sei es auch mit Cäsarn! Der edle Brutus
Hat euch gesagt, daß er voll Herrschsucht war.
Und war er das, so war's ein schwer' Vergehen,
Und schwer hat Cäsar auch dafür gebüßt.
Hier mit des Brutus Willen und der andern
(Denn Brutus ist ein ehrenwerter Mann,
das sind sie alle, alle ehrenwert),
Komm' ich bei Cäsars Leichenzug zu reden.
Er war mein Freund, war mir gerecht und treu.
Doch Brutus sagt, daß er voll Herrschsucht war,
Und Brutus ist ein ehrenwerter Mann.
Er brachte viel Gefang'ne heim nach Rom,
Wofür das Lösegeld den Schatz gefüllt.
Sah das der Herrschsucht wohl am Cäsar gleich?
Wenn Arme zu ihm schrien, so weinte Cäsar –
Die Herrschaft sollt' aus härt'rem Stoff bestehn.
Doch Brutus sagt, daß er voll Herrschsucht war,
Und Brutus ist ein ehrenwerter Mann...
Ich will, was Brutus sprach, nicht widerlegen:
Ich spreche hier von dem nur, was ich weiß.
Ihr liebtet all ihn einst nicht ohne Grund –
Was für ein Grund wehrt euch, um ihn zu trauern?
O Urteil, du entflohst zum blöden Vieh,
Der Mensch ward unvernünftig! – Habt Geduld!
Mein Herz ist in dem Sarge hier beim Cäsar,
Und ich muß schweigen, bis es mir zurückkommt.

3. Analyse

Die Rede des Marc Anton gilt allgemein als das Musterbeispiel einer manipulierenden Redetechnik. Sie können dies unschwer nachempfinden, wenn Sie einmal versuchen, die Rede interpretierend zu lesen, indem Sie jeden Redeblock mit einer anderen Emotion bedenken (Trauer, Niedergeschlagenheit, besinnendes Fragen, Drohen...)
Doch nun zu den einzelnen Redeteilen:

a) Die Anrede.

Die Anrede klingt in der von August Wilhelm Schlegel besorgten, noch immer klassischen deutschen Übersetzung des Shakespeare-Dramas läppisch:
»Mitbürger, Freunde, Römer hört mich an!«. Da ist keine Steigerung vom Inhalt her zu spüren. Der englische Text: »Friends, Romans, countrymen, lend me your ears!« ist da dynamischer. Mark Anton beginnt mit der Anrede seiner Freunde und zieht dann den Kreis weiter (Römer) und weiter (Landsleute). Diese Anrede hat den Vorteil, daß emotional niemand überfahren wird und doch auch der Entfernteste an die Freunde verbal (und emotional) angekoppelt wird.

b) Die Anklage und ihre Argumente.

Die Anklage lautet auf »Herrschsucht« (ambitious). Zweifelsfrei hat diese Anklage objektiv ihr relatives Recht. Mark Anton relativiert sie jedoch weiter und stellt sie als (bloße) Behauptung des Brutus vor. Sie ist allenfalls ernst zu nehmen, wenn und insofern Brutus ein »ehrenwerter Mann« ist. Mark Anton versucht nun die Ehrenwertigkeit des Brutus zu bezweifeln – nicht in Worten, sondern indem er sie *in paradoxem Zusammenhang immer wieder bestätigt*. Diese Art der Wiederholung macht die Aussage, Brutus sei ein ehrenwerter Mann, unglaubwürdig, ja lächerlich, ohne daß ein unmittelbarer Angriff auf die charakterliche Integrität des Brutus notwendig wäre.

c) Die Zurückweisung der Anklage.

Die Zurückweisung der Anklage geschieht also – wie gesagt – indem der Zeuge der Anklage unglaubwürdig gemacht wird. Zudem werden Gründe genannt, die dagegen sprechen, daß Caesars Charakter (vom Machthunger) korrumpiert worden ist:
– er war ein treuer und gerechter Freund,
– er sorgte für die Stadt (indem er viele Gefangene heimbrachte, für die ein hohes Lösegeld erzielt wurde) und nicht für seinen eigenen Geldbeutel,
– er war weichherzig (wenn Arme riefen, weinte Caesar).
Diese drei Eigenschaften – treu, selbstlos, warmherzig – kommen keinem

Tyrannen zu. Also strebte Caesar auch nicht nach Befriedigung seiner Herrschsucht (etwa durch die Annahme des Königstitels).
Der ganze Rahmen der Zurückweisung versucht, Brutus unglaubwürdig zu machen. »Ich will Brutus nicht widerlegen!« Doch es geschieht hier sehr viel mehr. Brutus wird nicht nur widerlegt – entgegen der rhetorischen Ankündigung –, sondern es wird ihm implizite vorgeworfen, er rede über etwas, von dem er nichts wisse. Er habe also Caesar verleumdet. Für sich dagegen nimmt Mark Anton in Anspruch, »*nur* zu sprechen, von dem, was er *wisse*«. Hier wird die Opposition Brutus – Mark Anton offen formuliert. Noch angedeutet, aber deutlich: »*Ich* spreche nur von dem, von dem ich weiß!«
Die Rede enthält also eine Reihe verdeckter und halb-versteckter Angriffe auf Brutus. Sie sollten sich in den beiden Folgejahren verstärken, bis hin zur Schlacht von Philippi.

d) Der Appell und die persönliche Anrede.
Durch seine Milde machte sich Caesar nicht nur bei seinen Freunden beliebt. Lange Jahre war er das Idol seiner Soldaten und der meisten Römer, vor allem des einfachen Volkes. Er wurde geliebt und verehrt. Das spricht Mark Anton nun an und fragt dann weiter: »Warum trauert ihr denn nicht um den, den ihr einst liebtet?«
Die Rede schließt mit einer verkappten Drohung, die ein rhetorisches Meisterwerk darstellt. Der Redner behauptet, sein Herz ruhe bei Caesar im Sarge und deshalb müsse es schweigen, bis es zu ihm zurückkehre. Dann aber...! Nun hat Mark Anton keineswegs geschwiegen. Wie aber werden seine Worte erst sein, wenn er wieder sprechen kann? »Darauf braucht ihr aber nicht lange mehr zu warten. Habt etwas Geduld!« Diese versteckte Drohung an die Caesarmörder wurde vom Volk durchaus verstanden.

4. Die Folgen
Mark Anton begann unmittelbar nach der Ermordung Caesars, die noch nicht durchgesetzten Anordnungen Caesars zu realisieren (wozu er als Mitkonsul Caesars berechtigt war). Doch schon bald geriet er in Gegensatz zum Senat und dem legalen Erben Caesars (Oktavian). Brutus war Statthalter in Oberitalien. Mark Anton zog gegen ihn zu Felde und wurde im April 43 von Brutus geschlagen. Im Oktober 43 verbündete er sich mit Oktavian und Lepidus (zum 2. Triumvirat) und übte zusammen mit ihnen die Herrschaft im Reich aus. In der Doppelschlacht von Philippi (Oktober und November 42) besiegte er endlich die Caesarmörder Brutus und Cassius. Er übernahm nun den Osten des Reichs (das so groß war, daß es bei den damaligen Nachrichtenübermittlungs-Techniken kaum mehr zentral zu regieren

war). Er rüstete sich, das Erbe Caesars zu Ende zu bringen: Der Feldzug gegen die Parther. Doch der Feldzug (36) blieb erfolglos. Zwei Jahre später konnte er jedoch den armenischen König gefangennehmen.
Inzwischen aber entfremdete er sich zunehmend dem Zentrum des Reichs. In der Seeschlacht zu Aktium (2. September 31) unterlag er dem Feldherrn des Oktavian. Er floh in den fernen Osten des Reichs und tötete sich am 1. August 30 selbst.
Oktavian, der 58 von seinem Großonkel Caesar adoptiert worden war, ist nun Alleinherrscher und häuft alle demokratischen Vollmachten auf sich. Im Jahre 27 verleiht ihm der Senat den Ehrentitel »Augustus«. Der Name »Caesar« wird als Ehrenname angefügt.
Die Geschichte zeigte, daß sich die Zeit der römischen Republik erfüllt hatte. Die Caesarmörder verteidigten ein Ideal, das der Vorzeit angehörte. Die Zeit der Caesaren kam, als Caesar ermordet worden war. Mark Anton machte einige Jahre Geschichte, wurde aber schließlich zu ihrem Opfer. Der Gedanke der »Erbmonarchie« war offensichtlich schon so stark, daß der legale Sohn Caesars zur Macht kam und nicht der unermüdliche Rächer seines Todes und der Vollstrecker seines Testaments, Mark Anton.

Adolf Hitler

1. Die Umstände

Am 30. Januar 1933 beruft Hindenburg Hitler zum Reichskanzler. Am 5. März erhält die NSDAP 44% der abgegebenen Stimmen anläßlich der Wahlen zum Reichstag. Am 24. März erhält Hitler gegen die Stimmen der Sozialdemokraten die Ermächtigung zur Gesetzgebung auch gegen die Verfassung. Es beginnt der Ausbau des national-sozialistischen Staates. Während Hitler meist anerkannt wird, beginnt eine zunehmende Kritik an der NSDAP. Diese verstärkt sich, als am 30. Juni 1934 bei einem vorgeblichen Putschversuch des SA-Stabschefs Röhm dieser zusammen mit zahlreichen Feinden der Partei ermordet wird. Am 2. August stirbt Hindenburg. Hitler sieht nun den Zeitpunkt für gekommen, die national-sozialistische Doktrin in verbindliche Gesetze zu fassen (Judengesetze, Nationalsozialismus als einzige gültige Doktrin in Lehre und Organisation). Hitlers Position ist gestärkt durch die legale Rückkehr des Saargebiets zum Reich, die Einführung der allgemeinen Wehrpflicht, Verträge mit Polen und Großbritannien.
Die große Gefahr besteht in der mangelnden Akzeptation der Partei durch das Bürgertum. In seiner Schlußrede zum Reichsparteitag 1935 (16. September) sucht Hitler diese Gefahr zu bannen.

2. Die Rede

Partei und Armee können im höchsten Sinne des Wortes nur sozialistische Institutionen sein, insofern sie bei ihrem Aufbau nicht auf kapitalistische Gesichtspunkte zu sehen haben, sondern ausschließlich auf das Moment der völklichen Geeignetheit. Sie sind aber damit Erscheinungen zugleich einer besseren, weil wirklichen Demokratie, einer Demokratie, die nicht das Unzulängliche dank der Anonymität der parlamentarischen Wahl und Abstimmung zu bestimmendem Einfluß erhebt und damit die Gesamtheit belastet, sondern der Allgemeinheit nützt, indem sie auf allen Gebieten der Lebensführung und des Lebenskampfes zunächst in ihrer eigenen Organisation der höchsten Fähigkeit die höchste Verantwortung überträgt...
Die Partei repräsentiert die politische Auffassung, das politische Gewissen und den politischen Willen... Wer im Namen eines vom Allmächtigen geschaffenen Volkes spricht und handelt, handelt solange in diesem Auftrag, als er sich nicht an der Existenz und der Zukunft des in seine Hand gelegten Werkes des Schöpfers versündigt...
Und das möge jeder in Deutschland bedenken: Die Nationalsozialistische Partei hat Ungeheures geschaffen. Nicht unsere Wirtschaftsführer, nicht unsere Professoren und Gelehrten, nicht Soldaten und nicht Künstler, nicht Philosophen, Denker und Dichter haben unser Volk vom Abgrund zurückgerissen, sondern ausschließlich das politische Soldatentum unserer Partei. Ihre Wirkungen spüren wir erst in den Anfängen, ihre fortlaufende Bedeutung aber wird einmal die Nachwelt ermessen. Alles könnte eher zugrunde gehen, nur sie nicht...
Ich muß in diesem Zusammenhang hier Stellung nehmen gegen die besonders von bürgerlicher Seite so oft vorgebrachte Phrase: »Der Führer – ja, aber die Partei, das ist doch etwas anderes!« Nein, meine Herren! Der Führer ist die Partei, und die Partei ist der Führer! So wie ich mich nur als Teil dieser Partei fühle, fühlt sich die Partei nur als Teil von mir. Wann ich die Augen schließen werde, weiß ich nicht. Aber daß die Partei weiterleben wird, das weiß ich, und daß sie über alle Personen, über Schwache und Starke hinweg die Zukunft der deutschen Nation erfolgreich gestalten wird, das glaube ich und das weiß ich!
In dieser glückvollen Zuversicht grüßen wir unser deutsches Volk und unsere einzige nationalsozialistische Bewegung. Die Nationalsozialistische Partei, unser deutsche Volk und Reich und seine Armee – Siegheil!

3. Analyse

Ziel der Rede ist es, die Einheit zwischen Volk – Partei – Führer auszudrücken und emotional zu realisieren, indem Einheitssperren abgebaut werden.

Um dieses Ziel zu erreichen, verwendet Hitler folgende manipulatorisch-dialektische Techniken:
a) Parallelisierung von Partei und (emotional allgemein positiv besetzter) Armee.
b) Ablehnung der egoistischen, kapitalistischen Demokratie zugunsten einer »Demokratie«, die der Elite zum höchsten Volksnutzen die Verantwortung überträgt. Die anonyme Pluralität mit ihrer unfaßbaren Zerrissenheit soll zugunsten eines personenbezogenen Führersystems abgelöst werden.
c) Verweis auf die Leistung der NSDAP. Sie habe die Deutschen vor Kommunismus und Wirtschaftskrise zurückgerissen. Und nicht irgendwer anderes. Hier führt Hitler akzeptierte Klassen auf (Wirtschaftler, Professoren, Künstler, Soldaten...). Sie alle konnten das nicht schaffen, was die Partei leistete. Damit wird suggeriert, daß die Partei über all diesen (geachteten) Ständen und Klassen stehe. Dabei geht Hitler so weit, ihr Unsterblichkeit zu prophezeien.
d) Da viele Bürger sich nicht nur mit Hitler abgefunden hatten, sondern ihn auch offen unterstützten, die Partei dagegen skeptisch beurteilt wurde, versucht Hitler den beginnenden Kult, der sich um seine Person rankt, zu einer Gloriole zu weiten, die auch die Partei, »seine« Partei, mit einschließt.
e) In einem emotionalen Appell (Beschwörung des eigenen Sterbens) beschwört er seine Zuhörer auf die Einheit unter der einen unsterblichen nationalsozialistischen Partei.

4. Kommentar
a) Hitler lehnte die Weimarer Republik und ihre Demokratie als »Demokratie aus Schwäche« ab. Er haßte das Regime, weil er in ihm die Ausgeburt der deutschen Niederlage von 1918 sah, und er verachtete es, weil es ihm nicht gelang, der geschlagenen und gedemütigten Nation das Gefühl der Identität mit sich selbst zurückzugeben. Die nationalsozialistische Revolution war also primär gegen die demokratisch-republikanische Staatsform von Weimar gerichtet. Sie wurde somit auch als erste vernichtet.

Der Nationalsozialismus macht mit der Demokratie, die im Parlamentarismus entartet ist, ernst... Wir haben veraltete Institutionen über den Haufen geworfen, gerade weil sie nicht mehr dienten, mit der Gesamtheit der Nation in fruchtbarer Beziehung zu bleiben, weil sie zum Geschwätz, zum dreisten Betrug geführt hatte. (Rede vom 9.7.33)

b) Mit der Ablehnung der parlamentarischen Demokratie mußte Hitler einen programmatischen Gedanken präsentieren, um die Einheit der Nation und den Weg zur Selbstfindung zu sichern. Dieser programmatische Gedanke war der des *Volkes*. Mit dem völkischen Gedanken verband er den *Führerkult*. Eine beinahe genial arrangierte Mischung von Demagogie und Terror, der sich unter der Hülle von Kommunistenangst, Aufmärschen, Feiern, Parteitagen, Sammlungen... für viele geschickt verbarg und tarnte, brachte breitere Kreise der Nation unter ein einheitliches Denk- und Gefühlsschema: Volk und Führer.

c) Die Politik des Nationalsozialismus konnte nur erfolgreich sein, wenn es gelang, weiten Kreisen das Gefühl sozialer Sicherheit zu geben und die Angst vor Wirtschaftskrisen zu bannen. Ohne jedes ökonomische Konzept betrat Hitler 1933 die Bühne der Macht. Und in zwei Jahren hatte er das Gefühl sozialer Sicherheit im Reich verbreitet und die Vollbeschäftigung hergestellt. Die Arbeiter hatten dafür einen hohen Preis zu zahlen:

– Verlust der politischen Freiheit,
– Verlust der freien Assoziationsmöglichkeit,
– Verlust der sozialen Autonomie,
– geringer Anteil am wachsenden Sozialprodukt.

Doch das alles wurde von den meisten in Kauf genommen.
Hitler verkündete das Ende der Klassen, indem alle zu »Arbeitern der Faust und der Stirn« erklärt wurden:

> Wir wollen tätig sein, arbeiten, uns brüderlich vertragen, miteinander ringen, auf daß einmal die Stunde kommt, da wir vor IHN hintreten können und IHN bitten dürfen: Herr, Du siehst, wir haben uns geändert, das deutsche Volk ist nicht mehr das Volk der Ehrlosigkeit, der Schande, der Selbstzerfleischung, der Kleinmütigkeit und Kleingläubigkeit. Nein, Herr, das deutsche Volk ist wieder stark geworden in seinem Geiste, stark in seinem Willen, stark in seiner Beharrlichkeit, stark im Ertragen aller Opfer. Herr, wir lassen nicht von Dir, nun segne unsern Kampf. (Rede vom 1. 5. 1933)

Es wäre töricht anzunehmen, daß Hitler nicht an das glaubte, was er sagte. Nur so ist seine ungeheure psychische Ausstrahlung zu erklären. Er war kein Tyrann, sondern ein Missionar. Ein Missionar einer perfiden und korrupten Idee vielleicht. Und nur deshalb wurde er zum Demagogen des Jahrhunderts. Die Einheit des Volkes war auch unter dem Anspruch des religiösen Gefühls herzustellen. Und Hitler betete.

Mit solchen und ähnlichen Techniken gelang es ihm, weite Bereiche in seinem ständisch organisierten Volksstaat für sich zu gewinnen. Vielen gab er

das Gefühl von Zusammengehörigkeit im Sinne einer kollektiven Kameraderie.
Es wäre falsch anzunehmen, daß der Klassenkampf, der das Geschehen von Weimar weitgehend mitbestimmte, nur verboten oder verpönt gewesen wäre. Er war weitgehend aufgehoben.
Hitler erkannte richtig, daß nicht Programme Menschen aneinander binden (das tat nicht einmal das Kommunistische Manifest von 1848), sondern Emotionen. Und somit sprach er in der inneren und äußeren Gestaltung seiner Reden zuerst Emotionen an. Die breite antirationalistische Stimmung im Lande kam ihm dabei entgegen. Ein Treueaufruf für Hitler wurde von Wissenschaftlern wie dem Kunsthistoriker Wilhelm Pinder, dem Chirurgen Ernst Ferdinand Sauerbruch, dem Philosophen Martin Heidegger unterschrieben. Selbst einer der Begründer der marxistisch orientierten Kritischen Theorie, Theodor W. Adorno, bemerkte in der Vertonung eines Gedichtzyklus von Baldur von Schirach die »stärksten Wirkungen des romantischen Realismus«.
d) Der Träger der Einheit ist die Partei. Sie repräsentiert die Elite der Volksgemeinschaft. Hitler meinte einmal, daß anstelle der friedlosen verdummten Masse »die aus ihr erwachsene Volksgemeinschaft, die gegliederte, zum Selbstbewußtsein gebrachte Nation« trete. Es galt somit, jede Tätigkeit und jedes Bedürfnis jedes einzelnen durch die von der Partei vertretenen Volksgemeinschaft regeln zu lassen. Goebbels sagte dazu: »Es gibt keine Willkür mehr, es gibt keine freien Räume, in denen der einzelne sich selbst gehört... Die Zeit des persönlichen Glückes ist vorbei.« Der Kult der Volksgemeinschaft gipfelte somit im Kult der Partei.
Es blieb nur noch die Einheit von Staat und Partei herbeizuführen. Hier ist Hitler jedoch unendlich behutsam ans Werk gegangen. Er weigerte sich, den Staat der Partei als Beute zu überlassen. Vermutlich sah er darin eine Gefährdung der »Einheit der Nation«, der völkischen Einheit. Um die NSDAP nicht zu üppig werden zu lassen, schuf er in ihr eine Vielzahl von miteinander und gegeneinander konkurrierenden Institutionen ohne klare Funktionsabgrenzung. Auch das gehörte mit zum machiavellistischen Stil seiner Herrschaftssicherung. Durch das Ämterchaos band er jeden seiner Unterführer an sich – und behielt sich selbst das letzte Urteil vor.
Das berüchtigte Gesetz »zur Sicherung der Einheit von Partei und Staat« (1. 12. 33) erklärte die NSDAP zwar zur Trägerin des deutschen Staatsgedankens und mit dem Staate unlösbar verbunden, doch das nicht etwa, um den Staat der Partei auszuliefern, sondern um die revolutionäre Partei zu einer staatserhaltenden zu wandeln. Rudolf Heß, in der NSDAP der Vertreter des Führers, wurde zwar durch Führererlaß vom 27. 7. 1934 in den Gesetz-

gebungsprozeß aller Reichsressorts verbindlich eingeschaltet und erhielt am 24. 3. 1934 das Recht der Beteiligung bei der Ernennung und Beförderung höherer Beamter, doch blieb der Einfluß der Partei auf die Staatsgeschäfte eher informell – wenn er auch ständig bis zum Untergang des Reiches wuchs.

e) Hitler war nun keineswegs so töricht, sein lockeres und ad hoc immer neu auszugestaltendes Programm als einheitsstiftenden Faktor zu überschätzen. Er benutzte auch das Instrument des inneren und äußeren Feindes, um das Volk zu einem Identitätsbewußtsein zu bringen, es zu einen und die aggressiven Energien abzufangen. Diese Feinde waren *die* Juden und *die* Bolschewisten. Doch war diese Feindschaft immer verbunden mit einer versteckten Hochachtung etwa vor der Fähigkeit *der* Juden, sich in Führungspositionen zu schieben, oder vor der Fähigkeit *der* Bolschewisten, eine totale Revolution durchzuführen. Die Simplifikation, mit der Hitler von »den...« sprach, mag eine Andeutung seiner emotionalen und intellektuellen Unreife sein – aber man sollte nicht vergessen, daß er damit auch die geheimen oder offenen Ängste der Vielen ansprach und artikulierte.

f) Die Reichtsparteitage wurden von Hitler zu »einer Art Generalversammlung der totalitären Demokratie entwickelt« (J. C. Fest). In ihnen manifestierte sich der völkische Kollektivwille. So wurden im Verlauf des Parteitages von 1935 die Nürnberger Gesetze (gegen *die* Juden) gleichsam zur Abstimmung gebracht.

5. *Die Folgen*

Zweifellos gelang es Hitler, das deutsche Volk weitgehend zu einen. Parteien- oder Klassenkämpfe gab es nicht mehr. Ein Volk, das bislang noch nicht den rechten Umgang mit der parlamentarischen Demokratie und den damit verbundenen politischen Freiheiten gelernt hatte, ein Volk, das noch weitgehend durch die Kaiserzeit und den Krieg geprägt war und sich in der scheinbaren oder tatsächlichen Verworrenheit der Demokratie von Weimar nach Arbeit und Ordnung, nach Einheit und Führung zurücksehnte, war extrem leicht zu verführen. Es dürfte eine von der Scham der Exzesse des 3. Reiches und der Niederlage von 1945 beflügelte Ideologie sein, anzunehmen, daß lange Jahre nicht die Mehrheit der Deutschen hinter Hitler gestanden hätte, einige davon vielleicht zähneknirschend. Vor allem das Bürgertum hatte in manchen Anordnungen Hitlers und in manchen seiner Ideen sich selbst und seine Sehnsüchte wiedergefunden.

Und Hitler verstand mit Sehnsüchten und Bedürfnissen umzugehen wie ein guter Werbeleiter. Er versprach ihnen Erfüllung. Er bot ihnen eine befriedigende Verpackung an, mit der sie dann die unmenschlichste Barbarei der ersten Hälfte dieses Jahrhunderts einkauften – und sich über den Kauf nicht selten noch freuten.

Das law and order-Denken ist dem deutschen Bürgertum auch heute noch nicht ganz abhanden gekommen. Es gibt nicht wenige, die wieder Ausschau halten nach einem großen Führer, der mit den Radikalen aufräumt und für Ordnung im Lande sorgt. Die Gefahr der politischen Barbarei ist keineswegs gebannt. Die Entnazifizierung gelang nur zum Teil: Eine Organisation wurde ausgerottet, nicht aber eine Denkstimmung, die zuerst diese Organisation möglich machte.

Doch wir leben nicht nur mit den Ursachen, die auch zur Hitlerherrschaft führten, zusammen, sondern auch mit ihren Folgen. Damit ist keineswegs der Krieg von 1939 bis 1945 gemeint, der die politische und ökonomische Landschaft nicht nur in Europa neu prägte, sondern das Gespenst des Nationalsozialismus. Wer sich heute national gibt, gilt insgeheim als Nazi. Und immer noch nicht hat das Staatsvolk der BR Deutschland zu einer nationalen Identität gefunden (übrigens auch nicht das der DDR). Vielleicht wächst andeutungsweise bei den heute gut 20jährigen so etwas wie ein nationales Identitätsgefühl heran, doch ist die Identifizierung mit dem »System von Bonn« in ähnlicher Weise problematisch wie die ihrer Großeltern mit dem »System von Weimar«.

Wer etwa die neue Strafprozeßordnung und ihre Reformen (etwa vom 1. 1. 1975 und vom 18. 8. 1976) kritisch beobachtet, kann sich nicht des Eindrucks erwehren, als wenn hier wieder law-and-order-Denken über demokratisches Wollen gesiegt hätte. Nach wie vor ist der »gesunde Volkswille« keineswegs auf ein Wachstum der Demokratie aus, sondern eher auf eine Minderung ihres Einflusses. Hitler brachte sich zwar am 30. 4. 1945 selbst um, nicht aber die Sehnsüchte, die ihn an die Macht brachten – und nicht den versteckten Traum nach Recht und Ordnung, die es einmal in Deutschland gegeben haben soll.

Josef Goebbels

1. Die Umstände
Schon vor der Machtübernahme verstand sich der Nationalsozialismus als entschiedener und letztlich einzig erheblicher Gegner zum Kommunismus. Die gegenseite Abneigung und die Furcht voreinander hielten sich die Waage. Die Wahlsiege der NSDAP sind nicht zuletzt der Kommunisten-Furcht der deutschen Bürger zuzuschreiben.
Vor allem aber standen noch zahlreiche Arbeiter der nationalsozialistischen

Bewegung skeptisch bis feindlich gegenüber. Sie sahen im Kommunismus einen menschlicheren und besseren Ordnungsfaktor als im Nationalsozialismus. Diese Haltung war auch 1935 keineswegs überwunden. So nahm Dr. Goebbels seine Rede auf dem Reichsparteitag (13. September 1935) zum Anlaß, sich mit dem Kommunismus kritisch und demagogisch auseinanderzusetzen.

2. Die Rede

Der *Bolschewismus* geht bewußt auf die Revolutionierung aller Völker aus. Er trägt in sich eine aggressive internationale Tendenz. Der *Nationalsozialismus* dagegen beschränkt sich auf Deutschland und ist weder als Idee noch als Praxis Exportware. Der *Bolschewismus* verneint die Religion als Prinzip, grundsätzlich und von vornherein. Er sieht in ihr nur ein »Opium für das Volk«. Der *Nationalsozialismus* dagegen verficht in seiner Toleranz den Bekenntnissen gegenüber einen gottgläubigen und transzendentalen Idealismus, der der Rassenseele eines Volkes von Natur aus entspringt. Während der *Nationalsozialismus* eine neue Fassung und Formung der europäischen Kultur in die Wege leitet, ist der *Bolschewismus* die Kampfansage des von Juden geführten Untermenschentums gegen die Kultur an sich...
Wenn auf eine Lehre, dann paßt auf seine das Wort, daß ein Unterschied besteht zwischen Theorie und Praxis. Denn seine *Theorie* ist bunt und schillernd in allen gleißenden Farben. Sie trägt in sich das Gift der gefährlichen Verführung. Seine *Praxis* ist demgegenüber furchtbar und grauenerregend, sie ist gezeichnet mit Millionen Opfern, die zu seiner höheren Ehre durch Blei, Strang, Beil oder Hunger starben. Die Tatsache, daß der Bolschewismus sich in der Durchsetzung seiner Ziele propagandistischer Methoden bedient, die nur der Kenner zu durchschauen vermag, denen gegenüber aber die bürgerliche Welt mit einer fast naiven Schimmerlosigkeit steht, macht die Internationale des Grauens auch für andere Staaten und Völker so außerordentlich gefährlich...
Wenn Deutschland, im Zeichen des Nationalsozialismus gereinigt und geeinigt, diesen Kampf gegen die internationale Bolschewisierung der Welt an der Spitze aller gleichgerichteten Gruppen führt, so ist es sich darüber klar, daß es damit weit über den nationalen Zweck hinaus eine Weltmission zu erfüllen hat, von deren glücklichem Ausgang das Schicksal *aller* Kulturvölker abhängt. Wir haben als Nationalsozialisten den Bolschewismus durchschaut, *wir* erkennen ihn unter allen seinen Masken und Tarnungen. Vor *unseren* Augen steht er ohne Kostüm, bloß und nackt in seiner ganzen verlogenen Erbärmlichkeit...
Auf einem durch Einzelterror, Geiselmord, Massenmord, Raub und

Brand, Streik, Straßenschlachten und bewaffneten Aufständen, durch Spionage und Heereszersetzung aufgelockerten Boden erhebt die kommunistische Weltpropaganda ihr fratzenhaftes und verlogenes Haupt... Es versteht sich so z. B. am Rande, daß außerhalb der Sowjetunion in allen Ländern nur Ausbeutung, Krise, Katastrophe und Zusammenbruch herrschen. Dagegen ist in der *Sowjetunion* ein sozialistischer Aufbau am Werke, der das Land der Wirtschaftskrise enthebt und es zu einem Staat ohne Arbeitslose macht. In *Wirklichkeit* herrscht in der Sowjetunion eine Desorganisation der Wirtschaft und ein Produktionsverfall, die jeder Beschreibung spotten. Das »Land ohne Arbeitslose« beherbergt Hunderttausende und Millionen von Bettlern und obdachlosen Kindern, die die Straßen der Großstädte bevölkern, hunderttausende Vertriebener und zu Zwangsarbeit und Verbannung Verurteilter.

Während in allen anderen Staaten angeblich kapitalistische und faschistische Diktaturen herrschen, ist in *Rußland* Freiheit und demokratische Ordnung gewährleistet. In *Wirklichkeit* seufzt das Land unter einer judomarxistischen Gewaltherrschaft, die sich mit allen, aber auch allen Mitteln an der Macht hält.

Wie man sieht, ein methodischer Wahnsinn, der darauf hinausläuft, die Völker und ihre Kulturen zu vernichten und die Barbarei zur Grundlage des Staatslebens zu machen.

Wo stecken nun die *Hintermänner* dieser Weltvergiftung? Wer hat all diesen Aberwitz erfunden? Wer hat ihn in Rußland in die Wirklichkeit übersetzt und macht den Versuch, ihn in anderen Staaten zum Siege zu führen? In der Beantwortung dieser Fragen liegt das eigentliche Geheimnis unserer bewußt antijüdischen Stellung und unseres konsequenten und kompromißlosen Kampfes gegen das Judentum; denn die bolschewistische Internationale ist in Wirklichkeit eine jüdische Internationale.

Die Lehre von der »Befreiung des Proletariats vom Joch des Kapitalismus« ist der schlimmste und brutalste Kapitalismus, den man sich vorstellen kann, erdacht, geführt und geleitet von der Inkarnation des mammonistischen und materialistischen Denkens, dem internationalen Judentum in allen Ländern der Erde...

Der *Bolschewismus* ist der erklärte Feind aller Nationen und Religionen und jeder menschlichen Kultur. Die Weltrevolution ist nach wie vor sein ausgesprochenes und proklamiertes Ziel... Wer mit dem *Bolschewismus* paktiert, wird von ihm zugrunde gerichtet werden.

Es ist vielleicht das größte Verdienst, das der Führer sich hinaus über seine deutsche Mission erworben hat, daß er dem Ansturm des Weltbolschewismus in Deutschland einen Damm entgegensetzte, an dem sich die Wellen dieser asiatisch-jüdischen Schmutzflut gebrochen haben. Er hat ihm eine neue, bessere, edlere und wahrhaftigere Idee der Befreiung eines ganzen Volkes entgegengestellt. Die *Geschichte* wird einmal dem Führer das Zeugnis ausstellen müssen, daß er durch die Niederwerfung des Bolschewismus Deutschland vor der akutesten und tödlichsten Gefahr rettete und damit die ganze abendländische Kultur vor dem Abgrund ihrer vollkommenen Vernichtung zurückriß.

Möge nicht nur die Nachwelt, sondern auch die Mitwelt die Größe dieser historischen Mission erkennen und getreu der Lehre, die in ihr enthalten ist, zu handeln sich entschließen.

3. Analyse

Ziel der Rede ist eine psychologische Bindung des »unmenschlichen Bolschewismus« an das Judentum. Im Verlauf des Parteitages wurden die »Judengesetze« beraten. Nun galt es, das Bürgertum vor allem dazu zu bewegen, seine Kommunistenfurcht auf das Judentum auszudehnen.

Die Rede hat demnach drei Ziele:
- die Unmenschlichkeit des Bolschewismus zu beschreiben,
- die Verbindung von Bolschewismus und Judentum herzustellen und
- den Verdienst des Nationalsozialismus im Kampf gegen solche Gefahren aufzuweisen.

a) Die Eigenschaften des Bolschewismus.

Goebbels schreibt dem Marxismus einige absolute Eigenschaften zu:

Er hat eine gefährliche, verführerische Theorie und eine furchtbare Praxis, die Millionen von Menschen vernichtete.

Er verwendet geschickt propagandistische Mittel, denen die bürgerliche Welt ohne einen blassen Schimmer einer Entgegnung gegenübersteht.

Durch Klassenkampfaktionen, Spionage und Heereszersetzung, aber auch durch massiven Einzelterror versucht er den Boden für seine Propaganda zu bereiten.

Er hat die Sowjetunion zum Staat mit riesigem Produktionsverfall und einer desorganisierten Wirtschaft gemacht.

Er besorgte, daß Bettler und verwahrloste Kinder die Straßen der sowjetischen Städte bevölkern.

Er schickte Hunderttausende in die Verbannung.

Er will Völker und Kulturen vernichten.

Er entwickelte die brutalste Form des Kapitalismus unter der verlogenen Parole oder Befreiung des Proletariats.

Er ist der erklärte Feind aller Nationen, Religionen und Kulturen.

Er strebt nach der Weltrevolution.
Seine Partner richtet er zugrunde.
Er ist die akuteste Gefahr für die gesamte abendländische Kultur.
Daneben nennt er weitere Eigenschaften, die ihn vom Nationalsozialismus unterscheiden:
Der Bolschewismus will die Weltrevolution; der Nationalsozialismus beschränkt sich auf Deutschland.
Der Bolschewismus verneint grundsätzlich die Religion; der Nationalsozialismus ist bei aller Toleranz gottgläubig.
Der Bolschewismus ist gegen die Kultur an sich; der Nationalsozialismus leitet eine neue Fassung der europäischen Kultur ein.

b) Die Verbindung von Bolschewismus und Judentum.
Der Bolschewismus ist die Kampfansage des von Juden geführten Untermenschentums gegen die Kultur an sich.
Die Juden sind die Hintermänner dieser Weltvergiftung.
Der Bolschewismus wurde von Juden erfunden.
Die SU seufzt unter der judomarxistischen Gewaltherrschaft.
Die Juden haben den Kommunismus in Rußland in die Tat umgesetzt. Sie wollen ihn über die ganze Welt verbreiten.
Die bolschewistische Internationale ist in Wirklichkeit eine jüdische.
Der Kapitalismus der SU ist eine Inkarnation des jüdischen materialistischen und auf Gewinn ausgerichteten Denkens.

c) Das Verdienst des Nationalsozialismus.
Das nationalsozialistische Deutschland führt die Spitze gegen die internationale Bolschewisierung an.
Damit hat es über den nationalen Auftrag hinaus eine Weltmission zu erfüllen.
Vom Ausgang dieser Mission hängt das Schicksal aller Kulturvölker ab.
Der Nationalsozialismus hat als einziger den Bolschewismus voll durchschaut.
Der Führer errichtete in Deutschland einen Damm, an dem sich die Wellen »dieser asiatisch-jüdischen Weltflut« brachen.
Der Nationalsozialismus setzte dem Bolschewismus eine neue und bessere Theorie (und Praxis) der Befreiung des ganzen Volkes entgegen. Er ist die einzige Alternative.
Die Geschichte wird einmal dem Führer bestätigen, daß er durch die Niederwerfung des Bolschewismus Deutschland aus einer tödlichen Gefahr errettete.

Doch nicht nur die Nachwelt, auch wir alle sollen die Größe dieser Mission erkennen.
Das tun wir, wenn wir gemäß der Lehre des Nationalsozialismus handeln.

Nun wäre es sicher recht nützlich, um die ganze Infamie der Rede und die gekonnte Demagogie zu erfassen, wenn sich jeder von uns einmal recht genau prüfte, welche der Goebbelsschen Aussagen er für wahr und welche er für erlogen hält. Vermutlich würde uns dabei aufgehen, daß wir uns – insofern Antimarxisten gleich welcher Herkunft – manchen Vorstellungen und Behauptungen nicht verschließen können, selbst wenn sie völlig frei erfunden sind oder eine geschickte Mischung aus Wahrheit und Lüge darstellen (auch dann ist das so erhaltene Gemisch nichts als eine Lüge). Sie sollten von den 31 Thesen ohne Schwierigkeit wenigstens 20 als offene oder versteckte Lüge entlarven können. Wenn Sie auf deutlich weniger kommen, besteht immerhin die Möglichkeit, daß Sie der Verhetzung auch noch heute erliegen.
Andeutungsweise könnte man daraus ermessen, wie die Menschen gefühlt haben, die unmittelbar unter dem Eindruck einer solchen Rede standen. Goebbels meinte einmal:

> Wir haben keine liberale Pressepolitik, die das Publikum durch immer neue Versionen in Atem hält und durcheinander bringt. Ich bin für den alten Grundsatz: Wenn du einmal angefangen hast zu lügen, dann bleibe auch dabei.
> Was wir einmal gesagt haben, ist wahr und bleibt wahr. Irgend etwas Festes und Wertbeständiges muß es schließlich geben. Es besteht für den Propagandisten keine andere Möglichkeit. Ich kenne mich da aus und habe keine Skrupel.

Die Lüge wird für Goebbels zu einem Machtinstrument, wie für Hitler sein Sendungsbewußtsein. Er beherrscht die primitivste aller manipulatorischen Fertigkeiten nahezu komplett. Ende 1935 gab es nicht wenige Deutsche, die der Propaganda wenigstens soweit verfielen, daß sie davon überzeugt waren, »an der Sache mit den Juden« müsse doch etwas daran sein – die weitaus meisten aber waren durch geschickte Propaganda so verhetzt, daß sie zumindest nicht aufbegehrten gegen das Unrecht, das vielen ihrer jüdischen Mitbürger geschah. Wieder einmal siegte die Lüge über das, was man – vielleicht etwas zu großartig – Charakter nennen könnte.
Auch Goebbels spricht von *den* Juden, doch nicht in infantiler Simplifikation, sondern aus reiner und verlogener Demagogie, die es dem unkritischen Bürger – und das Bürgertum scheint über lange Jahre sein Kritikfähigkeit in den Revolutionen von 1830 und 1848 verbraucht zu haben – na-

helegen, seinen Haß gegen *alle* Juden, gegen das Judentum also, zu richten. Goebbels versucht in dieser Rede die Angst vor dem Bolschewismus zu verbinden mit dem Haß gegen das Judentum.
Dabei war Goebbels alles andere als ein Rassenfanatiker. 1926 schreibt er über die Bevölkerung des rheinischen Industriegebiets:

> Eine gute Rassenmischung beflügelt das raschere und vitalere Kreisen der Säfte im rheinischen Menschen.

Mannigfaltig waren seine Beziehungen zu Juden:
Als Student hörte er voller Begeisterung den großen jüdischen Gelehrten Friedrich Gundolf.
Einer Freundin schenkte er noch in den letzten Studiensemestern Heines »Buch der Lieder«.
Als Gauleiter der NSDAP für Berlin heiratete er Martha Quandt, die in einem jüdischen Hause aufgewachsen war.
Sein Antisemitismus war nicht Sache der Gesinnung, sondern der von verlogener Zweckmäßigkeit, der er bereit war, viele Millionen Menschen zu opfern. Goebbels öffnete Himmler die Tür:

> Der Jude ist das Eitergeschwür am Körper unseres Volkstums. Entweder er richtet uns zugrunde, oder wir machen ihn unschädlich. Ein anderes ist nicht denkbar. Kann die Lunge mit dem Tuberkelbazillus Frieden halten? Der Jude ist nicht klug, sondern nur raffiniert, gerieben, gerissen, skrupellos.

Vielleicht hat er sich selbst später seinen Judenhaß geglaubt – dann wäre das kaum etwas anderes als eine Kompensation für seine stiefmütterliche körperliche Ausstattung, die ihm die Natur mitgegeben hatte. Er war eben kein »nordischer Herrenmensch« – und in seinem Mindergefühl versuchte er sich selbst aufzuwerten, indem er sich hassend über alle Juden erhob. Ende 1941 schrieb er im »Reich«:

> In dieser geschichtlichen Auseinandersetzung ist jeder Jude unser Feind, gleichgültig, ob er im polnischen Getto vegetiert, in Berlin oder Hamburg sein Dasein fristet oder in New York in die Kriegstrompete bläst. Die Juden sind doch auch Menschen? Dasselbe trifft auf Raubmörder, Kindesvergewaltiger, Zuhälter auch zu. Die Juden sind eine parasitäre Rasse, die sich wie ein faulender Schimmel auf die Kulturen gesunder Völker legt. Dagegen gibt es nur ein Mittel: einen Schnitt machen und abstoßen. Unerbittlich kalte Härte! Die Tatsache, daß der Jude noch unter uns lebt, ist kein Beweis, daß er auch zu uns gehört. Genauso wie der Floh nicht dadurch zum Haustier wird, daß er sich im Hause aufhält.

Doch Goebbels hat das Maß des Hasses und der Demagogie überzogen. Als die jüdischen Mitbürger mit dem sogenannten »Judenstern« gekennzeichnet wurden, schlug bei nicht wenigen der Haß in Mitleid um. Das bewegte Goebbels zu der Kritik:

> Die Deutschen halten zu Unrecht alle Menschen für so gutmütig, wie sie selbst sind.

Das Wort wurde zu einer Zeit gesprochen, als Deutsche Millionen Juden in Gaskammern ermordeten.

Die Lüge war also Goebbels geistige Heimat. Goebbels war zweifelsfrei hochintelligent. Es gehört zu seinen Geheimnissen, daß viele seiner Reden, trotz der recht abstrakten Argumentationsfiguren, das breite Volk erreichten.

Ganz ähnlich universalisierend wie mit dem Judentum ging er mit dem um, was er »Bolschewismus« nannte.

Das Wort »Bolschewismus« bezeichnet die durch Lenin entwickelte, auf Rußland angewandte Form des Marxismus. 1903 spalteten sich die Bolschewisten auf dem Londoner Parteikongreß von den wenig revolutionären Menschewiki ab. 1917 ergriffen sie unter Lenin die Macht als Minderheitendiktatur und versuchten in den folgenden Jahren, sozialistische Vorstellungen zu realisieren. »Bolschewismus« ist also keineswegs ein universelles Phänomen, sondern ein russisches. Als der Bolschewismus unter Stalin entartete, besetzten ihn auch westliche Marxisten negativ. Die Hetze gegen den »Bolschewismus« sollte also den Marxismus treffen, der mit seinen Entartungen in der SU identifiziert wurde. Diese lügenhafte Identifizierung von internationalem Marxismus und russischem Bolschewismus unter dem Wort »Bolschewismus« gehörte zu den psychologisch geschickt gewählten Sprachregelungen Goebbels.

4. Die Folgen

Weder die Marxismus-Denunziation noch die Judenprogrome, für die zum guten Teil sicher Goebbels verantwortlich zeichnete, sind mit seinem Tod untergegangen. Im Gegenteil: Sie leben noch durchaus unter uns fort. Noch wird der Marxismus als kulturvernichtender Moloch verstanden; noch immer ist das Gefühl vieler Deutscher durch Schuld beansprucht, wenn es um die Juden geht. Beides ist recht töricht.

Sicher wird der deutsche Bürger noch immer Angst verspüren, wenn er an Marxismus denkt, und es ist ihm nicht leicht verständlich, wie etwa Franzosen und Italiener so leichtfertig mit dieser »ungeheuren Gefahr« umgehen können – und sich kaum dagegen wehren. Der massive Anti-Marxismus des deutschen Bürgertums ist nicht etwa das Ergebnis einer soliden Reflexion, sondern weitgehend noch eine Folge der Goebbelschen Hetzreden. Das soll nun keineswegs heißen, der Marxismus sei als Idee ungefährlich, wohl aber, daß es nichts nutzt, über seine Gefährlichkeit zu lamentieren. Die einzige Chance mit ihm »fertig zu werden« ist die Entwicklung einer zugkräftigen Alternatividee. Die aber ist weit und breit nicht zu sehen. Das Bürgertum scheint sich in der Geburt des Liberalismus erschöpft zu haben. Es war eine Art geistiger Hochstapelei, wenn Goebbels behauptete, eine solche Alternative sei im Nationalsozialismus gegeben. Verglichen mit der philosophischen Theorie des Marxismus wirkt das nationalsozialistische Denken dumm und primitiv. Verglichen mit der ökonomischen Theorie des Marxismus steht der Nationalsozialismus mit leeren Händen da. Die ökonomischen Erfolge Hitlers und seines Teams beruhten eben auf der Theorienlosigkeit ökonomischer Dilettanten, die ein gutes Gespür für die psychologische Seite ökonomischer Abläufe entwickelten.

Doch auch der Anti-Zionismus des Hitlerreiches ist keineswegs zu Ende gekommen. Im Unbewußten nicht weniger Deutscher schlummert noch eine Judenverachtung, die wegen Auschwitz Schuldgefühle auslöst. Um solche Schuldgefühle loszuwerden, gilt es heute oft noch als verpönt, über Juden und ihren Staat, über jüdische Einflußnahme auf Gesellschaft und Wirtschaft, über die Kriege, die Israel gegen die arabischen Länder führte, unbefangen zu reden. Ich kenne nur wenige Deutsche in Deutschland, die – ohne offene oder verkappte Nazis zu sein – sich von ihren Schuldgefühlen emanzipierten und den Juden gegenüber dann auch kritisch dachten und sprachen, wenn sie es für richtig hielten. Dieses Tabu besteht bei Deutschen, die im Ausland wohnen, kaum mehr. Es handelt sich also um ein nationales Trauma, das allerdings von manchen jüdischen Einrichtungen sorgfältig am Verheilen gehindert wird.

Vermutlich werden Deutsche erst in einigen Jahrzehnten emotional unbefangen – das heißt frei von kollektiven Schuldgefühlen (die es berechtigt bekanntlich nicht gibt) – von Juden, ihrem Staat und ihrem Schicksal sprechen können.

Wir alle leiden also noch an der gleißenden und verlogenen Demagogie des Josef Goebbels. Ob wir uns jemals von ihren Folgen werden befreien können, mag dahinstehen. Kollektive Schuldgefühle haben mitunter die Eigenheit, sich auf solche Menschen zu übertragen, die mit der Sache nichts mehr zu tun haben. Ich kenne 20jährige Israelis, die die Deutschen hassen, und ich kenne 20jährige Deutsche, die der Überzeugung sind, Israel sei gegenüber den Arabern grundsätzlich im Unrecht. Die Israelis sagen ihre Meinung ungehemmt; die Deutschen nur unter vier Augen (und dann auch noch mit Schuldgefühlen).

Winston Churchill

1. Die Umstände
Am 10. Mai 1940 fielen deutsche Truppen in Belgien, Holland und Luxemburg ein. Auf Bitten Leopolds, des Königs der Belgier, wurden gleichzeitig britische Truppen in Richtung Belgien in Marsch gesetzt. Am gleichen Tage resignierte *Neville Chamberlain*, der versucht hatte, mit Hitler in Frieden leben zu können. Der englische König beauftragte am späten Abend desselben Tages *Winston Churchill* mit der Bildung einer Allparteien-Regierung.
Drei Tage später – am 13. Mai 1940 –, am Tage bevor das holländische Oberkommando kapitulierte, hielt Churchill vor dem Unterhaus seine berühmt gewordene »Blut-und-Tränen-Rede«. Es gelang ihm mit dieser Rede, die zerstrittenen Parteien zu einigen und das britische Volk zusammenzuschließen. Beide waren bereit, große Opfer zu bringen.

2. Die Rede
> Am späten Freitag abend erhielt ich von Seiner Majestät den Auftrag, eine neue Regierung zu bilden. Offensichtlich war es der Wunsch und Wille des Parlaments und der Nation, daß dies auf einer möglichst breiten Basis geschehe. Alle Parteien sollten eingeschlossen sein. Ich habe den wichtigsten Teil dieser Aufgabe erfüllt...
> Ich möchte dem Hohen Hause das sagen, was ich zuvor denen gesagt habe, die die neue Regierung bilden werden: »Ich habe nichts anzubieten, außer Blut, Mühsal, Tränen und Schweiß.«
> Vor uns steht die schwerste aller Prüfungen. Vor uns liegen viele, viele lange Monate des Kampfes und der Entbehrung. Sie fragen, was unsere Politik sei? Ich will es Ihnen sagen: Es gilt einen Krieg zu führen auf See, auf dem Land und in der Luft mit all unserer Macht – und mit all der Kraft, die Gott uns geben kann. Es gilt, einen Krieg zu führen gegen eine ungeheuerliche Tyrannei, die von nichts übertroffen wird in der dunklen traurigen Liste menschlicher Verbrechen. Das ist unsere Politik.
> Sie fragen, was unser Ziel sei? Ich antworte mit einem Wort: Sieg. Sieg um jeden Preis. Sieg, ungeachtet allen Terrors. Sieg, wie lang und mühsam der Weg auch sein mag. Denn ohne Sieg gibt es kein Überleben. Das wollen wir ganz klar sehen: Kein Überleben für das Britische Empire. Kein Überleben für das, wofür das Britische Empire steht. Kein Überleben für das Drängen und Mühen der Jahrhunderte, die Menschheit vorwärts zu ihrem Ziel zu bringen.

> Aber ich nehme mein Amt auf mich mit Schwung und Hoffnung. Ich fühle sicher, daß unsere Sache nicht fehlschlagen wird unter Menschen. In diesem Augenblick fühle ich mich berechtigt, die Hilfe aller zu fordern. Und ich sage: »Kommt denn, laßt uns zusammen vorwärtsgehen mit vereinter Kraft.«

3. Analyse

Die Rede arbeitet mit der inzwischen bekannt gewordenen Abart der Technik der negativen Motivation. Der Hörer wird nicht durch Lob, nicht durch Schmeichelei, sondern mit der Überzeichnung von Schwierigkeiten dazu motiviert, sich besondere Mühe zu geben. Diese Technik wurde später von *K. Adenauer* oder *John F. Kennedy* weitergeführt.

Was wollte Churchill mit dieser Rede?
- Er wollte das Volk über allen Parteien- und Klassenhader einigen.
- Er wollte das Volk zu heroischen Leistungen anspornen.

Welche Mittel verwendet er?

a) Zur Herstellung der Einheit.
- Er beruft sich auf den Willen des Parlaments und der Nation (obschon ihm letzterer kaum zureichend bekannt gewesen sein dürfte). Doch durch die Behauptung insinuiert er ihre Wahrheit, indem er die Achtung des britischen Bürgers vor dem Parlament ausnützt und dessen Willen parallelisiert mit dem des Volkes.
- Die Angst vor der Tyrannei Hitlers. Hier übertreibt Churchill vermutlich bewußt, denn die Mentalität der meisten Engländer war damals keineswegs bereit, die Hitlersche Tyrannei als die größte der Geschichte zu akzeptieren. Das, was Stalin in Rußland trieb, galt damals noch den meisten Engländern als sehr viel »tyrannischer«.
- Mit der Behauptung, daß es ohne Sieg kein Überleben gäbe. Diese recht kühne Behauptung wird zwar im folgenden eingeschränkt auf
- das Überleben des britischen Empire,
- das Überleben der Ideale dieses Empire,
- das Überleben eines humanen Fortschritts,

doch ist der Wille zum Überleben angesprochen. Wenn es ums Überleben geht, dann haben kleinliche Hadereien zurückzustehen.
- Mit dem Appell, mit vereinter Kraft gemeinsam voranzuschreiten.

b) Zum Leistungsansporn.
- Er verspricht keine Belohnung, sondern Blut und Schweiß und Tränen (negative Motivation).

● Er verkündet den totalen Krieg (den Krieg mit allerMacht und göttlicher Hilfe).

● Er läßt außer der Vernichtung bloß eine Alternative gelten: den Sieg, der mit ungeheuren Anstrengungen erkauft werden muß – zugleich aber auch Rettung bedeutet.

● Er wagt einen utopischen Ausgriff, nachdem letztlich die Sache Großbritanniens nicht fehlschlagen kann unter Menschen. Damit suggeriert er letztlich den Sieg des Guten über das Böse und spricht emotional das Nationalgefühl an.

Sicherlich ist diese Rede keineswegs ein Ausdruck reiner Wahrheitsliebe, obschon sie sich von den Reden des Herrn Goebbels wohltuend unterscheidet. Churchill übertreibt hier und dort, appelliert an Gott und eine kommende Welt. Und er hat – selbst bei den meist in politischen Sachen recht nüchtern urteilenden Engländern Erfolg, indem er geschickt emotionale Anteile mit rationalen Motiven mischt. Die Demagogie dieser Rede liegt in der geschickten Mischung eben dieser Anteile.

Aber selbst mit den rational erscheinenden Argumenten will Churchill nicht etwa die Vernunft ansprechen (dafür entbehrt die Rede einer zureichenden Logik), sondern die Emotionen. Die emotionale Tiefenschicht dieser Rede macht ihre Wirkung aus – eine Tiefenschicht, die unter dem Schein oder dem Vorwand von Rationalität erreicht wird.

3. Die Folgen

Europa hatte sich in zahlreichen komplizierten Einverständnissen mit dem Nationalsozialismus verstrickt. Die Grundstimmung war defaitistisch. Es scheint, als ob dieses nicht-faschistische Europa mit Churchill seine Normen, sein Eigenwertgefühl und seine Hoffnung wiedererlangt habe. Es gelang Churchill, der schicksalhaften Auseinandersetzung ein moralisches Motiv und einen einfachen, für jeden verständlichen Sinn zu geben. Die dreißiger Jahre sollten in der Politik Europas Hitler gehören, die Vierziger aber gehörten Churchill. Churchill war nicht nur der politische und militärische Widersacher Hitlers, sondern er zeigte auch, daß die faschistische Diktatur keineswegs das unausweichliche Schicksal der europäischen Völker sein müsse. Er reduzierte das mysterium tremdendum et fascinosum (das schaudern machende und faszinierende Geheimnis) Hitlers auf das Maß einer grundsätzlich überwindbaren Macht.

Am 18. Juni – am Tag zuvor kapitulierte die französische Regierung – trat Churchill vor das Unterhaus und verkündete:

> Wenn das britische Empire und sein Commonwealth nach tausend Jah-

ren noch bestehen, sollen die Menschen sagen: »Das war ihre große Stunde.«

Im Sinne seiner Antrittsrede organisierte er nun fieberhaft den Krieg und versuchte, die Festung England uneinnehmbar zu machen. Inzwischen wartete Hitler auf ein positives Zeichen aus London, daß die Engländer den aussichtslosen Krieg kampflos beenden würden. Hitler hatte keineswegs vor, das britische Weltreich zu zerstören (wie Churchill in seiner Antrittsrede im Unterhaus suggerierte). Doch am 14. Juni 1940 erklärte Churchill feierlich über BBC, daß ein Verhandlungsfriede mit Deutschland nicht in Frage käme. Hitler reagierte mit einer Reichstagsrede am 19. Juli:

> Mr. Churchill hat soeben wieder erklärt, daß er den Krieg will. Er soll mir dieses Mal vielleicht ausnahmsweise glauben, wenn ich als Prophet jetzt folgendes ausspreche: Es wird dadurch ein großes Weltreich zerstört werden. Ein Weltreich, das zu vernichten oder auch nur zu schädigen niemals meine Absicht war. Allein, ich bin mir darüber im klaren, daß die Fortführung dieses Kampfes nur mit der vollständigen Zertrümmerung des einen der beiden Kämpfenden enden wird. Mr. Churchill mag glauben, daß dies Deutschland ist. Ich weiß, es wird England sein.

Nun, Hitler erwies sich als mittelmäßiger Prophet. Der Krieg zerstörte das Britische Empire *und* das Deutsche Reich.

Schon drei Tage vor dieser Reichstagsrede hatte Hitler die »Weisung Nr. 16 über die Vorbereitung einer Landungsoperation gegen England« (Aktion Seelöwe) erlassen:

> Da England trotz seiner militärisch aussichtslosen Lage noch keine Anzeichen einer Verständigungsbereitschaft zu erkennen gibt, habe ich mich entschlossen, eine Landungsoperation gegen England vorzubereiten und, wenn nötig, durchzuführen.

Erst 1942 scheint Hitler nicht mehr an einen Frieden mit England geglaubt zu haben. In seinen Tischgesprächen fallen Worte wie: »Bockmist eines Schnapssäufers«, wenn er auf die Reden Churchills zu sprechen kommt. Ein anderes Mal meinte er: »Es ist schade, daß man eines besoffenen Kerls wegen Krieg führen muß anstatt Friedenswerken, so der Kunst, zu dienen.« (1943). Gegen Kriegsende wurden seine Ausfälle immer unsachlicher: »Ich hatte den übermächtigen Einfluß der Juden auf die Engländer unter Churchill unterschätzt!« – »Wenn das Schicksal doch einem alternden und verkalkten England einen neuen Pitt geschenkt hätte anstelle dieses trunksüchtigen und verjudeten Halbamerikaners!«

Eines dürfte jedoch kaum zu bestreiten sein. Bis in die letzten Kriegstage hinein war Hitler an einer Vernichtung des Empire uninteressiert. Im Gegenteil: Er sah seine historische Mission in der Niederwerfung des Bolschewismus, und es fiel ihm schwer, einzusehen, warum die Engländer ihn darin nicht unterstützten und sich nicht an den weiteren Ausbau ihres Imperiums machten.

Churchill hat Hitler nicht nur besiegt. Er hat dafür auch seinen Preis gezahlt. Und der bestand nicht nur in Blut und Tränen, sondern auch im langsamen Untergang des Empire. Churchill organisierte zwar die Grande Alliance zwischen seinem Land, den USA und der SU, er verkündete zwar zusammen mit Roosevelt 1941 die UN-Charta, aber der überwältigende Einfluß, den Amerika nach seinem Kriegseintritt auf die gesamte Weltpolitik nahm, verdunkelte auch zugleich die Rolle Churchills und des Empire. 1945 hatte England zuviel Blut und Tränen vergossen, als daß es noch die politische und moralische, die ökonomische und militärische Macht gehabt hätte, das Empire zusammenzuhalten.

Churchill hat zwei große Reiche vernichtet.

Josef Goebbels

1. *Die Umstände*

Um die Mitte des Jahres 1942 stand fast ganz Kontinentaleuropa unter deutscher Herrschaft. Im Juni konnte Rommel nach der Einnahme Tobruks bis zur El Alamein-Stellung (100 km westlich von Alexandria) vorstoßen. Die deutschen Truppen überschritten den Don. Nördlich von Stalingrad erreichten deutsche Soldaten die Wolga. Dann aber begannen die ersten Rückschläge: Rommel mußte sich bis nach Benghasi zurückziehen – die Cyrenaika war verloren. Im Oktober bleibt die Offensive vor Stalingrad stecken. Am 19./20. November tritt die Rote Armee zum Gegenangriff an. Die 6. Armee wird in Stalingrad eingeschlossen und muß hier auf Befehl Hitlers ausharren. Am 2. Februar 1943 ergeben sich die letzten deutschen Soldaten in Stalingrad. 146300 deutsche Soldaten fallen, 90000 gehen in russische Gefangenschaft. Die Wende des Krieges wird vielen bewußt. Am 30. Januar 1943, 17 Tage nachdem der Großteil der 6. Armee kapituliert hatte, 10 Jahre nach dem Tag der Machtergreifung rief Goebbels zum totalen Krieg auf. Nachdem das Desaster von Stalingrad vollkommen war, hielt Goebbels am 18. Februar seine berühmteste Rede, die hier wiedergegeben werden soll. Bei der Abfahrt zur Kundgebung im Sportpalast rief er seinen Leuten zu: »Heute gibt es eine Demonstration, dagegen wird sich die vom 30. Januar wie eine Versammlung der Wirtschaftspartei ausnehmen.« Tatsächlich gelang es ihm, Millionen Sand in die Augen zu streuen. Stalingrad wurde von einem tödlichen Schicksalsschlag zu »einem Mahnruf des Schicksals an die deutsche Nation« uminterpretiert. Die Rede Goebbels' war dieser Mahnruf.

Der »totale Krieg« ist nicht mehr nur eine Sache der Streitkräfte, sondern eine Sache von Völkern. Wie zuvor eine Truppe die andere möglichst vernichtend schlagen wollte, so will im totalen Krieg ein Volk das andere vernichtend treffen. Im totalen Krieg werden alle Mitglieder der beteiligten Völker in das Kriegsgeschehen mit einbezogen (Arbeit im Dienst der Rüstung; Bekämpfung von Zivilisten durch Bombardierungen...). »Das Wesen des totalen Krieges beansprucht buchstäblich die gesamte Kraft eines Volkes, wie er sich gegen sie richtet.« (*E. Ludendorff*, Der totale Krieg, München 1935). Nach Ludendorff war der Erste Weltkrieg der erste dieser Völkerkriege. Ludendorff fordert als Voraussetzung für den totalen Krieg die »seelische Geschlossenheit des Volkes«, die völlige Orientierung der Wirtschaft auf den Krieg, den bedingungslosen und absoluten Gehorsam der Soldaten und der Bürger.

2. Die Rede

Das im Nationalsozialismus erzogene, geschulte und disziplinierte deutsche Volk kann die *volle Wahrheit* ertragen. Es weiß, wie schwierig es um die Lage des Reichs bestellt ist. Und seine Führung kann es deshalb auch auffordern, aus der Bedrängtheit der Situation die nötigen harten, wenn nötig auch *härtesten* Folgerungen zu ziehen. Wir Deutsche sind gewappnet gegen Schwäche und Anfälligkeit. Und Schläge und Unglücksfälle des Krieges verleihen uns nur zusätzliche Kraft, feste Entschlossenheit und eine seelische und kämpferische Aktivität, die bereit ist, *alle* Schwierigkeiten und Hindernisse mit revolutionärem Elan zu überwinden.

Das große Heldenopfer, das unsere Soldaten in Stalingrad brachten, ist für die ganze Ostfront von einer ausschlaggebenden geschichtlichen Bedeutung gewesen. Es war nicht umsonst. Warum – das wird die Zukunft beweisen. – Ich habe die Aufgabe, Ihnen ein ungeschminktes Bild der Lage zu entwerfen und daraus die harten Konsequenzen für das Handeln der deutschen Führung, auch für das Handeln des deutschen Volkes zu ziehen.

Wir durchleben im Osten augenblicklich eine schwere militärische Belastung. Der *Ansturm der Steppe* gegen unseren ehrwürdigen Kontinent ist in diesem Winter mit einer Wucht losgebrochen, die alle menschlichen und geschichtlichen Vorstellungen in den Schatten stellt. Die deutsche Wehrmacht bildet dagegen mit ihren Verbündeten den *einzigen* überhaupt in Frage kommenden Schutzwall.

Es ist verständlich, daß wir bei den großangelegten Tarnungs- und Bluffmanövern des bolschewistischen Regimes das Kriegspotential der Sowjetunion nicht richtig eingeschätzt haben. Erst jetzt offenbart es sich uns in seiner ganzen wilden Größe.

Wir wissen damit also, vor welcher geschichtlichen Aufgabe wir stehen. Eine zweitausendjährige Aufbauarbeit der abendländischen Menschheit ist in Gefahr. Man kann diese Gefahr gar nicht ernst genug schildern, aber es ist auch bezeichnend, daß, wenn man sie nur beim Namen nennt, das internationale Judentum in allen Ländern dagegen in lärmenden Ausführungen Protest einlegt. Die europäischen Staaten einschließlich Englands behaupten, stark genug zu sein, einer Bolschewisierung des europäischen Kontinents rechtzeitig und wirksam entgegenzutreten. Diese Erklärung ist kindisch und verdient überhaupt keine Widerlegung. Sie besitzen weder das Potential noch die militärischen Machtmittel noch die geistigen Voraussetzungen, um dem Bolschewismus auch nur den geringsten Widerstand entgegenzustellen. Sie würden im Bedarfsfall von seinen motorisierten Roboterdivisionen in wenigen Tagen glatt überfahren werden. Die geistigen Lähmungserscheinungen der westeuropäischen Demokratien gegen ihre tödlichste Bedrohung sind wahrhaft herzbeklemmend. Das internationale Judentum fördert sie mit allen Kräften.

Wenn das feindliche Ausland gegen unsere Maßnahmen gegen das Judentum heuchlerische Krokodilstränen vergießt, so kann uns das nicht daran hindern, das Notwendigste zu tun. Deutschland hat jedenfalls nicht die Absicht, sich dieser jüdischen Bedrohung zu beugen, sondern vielmehr die, ihr rechtzeitig, wenn nötig unter vollkommener und radikalster Ausrott-, -schaltung des Judentums, entgegenzutreten. Wir lassen uns nicht durch das Geschrei des internationalen Judentums in aller Welt in der mutigen und aufrechten Fortführung des gigantischen Kampfes gegen diese Weltpest beirren. *Es kann und darf nur mit Sieg enden!*

Das Ringen um Stalingrad wurde geradezu zu einem Symbol dieses Widerstandes gegen den Aufruhr des Steppe. Im Osten tobt ein Krieg ohne Gnade. Der Führer hat ihn richtig charakterisiert, als er erklärte: Es werden aus ihm nicht Sieger und Besiegte, sondern nur noch Überlebende und Vernichtete hervorgehen.

Das deutsche Volk steht damit vor der ernstesten Frage dieses Krieges, – nämlich der: die Entschlossenheit aufzubringen, *alles* einzusetzen, um alles, was es besitzt, zu erhalten, und alles, was es zu späterem Leben

benötigt, zu gewinnen. *Terror wird nicht mit geistigen Argumenten, sondern nur mit Gegenterror gebrochen!* Wir sind entschlossen, unser Leben mit *allen Mitteln* zu verteidigen, ohne Rücksicht darauf, ob die uns umgebende Welt die Notwendigkeit dieses Kampfes einsieht oder nicht. *Der totale Krieg ist also das Gebot der Stunde.*
Es muß jetzt zu Ende sein mit den bürgerlichen Zimperlichkeiten, die auch in diesem Schicksalskampf nach dem Grundsatz verfahren wollen: Wasch mir den Pelz, mach mich nicht naß.
Als ich in meiner Rede vom 30. Januar von dieser Stelle aus den totalen Krieg proklamierte, schwollen mir aus den versammelten Menschenmassen Orkane der Zustimmung zu. Ich kann also feststellen, daß die Führung sich in ihren Maßnahmen in *vollkommenster* Übereinstimmung mit dem ganzen deutschen Volke in der Heimat und an der Front befindet. Das Volk will alle, auch die *schwersten* Belastungen auf sich nehmen und ist bereit, *jedes* Opfer zu bringen, wenn damit dem Siege gedient wird. Arm und reich und hoch und niedrig müssen in gleicher Weise beansprucht werden. Jedermann wird in dieser ernstesten Phase unseres Schicksalskampfes zur Erfüllung seiner Pflicht der Nation gegenüber angehalten, wenn nötig, gezwungen werden! Auch dabei wissen wir uns in Übereinstimmung mit dem nationalen Willen unseres Volkes. Die Front hat angesichts der übermenschlichen Opfer, die sie täglich zu bringen hat, ein elementares Anrecht darauf, daß auch nicht ein einziger in der Heimat das Recht für sich in Anspruch nimmt, am Kriege und seinen Pflichten vorbeizuleben.
Ich bin glücklich, dieses *Programm des Sieges* einem Volke vortragen zu dürfen, das diese Maßnahmen nicht nur willig auf sich nimmt, sondern sie fordert. Ich möchte aber zur *Steuer* der Wahrheit an Euch, meine deutschen Volksgenossen und Volksgenossinnen, eine Reihe von Fragen richten, die Ihr mir nach bestem Wissen und Gewissen beantworten müßt. Ihr, meine Zuhörer, repräsentiert in diesem Augenblick die Nation.
Ich frage Euch: Glaubt Ihr mit dem Führer und mit uns an den endgültigen Sieg der deutschen Waffen? Seid Ihr entschlossen, dem Führer in der Erkämpfung des Sieges durch dick und dünn und unter Aufnahme auch der schwersten persönlichen Belastungen zu folgen?
Ich frage Euch: Seid Ihr bereit, mit dem Führer als Phalanx der Heimat hinter der kämpfenden Wehrmacht stehend, diesen Kampf mit wilder Entschlossenheit und unbeirrt durch alle Schicksalsfügungen fortzusetzen, bis der Sieg in unseren Händen ist?
Ich frage Euch: Soldaten, Arbeiter und Arbeiterinnen, seid Ihr und das deutsche Volk entschlossen, wenn der Führer es einmal in der Notzeit

befehlen sollte, zehn, zwölf, wenn nötig, vierzehn und sechzehn Stunden täglich zu arbeiten und das Letzte für den Sieg herzugeben?
Ich frage Euch: Wollt Ihr den totalen Krieg? Wollt Ihr ihn, wenn nötig, totaler und radikaler, als wir ihn uns heute überhaupt erst vorstellen können?
Ich frage Euch: Vertraut Ihr dem Führer? Ist Eure Bereitschaft, ihm auf allen seinen Wegen zu folgen und *alles* zu tun, was nötig ist, um den Krieg zum siegreichen Ende zu führen, eine absolute und uneingeschränkte?
Ich frage Euch: Seid Ihr von nun an bereit, Eure ganze Kraft einzusetzen und der Ostfront, unseren kämpfenden Vätern und Brüdern, die Menschen und Waffen zur Verfügung zu stellen, die sie brauchen, um den Bolschewismus zu besiegen?
Ich frage Euch: Gelobt Ihr mit heiligem Eid der Front, daß die Heimat mit starker, unerschütterlicher Moral hinter der Front steht und ihr alles geben wird, was sie zum Siege nötig hat?
Ich frage Euch: Wollt Ihr, daß die Regierung dafür sorgt, daß auch die letzte Arbeitskraft, auch die der Frau, der Kriegführung zur Verfügung gestellt wird, und daß die Frau überall da, wo es nur möglich ist, einspringt, um Männer für die Front freizumachen?
Ich frage Euch: Billigt Ihr, wenn nötig, die radikalsten Maßnahmen gegen einen kleinen Kreis von Drückebergern und Schiebern, die mitten im Kriege Frieden spielen wollen und die Not des Volkes zu eigensüchtigen Zwecken ausnutzen? Seid Ihr damit einverstanden, daß, wer sich am Kriege vergeht, den Kopf verliert?
Und nun frage ich Euch zuletzt: Wollt Ihr, daß, wie das nationalsozialistische Parteiprogramm das vorschreibt, gerade im Kriege gleiche Rechte und gleiche Pflichten vorherrschen, daß die Heimat die schwersten Belastungen des Krieges solidarisch auf ihre Schultern nimmt, und daß sie für hoch und niedrig und arm und reich in gleicher Weise verteilt werden?
Ich habe Euch gefragt und Ihr habt mir Eure Antwort nicht vorenthalten. Ihr seid ein Stück Volk. Durch Euren Mund hat sich die Stellungnahme des Volkes vor der Welt manifestiert. Ihr habt unseren Feinden das zugerufen, was sie wissen müssen, damit sie sich keinen Illusionen und falschen Vorstellungen hingeben. Somit sind wir, wie von der ersten Stunde unserer Macht an durch all die zehn Jahre hindurch, fest und brüderlich mit dem deutschen Volke vereint.
Wenn wir je treu und unverbrüchlich an den Sieg geglaubt haben, dann in dieser Stunde der nationalen Besinnung. Wir sehen ihn greifbar nahe vor uns liegen, wir müssen nur zufassen! Wir müssen nur die Ent-

schlußkraft aufbringen, *alles* seinem Dienste unterzuordnen; das ist das Gebot der Stunde! Und darum lautet von jetzt ab die Parole: Nun, Volk steh auf – und Sturm brich los!

3. Die Analyse
Die Rede zeigt formal die triviale Struktur einer »Meinungsrede«, obschon sie material gesehen eine »Überzeugungsrede« ist. Die einfachste strukturierte Meinungsrede hat drei Schritte:
a) Bericht (über einen Zustand, ein Geschehen);
b) Ziel (was soll sein oder geschehen);
c) Appell (Handlungsaufforderung).
Inhaltlich gefüllt:
a) Der Ansturm der Steppe droht uns, angespornt vom internationalen Judentum, zu überwältigen.
b) Dagegen müssen wir *alles* tun, um zu siegen.
c) »Volk steh auf – und Sturm brich los!« (nach *Th. Körner*, Männer und Buben).
Über die Qualität des Appells mag man sich streiten. Er gehört einer Welt an, die uns heute emotional fremd ist. Die beiden anderen Redeteile (Bericht und Zieldarstellung) sind perfekt demagogisch organisiert.

a) Bericht.
Der Bericht beginnt mit einer Captatio benevolentiae:
– Das deutsche Volk ist – vom Nationalsozialismus geprägt – in der Lage, die volle Wahrheit zu ertragen.
– Es ist fähig, mit allen, aber auch allen Schwierigkeiten fertig zu werden.
Es folgt die Darstellung der Ereignisse um Stalingrad:
● *Die Steppe stürmt gegen Europa an.*
Hier wird unterschwellig erinnert an die *Hunnen*, die 375 aus der Mongolei über Donau und Wolga vordrangen und erst 451 in Südfrankreich gestoppt wurden, und an die *Mongolen*, die bis an die Schwelle Mitteleuropas vordrangen und 1241 gleichzeitig ein deutsch-polnisches Heer bei Liegnitz und ein ungarisches in der Theißebene schlugen. Sie wurden nur durch innere Schwierigkeiten (Tod des Großkhans Ügedei) davon abgehalten, Europa zu besetzen.
● *Die abendländische Kultur ist in Gefahr.*
Das auch heute mitunter noch stark emotional besetzte Wort: »abendländisch« versucht, die Zuhörer in eine 2000-jährige Geschichte einzubinden. Es kommt nicht mehr darauf an, nur die eigenen Interessen wahrzunehmen, sondern die des ganzen Abendlandes. Der Auftrag der Geschichte steht jenseits aller Egoismen. Das Wort »Kultur« verweist auf die von

Goebbels immer wieder aufgestellte Behauptung, der Bolschweismus sei die Unkultur schlechthin.
- *Niemand kann diese Gefahr abwenden, außer die deutschen Truppen.*
Goebbels verweist auf die an sich einsichtige Tatsache, daß man blanker Gewalt nicht – wie die Engländer meinen – mit einer Ideologie oder mit Verträgen und der Hoffnung auf Vertragstreue entgegentreten kann. Die Gegner werden entmenschlicht. Sie werden zu »motorisierten Robotern«. Gegen diese kann es keine Gnade geben, wird das Wort »Gnade« sinnlos. Zudem kann auch nur ein Heer den tödlichen Ansturm bremsen, das innerlich nicht geschwächt ist durch die Parolen des internationalen Judentums und das nicht von Regierungen gelenkt wird, die dem Judentum verpflichtet sind.

Für Goebbels waren die Juden immer Asiaten, die nichts anderes im Sinn hatten als die Vernichtung der abendländischen Kultur, um sie gegen ihre eigene egoistische Unkultur auszutauschen. Jahrhundertelang versuchten sie das durch das Instrument stiller Unterwanderung. Im Bolschewismus aber kamen sie zur politischen und militärischen Macht. Die »asiatische Steppe« verbündete sich mit dem asiatischen Judentum zur Vernichtung der abendländischen Kultur und Menschheitsideale.

Der Kampf ist also auf zwei Fronten zu führen: der äußeren gegen den Bolschewismus, der inneren gegen das Judentum.

Der äußere Kampf kann nur von Soldaten geführt werden. Er kann nur von *deutschen* Soldaten geführt werden, weil das deutsche Heer das mächtigste der Welt ist, und sie allein um die ideologischen Hintergründe dieses Kampfes um Leben und Tod der 2000-jährigen Geschichte wissen.
- *Also ist der totale Krieg das Gebot der Stunde.*

Hier übernimmt Goebbels offensichtlich die Terminologie *E. Ludendorffs* vom totalen Krieg, der sich wesentlich von allen Kriegen unterscheidet, die (etwa nach den Theorien von *Karl von Clausewitz*) bislang geführt wurden.
- Es ist ein Krieg mit allen Mitteln – auch denen des Terrors.
- Es ist nicht ein Krieg, in dem es um Sieg oder Niederlage, sondern in dem es um Vernichtung oder Überleben geht.
- Er setzt die vollkommene Solidarität aller Mitglieder eines Volkes voraus, denn es ist kein bloß militärischer Soldatenkrieg, sondern ein Krieg zwischen zwei Völkern, die sich völlig in den Dienst des Krieges stellen.
- Alle Mitglieder eines Volkes haben bereit zu sein, wie Soldaten alles, was sie haben, einzusetzen, um den Krieg zu überleben.

Goebbels behauptet nun, daß die Bolschewisten schon seit langem einen solchen totalen Krieg führen. Einem Feind, der den Krieg total führt, kann man aber nur begegnen, wenn man den Krieg ebenfalls total führt.

Er hätte an dieser Stelle auf Churchills »Blut-und-Tränen-Rede« verweisen können, die auch kaum etwas anderes war als die Proklamation des totalen Krieges. Im September 1940 griffen folgerichtig britische Bomber zum ersten Mal zivile Ziele (Berlin) an, worauf Hitler seinerseits Befehl erteilte, in England nicht nur Flughäfen und Industrieanlagen, sondern auch Städte zu bombardieren. Ein wesentlicher Eskalationsgrund bestand für die deutsche Kriegsführung aber auch in der alliierten Forderung nach bedingungsloser Kapitulation des Reiches, unmittelbar nachdem die Niederlage von Stalingrad erkennbar geworden war (anläßlich der Konferenz von Casablanca am 24. Januar 1943). Die Hoffnung, daß England und die (seit dem 11. Dezember 1941) in den Krieg mit dem Reich verwickelten USA sich einmal mit diesem gegen den Bolschewismus verbünden könnten, war endgültig geschwunden. Deutschland war in Europa auf sich selbst gestellt. Goebbels sah also auch deshalb in der Proklamation des totalen Krieges die einzige Chance. Diese Proklamation erfolgte am zehnten Jahrestag der nationalsozialistischen Machtergreifung (30. Januar 1943). Goebbels kommentiert das Auslandsecho auf diese Rede so:

> Als mir meine Zuhörer auf meine Forderungen vom 30. Januar spontan ihre Zustimmung bekundeten, behauptete die englisch-amerikanische – das heißt die jüdische – Presse am anderen Tag, das sei ein Propagandatheater gewesen und entspreche in keiner Weise der wahren Stimmung des Volkes, die die Juden besser kennen als wir ... Die Engländer kennen das deutsche Volk nach ihren Angebereien bekanntlich viel besser als wir, seine Führung. Sie geben uns scheinheilig Ratschläge, was wir zu tun und zu lassen hätten, – immer in der irrigen Ansicht, das deutsche Volk von heute gleiche dem deutschen Volk vom November 1918. Dieses Volk ist 1918 auf die englischen Verführungskünste hereingefallen. Ich habe es nicht nötig, den Gegenbeweis zu führen, – der Gegenbeweis wird vom kämpfenden und arbeitenden deutschen Volk geführt.

Und so verwandelt Goebbels an dieser Stelle die Szene zum Plebiszit. Er stellt den »Repräsentanten der Nation« zehn Fragen. Sie alle werden unter frenetischem Beifall bejaht.

Die Zielvorstellung
Ähnlich wie Churchill knapp drei Jahre zuvor nennt Goebbels nur ein Kriegsziel: den Sieg, das Überleben. Um dieses Kriegsziel zu erreichen, proklamiert er den totalen Krieg. Um deutlich zu machen, was »totaler Krieg« bedeutet, stellt er demagogisch-rhetorisch außerordentlich ge-

schickt seine berühmten zehn Fragen (die Analogie zur Zehntheit der mosaischen Gebote dürfte nicht zufällig sein). Diese Fragen sind nicht etwa rhetorische, sondern sie fordern zur ausdrücklichen Antwort auf. Und die Antwort muß vom ganzen deutschen Volk gegeben werden. Die Menschen im Sportpalast stehen stellvertretend für alle Deutschen. Damit hat ihre Zustimmung repräsentative Kraft.
Zu was aber sagt hier die »Vertretung des deutschen Volkes« – aufgestachelt und emotional aufs höchste durch die vorhergehenden Äußerungen des großen Demagogen erregt – ihr Ja?

1. Sie verspricht im Glauben an den Führer und an den Sieg der deutschen Waffen, schwerste persönliche Belastungen auf sich zu nehmen.
2. Sie verspricht, den Kampf mit wilder Entschlossenheit auch bei Rückschlägen bis zum Sieg fortzusetzen.
3. Sie verspricht, bis zu 16 Stunden täglich zu arbeiten, wenn der Führer es befiehlt, und so das Letzte für den Sieg herzugeben.
4. Sie verspricht, dem Führer zu folgen und absolut und uneingeschränkt alles zu tun, um den Krieg siegreich zu beenden.
5. Sie verspricht alles zu tun, um der Ostfront Menschen und Waffen zur Verfügung zu stellen und den Bolschewismus zu besiegen.
6. Sie verspricht, sich ganz hinter die kämpfenden Soldaten zu stellen und ihnen alles zu geben, was zum Siege nötig ist.
7. Sie verspricht den Arbeitseinsatz von Frauen, um Männer für den Kampf freizumachen.
8. Sie billigt die radikalsten Maßnahmen einschließlich der Verhängung der Todesstrafe gegen jeden Drückeberger und Schieber.
9. Sie will die Gleichheit der Rechte und Pflichten aller Bürger und die Solidarität aller.
10. Sie will den totalen Krieg.

(Das Protokoll verzeichnet auf alle Fragen begeisterte Zustimmung der Menge. Ich hörte diese Rede als Junge über Funk und erinnere mich, daß man auf die meisten Fragen eher mit frenetischem Beifall reagierte. Der Sportpalast schien in einen Hexenkessel verwandelt worden zu sein.)

Die ersten sechs Fragen beziehen sich ausdrücklich auf den Sieg. Sie sind orientiert an den Notwendigkeiten des totalen Krieges *und* der nationalsozialistischen Ideologie von Führer und Volk als der grundlegenden Einheit. Die drei folgenden Fragen (7. bis 9.) bilden die Grundlage für Gesetzgebungsmaßnahmen. Sie sind der eigentliche Inhalt des Plebiszits.
Die achte Frage war von Goebbels schon zuvor makaber durch den vermutlich berühmtesten Versprecher der Weltgeschichte mit Inhalt gefüllt wor-

den, als er von der »radikalsten *Ausrott-, -schaltung* des Judentums« sprach. Spätestens seit diesen Worten konnte sich kein aufmerksamer Hörer mehr mit »totalem Unwissen« entschuldigen, wenn es um Kenntnis der Judenvernichtung durch die nationalsozialistischen Parteiorgane und deren Helfer ging.

Analysiert man die einzelnen Fragen, erkennt man unschwer in nahezu jeder ein Gemisch von sachlichen Forderungen und emotionaler Ansprache. Hier liegt die eigentliche Demagogie der Goebbelsschen Fragetechnik. Es kommt ihm darauf an, die Sachfragen so sehr emotional aufzuladen, daß sie nur in einer Richtung entscheidbar werden. Das aber ist nichts als bare Manipulation.

Mancher Leser dieser Rede wird sich heute fragen, ob die fanatische Zustimmung nicht durch ausgewählte Claqueure gestellt worden sei. *G. Moltmann* hat zu Recht darauf verwiesen, daß diese Frage belanglos ist. Sollte die Zustimmung arrangiert worden sein, war dies Arrangement überflüssig. Die Ekstase und die Hysterie des allerdings sorgfältig ausgewählten Publikums waren echt. Goebbels notierte dazu in seinem Tagebuch:

> Die Reaktion des Publikums ist gar nicht zu beschreiben. Niemals sah der Sportpalast so turbulente Szenen wie zum Schluß, da ich an das Publikum meine zehn Fragen richtete. Sie werden mit Stürmen der Zustimmung beantwortet... Ich bin, glaube ich, rednerisch sehr gut in Form und bringe die Versammlung in einen Zustand, der einer totalen geistigen Mobilmachung gleicht. Der Schluß der Versammlung geht in einem Tohuwabohu von rasender Stimmung unter. Ich glaube, der Sportpalast hat noch niemals, auch nicht in der Kampfzeit, solche Szenen erlebt.

Goebbels selbst hat zweifelsfrei seine Emotionen nicht nur oberflächlich gespielt, sondern war von ihnen erfaßt. Nur weil er seine Emotionalität authentisch ausdrückte, wurde sie von den Vielen nicht nur akzeptiert, sondern auch übernommen. Das ändert auch nichts daran, daß Goebbels nach dem Zeugnis Speers seine emotionalen Ausbrüche im Nachherein auf ihre psychologische Wirkung analysierte. Dabei war er sich seiner demagogischen Fähigkeiten voll bewußt. Er soll im Anschluß an die Rede gesagt haben:

> Diese Stunde der Idiotie. Wenn ich den Leuten gesagt hätte: Springt aus dem dritten Stock des Columbus-Hauses, – sie hätten es auch getan.

Und Goebbels war auf seine Leistung stolz wie ein kleiner Junge. Er nannte sie ein »Meisterstück der Redekunst« und sammelte eifrig Kritiken.

4. Die Folgen

Zunächst seien die politischen Folgen der Rede erwähnt:

a) Noch am Tage der Rede schrieb Goebbels in sein Tagebuch: »Ich habe mir zum Ziel gesetzt, bis spätestens Ende März Berlin gänzlich judenfrei zu machen.« Die meisten gingen nach Theresienstadt.

b) Am 4. Februar hatte das Reichswirtschaftsministerium die Schließung aller nicht unbedingt kriegswichtigen Betriebe des Handels, des Handwerks und des Gaststättengewerbes angeordnet.

c) Goebbels forderte in seiner Rede die Schließung der »Frisiersalons, in denen ein Schönheitskult gepflegt wird«. Damit wagte sich Goebbels zu weit vor. Hitler belehrte ihn über die Macht der Frauen. Man würde sie sich zu Feinden machen, wenn man sich an ihre Schönheitspflege wagte. Somit geschah hier nichts.

d) Noch am 15. Februar forderte Goebbels beim Staatssekretär Stuckart vom Reichsinnenministerium, die Arbeitszeit der Beamten täglich um zwei Stunden zu erhöhen, um 25 % des Personals einzusparen. Doch ohne Erfolg.

e) Schon am 27. Januar verordnete der Generalbevollmächtigte für den Arbeitseinsatz, der Thüringer Gauleiter Fritz Saukel, die Einführung der Arbeitsmeldepflicht. Für alle Männer vom 16. bis zum 65. und für alle Frauen vom 17. bis zum 45. Lebensjahr bestand grundsätzliche Arbeitspflicht. Goebbels beklagte sich unter dem 16. Februar, daß von 5000 Frauen in Berlin nur 200 für die Kriegsarbeit zur Verfügung standen – die übrigen waren für arbeitsunfähig erklärt worden.

f) Schüler wurden als Luftwaffenhelfer eingesetzt. Der Sinn der Maßnahme bestand darin, die 15- und 16-jährigen Schüler der Oberschulen im Flugabwehrdienst einzusetzen, um so in der Heimat gebundene Soldaten für die Front frei zu machen. Mit dem Einsatz war anfangs noch ein moderierter Schulunterricht gekoppelt.

Goebbels scheint diese Idee besonders gefallen zu haben. Doch seine Begeisterung wurde deutlich gemildert, als gleich zu Beginn dieser Institution ein Bombentreffer die Jungen einer Zehlendorfer Flakbatterie tötete und einige Dutzend Todesanzeigen gefallener Fünfzehnjähriger in den Berliner Zeitungen auftauchten. Doch Goebbels versuchte, auch diese Situation propagandistisch zu nutzen. Er kam zur Beerdigung und legte auf jeden Sarg ein Eisernes Kreuz.

Aufs Ganze gesehen war also die Ausrufung des totalen Krieges und seine Pseudolegitimation am 18. Februar 1943 eher von psychologischer, denn von politischer oder gar militärischer Bedeutung. Das deutsche Volk mag so etwas sicherer durch den vierten Kriegswinter gekommen sein. Der psychologische Verfall des Widerstandswillens in der Heimat mag für einige

Wochen oder Monate gebremst worden sein. Doch an den Fronten ging der Rückzug weiter.

Im Juli 1943 scheitert die letzte deutsche Offensive im Osten. Mit Beginn des Winters beginnt die Rote Armee wieder eine Offensive, erreicht die polnische Grenze und dringt in Galizien und Rumänien ein. Die folgende russische Sommeroffensive (Juni bis August 1944) führt die russischen Soldaten bis an San und Weichsel. Ende 1944 dringen die Russen die Donau entlang durch Polen und von Litauen her auf die deutsche Grenze zu.

Schon im Sommer 1943 hatten auch die Westalliierten zum Sturm auf die »Festung Europa« angesetzt. Im September landeten sie in Italien. Am 6. Juni 1944 in der Normandie. Das Reich war dem Dreifrontenkrieg nicht gewachsen. Im Januar 1945 begann die Rote Armee einen Großangriff aus einem Weichselbrückenkopf, der sie bis zur Schlacht um Berlin (April/Mai 1945) führte. Am 7. März überschreiten US-Truppen den Rhein bei Remagen. Am 25. April treffen sich bei Torgau an der Elbe amerikanische und russische Soldaten. Am 30. April tötet sich Hitler selbst und am folgenden Tag begeht Goebbels Selbstmord. Am 7. Mai unterzeichnet Generaloberst Alfred Jodl die Gesamtkapitulation des Deutschen Reiches.

Das war das Ende des totalen Krieges.

Und seine Bilanz: 27 000 000 Soldaten fielen. 25 000 000 Zivilisten wurden getötet (davon mehr als 5 000 000 Opfer der nationalsozialistischen Rassenpolitik).

Das Hitlerreich war als Ganzes mit allen seinen Folgen ein Zeichen für die Macht der Worte über die Vernunft.

Schlußbemerkung

Worte machen Geschichte – mehr denn Männer und Taten. Diese stehen oft genug im Auftrag und Anspruch des manipulierenden Wortes. Geschichte spielt zwischen Menschen. Alles aber, was zwischen Menschen spielt, wird von Sprache geführt oder verführt. Im Dazwischen des Wortes liegen Wahrheit und Sinn – auch der Geschichte. Das Dazwischen aber wird endgültig, wenn Menschen sich in Massen ballen, wenn sie ihre Individualität vor dem Anspruch einer totalen Sozialität aufgeben oder verlieren. Aus diesem Dazwischen taucht nichts mehr auf an die Oberfläche der Wirklichkeit, weder Wahrheit noch Sinn werden wirksam (oder auch nur erkennbar). Und so kam und kommt es immer wieder zu Eruptionen des Unsinns, der Unwahrheit.

Das merkwürdige Spiel von Manipulation und Gegenmanipulation, von Fremd- und Selbstmanipulation, dem ich in diesem Buch in einigen Grundzügen nachgegangen bin, entlarvt sich im letzten Abschnitt als so tödlich wie ein Ölfleck, der das klare Wasser überdeckt und das Leben im Wasser erstickt. Wahrheit und Sinn werden unsichtbar und unwirklich. Immer wenn Menschen versuchen, das Verhalten ihrer Mitmenschen zu eigenem Nutzen zu ändern, ohne den Nutzen des anderen mit zu wollen und zu suchen, dann stirbt zwischen Menschen Sinn und Wahrheit. Der ursprüngliche Sinn von Dialektik, beide zur Erscheinung zu bringen, verkehrt sich in sein nacktes Gegenteil. Manipulation wird zur Anti-Dialektik, zu ihrer Perversion.

Die rücksichtslose Manipulation macht den anderen zur Sache und zum bloßen Mittel. Sie entwürdigt sein Menschsein. Mensch sein ist immer Menschsein füreinander. Dieses »Für-Einander« aber wird im manipulatorischen Gegen zum Entgegen gebracht und geht in ihm unter. Menschlichkeit beginnt erst jenseits der Grenzen der Manipulation, wenn sie schon diesseits nicht realisierbar ist.

Literaturverzeichnis

Arens, K., Manipulation, Berlin 1971
Bödiker, M.-L. und W. Lange, Gruppendynamische Trainingsformen, Reinbek 1975
Kirschner, J., Manipulieren – aber richtig, München und Zürich 1974
Klis, M., Überzeugung und Manipulation, Wiesbaden 1970
Packard, V., Die geheimen Verführer, Frankfurt und Berlin 1971
Portmann, A., Manipulation des Menschen als Schicksal und Bedrohung, Zürich 1969